SUPPLÉMENT

AU DICTIONNAIRE

DE PROCÉDURE CIVILE ET COMMERCIALE.

J B. GROS, IMPRIMEUR DE LA COUR ROYALE ET DES TRIBUNAUX ,
Rue du Foin Saint-Jacques, 18.

SUPPLÉMENT

AU

DICTIONNAIRE

DE

PROCÉDURE CIVILE ET COMMERCIALE.

Deuxième Édition.

CONTENANT : 1º LE COMMENTAIRE DES LOIS RÉCENTES SUR L'EXPROPRIATION POUR
CAUSE D'UTILITÉ PUBLIQUE ; LES VENTES JUDICIAIRES D'IMMEUBLES ; LES
VENTES DE MARCHANDISES NEUVES ET L'ENREGISTREMENT DES TRAITÉS DE
CESSION D'OFFICES ; — 2º UN RECUEIL DES LOIS SPÉCIALES QUI COMPLÈTENT LE
CODE DE PROCÉDURE ; — 3º DES MODÈLES D'ÉTATS DE FRAIS ; — 4º UN TABLEAU
DE LA SAISIE IMMOBILIÈRE ; — 5º UNE TABLE DE CONCORDANCE DU DICTIONNAIRE
ET DU JOURNAL DE PROCÉDURE AVEC LES ARTICLES DU CODE DE PROCÉDURE ET
LES LOIS SPÉCIALES ;

PAR M. BIOCHE,

Docteur en droit, Avocat à la Cour royale de Paris, Rédacteur du *Journal de Procédure.*

PARIS.

VIDECOQ LIBRAIRE-ÉDITEUR,

PLACE DU PANTHÉON, Nᵒˢ 3 ET 4.

1842.

SUPPLÉMENT

DICTIONNAIRE

DE

PROCÉDURE CIVILE ET COMMERCIALE

DEUXIÈME ÉDITION.

VENTE *sur expropriation pour cause d'utilité publique* (1).

1. En général nul ne peut être contraint de céder sa propriété, toutefois ce principe souffre une exception dans le cas où l'utilité publique exige ce sacrifice : l'intérêt privé fléchit devant l'intérêt général. Mais le particulier dépossédé doit recevoir une indemnité préalable. Charte const. art. 9, C. civ. 545.

2. Les exemples des sacrifices imposés à la propriété privée dans un intérêt public sont assez fréquens :

Ainsi le droit du propriétaire cède devant la nécessité de défendre le territoire. LL. 10 juill. 1791; 17 juill. 1819; 30 mars 1831. — Il en est de même pour l'exploitation des mines. L. 21 avr. 1810, — et le dessèchement des marais. L. 16 sept. 1807. — Les propriétaires des halles ou marchés sont obligés d'en louer l'usage ou même de les vendre aux communes qui le réclament. L. 15 mars 1790. — Le propriétaire des terrains compris dans le tracé de la voie publique est privé de la faculté de faire des constructions ou de réparer celles qui existent sur ces terrains. L. 24 août 1790, et *inf.*, n° 13.—L'expropriation des terrains nécessaires à l'ouverture et à l'élargissement des chemins vicinaux est réglée par la loi du 21 mai 1836.

Quelquefois la propriété ne se trouve atteinte que dans l'exercice de certains droits, par exemple pour l'obligation de souffrir le marche-pied ou le chemin de hallage sur le bord des rivières navigables ou flottables. Décr. 22 janv. 1808. — Par

---

(1) M. Herson, docteur en droit, avocat à la Cour royale de Paris, le rédacteur du mot *Vente sur expropriation* inséré dans le tome 5ᵉ de notre dictionnaire, a mis à notre disposition un travail inédit sur la loi du 2 juin 1841.

la défense de construire dans la zone militaire des places de guerre. L. 17 juill. 1819. — Par le droit du gouvernement d'extraire les matériaux nécessaires aux travaux. L. 28 pluv. an 8,—et d'occuper temporairement les terrains. *Ib.*—V. d'ailleurs *inf.*, n° 332.

3. L'application du principe de l'expropriation pour cause d'utilité publique à la propriété immobilière a été successivement régie par plusieurs lois :

L'administration eut d'abord la triple mission de déclarer l'utilité publique, de prononcer l'expropriation et de fixer l'indemnité après expertise. L. 16 sept. 1807. — Elle était juge et partie.

Bientôt l'administration ne conserva que le pouvoir de déclarer l'utilité publique ; le droit de prononcer l'expropriation et celui de fixer l'indemnité furent transférés aux tribunaux. L. 8 mars 1810. — Alors les garanties de la propriété furent exagérées ; l'intérêt public se trouva compromis par des lenteurs interminables et des estimations exorbitantes.

Plus tard la déclaration d'utilité publique émana, soit du pouvoir législatif pour les travaux les plus importans, soit du pouvoir exécutif pour les travaux secondaires, — l'expropriation fut prononcée par les tribunaux, — et ce qui constitua la grande innovation, un jury spécial fixa le réglement de l'indemnité. L. 7 juill. 1833. — V. *Dictionnaire de procédure*, 2e édition, tome 5, v° *Vente sur expropriation*.

Enfin la loi du 2 juin 1841 (Art. 1943, J. pr.), tout en respectant les bases fondamentales de la loi de 1833, a eu pour objet de remédier à quelques imperfections de détails qu'une expérience de sept années avait révélées.

DIVISION.

§ 1. — *Cas dans lesquels il y a lieu à expropriation.*

4. La loi du 2 juin 1841 sur l'expropriation pour cause d'utilité publique ne concerne que les immeubles corporels, et non les immeubles incorporels, ni les meubles. Cass. 2 mars 1826 ; Ordonn. Cons.-d'Etat. 26 août 1835, S. 26, 365 ; 35, 539. Duvergier, 1833, pag. 277, note; Delalleau, de l'*expropriation pour cause d'utilité publique*, 1836, n° 13 et suiv. Garnier, *Chemins*, pag. 155; Gillon et Stourm, *Code des municipalités*, p. 26. Proudhon, *dom. pub.*, n° 315 ; Robion, n° 273. — V. toutefois Cotelle, *Cours de droit administratif*, tome 2, pag. 295. Selon cet auteur, l'administration a le droit de s'emparer d'un secret d'une découverte pour laquelle un brevet d'invention a été réclamé, sauf aux chambres à accorder une récompense nationale.

Conséquemment il n'y a jamais lieu à exproprier, — 1° indépendamment de l'objet avec lequel elles font corps, les choses réputées immeubles *par destination*, telles que des tuyaux de conduite et autres objets attachés au fonds à perpétuelle demeure (C. civ. 523) ; — pour les choses qui ne sont censées immeubles que tant qu'elles restent attachées au fonds (C. civ. 522), et qui reprennent leur qualité de meubles dès qu'elles en sont séparées, elles ne sont jamais comprises dans l'immeuble exproprié; l'expropriation en a opéré la séparation. — Il en est de même des choses que l'art. 526 C. civ. a désignées sous le nom d'immeubles par l'objet auquel ils s'appliquent, tels que l'usufruit des choses immobilières, les droits de servitude et les actions qui tendent à revendiquer un immeuble. L. 3 mai 1841, art. 18 ; Delalleau, *ib.* n° 17 et 18.

Quant à l'établissement d'une servitude pour cause d'utilité publique. — V. *Infr.*, n° 332.

5. 2° Les choses mobilières; comme un ouvrage littéraire Cass. 2 mars 1826 ; Favard, v° *Expropr. pour cause d'util. pub.* — V. d'ailleurs Foucart, *Dr. administr.*, 1, n° 536 — ou *des denrées*; leur réquisition sort de l'application de la loi du 3 mai 1841. Delalleau, *ib.* n° 13.

6. 3° Un droit de bail.—Néanmoins, il cesse par l'effet de l'expropriation qui est considérée comme un événement de force majeure (C. civ. 1741); — et celui qui perd par la démolition d'un bâtiment les moyens d'exploitation de son industrie, et le siège de son commerce, doit être indemnisé.

7. L'extraction ou l'enlèvement de matériaux n'emporte pas aliénation, et donne lieu à une indemnité qui est réglée d'une manière spéciale. — V. *Infr.*, n° 532.

8. Sont susceptibles d'expropriation les immeubles appartenant, soit à l'Etat, aux communes ou à des établissemens publics — V. *Infr.*, n° 101, soit aux particuliers. — Lors même que ces immeubles sont affectés à des majorats. — V. *Inf.*, n° 100.

9. Un amendement présenté à la chambre des pairs par M. de Montalembert, et reproduit à la chambre des députés par M. Pérignon, avait pour objet d'autoriser l'Etat à acquérir pour cause d'utilité publique tout monument historique et d'antiquité nationale dont la conservation péricliterait dans les mains des détenteurs.

M. Dugabé a restreint l'application de la loi à tout ce qui se rattachait à l'industrie, à la circulation, à la propriété de l'Etat. — M. le garde-des-sceaux a regardé l'amendement comme inutile, parce qu'il se trouvait compris dans les art. 1, 2 et 3. — M. le rapporteur de la commission a dit qu'il acceptait l'amendement dans son esprit, mais qu'il repoussait son insertion dans une loi de procédure, qu'il devrait faire l'objet d'une loi spéciale. — Après cette discussion, l'amendement a été rejeté. —V. *inf.* n° 11.

Un amendement de M. Vatout relatif aux constructions adhérentes aux constructions historiques et d'art a été également rejeté. *Monit.* du 5 mars 1841, p. 541 à 543.

10. Les travaux qui peuvent donner lieu à l'expropriation sont ceux destinés à l'utilité de l'Etat, ou des administrations départementales et communales. L. 1841. art. 3; — par exemple, les routes, chemins, canaux, rues, églises, etc. Delalleau, *ib.* n°s 102 et 122.

11. Faut-il, pour qu'il y ait lieu à expropriation, que des travaux soient à exécuter? — ou suffit-il que les achats de terrains ou édifices soient destinés à des objets d'utilité publique, par exemple s'il s'agit d'acquérir un champ pour des manœuvres ou un édifice pour un hospice? — Le premier système résulte de l'ensemble de la loi. MM. Gillon et Stourm. — V. d'ailleurs Delalleau, n° 12.

12. La loi du 3 mai 1841 est générale et forme le droit commun. Arg. L. 1841, art. 77.

Elle domine celle du 21 mai 1836 sur les chemins vicinaux, en ce sens qu'elle remplace toutes les dispositions que cette loi empruntait à la loi de 1833; — par exemple les causes de pourvoi en cassation réglées par la loi nouvelle passent dans la loi du 21 mai. M. Gillon. *Mon.* du 5 mars 1841, p. 541.

Mais la loi de 1841 cesse d'être applicable au simple cas de reconnaissance et de fixation de la largeur d'un chemin déjà existant régie par la loi du 21 mai 1836. — V. d'ailleurs *Infr.*, n° 24, 85 et 88.

13. Les propriétaires sont-ils obligés de subir les conséquences de l'alignement et de laisser tomber leurs bâtimens de vétusté, alors même qu'il s'agit non d'une rue actuellement existante, mais d'une rue qui est seulement projetée? — Non. Quand il s'agit d'ouvrir des voies de communication pour la première fois, ce n'est pas par mesure d'alignement qu'on doit procéder, mais par voie d'expropriation. Il faut, dans ce cas, acheter et payer dans leur entière valeur les terrains et bâtimens qui doivent servir d'emplacement aux travaux. Opinion de M. Legrand. Cass. ch. réunies, 24 nov. 1837, S. 37, 962; ch. crim. 17 mai 1838, (Art. 2038 J. Pr.). Duvergier, 1841, 122, note.

14. Les concessionnaires des travaux publics exercent tous les droits conférés à l'administration, et sont soumis à toutes les obligations qui lui sont imposées. L. 3 mai 1841, art. 63.

15. *Droits.* Ils jouissent du bénéfice de l'art. 58, c'est-à-dire de la dispense des droits de timbre et d'enregistrement. — V. d'ailleurs art. 16, 17, 18 et 19 sur les effets du jugement d'expropriation et sur la purge, relativement aux travaux compris dans l'arrêté du préfet.

Peu importe qu'ils aient mis en société le privilége de la concession. Cass. 6 janv. 1836, (Art. 360, J. pr.).

Il s'agit des droits confiés à l'administration par la loi d'expropriation et non de ceux que l'Etat tient d'autres lois. — Ainsi les concessionnaires ne peuvent être représentés par le procureur du roi devant les tribunaux, ils doivent comme les simples particuliers, ou se défendre eux-mêmes, ou recourir au ministère d'un mandataire. Delalleau, n° 768.—V. *Infr.* n° 211.

16. Mais les préfets peuvent prêter leur ministère aux concessionnaires qui voudraient passer des contrats en la forme administrative. — *Mon.* du 14 mai 1833, p. 1352.

17. *Obligations.* Lorsque l'autorité administrative a déclaré que le concessionnaire a rempli les conditions de sa concession consistant notamment dans la justification de la constitution d'un fonds social, l'autorité judiciaire est incompétente pour réformer une telle déclaration, c'est à l'administration d'interpréter le sens des actes administratifs. *Même arrêt.*

§ 2. — *Déclaration d'utilité publique.*

18. Les tribunaux ne peuvent prononcer l'expropriation

qu'autant que l'utilité en a été constatée et déclarée dans les formes prescrites par la loi. L. de 1841, art. 2.

19. Ces formes consistent 1° dans la loi ou l'ord. roy. qui autorise l'exécution des travaux pour lesquels l'expropriation est requise. *Ib.*

Loi ou ordonnance. Le projet du gouvernement en 1853, conforme à la loi du 8 mars 1810, portait que les travaux seraient toujours autorisés par une ordonnance : un député demandait au contraire qu'ils ne pussent avoir lieu qu'en vertu d'une loi, comme en Angleterre. On a adopté un terme moyen.

Un amendement, tendant à attribuer à un arrêté du préfet, rendu en conseil de préfecture, l'effet d'autoriser les travaux lorsque la dépense n'excéderait pas 30,000 fr., n'a pas été appuyé. *Mon.* du 2 mars 1841. — V. toutefois *inf.* n° 24.

20. 2° Dans l'acte du préfet, qui désigne les localités ou territoires sur lesquels les travaux doivent avoir lieu, lorsque cette désignation ne résulte pas de la loi ou de l'ordonn. royale. L. 1841, art. 2.

Acte du préfet qui désigne les localités. Cette formalité est substantielle ; son omission entraînerait nullité du jugement d'expropriation qui suivrait : l'arrêté ultérieur du préfet ne suffirait pas. Cass. 6 janv. 1836, (Art. 360 J. Pr.).

21. 3° Dans l'arrêté ultérieur, par lequel le préfet détermine les propriétés particulières auxquelles l'expropriation est applicable.

Cette application ne peut être faite à aucune propriété particulière qu'après que les parties intéressées ont été mises en état d'y fournir leurs contredits. L. 1841, art. 2. — V. *inf.*, n° 34 et suiv.

Arrêté ultérieur (— V. *inf.* n° 77.) Le préfet rendra donc deux arrêtés : l'un pour désigner les *territoires ;* l'autre pour déterminer les *propriétés* dont la cession est nécessaire.

22. Une loi est nécessaire, — pour autoriser l'exécution de tous grands travaux publics, routes royales, canaux, chemins de fer, canalisation de rivières, bassins et doks, entrepris par l'Etat, les départemens, les *communes,* ou par compagnie particulière, avec ou sans péage, avec ou sans subside du trésor, avec ou sans aliénation du domaine public. L. 1841, art. 3.

Des canaux et *chemins de fer* qui ne sont point d'embranchement, bien qu'ils soient de moins de 20,000 mètres. *Mon.* 23 avr. 1841, p. 1083.

23. Une ordonnance royale suffit — pour autoriser : 1° le redressement des routes royales : peu importe que ce redressement soit supérieur ou inférieur à 20,000 mètres. Ch. des députés. *Mon.* 2 mars 1841, p. 508.

2° L'exécution des routes départementales. L. 1841, art. 3

— Peu importe leur longueur. *Mon.* 5 mai. 1840, p. 913; Delalleau, n° 118. — A plus forte raison, s'il ne s'agit que de les redresser. Cass. 11 juill. 1838 (Art. 2010, J. Pr.).

3° L'exécution des canaux et chemins de fer d'embranchement de moins de 20,000 mètres de longueur, des *ponts* et de tous autres travaux de moindre importance. *Même article.*

Des ponts, même de grande dimension, Duvergier, 1833, 282, note. — *Contrà,* Homberg, *Guide des expropriations,* p. 34, note. — Mais reste le principe posé par l'art. 10 L. 21 avr. 1832, que toute construction d'un pont aux frais de l'Etat doit être autorisée par une loi. Duvergier, *ib.*

4° Lorsqu'il s'agit de la portion des biens de l'Etat affectés à un service public. Leur emploi à des travaux d'utilité publique dépend de l'administration.

24. Enfin, un arrêté du préfet suffit pour autoriser les travaux d'ouverture et de redressement des chemins vicinaux : on n'a point entendu déroger à l'art. 16 L. 21 mai 1836 qui le dispose ainsi. Ch. des députés, MM. Legrand et Dufaure, *Mon.* 2 mars 1841.

25. Quant aux grandes communications à ouvrir dans l'intérieur des villes, leur classement au nombre des routes royales ou départementales fait connaître si leur établissement doit être autorisé par une loi ou par une ordonnance.

26. La loi ou l'ordonnance déclarative de l'utilité des travaux est nécessaire même lorsqu'il s'agit de travaux nécessités par d'autres travaux précédemment d'utilité publique, — pourvu que les nouveaux travaux à faire n'aient été prévus ni explicitement, ni implicitement par la déclaration d'utilité publique relative aux travaux précédens et terminés. *Mon.* 5 mai 1840, p. 1,248; Delalleau, n° 113 et 114.

La question de savoir si le second travail est ou n'est pas indépendant du premier, est de la compétence de l'administration. Cass. 22 août 1838 (Art. 2013 J. Pr.).

27. Lorsqu'un communication a été interrompue par l'établissement d'un canal, on ne peut procéder à l'expropriation des terrains nécessaires pour rétablir le chemin, s'il n'intervient une loi ou ordonnance déclarative d'utilité publique et l'acte du préfet qui désigne le territoire où il devra passer. — Est nul le jugement qui prononce l'expropriation, sans que ces formalités aient été remplies. Cass. 13 janv. 1840 (Art. 2011, J. Pr.).

28. La loi ou l'ordonnance n'est rendue qu'après une enquête administrative. L. 1841, art. 3.

Ainsi elle précède le déclassement d'une route passant à un rang plus élevé. Cass. 13 janv. 1840, (Art. 2012, J. Pr.).

29. Cette enquête est réglée par l'ordonn. roy. du 18 fév. 1834, lorsqu'il s'agit de travaux d'un intérêt général; et par celle du 25 août 1835 , lorsqu'il s'agit d'un intérêt purement communal.

30. La direction de l'enquête appartient à l'administration. — Les tribunaux ne sont point juges de sa régularité.

31. L'ordonnance d'utilité publique n'est attaquable par aucune voie contentieuse ou autre : le principe de la séparation des pouvoirs s'y oppose. Cons. d'Et. 1ᵉʳ déc. 1819, 30 nov. 1830, Macarel, 515. Delalleau, n° 129, 130 et 860.

32. L'autorité administrative seule a le droit d'interpréter l'ordonnance déclarative d'utilité publique : *ejus est interpretari cujus est condere.* Cons. d'Et. 11 avril 1827 ; 30 nov. 1830, Macarel, p. 222 et 515. — C'est elle qui décide si l'expropriation qu'elle requiert doit être absolue, ou si elle peut être restreinte par des servitudes ou des constructions favorables aux fonds qui restent dans la possession des particuliers. Cons. d'Et. 19 oct. 1825, Macarel, p. 594.

33. Les travaux qui doivent être exécutés dans la zone des frontières sont soumis à l'approbation du ministre de la guerre ; on suit à leur égard les formalités prescrites par les ordonn. du 18 sept. 1816 et 28 déc. 1828.

34. *Mesures administratives relatives à l'expropriation.* Les ingénieurs ou autres gens de l'art chargés de l'exécution des travaux lèvent , pour la partie qui s'étend sur chaque commune, le plan parcellaire du terrain ou des édifices dont la cession leur paraît nécessaire. L. 1841, art 4.

35. Ce plan n'est pas nécessairement la reproduction du plan général-qui a servi de base à l'enquête : il suffit qu'il ait reçu l'approbation de l'administration ; sa décision, à cet égard, est à l'abri du contrôle de la C. de cass. Cass. 6 janv. 1836 (art. 560. Pr.)

36. Pour le tracé des plans qui traversent les biens de l'Etat ou des établissemens publics , les ingénieurs se concertent avec les gardiens ou chefs, et, au besoin, réclament l'intervention du préfet ou même celle du ministre (des travaux publics. Cormenin , 3 , 435). Circ. min. travaux publics, 8 juin 1830.

37. Lorsque les ingénieurs sont porteurs des ordres de leurs supérieurs et de l'autorité administrative (c'est-à-dire du préfet), le possesseur ou propriétaire du fonds doit livrer l'accès des lieux, sous les peines portées en l'art. 438 C. pén. Cass. 4 mars 1825, S. 26, 36. — V. *inf.*, n° 336.

Ainsi les sondages nécessaires pour reconnaître la nature du sol sont autorisés : — un géomètre ne peut être assigné en référé par le propriétaire qui veut faire cesser ces travaux par le motif qu'il aurait violé la propriété : ces opérations préparatoires n'apportent aucun trouble civil à la possession. Cons.-d'Et., 19 oct. 1825 ; Macarel, 603 ; Delalleau, n° 78.

58. Mais l'obligation des propriétaires ne va point jusqu'à souffrir des travaux qui n'ont point été ordonnés par l'autorité compétente. — V. *inf.*, n° 338.

39. Le plan des propriétés particulières, indicatif du nom de chaque propriétaire, tels qu'ils sont inscrits sur la matrice des rôles, est déposé à la mairie de la commune ou les propriétés sont situées, afin que chacun puisse en prendre connaissance. L. 1841, art. 5 ; — alors même que l'expropriation est poursuivie dans un intérêt purement communal. Cass. 2 fév. 1836 (Art. 2016 J. Pr.).

40. Le maire y reçoit les réclamations. Cass. 22 août 1838 (Art. 2013 J. Pr.).

41. A défaut de maison commune, le dépôt du plan parcellaire au secrétariat de la mairie, c'est-à-dire au domicile du secrétaire satisfait au vœu de la loi. *Même arrêt.* — Dans l'espèce, ceux qui demandaient la nullité avaient fait recevoir leur réclamation dans ce lieu même.

42. Les formalités indiquées *sup.* n° 18, 34 et 39 ne sont pas applicables lorsque, par la nature des travaux, leur point de départ et leur direction sont incertains, par exemple lorsqu'il s'agit d'un travail souterrain à la recherche d'un courant d'eau). Cass. 3 juillet 1839 (Art. 2014 J. Pr.)

43. L'avertissement de prendre communication du plan déposé à la mairie est donné *collectivement* aux parties intéressées. L. 1841, art. 6. — On a repoussé la proposition d'un avertissement *individuel* par le motif que l'administration n'aurait pas encore eu le temps à cette époque de la procédure, de connaître les noms et demeures des parties intéressées. Chambr. dép. 6 juin 1833.

44. Cet avertissement est publié à son de trompe ou de caisse dans la commune, et affiché tant à la principale porte de l'église du lieu qu'à celle de la maison commune.

45. Il est en outre inséré dans l'un des journaux des chefs-lieux d'arrondissement et de département. *Ib.* — Un amendement, tendant à exiger l'insertion dans un journal désigné par l'autorité pour les annonces judiciaires, n'a pas été appuyé. *Monit.* 2 mars 1841, p. 568.

46. Les formes de l'avertissement collectif peuvent être employées au lieu d'un avertissement individuel, lors même qu'il n'y a qu'une seule personne intéressée à l'expropriation. Cass. 14 avril 1840 (Art. 2015 J. Pr.)

47. Il n'est pas nécessaire que toutes les prescriptions de l'art. 6 soient remplies le même jour ; ainsi l'avertissement à son de trompe dans la commune, l'affiche, l'insertion dans le journal du département, peuvent avoir lieu à des jours différents. *Monit.* 23 avr. 1841, p. 1083.

48. Le plan reste déposé pendant huit jours. L. 1841, art. 5.

49. Ce délai se compte de jour à jour et non d'heure à heure.

50. Il ne court qu'à dater du jour où les diverses formalités de l'avertissement ont été remplies. — V. *sup.*, n⁰ˢ 44 et 45.

51. Le délai est franc : le jour de l'avertissement n'y est pas compris. *Monit.* 2 mars 1841, p. 508.

52. Le maire certifie les publications et affiches ; il mentionne sur un procès-verbal qu'il ouvre à cet effet, et que les parties qui comparaissent sont requises de signer, les déclarations et réclamations qui lui ont été faites verbalement, et y annexe celles qui lui sont transmises par écrit (L. 1841, art. 7).

Il transmet le tout au sous-préfet.

53. Un autre registre destiné à recevoir les déclarations d'élection de domicile (— V. *inf.* n° 123), doit être ouvert au moment de la publication des plans parcellaires, les préfets en transmettant ceux-ci aux maires leur adressent en même temps ce registre. Delalleau, n° 673.

54. La déclaration est faite par un fondé de pouvoir, la minute ou l'expédition de la procuration est annexée au registre ; il n'est pas besoin d'un pouvoir spécial, une procuration générale suffit. Delalleau, n° 674.

55. A l'expiration du délai de huitaine (—V. *sup.*, n° 48) une commission est nommée. L. 1841, art. 8. — A l'effet de rechercher si pour exécuter l'ordonnance ou l'arrêté qui a déterminé les territoires, il est nécessaire d'occuper telle ou telle propriété particulière ; si, par exemple, pour ménager tel domaine, on ne pourrait pas faire fléchir la ligne du plan de manière à la diriger vers la limite plutôt que sur le milieu de ce domaine. Observation de M. Legrand, en 1833.

56. Cette commission se compose du sous-préfet de l'arrondissement, de quatre membres du conseil-général du département ou du conseil de l'arrondissement, désignés par le préfet, du maire de la commune où les propriétés sont situées, et de l'un des ingénieurs chargés de l'exécution des travaux. *Ib.*

57. Les propriétaires (ou usufruitiers. Delalleau, n° 178) qu'il s'agit d'exproprier ne peuvent être appelés à faire partie de la commission. *Ib.*

Il en est autrement de leurs pères, fils, frères, et autres parens ou alliés. La proposition d'exclusion de ces différentes personnes a été rejetée. Séance, 2 fév. 1833, *Monit.*, 2 mars 1841, p. 509.

58. Le maire de la commune, dans l'intérêt de laquelle se fait l'expropriation, peut être membre de la commission et y avoir voix délibérative. *Monit.*, séance du 2 fév. 1833, p. 280.

59. Si les travaux doivent parcourir les territoires de plusieurs communes, il faut qu'une commission soit formée pour
chaque commune : tous les maires de ces communes ne peuvent
être appelés dans le sein d'une commission unique pour donner
leur avis. Cass. 6 janv. 1836 (art. 360. J. Pr.).

60. L'ingénieur n'est pas nécessairement attaché à l'administration des ponts et chaussées : l'art. 4 admet en concurrence
avec les ingénieurs les autres gens de l'art. *Même arrêt.*

Dans le cas de travaux entrepris par des compagnies, si l'ingénieur de l'État n'est pas membre de la commission, son avis est
toujours demandé après l'enquête. *Monit.* du 23 avr. 1841,
p. 1084.

61. Il y a lieu pour chaque commune à une opération distincte, lors même que la composition de la commission est
identique pour toutes ces communes. Delalleau, n° 184.

62. La commission se réunit au chef-lieu de la sous-préfecture, — sous la présidence du sous-préfet. L. 1841, art. 8.

63. La commission reçoit, *pendant huit jours,* les observations
des propriétaires. *Ib.,* art. 9 ;—et des usufruitiers, usagers locataires ou fermiers ; — écrites ou verbales. Delalleau, n°ˢ 190
et 191.

Pendant huit jours, ces mots ont été ajoutés à la loi de 1833
qui présentait de graves difficultés dans l'application. — V. *inf.*
n° 68.

64. Peuvent être entendus non-seulement les propriétaires
dont les noms sont indiqués sur le plan dont il est parlé, *sup.,*
n° 34, — mais encore, les propriétaires qui, en raison des réclamations produites, se trouveraient menacés de voir reporter
sur leurs propriétés l'expropriation repoussée par leurs voisins.

65. La commission appelle les propriétaires toutes les fois
qu'elle le juge convenable. L. 1841, art. 9.

Elle peut se transporter sur les lieux.

Elle émet également son avis sur les réclamations adressées
directement au maire. *Monit.* 3 fév. 1833, p. 280 et 281.

66. La commission ne peut délibérer valablement qu'autant
que cinq de ses membres au moins sont présents. — Dans le
cas où le nombre des membres présents serait de six, et où il y
aurait partage d'opinions, la voix du président est prépondérante. L. 1841, art. 8 — L'opinion de la minorité peut être
exprimée au procès-verbal. *Monit.* 5 mars 1841, p. 509.

67. La constatation de la présence des membres résulte de
leurs signatures au bas de la délibération, une irrégularité à cet
égard entraînerait la cassation du jugement d'expropriation.
Cass. 5 juill. 1859 (Art. 2014 J. Pr.).

68. Les opérations doivent être terminées dans le délai *de*

dix jours. Même loi, art. 9. — Ce délai était d'un mois sous la loi de 1833 : jusqu'au dernier jour les propriétaires pouvaient transmettre leurs observations, de sorte qu'il ne restait plus à la commission le temps de rédiger son avis. Cass. 27 nov. 1858 (Art. 1293 J. Pr.). — Les propriétaires n'ayant plus maintenant que huit jours pour présenter leurs observations, il reste deux jours pour les délibérations de la commission. *Monit.* 2 mars 1841, p. 510.

69. Lorsque les opérations sont terminées, le procès-verbal est adressé immédiatement par le sous-préfet au préfet. *Même loi,* art. 9.

Si les opérations n'ont pas été mises à fin dans le délai, le sous-préfet le constate par un procès-verbal qu'il transmet, dans les trois jours, au préfet avec les documents recueillis. *Ib.* art. 9. — On n'a pas voulu qu'il dépendît de la commission de traîner indéfiniment en longueur les préliminaires de l'expropriation.

70. Si la commission propose quelque changement au tracé indiqué par les ingénieurs, le sous-préfet doit, dans la forme indiqué par l'art. 6, en donner *immédiatement* avis aux propriétaires que ces changements peuvent intéresser. *Même loi,* art. 10.

71. *Immédiatement.* On n'a pas déterminé de délai, parce que l'avertissement doit être inséré dans l'un des journaux de l'arrondissement où sont situés les biens, et que dans plusieurs chefs lieux de sous-préfecture, les journaux ne paraissent pas tous les jours, de telle sorte que tel délai aurait pu être trop long dans certains cas et trop court dans d'autres.

72. L'avis est collectif. S'il eut été individuel, il aurait pu être donné à différents jours pour différents propriétaires, et le délai fixé pour la durée du dépôt des pièces à la sous-préfecture qui date de cet avertissement n'eut pas été uniforme.

73. Pendant huitaine, à dater de l'avertissement, le procès-verbal et les pièces, transmis par le sous-préfet, restent déposés à la sous-préfecture. L. 1841, art. 10.

Les pièces. Par exemple, les registres destinés à recevoir les élections de domicile : ils servent à constater la régularité des significations qui ont été faites et des consignations qui ont pu en être la suite ; Delalleau, n° 676.

74. Les parties intéressées peuvent prendre communication des pièces déposées sans déplacement et sans frais et fournir leurs observations écrites. *Même loi,* art. 10.

Observations écrites. Afin que ces observations aient un caractère sérieux et puissent être discutées. *Monit.* 6 mai 1840, 927.

75. Dans les trois jours suivants, le sous-préfet transmet toutes les pièces à la préfecture. L. 1841, art. 10.

76. La circonstance que l'expropriation est requise dans un intérêt purement communal a bien pu dispenser de convoquer une commission d'examen suivant les art. 8, 9 et 10, mais ne dispense pas de l'observation des art. 5, 6 et 7. Cass. 2 fév. 1836 (Art. 2016 J. Pr.).

77. Sur le vu du procès-verbal et des documents y annexés, le préfet détermine, par un arrêté motivé, les propriétés qui doivent être cédées. L. 1841, art. 11. — C'est-à-dire leur nature, leur contenance, les noms des propriétaires tels qu'ils le sont sur le plan parcellaire (art. 5) avec les rectifications qui ont pu être indiquées depuis.

Le défaut de détermination n'entraînerait pas cassation si la propriété se trouvait comprise et indiquée sur le plan annexé tant à l'ordonnance royale déclarative de l'utilité publique, qu'à l'arrêté du préfet lui-même. Cass. 22 déc. 1834 (Art. 2, § 6 J. Pr.); 5 fév. 1840, S. 40, 1, 162.

78. Le préfet indique, en outre, l'époque à laquelle il sera nécessaire de prendre possession des terrains. L. 1841, art. 11.

A été cassée la décision d'un jury qui avait fixé pour la prise de possession des terrains expropriés une époque autre que celle déterminée par l'arrêté du préfet. Cass. 31 déc. 1838 (Art. 2017 J. Pr.).

79. Le préfet n'a pas le droit d'ordonner la prise de possession immédiate. Le jugement qui confirmerait une semblable décision devrait être cassé. Cass. 28 janv. 1834 (Art. 2, § 1, J. Pr.).

80. Il n'est pas nécessaire que l'arrêté du préfet soit motivé comme un jugement. Delalleau, n° 215.

81. Dans le cas où il résulte, de l'avis de la commission, qu'il y a lieu de modifier le tracé des travaux ordonnés, le préfet doit surseoir jusqu'à ce qu'il ait été prononcé par l'administration supérieure. *Ib.* art. 11. — C'est à-dire par le préfet.

Cette décision n'a rien de contentieux, et ne peut évidemment être déférée au Cons.-d'Etat. Aussi a-t-on supprimé comme inutile la disposition de la loi de 1833 qui exprimait cette idée. *Monit.* 2 mars 1841, 511.

82. L'administration supérieure peut, suivant les circonstances, ou statuer définitivement ou ordonner qu'il soit procédé de nouveau à tout ou partie des formalités prescrites par les articles précédents. L. 1841, art. 11.

83. *Définitivement.* Toutefois le ministre pourrait plus tard, s'il reconnaissait qu'il y a lieu d'adopter une autre direction, ordonner de nouveau l'observation des formalités prescrites au titre II. *Mon.* 2 mars 1841, p. 511.

84. La loi du 9 août 1839 (Art. 1545 J. Pr.), a autorisé des compagnies concessionnaires des chemins de fer, à proposer des modifications au tracé général de ces chemins et à leur largeur, au maximum des pentes, et au minimum des rayons des courbes

et au nombre des gares d'évitement à la hauteur ou à la lar-
gueur des ponts sur les chemins vicinaux et d'exploitation, au
mode de construction des ponts, à la rencontre des routes royales
et départementales, des rivières ou canaux de navigation, de
flottage, enfin à la pente des routes royales et départementales
déplacées. Mais ces modifications ne peuvent être exécutées
que moyennant l'approbation préalable et le consentement for-
mel de l'autorité compétente. — L'administration a été également autorisée à statuer provisoirement sur les modifications
que les compagnies pourraient demander aux tarifs réglés par les
cahiers des charges.

85. Les dispositions relatives aux fonctions de la commission ne s'appliquent point aux cas où l'expropriation est demandée par une commune, et dans un intérêt purement communal, non plus qu'aux travaux d'ouverture ou de redressement de chemins vicinaux. L. 1841, art. 12 ; — qu'ils soient
ou non de grande communication. *Mon.* 24 avr., p. 1095 à
1099 ; 2 mai 1841, p. 512.

86. Le procès-verbal est alors dressé par le maire, et par lui
transmis, avec l'avis du conseil municipal, au sous-préfet, qui
l'adresse au préfet avec ses observations. Le préfet, en conseil
de préfecture, sur le vu de ce procès-verbal, et sauf l'approbation de l'administration supérieure, prononce comme il est dit
au numéro précédent. *Ib.* art. 12.

87. Par ces mots *le préfet, en conseil de préfecture,* il faut
entendre que, conformément à l'usage, le préfet décide seul sur
l'avis non obligatoire du conseil. Ch. Paris, 6 mai 1833.

88. Il résulte de la discussion à la ch. des pairs, que ces
mots, sauf l'approbation de l'administration supérieure, ne
peuvent s'entendre que de l'approbation de l'administration supérieure dans les cas prévus par les lois et réglements, et qu'on
n'a pas entendu déroger à la loi du 21 mai 1836 sur les chemins vicinaux. *Mon.* 24 avr. 1841, p. 1100.

89. Les formalités qui viennent d'être énumérées ne sont
applicables ni aux travaux militaires, ni aux travaux de la marine royale. — Pour ces travaux, une ordonn. roy. détermine
les terrains qui sont soumis à l'expropriation. — V. *inf.* § 11.

§ 3. — *Cession amiable.*

90. Avant de recourir à l'expropriation judiciaire, la voie
amiable est tentée.

91. Si les offres de l'administration sont agréées, les actes de
vente des terrains ou bâtiments cédés à l'État, peuvent être passés dans la forme des actes administratifs : la minute reste déposée au secrétariat de la préfecture ; expédition en est transmise à l'administration du domaine.

Il en est de même, soit dans le cas de vente amiable, soit dans celui d'expropriation forcée, des quittances et autres actes relatifs à l'acquisition des propriétés acquises par l'Etat. *Ib.* L. 1841, art. 56.

92. Sont compétens pour recevoir des actes dans la forme administrative, les préfets, sous-préfets, maires et adjoints.

93. Les contestations qui peuvent s'élever relativement à l'exécution des actes ainsi passés en la forme administrative entre l'administration et les particuliers, sont de la compétence des trib. ordinaires. Cons.-d'Et. 29 mars 1828; Delalleau, p. 420.

94. Ces différents actes peuvent aussi être passés devant notaires. La commission de la ch. des pairs avait proposé de substituer les mots *sont passés*, à ceux *peuvent être passés*, mais cette rédaction a été repoussée comme ayant le double inconvénient de constituer les préfets agents nécessaires des compagnies concessionnaires de travaux, et de nuire dans certaines circonstances à l'administration elle-même, qui doit seule décider s'il lui est plus ou moins avantageux de recourir au ministère des notaires. « Souvent, disait M. le commissaire du roi, l'économie que procure l'intervention des notaires compense et au-delà le montant des honoraires qu'on est dans le cas de leur allouer. » Ch. des pairs, 13 mai 1833.

95. Si des biens de mineurs, d'interdits, d'absens, ou autres incapables, sont compris dans les plans déposés en vertu de l'art. 5, ou dans les modifications admises par l'administration supérieure, aux termes de l'art. 11, les tuteurs, ceux qui ont été envoyés en possession provisoire, et tous représentans des incapables peuvent, après autorisation du trib., consentir amiablement à l'aliénation de ces biens. L. 1841, art. 13.

96. *Aliénation.* La loi de 1833 donnait aux représentants des incapables le droit de convenir du prix après l'expropriation prononcée, mais ne leur permettait pas de consentir à l'expropriation.

97. L'autorisation du trib. est donnée sur simple requête, en la chambre du conseil, le ministère public entendu. L. 1841, art. 13.

Le trib. ordonne les mesures de conservation ou de remploi qu'il juge nécessaires. *Ib.*

98. *Le tribunal;* c'est celui qui a prononcé le jugement d'expropriation, et dans l'arrondissement duquel les biens sont situés (*ib.* 13), il est plus à même que tout autre d'apprécier la suffisance des offres, et il est en quelque sorte saisi de l'affaire par la nomination qu'il a faite du magistrat directeur du jury. *Ib.* 14. — V. *inf.* n° 120.

99. On n'exige pas, dans cette circonstance, la délibération du conseil de famille. *Mon.* 5 mars 1841. p. 516.—Ni les autres

formalités voulues pour les aliénations ordinaires d'immeubles appartenant à des incapables, dans le but d'accélérer les opérations. — Il n'est pas permis aux représentans des incapables de traiter à l'amiable avec l'administration avant le jugement d'expropriation. Ce jugement, et les formalités qui le précèdent, sont une garantie pour l'incapable. L'art. a été expliqué dans ce sens. Ch. pairs, 9 mai 1833.

100. Les immeubles dotaux et les majorats sont soumis aux règles tracées sous les nᵒˢ 95 à 98. L. 1841, art. 13.

Majorats. Cette addition, proposée par M. Legrand, a été adoptée malgré l'opposition de MM. Dufaure et Laplesse. La chambre a pensé que les intérêts de l'appelé étaient suffisamment garantis par les mesures de conservation et de remploi que le trib. est appelé à ordonner. *Mon.* 3 mars 1841, p. 517.

Immeubles dotaux. Si le mari refuse son autorisation, le trib. peut la suppléer, car ici l'aliénation est inévitable. *Journal des Communes*, 1841, p. 230.

101. Peuvent encore être aliénés 1ᵒ les biens des départemens par les préfets autorisés par délibération du conseil général. L. de 1841, art. 13. Cette délibération est affranchie de l'approbation supérieure du ministre de l'intérieur. Ch. des dép., séance du 2 mars 1841.

2ᵒ Les biens des communes ou établissemens publics, par les maires ou par les administrateurs, autorisés par délibération du conseil municipal ou du conseil d'administration, approuvée par le préfet en conseil de préfecture. *Même article.*

3ᵒ Les biens de l'Etat par le ministre des finances. *Ib.*

4ᵒ Ceux qui font partie de la dotation de la couronne, par le ministre des finances sur la proposition de l'intendant de la liste civile. *Ib.*

§ 4. — *Expropriation.*

Art. 1. — *Procédure et jugement d'expropriation.*

102. A défaut de cession volontaire consentie par le propriétaire ou par ceux qui le représentent, l'expropriation pour cause d'utilité publique s'opère par autorité de justice. L. 3 mai 1841, art. 13.

103. Les trib. ne peuvent la prononcer qu'autant que l'utilité en a été constatée et déclarée dans les formes prescrites par la loi. *Ib.*, art. 2.

Le mot *déclarée* a été ajouté au projet de loi, parce que, a-t-on dit, ce qui est constaté peut demeurer secret, et qu'une déclaration publique est nécessaire.

104. Le préfet transmet au procureur du roi dans le ressort duquel les biens sont situés les pièces, savoir :

1° La loi ou l'ordonnance qui autorise l'exécution des travaux. L. 1841, art. 13;

2° L'arrêté du préfet désignant les territoires, *ib.*;

3° Le plan parcellaire, art. 4;

4° Le certificat du maire constatant la publication et l'affiche de l'avertissement relatif au dépôt du plan, art. 5 et 6;

5° Un exemplaire des journaux, dans lesquels a été inséré cet avertissement, art. 7;

6° Le procès-verbal ouvert par le maire pour recevoir les déclarations des parties, art. 8;

7° Le procès-verbal de la commission spéciale ou du sous-préfet, art. 9;

8° Le certificat du secrétaire-général constatant le dépôt des pièces, art. 10;

9° L'arrêté du préfet déterminant les propriétés particulières dont l'Etat a besoin, art. 11;

10° L'arrêté d'approbation du ministre.

105. Les minutes des pièces restent entre les mains du préfet; mais des copies certifiées en sont transmises par lui au procureur du roi. Delalleau, n° 292.

106. S'il s'agit de travaux communaux, les formalités indiquées aux art. 8, 9 et 10 n'étant point applicables (— V. *sup.* n° 85), les pièces à produire sont celles n°ˢ 1, 2, 3, 4, 5, 6. — V. *sup.* n° 104.

107. Dans les trois jours et sur la production des pièces indiquées, *sup.* n° 104, le procureur du roi dépose un réquisitoire, par lequel il demande au trib. l'expropriation des terrains compris dans l'arrêté et la désignation d'un de ses membres pour remplir les fonctions de magistrat-directeur du jury. L. 1841, art. 14; — il joint à son réquisitoire les pièces à lui transmises.

108. L'Etat est représenté par le procureur du roi, que la loi charge de requérir l'expropriation.

109. Les parties conservent le droit, non pas d'intervenir par requête, mais de fournir toutes les observations qui peuvent être utiles pour éclairer le tribunal. Cass., 19 juin 1834; 6 janv. 1836 (Art. 360. J. Pr.). Discussion, *Monit.*, 3 mars 1841, p. 518 et 519.

110. Les affaires d'expropriation sont urgentes et doivent être jugées comme telles. Cass., 26 déc. 1834, D. 35, 112, — sans retard. Delalleau, n° 300.

111. Le plus souvent, le trib. nomme un juge-commissaire sur le rapport duquel il prononce à une autre audience, après avoir entendu le procureur du roi. — Ces nouvelles conclusions peuvent être contraires à son réquisitoire. Dans le premier acte, il n'a été que le mandataire du préfet, il reprend son rôle ordinaire dans le second. Delalleau, n°ˢ 297 à 301.

112. Le trib. a-t-il le droit de vérifier la régularité des formes suivies par l'administration, de rechercher *s'il ne reconnaîtra aucune infraction aux règles posées par les titres* 1 et 2 (L. 1810, art. 14 du projet primitif de 1833) et de subordonner le prononcé de son jugement au résultat de cette vérification ? — Au contraire, sera-t-il réduit au rôle passif d'un simple visa (amendement de la ch. des députés en 1833)?

113. L'adoption d'un système intermédiaire semble résulter de la discussion qui s'est établie en 1833 à la ch. des pairs. Duvergier, 1833, p. 286 à 289, note : Devilleneuve, 1841, 2, 284, note 3.

Ainsi, le trib. peut et doit vérifier si les pièces qui lui sont remises (— V. *sup.* n° 104) constatent qu'il y a eu une ordonnance ou une loi déclarant l'utilité publique (art. 2); que le plan parcellaire indicatif des noms des propriétaires a été dressé (art. 4), et déposé à la mairie pendant le délai (art. 5); que l'avertissement a été affiché ou inséré dans un journal (art. 6); que le maire a certifié ses publications (art. 7); que la commission a été réunie (art. 8); que le procès-verbal de ses opérations et les pièces à l'appui sont restés déposés pendant huitaine à la sous-préfecture et que les parties intéressées ont été averties d'en venir prendre connaissance; que les pièces ont été transmises dans le délai de trois jours à la préfecture (art. 10); que le préfet a rendu son arrêté, ou a sursis jusqu'après la décision de l'autorité supérieure; Duvergier, *ib.*

Si tout cela est constaté par les pièces, le trib. doit considérer les formalités comme accomplies et prononcer l'expropriation. Arg. L. 1841, art. 14.

Si, au contraire, les pièces ne constatent pas toutes ces formalités, le tribunal ne peut prononcer l'expropriation. Cass. 8 avr. 1835 (Art. 265 J. Pr.). Il n'a pas à annuler l'arrêté du préfet : ce serait violer la règle de la séparation des pouvoirs administratif et judiciaire. Il se bornera à dire : attendu que les pièces produites ne constatent pas que telles et telles formalités ont été remplies, il n'y a lieu à prononcer l'expropriation des terrains appartenant à tel ou tel propriétaire. Duvergier, *ib.*

Spécialement quand la loi de concession d'un canal, à laquelle a été annexé un plan général des lieux, ne désigne pas les territoires sur lesquels les travaux doivent être exécutés, le tribunal ne peut prononcer l'expropriation des terrains désignés dans les plans parcellaires, même approuvés par l'administration des ponts et chaussées, si préalablement un acte du préfet n'a désigné les territoires, et si un arrêté ultérieur de ce fonctionnaire n'a déterminé les propriétés particulières auxquelles l'expropriation est applicable. Cass. 6 janv. 1836 (Art. 560 J. Pr.).

S'il y a eu erreur, négligence, disait M. Villemain à la chambre des pairs en 1833, il faut que le tribunal s'arrête, et qu'en s'arrêtant il donne lieu à l'administration de s'apercevoir de son erreur. L'administration sera-t-elle entravée? Non. Elle sera seulement avertie.

114. Le tribunal doit se borner à vérifier les caractères extérieurs des actes qu'on lui soumet.

Il serait incompétent : 1° pour examiner si les formalités dont l'accomplissement est constaté par les actes que produit le préfet ont été réellement accomplies ;

2° Pour recevoir une inscription de faux contre les énonciations portées dans un acte administratif. Cass. 22 août 1838 (Art. 2013 J. Pr.); Duvergier, 1841, p. 125, note.—Toutefois, M. Homberg, p. 48, note, admet l'inscription de faux ; mais cette solution doit être restreinte, selon nous, au cas où la sincérité des signatures apposées à l'acte est seule mise en question ;

3° Pour réformer la décision de l'autorité administrative qui a déclaré que le concessionnaire a rempli les conditions de la concession consistant notamment dans la justification de la constitution d'un fonds social. Cass. 6 janv. 1836 ;

4° Pour examiner ou décider si l'utilité publique réclame véritablement l'exécution des travaux ; si ces travaux doivent porter sur telle commune plutôt que sur telle autre.

115. Le tribunal a-t-il le droit d'examiner si les travaux ont dû être autorisés par une loi ou par une ordonnance ? N'est-ce pas là une question de forme qui rentre nécessairement dans les attributions des tribunaux juges naturels de la propriété ?—L'affirmative est enseignée par Gillon et Stourm, p. 65; Foucart, 1, n° 547 ; Devilleneuve, 1841, 2, 285.

Pour la négative, M. Delalleau, p. 192, fait remarquer que l'art. 14 renvoie seulement à l'art. 2 du titre 1er, d'où il conclut que le tribunal ne doit pas s'immiscer dans l'examen des formalités prescrites par l'art. 3.

Si le tribunal jugeait qu'au lieu d'une ordonnance il fallait une loi, il infirmerait l'ordonnance royale qui ne peut être infirmée qu'au Conseil-d'État. Discours de M. Parant, 4 fév. 1833. — Peut-on admettre que le tribunal ait le droit de faire vérifier par des experts si le canal projeté aura plus de 20,000 mètres, ou s'il doit être ou non considéré comme un canal d'embranchement ? De pareilles questions sont uniquement de la compétence de l'administration.

116. Doit être cassé le jugement qui prononce l'expropriation sans avoir préalablement constaté l'accomplissement des formalités. Cass. 6 janv. 1836, 3 juill. 1839 (Art. 2014 J. Pr.).

Cette constatation ne peut résulter que du visa ou de la désignation des pièces qui ont dû être produites par l'administration. Cass. 1er juill. 1834, 2 fév. 1836 (Art. 2, § 2 et 2916,

J. Pr.). Mais il n'est pas nécessaire d'appeler le propriétaire devant les tribunaux chargés de vérifier si l'autorité administrative a régulièrement procédé. Cass. 19 juin 1834 (Art. 2, § 4,
Art. 360 J. Pr.).

On a déclaré valable un jugement contenant la mention
suivante : — « Vu les pièces au nombre de neuf, trans-
« mises par le préfet au ministère public, et constatant que les
« formalités exigées par la loi ont été remplies. » — Cass.
11 mai 1835, Palais 1835, 3, 119.—Toutefois la C. a exprimé
le regret que le tribunal n'eût pas énoncé particulièrement le
caractère de chacune de ces pièces.

En résumé le jugement contiendra 1° la preuve que le tribunal s'est assuré de la production des actes nécessaires. — V.
sup., n° 112 ;

2° L'indication de chaque propriété soumise à l'expropriation : l'expropriation ne porte que sur des terrains nécessaires
à la portion des travaux expressément ou implicitement compris dans la déclaration d'utilité publique, et ne s'étend
pas à d'autres terrains quelque utiles qu'ils paraissent à l'a-
chèvement ou à la conservation des travaux. Cass. 21 nov.
1836, S. 36, 920 ;

3° Les noms des propriétaires. Cass. 2 fév. 1836 (Art. 2016
J. Pr.) ;

4° L'époque de la dépossession. Delalleau, n° 515.

117. Si, dans l'année de l'arrêté du préfet, l'administration
n'a pas poursuivi l'expropriation, chaque propriétaire dont les
terrains (— ou *bâtimens*, ch. des députés, *Monit.* 3 mars 1841)
sont compris dans l'arrêté peut présenter requête au président.
L. 1841, art. 14.

118. *Dans l'année.* Le projet n'accordait que six mois. Le délai a été étendu à une année sur l'observation de M. Legrand.
Au moyen de cette extension, la disposition embrasse généralement deux exercices financiers, et l'administration peut alors
combiner ses ressources de manière à satisfaire à la nouvelle
obligation qu'on lui impose. *Monit.* 3 mars, p. 519. — Il
n'eût pas été juste, en cas d'inaction de l'administration, de
prolonger davantage l'interdit qui pèse sur ces propriétés.

119. La requête est communiquée par le procureur du roi
au préfet qui doit, dans le plus bref délai, envoyer les pièces.
L. 1841, art. 14.

Le tribunal statue dans les trois jours. *Ib.*

120. Le jugement qui prononce l'expropriation commet un
des membres du tribunal pour remplir les fonctions de magistrat-directeur du jury chargé de fixer l'indemnité à laquelle
a droit le propriétaire dépossédé, et désigne un autre membre
pour le remplacer au besoin. *Ib.* — V. *inf.* n° 180 et suiv.

121. En cas d'absence ou d'empêchement de ces deux magistrats, il est pourvu à leur remplacement par une ordonnance sur requête du président du tribunal civil. *Ib.*

122. Dans le cas où les propriétaires consentent à la cession, mais où il n'y a point accord sur le prix, le tribunal donne acte du consentement et désigne le magistrat directeur du jury, sans qu'il soit besoin de rendre le jugement d'expropriation, ni de s'assurer que les formalités prescrites par le titre II ont été remplies. *Ib.*

Cette dernière disposition a été rendue nécessaire par l'induction contraire que les CC. de Colmar et de Bordeaux avaient tirée de la loi de 1833. — V. d'ailleurs Cass. 5 juill. 1836 (Art. 593 J. Pr.).

123. Le jugement est publié et affiché par extrait dans la commune de la situation des biens, de la manière indiquée pour l'avertissement donné aux parties intéressées de prendre communication du plan des propriétés dont la cession est demandée (—V. *sup.* n° 44). Il est en outre inséré dans l'un des journaux publiés dans l'arrondissement, et, s'il n'en existe pas, dans l'un de ceux du département.

Cet extrait contenant les noms des propriétaires, les motifs et le dispositif du jugement, leur est notifié au domicile qu'ils ont élu dans l'arrondissement de la situation des biens, par une déclaration faite à la mairie de la commune où les biens sont situés ; dans le cas où cette élection de domicile n'a pas eu lieu, la notification de l'extrait est faite en double copie au maire et au fermier, locataire, gardien ou régisseur de la propriété. —Toutes les autres notifications sont faites dans la forme ci-dessus indiquée. L. 1841, art. 15.

124. La commission de la ch. des pairs avait proposé d'ajouter que le jugement serait immédiatement notifié par extrait aux créanciers inscrits avant la transcription. Mais cette disposition a été rejetée comme entraînant des retards inutiles. Les créanciers ne peuvent s'opposer au jugement : il n'est nécessaire de les mettre en cause que lorsqu'il s'agit de déterminer le montant de l'indemnité.

125. *Les noms des propriétaires.* C'est aux personnes désignées dans les actes antérieurs, par exemple dans les plans, que l'administration doit s'adresser.

Est suffisante la notification collective faite d'après les indications de la matrice des rôles, *aux enfants de M....., aux héritiers, N....* L'administration n'est pas tenue de prendre ailleurs des indications ; Delalleau, n° 317.

126. La mention mise par un maire au bas de l'extrait d'un jugement qui prononce l'expropriation et attestant que ce jugement a été notifié, ne peut pas suppléer la notification pres-

crite par les art. 20, 15 et 57 L. 1841. Arg. Cass. 28 janv.
1834 (Art. 2, § 1er J. Pr.).

Une notification irrégulière ne fait pas courir les délais du
pourvoi. *Même arrêt.*

127. Ces notifications et significations sont faites à la diligence du préfet du département de la situation des biens, —
soit par un huissier, soit par tout agent des administrations dont
les procès-verbaux font foi en justice. *Ib.* 57. — Le projet de
loi portait : *font foi jusqu'à inscription de faux ;* mais ces mots ont
été retranchés par la ch. des pairs, d'après le vœu de la commission. Ch. des pairs, 13 mai.

128. Les frais de l'instance en expropriation sont réglés par
le tarif de 1807 : l'ordonnance de 1833 ne s'applique qu'à la
procédure devant le jury d'indemnité.

129. Le jugement ne peut être attaqué que par la voie du
recours en cassation, et seulement pour incompétence, excès
de pouvoir, ou vices de forme du jugement. L. 1841, art. 20.

Mais les décisions postérieures, rendues par suite de contestations entre les parties restent soumises à la règle des deux degrés de juridiction. Toulouse, 31 août 1837, S. 37, 489.

130. *Incompétence.* Par exemple, si le jugement a été rendu
par un tribunal autre que celui dans le ressort duquel les biens
à exproprier sont situés.

Excès de pouvoir. Par exemple, si le tribunal refusait de
prononcer l'expropriation, — imposait à l'administration des
conditions autres que celles résultant des pièces. — V. *sup.*
n°s 112 à 115.

Vices de forme. Par exemple, si les juges n'étaient pas en
nombre, si le procureur du roi n'a pas été entendu. — V. *sup.*
n°s 27 et 79.

131. Le pourvoi peut être interjeté, non seulement par
l'administration et par le propriétaire, mais encore par les
créanciers. Arg. C. civ. 1166 et 1167.

132. Le pourvoi formé par un mandataire est valable,
bien que le pouvoir ne soit ni écrit, ni enregistré. Cass. 18
janv. 1837 (Art. 2018 J. Pr.).

133. Le pourvoi doit avoir lieu, *au plus tard,* dans les trois
jours, à dater de celui de la notification du jugement. L. 1841,
art. 20. — A peine de déchéance. *Ib.*

Le pourvoi peut être formé, même avant la notification.
Cass. 6 janv. 1836 (Art. 360 J. Pr.).

Le délai du pourvoi en cassation contre un jugement qui
prononce une expropriation ne court que du jour où les formalités prescrites par l'art. 15, pour la notification complète
ont été remplies. Cass. 1er juill. 1834 (Art. 2, § 2 J. Pr.).

134. Le jour de la notification et celui de l'échéance font partie du délai. *Mon.* ch. des dép. 2 fév. 1833.

Le délai n'est pas augmenté à raison des distances. — *Contrà*, Delalleau, n° 527. — V. *Inf.* n° 193.

135. La déclaration du pourvoi est faite au greffe ; elle n'a pas besoin d'être accompagnée de l'exposé des moyens. Cass. 18 janv. 1837 (Art. 2018 J. Pr.).

136. L'amende à consigner par le demandeur en cassation contre un jugement d'expropriation, n'est que de 75 fr. comme pour les jugements par défaut. — Par suite, l'indemnité due par le demandeur au défendeur, est de la moitié de l'amende, et se trouve réduite à 57 fr. 50 cent. Cass. 9 janv. 1839 (Art. 1371 J. Pr.).

137. Le pourvoi n'est pas suspensif. *Monit.* 6 fév. 1833, p. 300 ; Delalleau, n° 621. — Conséquemment l'administration peut se mettre en possession avant l'arrêt de la C. de cassation.

138. Le pourvoi doit être notifié dans la huitaine, soit à la partie soit au domicile indiqué, *sup.*, n° 123, soit au préfet ou au maire, suivant la nature des travaux, *le tout* à peine de déchéance. L. 1841, art. 20.

139. Dans la quinzaine de la notification du pourvoi, les pièces sont adressées à la chambre civile de la Cour de cassation, qui doit statuer dans le mois suivant. L. de 1841, art. 20.— Le pourvoi, en matière d'expropriation, est dispensé du préliminaire de la chambre des requêtes. Ch. des dép., 5 fév. 1833.

140. Si les pièces ne sont pas adressées dans la quinzaine à la Cour de cassation, il n'y a pas de déchéance du pourvoi. Mais l'arrêt est rendu par défaut. L. 1841, art. 20 ; — et cet arrêt n'est pas susceptible d'opposition. *Ib.*

Art. 2. — *Effets du jugement d'expropriation, quant aux priviléges, hypothèques et autres droits réels.*

141. Le jugement qui prononce l'expropriation a pour effet :

1° De transférer à l'Etat la propriété de l'immeuble franc et quitte de toutes charges. *Monit.* 7 mai 1840, p. 941, — sauf à satisfaire ceux qui ont des droits sur l'immeuble. — A dater du jugement, l'immeuble exproprié ne peut être ni aliéné, ni hypothéqué par le propriétaire exproprié ;

2° De convertir les droits réels en un droit sur l'indemnité représentative du fonds ;

3° D'obliger l'Etat à indemniser tous les ayant-droit.

142. Ce jugement qui exproprie ou qui donne acte de la cession amiable est, immédiatement après l'accomplissement des formalités prescrites par l'art. 15, transcrit au bureau de la conservation des hypothèques de l'arrondissement, conformément à l'art. 2181 C. civ. L. 1841, art. 16.

143. Dans la quinzaine de la transcription, les priviléges et les hypothèques conventionnelles, judiciaires ou légales, doivent être inscrits.

A défaut d'inscription dans ce délai, l'immeuble exproprié est affranchi de tous priviléges et hypothèques, de quelque nature qu'ils soient, sans préjudice des droits des femmes, mineurs et interdits, sur le montant de l'indemnité, tant qu'elle n'a pas été payée ou que l'ordre n'a pas été réglé définitivement entre les créanciers. *Ib.* art. 17.

144. L'obligation d'inscrire les priviléges et hypothèques dans la quinzaine de la transription du jugement, est conforme au droit commun pour les créanciers ordinaires (C. pr. 834); mais il en est autrement à l'égard des hypothèques légales qui subsistent jusqu'à la *purge* (— V. ce mot). Le motif de cette différence est qu'il n'y a pas de fraude possible dans un contrat de la nature de celui dont il s'agit, et que la publicité qui accompagne le jugement d'expropriation avertit les intéressés, aussi bien que les formalités prescrites par l'art. 2194 C. civ. Ch. des députés. Séance du 26 févr. 1833.

145. Les créanciers inscrits n'ont, dans aucun cas, la faculté de surenchérir; mais ils peuvent exiger que l'indemnité soit fixée par le jury. L. 1841, art. 17. — V. *inf.*, § 5.

Lorsque l'indemnité a été convenue à l'amiable entre l'administration et le propriétaire dépossédé, les créanciers peuvent craindre qu'elle ne soit pas égale à la valeur de l'immeuble qui leur était affectée par privilége ou hypothèque : il était donc juste de leur accorder le droit de ne pas se contenter de cette indemnité et de la faire régler par le jury. Ce droit est pour eux l'équivalent de celui de surenchère, qui leur appartient en matière d'aliénation volontaire. Mais comme il est utile d'encourager les cessions amiables, si l'estimation du jury n'est pas supérieure au prix convenu entre les parties, le créancier qui l'a requise doit supporter tous les frais. — V. *inf.*, n° 260.

146. Les actions en résolution, en revendication, et toutes autres actions réelles, ne peuvent arrêter l'expropriation, ni en empêcher l'effet. Le droit des réclamans est transporté sur le prix, et l'immeuble en demeure affranchi. *Ib.* art. 18.

147. Les règles qui précèdent sont applicables, dans le cas de conventions amiables, aux contrats passés entre l'administration et le propriétaire. *Ib.* art. 19.

Passés à quelque époque que ce soit, pourvu que la déclaration d'utilité publique ait précédé. *Mon.* 8 mai 1840, p. 957.

148. Toutefois l'administration peut, sauf les droits des tiers, et sans accomplir les formalités ci-dessus tracées, payer le prix des acquisitions dont la valeur ne s'elève pas au-dessus de 500 fr. L. 1841, art. 19.

149. Le défaut d'accomplissement des formalités de la purge des hypothèques n'empêche pas l'expropriation d'avoir son cours; sauf pour les parties intéressées, à faire valoir leurs droits ultérieurement dans les formes déterminées. *Ib*

Ainsi le tribunal ne peut se refuser à désigner le jury spécial, sous prétexte que les formalités de purge n'ont pas été accomplies. *Monit.* 8 mai 1840, p. 958. — Un arrêt de Colmar, dans l'affaire du chemin de fer de Bâle à Strasbourg, avait rendu cette disposition nécessaire.

§ 5. — *Du réglement des indemnités.*

150. L'indemnité est réglée à l'amiable — V. *sup.*, n° 90; — ou par la décision d'un jury.

Art. 1. — *Mesures préparatoires.*

151. Dans la huitaine qui suit la notification au propriétaire (— V. *sup.* n° 123), du jugement ordonnant l'expropriation, il est tenu d'appeler, et de faire connaître à l'administration (et non plus comme sous l'ancienne loi, au directeur du jury), les fermiers et locataires, ceux qui ont des droits d'usufruit, d'habitation ou d'usage, tels qu'ils sont réglés par le C. civ., et ceux qui peuvent réclamer des servitudes résultant des titres mêmes du propriétaire, ou d'autres actes dans lesquels il serait intervenu ; sinon il reste seul chargé envers eux des indemnités que ces derniers réclament. L. 1841, art. 21.

152. Le projet d'expropriation n'est notifié personnellement qu'au propriétaire, et cependant les locataires et autres parties énoncées au numéro précédent, ont le plus grand intérêt à être entendus, à cause des indemnités distinctes que prononce le jury (— V. *inf.* n° 239). Il était donc naturel d'imposer au propriétaire l'obligation de les avertir.

153. Cette injonction adressée au propriétaire, s'applique à plus forte raison au cas de cession amiable.

154. Mais le même délai (— V. *sup.* n° 151) n'est point obligatoire à peine de déchéance pour le cas où il n'y a eu précédemment ni notification du jugement d'expropriation, ni même de jugement d'expropriation. Riom, 1er mars 1838 (Art. 1217 J. Pr.).

155. *Dans la huitaine.* Après ce délai la notification serait tardive, l'administration pourrait passer outre, sauf la responsabilité du propriétaire.

156. Toutefois, si ce propriétaire se trouvait dans une position telle qu'il lui fût impossible de prévenir ses locataires, par exemple, en cas d'absence, nous croyons que les trib. pourraient avoir égard aux circonstances, et le décharger de toute garantie. — Il devrait, sans aucun doute, en être ainsi, s'il était établi que le locataire avait eu une connaissance personnelle du jugement d'expropriation ; spécialement s'il avait reçu la notification faite au propriétaire.

Tenu d'appeler et de faire connaître ; cette obligation n'est pas cumulative ; imposée dans le projet de loi, elle avait pour but *d'appeler* les intéressés à une expertise qui a été écartée lors de la discussion, bien que la rédaction de l'article ait été maintenue. Delalleau. n° 568 ; — il importe seulement que, d'une manière ou d'une autre, les intéressés aient été légalement prévenus, par l'administration ou par le propriétaire.

Si donc, en vertu de l'art. 15, l'administration avait remis les notifications destinées au propriétaire, au fermier, au locataire, celui ci serait suffisamment averti pour faire valoir ses réclamations. Delalleau, n° 578.

157. L'usufruitier indiqué à l'administration par le propriétaire, est à son tour obligé de faire connaître les fermiers ou locataires souvent inconnus du nu-propriétaire. Delalleau, n° 573.

158. La responsabilité du propriétaire ne peut se trouver engagée que par suite de sa négligence. On ne saurait le punir de n'avoir point averti une partie dont il ne connaissait pas l'intérêt. — Aussi n'est-il obligé d'avertir ceux qui ont des servitudes sur son immeuble, qu'autant que ces servitudes résultent des titres mêmes de propriété, ou d'autres actes dans lesquels il est intervenu. Ch. des pairs, 8 mai.

A l'égard des usagers, il faut qu'il s'agisse de droits d'usage tels qu'ils sont réglés par le C. civ., et non de simples droits d'usage de bois et forêts. Dans ce dernier cas, le droit a d'ailleurs trop peu d'importance, et le nombre de ceux qui l'exercent est habituellement trop considérable pour exiger les frais d'avertissements individuels. Ch. des dép. rap. comm. 26 janvier.

159. L'appel est fait au moyen d'un acte signifié à la requête du propriétaire par un huissier, ou par un agent de l'administration. Ch. des dép. *Mon.* 5 fév. 1833 ; — au domicile élu suivant les art. 15 et 16. — V. *sup.* n° 123.

160. Les intéressés, autres que ceux énumérés au n° 151, sont en demeure de faire valoir leurs droits par l'avertissement donné collectivement à toutes les parties de prendre communication à la mairie du plan des propriétés dont l'expropriation est nécessaire (— V. *sup.* n° 44), et tenus de se faire connaître à l'administration dans le même délai de huitaine, à défaut de quoi ils sont déchus de tous droits à l'indemnité. L. 1841, art. 21.

L'expression *d'intéressés* a un sens général et comprend, — la caution donnée au créancier. *Code des municipal.* t. 1, p. 92 ; — les créanciers chirographaires. Delalleau, n° 382 ; — ainsi que les personnes qui ont à réclamer des servitudes non résultant des titres de propriété du possesseur actuel. *Ib.* n° 22.

Par ces mots, *de tous droits à l'indemnité*, il faut entendre de tout recours contre l'Etat. La loi n'entend nullement enlever aux intéressés l'action qu'ils ont contre le propriétaire. Ch. des dép., 5 fév.

161. Les dispositions relatives aux propriétaires et à leurs créanciers, sont applicables à l'usufruitier et à ses créanciers. L. 1841, art. 22.

162. L'indemnitaire qui prétend n'avoir pas été prévenu doit se pourvoir contre le propriétaire, devant le magistrat directeur du jury. Trib. Seine, 22 fév. 1838.

163. L'administration notifie aux propriétaires et à tous autres intéressés qui auront été désignés, ou qui seront intervenus dans le délai de huitaine indiqué *sup.* n° 160, les sommes qu'elle offre pour indemnité. L. 1841, art. 23. — Ces offres sont en outre affichées et publiées conformément à l'art. 6 (—V. *sup.* n° 44.). *Ib.*

Cette notification est une formalité substantielle qui n'est pas suppléée par des offres oralement faites et discutées. Cass. 26 mai 1840, S. 40, 1, 707.

164. Un amendement tendant à ce que la notification fût faite à personne, ou à domicile, n'a pas été appuyé. *Mon.* mars, 1841, p. 521.

165. Les mots *aux créanciers inscrits* ont été retranchés avec raison : cette notification ferait double emploi avec l'art. 28, d'après lequel les créanciers n'ont à se prononcer qu'après l'acceptation du propriétaire, dans un délai qui ne court pour eux que du jour où cette acceptation leur a été notifiée. *Mon.* 8 mai 1840, p. 959.

166. S'il y a plusieurs ayant droit à l'indemnité, les offres sont faites divisément à chacun d'eux, et il y a autant de traités séparés qu'il y a d'intérêts distincts. *Mon.* 6 fév. 1841, p. 303.

167. Ces offres sont faites à la requête du préfet, par un huissier ou par un agent de l'administration, dont les procès-verbaux font foi en justice. L. 1841, art. 57.

168. Dans la quinzaine suivante, les propriétaires et autres intéressés sont tenus de déclarer leur acceptation, ou, s'ils n'acceptent pas les offres qui leur sont faites, d'indiquer le montant de leurs prétentions. L. 1841, art. 24.

169. *Dans la quinzaine.* Ce délai n'est point augmenté à raison des distances. — V. *inf.* n° 193.

170. L'acceptation a lieu, par un acte extra-judiciaire, signifié à l'administration. — V. *sup.* n° 167 ; — ou à l'amiable par une quittance en forme de contrat . Delalleau . n° 489. .

171. L'indemnitaire qui se refuse à faire connaître ses prétentions , n'encourt d'autre pénalité que celle de la condamnation aux dépens. V. *inf.* n° 260.—*Mon.* 27 janv. 1841, p. 211.

172. L'indemnitaire ne peut plus augmenter ses prétentions une fois qu'il les a fait connaître. Delalleau , n° 501. — Mais l'Etat ou le concessionnaire dont les offres ont été refusées, peut en faire de plus considérables.

173. Les femmes mariées sous le régime dotal , assistées de leurs maris, les tuteurs, ceux qui ont été envoyés en possession provisoire des biens d'un absent, et autres personnes qui représentent les incapables, peuvent accepter les offres de l'administration , s'ils y sont autorisés dans les formes indiquées *sup.* n° 95. L. 1841 , art. 25.

174. Le ministre des finances, les préfets, maires ou administrateurs, peuvent accepter les offres d'indemnité pour expropriation des biens appartenant à l'Etat, à la couronne, aux départements, communes ou établissements publics , dans les formes et avec les autorisations indiquées *sup.* n° 101. — *Ib.* art. 26.

Cette disposition n'est applicable qu'aux offres faites après le jugement d'expropriation, mais non à une cession amiable, pour laquelle les *communes* et *établissemens publics* doivent se faire autoriser dans les formes ordinaires (—V. ces mots). Ch. pairs , 9 mai.

175. Le délai de quinzaine, accordé aux parties pour accepter les offres de l'administration ou indiquer le montant de leurs prétentions , est d'un mois dans le cas où la propriété acquise par l'Etat appartient soit à un incapable, soit à une commune ou à un établissement public. L. 1841 , art. 27.

Cette prolongation de délai est indispensable ; il faut qu'on ait le temps d'obtenir l'autorisation nécessaire. —V. *sup.* n°s 95 et 101.

176. Si les offres de l'administration ne sont pas acceptées, dans les délais prescrits par les art. 24 et 27 , l'administration cite devant le jury, convoqué à cet effet, les propriétaires et tous autres intéressés qui ont été désignés ou qui sont intervenus, pour qu'il soit procédé au réglement des indemnités, *ib.* art. 28.

177. La citation contient l'énonciation des offres qui ont été refusées. *Ib.*

Art. 2. — *Jury spécial chargé de régler les indemnités.*

178. En cas d'expropriation pour cause d'utilité publique, le réglement des indemnités appartient au jury spécial.

Le dommage résultant d'une occupation temporaire ou d'une interruption de jouissance, est réglé suivant les circonstances par le trib. civil, ou par le conseil de préfecture.—V. *inf.* n° 332.

179. Sous le rapport du ressort, la compétence du jury est fixée par la situation des biens dans tel ou tel arrondissement. — Ainsi, lorsqu'un immeuble est situé, partie sur un arrondissement, partie sur un autre, chaque partie est estimée séparément par le jury de l'arrondissement dans lequel elle est située. Arg. L. 1841, art. 13 et 30. — V. d'ailleurs *inf.* n° 277.

180. *Formation des jurys spéciaux.* Dans sa session annuelle, le conseil général du département désigne pour chaque arrondissement de sous-préfecture, tant sur la liste des électeurs que sur la seconde partie de la liste du jury, trente-six personnes au moins, et soixante-douze au plus, parmi lesquelles sont choisis, jusqu'à la session suivante ordinaire du conseil général, les membres du jury spécial. — Le nombre des jurés désignés pour le département de la Seine est de six cents. *Ib.* art. 29.

181. Les jurés désignés en province, doivent avoir leur domicile réel dans l'arrondissement, *ib.*— Mais pour faire partie du jury de la Seine, il suffit d'avoir son domicile dans le *département* de la Seine.

182. Les noms des jurés qui ont fait le service d'une session ne peuvent être portés sur le tableau dressé par le conseil général pour l'année suivante. *Ib.* art. 47.

Doit être considéré, suivant nous, comme ayant fait le service le juré qui a été récusé durant toute la session : il a dû quitter ses affaires pour venir à chaque appel de cause. — *Contrà*, Devilleneuve, 1841, 2, 303, note 1.

183. Il y a un jury spécial pour chaque arrondissement. — V. *sup.* n° 180 ; — mais il ne faut pas en conclure qu'il ne saurait y avoir plusieurs jurys dans le même arrondissement. On a reconnu, lors de la discussion, l'avantage de concentrer l'estimation autant que possible dans le même jury, afin d'éviter les variations de tarif dans un même arrondissement ; mais on a reconnu également que cette règle pouvait recevoir des exceptions : par exemple, lorsque le nombre des estimations à faire serait trop multiplié. Ch. pairs, 11 mai 1833.

184. Toutes les fois qu'il y a lieu de recourir à un jury spécial, la 1ʳᵉ ch. de la C. roy., dans les départemens qui sont le siége d'une C. roy., et dans les autres départemens, la 1ʳᵉ ch. du trib. du chef-lieu judiciaire choisit, en la chambre du conseil, sur la liste dressée, comme il est dit *sup.* n° 53, pour l'arrondissement dans lequel ont lieu les expropriations, seize personnes qui forment le jury spécial chargé de fixer définitivement le montant de l'indemnité. L. 1841, art. 50; — et en outre quatre jurés supplémentaires.

Pendant les vacances ce choix est déféré à la chambre de la Cour ou du tribunal chargé du service des vacations. En cas d'abstention ou de récusation des membres du tribunal, le choix du jury est déféré à la C. roy. *Ib.*, art. 50, § 4. — V. d'ailleurs Lyon, 10 mai 1838; Cass., 24 fév. 1841 (Art 1280 et 1995 J. Pr.).

185. Le tribunal ne peut vérifier la régularité des procédures antérieures, ni rechercher si les notifications, transcriptions ont été accomplies. Cass. 31 déc. 1839, S. 40, 158. — Un amendement rédigé dans ce sens a été écarté comme surabondant. Séance du 3 mars 1841. — V. toutefois *sup.* n° 113.

186. Les affaires dont le jury doit connaître sont désignées avant sa composition, *ib.*, art. 44. — L'état des propriétés à évaluer est mis sous les yeux de la Cour. *Mon.* 11 mai, p. 1517.

187. Les règles tracées pour le jury par le C. d'inst. crim. ne sont point applicables, à peine de nullité, au jury spécial d'expropriation. Duvergier, 1833, p. 296, note 4. Homberg, p. 78, note 2.

188. Toutefois quelques-unes peuvent être considérées comme de sages conseils. Duvergier, *ib.*

Ainsi il convient de ne point appeler à faire partie du jury spécial :

L'ingénieur qui a dressé le plan de l'immeuble exproprié ;

L'officier de police judiciaire qui est intervenu lors de l'opposition par voie de fait à la levée du plan ;

Les experts qui ont évalué les offres à faire. Arg. C. instr. crim. 383 ;

Les ministres, préfets, sous-préfets, juges, les membres du parquet, les ministres du culte. Arg. C. instr. crim. 384.

189. Mais ne peuvent être choisis à peine de nullité, 1° les propriétaires, fermiers et locataires des terrains et bâtimens désignés dans l'arrêté du préfet (— V. *sup.* n° 77) et qui restent à acquérir. L. 1841, art. 50.

L'exclusion ne s'applique pas aux propriétaires qui, avant ou depuis le jugement d'expropriation, ont traité à l'amiable avec l'administration. Ch. des pairs, *Mon.* 12 mai 1835, p. 1548;

2° Les créanciers ayant inscription sur lesdits immeubles ;

3° Tous autres intéressés désignés, ou même intervenans, en vertu des art. 21 et 22. L. 3 mai 1841. — V. *sup.* n°s 151 et 160.

Un député demandait qu'on étendît l'exclusion à toute personne reprochable aux termes du C. pr. ; mais cette proposition fut repoussée, comme pouvant rendre trop difficile la composition du jury. Ch. des dép. 6 fév. 1833; 4 mars 1841, p. 527.

190. Les septuagénaires sont dispensés, s'ils le requièrent, des fonctions de juré. L. 1841, art. 30.

Ils sont recevables à proposer leur motif de dispense, soit devant la Cour ou le tribunal (ce qui est préférable), soit plus tard devant le directeur du jury. *Mon.*, 4 mars 1841, p. 527.

191. La liste des seize jurés, et des quatre jurés supplémen-taires, est transmise par le préfet au sous-préfet, qui, après s'être concerté avec le magistrat directeur du jury, convoque les jurés et les parties. L. 1841, art. 31.

192. *Convocation du jury et des parties.* La notification indique au moins huit jours à l'avance le lieu et le jour de la réu-nion, *ib.* L. art. 31.

193. *Huit jours*, non augmentés à raison des distances : le rap-porteur de la ch. des dép. a déclaré que, dans l'intention de la commission, aucun des délais fixés par la loi du 7 juill. ne devait recevoir l'application de l'art. 1033 C. pr. *Mon.* 3 fév. 1835, p. 281.

194. La notification aux parties leur fait connaître les noms des jurés. L. 1841, art. 31.

La partie qui comparaît devant le jury d'expropriation, et qui, sans faire ni protestation, ni réserves, y discute l'indemnité offerte n'est plus recevable à se faire un moyen de cassation contre la décision du jury, de ce que la liste des jurés ne lui aurait pas été notifiée huit jours au moins avant leur réunion. Cass. 13 janv. 1840 (Art. 2012 J. Pr.).

195. Les notifications sont faites soit par huissier, — soit par un agent de l'administration (— V. *sup.* n° 127). Cass. 15 avr. 1840 ; S. 40, 1, 706.

196. La convocation des jurés, par lettre du préfet, remises à domicile par le garde-champêtre de leur commune est ré-gulière. — Du moins le poursuivant n'est pas recevable à criti-que ce mode de procéder, lorsque les jurés ont répondu à l'ap-pel, et que lui même a notifié à l'exproprié la liste des jurés ainsi convoqués. Cass. 30 avr. 1839 (Art. 2019 J. Pr.).

197. Les notifications sont faites à la personne du juré ou, en cas d'absence, à celle du maire ou de l'adjoint du lieu qui est tenu de lui en donner connaissance. Arg. C. instr. crim. 389.

198. L'erreur dans le prénom de l'un des jurés, lorsqu'il n'y a d'ailleurs aucun individu du même nom patronymique avec lequel ce juré ait pu être confondu, n'est pas une cause de nul-lité. Cass. 30 avr. 1839 (Art. 2019 J. Pr.).

Il est utile que ce procès-verbal constate que les formalités substantielles ont été observées, pour prévenir le recours en cassation.

199. *Magistrat directeur du jury.* Ce magistrat a diverses attributions. — V. *inf.* et notamment, nᵒ 201 à 205; 207 à 210, 223, 230, 248, 255 à 266.

Il est assisté, auprès du jury spécial, du greffier, ou commis-greffier du trib., qui appelle successivement les causes sur lesquelles le jury doit statuer, et tient procès-verbal des opérations : — Ce procès-verbal fait foi jusqu'à inscription de faux.

200. *Composition du jury.* Les opérations qui ont pour objet la composition du jury, se font dans la chambre du conseil, en présence des parties intéressées. Arg. C. instr. crim. 399.

201. Lors de l'appel, l'administration a le droit d'exercer deux récusations *péremptoires*; la partie adverse a le même droit.

Dans le cas ou plusieurs intéressés figurent dans la même affaire, ils s'entendent pour l'exercice du droit de récusation, sinon le sort désigne ceux qui doivent en user.

Si le droit de récusation n'est point exercé, ou s'il ne l'est que partiellement, le magistrat directeur du jury procède à la réduction des jurés au nombre de douze, en retranchant les derniers noms inscrits sur la liste. L. 1841, art. 34.

On a écarté les récusations motivées, qui eussent été une source d'embarras et de procès. Séance du 8 mai 1810.

202. Tout juré qui, sans motif légitime, manque *à l'une des séances*, ou refuse de prendre part à la délibération, encourt une amende de 100 fr. au moins, et de 300 fr. au plus. Art. 32.

Le juré qui manque à plusieurs séances peut encourir autant de condamnations. Delalleau, pag. 562; Homberg, nᵒ 71, note 1.

L'amende est prononcée par le magistrat directeur du jury. Il statue en dernier ressort sur l'opposition qui est formée par le juré condamné, *ib.* art. 52. — Pourvu toutefois que cette opposition soit faite avant la clôture des opérations du jury, sa compétence n'est en effet que temporaire comme ses fonctions. Il faudrait donc décider, par analogie de ce qui a lieu devant les cours d'assises, que l'opposition formée après la dissolution du jury devrait être jugée par le directeur du premier jury qui s'assemblerait dans l'arrondissement.

Le directeur du jury prononce également sur les causes d'empêchement que les jurés proposent, ainsi que sur les exclusions ou incompatibilités dont les causes ne seraient survenues ou n'auraient été connues que postérieurement à la désignation faite par la C. ou le trib. *Ib.* art. 52.

Il n'est dû aucune indemnité aux jurés pour frais de déplacement ou de séjour. Le tarif du 18 sept. 1833, ne leur alloue une idemnité que pour les descentes sur les lieux. — V. *inf.* nᵒ 218.

203. Ceux des jurés qui se trouvent rayés de la liste par suite des empêchemens, exclusions ou incompatibilités prévus par le numéro précédent, sont immédiatement remplacés par les jurés supplémentaires, que le magistrat directeur du jury appelle dans l'ordre de leur inscription.

En cas d'insuffisance, le magistrat-directeur du jury choisit, sur la liste dressée par le conseil-général du département (—V. *sup.* n° 180), les personnes nécessaires pour compléter le nombre des seize jurés. *Ib.* art. 33. — Cette attribution appartenait au trib. d'arrondissement, d'après la loi de 1833.

204. Le jury spécial n'est constitué que lorsque les douze jurés sont présens. — Les jurés ne peuvent délibérer valablement qu'au nombre de neuf au moins. *Ib.* art. 35.·

Il n'y a pas lieu à nullité par cela seul que l'on a appelé, en l'absence de la partie, un juré suppléant en remplacement d'un juré titulaire. — Ni parce que ce juré suppléant a été inscrit sur la liste à la place de celui-qui manquait, au lieu de l'être le dernier. Cass. 9 juin 1834 (Art. 2, § 3 J. Pr.).

205. Le magistrat directeur du jury, a soin de classer les causes de manière à réunir celles relatives à des terrains dont l'évaluation paraît soumise aux mêmes circonstances et pour lesquelles les récusations ont porté sur les mêmes jurés. Alors ces affaires sont instruites presque simultanément. *Code des municipalités,* p. 129.

206. *Instruction et débats.* Dans chaque cause séparée, ou chaque série de causes pour lesquelles la composition du jury reste la même, chaque juré prête serment de remplir ses fonctions avec impartialité. *Ib.*, art. 36.

Les jurés ne peuvent, à peine de nullité, procéder à une visite de lieux contentieux avant d'avoir prêté serment. Cass. 26 sept. 1834 (Art. 72 J. Pr.).

Lorsque le jury a chargé un homme de l'art de vérifier les lieux contentieux, il n'est pas nécessaire que celui-ci fasse un rapport comme en matière d'expertise ordinaire. Cass. 9 juin ou 9 mai 1834 (Art. 2, § 3 J. Pr.). — Le jury ne peut être réputé avoir commencé ses opérations, par cela seul, qu'avant de siéger, il a manifesté le désir qu'un de ses membres, assisté d'un tiers, se transportât sur les biens dont l'expropriation a été prononcée.— La mention contenue au procès-verbal, que CHACUN DES JURÉS APPELÉ INDIVIDUELLEMENT A DIT EN LEVANT LA MAIN, JE LE JURE, établit suffisamment que le jury n'a pas prêté serment en masse. *Même arrêt.*

207. Le magistrat directeur du jury a la police de l'*audience.* — V. ce mot, n° 23 et suiv.

208. A-t-il le pouvoir discrétionnaire des présidens de Cours d'assises. MM. Gillon et Stourm, *Code des municipalités,* enseignent l'affirmative d'après un discours de M. Dubois d'Angers à la chambre des députés en 1833 ; — mais l'analogie est loin d'être complète entre ces deux espèces de magistrats , et d'ailleurs de semblables pouvoirs ne peuvent s'induire par analogie. Devilleneuve , 1841, 2, 296, note.

209. Le magistrat-directeur du jury expose la cause ou les faits. La communication des pièces a lieu à l'instant même.

Ainsi, l'on met sous les yeux du jury, 1° le tableau des offres et demandes notifiées aux propriétaires. — V. *sup.*, n° 163 ;

2° Les plans parcellaires , et les titres et autres documens produits par les parties à l'appui de leurs offres et demandes.

Documens : par exemple, les baux actuels, les contrats de ventes passés antérieurement et néanmoins aux époques les plus récentes, soit des mêmes fonds , soit des fonds voisins et de même qualité, ainsi que les matrices de rôle des contributions (arg. Art. 16, L. 8 mars 1810), les expertises, actes de partage, évaluations cadastrales, actes de société, en un mot toutes les pièces propres à établir la véritable valeur des fonds expropriés.

210. Le directeur du jury produit, s'il y a lieu, copie de la déclaration à lui faite par le propriétaire qui requiert l'acquisition entière de son immeuble morcelé. Arg. *ib.* 50 et 24. — V. *inf.*, n° 296.

211. Les parties ou leurs fondés de pouvoirs , présentent sommairement leurs observations. L. 1841, art. 37.

212. L'assistance d'un avoué n'est pas indispensable.

213. Les parties peuvent recourir au ministère d'un avocat. — Ce dernier n'a pas besoin de procuration. Delalleau, n° 569.

214. Les intérêts de l'Etat sont défendus par un délégué que nomme le préfet ou le fonctionnaire qui dirige l'administration. Delalleau, n° 570.

215. La discussion est publique. L. 1841, art. 37.

Il suffit que le jugement énonce qu'après le rapport publiquement fait à l'audience , il a été prononcé à l'audience publique de la chambre du conseil. Cass. 6 janv. 1836 (Art. 360 J. Pr.), — ou qu'il a été procédé en séance publique : on dirait vainement alors que la salle était trop exiguë pour permettre au public de s'y introduire. Cass. 13 janv. 1840 (Art. 2011 J. Pr.).

216. Il n'y a pas nullité, parce que la réunion du jury, indiquée dans l'acte de convocation comme devant avoir lieu dans la salle des audiences du tribunal civil au Palais-de-Justice, a été tenue, non dans cette salle occupée momentanément pour l'audience des criées , mais dans un autre local, par exemple dans celui destiné à la chambre des notaires , le procès-verbal constatant en fait que le jury s'est assemblé dans une salle du tribunal. *Même arrêt.*

217. La discussion peut être continuée à une autre séance, *Ib.* 37, — sans réassignation. Delalleau, n° 583.

218. Le jury a le droit d'entendre toutes les personnes qu'il croit pouvoir l'éclairer. L. 1841, art. 37 ;— même de nommer un ou plusieurs experts : cela résulte de ces mots, *toutes les personnes,* et des explications données lors de la discussion (Ch. Dép. 7 juin. *Monit.* 8 juin, p. 1607), — ou enfin de se transporter sur les lieux, ou de déléguer à cet effet un ou plusieurs de ses membres. *Même article.*

219. Toutefois l'audition de personnes étrangères n'est pas une enquête proprement dite : les lenteurs de cette procédure s'y opposent (V. toutefois *Ordonn.* 18 sept. 1833, art. 26.). — Ainsi il n'est pas dressé de procès-verbal.

220. Il ne faut pas non plus que l'homme de l'art fasse un rapport comme en matière d'expertise ordinaire. Cass. 9 juin 1834 (Art. 2, § 3 J. Pr.); Duvergier, 1833, 299.

221. Le transport des jurés sur les lieux est valablement ordonné, même après la clôture des débats. Cass. 7 fév. 1837 (Art. 2020 J. Pr.).

Il suffit que le jour et l'heure de la visite soient annoncés en audience publique : une sommation n'est pas nécessaire. *Même arrêt.*

Le magistrat-directeur du jury peut y assister. *Même arrêt.*

222. Si le jury a besoin de documens qui se trouvent entre les mains des employés de l'administration, il a le droit de faire appeler ces employés, et de prendre en leur présence communication de ces pièces. *Mon.* 27 janv. 212.

223. La clôture de l'instruction est prononcée par le magistrat-directeur du jury. L. 1841, art. 38.

Toutefois les débats dont la clôture a été prononcée, peuvent être réouverts du consentement des parties. Cass. 2 janv. 1837, S. 37, 126.

224. On avait proposé de confier au magistrat-directeur du jury, le soin de poser les questions qui lui paraîtraient résulter de l'instruction : cet amendement n'a pas été adopté. *Mon.* 4 mars 1841, P. 529 à 531. — Mais de ce que le magistrat n'est pas tenu de le faire, il n'en résulte pas qu'on ait voulu le lui interdire. Homberg, 80, note.

225. *Délibération du jury.* Après la clôture des débats, les jurés se retirent immédiatement dans leur chambre, pour délibérer. L. 1841, art. 38.

226. Lorsqu'il n'y a pas de salle pour délibérer, le magistrat-directeur fait retirer le public, et sort lui-même de la salle d'audience où les jurés restent seuls pour délibérer. Cass. 19 janv. 1835 (Art. 2, § 6 J. Pr.).

227. Les jurés désignent à l'instant même pour président l'un deux. L. 1841, art. 38.

Toutefois, la désignation du président à l'audience même et publiquement, n'entraîne pas nullité. Cass. 22 juill. 1839, (Art. 2021, J. Pr.).

Elle est suffisamment constatée par la simple mention qui en est faite dans la décision même du jury, revêtue des signatures individuelles de tous ses membres. *Même arrêt.*

Il n'est pas nécessaire que les jurés nomment un président avant de délibérer sur les questions qui leur sont soumises, s'ils ont nommé, à une précédente séance, un chef du jury. Cass. 19 janv. 1835.

Un amendement de MM. Pascalis et Dessaigne, tendant à appeler le magistrat-directeur du jury, à prendre part comme président à la délibération,—combattu par M. Dufaure, n'a pas été adopté. *Mon.* du 4 mars 1841, p. 527 à 529. — V. d'ailleurs *inf.* n° 230.

228. Le président continue ses fonctions jusqu'à la décision définitive. Cass. 19 janv. 1835 (Art. 2 § 6, J. Pr.).

229. Les jurés peuvent délibérer sans désemparer. L. 1841, art. 38.—C'est-à-dire qu'ils ne doivent sortir de leur chambre, qu'après avoir formulé leur déclaration. Arg. C. instr. cr. 343. Duvergier, 1833, p. 299, note 3 ; Delalleau, n° 590. — *Contra,* Homberg, p. 81, note, arg. C. instr. cr. 353.—Mais ce dernier article n'est relatif qu'aux débats et ne concerne pas la délibération.

230. Le directeur du jury peut, sur la demande des jurés, entrer dans la salle des délibérations et les éclairer sur la forme de la décision à rendre. Cass. 2 janv. 1837 (Art. 617 J. Pr.). *Mon.* 4 mars 1831, p. 531.

231. Il n'y a pas infraction à l'art. 38, par cela seul que pendant la délibération un juré venant jusqu'au seuil de la porte de la chambre du conseil aurait demandé une pièce nécessaire. Cass. 27 fév. 1837 ; S. 37, 272.

232. La décision du jury fixe le montant de l'indemnité ; — elle est prise à la majorité (*absolue*) des voix. — En cas de partage, la voix du président du jury est prépondérante. *Ib.* 38.

On a dérogé à la règle générale, qui veut qu'en cas de partage on appelle un ou plusieurs juges pour le vider, afin d'éviter les lenteurs.

233. La loi suppose que le jury ne peut être divisé que par deux opinions contraires. S'il se partageait en trois ou un plus grand nombre d'opinions, la prépondérance de voix donnée au président pourrait devenir complètement inutile.

Devilleneuve, 1841, 2, 298, note 2. — V. d'ailleurs *Partage de voix*, n°ˢ 5 et 6.

254. Il n'est pas nécessaire 1° que le procès-verbal du jury énonce que c'est à la majorité que sa décision a été rendue. — On ne peut être admis à prouver par témoins que les jurés n'ont pas délibéré en secret, lorsque les énonciations du procès-verbal établissent suffisamment que la délibération a été secrète ;

2° Que la décision du jury soit motivée.

On ne peut pas rechercher d'après quels élémens le jury a fixé l'indemnité. Les opérations auxquelles il a cru devoir se livrer ne constituent pas un excès de pouvoir. Cass. 19 janv. 1835 (Art. 2, § 6 J. Pr.).

235. Lorsqu'il y a litige sur le fond du droit ou sur la qualité des réclamans, et toutes les fois qu'il s'élève des difficultés étrangères à la fixation du montant de l'indemnité, le jury règle l'indemnité indépendamment de ces difficultés, sur lesquelles les parties sont renvoyées à se pourvoir devant qui de droit. L. 1841, art. 39.

Ainsi le jury établit hypothétiquement des indemnités correspondantes à l'éventualité des décisions à intervenir sur les points contestés entre les parties. Amendement de M. Renouard retiré comme surabondant.

236. *Sur le fond du droit.* Spécialement lorsque l'administration conteste au détenteur exproprié le droit à une indemnité. L. 1841, art. 49.

Dans les autorisations accordées pour des établissemens d'usines sur des cours d'eau même non navigables ni flottables, le gouvernement se réserve le droit de les faire supprimer sans indemnité, dans le cas où elles viendraient à être réclamées pour cause d'utilité publique. — L'administration n'a-t-elle pas excédé ses pouvoirs par ces réserves? — La question soulevée lors de la discussion de 1833, n'a pas été résolue d'une manière nette.

Mais M. Legrand (séance du 7 fév. 1833) a semblé reconnaître que s'il y avait excès de pouvoir, les tribunaux auraient le droit de repousser les prétentions du gouvernement, malgré les réserves introduites dans les actes. Devilleneuve, 1841, 2, 303, note. — V. Toutefois *Compétence*, n° 8.

Au reste, les tribunaux sont juges de la question de savoir si, en effet, il y clause portant obligation de démolir sans indemnité. Duvergier, 1833, p. 303, note 2.

237. La contestation porte encore sur le fond du droit, lorsque plusieurs personnes se prétendent propriétaires du même immeuble ; — Lorsque le locataire ou détenteur demande la fixation d'une indemnité à son profit, et que le poursuivant l'expropriation déclare n'avoir aucune offre à faire au réclamant. Cass. 9 juill. 1839 (Art. 1506 J. Pr.); — Lorsque les concessionnaires d'un chemin de fer modifiant les plans sur lesquels a été rendu le jugement d'expropriation, par de nouvelles conclusions devant le jury, changent la destination des terrains expropriés, il ne peut plus en cet état être statué sur l'indemnité due aux propriétaires de ces terrains; l'emploi projeté a dû influer sur les offres et demandes d'indemnité, et sur les considérations d'utilité publique, qui ont fait prononcer le jugement d'expropriation. Cass. 9 janv. 1839 (Art. 1371 J. Pr.).

Le propriétaire d'un immeuble, dont on demande l'expropriation partielle, requiert que l'expropriation comprenne l'immeuble tout entier : le jury ne peut pas se borner à fixer l'indemnité pour la partie dont l'expropriation est demandée, mais il doit donner une estimation alternative pour la partie et pour le tout, afin de pourvoir aux éventualités de la décision qui sera rendue sur le fond du litige par les juges compétens. Cass. 21 août 1838 ; 25 mars 1839 (Art. 1227 et 1460 J. Pr.). — Le jury, en fixant l'indemnité à une somme qu'il adjuge tout entière au propriétaire, contre lequel la revendication est exercée, préjugerait le débat qui doit s'établir devant les tribunaux ordinaires sur le droit de propriété, et commettrait un excès de pouvoir. *Mêmes arrêts.*

238. Lorsqu'une partie seulement d'une maison a été expropriée pour cause d'utilité publique, et que les locataires de cette maison, d'accord avec l'autorité qui poursuit l'expropriation, demandent qu'il soit fixé deux indemnités alternatives, l'une pour le cas où ils seraient obligés de quitter les lieux, l'autre pour celui où ils continueraient à les habiter, le jury ne peut, sous prétexte qu'il a reconnu l'impossibilité de conserver aux locataires les lieux par eux occupés, se borner à fixer une seule indemnité : ce serait empiéter sur la juridiction des tribunaux. Cass. 5 fév. 1840, P. 40, 1, 213.

239. Le jury prononce des indemnités distinctes en faveur des parties qui les réclament à des titres différens, comme propriétaires, fermiers, locataires, usagers et autres intéressés dont il est parlé dans l'art. 21 L. 1841, art. 39, — et pour chacune des solutions provoquées. *Monit.* 4 mars 1841, p. 552.

D'après l'ancienne rédaction de l'art. 39, les usagers dont les droits sont réglés par le Code civil ne devraient pas recevoir une indemnité séparée. La nouvelle rédaction les assimile aux autres usagers. — V. Devilleneuve, 1841, 2, 298, note.

240. Dans le cas d'usufruit, une seule indemnité est fixée par le jury, eu égard à la valeur totale de l'immeuble ; le nu-propriétaire et l'usufruitier exercent leurs droits sur le montant de l'indemnité, au lieu de l'exercer sur la chose.

241. L'usufruitier est tenu de donner caution ; les pères et mères ayant l'usufruit légal des biens de leurs enfans, en sont seuls dispensés (L. 1841, art. 39). — Ainsi, l'exception n'es pas applicable à l'usufruitier dispensé de donner caution par le testament ou le contrat constitutif de son usufruit : en effet, les parties ne sont pas présumées avoir prévu le cas d'expropriation ; et si l'usufruit a été établi sans caution, c'est que le propriétaire avait une garantie suffisante de ses droits dans la nature même de l'immeuble. Mais il n'en est plus ainsi d'un capital qu'il est si facile de détourner. Ch. Dép. 7 juin 1833.

242. L'indemnité doit consister en une somme d'argent. —V. toutefois Cass. 26 mai 1840 (Art. 2034 J. Pr.).

243. Le jury excède ses pouvoirs s'il les fait consister en une obligation pour la commune qui poursuit l'expropriation de faire les travaux rendus nécessaires par la nouvelle disposition des lieux. Cass. 31 déc. 1838 (Art. 2017 J. Pr.). — Si des dépenses sont rendues nécessaires par l'expropriation, le jury doit en comprendre l'importance dans son estimation.

244. La décision du jury qui laisse à l'administration l'option de payer une somme de.... ou d'accorder certains droits au propriétaire exproprié est irrégulière, en ce que, sans fixer l'importance de chacun de ces droits en particulier, elle condamne l'administration à payer l'indemnité pour le simple refus de l'un d'eux ; mais cette irrégularité ne constitue pas un excès de pouvoir de nature à entraîner cassation. Cass. 11 janv. 1836 (Art. 597 J. Pr.).

245. Le jury doit fixer le chiffre de l'indemnité .

Est irrégulière la décision qui se borne à fixer une indemnité de 50 fr. par are pris pour l'usage d'un chemin de fer, et à 20 fr. la dépréciation de la même étendue de terrain, sans déterminer l'étendue du terrain pris par les travaux , ni de celui laissé au propriétaire. Cass. 3 août 1840 (Art. 1787 J. Pr.).

246. Le jury n'est pas tenu d'accorder deux indemnités distinctes , l'une à raison de la valeur intrinsèque des terrains expropriés, l'autre à raison de la dépréciation causée par l'expropriation partielle : il peut fixer une indemnité unique, sans énoncer qu'elle comprend ou non la dépréciation alléguée. Cass. 17 août 1840 (Art. 1179 J. Pr.).

247. L'indemnité allouée par le jury ne peut en aucun cas être inférieure aux offres de l'administration, ni supérieure à la demande de la partie intéressée. L. 1841, art. 39. — Cette dernière disposition a pour but de prévenir l'abus révélé par la décision du jury de Schélestadt. — V. Cass. 22 juin 1840, (Art. 2036 J. Pr.).

248. La décision du jury, signée des membres qui y ont

concouru, est remise par le président au magistrat-directeur. L. 1841, art. 41.

En cas d'irrégularité ou d'obscurité, ce magistrat peut renvoyer le jury dans la salle des délibérations, pour rectifier ou éclaircir la déclaration. *Monit.* 7 fév. 1833, p. 317.

249. La délibération est signée par le magistrat-directeur du jury et par le greffier, — mais non à peine de nullité. Cass. 9 juin 1834 (Art. 2, § 3 J. Pr.).

250. Cet acte fait foi jusqu'à inscription de faux, spécialement lorsqu'il mentionne que les jurés ont délibéré en secret et sans désemparer. Cass. 19 janv. 1835 (Art. 2, § 6 J. Pr.).

Vainement les parties demanderaient à prouver que le greffier est entré dans la chambre du conseil et y est resté pendant la délibération du jury. Cass. 23 juin 1840 (Art. 2037 J. Pr.).

251. Le jury ne connaît que des affaires dont il a été saisi au moment de sa convocation. L. 1841, art. 44. — On n'a pas voulu que l'administration pût renvoyer devant tel jury dont elle aurait reconnu les dispositions favorables dans telle affaire qu'il lui plairait de désigner.

252. Il statue successivement et sans interruption sur chacune de ces affaires. *Ib.*

Toutefois il peut excepter les jours fériés. — et s'il a ordonné une mesure d'instruction, continuer l'affaire à un autre jour, et dans l'intervalle passer à une autre. Gillon et Stourm, p. 152, Homberg, p. 64. note 3. *Journal des communes*, 1841, p. 240, note 4.

253. Il ne doit se séparer qu'après avoir réglé toutes les indemnités dont la fixation lui a été ainsi déférée. *Ib.* 44.

Les opérations commencées par un jury, et qui ne sont pas encore terminées au moment du renouvellement annuel de la liste générale mentionnée *sup.* n° 184, sont continuées jusqu'à conclusion définitive par le même jury. L. 1841, art. 45.

254. Après la clôture des opérations du jury, les minutes de ses décisions et les autres pièces qui se rattachent auxdites opérations, sont déposées au greffe du trib. civil de l'arrondissement. *Ib.* art. 46.

255. *Ordonnance du directeur du jury.* Le directeur du jury déclare les délibérations exécutoires. *Ib.* art 41.

256. S'il ne s'élève de contestations que sur quelques-uns des chefs d'indemnité, ce magistrat ordonne le paiement des chefs non contestés. Delalleau, n° 600, — et la consignation des autres, jusqu'à ce que les parties se soient entendues ou que le litige soit vidé. L. 1841, art. 49.

257. Puis, il envoie l'administration en possession de la propriété, à la charge de se conformer aux dispositions relatives au paiement des indemnités. L. 1841, art. 41; — et pour l'é-

poque déterminée par le préfet : l'administration seule peu
être juge du moment où elle a besoin d'entrer en jouissance·
Cass. 31 déc. 1838 (Art. 2017 J. Pr.).

Si l'époque indiquée par le préfet est déjà passée, le directeur du jury déclare que la prise de possession aura lieu immédiatement après le paiement ou la consignation de l'indemnité. Delalleau, p. 391.

258. Si lors de la décision du jury, l'administration s'était
déjà mise en possession de l'objet en litige, le magistrat-directeur devrait se borner à ordonner l'exécution pure et simple
de la délibération ; — il excéderait ses pouvoirs s'il condam-
nait l'administration aux intérêts de l'indemnité fixée par la
décision, à partir du jour où le fait de possession aurait eu lieu.
Cass. 2 janv. 1837 (Art. 617 J. Pr.).

259. Le directeur du jury statue sur les dépens. L. 1841,
art. 51.

260. Si l'indemnité réglée par le jury ne dépasse pas l'offre de l'administration, les parties qui l'ont refusée sont
condamnées aux dépens.—Si l'indemnité est égale à la demande
des parties, l'administration est condamnée aux dépens. — Si
l'indemnité est à la fois supérieure à l'offre de l'administration, et inférieure à la demande des parties, les dépens sont
compensés de manière à être supportés par les parties et l'administration, dans les proportions de leur offre ou de leur
demande avec la décision du jury.

Tout indemnitaire, autre que les incapables, l'Etat, la couronne, les départemens et établissemens publics, est condamné
aux dépens, quelle que soit l'estimation ultérieure du jury, s'il
a omis de déclarer, dans la quinzaine de la notification qui lui
a été faite des offres de l'administration, le montant de ses prétentions. *Ib*. art. 40.

261. Lorsque le directeur du jury s'est en droit conformé
pour la condamnation aux dépens, à l'art. 40 qu'il a transcrit
dans sa décision, l'application vicieuse qu'il a pu faire des dispositions de cet article dans la répartition mathématique à laquelle
il s'est livré, ne constitue qu'une erreur de calcul réparable
par les voies de droit, mais ne saurait donner ouverture à cassation. Cass. 13 janv. 1840 (Art. 2011 J. Pr.).

262. La condamnation aux dépens est personnelle à ceux
qui l'ont encourue : c'est contre eux qu'elle doit être exécutée,
et non à l'aide d'une retenue sur le prix de la propriété. La
contestation peut être élevée par un créancier en rang non utile :
il n'est pas juste que le propriétaire et les créanciers utilement
inscrits supportent les frais d'une contestation qui leur est
étrangère. *Mon*. 27 janv. 1833, p. 211.

263. Lorsque l'administration conteste tout droit à une

indemnité, et qu'elle n'a fait aucune offre, le jury fixe l'indemnité conditionnellement, le magistrat, directeur du jury, réserve les dépens, et alors même que l'indemnité serait inférieure à la demande de l'indemnitaire, la compensation des dépens, dans ce cas, est prononcée par le tribunal. Delalleau, n° 611.

264. Enfin, le directeur du jury taxe les dépens. — V. *inf.* § 8.

La taxe ne comprend que les actes faits postérieurement à l'offre de l'administration; les frais des actes antérieurs demeurent, dans tous les cas, à la charge de l'administration. L. 1841, art. 41.

265. La décision du jury et l'ordonnance du directeur, sont notifiées aux parties. Ord. 18 sept. 1833, art. 1, n° 8,— à personne ou au domicile élu.

266. *Recours contre la décision du jury et l'ordonnance du directeur.* Elles ne peuvent être attaquées que par la voie du recours en cassation, et seulement pour violation de l'art. 31, des 2e et 4e § de l'art. 34, des art, 35, 36, 37, 38, 39 et 40 L. 1841, art. 42.

Et non par la voie de l'appel. Paris, 3 oct. 1838 (Art. 1302 J. Pr.).

267. Le pourvoi peut être formé avant la notification du jugement. Cass. 6 janv. 1836 (Art. 360 J. Pr.).

268. Le délai est de quinze jours pour le pourvoi, qui doit d'ailleurs être formé, notifié et jugé de la même manière que le pourvoi formé contre le jugement qui prononce l'expropriation (— V. *sup.* n° 175).

Il court à partir du jour de la décision. L. 1841, art. 42.

269. Il ne comprend ni le jour de la décision, ni celui de l'échéance ; — le pourvoi est recevable, bien que les pièces à l'appui n'aient pas été envoyées dans la quinzaine de la notification, et que le mémoire de l'état soit signé par le directeur général des ponts et chaussées, au lieu de l'être par le préfet. Cass. 11 janv. 1836 (Art. 397 J. Pr.).

270. Le défaut de notification du pourvoi dans la huitaine du jour où il a été formé, emporte déchéance. Cass. 26 janv. 1841 (Art. 1921 J. Pr.). — *Contrà*, Thory et Decauvaine, *de l'Expropriation pour cause d'utilité publique*, p. 127. — Suivant ces auteurs, la partie non ajournée a seulement le droit d'attaquer par opposition l'arrêt rendu en son absence. La C. de Cass. 18 oct. 14 nov. 1811, Palais, 3e édition, 9, 695, l'a ainsi jugé en matière criminelle.

271. A raison de la brièveté du délai, les indemnitaires éloignés du pays où a lieu l'expropriation, agiront prudemment en donnant à leur mandataire le pouvoir de se pourvoir en cassation, le cas échéant.

272. Le demandeur en cassation contre une décision du jury, n'est pas dispensé de consigner l'amende. Cass. 2 janv. 1837 (Art. 648 J. Pr.). —V. d'ailleurs *sup.* n° 136 et 137.

273. Le pourvoi n'est pas suspensif.

274. Ces affaires doivent être considérées comme urgentes, et peuvent être jugées par la Ch. des vacations. Cass. 26 sept. 1834. (Art. 72 J. Pr.).

275. Doit être cassée la décision par laquelle le jury statue, — sur une affaire dont il n'a pas été saisi au moment de la convocation ; — sur le fond du droit...... — Ou refuse de connaître des questions d'indemnité. Cass. 21 août 1838. (Art. 1227 J. Pr.). — Ou bien, lorsqu'une personne étrangère a participé à la délibération. Cass. 6 déc. 1837, S. 38, 228. — Lorsque les jurés ont procédé à l'examen des lieux contentieux, avant le serment. Cass. 26 sept. 1834 (Art. 2 , § 5 J. Pr.).

276. Mais ne donneraient pas ouverture à cassation : — l'addition de ces mots à la formule du serment : *devant Dieu et devant les hommes.* Cass. 7 fév. 1837 (Art. 2020 J. Pr.) ; — l'appel d'un juré suppléant en l'absence de la partie. Cass. 9 juin 1834. (Art. 2, § 3 J. Pr.) ; — La fixation de l'indemnité de la possession d'un terrain soumis à usufruit à une somme déterminée pour la valeur totale de cette indemnité , en indiquant par distinction l'évaluation de la somme qui doit être attribuée au nu-propriétaire et à l'usufruitier. Cass. 4 avr. 1838 (Art. 1279 J. Pr.).

— V. d'ailleurs *sup.* n°ˢ 204 , 206 , 215 , 216 , 227 , 244 , 245, 261.

277. Lorsqu'une décision du jury a été cassée , l'affaire est renvoyée devant un nouveau jury , choisi dans le même arrondissement. — Il est procédé à cet effet comme il est dit plus haut. L. 1841, art. 43. — V. *sup.* n°ˢ 184 et suiv.

278. Néanmoins, la Cour de Cass. peut, *suivant les circonstances*, renvoyer l'appréciation de l'indemnité à un jury choisi dans un des arrondissemens voisins, quand même il appartiendrait à un autre département. *Ib.* — V. Toutefois sous l'empire de la loi de 1833, Cass. 11 mai 1835, P. 35, 3, 119.

Un amendement de M. Pascalis, tendant à donner aux parties le droit de demander le renvoi devant un autre trib. , soit pour cause de suspicion légitime, soit pour toute autre circonstance, non-seulement après la cassation d'un premier jugement, mais même avant toute décision, a été repoussé, comme contraire au vœu de la loi qui prescrit des formes rapides et simples. *Mon.* du 5 mars 1841 , p. 538.

279. Les jurés qui ont rendu la décision annulée, peuvent-ils faire partie du nouveau jury devant lequel l'affaire est renvoyée par la C. de Cass. : la disposition du projet de la loi de 1833 qui décidait la négative a été repoussée. Séance du 15 mai 1833.

Art. 3. — *Règles à suivre pour la fixation des indemnités.*

280. La liberté la plus grande est laissée au jury, sur le choix des documents à l'aide desquels il peut former son opinion : c'est pourquoi l'on a supprimé la nomenclature que contenait le projet du gouvernement, des titres et des actes que le jury devait prendre en considération. — V. *sup.* n° 209.

281. Le jury est juge de la sincérité des titres et de l'effet des actes qui seraient de nature à modifier l'évaluation de l'indemnité. L. 1841, art. 48 ; — Sous le double rapport de la valeur vénale du terrain restant et du dommage causé par suite de l'expropriation. Arg. L. 1851, art. 29. Cass. 11 janv. 1836; Riom, 1er mars 1838 ; Cass. 31 déc. 1838 (Art. 397, 1217 et 2017 J. Pr.) ; M. Daguillon-Pujol, séance du 7 fév. 1833.

282. Ainsi les divers élémens de l'indemnité allouée par le jury, sont :

1° La valeur intrinsèque des terrains expropriés.

283. 2° La valeur des constructions et immeubles par destination. — V. d'ailleurs C. civ. 524.

284. 3° La valeur des plantations. Arg. L. 1841, art. 52.

Toutefois les constructions, plantations et améliorations ne donnent lieu à aucune indemnité, lorsqu'à raison de l'époque où elles ont été faites, ou de toutes autres circonstances dont l'appréciation lui est abandonnée, le jury acquiert la conviction qu'elles ont été faites dans la vue d'obtenir une indemnité plus élevée, *Ib.* — Seront en général réputées telles les améliorations postérieures à l'avertissement.

285. 4° La valeur des récoltes.

286. 5° Les avantages attachés à la propriété. Cass. 11 janv. 1836 (Art. 397 J. Pr.) ; — tels que le droit de jouir de belles fontaines. *Même arrêt.* — Le droit de pêche ou de chasse.

287. 6° La dépréciation des terrains laissés en la possession des propriétaires. *Même arrêt.* — V. d'ailleurs *sup.* n° 281 et *inf.* n° 296.

288. Il ne s'agit pas ici d'une dépréciation causée à une valeur d'affection ou de convenance ; — mais d'une dépréciation réelle.

Ainsi le propriétaire dépossédé se trouvera privé d'un droit d'irrigation ; — d'un droit de passage. Riom, 1er mars 1838 (Art. 1217 J. Pr.). Les communications deviennent plus difficiles. Cons.-d'Etat. 10 déc. 1827.

289. D'un autre côté si l'exécution des travaux doit procurer une augmentation de valeur *immédiate* et *spéciale au restant de la propriété*, cette augmentation doit être prise en considération dans l'évaluation du montant de l'indemnité (*Ib.* 51). Spécialement la plus value résultant du prolongement d'une rue. Cass. 26 mai 1840 (Art. 2035 J. Pr.).— On n'aurait pas égard à une plus-value lointaine ou indirecte, ni à un avantage commun à d'autres propriétés qui ne contribueraient pas aux travaux.

Si les parties ne venaient réclamer que la valeur intrinsèque du terrain nécessaire aux travaux, l'État pourrait renoncer à son droit de plus-value; mais lorsqu'indépendamment de cette valeur elles réclament une foule d'indemnités accessoires, en opposant une foule de causes de moins value ; comment L'État n'aurait-il pas la faculté de faire valoir à son tour la plus-value. L'indemnité doit se composer de la valeur des terrains d'abord, puis de la balance des avantages ou des inconvéniens que l'opération peut apporter au reste de la propriété. Discours de M. Legrand à la ch. des dép. en 1833. — D'où l'on pouvait induire qu'en 1833 la plus-value ne devait entrer en ligne de compte que pour compenser la moins-value ; Duvergier 1833, p. 304, n° 2 ; — mais la prise en considération de la plus-value *facultative* en 1833, étant devenue obligatoire en 1841, l'induction tirée des paroles de M. Legrand nous semble avoir perdu de sa force. — V. d'ailleurs Devilleneuve, 1841, 2,306.

Elle ne peut jamais aller jusqu'à faire condamner le propriétaire exproprié au lieu de recevoir; Duvergier, 1833, p. 305, note. Ni même jusqu'à compenser l'indemnité. Cass. 28 août 1839.

290. Dans le cas où les travaux sont plus tard abandonnés, le propriétaire qui a subi une réduction dans le prix des terrains enlevés et qui ne jouit pas de la plus-value que le jury a pris en considération, n'a pas d'autre dédommagement que le droit qui lui est accordé par l'art. 60. *Mon.* du 6 mars 1841, p. 555 à 557. — V. *inf.* n° 320.

291. Peut-on demander une plus-value au propriétaire non atteint par l'expropriation?— La négative semblait résulter de la discussion en 1833 (—V. Duvergier, 1833, p. 304, n° 2).— Toutefois en 1840 le ministre des travaux publics a dit à la ch. des pairs que jamais l'administration n'avait entendu abandonner le principe posé par la loi de 1807 d'une manière générale pour les propriétaires non atteints par les travaux (art. 30). Il est bon, dit-il, que cette arme reste aux mains du gouvernement. *Mon.* 10 mai 1840, p. 990. — V. *sup.* n° 289.

292. 7° La valeur des travaux nécessités par les suites de l'expropriation, sur les fonds restant.

Ainsi le propriétaire sera obligé de construire un pont, d'établir un bac, si sa propriété est traversée par un canal. Discours de M. Daguillon Pujol, discussion en 1833 ;—d'établir des chemins nouveaux en remplacement de ceux qui se trouvent interceptés. Cass. 11 janv. 1856 — de construire un mur pour soutenir ses terres menacées d'éboulement par les excavations d'une route. Cass. 21 fév. 1827, D. 27, 147. — En un mot de faire des dépenses pour tirer parti de la portion de propriété qui lui reste, Paris, 11 nov. 1835 (Art. 1225 J. Pr.), et pour la coordonner à la disposition ultérieure des lieux. Cass. 31 déc. 1838 (Art. 2017 J. Pr.).

293. 8° La privation de jouissance du bien depuis le moment de la dépossession jusqu'au jour du paiement.

Les intérêts du prix des ustensiles nécessaires à l'exploitation d'une usine, doivent être alloués à compter du jour de la dépossesion. Cons.-d'Et. 9 juin 1830.

De même, l'indemnité allouée (— V. *inf.* n° 332), produit intérêts du jour du dommage. Ord. Cons. d'Et. 25 avr. 1859, — S. 40, 2, 94. — V, toutefois *sup.* n° 258 et *inf.* n° 317.

294. *Pour les fermiers et locataires,* le jury n'est pas tenu de suivre dans le réglement de l'indemnité les art. 1745 et 1746 C. civ., ni les bases déterminées par le bail. Delalleau, n° 441.

Le locataire ne peut prétendre à une indemnité pour des objets qui n'y auraient pas donné droit en faveur du propriétaire, s'il se fut trouvé dans la même position.

295. La décision du jury doit investir distinctement tous ayant droit, propriétaires, locataires, fermiers, de l'indemnité propre qui leur revient. Arg. L. 1841, art. 21 et 39.

Cette fixation doit terminer ou prévenir tout débat entre eux, et ne leur laisser aucun droit ultérieur à exercer les uns contre les autres devant les tribunaux.

Ainsi les jurés ne peuvent prononcer que les indemnitaires s'entendront pour la diminution du prix, ou la résiliation de leurs baux, tous les droits respectifs des parties réservés. Cass. 31 déc. 1838 (Art. 2017 J. Pr).

296. Les bâtimens dont il est nécessaire d'acquérir une portion sont achetés en entier, si les propriétaires le requièrent. L. 1841, art. 50.

297. *Bâtimens.* Cette expression comprend et les habitations et les usines. *Mon.* 10 mai 1840.

298. Toutefois, si l'Etat prend tout ou portion d'une cour, il n'y a pas lieu à lui faire acquérir les bâtimens mais seulement à payer à l'indemnitaire le prix de la moins-value. — De même, s'il prend partie d'un bâtiment, d'une grange par exemple, il peut être tenu d'acquérir la totalité de la grange, mais non la ferme. *Mon.* 5 mars 1841, p. 539.

299. Toute parcelle de terrain qui, par suite de morcellement, se trouve réduite au quart de la contenance totale, et qui ainsi réduite est inférieure à dix ares, est achetée en entier, si le propriétaire le requiert et s'il ne possède aucun terrain immédiatement contigu. L. 1841, art 50.

500. L'amendement tendant à appliquer cette disposition à chaque partie de la propriété que la prise divise, a été rejeté comme superflu. *Mon.* 25 avr. 1841, P. 1107.

501. Pour pouvoir faire la réquisition autorisée par l'art. 50, il faut avoir la disposition du fonds à aliéner. — Le nu-propriétaire doit avoir le consentement de l'usufruitier.

502. La déclaration du propriétaire doit être formelle. Loi de 1841, art 50.

Elle a lieu par acte extrajudiciaire. Ordonn., 18 sept. 1833, art. 2, n° 7.

503. Elle est adressée au directeur du jury dans les délais énoncés aux art. 24 et 27. L. 1841, art. 50.

504. Les trib. ordinaires connaissent de la question de savoir si la déclaration a été faite dans les délais, par un individu ayant qualité et droit. Delalleau, n° 702. — Les auteurs du Code des municipalités attribuent cette connaissance au jury.

§ 6. — *Du paiement des indemnités.*

505. Après le réglement amiable ou par le jury, le montant de l'indemnité est payé, — préalablement à la prise de possession. L. 1841, art. 53.

506. Un trib. commettrait un excès de pouvoir, s'il ordonnait la dépossession d'un propriétaire avant le paiement de l'indemnité. — Peu importe qu'un arrêté du préfet eût déclaré qu'il y avait lieu de mettre l'administration *immédiatement* en possession. Cass. 28 janv. 1834 (Art. 2, § 1. J. Pr.).

— V. Toutefois *inf.* n° 307.

507. Les entrepreneurs de travaux publics ne peuvent occuper temporairement des terrains dont ils ont besoin sans une autorisation administrative, et la mise en demeure des propriétaires, pour débattre l'indemnité pour dommage résultant des travaux. — V. *inf.* n° 334.

Mais cette indemnité particulière n'est pas nécessairement préalable, car l'art. 4, L. 28 pluv. an 8 et l'art. 18 L. 21 mai 1836, supposent que l'indemnité est demandée pour des terrains qui ont été *fouillés.* Toulouse, 10 mars 1834, S. 35, 173 ; Ordon. Cons.-d'Et. 20 juin 1839, S. 40, 2, 138.

508. L'indemnité est représentative du bien exproprié, acquittée entre les mains des ayant-droit. L. 1841, art. 53.

S'ils se refusent à la recevoir, la prise de possession a lieu après offres réelles et consignation. *Ib.*

509. La consignation est faite en présence des ayant-droit, ou eux dûment appelés. Tarif, art. 1, 2 et 3.

310. S'agit-il de travaux exécutés par l'Etat ou les départemens, les offres réelles peuvent s'effectuer au moyen d'un mandat égal au montant de l'indemnité. *Ib.*

Les communes ne jouissent pas des mêmes prérogatives. *Mon.*, 5 mars 1841, p. 539 à 540.

311. Le mandat délivré par l'ordonnateur compétent, visé par le payeur, est payable sur la caisse publique qui s'y trouve désignée. L. 1841, art. 53.

Si les ayant-droit refusent de recevoir le mandat, la prise de possession a lieu après consignation en espèces. *Ib.*

312. La consignation sans offres réelles suffit, s'il existe des inscriptions sur l'immeuble exproprié, ou d'autres obstacles au versement des deniers entre les mains des ayant-droit. *Ib.* art. 54.

313. Une somme de 2,000 fr. est offerte par l'administration et acceptée par le propriétaire; des créanciers interviennent pour une somme de 2,500 fr. et le jury décide que la propriété vaut 3,000 fr., dans ce cas l'administration consigne la somme nécessaire pour garantir les droits des tiers et remet le surplus au propriétaire. Réponse du rapporteur en 1833. — L'acceptation du propriétaire a été anéantie par l'effet du refus du créancier, tout a été remis en question; Duvergier, 1833, p. 305.

314. Réciproquement si l'offre acceptée par le propriétaire est supérieure à l'indemnité déterminée par le jury, le propriétaire ne peut pas argumenter de son acceptation contre l'administration. Duvergier, *ib.*

315. Si, dans les six mois du jugement d'expropriation, l'administration ne poursuit pas la fixation de l'indemnité, les parties peuvent exiger qu'il soit procédé à cette fixation. L. 1841, art. 55.

316. Elles adressent une sommation au préfet; et si le préfet n'y défère pas, elles doivent se plaindre au ministre. Homberg, 107.

317. Quand l'indemnité a été réglée, si elle n'est ni acquittée ni consignée dans les six mois de la décision du jury, les intérêts courent de plein droit, à l'expiration de ce délai. L. 1841, art. 55. — Peu importe que l'administration ne se soit pas mise en possession de l'immeuble exproprié, et que le propriétaire en ait perçu les fruits. Les intérêts de l'indemnité lui sont accordés à titre de dédommagement, parce que, n'ayant qu'une possession précaire, il se trouve paralysé dans son industrie et ses spéculations. Ch. des dép. 7 fév. 1833.

318. Indépendamment des intérêts, le propriétaire peut encore demander et obtenir des dommages suivant les circonstances; c'est dans ce sens que M. **Dugabé** a proposé de supprimer les mots *at itre de dédommagement* qui se trouvaient à la fin de l'art. 55 L. de 1833. — Or, cette suppression consentie par la commission a été adoptée. *Mon.* 5 mars 1841, p. 540.

519. Les contributions de la portion d'immeuble qu'un propriétaire a cédée ou dont il a été exproprié pour cause d'utilité publique, continuent à lui être comptées pendant un an, à partir de la remise de la propriété, pour former son cens électoral. L. 1841, art. 64 ; — et son cens d'éligibilité. *Mon.* 9 fév. 1833, p. 330.

§ 7. — *Droits des propriétaires expropriés, dans le cas où les travaux projetés n'ont pas lieu.*

520. Lorsque les travaux projetés n'ont pas lieu, les anciens propriétaires ou leurs ayant-droit peuvent demander la remise des terrains acquis. L. 1841, art. 60.

Peu importe qu'ils soient ou non bâtis, expropriés ou cédés à l'amiable.

521. Mais l'Etat ne peut jamais être forcé de rétrocéder les terrains qui ont été acquis sur la réquisition du propriétaire en vertu de l'art. 50 (V. *sup.* n° 296), et qui restent disponibles après l'exécution des travaux. *Ib.* art. 62.

522. *Quid,* si les travaux s'exécutaient et que seulement tous les terrains expropriés ne fussent pas employés à leur exécution? — On a conclu de quelques explications de MM. Legrand et Martin (du Nord), que l'art. 60 n'était applicable que dans le cas où l'entreprise projetée serait abandonnée. Mais la rédaction de l'article n'admet pas cette restriction, et M. Duvergier, t. 33, p. 306, note 3, fait observer, avec raison, que des opinions émises à la tribune ne peuvent prévaloir sur un texte positif.

523. Le prix des terrains rétrocédés est fixé à l'amiable, ou par le jury. *Ib.*

524. La fixation par le jury ne peut, en aucun cas, excéder la somme moyennant laquelle les terrains ont été acquis (*ib.* art. 60). — L'Etat n'est devenu propriétaire de l'immeuble exproprié que pour cause d'utilité publique; cette cause ne se réalisant pas, il est naturel que le propriétaire rentre, s'il le demande, dans son immeuble, et profite de la plus-value, comme il en aurait profité, s'il n'y avait pas eu de dépossession. Ch. des dép., 8 fév.; ch. des pairs, 13 mai 1833.

525. Un avis publié dans la forme ci-dessus indiquée (— V. *sup.* n° 44), fait connaître les terrains que l'administration est dans le cas de revendre.

Il n'y a point de délai fixé à l'administration.

526. Dans les trois mois de cette publication, les anciens propriétaires qui veulent acquérir la propriété de ces terrains

sont tenus de le déclarer ; et dans le mois de la fixation du prix, soit amiable, soit judiciaire, ils doivent passer le contrat de rachat et payer le prix, le tout à peine de déchéance du privilége qui leur est accordé. — V. *sup.* n° 320. L. 1841, art. 61.

527. La déclaration n'est soumise à aucune forme obliga·toire : elle peut être faite par notification d'huissier ou par simple demande administrative.

528. Le contrat de rétrocession est passé devant le préfet ou devant le sous-préfet délégué, en présence et avec le concours d'un préposé de l'administration des domaines et d'un agent du ministère pour le compte duquel l'acquisition des terrains a été faite. Ordonn. 22 mars 1835 (Art. 45 J. Pr.).

529. Le prix de la rétrocession est versé dans la caisse du domaine. Si les anciens propriétaires ou leurs ayant droit encourent la déchéance du privilége, les terrains sont aliénés dans la forme tracée pour l'aliénation des biens de l'Etat, à la diligence de l'administration des domaines. *Même ordonn.*, art. 2.

530. Les tribunaux ordinaires connaissent des contestations élevées au sujet des art. 60 et 61, entre les particuliers ou entre l'administration et ceux ci, sur le droit des réclamans d'obtenir la rétrocession. Delalleau, n° 712.

§ 8. — *Des dépens.*

531. Les frais et dépens faits pour arriver à la fixation de l'indemnité due aux parties expropriées, sont taxés par le directeur du jury, d'après le tarif contenu dans l'ordonn. du 18 sept. 1833.

§ 9. — *De l'indemnité pour extraction de matériaux et pour dommages causés par suite des travaux.*

532. Une indemnité peut être due pour dommages causés aux propriétés, par une suite *directe* de l'exécution des travaux, ou par l'effet d'une simple occupation, par exemple, en cas d'inondation, de prise d'eau, de fouilles, — bien qu'il n'y ait pas eu expropriation proprement dite.

Ainsi une maison se trouve enfouie; Cass. 18 janv. 1826, 17 déc. 1827, 25 mai 1833, 30 avr. 1838, S. 58, 456 ; — L'établissement d'un canal prive une usine de la majeure partie des eaux nécessaires à son mouvement. Bourges, 28 fév. 1832.

533. Mais aucune loi n'oblige l'Etat à réparer les conséquences *indirectes* de travaux qui ont pour objet le service public; — spécialement le dommage résultant 1° de l'envahissement des eaux de la mer causé par le détournement de celles d'une rivière. Arr. Cons. d'Et. 14 déc. 1836 ; 5 déc. 1857 ; — de l'infiltration des eaux du bief d'un moulin pendant la construction d'un canal, lorsque la perte provient de la nature perméable du sol. Cons. d'Et. 20 juill. 1836.

554. Les extractions de matériaux, les dépôts ou enlèvemens de terre, les occupations temporaires de terrains, sont autorisés par arrêté du préfet qui désigne les lieux. L. 21 mai 1836, art. 17.

555. Cet arrêté est notifié aux parties intéressées, — au moins dix jours avant l'exécution. *Ib.*

556. Les entrepreneurs de travaux publics ne peuvent occuper un terrain qu'autant qu'il a été spécialement désigné par l'administration dans les devis des travaux ou dans un acte postérieur. Paris, 12 oct. 1838 (Art. 1219 J. Pr.)

557. Ceux qui exécutent les travaux sont tenus de justifier de leur mission et de leur qualité. Cass. 4 mars 1825, S. 26, 56.

558. Faute de cette justification et de l'avertissement préalable (— V. *sup.*, n° 555), les propriétaires ont le droit de s'opposerà tous enlèvemens de matériaux. Toulouse, 10 mars 1854, S. 35, 173.

559. L'entrepreneur de travaux publics qui a violé une propriété par un bris de clôture peut être assigné en référé : la répression des actes illégaux étrangers à l'administration est de la compétence des tribunaux civils. Paris, 12 oct. 1838 (Art. 1219 J. Pr.).

540. Le propriétaire, qui, dans ce cas, détruit des travaux opérés sur son terrain ou en enlève des outils ou machines, n'est pas considéré comme ayant détruit ces objets destinés à l'utilité publique (C. pén. 257). Cass. 4 mars 1825, S. 26, 56.

541. Le tribunal de police correctionnelle connaît des délits consistant dans l'extraction des matériaux faite dans une forêt au-delà des limites indiquées par le procès-verbal de reconnaissance des lieux. Cass. 16 avr. 1836 (Art. 1093 J. Pr.).

542. Si le propriétaire s'oppose aux fouilles par le motif que la propriété est close, l'entrepreneur doit suspendre les travaux et se pourvoir devant le conseil de préfecture, pour faire décider la question de clôture, Toulouse, 10 mars 1854, S. 35, 173, — et non devant le préfet seul. Ordonn. Cons.-d'Et. 1er juill. 1840, S. 40, 2, 477.

543. *Fouille.* Ce mot comprend un simple ramassage de cailloux. Cass. 11 mai 1854, S. 35, 173.

544. Le conseil de préfecture connaît, en outre : 1° de la question de savoir si l'entrepreneur est sorti des limites à lui tracées par le devis, s'il a rempli les formalités préalables prescrites par le devis. Ordonn. 2 août 1838, S. 39, 2, 313.

345. 2° Du réglement de l'indemnité pour fouilles pratiquées. L. 28 pluv. an 8, art. 4 ; — si le droit n'est pas contesté.
Cass. 1er août 1837 (Art. 983 J. Pr.); Cass. 2 déc. 1839, S.
39, 909.

346. Il faut que le dommage ait été causé par suite de travaux ordonnés avant la loi du 8 mars 1810, — ou du moins,
dans le cas contraire, que le dommage soit temporaire (Cass.
23 nov. 1836 Art. 619 J. Pr.), — spécialement pour dommage
résultant de l'exhaussement du sol ou des eaux d'une rivière.
Cons.-d'Et. 23 fév. 14 av. 1839, S. 40, 2, 47 et 48, — ou de
la construction d'un chemin de fer, sous le rapport de la salu-
brité et du service de la navigation. Cons.-d'Et. 28 juin 1837.
— V. *Inf.*, n° 349.

347. 3° De la demande en garantie formée contre l'Etat,
en cas d'insolvabilité de l'entrepreneur des travaux, auteur du
dommage temporaire : l'Etat peut être condamné à le réparer
s'il provient en partie du défaut de surveillance. Ordonn. Cons.-
d'Et. 27 mai 1839, S. 40, 2, 93, — et s'il s'agit d'un endroit
indiqué dans le plan. Cons.-d'Et. 7 juin 1836, p. 279.

— V. d'ailleurs *sup.*, n° 342.

348. Si le dommage est permanent, — les tribunaux civils
sont compétens pour en constater l'existence. Rennes, 23 août
1833; Angers, 28 janv. 1835; Colmar, 14 août 1836; Dijon,
17 août 1837; S. 34, 316; 35, 279; 37, 66; 38, 19; Cass.
23 nov. 1836 (Art. 619 J. Pr.); Cass. 30 avr. 1838, S. 58,
456; Cormenin, 1, 579; Cons.-d'Et. 5 sept. 1836; Dissertation de M. Herson (Art. 1080 J. Pr.).

Il en est de même en matière de mines. L. 21 av. 1810,
art. 45 et 46.

349. On a réputé dommage permanent : — 1° la diminution de la force motrice d'une usine occasionnée par le changement de direction d'une partie des eaux de la rivière qui la
faisait mouvoir. Riom, 23 mai 1838, S. 39, 305. — 2° L'exhaussement de la voie publique vis-à-vis d'une propriété dont
l'accès se trouve interdit. Lyon, 1er mars 1838, S. 39, 470.—
3° Les hachures provenant de la levée des vannes d'un barrage,
bien qu'elles n'aient lieu qu'à des époques variables et suivant
le besoin de la navigation. Il dépend de l'administration de
rendre ce fait perpétuel ou de le faire cesser. Cass. 25 avr. 1838,
S. 58, 454.

350. Le dommage permanent étant considéré comme une
espèce d'expropriation partielle, l'indemnité sera-t-elle fixée
par le jury? — ou bien par le tribunal qui constate l'existence
du dommage permanent? jugé en ce dernier sens. Colmar,
14 août 1836, Cass. 25 avr. 1838, S. 57, 66, 58, 454. — V.
toutefois, Dissertation de M. Herson (Art. 1080 J. Pr.).

351. Les tribunaux civils connaissent en outre, — 1° de la demande en restitution d'un terrain prétendu usurpé par un entrepreneur. Cons. d'Et. 23 juil. 1838, S. 39, 2, 271. — 2° De la question de savoir si le propriétaire d'une usine située sur une rivière est aussi propriétaire de la force motrice qu'il en tire. Ord. Cons.-d'Et. 10 juill. 1833, S. 34, 2, 558. — 3° De la validité et de l'exécution d'une convention intervenue entre un entrepreneur et un particulier, relativement à l'extraction de matériaux sur la propriété de ce dernier, — de la fixation des dommages-intérêts résultant de l'inexécution de cette convention. Caen, 24 avril 1838, S. 38, 2, 377. — V. d'ailleurs, *sup.* n° 331, 339 et 348.

352. L'incompétence d'un tribunal civil qui a prononcé sur une matière du ressort de l'autorité administrative est d'ordre public, et proposable pour la première fois en appel, bien qu'il ait été conclu au fond. Cass. 27 août 1839, S. 39, 829.

§ 10. — *Prise de possession préalable, en cas d'urgence.*

353. La prise de possession préalable en cas d'urgence, — admise en Saxe, en Prusse, en Autriche, en Belgique, aux États-Unis, — n'a été votée en France qu'après une vive opposition surtout à la chambre des pairs.

, On lui reprochait : 1° de violer l'art. 9 de la Charte, qui veut une indemnité préalable à toute expropriation ; l'urgence serait toujours reconnue et deviendrait la règle ; — 2° de rendre impossible l'estimation de l'indemnité par le jury qui n'aurait plus sous les yeux les propriétés, et qui serait obligé de s'en rapporter aveuglément à l'évaluation qui aurait précédé la prise de possession ; — 3° enfin de ne procurer que peu ou point d'abréviation dans les délais, à raison des formalités dont elle est entourée.

On a répondu que la consignation préalable, substituée au paiement préalable, pouvait faire gagner au moins cinquante jours ; or, un retard de cinquante jours serait souvent la perte d'une campagne, l'ajournement à une année entière de la fin d'un travail important. — Enfin, plusieurs dispositions du projet primitif qui justifiaient jusqu'à un certain point les critiques ont été modifiées par la loi. — V. *inf.* n° 354, 357, 363.

354. Ainsi les cas d'urgence ne s'appliquent qu'aux propriétés *non bâties.* L. 1841, art. 65. — L'envoi en possession préalable des terrains bâtis, aurait eu de grands inconvéniens ; par des démolitions prématurées on pouvait faire disparaître les élémens essentiels de la décision ultérieure du jury. — V. *sup.* n° 297.

355. Mais l'envoi en possession préalable s'applique aux terrains clos, aux parcs, aux jardins, plantations. *Mon.* 6 mars 1841, p. 559. — Le plus souvent on ne s'empare que d'une partie des terrains; il est facile par l'inspection des terrains restans, de procéder à une estimation sérieuse.

356. L'urgence ne suppose pas nécessairement des cas de force majeure : elle peut naître soit de circonstances imprévues qui se manifestent en cours d'exécution des travaux, soit de la nature de ces travaux eux-mêmes, soit de l'étendue des intérêts compromis par des résistances coupables. Rapport de M. Daru, *Mon.* 20 avr. 1841, p. 1043.

357. L'urgence est spécialement déclarée par une ordonnance royale. L. 1841, art. 65, — et non par le préfet, comme on l'avait proposé. *Mon.* 10 mars 1841, p. 598. Ce magistrat eut été exposé à de trop vives obsessions et n'aurait pas toujours agi avec une entière liberté.

En Belgique, aux Etats-Unis, la déclaration d'urgence émane des tribunaux.

358. L'ordonnance peut être rendue avant le jugement d'expropriation, ch. des pairs, *Mon.* 25 avr. 1841, p. 1108. — Le système contraire eut annulé l'avantage de la mesure ; *les deux instructions* pourront être simultanées. Observations de M. Legrand, *ib.*

259. Cette ordonnance et le jugement d'expropriation (— V. *sup.*, n° 120) sont notifiés, conformément à l'art. 15 (— V. *sup.*, n° 123) aux propriétaires et aux détenteurs, avec assignation. L. 1841, art. 66.

360. L'assignation énonce la somme offerte par l'administration. *Ib.*

361. Le délai de l'assignation est de trois jours au moins. *Ib.*

362. Le tribunal compétent est le tribunal civil de 1re instance de la situation des biens. *Ib.*

363. D'après le projet primitif, le montant de la consignation était arbitré, non par le tribunal, mais par le président seul qui pouvait, au besoin, se faire assister par des experts ; auquel cas, on serait retombé dans les délais et dans les exagérations des expertises dont les inconvéniens avaient amené la réforme de la loi de 1810.

364. Au jour fixé, le propriétaire et les détenteurs sont tenus de déclarer la somme dont ils demandent la consignation avant l'envoi en possession. L. 1841, art. 67.

365. Faute par eux de comparaître, il est procédé en leur absence. *Ib.*

366. Le tribunal n'a pas le droit de nommer des experts, *Monit.* 10 mars 1844, p. 601 ; 25 av., p. 1109. — V. *sup.*, n° 363.

367. Il se transpor e sur les lieux, ou commet un juge, pour visiter les terrains, recueillir tous les renseignemens propres à en déterminer la valeur, et en dresser, s'il y a lieu, un procès-verbal descriptif. L. 1841, art. 68.

368. *Un juge.* Le tribunal peut commettre pour l'examen des terrains le juge de paix du lieu. Arg. C. pr. 1035; discus-sion à la chambre des députés, séance du 9 mars 1841.

369. Cette opération doit être terminée dans les cinq jours, à dater du jugement qui l'a ordonnée. L. 1841, art. 68.

370. Le procès-verbal est remis au greffe. *Ib.*

371. Dans les trois jours du dépôt, le tribunal détermine le montant de la somme à consigner. *Ib.*

Ce ne sera jamais la valeur précise de l'immeuble, mais le ma-ximum de la valeur de cet immeuble, pour garantir le proprié-taire contre toutes les éventualités.— C'est une espèce de gage. M. Dufaure, *Monit.* 25 avr., p. 1108. — Sous ce rapport, on peut dire que le jury qui fixera définitivement l'indemnité n'est point appelé à réviser le jugement du tribunal.

372. La consignation doit comprendre, outre le principal, la somme nécessaire pour assurer, pendant deux ans, le paie-ment des intérêts à 5 p. 100. L. 1841, art. 69.

373. Ce jugement est exécutoire sur minute, et ne peut être attaqué, ni par opposition, ni par appel. *Ib.* art. 70.

374. Après la consignation, le propriétaire et les détenteurs sont assignés devant le président. *Ib.*

375. Le délai de cette assignation est de deux jours au moins. *Ib.*

376. Le président, sur le vu du procès-verbal de consigna-tion, ordonne la prise de possession. *Ib.*

377. L'ordonnance est exécutoire sur minute, et ne peut être attaquée ni par opposition ni par appel. *Ib.*, art. 71.

Le pourvoi en cassation n'étant pas suspensif, a été main-tenu. Commission de la ch. des dép., séance du 9 mars 1841.

378. Les dépens sont supportés par l'administration. *Ib.*, art. 72.

Il s'agit ici des dépens occasionnés par la consignation et par l'envoi en possession provisoire. — Pour ceux auxquels don-nera lieu plus tard le réglement définitif de l'indemnité, ils seront supportés par l'administration ou par le propriétaire, suivant les distinctions posées *sup.* n° 260.

379. Les dépens sont taxés par le président. *Ib.*

380. Après la prise de possession, la partie la plus dili-gente peut faire procéder à la fixation définitive de l'indemnité, en exécution du tit. 4 de la présente loi.—V. *sup.* n° 150, § 5; *ib.* art. 73.

381. Si le chiffre de la fixation définitive est supérieur à la.

somme qui a été déterminée par le trib., le supplément doit être consigné dans la quinzaine de la notification de la décision du jury. L. 1841, art. 74.

A défaut de cette consignation, le propriétaire peut s'opposer à la continuation des travaux. *Ib.* — En introduisant un référé. *Journal des communes*, 1841, p. 246, note 2.

382. *Dans la quinzaine.* Le projet n'accordait que huitaine : le commissaire du roi a demandé que le délai fût porté à quinzaine, afin qu'on pût remplir les formalités nécessaires pour faire sortir les fonds de la caisse.

§ 11. — *Expropriation des propriétés nécessaires aux travaux des fortifications.*

383. Les formalités prescrites par les tit. 1 et 2 de la loi de 1841 ne sont applicables ni aux travaux militaires ni aux travaux de la marine royale.

Pour ces travaux, une ordonnance royale détermine les terrains qui sont soumis à l'expropriation. L. 1841, art. 75.

384. Ainsi n'ont pas lieu : 1° l'enquête administrative qui doit précéder l'adoption des travaux ordinaires ; — 2, l'arrêté du préfet qui désigne les territoires ; — 3° l'enquête particulière établie par le tit. 2 de la loi ; — 4° l'arrêté du préfet qui détermine les propriétés à exproprier.

385. L'ordonnance qui désigne les terrains est rendue sur un plan dressé par les ingénieurs militaires. — Si le plan est annexé à l'ordonnance, il ne fait qu'un avec elle, et l'ordonnance peut ne pas répéter les énonciations qui se trouvent sur ce plan. Cass. 22 déc. 1834 (Art. 2, § 5 J. Pr.).

386. Relativement aux travaux maritimes, les poursuites peuvent être faites à la requête du préfet maritime. — *Même arrêt.*

387. L'expropriation ou l'occupation temporaire, *en cas d'urgence,* des propriétés privées jugées nécessaires *pour des travaux de fortifications,* ont lieu conformément aux dispositions de la loi du 30 mars 1831. L. 1841, art. 76.

388. Une ordonnance royale autorise les travaux et déclare l'utilité publique. L. 1831, art. 1 et 2.

Si les chambres, plus tard, rejettent les travaux ordonnés par le ministre, quel recours aura le propriétaire dont l'usine a été détruite ?

Le cas s'est présenté, et M. Dufaure, *Mon.* 10 mai 1841, p. 604, a répondu : — C'est un abus du pouvoir ministériel ; mais nous ne pouvons mettre dans une loi sur l'expropriation pour cause d'utilité publique un cas de responsabilité ministérielle. — Le particulier exproprié n'a, dans ce cas, que le droit de se pourvoir devant les chambres pour le paiement de son indemnité.

589. L'urgence peut n'être déclarée qu'après l'utilité publique, si l'urgence ne se fait sentir que lorsque les travaux sont déjà commencés. Delalleau, nº 802.

590. Dans les vingt-quatre heures de la réception de l'ordonnance, le préfet du département où les travaux de fortifications doivent être exécutés, en transmet ampliation : — 1º au procureur du roi près le trib. de l'arrondissement où sont situées les propriétés qu'il s'agit d'occuper ; — 2º au maire de la commune de leur situation. L. 1831, art. 3.

591. L'Etat n'est point obligé de constituer avoué.

592. Le procureur du roi requiert, et le tribunal ordonne immédiatement que l'un des juges se transporte sur les lieux avec un expert que le trib. nomme d'office. L. 1831, art. 3.

593. Le maire fait publier sans délai l'ordonnance par affiche, tant à la principale porte de l'église du lieu qu'à celle de la maison commune ; et par tous autres moyens possibles, il certifie les publications et affiches. *Ib.*, art. 3.

594. Dans les vingt-quatre heures, le juge-commissaire rend, pour fixer le jour et l'heure de sa descente sur les lieux, une ordonnance qui est signifiée, à la requête du procureur du roi, au maire de la commune où le transport doit s'effectuer, et à l'expert nommé par le tribunal. *Ib.*, art. 4.

Le transport s'effectue dans les dix jours de cette ordonnance, et seulement huit jours après la signification dont il vient d'être parlé. *Ib.*

595. Le maire, sur les indications qui lui sont données par l'agent militaire chargé de la direction des travaux, convoque cinq jours au moins à l'avance pour le jour et l'heure indiqués par le juge-commissaire :

1º Les propriétaires intéressés ; et s'ils ne résident pas sur les lieux, leurs agens mandataires ou ayant-cause ;

2º Les usufruitiers ou autres personnes intéressées, telles que fermiers, locataires, ou *occupans à quelque titre que ce soit.* Art. 4.

Les personnes ainsi convoquées peuvent se faire assister d'un expert ou d'un arpenteur. Art. 4.

596. Un agent de l'administration des domaines et un expert ingénieur, architecte ou arpenteur, désignés l'un et l'autre par le préfet, se transportent sur les lieux, au jour et à l'heure indiqués, pour se réunir au juge-commissaire, au maire ou à l'adjoint, à l'agent militaire et à l'expert désigné par le tribunal. Art. 5.

597. Le juge-commissaire reçoit le serment préalable des

experts sur les lieux, et il en en est fait mention au procès-verbal.

L'agent militaire détermine, en présence de tous, par des pieux et piquets, le périmètre du terrain dont l'exécution des travaux nécessite l'occupation. *Ib.*, 5.

L'expert désigné par le préfet procède immédiatement et sans interruption, de concert avec l'agent de l'administration du domaine, à la levée du plan parcellaire, pour indiquer, dans le plan général de circonscription, les limites et la superficie des propriétés particulières. *Ib.*, art. 6.

598. L'expert nommé par le trib. dresse un procès-verbal qui comprend : 1° la désignation des lieux, des cultures, plantations, clôtures, bâtimens et autres accessoires des fonds. Cet état descriptif doit être assez détaillé pour servir de base à l'appréciation de la valeur foncière, et, en cas de besoin, de la valeur locative, ainsi que des dommages et intérêts résultant des changemens ou dégâts qui peuvent avoir lieu ultérieurement.

2° L'estimation de la valeur foncière et locative de chaque parcelle de ces dépendances, ainsi que l'indemnité qui peut être due pour frais de déménagement, perte de récoltes, détérioration d'objets mobiliers, ou tous autres dommages.

Ces diverses opérations ont lieu contradictoirement avec l'agent de l'administration des domaines et l'expert nommé par le préfet, avec les parties intéressées si elles sont présentes, ou avec l'expert qu'elles ont désigné. Si elles sont absentes, et qu'elles n'aient point nommé d'expert, ou si elles n'ont point le libre exercice de leurs droits, un expert est désigné d'office par le juge-commissaire pour les représenter. *Ib.*, art. 7.

599. L'expert nommé par le trib. doit, dans son procès-verbal, 1° indiquer la nature et la contenance de la propriété, la nature des constructions, l'usage auquel elles sont destinées, les motifs des évaluations diverses, et le temps qu'il paraît nécessaire d'accorder aux occupans pour évacuer les lieux.

2° Transcrire l'avis de chacun des autres experts, et les observations et réquisitions telles qu'elles lui sont faites, de l'agent militaire, du maire, de l'agent du domaine, et des parties intéressées ou de leurs représentans. Chacun signe ses dires, ou mention est faite de la cause qui l'en empêche. *Ib.*, art. 8.

Réquisitions telles qu'elles lui seront faites. On a préféré la fidélité dans les termes à une analyse. *Monit.* 15 mars 1831, p 558.

400. Lorsque les propriétaires ayant le libre exercice de leurs droits consentent à la cession qui leur est demandée, et aux conditions qui leur sont offertes par l'administration, il est passé entre eux et le préfet un acte de vente, qui est rédigé

dans la forme indiquée *sup.* n° 22. L. 3 mai 1841, art 76 ; L. 30 mars 1831, art. 9.

401. S'il n'intervient pas de traité amiable, sur le vu de la *minute* du procès-verbal dressé par l'expert (il n'est pas dressé d'expédition) et de celui du juge-commissaire qui a assisté à toutes les opérations, le trib., dans une audience tenue aussitôt après le retour de ce magistrat, détermine en procédant comme en matière sommaire, sans retard et sans frais : 1° l'indemnité de déménagement à payer aux détenteurs avant l'occupation ;

2° L'indemnité approximative et provisionnelle de dépos‹ session, qui doit être consignée, sauf réglement ultérieur et définitif, préalablement à la prise de possession. L. 1831, art. 10.

402. Le même jugement autorise le préfet à se mettre en possession, à la chage, 1° de payer sans délai l'indemnité de déménagement, soit au propriétaire, soit au locataire ;

2° De signifier avec le jugement l'acte de consignation de l'indemnité provisionnelle de dépossession.

Ledit jugement détermine le délai dans lequel, à compter de l'accomplissement de ces formalités, les détenteur seront tenus d'abandonner les lieux.

Ce délai ne peut excéder cinq jours pour les propriétés non bâties, et dix jours pour les propriétés bâties.

Le jugement est exécutoire, nonobstant appel ou opposition. *Ib.* 10.

403. Le jugement est signifié à chaque partie intéressée dans la forme prescrite par l'art. 15. — V. *sup.* n° 123. Arg. art. 76. L. 1841.

404. On peut se pourvoir en cassation contre le jugement d'expropriation. L. 1841, art. 76 et 20.

405. L'acceptation de l'indemnité approximative et provisionnelle de dépossession ne fait aucun préjudice à la fixation de l'indemnité définitive. — V. *inf.* n° 406.

Si l'indemnité provisionnelle n'excède pas 500 fr., le paiement est effectué sans production d'un certificat d'affranchissement d'hypothèque. L. 1841, art. 19 et 76.

Dans le cas contraire, le gouvernement doit faire transcrire le jugement qui prononce l'expropriation au bureau de la conservation des hypothèques de l'arrondissement, et suivre les formalités prescrites pour les cas ordinaires. — V. *sup.* n°ˢ 142 et suiv. *ib.*

406. Aussitôt après la prise de possession, si le propriétaire ou autres intéressés n'ont pas accepté les offres de l'administration, le réglement définitif des indemnités a lieu de la manière indiquée pour les expropriations faites dans les cas ordinaires. — V. *sup.* n°ˢ 151 et suiv. L. 1841, art. 76.

407. L'occupation temporaire, prescrite par ordonn. roy., ne peut avoir lieu que pour des propriétés non bâties.

L'indemnité annuelle, représentative de la valeur locative de ces propriétés, et du dommage résultant du fait de la dépossession, est réglée à l'amiable, ou de la manière indiquée *sup.* n° 96, et payée par moitié, de six mois en six mois, au propriétaire et au fermier, le cas échéant. L. 1831, art. 15.

Lors de la remise des terrains qui n'ont été occupés que temporairement, l'indemnité due pour les détériorations causées par les travaux ou pour la différence entre l'état des lieux au moment de la remise, et l'état constaté par le procès-verbal descriptif, est payée sur réglement amiable ou judiciaire, soit au propriétaire, soit au fermier ou exploitant, et selon leurs droits respectifs. *Ib.*

408. Si, dans le cours de la troisième année d'occupation provisoire, le propriétaire, ou son ayant-droit, n'est pas remis en possession, ce propriétaire peut exiger, et l'État est tenu de payer l'indemnité pour la cession de l'immeuble, qui devient dès-lors propriété publique. *Ib.* art. 14. — L'indemnité foncière est réglée non sur l'état de la propriété à cette époque, mais sur son état au moment de l'occupation, tel qu'il a été constaté par le procès-verbal descriptif. — Tout dommage causé au fermier ou exploitant par cette dépossession définitive lui est payé après réglement amiable ou judiciaire. *Ib.* 15.

409. Du reste, on observe les formalités prescrites pour les expropriations pour cause d'utilité publique ordinaire par les art. 16, 17, 18, 19 et 20, et le titre 6, de la loi de 1841. — V. art. 76.

Notamment celles relatives aux suites de l'expropriation, quant aux priviléges, hypothèques et autres droits réels, et aux droits des propriétaires expropriés sur les terrains qui ne sont pas employés aux travaux auxquels on les destinait.

Les significations et notifications prescrites sont également faites à la diligence du préfet du département de la situation des biens, tant par huissier que par tout agent de l'administration, dont les procès-verbaux font foi en justice.

§ 12. — *Timbre et enregistrement.*

410. Les plans, procès-verbaux, certificats, significations, jugemens, contrats, quittances, et autres actes faits en vertu des lois des 30 mars 1831 et 3 mai 1841, sont visés pour timbre et enregistrés *gratis*, lorsqu'il y a lieu à la formalité de l'enregistrement. L. 1841, art. 58.

411. *Autres actes.* Ces mots paraissent comprendre : 1° les procurations données à des tiers par les propriétaires. Delalleau, n° 691. — *Contrà*, décis. min. fin. 20 janv. 1855.

2° Les actes nécessaires pour faire reporter l'hypothèque sur des fonds différens de ceux requis pour les travaux. *Mon.* 16 mars 1831, p. 544.— Toutefois comme la loi ne parle que des *actes faits en vertu de la présente loi*, et non de ceux faits par suite de l'expropriation ou d'une cession amiable, M. Delalleau, n° 692, conseille de comprendre ces sortes de frais dans la demande d'indemnité, ou d'en stipuler le remboursement dans l'acte de vente.

412. Une décision du ministre des finances, 21 mars 1855, prescrit de mentionner dans les actes qu'ils sont faits en vertu de la loi d'expropriation.

413. Les actes d'acquisition d'immeubles, faits par les communes pour des travaux d'utilité publique, et relatant la loi spéciale ou l'ordonnance qui autorise ces travaux, doivent être admis au visa pour timbre et à l'enregistrement *gratis*. Tribunal Charleville, 6 juin 1834. Décis. min. fin. 21 mai 1835. Instr. 15 juin 1835 (Art. 140 J. Pr.). — *Contrà*, Régie 9 mai 1834.

414. Mais on a déclaré soumis au droit d'enregistrement le traité entre une commune et un particulier par lequel celui-ci se charge d'exécuter des travaux d'utilité publique et d'acheter les terrains nécessaires à leur confection. Cass. 12 nov. 1838, S. 38, 891.

415. Il n'est reçu aucuns droits pour la transcription des actes au bureau des hypothèques. L. 1841, art. 58.

416. L'exemption ne s'étend pas au salaire du conservateur, il ne doit pas faire l'inscription d'office pour le prix des immeubles acquis au nom de l'État lorsqu'il en est dispensé par une clause expresse du jugement d'expropriation ou du contrat d'acquisition. Instr. rég., 22 juill. 1836 (Art. 484 J. Pr.).

417. Les droits perçus sur les acquisitions amiables faites antérieurement aux arrêtés du préfet sont restitués, lorsque, dans le délai de deux ans, à partir de la perception, il est justifié que les immeubles acquis sont compris dans ces arrêtés. La restitution des droits ne peut s'appliquer qu'à la portion des immeubles qui a été reconnue nécessaire à l'exécution des travaux. L. 1841, art. 58.

418. *Acquisitions* est pris dans le sens le plus large. Ainsi on restituera aussi les droits perçus, pour des marchés ou des traités relatifs à des constructions ou à des ouvrages de toute nature qui ont amélioré l'immeuble exproprié. M. Gillon, *Mon.*, 5 mars 1841, p. 541.

419. *Seront restitués.* Cette restitution n'a pas lieu pour les parties d'immeubles dont le propriétaire a requis l'acquisition en vertu de l'art. 50; l'amendement de M. Vavin qui la proposait ne fut pas appuyé, à raison des difficultés d'exécution. Rien n'indique dans le traité amiable antérieur à l'arrêté du préfet, ce qui a été vendu comme nécessaire et ce qui l'a été en vertu de l'art. 50. *Mon.*, 5 mars 1841, p. 540 et 541.

420. Les contrats de rachat, faits en vertu de l'art. 60, ne sont pas exempts des droits de mutation : cette exemption était dans le projet de 1833, mais elle a été rejetée par la ch. des députés sur l'observation faite par le directeur de l'enregistrement que ce serait au vendeur qu'elle profiterait, en ce qu'elle serait prise en considération dans la fixation du prix par lequel il vendrait sa propriété.

421. Le bénéfice de l'art. 58 ne s'applique aux acquisitions faites par les concessionnaires, qu'autant que toutes les formalités prescrites par la loi d'expropriation ont été remplies. Délib., 12 sept. 1837 (Art. 1004 J. Pr.).

§ 13. — *Formules.*

FORMULE I.

Acte contenant acceptation des offres de l'administration, et réquisition de la consignation des sommes offertes.

(L. 3 mai 1841, art. 24 et 59. — Ordonn. 18 sept. 1833, art. 2.—[Coût, 1 fr. 50 c. orig. ; 40 c. copie.)

L'an   le   , à la requête de M.   . demeurant à   pour lequel domicile est élu, j'ai   *immatricule de l'huissier)*, soussigné, signifié et déclaré à M. le préfet du département de   au nom et comme représentant l'État, en ses bureaux sis a   , où étant et parlant à
Que le requérant accepte la somme de   qui lui a été offerte par M. le préfet, par acte du ministère de   , en date du   pour la maison appartenant au requérant sise à   , et dont l'expropriation a été prononcée pour cause d'utilité publique par jugement du tribunal de   en date du
A ce qu'il n'en ignore, et à mêmes requête, demeure et élection de domicile que dessus, j'ai, huissier susdit et soussigné, étant et parlant comme dit est, fait sommation à mondit sieur le préfet, attendu qu'il n'a été élevé aucune contestation par les tiers intéressés à la fixation de la valeur de la maison dont s'agit, de, dans le plus bref délai, déposer à la caisse des dépôts et consignations, ladite somme de   offerte au requérant, ainsi qu'il est ci-dessus énoncé, pour la maison dont il est exproprié, pour ladite somme être remise à qui de droit ;
Lui déclarant que faute par lui de faire ledit dépôt, le requérant se pourvoira par toutes voies de droit. A ce qu'il n'en ignore, je lui ai, audit domicile et parlant comme ci-dessus, laissé, sous toutes réserves, copie du présent, dont le coût est de   (*Signature de l'huissier.*)

FORMULE II.

Acte contenant refus des offres de l'administration, et déclaration des prétentions du propriétaire.

(L. 3 mai 1841, art. 24. — Ordonn. 18 sept. 1833, art. 1. — Coût 1 fr. 50 c. orig. 40 c. copie.)

L'an   le   , à la requête de M.   , etc.
J'ai   (*immatricule de l'huissier*), soussigné, signifié et déclaré à M. le préfet du   , etc.

Que le requérant n'accepte pas la somme de   qui lui a été offerte par mondit sieur le préfet, suivant acte de   , en date du   , pour la maison appartenant au requérant; sise à   , et dont l'expropriation a été prononcée pour cause d'utilité publique, par jugement du tribunal de   en date du

A ce qu'il n'en ignore, et à mêmes requête, demeure et élection de domicile que dessus, j'ai, huissier susdit et soussigné, parlant comme dit est, déclaré à mondit sieur le préfet que le requérant estime la maison susénoncée la somme de   , et qu'il n'acceptera aucune indemnité inférieure, à moins qu'il n'en soit autrement ordonné par le jury chargé de prononcer sur ses prétentions; à ce qu'il n'en ignore, je lui ai, etc.   (*Signature de l'huissier.*)

Nota. Il convient d'énoncer dans la déclaration chaque chef d'indemnité d'une manière distincte. — V. *sup.* n° 262 et suiv.

FORMULE III.

Sommation au préfet pour faire procéder à la fixation de l'indemnité.

(L. 3 mai 1841, art. 55. — Ordonn. 18 sept. 1833. Coût, 1 fr. orig.; 25 c. copie.)

L'an   le   , à la requête de M.   , etc.

J'ai   soussigné, signifié, fait sommation à M. le préfet de

Attendu que, par jugement rendu par le tribunal de   le   le requérant a été exproprié pour cause d'utilité publique, d'une maison lui appartenant, sise à   , que plus de six mois se sont écoulés depuis la prononciation dudit jugement, et que cependant l'indemnité due audit requérant à raison de la dite expropriation, n'a pas encore été fixée.

De, dans le plus bref délai, notifier audit requérant la somme qu'il entend offrir pour l'indemnité à lui due, se réservant d'accepter cette somme ou d'en réclamer une supérieure, selon qu'il croira devoir le faire, lui déclarant en outre que, faute par lui de faire ladite notification, le requérant se pourvoira par toutes voies de droit; à ce qu'il n'en ignore, etc.   (*Signature de l'huissier.*)

FORMULE IV.

Dénonciation à l'administration, par le propriétaire, des noms et qualités des ayant-droit.

(L. 3 mai 1841, art. 21 et 22. — Ord. 18 sept. 1833, art. 2. — Coût, 1 fr. 50 c. orig.; 40 c. copie.)

L'an   le   , à la requête de M.   , demeurant à   , pour lequel domicile est élu à   j'ai (*immatricule*), soussigné, signifié et déclaré à M. le préfet du département de   , en ses bureaux sis à   (*ou à la compagnie concessionnaire des travaux en la personne du sieur   , son gérant, au siège de la société, sis à   ), où étant et parlant à   , que le requérant était propriétaire d'une maison sise à   , dont l'expropriation a été prononcée par jugement du tribunal de   , en date du   ; mais que plusieurs personnes ont des droits réels sur ladite maison, savoir :

1° M   (*nom, prénoms, qualités*) demeurant à   , lequel a un droit de passage dans ladite maison, ainsi qu'il résulte d'un acte......;

2° M   (*nom, prénoms, qualités*), demeurant à   , lequel est locataire de ladite maison, ainsi que cela résulte d'un acte.......

Lui déclarant que la présente signification est faite en exécution et pour obéir au vœu des articles 21 et 22 de la loi du 3 mai 1841; à ce qu'il n'en ignore, je lui ai, etc.

Nota. Sous l'empire de la loi de 1833, cette dénonciation était faite au magistrat directeur du jury.

FORMULE V.

Opposition formée par un juré à l'ordonnance du directeur du jury qui l'a condamné à l'amende.

(L. 3 mai 1841, art. 32. — Ord. 18 sept. 1833, art. 2. — Coût, 1 fr. 50 c. orig.; 40 c. copie.)

L'an   , le   , à la requête de M   demeurant à   , pour lequel domicile est élu, j'ai (*immatricule de l'huissier*), soussigné, signifié et déclaré à M. le magistrat directeur du jury de   , etc.

Que, par son ordonnance en date du   , le requérant a été condamné à une amende de   , pour ne s'être pas trouvé à la séance du jury   de

Que cependant, s'il ne s'est pas rendu à cette séance, c'est qu'il a été retenu chez lui par une maladie qui ne lui permettait pas de sortir, ainsi que cela résulte d'un certificat délivré le   par M -   , docteur en médecine, qui a donné des soins audit requérant ;

Pourquoi il requiert humblement mondit sieur le directeur du jury, qu'il lui plaise le recevoir opposant à son ordonnance sus-énoncée du   , et statuant sur ladite opposition, le décharger des condamnations contre lui prononcées.

A ce qu'il n'en ignore je lui ai, etc.   (*Signature de l'huissier.*)

FORMULE VI.

Procès-verbal des opérations du jury et ordonnance du directeur.

(L. 3 mai 1841, art. 34 et 41.)

L'an   le   , en la salle d'audience de la   chambre du tribunal de   , séant au Palais de Justice, à   ,

Nous (*nom, prénoms*) directeur du jury, chargé par la loi du 3 mai 1841 sur les expropriations pour cause d'utilité publique, de fixer les indemnités dues aux parties intéressées dans les affaires qui vont être appelées,

Assisté de Me   , commis-greffier assermenté,

Vu le jugement rendu par la chambre du tribunal, le   , sur la poursuite de M. le préfet de   ; lequel jugement déclare expropriées pour cause d'utilité publique les portions de terrains et bâtiments indiqués dans l'arrête du préfet de   , en date du   , et dans les plans y énoncés, et faisant partie de la maison du sieur   , rue, n°, occupée à titre de locataire par le sieur   ; tous lesdits lieux nécessaires à l'exécution des travaux, et nous a nommé pour remplir les fonctions de directeur du jury, chargé de fixer les indemnités ;

Vu l'expédition du procès-verbal dressé par la première chambre de la cour royale de   , le   , contenant le choix par elle fait des personnes appelées à former le jury ;

Vu notre ordonnance, en date du   , contenant indication de ces jour, lieu et heure pour être procédé aux opérations dont il s'agit ;

Vu les originaux des notifications faites, savoir, par exploit de   , huissier à   , en date du   , 1° au sieur   , 2° au sieur   , et les notifications et sommations faites par exploit du même huissier, en date du   , aux personnes choisies pour former le jury ;

Vu, enfin, la loi du 3 mai 1841 sur les expropriations pour cause d'utilité publique, et notamment les dispositions du chapitre II du titre IV de ladite loi ;

Attendu que toutes les formalités voulues par cette loi pour la convocation des parties intéressées et du jury ont été régulièrement observées, déclarons ouverte l'audience publique ;

Le commis-greffier qui nous assiste a fait l'appel des affaires d'entre les sieurs   (*noms, profession, domicile*), gérants de la société   , et en cette qualité, étant aux droits de l'administration, d'une part ;

Et 1° le sieur   (*nom, profession, domicile*), propriétaire ;

2°   ; 3°   , tous, d'autre part ;

Toutes les parties présentes en personne à l'audience ont répondu à l'appel et déclaré qu'elles étaient prêtes à présenter leurs observations. Nous les avons averties que nous allions procéder à la formation du jury ; que les concession-

naires avaient le droit d'exercer deux récusations et que les autres parties intéressées avaient collectivement le droit d'exercer deux récusations ; qu'à défaut
de s'entendre pour l'exercice de ce droit le sort désignerait celle des parties qui
devrait en user ; et nous avons ordonné que le greffier fît l'appel des personnes
désignées par la première chambre de la cour royale pour former le jury dans
l'ordre établi par le procès-verbal. En conséquence, le greffier a appelé MM.   ;
toutes personnes ci-dessus dénommées étaient présentes, à l'exception de
M   ; nous avons statué sur l'absence dudit sieur   ainsi qu'il suit. (*On
mentionne également les récusations.*)

Nous avons prévenu les personnes appelées et ne faisant pas partie du jury,
qu'elles pouvaient se retirer, le jury ainsi composé.

MM.   ont chacun individuellement prêté serment de remplir avec impartialité les fonctions qui leur sont confiées.

Nous avons immédiatement mis sous les yeux du jury le tableau des offres et
des demandes, et les plans, titres et documens produits par les parties à l'appui
de leurs offres et demandes.

M*   , mandataire des concessionnaires de l'administration, donne des
explications sur les offres faites par ses cliens au sieur   .

M*   , avocat, assisté du sieur   , présente des observations en faveur
de son client.

Le jury a déclaré qu'il avait besoin de voir les lieux, soit par lui-même, soit
par quelques-uns de ses membres ; nous avons continué la séance à l'égard de
l'affaire du sieur   au

Le jury s'est ensuite occupé de l'affaire du sieur   qui s'est expliqué lui-
même. La séance a été également continuée à son égard au   .

Ce fait, nous avons levé la séance, etc.   .

Et le   , le jury, composé ainsi qu'il est dit ci-dessus, s'étant réuni dans la
salle de   ,

Nous directeur du jury susdit et soussigné, assisté du même commis-greffier,
avons déclaré la séance ouverte, et avons demandé au jury s'il était en état de
prononcer sur les affaires soumises à sa décision : M   , son président, nous
a déclaré que, chargé par le jury de voir les lieux qui sont l'objet de l'indemnité
qu'il s'agit de fixer, il s'y était rendu et qu'en présence des parties qui avaient
été prévenues, il avait visité lesdits lieux, recueilli les renseignemens qu'il avait
cru nécessaires, et entendu lesdites parties dans leurs observations.

Les sieurs   ont successivement soumis de nouvelles observations, et le
jury ayant déclaré qu'il était en état de statuer, nous avons prononcé la clôture
de l'instruction et engagé MM. les jurés à se retirer dans la salle de   pour
délibérer sans désemparer sous la présidence de celui d'entre eux qu'ils ont précédemment désigné.

La séance suspendue pendant   , le jury est rentré à l'audience publique,
et nous a remis la décision suivante, dont nous avons immédiatement donné
lecture en ces termes : « Les membres soussignés composant le jury aux termes
de la loi, réunis sous la présidence de M   , l'un d'eux, qu'ils ont désigné
pour président, après en avoir délibéré sans désemparer, ont été d'avis de fixer
et, en conséquence, ont fixé à   l'indemnité due au sieur   , propriétaire
de la maison située rue,   n°   . Fait et arrêté à   , le   , et ont signé
après lecture. *Signé*   .

Ordonnance. En conséquence de l'art. 41 L. 3 mai 1841, déclarons exécutoire ladite décision et envoyons la compagnie   en possession des lieux appartenant au sieur   , à la charge par ladite compagnie de se conformer aux
dispositions des art. 53 et 54 de la même loi ; et attendu que l'indemnité fixée
par le jury est supérieure aux offres faites par la compagnie et inférieure à la
demande du sieur   , disons qu'il y a lieu de compenser les dépens qui seront
supportés par le sieur   et la compagnie dans les proportions de leur offre et
de leur demande avec la décision du jury ; lesquels dépens nous avons taxé et
liquidé, savoir : ceux du sieur   à la somme de   , et ceux de la compagnie
à la somme de   .

La deuxième décision était ainsi conçue, etc.   .

Ce fait, nous avons levé la séance, les jour, mois et an que dessus, et avons
signé le présent procès-verbal avec le commis-greffier qui nous assiste.

(*Signatures du directeur et du greffier.*)

FORMULE VII.

Réquisition du propriétaire tendant à l'acquisition de la totalité de son immeuble.

(L. 3 mai 1841, art. 50. — Ord. 18 sept. 1833, art. 2. — Coût, 1 fr. 50 c.
orig.; 40 c. copie.)

L'an   , le   , à la requête de M   , etc.,
J'ai   , soussigné, signifié et déclaré à M. le directeur du jury de   , etc.,
Que le requérant a été exproprié pour cause d'utilité publique, par un jugement du tribunal de   , en date du   , d'une aile d'une maison à lui appartenant, sise à   , dont le jury de   est appelé à déterminer la valeur pour fixer l'indemnité due au requérant, mais que celui-ci entend profiter du droit qui lui est accordé par l'article 50 de la loi du 3 mai 1841; et en conséquence qu'il requiert formellement que l'administration soit tenue d'acquérir la totalité de la maison dont il s'agit, et que l'indemnité à lui accorder soit fixée d'après la valeur de ladite maison en son entier.
A ce que mondit sieur le directeur du jury n'en ignore, je lui ai, etc.

(*Signature de l'huissier.*)

FORMULE VIII.

Demande à fin de rétrocession des terrains non employés à des travaux d'utilité publique.

(L. 3 mai 1841, art. 60 et 61. — Ord. 18 sept. 1833, art. 2. — Coût; 1 fr. 50 c.
orig.; 40 c. copie.)

L'an   , le   , à la requête du sieur   , etc.,
J'ai   , soussigné, signifié et déclaré à M. le préfet du département de   , etc.,
Que, par jugement rendu le   , par le tribunal de   , le requérant a été exproprié, pour cause d'utilité publique, d'un terrain à lui appartenant, sis à   , de la contenance de trois cent cinquante mètres carrés; que les travaux pour l'exécution desquels on avait cru nécessaire la totalité de ce terrain, sont aujourd'hui terminés; mais qu'à raison des changemens qui ont été apportés aux premiers plans, deux cents mètres seulement du terrain du requérant ont été nécessaires pour les travaux dont s'agit, et que cent cinquante mètres restent sans destination : pourquoi j'ai, huissier susdit et soussigné, toujours à mêmes requête, demeure et élection de domicile, notifié à mondit sieur le préfet que le requérant entend user du bénéfice qui lui est accordé par l'art. 60 de la loi du 3 mai 1841, et rentrer en possession des cent cinquante mètres de terrain qui restent aujourd'hui sans destination, à la charge de payer à l'Etat la somme qui sera ultérieurement fixée à l'amiable par les parties, ou déterminée par l'autorité compétente, à ce qu'il n'en ignore, etc.

VENTE *d'immeubles sur saisie.*—La *saisie immobilière* ou *réelle* est une procédure par laquelle un créancier met sous la main de la justice les immeubles de son débiteur, pour les faire vendre au profit des ayant-droit et parvenir au paiement des créances. — Les mots *saisie immobilière* et *expropriation forcée* sont synonymes.

DIVISION.

SECTION 1. — *De la poursuite de saisie immobilière.*

§ I. — *Principes généraux, dispositions transitoires, prohibition de la clause de voie parée.*

§ 2. — *Par qui; en vertu de quels titres, et contre qui l'ex-*

SECTION I. — *De la poursuite de saisie immobilière.*

§ 1. — *Principes généraux; dispositions transitoires, prohibition de la clause de voie parée.*

1. La saisie immobilière a pour résultat la dépossession de la nature de biens la plus précieuse ; dès lors on comprend qu'elle ait été soumise de tout temps à des formes plus solennelles que les autres voies d'exécution. Il importe en effet de fournir au créancier des moyens rapides et peu dispendieux de recouvrer sa créance, sans sacrifier les intérêts du débiteur ; il importe aussi d'offrir certaines garanties aux tiers auxquels la justice offre la transmission de la propriété saisie.

2. Cette procédure a varié suivant les différentes législations.

3. *Droit romain.*—V. *De rebus auct. judic.* lib. 42, tit. 5 ; *De bonis auct. judic.* C. lib. 7, tit. 72 ; *De distr. pign. et hypoth.* D. lib. 20, tit. 5 ; C. lib. 8, tit. 28.

Droit ancien. De nombreuses lacunes, une grande diversité dans les formes, des procédures interminables et extrêmement dispendieuses, des garanties insuffisantes, soit pour le débiteur, soit pour les tiers, tels étaient les inconvéniens de l'ancienne législation.

L'ordonnance de 1667 ne renfermait aucune disposition sur la saisie réelle. Un édit de François I*r*, de 1539, un autre de Henri II, de 1551, connu sous le nom d'*édit des criées;* des déclarations générales ou particulières, des coutumes, des usages, des réglemens de Cours souveraines ; tels étaient les élémens de l'ancien droit. Grenier, édit. Didot, 209, 249.

Le délai qui pouvait s'écouler entre le commandement et la saisie n'était point déterminé. (— V. toutefois Cout. Normandie, art. 547). — V. au contraire *inf.*, n° 89.

L'huissier établissait un commissaire pour régir l'immeuble saisi. — V. au contraire *inf.*, n°* 214 et suiv.

Le mode de vente *aux criées* par *décret* était le plus suivi (1).

On distinguait le décret *forcé* et le décret *volontaire.* Le décret *forcé* était précédé d'une saisie, et se compliquait de formalités nombreuses réglées par les édits de 1539 et de 1551, et par l'usage constaté dans divers actes de notoriété et arrêts de réglemens, notamment celui de 1598.

Le décret forcé, en usage jusqu'à la loi du 11 brum. an 7, a été remplacé par la saisie immobilière.

Les criées donnaient une sorte de publicité à la saisie et annonçaient l'adjudication ; — mais la signification des criées au saisi n'était point exigée (si ce n'est par les coutumes de Vitry et de Ponthieu) ; la procédure ne devenait contradictoire qu'au moment de l'adjudication. — V. au contraire *inf.*, n° 149.

Un arrêt de réglement du parlement de Paris du 29 janv. 1658, établissait des adjudications connues sous le nom d'*adjudications à la barre de la Cour*, pour les immeubles dont la valeur n'excédait pas la somme de 2,000 fr.

L'adjudication transférait irrévocablement la propriété à l'adjudicataire, sans qu'il pût être inquiété par les créanciers

---

(1) On connaissait en outre en Dauphiné la *subhastation.* Parl. de Grenoble 1547, art. 68 ; — *L'action en délaissement*, Royer Desgranges, *inst. hyp.* § 4.

hypothécaires, qui ne s'étaient pas rendus opposans, soit au moment de la saisie, soit dans le cours des criées, soit avant l'adjudication. — V. d'ailleurs *inf.*, n° 405.

V. d'ailleurs Pothier, *Procédure*, chap. 2, sect. 5; Denisart, v° *Saisie réelle.*

Le décret *volontaire* n'était autre chose que l'accomplissement des mêmes formalités, mais par suite d'un accord entre les parties; il avait été imaginé pour mettre les acquéreurs par acte volontaire à même de purger les hypothèques, droits réels ou servitudes grevant les biens par eux acquis.

Ces formalités longues et onéreuses ont été supprimées par la publication de l'édit de 1771, qui a institué les *lettres de ratification.*

Aujourd'hui la vente en justice, par la seule volonté des parties, ne peut plus avoir lieu; elle est formellement interdite par l'art. 746 C. pr.

4. *Droit intermédiaire.* La procédure tracée par la loi du 11 brum. an 7 avait les inconvéniens opposés à ceux de l'ancienne législation; elle était si rapide, que les intérêts du débiteur et les droits des tiers étaient souvent sacrifiés. Il suffisait de faire un commandement au débiteur, et un mois après de placer des affiches imprimées, qui désignaient les biens, leur valeur présumée et le jour de l'adjudication; un débiteur, pendant une absence de trois mois, pouvait être dépouillé de ses immeubles sans le savoir. — V. *inf.* n°ˢ 89 et suiv.

5. Plus tard les formes de l'expropriation forcée furent réglées par le Code civil (art. 2204 à 2218); par diverses lois : 1° celle du 14 nov. 1808; 2° un avis du conseil d'État du 30 mai 1809; 3° le décret du 2 fév. 1811; 4° enfin le Code de procédure (art. 556, 673 à 748). Préoccupés des inconvéniens de la loi du 11 brum. an 7, les rédacteurs du code n'avaient pas assez évité l'excès contraire. Ils craignaient de faire une loi trop peu prévoyante, et ils l'avaient surchargée de délais exagérés et de procédures inutiles. Des réclamations unanimes se sont élevées contre une législation qui manquait son but essentiel. La sûreté des conventions forme la base de la richesse publique. S'il est trop difficile de ramener les conventions à exécution, le crédit se trouve altéré dans son principe; le possesseur de capitaux ne les livre qu'avec défiance et se dédommage par la dureté des conditions qu'il impose, des difficultés dont la loi le menace, pour le moment où il voudrait son remboursement; avec trop de sollicitude pour chaque débiteur, on nuit à tous ceux qui auraient intérêt à le devenir. — Rapport de M. Pascalis, *Mon.* 23 juin 1840, p. 1523.

6. Le but de la loi du 2 juin 1841 (Art. 1959 J. Pr.) a été de simplifier les formalités de l'expropriation : on a abrogé et

remplacé par de nouvelles dispositions : 1° les titres XII et XIII
liv. 5 C. pr. et le décret du 2 fév. 1811 (art. 1, L. — 2 juin
1841) (1).

Mais le décret du 14 nov. 1808 n'a pas été abrogé. —V. les
travaux préparatoires insérés dans notre Journal, t. 5, art. 1467
à 1487 ; t. 6, art. 1566.

7. En résumé, la loi nouvelle conserve : 1° le commandement ; — 2° la saisie ; — 3° la dénonciation au saisi ; — 4° la
transcription au bureau des hypothèques ; — 5° le dépôt du
cahier des charges au greffe ; — 6° une sommation au saisi d'assister à la publication et lecture de ce cahier ; — 7° pareille
sommation aux créanciers inscrits ; — 8° transcription de cette
sommation en marge de la transcription de la saisie ; — 9° jugement qui donne acte de la publication, statue sur les incidens
et fixe le jour de l'adjudication ; — 10° annonces dans l'un des
journaux à ce destinés, du jour des conditions de l'enchère et de
l'adjudication ; 11° affiches et placards contenant la même indication ; — 12° l'adjudication définitive. — V. d'ailleurs Art.
1566 J. Pr.

Ainsi les actes de procédure sont réduits de 23 à 12; une
dépense de 700 fr. en moyenne à 300 fr. environ ; huit mois
de durée dans la poursuite à quatre mois environ. Rapport de
M. Pascalis, *ib.*; et M. Meilheurat, *Mon.* 12 janv. 1841, p. 82.

8. On a supprimé : 1° la remise d'une copie du commandement au maire qui doit viser l'original (ancien art. 673); 2° la
remise d'une double copie du procès-verbal de saisie, l'une au
maire, l'autre au greffier de la justice de paix et le visa de ce greffier (art. 676); 3° la transcription de la saisie au greffe (art. 680);
4° l'insertion de la saisie sur un tableau placé dans l'auditoire
du trib. (681); 5° deux publications du cahier des charges
(700 et 702); 6° deux affiches annonçant l'une la publication
du cahier des charges, l'autre l'adjudication préparatoire (702
et 704); 6° deux insertions aux journaux (703 et 704); 8° le
jugement d'adjudication préparatoire (703 et 706).

Aucune mesure n'avait moins que l'adjudication préparatoire
atteint le résultat qu'on s'en était promis, celui d'assurer
par avance à l'immeuble un enchérisseur qui couvrît la mise
à prix du poursuivant : les incidens qui naissaient de ce jugement, la nécessité de le signifier, l'appel dont il pouvait être

_____

(1) Il reste encore à mettre en harmonie avec la nouvelle législation le titre 10 du livre 5e, 1re partie sur la *saisie des rentes constituées.* — V. *Ventes
de rentes.*
— V. d'ailleurs *inf.* n° 526,-543 et 392; —et la circulaire du 7 mai 1841,
sur la réforme du régime hypothécaire (Art. 1958 J. Pr.).

frappé, faisaient de cet acte qui embarrassait sans fruit la marche
de la procédure, l'une des causes principales de ses lenteurs, des
dépenses qu'elle entraînait et de ses difficultés : M. Pascalis, *ib.*,
p. 1524. — V. d'ailleurs les objections du tribunat contre cette
formalité. Locré, t. 22, p. 438.

9. *Dispositions transitoires.* Les ventes sur saisie immobilière,
commencées avant la promulgation de la loi du 2 juin 1841,
sont restées soumises aux anciennes dispositions du C. de pr,
et du décret du 2 fév. 1811.

10. On considère comme commencées les ventes sur saisie
immobilière, lorsque le procès-verbal de saisie a été transcrit
avant la loi nouvelle. Art. 9, L. 2 juin 1841.

11. Lorsqu'une saisie immobilière a été transcrite avant la
loi nouvelle, — *les incidens* postérieurs à la loi nouvelle et
notamment la poursuite de conversion et la folle enchère doivent-ils être régis par la loi ancienne ?

En faveur de la loi nouvelle on a dit : la demande en conversion est une instance nouvelle, ce n'est plus la continuation
d'une procédure unique, c'est la substitution d'une procédure
à une autre, d'une vente judiciaire à une vente sur saisie immobilière. — De même, la poursuite sur folle enchère, bien
qu'elle soit une suite de l'expropriation forcée, n'en est pas
moins une procédure nouvelle, distincte et séparée de la première; elle est le principe d'une nouvelle poursuite qui s'introduit à la suite d'une précédente. Arg. avis Cons. d'Et. 16
fév. 1807; Paris, 30 nov. 1809, P. 3ᵉ édit., t. 7, p. 894.

Toutefois on répond, avec plus de raison, en faveur de l'application de la loi ancienne : — Les rédacteurs de la loi du
2 juin 1841 ont tracé une ligne de démarcation, non-seulement
pour la procédure de saisie immobilière, mais encore pour
tous les *incidens* : — En effet, pour les saisies transcrites avant
la loi nouvelle, l'art. 9 renvoie d'une manière générale au
C. de pr. sans distinguer entre le titre XIII et le titre XII du
livre V de la première partie du C. de pr. — Il y a plus, cet
art. 9 renvoie en outre au décret du 2 fév. 1811 ; or, la plupart des dispositions de ce décret sont relatives aux *incidens*,
notamment aux demandes en nullité de la procédure (art. 2 et
3) et au recours contre le jugement qui statue sur ces demandes (art. 4). — La nature des choses le voulait ainsi.

Soient deux saisies comprenant des biens différens, poursuivies devant le même trib., transcrites l'une avant la loi du
2 juin 1841, l'autre depuis, n'y a-t-il pas lieu de réunir les
deux poursuites sur la requête de la partie la plus diligente
(C. pr. 719 ancien et nouveau), — et par conséquent de suivre
sur les deux saisies les règles du C. de pr. de 1806, bien que l'une

des deux saisies n'ait été transcrite que depuis la loi nouvelle?

Suivre dans ce cas, pour la première saisie, la loi ancienne, et pour la deuxième la loi nouvelle, ce serait violer l'art. 749 de ces deux lois, qui ordonne la jonction.

Il en sera de même pour les autres incidens, tels que la demande en nullité de la procédure, les modes de recours, etc.

Ferait-on une exception pour la surenchère, la folle enchère, la demande en conversion de saisie en vente sur publications judiciaires, sous prétexte que ces poursuites sont le principe d'une nouvelle procédure et ne forment pas de véritables incidens : cette distinction est repoussée par l'ensemble des lois sur la matière : en effet, soit dans le Code de 1806, soit dans la loi nouvelle, ces procédures sont toutes régies par des dispositions placées sous le titre des incidens : elles se rattachent, d'une manière plus ou moins immédiate, à la saisie immobilière; mais aucune d'elles ne saurait en être séparée d'une manière complète, aucune d'elles ne peut être considérée comme une procédure tout-à-fait distincte. — Cette interprétation si naturelle de l'art. 9 de la loi nouvelle, exclut toute discussion sur l'application de la disposition transitoire. — Dans le système contraire, de nombreuses difficultés s'élèveraient sur la question de savoir si l'on doit ou non considérer telle procédure comme un incident de saisie-immobilière. — Or, telle n'a p s été l'intention des rédacteurs de la loi de 1841; si l'art. 9 n'a donné lieu à aucune discussion, — c'est parce que l'on a voulu éviter l'effet rétroactif et que l'art. 9 a paru atteindre parfaitement ce but. Rapport de M. Persil à la ch. des pairs. — Ainsi jugé en matière de conversion. Trib. Seine, 24 juin 1841 (Art. 1990 et 1991 J. Pr.).

12. *Prohibition de la clause de voie parée.* — Toute convention portant qu'à défaut d'exécution des engagemens pris envers lui, le créancier aura le droit de faire vendre les immeubles de son débiteur sans remplir les formalités prescrites pour la saisie immobilière est nulle et non avenue. C. pr. 1841, art. 743.

Cette clause, dite de *voie parée*, avait donné lieu à de grandes controverses. — V. *vente sur saisie*, n° 6.

Considérée comme nuisible aux emprunteurs et aux créanciers inscrits, et par suite comme contraire à l'ordre public, ou du moins comme renfermant un mandat révocable, elle avait été annulée par plusieurs arrêts. — V. notamment Lyon, 2 déc. 1835 (Art. 567 J. Pr.) et nos observations *ib.* 1835, t. 1, p. 6, art. 1er.

Défendue, en vertu du principe de la liberté des conventions, et comme favorable à l'intérêt bien entendu des emprunteurs, par cela même qu'elle assurait aux capitalistes, un moyen plus prompt et moins dispendieux de recouvrer leurs fonds, elle avait été déclarée valable par la plupart des C↑ roy., et avec certaines restrictions, par la C. de cass. M. Dupin, procureur-général, conclusions conformes, 20 mai 1810 (Art. 1642 J. Pr.).

La question se présentait sous une autre face, lors de la discussion de la loi nouvelle; le C. de proc. se trouvait singulièrement simplifié; les inconvéniens résultant des anciennes formalités, que la clause de voie parée avait pour but essentiel de prévenir, disparaissaient et avec eux la plupart des argumens favorables à la validité de la clause.

Toutefois, l'art. 743 n'a été adopté qu'après une vive opposition de MM. Dupin, Renouard, Debelleyme, Teste (*Mon.* 17 janv. 1841, p. 131 à 133) et Persil.

13. L'art. 715 prononce *la peine de nullité* pour l'inobservation de la plupart des formalités prescrites. — Toutefois, la nullité d'un acte ne vicie pas la procédure antérieure. — V. d'ailleurs *inf.* n° 507 et suiv.

14. La poursuite de saisie immobilière constitue une véritable instance. Le poursuivant est considéré comme le mandataire des autres créanciers. — V. *inf.*, sect. II, § 3; — les créanciers inscrits sont réputés parties à la saisie, à dater de l'enregistrement de la notification du placard en marge de l'enregistrement de la saisie. — V. *inf.*, n° 258.

En conséquence les règles ordinaires de la péremption s'appliquent à cette procédure. Lachaise, 497; — toutefois il faut combiner ces règles avec les dispositions relatives à certaines péremptions spéciales à cette matière.

15. Les formes de la reprise d'instance s'appliquent-elles à la saisie immobilière? — V. *inf.* n° 339.

16. Le trib. compétent est celui de la situation des biens. L. 14 nov. 1808, art. 4. — V. *inf.* n° 576 et *Faillite,* n° 509 et suiv. — En effet, l'expropriation forcée est une action essentiellement réelle, puisqu'elle a pour objet l'exercice d'un droit hypothécaire. — V. *inf.* n° 32.

17. Les formes de la saisie immobilière doivent être suivies, même à l'égard de l'expropriation d'un comptable de l'Etat. Décr. 6 janv. 1807.

Les préposés de la régie ne peuvent ni poursuivre d'expropriation, ni se rendre adjudicataires, sans y avoir été autorisés formellement par l'administration. Lett. grand-juge et min. fin. 15 et 23 brum. an 12; Inst. Rég. 21 pluv. an 12.

18. L'expropriation des débiteurs de l'université est autorisée par le ministre, après une délibération du conseil de l'instruction publique. Arg. Décr. 12 sept. 1811.

§ 2. — *Qui peut saisir; en vertu de quels titres; contre qui; quels biens sont saisissables.*

19. *Qui peut saisir.* Tout créancier, soit hypothécaire avec ou sans inscription, soit même chirographaire, a le droit de saisir les immeubles de son débiteur (Arg. C. civ. 2093, 2204), pourvu que sa créance réunisse les conditions exigées par la loi (— V. *inf.* n° 21). Paris, 12 vent. an 12, S. 7, 960. Lyon, 27 nov. 1811, D. 11, 677, n° 1; Liège, 28 nov. 1808, D. 11, 684, n° 5; Berriat, 502, 503; Tarrible, *R.* v° *Expropriation*, n° 1; *Saisie*, § 1; Malleville, art. 2204.

20. Si le créancier est incapable, l'expropriation se poursuit en son nom par la personne chargée de le représenter. — V. *Exécution*, n° 9.

21. *En vertu de quel titre on peut saisir.* Il faut, 1° avoir une créance *certaine, liquide.* C. civ. 2213 (— V. *Exécution*, n° 20 et suiv.) — et *exigible.* C. pr. 551.

22. Peu importe le chiffre de la créance et l'importance des biens. La modicité de certaines créances et l'élévation des frais avaient fait désirer que le droit de saisir fût refusé au cas où la créance serait inférieure à 500 fr. Mais cette somme peut être un capital important pour certaines fortunes. Les petits créanciers méritent aussi d'être protégés par la loi. Tous les biens d'un débiteur sont le gage de ses créanciers. — Si le débiteur possède des biens importans, relativement à la dette qu'il néglige d'acquitter, ou il y a mauvaise volonté de sa part, et il en est moins digne de faveur, ou son impuissance atteste l'existence d'autres dettes : la poursuite alors profite à tous les créanciers; elle est censée faite pour l'ensemble des obligations qui pèsent sur la même personne. — Au contraire, les biens expropriés sont-ils de valeur modique? La question fait naître des doutes plus sérieux. Toutefois, malgré l'inconvénient d'appliquer les mêmes règles à toutes les expropriations sans distinguer la valeur des biens saisis, on a pensé que s'il y avait nécessité d'arriver à une grande simplification, il ne fallait pas la graduer sur la valeur des biens. L'appréciation de ce point de fait, eut soulevé de nouvelles difficultés et entraîné de nouveaux frais. Rapport de M. Pascalis, *Mon.* 23 juin 1840, p. 1528.

23. *Liquide.* Toutefois, si la dette est en espèces non liquidées, la poursuite est valable; mais l'adjudication ne peut être faite qu'après la liquidation. C. civ. 2213.— V. *Exécution*, n° 23 et suiv.

24. Un créancier qui a reçu des à-compte sur une obligation notariée et exécutoire n'en a pas moins le droit d'exproprier les biens de son débiteur. Paris, 24 floréal an 13, S. 5, 338. — V. d'ailleurs C. civ. 1244, 1258, 1900; C. pr. 122.

25. Les intérêts d'un capital et les frais taxés par le jugement ou par exécutoire sont une créance liquide qui autorise une poursuite d'expropriation forcée. C. civ. 2213. Cass. 25 janv. 1837 (Art. 952 J. Pr.).

26. Mais l'exception de paiement intégral à l'époque des poursuites peut être opposée par le saisi au saisissant qui se rend adjudicataire, même après l'adjudication. Cass. 3 avr. 1837, S. 37, 323.

27. *Exigible.* Il ne suffit pas que l'échéance arrive pendant le cours de la procédure. Bruxelles, 5 déc. 1812, S. 12, 284, Conf. Dalloz, 11, 687, 6.

28. Mais la saisie pratiquée pour une somme plus forte que celle due au créancier n'est pas nulle. C. civ. 2216.

Ce principe est commun à toutes les saisies. Bruxelles, 14 mars 1833, D. 34, 139.

29. 2° Etre porteur d'un titre authentique et exécutoire. C. civ. *ib.* — V. *Exécution*, n° 29 et suiv.

La poursuite peut avoir lieu en vertu d'un jugement provisoire ou définitif, exécutoire par provision nonobstant appel. —V. *Jugement*, n° 153 et suiv.; mais il n'est valablement procédé à l'adjudication qu'après un jugement définitif en dernier ressort, ou passé en force de chose jugée. C. civ. 2215. — La poursuite ne saurait s'exercer en vertu de jugemens rendus par défaut durant le délai de l'opposition. C. civ. 2215, — c'est-à-dire, pendant la huitaine qui suit la signification, et non pas tant que l'opposition est recevable : autrement, on ne pourrait jamais saisir en vertu d'un jugement de défaut rendu contre une partie non assistée d'avoué, puisqu'elle a le droit de s'y opposer jusqu'à l'exécution. Berriat, 567, n° 12.

Quid, d'un jugement susceptible d'appel? — V. *inf.*, n° 557 et 558.

30. Le cessionnaire d'un titre exécutoire n'est recevable à poursuivre l'expropriation qu'après que la signification du transport a été faite au débiteur. C. civ. 2214. —V. d'ailleurs *Exécution*, n° 10, et *inf.* n° 75.

31. *Contre qui la saisie doit-elle être pratiquée?* Les poursuites doivent être dirigées contre le débiteur, et s'il est incapable, contre son représentant — (V. *inf.* n° 66); Berriat, 503, 10.

32. La saisie des immeubles d'*une succession bénéficiaire* peut-elle être poursuivie par les créanciers du défunt contre l'héritier? (—V. *Saisie-arrêt*, n° 23.) L'affirmative a été jugée, alors même que celui-ci provoquait un partage devant le trib. de l'ouverture de la succession. Cass. 29 oct. 1807, D. 3,302; Cass. 8 déc. 1814, D. 12, 382, n° 1; Bourges, 15 mars 1822,

D. 12, 387, n° 4 ; Toulouse, 17 août 1822, — surtout lorsque les héritiers ne justifient d'aucune poursuite. Paris, 24 fév. 1825, D. 26, 212. — V. d'ailleurs *inf.* n° 45.

Mais il semble résulter d'un arrêt de cass. 25 juill. 1833 (Art. 294 J. Pr.) que ce droit ne leur appartient plus lorsque la vente a été provoquée par l'héritier ; en tous cas, il est prudent de mettre l'héritier en demeure de vendre les biens de la succession. Paris, 4 fruct. an 12, 21 sept. 1821 ; — ou même que cette poursuite peut être faite par cet héritier, s'il est créancier, contre le *curateur* (—V. ce mot, n° 20) au bénéfice d'inventaire, lorsqu'il n'y a pas d'autres héritiers. Berriat, *ibid.*

33. La saisie d'immeubles entre les mains d'un tiers détenteur doit être poursuivie contre celui-ci, et non contre le débiteur principal ; il n'est pas nécessaire de signifier les actes à ce dernier : il suffit de lui faire un commandement préalable. Arg. C. civ. 2169. Cass. Req. 4 janv. 1837 (Art. 701 J. Pr.).

34. Le titre exécutoire contre le défunt l'est également contre l'héritier pur et simple. C. civ. 877 ;—le créancier, porteur d'un acte de cette nature, peut donc poursuivre l'expropriation des biens de l'héritier.

Mais il ne peut continuer les poursuites commencées contre le défunt qu'après la signification exigée par l'art. 877 C. pr. Paris, 19 avr. 1839 (Art. 1718 J. Pr.).

35. Doit-il, *sous peine de nullité*, signifier son titre à l'héritier, *huit jours au moins* avant *le commandement* tendant à saisie ? Peut on au contraire considérer comme suppléant à cette signification la copie du titre donnée en tête du commandement ?

— Le projet de M. Parant tranchait la question dans ce dernier sens par une disposition expresse, que la loi de 1841 n'a point reproduite, d'après les observations de la ch. des avoués, du trib. de la Seine : — l'art. 877 C. civ. a pris la place d'une disposition qui obligeait le créancier à obtenir un jugement contre l'héritier, pour avoir le droit de poursuivre l'exécution du titre souscrit par son auteur. — Le commandement est un acte d'exécution qui ne peut pas atteindre de plano celui qui n'a pas souscrit le titre. — Enfin, pourquoi enlever à l'héritier le délai très-court (de huitaine) qui lui est accordé, soit pour désintéresser le créancier, soit pour s'armer contre l'exercice d'un droit qui lui est inconnu. — V. d'ailleurs *Commandement*, n° 4 ; *Exécution*, n° 15 ; *Poursuite*, n° 4 ; et tome 5, *Vente sur saisie*, n° 26.

On aurait pu seulement dispenser de donner copie de ce titre avec le commandement, quand on aurait donné antérieurement cette copie en tête de la notification préalable, prescrite par l'art. 877.

36. Le créancier inscrit sur un immeuble possédé par un

seul des héritiers de son débiteur, peut saisir cet immeuble après commandement signifié à cet héritier ; il n'est pas tenu de lui faire, comme à un tiers détenteur, sommation de payer, ni de signifier un commandement à ses cohéritiers comme débiteurs originaires. Arg. C. civ. 2169 ; Cass. 19 juill. 1837 (Art. 988 J. Pr.).

37. Sous l'ancien Code on a jugé, 1° que lorsque le décès du saisi arrivé dans l'intervalle des notifications au jugement d'adjudication définitive n'avait pas été notifié au saisissant, les actes faits par celui-ci dans l'ignorance de ce décès étaient valables *jusqu'à la signification du jugement d'adjudication préparatoire;* qu'à cette époque, il avait dû connaître le décès du saisi. Paris, 19 avr. 1839 (Art. 1718 J. Pr.) —V. *sup.* n° 14.

38. 2° que le *décès du créancier poursuivant* pendant la poursuite en expropriation forcée, n'invalidait pas la procédure faite depuis en son nom, *si l'avoué ignorait ce décès.* Paris, 15 nov. 1834, D. 38, 240.

39. On peut poursuivre cumulativement l'expropriation contre plusieurs débiteurs solidaires.

40. *Quels biens sont saisissables?* Sont saisissables : 1° *les biens immobiliers et leurs accessoires* réputés immeubles appartenant en propriété au débiteur. C. civ. 2204, 517 et suiv. ; — 2° *l'usufruit* appartenant au débiteur sur les biens de même nature. C. civ. 2204 ; — 3° *les actions de la Banque de France* qui ont été immobilisées. Décr. 16 janv. 1808, art. 7. — V. d'ailleurs *sup.* n° 22.

41. Toutefois, il faut excepter : 1° *les biens qui ne sont pas dans le commerce*, tels que les domaines de la couronne, les immeubles apanagés, ceux constitués en majorats, etc. Arg. C. civ. 2118 ; Décr. 1er mars 1808, S. C. 30 janv. 1810 ;

2° *Les servitudes*: attachées au sol, elles ne peuvent en être détachées, et conséquemment ne sont saisissables qu'avec le sol lui-même. Pigeau, 2, 217 ; Persil, *Qu.* 2, 280 ;

3° *Les droits d'usage et d'habitation :* ce sont des droits personnels. C. civ. 631, 634 ;

4° *Les actions en revendication ou en rescision de ventes d'immeubles :* les mots *biens immobiliers* employés dans l'art. 2204 ne désignent que les immeubles par leur nature ; le créancier doit exercer d'abord l'action, et s'il réussit, saisir l'immeuble. Cass. 23 prair. an 12 et 14 mai 1806, D. 1, 219 ; Merlin, *R.* v° *Expropriation*, n° 3 ; Persil, 2, 379 ; Berriat, *ib.*—*Contrà*, Pigeau, *ib.* —. V. d'ailleurs *Absence*, n° 64.

42. Les immeubles dépendans d'une succession ne peuvent être mis en vente par les créanciers personnels d'un héritier avant le partage ou la licitation. — V. *Licitation*, n°s 76 à 83.

43. Mais la saisie pratiquée sur des héritiers de biens indi-

vis est-elle nulle de plein droit? Est-elle au contraire valable,
sauf au créancier à provoquer le partage avant l'adjudication?
— Des termes de l'art. 2205 C. civ. résulte l'interdiction pour
les créanciers de saisir la part indivise de leur débiteur, car la
saisie immobilière et tous les actes qui la suivent ont le même
objet qui est de mettre en vente l'immeuble. Les créanciers ne
pourraient donc faire qu'un commandement. Cass. 3 juill. 1826,
S. 27, 69 ; Pigeau, 2, 133 ; *Comm.* 2, 270.

Toutefois, la prohibition de *mettre en vente* la part indivise
d'une succession a été interprétée dans un autre sens par quelques arrêts : ainsi il a été jugé que les trib. ne sont pas toujours
forcés de déclarer nuls la saisie et les autres actes de poursuite ;
qu'ils peuvent, *suivant les circonstances*, prononcer seulement
le sursis des poursuites jusqu'au partage effectué, surtout lorsque l'indivision est ancienne, et que la possession de fait peut
entraîner la supposition d'un partage. Poitiers, 20 août 1835,
D. 35, 165 ; Nîmes, 15 mai 1838 (Art. 1268 J. Pr.). — On invoque aussi Cass. 14 déc. 1819, P. 15, 625. — Dans cette dernière espèce, le poursuivant, créancier de l'un des héritiers, l'é-
tait également de la succession. —V. *Licitation*, n° 79.

44. Les mêmes motifs de prohibition sembleraient devoir
s'appliquer aux créanciers d'un communiste. Colmar, 17 frim.
an 13, S. 5, 72. — Mais on répond qu'il faut restreindre la
disposition de l'art. 2205 au cas prévu d'un cohéritier ; et qu'à
l'égard d'un communiste (autre qu'un conjoint ou associé), les
créanciers ne sont point empêchés de saisir sa part avant partage. Delvincourt, 3, 90 et 185 ; Paris, 1er juin 1807, S. 7,
666 ; Metz, 28 janv. 1818, S. 18, 357 ; Liége, 23 janv. 1834,
D. 35, 32, — surtout lorsqu'il s'agit d'un seul immeuble. *Même
arrêt.*

Une pareille saisie n'est donc pas nulle, sauf aux copropriétaires non débiteurs à revendiquer ou à demander la distraction.
Bordeaux, 29 nov. 1833, D. 38, 203.

45. Un héritier bénéficiaire est frappé, comme tel, d'une
incapacité personnelle, qui s'oppose à ce qu'il exproprie les
immeubles de la succession, en vertu de ses propres titres de
créance sur cette succession. —V. toutefois *sup.* n° 32.

Quels que soient ces titres, leur effet est entravé par sa qualité de comptable ; tant qu'il est comptable, il ne peut être réputé créancier définitif ayant faculté d'exproprier. Toulouse,
17 mars 1827, S. 27, 226.

46. Les immeubles d'un mineur même émancipé ou d'un
interdit, ne *peuvent être mis en vente* qu'après la *discussion* de son
mobilier. — V. *Discussion*, n° 21 à 25 ; Grenier, 2, n° 476.

Néanmoins, cette discussion n'est pas requise : 1° lorsque les
immeubles sont possédés par indivis entre un majeur et un mi-

neur ou interdit, si la dette leur est commune, ou si les *poursuites* ont été commencées contre un majeur ou avant l'interdiction. C. civ. 2207 ;

2° Quand l'inutilité de cette mesure est constatée à l'avance par une délibération du conseil de famille. Paris, 2 août 1814, D. 11, 674, n° 1.

47. L'art. 2206 ne défend que *la mise en vente.* — Faut-il en conclure que la saisie peut être faite avant de discuter le mobilier? Pigeau, 2, 223. — Faut-il, au contraire, interdire la saisie elle-même? — V. *sup.* n° 43.

L'exception de discussion peut-elle être opposée même après l'adjudication ?

Le saisi ni les créanciers, disait la loi du 11 brum. an 7, ne peuvent exciper contre l'adjudicataire d'aucuns moyens de nullité, ni d'omission de formalités dans les actes de la poursuite, qu'autant qu'il les aurait proposés à l'audience où l'adjudication aura eu lieu. — Et la C. de cass. a rejeté (15 avril 1812, S. 12, 276) le pourvoi contre un arrêt qui avait déclaré inadmissible la demande en nullité d'une adjudication, quoique la tutrice n'eût pas été sommée de rendre compte du mobilier. — C'était à elle en effet d'en proposer l'exception avant l'adjudication. L'intérêt de l'adjudicataire rend toute réclamation ultérieure plus difficile, sauf au mineur à se pourvoir à sa majorité par requête civile comme n'ayant pas été valablement défendu. Thomine, *ib.* 2, n° 741.

48. En tous cas, il n'y aurait pas nullité de la procédure si l'on se contentait de faire un commandement dans lequel on annoncerait qu'on procédera à la saisie immobilière après avoir discuté le mobilier, et si effectivement on commençait par saisir exécuter ce mobilier, ou par dresser un procès-verbal de carence. Tarrible, *Rép.* v° *Saisie,* § 3.

49. L'expropriation des immeubles dépendant de la communauté se poursuit *contre le mari seul débiteur,* quoique la femme soit obligée à la dette.

Quant aux immeubles de la femme qui ne sont pas entrés en communauté, elle se poursuit *contre le mari et la femme,* laquelle, au refus du mari de procéder avec elle, ou si le mari est mineur, peut être autorisée en justice. C. civ. 2208.

50. Mais le créancier poursuivant doit-il faire autoriser la femme qu'il exproprie? Suffit-il qu'il fasse notifier, *tant au mari qu'à la femme,* tous les actes qui se rapportent à cette poursuite ?

Pour la nécessité d'une autorisation de justice on invoque les art. 215, 216, 218 et 225 C. civ., qui contiennent un principe général et absolu. Le sens légal des mots *ester en jugement* s'applique aux poursuites en expropriation, qui peuvent donner lieu à un débat judiciaire.

Le contraire a été jugé. Arg. C. civ. 2208; Cass. 11 nov. 1839 (Art. 1611 J. Pr.); Berriat, 664; Carré, *Qu.* 2911; Proudhon, 1, 271; Duranton, 2, 460; Dalloz, 7, 827, 331.

Il en est autrement si la femme forme une demande incidente. Cass. 13 nov. 1828, S. 29, 240; Bordeaux, 4 août 1829, S. 30, 86. — Dans ce cas, elle doit être autorisée.

51. Si le débiteur justifie par baux authentiques que le revenu net et libre de ses immeubles pendant une année suffit pour le paiement de la dette en capital, intérêts et frais, et s'il en offre la délégation au créancier la poursuite *peut* être suspendue par les juges, sauf à être reprise s'il survient quelque opposition ou obstacle au paiement. C. civ. 2212.

Baux authentiques. Un bail sous seing-privé ne suffirait point: le poursuivant n'aurait pas de titre *paré* contre le fermier, qui d'ailleurs pourrait dénier son écriture. Chauveau, 20, n° 692. — *Contrà*, Delaporte, 2, 318.

Sauf à être reprise. On continue d'après les derniers erremens et sans qu'on puisse opposer l'expiration des délais. — V. *inf.* n° 441.

Opposition. Le créancier qui formerait une saisie-arrêt viendrait à contribution avec le délégataire sur les revenus ou intérêts échus depuis la saisie.

Obstacle. Si l'obstacle provenait d'un cas fortuit, le juge pourrait prolonger la suspension. Delvincourt, 3, 180.

52. Les créanciers ne sont recevables à poursuivre la vente des biens qui ne leur sont pas hypothéqués que dans le cas d'insuffisance des biens qui leur sont hypothéqués. C. civ. 2209; — sans qu'une discussion préalable soit pourtant nécessaire. Arg. C. civ. 2465; Cass. 27 juill. 1827, S. 27, 509; Persil, 2, 294; Pigeau, 2, 221; Tarrible, *Rép.* v° *Saisie*, § 3; — il a même été jugé que c'était au débiteur à prouver la suffisance des biens hypothéqués. Cass. 7 oct. 1807, D. 11, 720, n° 1.

53. L'expropriation de biens situés dans différens arrondissemens ne peut être provoquée que successivement, à moins 1° qu'ils ne fassent partie d'une seule et même exploitation. L'expropriation est alors suivie devant le trib. dans le ressort duquel se trouve le chef-lieu de l'exploitation, ou à défaut de chef lieu, la partie de biens qui présente le plus grand revenu d'après la matrice du rôle. C. civ. 2210;

2° Que la valeur totale des biens, dont on veut poursuivre la vente, ne soit inférieure au montant réuni des sommes dues tant au saisissant qu'aux créanciers inscrits. L. 14 nov. 1808, art. 1er. — La valeur des biens est établie d'après les derniers baux authentiques sur le pied du denier vingt-cinq; — à défaut de baux authentiques, elle est calculée d'après le rôle des contributions foncières sur le prix du denier trente. *Ib.* art. 2.

Au reste, rien ne s'oppose à ce qu'une première saisie ayant été pratiquée à la requête d'un créancier, un autre créancier ne saisisse à son tour un autre immeuble du même débiteur situé dans un arrondissement différent ; peu importe que la première saisie lui ait déjà été notifiée. Cass. 12 nov. 1828, D. 29, 11.

54. Si les biens hypothéqués au créancier et les biens non hypothéqués, ou les biens situés dans divers ressorts font partie de la même exploitation, le débiteur peut demander que la vente des uns et des autres soit poursuivie simultanément. Alors on fait au besoin une ventilation du prix. C. civ. 2211.

55. Le créancier qui prétend que les biens situés dans le ressort des différents trib. sont insuffisans pour désintéresser tous les ayant-droit, et qui, en conséquence, demande à les saisir simultanément, doit présenter requête au président du trib. de l'arrondissement où le débiteur a son domicile, et y joindre : 1° copie en forme des baux authentiques, ou à leur défaut, copie, également en forme, du rôle de la contribution foncière ; 2° l'extrait des inscriptions prises sur le débiteur dans les divers arrondissemens où les biens sont situés, ou le certificat qu'il n'en existe aucune. — La requête est communiquée au ministère public et répondue d'une ordonnance portant permission de faire la saisie de tous les biens situés dans les arrondissemens et départemens y désignés. L. 14 nov. 1808, art. 3.

§ 3. — *Formalités préliminaires.* — *Commandement.*

56. La saisie immobililière doit, *à peine de nullité,* être précédée d'un commandement de payer fait au débiteur par un huissier. L. 2 juin — 1841, art. 673 et 715.

57. L'huissier procède sans assistance de témoins, *ib.* — A la différence de ce qui avait lieu dans l'ancien droit: Acte de notoriété du Châtelet, 23 mai 1699 ; Denisart, v° *Commande-ment,* n° 9.

58. Celui qui se prétend propriétaire des immeubles que l'on se propose de saisir, ne peut former opposition au commandement signifié à un tiers ; il faut qu'il attende que la saisie ait été faite, afin de procéder par une demande en distraction. Le commandement fait au débiteur est dirigé contre la personne et non contre les biens. Besançon, 19 fév. 1811, S. 15, 177 ; Carré, n° 2215.

59. Ce commandement est soumis aux règles générales des *exploits.* — V. ce mot, n°ˢ 10 à 21, et en outre à certaines formalités particulières, soit intrinsèques, soit extrinsèques.

6

60. *Intrinsèques.* Telles sont, 1° la signification du commandement à personne ou domicile; — 2° la transcription entière du titre en tête du commandement; — 3° la mention d'une élection de domicile de la part du créancier dans le lieu où siège le trib. qui doit connaître de la saisie, si le créancier n'y demeure pas; — 4° l'indication que, faute de paiement, il sera procédé à la saisie des immeubles du débiteur. — V. *inf.* n° 82.

61. *Extrinsèques.* Telles sont celles qui n'accompagnent pas la confection et la signification du commandement, mais qui doivent le suivre immédiatement; elles consistent dans le visa qui doit être donné, dans le jour, par le maire *du lieu où le commandement est signifié.* C. Pr. 673.

Ainsi se trouve tranchée la question de savoir par quel maire doit être visé le commandement signifié à personne, ou à un domicile élu.—V. *Dictionnaire,* tome 5 v° *Vente sur saisie,* n° 72.

La remise d'une seconde copie au maire qui donne le visa n'est plus exigée. — V. *Ib.* n° 74.

62. Les formalités prescrites par l'art. 673 sont toutes exigées *à peine de nullité.* C. pr. 715.

63. *La signification du commandement à personne ou domicile.* Cette règle est commune à tous les exploits. C. pr. 68. — V. *Exploit,* n°s 144, 167 et suiv.

64. *Domicile* soit réel, soit *élu.*

La signification au domicile *réel* était exigée par le projet : on avait craint qu'une signification au domicile élu, par l'oubli ou la négligence, la fraude ou le décès du mandataire, n'exposât le débiteur à être exproprié sans qu'il connût les poursuites dirigées contre lui.

Mais, après de longues discussions (V. *Mon.* 24 mars et 23 avr. 1840; 5 janv. 1841), on a pensé avec la jurisprudence (V. Dictionnaire, t. 5, *hoc verbo*, n° 52), que si l'on exigeait une signification au domicile réel, ce serait entraver les poursuites à l'égard d'un débiteur de mauvaise foi qui chercherait à cacher sa demeure. —V. d'ailleurs Art. 1487 J. Pr., p. 385.

65. Si le débiteur est sans domicile ni résidence connus, le commandement est régulièrement fait au parquet du procureur du roi *près le trib. du dernier domicile de la partie saisie,* avec affiche à la porte de ce trib., et non pas, comme le porte l'art. 69-8° C. pr., à la porte du trib. auquel la demande est portée : en effet, le commandement préalable à la saisie immobilière, ne renfermant pas de demande, n'est pas du nombre des exploits dont fait mention cet art. 69. Paris, 3 fév. 1811, S. 14, 23.

66. Lorsque le débiteur est un incapable, le commandement doit être signifié à son représentant. — V. *Exploit,* n°s 209 et suiv.; — par exemple, au tuteur, en cas de minorité ou d'interdiction; C. civ. 450; — au pupille *et* au curateur, si le débiteur est émancipé. C. civ. 482; — à la femme *et* au mari, même en cas de séparation de biens. Colmar, 2 déc. 1806, D. 11, 679, n° 3; Carré, art. 673; — au curateur en cas de succession vacante. C. civ. 815.

67. Néanmoins en cas de séparation de biens, le comman‹ dement peut être adressé à la femme seule, s'il s'agit d'immeubles non entrés en communauté; en vain invoque-t-on l'art. 2208 C. civ. Le commandement n'est qu'un acte de mise en demeure qui précède la saisie, mais ne la constitue pas. Bordeaux, 1ᵉʳ août 1834, D. 37, 181. — V. d'ailleurs *sup.* n° 49.

68. *Quid, en cas de faillite?*

L'expropriation ne peut être *poursuivie* après la déclaration de faillite, que par un créancier hypothécaire. C. comm. 571.

Si la poursuite a été commencée par un créancier chirographaire avant le jugement de déclaration de faillite, elle ne peut être continuée.

Avant l'union, le commandement est valablement signifié aux syndics. Arg. C. comm. 443 (Art. 1808. J. Pr.).— V. *Faillite,* n° 504.

Il n'est pas nécessaire, mais il est convenable de notifier en même temps ce commandement au failli : quoique dessaisi de l'administration de ses biens, il peut trouver des ressources dans ses amis; il a intérêt à prévenir ou du moins à surveiller la poursuite d'expropriation.

Au reste, le failli peut intervenir, lors même qu'il ne propose pas d'autres moyens de nullité que ceux présentés par les syndics. Cass. 8 mai 1838. — V. *Faillite,* n° 62.

Jugé que celui qui a figuré en son nom personnel et sans le ministère de ses syndics, est non recevable à former tierce opposition aux décisions intervenues en cet état, sous prétexte qu'on aurait dû agir contre ses syndics lorsque, plus tard, le jugement qui le déclarait en état de faillite a été annulé. Cass. 31 août 1831, D. 31, 297.

Après l'union, il n'y a pas lieu d'examiner à qui le commandement doit être signifié : l'expropriation est interdite à cette époque (C. comm. 572.).

Les syndics ont seuls qualité pour procéder à la vente des immeubles du failli, C. comm. 571, 572; — en cas de négligence de leur part, le créancier, qui aurait à s'en plaindre, ne pourrait que provoquer la destitution des syndics et leur remplacement. — V. d'ailleurs *Faillite*, sect. 10, n° 501.

69. Pour le cas où l'expropriation est poursuivie contre un tiers détenteur, — V. *Hypothèque*, nᵒˢ 23 à 30. Le poursuivant n'est pas tenu, du moins à peine de nullité, de donner copie dans sa sommation au tiers détenteur, des titres sur lesquels repose sa saisie. Bourges, 17 avr. 1839, D. 40, 56, — ni du commandement fait au débiteur originaire. Paris, 3ᵉ ch., 17 mars 1840 (Art. 1666 J. Pr.).

Dans l'usage il est donné copie du commandement et du titre de créance. — V. *Hypothèque*, n° 27.

70. Le créancier inscrit sur un immeuble possédé par un seul des héritiers de son débiteur, peut saisir après commandement signifié à cet héritier ; il n'est pas tenu de lui faire, comme à un tiers détenteur, sommation de payer, ni de signifier commandement à ses cohéritiers comme débiteurs originaires. Cass. 19 juill. 1837 (Art. 988 J. Pr.) ; Arg. Chabot, art. 873, n° 14.

71. *La transcription entière du titre en vertu duquel la saisie est pratiquée.* Elle doit être donnée, dit l'art. 673, *en tête* du commandement, mais il est indifférent que le titre précède ou suive le commandement, pourvu qu'ils figurent tous deux dans le même acte. Thomine, 2, 200 ; Eugène Persil, n° 68.

72. La copie du titre est exigée encore bien que précédemment ce titre ait été signifié : l'art. 673 ne distingue pas, comme l'art. 583 C. pr. ; on a voulu que le débiteur fût à même d'apprécier le mérite d'un acte aussi important, sans être obligé à se reporter au titre ou à la signification précédente qu'il pourrait avoir égarés.

73. La copie faite par extrait serait irrégulière, notamment si elle ne reproduisait pas la formule exécutoire : rien n'attesterait alors que le créancier fût porteur d'un acte en vertu duquel des poursuites pussent être dirigées contre le débiteur. Besançon, 18 mars 1808, D. 11, 696. Bruxelles, 16 fév. 1809, D. 11, 697 ; Riom, 25 mai 1813 ; P. 11, 411 ; Carré n° 2207. *Contrà*, E. Persil, n° 69. — Toutefois de légères omissions n'entraîneraient pas de nullité. Une copie est entière toutes les fois que les omissions ne font pas partie intégrante de l'acte.

74. Il n'est pas nécessaire que l'huissier mentionne, dans le commandement, que la copie est entière, il suffit qu'en fait elle le soit. Bordeaux, 25 mars 1829, S. 29, 344.

75. L'obligation pour le saisissant de donner copie entière du titre entraîne-t-elle celle de signifier les actes accessoires à ce titre ?

Pour la négative, on dit : La copie entière exigée par l'art. 673 C. pr. n'est pas celle des titres en général ; c'est spécialement celle *du titre* EN VERTU DUQUEL *se fera la saisie*; or, la saisie ne se fait pas en vertu de la qualité d'héritier, de légataire, de cessionnaire du créancier primitif ; seulement ces qualités confèrent à celui sur la tête de qui elles reposent le droit d'agir en vertu du titre exécutoire.— Ces actes sont destinés à repousser les exceptions qui pourraient être opposées. Donc aucun d'eux n'est un titre exécutoire. Ainsi le cessionnaire même par acte sous seing privé peut poursuivre, si sa créance est établie par acte authentique. Bourges, 17 avr. 1839. Cass. 16 nov. 1840 (Art. 1495 et 1875 J. Pr.).

Ainsi a été déclaré régulier le commandement fait : — 1° en vertu d'un jugement de condamnation au paiement d'un billet, bien qu'il n'eût pas été précédé de la copie de ce billet. Rouen, 19 mars 1815, D. 8, 188. Carré, n° 2205 ;

2° En vertu d'un jugement par défaut non exécuté dans les six mois mais acquiescé sans copie de l'acquiescement. Toulouse, 28 avr. 1826, D. 26, 204 ;

3° En vertu d'une obligation consentie par un mandataire, sans copie de la procuration. Bourges, 11 janv. 1822, S. 22, 222 ;

4° En vertu d'un réglement de compte intervenu entre les parties par acte authentique, sans la copie des titres antérieurs. Bordeaux, 4 août 1829, D. 30, 5 ;

5° Celui fait par des héritiers, quoiqu'il ne renferme pas copie des pièces établissant leur qualité. *Même arrêt.*

Dans le système contraire on répond : la loi ne distingue pas : elle exige *la copie entière du titre* : son but est de mettre à même le débiteur de juger par la seule inspection de l'exploit si le requérant est fondé ou non à exercer les poursuites. — On conçoit qu'il ne soit pas nécessaire de signifier les actes privés qui ont servi de base à un jugement ou à un acte authentique, et qu'il suffise de la grosse qui forme le véritable titre du créancier ; — mais tant que l'héritier ne justifie pas de sa qualité, le débiteur est réputé ignorer la transmission des droits qui s'est opérée en sa personne. — V. d'ailleurs *Exécution*, n° 10.

Ainsi, indépendamment de l'énonciation du titre de sa créance, le créancier d'une rente viagère doit indiquer la preuve de son existence dans le commandement, sauf l'appréciation de cette preuve. Paris, 3° ch., 17 mars 1840 (Art. 1666 J. Pr.).

Le cessionnaire doit également signifier en tête du commandement la copie de son transport ; il faut qu'il fasse connaître au débiteur qu'il est à la place du créancier originaire ; peu importe que le transport ait été déjà notifié au débiteur ; il est possible qu'il ait oublié cette première notification. Cass. 16 avr. 1821 ; S. 21, 414 ; Toulouse, 21 déc. 1837 (Art. 1088 J. Pr.).

Il a même été jugé que le transport ne devenant parfait que par la signification qui en est faite au débiteur (C. civ. 1690), et la saisie immobilière ne pouvant être poursuivie qu'après que le transport a été signifié (C. civ. 2214), il fallait en tête du commandement donner copie non-seulement du transport, mais encore de l'exploit de signification préalable de ce dernier acte. Tarrible, *Rép. hoc verbo,* § 5, Metz, 12 fév. 1817 ; D. 11, 698, 1. — *Contrà*, Bordeaux, 11 août 1836, D. 37, 181.

Au reste, il est prudent de signifier tous les actes qui peuvent compléter le titre, et tel est l'usage.

76. Mais la notification du transport et le commandement peuvent-ils être faits par le même acte ? — Pour la négative on oppose les art. 2214 et 2217 C. civ. ; il en résulte que la notification et le commandement doivent être faits par actes séparés et à des jours différens ; le nouveau créancier doit se faire connaître ; il est possible que le créancier primitif ait été désintéressé avant la signification du transport ; en admettant l'existence de la dette, il est possible qu'on veuille payer immédiatement ; il est donc utile de mettre en demeure par une simple signification alors qu'on peut éviter les frais souvent considérables d'un commandement tendant à saisie réelle. E. Persil, n° 72.

Mais on répond : le commandement n'est pas un acte d'exécution ou de poursuite ; c'est au contraire une mise en demeure qui précède l'exécution, et qui tend à la prévenir ; d'où il suit que la signification du transport n'en est pas moins faite *avant toute poursuite*, lorsqu'elle est accompagnée du commandement de payer. Nîmes, 2 juill. 1808, S. 9, 61.

77. Le commandement est régulier, bien que l'acte qui sert de base à la poursuite ne soit pas légalisé. Poitiers, 19 mars 1822, D. 11, 683, 1. — V. d'ailleurs *Exécution*, n° 47.

78. *Une élection de domicile dans le lieu où siége le tribunal qui doit connaitre de la saisie si le créancier n'y demeure pas.* C'est afin de mettre le débiteur à même de faire signifier à ce domicile élu les actes qu'il croit utiles à sa défense. L'effet de cette élection de domicile est limité sous plusieurs rapports.

79. *Quant aux personnes.* Le débiteur peut seul en profiter : la loi n'autorise pas les tiers à adresser au domicile élu les significations destinées au saisissant. Paris, 26 juin 1811, D. 7, 800. Carré, n° 2009.

80. *Quant aux actes.* Le débiteur lui-même n'est autorisé à faire signifier à ce domicile d'élection que les actes relatifs aux contestations incidentes qu'il soulève.

Ainsi, ne seraient pas valablement signifiés à ce domicile, 1° *un acte d'appel*. Cass., 14 juin 1813, D. 11, 848, 3 ; Paris, 21 oct. 1815, D. 11, 842, 2 ; Colmar, 19 mars 1816, D. 16, 82 ; Berriat, p. 568, note 17. — *Contrà*, Toulouse, 15 juin 1839 (Art. 1723 J. Pr.).

2° *Des offres réelles.* La disposition de l'art. 584, qui en autorise la signification au domicile élu dans le cas de *saisie-exécution* (— V. ce mot, n° 66), ne se trouve pas reproduite au titre de la saisie immobilière ; la marche de cette dernière procédure, n'étant pas aussi rapide que celle de la saisie des meubles, explique le silence de la loi ; on reste donc soumis à l'art.

1258 C. civ. ; or cet art. ne permet la signification qu'au domicile réel ou à celui qui a été élu pour l'exécution de la convention. Vainement on oppose que la demande en validité d'offres devrait être portée devant le domicile réel, tandis qu'un autre tribunal connaîtrait de la poursuite ; cet inconvénient n'existe pas, puisque la demande en validité d'offres faites au domicile réel peut être formée par requête devant le tribunal saisi de la demande principale. — V. *Offres réelles*, n° 67 ; *Observ. du Tribunat.* Rouen, 25 juin 1812, P. 10, 512 ; Tarrible, v° *Saisie*, § 6, art. 1 ; Carré, n° 2010 ; Berriat, *ib.* — *Contrà*, Nîmes, 23 janv. 1827, D. 27, 170 ; Pigeau, 2, 213. — Cet auteur, pour expliquer les effets de l'élection de domicile dans ce commandement, renvoie à l'art. 584 C. pr.

81. *Quant à sa durée.* L'élection de domicile faite dans le commandement cesse d'avoir son effet au moment de la dénonciation du procès-verbal de saisie à la partie saisie ; à dater de cette époque, le saisi peut faire les actes d'avoué au domicile de l'avoué constitué par le poursuivant dans le procès-verbal de saisie (— V. *inf.*, n°ˢ 142 et 149) ; la C. cass. a jugé, il est vrai, le 22 janv. 1806, D. 10, 842, 1, que l'élection de domicile s'étend à toutes les procédures auxquelles donne naissance l'expropriation jusqu'au jugement d'ordre, mais cet arrêt a été rendu sous la loi du 11 brum. an VII, qui, au lieu d'un procès-verbal de saisie, prescrivait une apposition d'affiches.

82. *L'indication que, faute de paiement, il sera procédé à la saisie de ses immeubles.* Cette mention est nécessaire pour prévenir toute erreur préjudiciable du débiteur, et l'avertir de l'imminence des poursuites.

Il ne suffirait pas, pour la saisie immobilière (à la différence des autres saisies) (—V. *Commandement*, n° 3), de dire que, faute de paiement, le débiteur sera contraint par toutes les voies de droit.

83. Dans la pratique, on ajoute à l'indication prescrite par la loi que la saisie aura lieu au bout de trente jours ; mais le commandement ne serait pas nul à défaut de cette mention ; il suffit que la saisie ne soit pas faite avant l'époque déterminée.

84. De même il n'est plus nécessaire, comme sous la loi de brum. an 7 (art. 2), de désigner les immeubles que le créancier a l'intention de faire saisir. Le Code n'a point reproduit la disposition de cette loi. Arg. C. pr. 1041 ; Carré, n° 2210.

85. *Visa du maire dans le jour de la signification du commandement.* Cette formalité garantit la régularité de la signification, et la connaissance que doit en avoir le débiteur ; *ce moyen de publicité (orateur du gouvernement)* est bien plus efficace que la présence faussement attestée des recors ou témoins.

86. *Du maire.* Sous la loi de brumaire, le visa devait être donné par le juge de paix ; mais les magistrats municipaux sont plus à même de connaître les habitans de leur commune, et de les instruire des poursuites dirigées contre eux.

87. Le mot maire comprend l'adjoint en cas d'empêchement du maire, et le conseiller municipal, en cas d'empêchement du maire et de l'adjoint. L. 5 mars 1831, art. 5 ; Rapport de M. Persil, séance 23 mars 1840, p. 10.

88. La saisie simultanée des biens situés dans le ressort de différens tribunaux doit être précédée d'une autorisation accordée sur requête. — V. *sup.*, n° 55.

§ 4. — *De la saisie.*

Art. 1. — *A quelle époque la saisie peut être pratiquée.*

89. Le commandement une fois signifié, la loi n'a pas voulu que la saisie pût être faite immédiatement ; il fallait au débiteur un temps moral pour délibérer sur sa position et se procurer des moyens de salut. La saisie ne peut donc être faite que *trente jours après le commandement.* C. pr., 674. — V. d'ailleurs *inf.*, n° 94.

90. Quand la saisie est poursuivie contre un tiers détenteur, le délai ne court pas du jour du commandement fait au débiteur originaire, mais seulement du jour de la dénonciation du commandement au tiers détenteur : il a en effet intérêt à empêcher la saisie. Limoges, 24 août 1821, S. 21, 297 ; Thomine, art. 674 ; Carré, n° 2248.

91. On avait proposé le même intervalle entre la saisie et la sommation à faire au tiers détenteur, en vertu de l'art. 2169 C. civ. ; — sans qu'il pût s'écouler plus de vingt jours entre cette sommation et le commandement au débiteur originaire, quand les deux poursuites auraient lieu simultanément. — Cette dernière disposition avait pour but de trancher la question de savoir si le commandement au débiteur originaire, devait précéder la sommation exigée à l'égard du tiers détenteur (— V. *hypothèque*, n° 27).— Mais elle a été rejetée. « Pourquoi (disait M. Persil, rapport, p. 14) exiger que la sommation au tiers détenteur ne soit pas faite plus de vingt jours après le commandement au débiteur, peu importe qu'elle intervienne dans les vingt jours, le mois ou les six semaines qui suivent. Ce qu'il faut, c'est que la saisie ne se fasse pas avant l'expiration du mois à dater du commandement et de la sommation, et après les trois mois de l'un et de l'autre. — Cette innovation serait dangereuse, parce qu'elle forcerait le créancier qui ne voudrait pas perdre les frais de son commandement à poursuivre le tiers détenteur. »

.92. *Le délai de trente jours* est franc : il s'agit d'un acte à personne ou domicile. C. pr. 1033. Lepage, *Qu.* 436 ; Carré, n° 2217.

93. Mais il n'est pas nécessaire de laisser un délai de trente jours entre la *radiation d'une première saisie et le procès-verbal de la seconde* : la loi n'a prescrit aucun délai en pareil cas. Cass. 24 mars 1835 (Art. 25 J. Pr.).

94. Si le créancier laisse écouler plus de *quatre-vingt-dix jours* entre le commandement et la saisie, il est tenu de le réitérer avec les formes et dans le délai ci-dessus. *Ib.* 674. — V. *sup.*, n° 56.

La loi ne veut pas que le débiteur soit surpris par une saisie dont il aurait oublié la menace, et qu'il a peut-être les moyens d'empêcher.

95. La sommation au tiers détenteur est soumise à la même péremption. Rapport de M. Persil.

96. *Quatre-vingt-dix jours.* Ces mots ont remplacé ceux-ci *trois mois ;* les mois n'étant pas toujours égaux, il pouvait s'élever des doutes sur la manière de les compter.

97. La péremption est couverte par cela seul que le procès-verbal de saisie a été commencé dans les quatre-vingt-dix jours du commandement, encore bien qu'il ne soit terminé que postérieurement : dans ce cas, en effet, le créancier n'a pas laissé écouler plus de quatre-vingt-dix jours entre le commandement et la saisie. Arg. C. pr. 674 ; Carré, n° 2223.

98. Le délai cesse de courir pendant tout le temps où le créancier se trouve dans l'impossibilité d'agir par le fait du débiteur ; par exemple, parce que celui-ci a formé opposition au commandement. Cass. 7 juill. 1818, D. 11, 704, 3 ; Carré, n° 2219.

Le même principe est applicable aux contestations même avec des tiers sur la propriété des biens saisis ; dans ce cas, la péremption ne saurait atteindre le commandement. Persil, *quest.* 2, 348 ; Huet. 89 et 90.

99. Ce n'est pas d'ailleurs une *suspension*, mais bien une *interruption*, tellement que si quatre-vingt-dix jours entiers ne sont pas encore écoulés depuis le jugement sur l'opposition, la saisie peut être pratiquée sans commandement nouveau ; en vain objecterait-on qu'il suffit que le temps écoulé depuis le commandement jusqu'à l'opposition et depuis le jugement de l'opposition jusqu'à la saisie forme plus de quatre-vingt-dix jours. Cass. 19 juill. 1837 (Art. 988 J. Pr.).

100. Le commandement périmé est réputé non avenu, relativement aux poursuites de saisie immobilière, — mais il

continue de valoir comme acte conservatoire interruptif de la
prescription. C. civ. 2244 ; Merlin, *Rép.*, v° *Commandement.* —
V. d'ailleurs *Saisie-exécution*, n° 91.

101. Tous les actes de la procédure de saisie immobilière
sont-ils, comme le commandement, sujets à une péremption
de trois mois? — L'affirmative a été jugée sous la loi du 11
brum. an 7, dont les dispositions étaient analogues à celles du
Code. Cass. 1ᵉʳ prair. an 13. D. 11, 689, 2.

Mais la péremption est une espèce de prescription ; elle ne
saurait, par conséquent, s'étendre d'un cas prévu à un cas non
prévu, sous prétexte d'analogie. D'ailleurs, il n'y a pas parité
de motifs : lorsque le commandement n'a pas été suivi d'un
commencement de poursuites, le débiteur doit être plus porté
à croire que l'on a abandonné le projet de l'exproprier, que
dans le cas où une saisie a déjà été pratiquée et des frais avancés par le créancier ; enfin, il est à présumer que celui qui a
laissé effectuer une saisie sur ses immeubles, sans désintéresser
le poursuivant, est dans l'impossibilité de le payer. — *Contrà*,
Carré, n° 2222. —V. d'ailleurs *sup.*, n° 89.

Art. 2. — *Par qui la saisie peut être faite ; — Nécessité d'un pouvoir spécial.*

102. La saisie immobilière ne peut être faite que par un
huissier. C. pr. 675.

103. L'huissier n'est pas assisté de témoins, comme en
matière de saisie-exécution. Arg. C. pr. 673, 675 ; Tar. 47.
— N'étant pas obligé d'entrer dans la maison, il n'a point de
rébellion à redouter : d'ailleurs les formalités extrinsèques
auxquelles est soumis le procès-verbal (— V. *inf.*, n° 143 et
suiv.) présentent des garanties suffisantes.

104. Mais il doit être porteur, 1° *de la grosse du titre* en
vertu duquel il procède ; 2° *d'un pouvoir spécial* du créancier.
C. pr. 556.

Le caractère rigoureux et les graves conséquences d'une saisie
réelle ont fait exiger ces précautions en faveur du droit de propriété, le pouvoir spécial est plus encore dans l'intérêt du saisi
que du poursuivant ou de l'huissier ; un désaveu tardif pourrait
s'opposer à toute réparation utile.

105. Le défaut de pouvoir spécial entraîne la nullité de la
saisie. Colmar, 3 juin 1812 ; Rouen, 1ᵉʳ juin 1812, S. 14,
421 ; Trèves, 23 déc. 1812, D. 11, 708, 1 ; Cass. 6 janv. 1812 ;
D. 11, 708, 5. — *Contrà*, Turin, 9 fév. 1810, D. 11, 706, 4,
1 ; Bruxelles, 25 fév. 1810, D. 11, 707, 3 ; Pigeau, 2, 41.

106. En aucun cas la ratification postérieure du créancier
ne couvrirait cette nullité. Lyon, 4 sept. 1810, P. 8, 591. —
Contrà, Bruxelles, 29 juin 1808, p. 6, 770.

107. La loi exige un *pouvoir spécial*.

Jugé en conséquence, 1° que le pouvoir de faire *procéder à toute saisie* mobilière et *immobilière* sans aucune autre indication particulière, ne satisfait pas au vœu de l'art. 556 C. pr. Orléans, 11 août 1838 (Art. 1216 J. Pr.);

2° Que la nullité peut être invoquée par le saisi, malgré la ratification ultérieure du poursuivant. *Même arrêt*.

108. Du reste, il n'est pas nécessaire 1° que ce pouvoir soit en forme authentique ; il peut être donné sous seing-privé, et même au bas des actes que le créancier charge l'officier ministériel de mettre à exécution. Bruxelles, 13 juin 1807, S. 7, 869 ; Cass. 15 avr. 1822, D. 11, 709, 6 ;

3° Qu'il soit *enregistré* au moment de la saisie; il suffit qu'il soit exhibé à la première réquisition du débiteur, et que les juges reconnaissent que l'huissier en était porteur lorsqu'il a instrumenté. Cass. 12 mai 1813, S. 14, 277 ; 24 janv. 1814, S. 14, 124; 12 juill. 1814, S. 15, 29 ; 10 août 1814, S. 15, 29 ; 15 avr. 1822, D. 11, 709, 6 ; Paris, 28 déc. 1820, D. 11, 710, 1. — *Contrà*, Rouen, 1er juin 1812, S. 14, 421 ; Colmar, 3 juin 1812, S. 14, 221 ; Trèves, 23 déc. 1812 D. 11, 708, 1 ; Orléans, *aud. sol.*, 6 déc. 1833, D. 36, 94. — V. *Exécution*, n° 108.

109. Une double présomption s'élève en faveur de la régularité de l'acte ; d'une part, l'huissier qui représente un pouvoir antérieur à la saisie est présumé de bonne foi ; d'autre part, le débiteur avait la faculté d'en exiger la représentation au moment de la saisie ; s'il ne s'est pas pourvu en référé sur ce point, il est à présumer que l'huissier lui avait fait les justifications suffisantes. Coin-Delisle, 49, n° 18.

110. Mais après l'enregistrement, l'huissier ne pourrait, à *peine de nullité*, substituer dans le pouvoir son nom à celui d'un autre huissier. Rouen, 4 fév. 1819, S. 19, 223.

111. Jugé que l'huissier procède valablement en vertu, 1° d'un pouvoir qui lui a été donné en blanc et qu'il a rempli lorsqu'il a commencé les poursuites : peu importe que, lors de la remise du blanc seing, il ne fût pas encore revêtu de son office. Riom, 7 mai 1818, D. 11, 727, n° 2 ; — 2° d'un pouvoir remis pour une saisie précédemment abandonnée. Nîmes, 30 mai 1812, S. 16, 1, 78 ; — 3° d'un pouvoir émané d'un mandataire général qui n'aurait pas lui-même reçu l'autorisation spéciale de le conférer. Ce dernier a le droit de faire tous les actes d'administration qui sont de l'intérêt du mandant. Paris, 28 déc. 1820, D. 11, 710, 1 ; E. Persil, n° 95;—4° d'un pouvoir signé par l'un des deux créanciers à la requête desquels la même saisie est pratiquée. Cass. 10 avr. 1818, S. 18, 356 ; — 5° d'un pouvoir donné par une personne décédée, si le décès ne lui a pas été notifié, et qu'il ait agi de bonne foi. Paris, 13 fév. 1826, D. 26, 153.

Art. 3. — *Dans quelle forme la saisie est faite.*

112. Il n'est pas nécessaire de signifier ce pouvoir au saisi. Cass. 12 janv 1820, D. 11, 709, 1; — ni de le mentionner dans le procès-verbal. Favard, v° *Exécution*, § 2, n° 8; Besançon, 18 mars 1808, D. 11, 696, 1. — Néanmoins, comme l'huissier est obligé de le représenter à toute réquisition, il est prudent d'énoncer ce pouvoir et d'en donner copie. Carré, n° 1918.

113. La saisie se fait par un procès-verbal soumis aux formalités ordinaires des exploits; et en outre à certaines formalités spéciales, tant intrinsèques qu'extrinsèques.

Sous la loi du 11 brum. an 7, une simple apposition d'affiches valait saisie de la propriété des biens qui y étaient détaillés; cette affiche annonçait le jour de l'adjudication préparatoire. Mais les rédacteurs du Code, conformément à l'ancienne législation, ont exigé un procès-verbal de saisie : il est plus convenable que les objets saisis soient mis par un exploit sous la main de la justice; il semble contraire aux principes conservateurs de la propriété que des immeubles soient réputés saisis par cela seul qu'il plaît à un créancier de le déclarer dans une affiche. — D'ailleurs, l'éclat de ce premier acte de procédure, la publicité qu'il donne à la saisie au moment même où on l'effectue, l'indication subite du jour de l'adjudication, renfermaient de graves inconvéniens. *Rapport au corps législatif.*

114. *Formalités intrinsèques.* Le procès-verbal de saisie doit contenir, outre les formalités communes à tous les exploits, 1° l'énonciation du titre exécutoire; 2° le transport de l'huissier sur les biens saisis; — 3° l'indication des biens saisis : savoir : si c'est *une maison*, l'arrondissement, la commune, la rue et le *numéro s'il y en a*, et dans le cas contraire deux au moins des tenans et aboutissans; — si ce sont des biens ruraux, la désignation des bâtimens, quand il y en a, la nature et la contenance approximative de chaque pièce, le nom du fermier ou colon, s'il y en a, l'arrondissement et la commune où les dits biens sont situés; 4° la copie littérale de la matrice du rôle de la contribution foncière pour tous les articles saisis; — 5° l'indication du tribunal où la saisie sera portée; — 6° la constitution de l'avoué chez lequel le domicile du saisissant est élu de droit. C. pr. 675; — *le tout à peine de nullité. Ib.* 715.

115. *Outre les formalités communes à tous les exploits.* C'est-à-dire, 1° la date de l'acte. — V. *Exploit*, n° 22 et suiv.

2° Les noms, demeure et immatricule de l'huisssier. — V. *Exploit*, n° 77 et suiv. ;

5° Les noms, prénoms, profession et domicile du saisissant. —V. *Exploit*, n° 31 et suiv.

L'indication du nom propre suffit sans celle des prénoms, si du reste l'identité du saisissant n'est pas douteuse. Paris, 20 août 1814, S. 16, 214.

Jugé que la mention de la profession du saisissant n'est pas absolument nécessaire, si d'ailleurs il est constant que par des actes antérieurs le saisi a pleinement connu à la requête de qui la saisie était faite. Rejet, Toulouse, 19 août 1814, P. 3ᵉ édition, 12, 375. — *Contrà*, E. Persil, n° 90.

L'énonciation de la demeure du *saisissant* équivaut-elle à celle du domicile exigée par l'art. 61 C. pr. ? — Non, suivant M. E. Persil, *ib*.

4° Les nom et demeure du saisi et sa profession, si on la connaît.—V. *Exploit*, n° 90. — L'indication de sa demeure peut également être remplacée par des expressions équipollentes, Cass. 24 mars 1835 (Art. 23 J. Pr.).

5° Le lieu où l'acte est fait. — V. *Exploit*, n° 11, et 108 *inf.* n° 104.

6° Le coût de l'acte. — V. *Exploit*, n° 126.

116. *Énonciation du titre exécutoire.* Ce titre est celui en vertu duquel le commandement a dû être fait et dont copie entière a dû être donnée avec ce dernier acte.— V. *sup.* § 5. — On en indique seulement la date et la nature ; si c'est un jugement, on relate la date et le trib. qui l'a rendu. Carré, n° 2227.

117. *Transport de l'huissier sur les biens saisis.* Ce transport est exigé afin d'obtenir une désignation précise des biens que l'on se propose de saisir, et d'éviter des erreurs de confins. — Il est donc convenable que l'huissier rédige son procès-verbal sur les lieux ; mais *il n'y a pas nullité s'il le fait ailleurs*. Paris, 28 déc. 1820, D. 11, 710, 1 ; Carré, n° 2228.

118. *Si c'est une maison, l'arrondissement, la commune, la rue et le numéro, s'il y en a, et dans le cas contraire, deux au moins des tenans et aboutissans.* Rien de plus essentiel dans le procès-verbal que la désignation. Il faut que les tiers connaissent exactement les biens offerts à leurs spéculations, ceux dont ils pourront réclamer la mise en possession après la vente. La confusion, l'incertitude éloigneraient les adjudicataires, entraîneraient des contestations.

119. Toutes ces désignations de l'art. 675 étant expressément prescrites par la loi, l'omission d'une seule d'entre elles *entraîne la nullité du procès-verbal.* Vainement soutiendrait-on que celles qui se trouvent relatées par l'huissier sont suffisantes pour ne laisser aucune incertitude sur l'immeuble saisi. Crivelli sur

Pigeau, 2, 228, n° 3 ; Carré, n° 2230. — *Contrà*, Caen, 18 fév. 1829, D. 30, 235. — Mais dans l'espèce de cet arrêt, la nullité était proposée pour la première fois en appel.

Ainsi, le procès-verbal n'est pas valable 1° s'il indique une rue pour une autre. Paris, 8 juin 1812, P. 10, 447;

2° S'il remplace le nom de la rue par celui du faubourg où elle est située; peu importe que ce faubourg ne soit composé que de trois rues. Besançon, 17 déc. 1808, D. 7, 776.

3° S'il n'indique pas l'arrondissement, bien que l'huissier n'ayant le droit d'instrumenter que dans l'étendue du ressort du trib. auquel il est attaché, la désignation de ce trib. fasse connaître que les biens saisis sont situés dans le même ressort. Trèves, 7 et 12 avr. 1809, D. 11, 713, 2.

120. L'ancien Code exigeait pour les maisons leur désigna-tion extérieure : la loi nouvelle remplace cette formalité en exigeant le numéro, s'il y en a. Ce numéro fait connaître sans confusion possible l'immeuble saisi. A défaut de numéro, la loi nouvelle se contente de l'indication de deux tenans et aboutissans.

121. Si la commune de la situation de l'immeuble est un chef-lieu d'arrondissement, l'omission du nom de l'arrondisse-ment est-elle valablement suppléée par l'indication du chef-lieu? — La désignation de l'arrondissement, dans ce cas, ne fait pas mieux connaître, il est vrai, l'immeuble saisi que celle de la commune. Paris, 24 janv. 1815, D. 11, 713, 3. — Mais la loi ne distinguant pas, il faut dans tous les cas ces deux énoncia-tions ; de ce qu'un huissier déclare que la maison par lui saisie est sise dans la commune de *Marseille*, il ne suit pas nécessaire-ment de l'indication de cette ville qu'elle soit chef-lieu d'arron-dissement, ce ne serait que par induction que l'on arriverait à cette interprétation, et la loi veut une indication formelle. Aix, 25 fév. 1808, D. 11, 713, n° 1 ; Crivelli sur Pigeau, 2, 228, note 3 ; Carré, n° 2230. — *Contrà*, E. Persil, n° 109. — V. *sup*. n° 118.

122. *Si ce sont des biens ruraux, la désignation des bâtimens, s'il y en a, la nature et la contenance approximative de chaque pièce, le nom du fermier ou colon, s'il y en a, l'arrondissement et la commune où les biens sont situés.* — Ainsi, il faut mentionner la désignation des bâtimens, par exemple, s'ils consistent en granges, étables ou logement de maître, etc. Delaporte, 2, 281 ; Carré, n° 2236.

L'extérieur des bâtimens n'a pas besoin d'être désigné, la loi a supprimé cette formalité même à l'égard des maisons.

123. On a dispensé d'indiquer les tenans ou aboutissans, à cause de la difficulté pour l'huissier de les connaître facilement. La copie littérale de la matrice du rôle doit faire reconnaître exactement la parcelle de terre saisie. —Rapport de M. Persil, p. 20 et 21.

124. Une maison et un jardin, situés aux portes d'une ville, bien qu'en dedans des limites de l'octroi, doivent être considérés comme biens ruraux, et soumis aux formalités prescrites pour ces sortes de biens. Arg. Toulouse, 26 mai 1837 (Art. 1724 J. Pr.).

125. La désignation du principal corps-de-logis comprend implicitement celle des accessoires; par exemple, celle d'un petit bâtiment qui en est une dépendance : il en est de même, 1° de tous les autres objets qui, comme un droit de prise d'eau à l'effet de faire mouvoir une mécanique, un moulin, sont inhérens à la propriété pour l'utilité de laquelle ils existent. Nîmes, 22 juin 1808, D. 11, 718, n° 4; — 2° Des ustensiles servant à l'exploitation d'une manufacture; ils sont compris sous les mots généraux, *circonstances et dépendances.* Cass. 10 janv. 1814, D. 11, 752, n° 7.

126. Par *pièce*, il faut entendre non-seulement les diverses parties d'une propriété qui ont pour confins des portions de propriétés étrangères, mais encore chaque portion des terres du saisi qui se trouve séparée par des haies, fossés ou autrement. Berriat, 575, note 27, n° 6; Carré, n° 2238; Demiau, art. 675. — *Contrà*, Tarrible, *Rép.*, *hoc verbo*, § 6, art. 1.

Mais une propriété ne cesse pas d'être considérée comme une seule pièce de terre, par cela seul qu'elle offre différens genres de culture, si du reste elle n'est séparée par aucune clôture. Carré, *ib.*

127. On indique la nature des pièces en déclarant si ce sont des terres labourables, si elles sont en récolte, en guéret ou en jachère; si ce sont des prés, des bois, des vignes, etc.

128. La contenance approximative se désigne habituellement par le mot *environ.* Carré, n° 2329.

Il n'y a pas nullité du procès-verbal pour fausse indication de la contenance réelle des biens saisis, lorsque d'ailleurs la contenance est indiquée conformément à la matrice du rôle de la contribution foncière. Agen, 12 mars 1810, D. 11, 720, 2; — surtout quand le saisi a lui-même donné lieu à cette inexactitude en négligeant de faire inscrire sur le rôle les nouvelles acquisitions qui ont augmenté son domaine.

Mais il en serait autrement si l'huissier donnait aux biens saisis une contenance de beaucoup inférieure (de moitié, par exemple) à la contenance réelle, et différente de celle indiquée par la matrice; s'il n'est pas obligé de se faire accompagner d'un arpenteur, et si une erreur légère est excusable, la loi n'en exige pas moins l'énonciation de la contenance approximative. Carré, n° 2240.

129. L'omission d'une pièce de terre dépendant d'un domaine saisi n'emporte pas nullité du procès-verbal, pour le tout. C. pr. 715 ; — seulement la pièce omise reste à la disposition du saisi : le saisissant n'est pas obligé de saisir tous les biens de son débiteur, situés dans la même commune.

130. Mais on doit réputer compris dans la saisie, comme accessoires inhérens à l'immeuble, — 1° le terrain dépendant d'un bâtiment exproprié, et par exemple, servant à l'accès de ce bâtiment, bien qu'il ne soit pas spécialement désigné dans le cahier des charges, alors que l'immeuble est vendu avec ses accessoires. Cass. 29 janv. 1838 (Art. 1263 J. Pr.) ;

2° Les bestiaux servant à l'exploitation de ce domaine, et sans qu'il soit besoin de les mentionner expressément. Toulouse, 22 avr. 1834, D. 35, 175.

131. La saisie est encore valable, quoiqu'elle porte sur certains biens n'appartenant pas au débiteur saisi ; c'est au véritable propriétaire à en demander la distraction. Nîmes, 17 nov. 1819, D. 11, 694, 2. — V. *inf.* n° 133.

132. L'obligation de désigner les colons ou fermiers qui exploitent les immeubles saisis ne s'applique rigoureusement qu'aux colons attachés à l'exploitation d'une manière permanente et telle qu'en les indiquant, les biens soient mieux désignés. — Ainsi, il n'est pas nécessaire de donner le nom, 1° d'un fermier qui n'a pas encore pris possession des lieux. Carré, n° 2283 ; — 2' d'ouvriers travaillant à la journée. Bordeaux, 8 fév. 1817, D. 11, 748, 2.

Il y a nullité si le procès-verbal énonce que tous les corps d'héritage sont exploités par le saisi, tandis que certains d'entre eux le sont par des fermiers. Riom, 30 mai 1819, S. 20, 5.

133. La nullité prononcée pour défaut de désignation de l'un ou de plusieurs des immeubles compris dans la saisie, n'entraîne pas nécessairement la nullité de la poursuite en ce qui concerne les autres immeubles. C. pr. 715. — On le jugeait ainsi sous l'ancien Code de procédure. — V. t. 5, *hoc verbo,* n° 119.

134. Quant à la nécessité d'énoncer l'arrondissement et la commune de la situation des biens. — V. *sup.* n°° 119 et 121, mais la désignation de la rue est inutile pour les bâtimens ruraux, lorsqu'il y en a : la loi ne l'exige pas. Paris, 22 août 1811, D. 11, 745, 2 ; Berriat, 575, note 27, n° 5.

135. *Copie littérale de la matrice du rôle de la contribution foncière pour tous les articles saisis.* Le but de cette énonciation est de procurer une désignation exacte des objets saisis, et de donner aux propriétaires voisins un moyen d'empêcher que leurs biens ne soient englobés dans la saisie. *Exposé des motifs.*

136. La loi exige la copie littérale de la *matrice du rôle,* et non celle du rôle; il y aurait donc nullité si l'on se contentait de ce dernier. Pigeau, 2, p. 229 ; — à moins qu'il n'existât pas de matrice du rôle des immeubles saisis pour l'année courante. Cass. 2 mars 1819, D. 11, 721, n° 8; Carré, n° 2243. — Le saisissant peut même alors se dispenser de remplacer l'indication de la matrice par quelque formalité que ce soit : l'art. 675 ne statue que pour le cas le plus ordinaire, c'est-à-dire celui où il existe une matrice de rôle. Cass. 24 mars 1819, D. 11, 722, n° 9.

— L'ancien Code n'exigeait qu'un extrait de la matrice du rôle.

137. L'insertion, dans le procès-verbal de saisie, de la copie de la matrice du rôle des contributions, telle qu'elle a été délivrée par l'autorité compétente, remplit le vœu de la loi. Peu importe qu'elle contienne des erreurs, le saisissant n'a point qualité pour en demander la rectification. Bordeaux, 25 mars 1829, D. 29, 201.

138. Cette copie de la matrice du rôle peut être délivrée par le directeur des contributions, aussi bien que par le maire. La loi se borne à exiger son insertion au procès-verbal, sans désigner l'autorité à laquelle il faut s'adresser pour l'obtenir. Bordeaux, 1er août 1834, S. 34, 685.

Il en est ainsi, surtout dans le cas où le maire intéressé dans la saisie refuse de délivrer cette copie. Cass. 1er déc. 1832, D. 33, 149.

139. Les trib. sont incompétens pour connaître du refus fait par le maire ; il n'est dépositaire de la matrice des rôles de contributions qu'en qualité d'agent du pouvoir, et par conséquent on ne peut recourir qu'à l'autorité administrative, pour le contraindre à en délivrer des extraits, — ni le poursuivre devant les trib. civ. en dommages-intérêts qu'en vertu d'une autorisation du gouvernement. Cass. 26 avr. 1830, D. 30, 221.

140. La date de la délivrance de la copie de la matrice du rôle, énoncée au procès-verbal de saisie, peut être postérieure à celle de la première date de ce procès-verbal, pourvu qu'elle soit *antérieure à la dénonciation du procès-verbal au saisi* : il faut distinguer la saisie qui s'opère par le seul fait du transport de l'huissier, de la rédaction du procès-verbal pour laquelle la loi n'a pas fixé de délai, et à laquelle l'huissier peut consacrer plusieurs jours. Rennes, 4 avr. 1810, D. 11, 720, 3; Cass. 7 mars 1827, D. 27, 163; Carré, 2, n° 2244; Berriat, 576, note 28; Huet, p. 103.

141. *Indication du trib. où la saisie sera portée.* Ce trib. est celui de la situation des biens. L. 14 nov. 1808, art. 4. — Et si différens biens compris dans plusieurs saisies font partie d'une

même exploitation, c'est celui du chef-lieu de l'exploitation. Carré, n° 2245. — V. *sup.* n° 54.

Dans le cas où il s'agit d'actions de la banque immobilisées, le trib. compétent est celui du domicile du débiteur; ces actions n'ont pas de situation par elles-mêmes. Pigeau, 2,227.

La loi n'exige que l'indication du trib. qui connaîtra de la saisie; il n'est pas nécessaire d'y ajourner le débiteur. Bordeaux, 25 fév. 1809, D. 11, 711, n° 4.

142. *Constitution d'avoué chez lequel domicile du saisissant sera élu de droit.* Nonobstant cette élection, celle faite par le commandement subsiste pour le débiteur *jusqu'à la dénonciation de la saisie* : jusqu'à cette époque, il peut ignorer l'existence de la saisie et la nouvelle élection de domicile du saisissant. Pigeau, 2, 214, 230; Carré, n° 2246. — V. *sup.* n° 78.

143. *Formalités extrinsèques.* Elles consistent : 1° dans le visa par le *maire* de la commune dans laquelle sera situé l'immeuble saisi. C. pr. 676.

2° Dans la dénonciation du procès-verbal au débiteur. — V. *inf.*, n° 149.

3° Dans la transcription au bureau des hypothèques. V. *inf.* n° 162.

144. *Visa.* Si la saisie comprend des biens situés dans plusieurs communes, il est donné *successivement* par chacun des maires, à la suite de la partie du procès-verbal relative aux biens situés dans sa commune. C. pr. 676.

Successivement, c'est-à-dire à mesure que les biens sis sur une commune sont saisis : l'huissier doit profiter de sa présence sur les lieux, sans qu'il soit besoin de nouveau transport. — Une nouvelle vacation à cet effet serait rejetée de la taxe.

Le nouvel art. 676 ne distingue plus quelle est la nature des biens, s'il s'agit d'une maison, ou de biens ruraux. — V. toutefois t. 5, *hoc verbo*, n° 158.

145. La parenté du saisissant avec le maire ne serait pas une cause de nullité. Vainement on oppose que le visa remplace pour la saisie immobilière, l'assistance des recors pour la *saisie-exécution* (— V. ce mot, n° 107), et que les recors, aux termes de l'art. 585 C. pr., ne peuvent, à peine de nullité, être pris parmi les parens et alliés des parties, jusqu'au degré de cousin issu de germain inclusivement; cette disposition ne saurait s'étendre par analogie à la saisie immobilière, D'ailleurs il s'agit ici de la simple attestation d'un fait matériel. Nimes, 6 fév. 1828, D. 28, 178; Carré, n° 2254. — *Contrà*, Besançon, 18 juill. 1811, D. 11, 724, n° 3.

146. Le visa est donné sur l'original, il n'est pas nécessaire de faire viser la copie.

La loi n'exige pas qu'il soit fait mention par l'huissier, dans l'original, du visa donné par le maire ; il est, toutefois, plus régulier d'indiquer que cette formalité a été remplie.

147. Le visa doit être obtenu *avant l'enregistrement*, à peine de nullité. C. pr. 715, — afin que la publicité de la saisie ne soit point retardée.

Cet *enregistrement* est celui auquel sont soumis tous les exploits. — V. ce mot, n° 21, — et non pas l'enregistrement tout spécial dont parle l'art. 679. Carré, n° 2251 ; Pigeau, 2, 231 ; Delaporte, 2, 282 ; Berriat, 576, note 30. — *Contrà*, Tarrible, *R. hoc verbo*, 650.

148. La remise d'une copie aux maires a été supprimée pour la saisie comme pour le commandement. C. pr. 677. — Ces copies restaient le plus souvent dans les cartons de la mairie, elles n'entreraient plus en taxe.

Art. 4. — *Dénonciation au saisi.*

149. *Dénonciation du procès verbal au saisi.*

La saisie immobilière est, *à peine de nullité* (C. pr. 715), dénoncée au saisi dans les *quinze jours* qui suivent la clôture du procès-verbal, outre un jour par *cinq myriamètres de distance*, entre le domicile du saisi et le lieu où siége le trib. qui doit connaître de la saisie. C. pr. 676.

Cette dénonciation doit précéder la transcription aux hypothèques. Autrefois elle n'avait lieu qu'après la transcription aux hypothèques, et celle au greffe du trib. qui a été supprimée. V. *inf.* n° 175.

La saisie pouvant être faite, à l'insu et en l'absence du débiteur, on a jugé convenable de lui en donner connaissance le plus promptement possible.

150. *Dénoncée.* C'est-à-dire qu'il doit être donné *une copie littérale* de la saisie ; un extrait ne suffirait pas. Cass. 5 août 1812, D. 11, 727, 3 ; Berriat, 578, note 36-2°.

151. *Au saisi.* Soit en parlant *à sa personne*, s'il est capable, sinon à son représentant (— V. *sup.* § 3), soit *au domicile réel.*

La dénonciation est même valablement faite, 1° au domicile indiqué par le saisi dans les actes qui ont précédé le jugement en vertu duquel on a saisi, encore qu'il ne soit pas véritablement le sien. Cass. 2 mars 1819, D. 11, 721, 8 ; — 2° au domicile *élu* pour l'exécution de l'acte. Rouen, 10 fév. 1834. S. 34. 586 ; Delvincourt, 1, 338 ; Carré, n° 2270. — V. *sup.* § 3.

152. Dans les quinze jours, *A peine de nullité.* C. pr. 715 ; Carré, art. 681, n° 2266. — V. *sup.* n° 149. — *Contrà*, Pigeau, 2, 237 ; — à moins, 1° que la dénonciation n'ait pu être faite dans ce délai pas suite *de force majeure ;* dans le cas, par exemple, d'occupation militaire par l'ennemi des lieux à parcourir. Cas. 24 nov. 1814, D. 11, 727, 1 ; — 2° qu'il n'y ait eu *instance sur l'opposition,* faite au commandement par le saisi : le délai de quinzaine est *suspendu* pendant tout le cours de cette instance. Riom, 7 mai 1818, D. 11, 727, 2. — V. d'ailleurs *sup.* n° 99.

153. Le délai de quinze jours n'est pas franc ; on doit en exclure le jour *ad quem :* l'art. 1033 C. pr. ne s'applique pas aux cas où la loi a disposé qu'une chose devait être faite *dans* le délai qu'elle détermine. Carré, n° 2266. (— V. *Délai,* n° 19). *Contrà,* Paris, 22 août 1811, D. 11, 727, n° 2.

154. Mais, suivant M. Carré, n° 2267, il doit être augmenté à raison des distances encore bien que la dénonciation ait été faite en parlant au saisi, au moment où il se trouvait dans le lieu de la situation des biens.

155. *Distances.* Le délai est maintenant d'un jour, non plus par trois, mais par cinq myriamètres : les distances sont parcourues aujourd'hui avec plus de rapidité.

Le mode de compter les distances a été également changé, au lieu de prendre pour point de départ le domicile du saisi et la *situation des biens,* ce qui était incertain et variable, on a préféré un point uniforme, *le lieu où siége le tribunal — Rapport de M. Persil,* p. 24.

156. L'original de la dénonciation est *à peine de nullité,* C. pr. 715, visé dans le jour par le maire du lieu ou l'acte de dénonciation a été signifié. C. pr. 676. — V. *sup.* n° 149.

157. Ce visa doit être donné, que la dénonciation ait été faite à la personne ou au domicile du saisi : la loi ne distingue pas. Carré, n° 2272.

158. Il n'est pas nécessaire de laisser une copie au maire, qui donne le visa : la loi ne l'exige pas, à moins toutefois qu'on ne se trouve dans le cas de l'art. 68 C. pr. Carré, n° 2272. — V. *Exploit,* n° 226.

159. La nullité de la dénonciation faite au saisi ne vicie pas la procédure antérieure. Pigeau, 2, 239. — *Contrà,* Carré, n° 2271, note 1. — V. *Nullité,* n° 34.

160. Cette nullité ne peut être invoquée que par ceux vis-à-vis desquels elle a été commise ; le copropriétaire de l'immeuble saisi, à l'égard duquel il a été procédé régulièrement ne saurait opposer l'irrégularité personnelle à son copropriétaire. Paris, 10 mai 1810 ; Corse, 22 mai 1823, D. 11, 728 et 729.

161. Au surplus, en cette matière, comme dans toute autre procédure, les nullités d'exploit sont couvertes faute d'avoir été présentées avant toutes défenses au fond. Bourges, 17 avr. 1839, D. 40, 56.

Art. 5. — *Transcription aux hypothèques.*

162. *Transcription de la saisie au bureau des hypothèques.* La saisie immobilière et l'exploit de dénonciation, sont transcrits, au plus tard, dans *les quinze jours* qui suivent celui de la dénonciation, sur le registre à ce destiné, au bureau des hypothèques, de la situation des biens pour la partie des objets saisis qui se trouvent dans l'arrondissement. C. pr. 678.

Autrefois la transcription de la saisie précédait la dénonciation : le saisi était le dernier averti.

La fixation d'un délai était nécessaire : elle empêchera le poursuivant de retarder arbitrairement la poursuite.

163. Dans le délai de quinze jours n'est pas compris le jour *à quo.* Cass. 16 janv. 1822, D. 11, 726, n° 2.

Toutefois, s'il s'agit d'une saisie plus ample et qui, conformément à l'art. 720 C. pr., a été dénoncée au premier saisissant pour suivre sur les deux, il suffit que cette saisie ait été transcrite dans la quinzaine de la dénonciation au premier saisissant lorsque la première l'a été dans le délai légal. Cass. 14 déc. 1819, D. 11, 671, n° 2.

164. La transcription est valablement faite un jour de fête : l'art. 1037 C. pr. ne s'applique qu'aux significations et exécutions. Riom, 12 mai 1808, D. 11, 720; Berriat, 578, n° 34.

165. La transcription ne consiste pas dans un simple extrait ou dans une simple énonciation du procès-verbal de la saisie immobilière et de l'exploit de dénonciation, mais dans une copie entière : cette transcription a des effets considérables (— V. *inf.* n°° 176 et suiv.). M. Teste, *Mon.* 5 janv. 1841.

166. Elle doit avoir lieu dans chaque bureau de la situation des biens, encore que la saisie soit portée devant un seul trib. : l'art. 678 ne distingue pas. Il est d'ailleurs indispensable de faire connaître aux créanciers, par la transcription dans tous les arrondissemens où sont situés les biens, qu'ils sont saisis, et que par conséquent ils ne peuvent faire l'objet d'une poursuite nouvelle. Tarrible, *ib.*; Pigeau, 2, 234; Carré, n 2260.

167. Cette formalité est confiée aux soins de l'avoué du saisissant. Arg. Tar. 102.

168. Le conservateur peut transcrire la saisie faite à sa requête comme receveur de l'enregistrement : la loi du 22 frim. an 7 ne s'y oppose point. Riom, 12 mai 1808, D. 11, 720, n° 5; Berriat, 577, note 32-1°— Il n'y a d'ailleurs aucun danger, puisqu'il est obligé de clore son registre tous les jours.

169. Si le conservateur ne peut procéder à la transcription de la saisie, à l'instant où elle lui est présentée, il fait mention sur l'original qui lui est laissé, des heure, jour, mois et an auxquels il lui a été remis; et, en cas de concurrence, le premier qui s'est présenté est transcrit. C. pr. 679; — l'inobservation de ces dispositions n'entraîne pas la nullité de la saisie. Tarrible, 252 ; Delaporte , 2, 284 ; Carré, art. 679, n° 2262.

170. *Quid*, si deux avoués se présentent simultanément pour requérir la transcription ?

— La question de préférence , n'appartient pas au conservateur, mais bien au président. Arg. tarif 130, § 2.

La décision du président n'est soumise à aucun recours. Paignon , n° 22.

171. *S'il y a une précédente saisie*, le conservateur constate son refus en marge de la seconde ; il énonce la date de la précédente saisie, les noms, demeures et professions du saisissant, et du saisi, l'indication du trib. où la saisie est portée, le nom de l'avoué du saisissant, et la date de la transcription. C. Pr. 680.

172. Toutefois, il faut que la précédente saisie ait été transcrite ; le conservateur ne peut refuser de transcrire une saisie, lors même qu'il saurait qu'une autre, sur les mêmes immeubles, a été antérieurement pratiquée, si elle n'avait pas été présentée à la transcription. Delaporte , 2, 285 ; Carré , n° 2263.

173. Si une seconde saisie a été transcrite nonobstant la transcription d'une première, les poursuites faites sur cette seconde saisie sont nulles. Tarrible, 652 ; Carré, n° 2264 ; Berriat, 577, n° 33-1° ; — et restent à la charge du poursuivant, sauf son recours contre le conservateur qui ne l'a pas prévenu de la transcription d'une précédente saisie. Arg. C. civ. 1385.

174. La nullité prononcée par l'art. 715 pour violation des dispositions de l'art. 680, s'applique aussi bien à la formalité de la transcription qu'au délai dans lequel elle doit être faite. Berriat, 578, note 34 ; Persil, 2,212 ; Carré, art. 680, n° 2265. — *Contrà*, Pigeau, 2, 233.

175. La transcription au greffe du tribunal, et l'extrait à afficher par le greffier, ne sont plus exigées.

Art. 6. — *Effets de la saisie.*

176. La saisie produit différents effets, à dater du jour où elle est *transcrite* au bureau des hypothèques.

177. 1° Elle donne le droit de poursuivre la vente par préférence aux saisissans qui ont fait une transcription postérieure. C. pr. 678. — V. *sup.* n° 171.

178. 2o Elle constitue le saisi séquestre de ses biens et l'empêche de pouvoir les *dégrader* ou *aliéner*. — V. *inf.* nᵒˢ 179 et 183. — Elle donne aux créanciers ou à l'adjudicataire le droit de demander la nullité des baux qui n'ont pas date certaine avant le commandement. — V. *inf.* nᵒ 207.—Elle immobilise les fruits recueillis depuis la transcription, et le montant doit en être distribué, avec le prix de l'immeuble, par ordre d'hypothèque. — V. *inf.* nᵒˢ 220 et 223.

179. *Dépossession du saisi quant à la propriété.* Le saisi ne peut faire *aucune coupe de bois ni dégradation* à peine de dommages-intérêts *auxquels il est condamné par corps*, sans préjudice, s'il y a lieu, des peines portées dans les art. 400 et 434 C. pén., C. pr. 683.

Par corps. Pourvu que la valeur du dommage dépasse 300 fr. C. civ. 2065 ; C. pr. 126 ; Thomine, 2, 226.

L'ancien Code portait seulement que le saisi pourrait être poursuivi par la voie criminelle suivant les circonstances. — Après une vive opposition on a préféré indiquer les articles du Code pénal qui pourraient lui être appliqués. — V. d'ailleurs *inf.* nᵒ 223.

180. *S'il y a lieu.* Par ces mots a-t-on voulu dire que la poursuite serait *facultative*, suivant que le saisi aura dégradé avec ou sans mauvaise intention (M. Pascalis, *Mon.* 7 janv. 1841, p. 46)? — Ou bien que si les circonstances prévues par les art. 400 ou 434 C. pén. se trouvent réunies, le ministère public sera tenu de poursuivre (Quesnault, *ib.*)? — La discussion laisse quelques doutes sur ce point.

Toutefois l'intention des rédacteurs paraît favorable à la dernière interprétation, d'ailleurs conforme au droit commun.

181. Si le poursuivant avait connaissance avant l'adjudication de dégradations commises par le saisi, spécialement de la destruction d'un bâtiment désigné dans le procès-verbal de saisie, il devrait mentionner cette circonstance dans le cahier des charges, sous peine d'être recherché par l'adjudicataire, malgré la clause ordinaire de *vente sans garantie pour quelque cause que ce soit*, insérée au cahier des charges. Amiens, 8 mars 1839 (Art. 1725 J. Pr.). — *Contrà*, Persil, 2, 383 ; Tarrible, vᵒ *Saisie immobilière*, § 7 ; Carré, nᵒ 2477 ; Dalloz, 11, 803, 2.

182. L'adjudicataire seul a droit d'intenter l'action en dommages-intérêts pour dégradations postérieures à l'adjudication. Bruxelles, 12 sept. 1807, S. 9, 37 ; Paris, 2 janv. 1808, S. 7, 2, 950 ; Carré, nᵒ 2314 ; Thomine, 2, 227 ; — sans qu'il puisse se faire colloquer dans l'ordre ouvert sur le prix de l'immeuble pour raison de ces dommages-intérêts.

183. *Aliénation.* — La partie saisie ne peut, *à compter du jour de la transcription* de la saisie, aliéner les immeubles saisis, à peine de nullité, et sans qu'il soit besoin de la faire prononcer. C. pr. 686.

184. *A partir de la transcription.* — La prohibition d'aliéner, avait pour point de départ la dénonciation, au saisi sous l'ancien Code, parce qu'alors la transcription précédait la saisie; — actuellement que la transcription doit suivre la dénonciation, il est plus rationnel de fixer comme point de départ cette transcription. — Sans doute, à ne considérer que le débiteur, ce serait du jour où il aurait eu connaissance légale de la saisie par la dénonciation, qu'il faudrait lui refuser le droit d'aliéner l'immeuble mis sous la main de la justice ; mais *l'intérêt des tiers* réclamait une autre solution : ils n'avaient, avant la transcription aucun moyen régulier de connaître la saisie, ils ont pu de bonne foi traiter avec le saisi ; c'est la *transcription* qui révélera l'incapacité toute spéciale du saisi, c'est ce qui a déterminé à faire remonter à sa date la prohibition d'aliéner. Rapport de M. Persil, p. 30.

M. Paignon, art. 686, se plaint de ce que dans l'intervalle de la dénonciation à la transcription le saisi peut vendre. — Mais d'abord l'avoué n'a qu'à s'empresser de faire transcrire sans attendre l'expiration du plus long délai. — D'ailleurs l'inconvénient n'était pas moindre dans l'ancien droit, le saisi avait encore plus de temps pendant les formalités de la double transcription au greffe et aux hypothèques.

185. Le projet portait *défense d'hypothéquer ;* après diverses discussions, on a rejeté cette prohibition, on est resté dans les termes du droit commun qui laisse ce droit au débiteur exproprié (— V. t. 5, *hoc verbo*, n° 189); de même le failli peut faire des emprunts de bonne foi dans les dix jours qui précèdent la faillite. Rapport de M. Persil, séance du 23 mars 1840, p. 28 à 30 ; Discours de M. Pascalis, *Mon.* 7 janv. 1841, p. 47 ; Devilleneuve, 1841, 2, 376, note 2.

On voulait subordonner cette faculté d'hypothéquer, à la condition qu'elle ne nuirait pas au saisissant, qui serait seulement créancier chirographaire ; mais on a répondu que le saisissant doit veiller à ses intérêts, qu'il ne peut se plaindre s'il n'a point exigé des garanties hypothécaires. Garde-des-sceaux, même séance, p. 48.

186. Le saisissant et le saisi peuvent convertir en vente volontaire la poursuite de saisie, une fois qu'elle a été transcrite (C. pr. 743) ; — Le concours des autres créanciers n'est pas nécessaire avant la sommation prescrite par l'art. 692 (—V. *inf.*, n° 566.).

187. Lorsque cette sommation n'a pas encore eu lieu, le saisi qui obtient main-levée du poursuivant, peut-il vendre à l'amiable , quoiqu'il existe au profit d'autres créanciers un jugement de subrogation éventuelle dans les poursuites, qui toutefois n'a pas été signifié au conservateur avec opposition à la radiation de la saisie? — Pour la négative, on dit : Le saisissant peut renoncer aux poursuites tant que la sommation aux créanciers inscrits n'a pas été enregistrée au bureau des hypothèques ; mais cette faculté n'existe qu'au regard des créanciers inscrits et non pas des autres saisissans, qui ne peuvent faire transcrire leur procès-verbal, et sont dès-lors réputés poursuivre conjointement avec le premier saisissant. Le désistement de celui-ci appelle ceux-là à un rôle direct et actif ; leur action suspendue reprend sa force. Merlin, *Rép.*, vº *Saisie-immobilière*, § 6, art. 2. — Autrement leur sort dépendrait du caprice du poursuivant ou de sa collusion avec le débiteur. — S'il y a eu conversion, ces principes ne cessent pas d'être applicables, la conversion transforme la saisie, sans la faire disparaître ; et d'ailleurs la subrogation éventuelle prononcée au profit des seconds saisissans, maintient l'incapacité d'aliéner dont le sai s est frappé depuis la dénonciation des poursuites. — Mais on répond en sens contraire que cette incapacité est purement relative au saisissant qui peut rendre au saisi la faculté de disposer en consentant sans FRAUDE NI COLLUSION à la radiation de la saisie. Ce consentement, il peut encore le donner jusqu'à l'enregistrement de la sommation aux créanciers au bureau des hypothèques. Ce droit n'est pas paralysé par une subrogation éventuelle, car cette subrogation conditionnelle ne constitue aucun droit actuel, irrévocable, vis-à-vis des tiers acquéreurs de bonne foi, s'il n'est pas inscrit au bureau des hypothèques, au profit des créanciers. Ils ont d'ailleurs la faculté d'intervenir à leurs frais dans l'instance, et de le rendre ainsi partie dans la poursuite. Cass. 14 mai, 1835 (Art. 57 J. Pr.).

188. *Depuis la transcription.* L'aliénation antérieure est attaquable : 1º si elle est faite en fraude des droits des créanciers. C. civ. 1167 ; — 2º ou depuis l'ouverture de la faillite.

Les aliénations *à titre gratuit* sont *nulles* si elles ont été faites dans les dix jours qui ont précédé la faillite du saisi. C. comm. 446.

189. *Quid,* de l'aliénation faite le jour même de la transcription ? — La C. de Limoges, le 29 mai 1834, S. 35, 42, a déclaré nulle une semblable vente, par le motif que les mots à *compter du jour,* comprennent le jour même où la formalité est remplie. — M. Devilleneuve, *ib.* note, reconnaît que la priorité de l'aliénation sur la transcription peut être établie, — mais cet auteur ainsi que M. E. Persil, nº 146, semblent mettre la preuve à la charge de l'acquéreur.

Nous pensons au contraire, que la bonne foi, dans le doute, doit être présumée et la vente maintenue. — V. *date*, p. 19.

190. L'aliénation postérieure à la transcription est nulle,

encore bien 1° qu'il s'agisse d'un immeuble indivis entre le saisi et ses cohéritiers, et qu'elle ait été consentie par tous les intéressés. Carré, n° 2322 ; — 2° qu'elle ait été déguisée sous le nom de délaissement ; le saisi ne peut pas plus délaisser que transmettre ce qui n'est pas à sa disposition. Rennes, 12 mars 1818, P. 14, 707 ; Carré, art. 692, note 1.

191. *Nulle.* La nullité n'a pas besoin d'être prononcée. *Ib.*

Les créanciers peuvent continuer la procédure et passer outre à l'adjudication sans appeler l'acquéreur ; l'adjudication produit tous ses effets, comme si l'immeuble fût resté en la possession du saisi. Carré, n° 2325 ; Tarrible, 657.

192. La nullité de la vente est introduite uniquement dans l'intérêt des créanciers inscrits. Cass. 10 janv. 1858 (Art. 1726 J. Pr.). — En conséquence, elle ne peut être invoquée *ni par l'acquéreur.* Cass. 5 déc. 1827, D. 28, 49 ; Paris, 9 déc. 1854, S. 34, 566. — *Contrà*, Angers, 2 déc. 1818. D 11, 740, 4 ; — *ni* à plus forte raison *par le saisi.* — V. d'ailleurs *inf.* n° 288.

193. Le saisi ne peut demander la distraction de divers immeubles compris dans une saisie et précédemment aliénés ; ce droit appartient à l'acquéreur. Amiens, 10 mai 1837, D. 38, 127.

194. Quoi qu'il en soit, la propriété de l'immeuble réside toujours sur la tête du saisi ; c'est donc contre lui que doit être dirigée l'action en résolution formée par un tiers, il n'est même pas nécessaire de mettre en cause les parties intéressées à la saisie, sauf leur droit de se pourvoir contre le jugement rendu en leur absence, *s'il y a eu concert frauduleux* entre le revendiquant et le saisi. Amiens, 30 janv. 1825, D. 26, 232 ; Lyon, 4ᵉ ch., 10 août 1836, D. 38, 7. — *Contrà*, Paris, 25 mars 1820.

C'est également contre lui que devrait être formée l'action révocatoire dirigée par *un donateur* de biens saisis ; et le saisissant n'aurait pas qualité pour former tierce-opposition au jugement qui accueillerait cette action sous le seul prétexte qu'il n'a pas été appelé dans l'instance. Cass. 5 fév. 1836, D. 36, 86.

195. Au surplus, l'aliénation faite depuis la transcription reçoit tout son effet, si, avant l'adjudication, l'acquéreur consigne somme suffisante pour acquitter, en principal, intérêts et frais, ce qui est dû aux créanciers inscrits, ainsi qu'au saisissant, et s'il leur signifie l'acte de consignation. C. pr. 687.

Si les deniers ainsi déposés ont été empruntés, les prêteurs n'ont d'hypothèques que postérieurement aux créanciers inscrits lors de l'aliénation. C. pr. 688.

196. *Consigne.* L'adjudication n'est empêchée qu'autant qu'il y a eu *consignation réelle;* le saisi ne pourrait donc faire surseoir à l'adjudication en offrant seulement de consigner. Paris, 7 août 1811; Paillet, art. 695; Carré, n° 2330. Cass. 18 fév. 1840 (Art. 1727 J. Pr.).

197. On doit considérer comme équivalant à la consignation l'approbation de la vente par tous les créanciers inscrits, et leur acceptation de l'offre faite par l'acquéreur de verser son prix entre leurs mains. Bordeaux, 28 janv. 1826, S. 26, 246.

198. Aucun délai n'est fixé pour la consignation; d'où il résulte qu'on peut la faire, 1° jusqu'à l'adjudication. Pigeau, 2, 247; Carré, n° 2326. — 2° Après l'adjudication, dans les cas où il y a nouvelle mise en vente par suite de surenchère ou de folle-enchère. Carré, *ib.;* Lepage, 442; Demiau, 451.

199. A défaut de consignation avant l'adjudication, il ne peut être accordé, sous aucun prétexte, de délai pour l'effectuer. C. pr. 689.

200. On s'est demandé si la consignation devait être précédée d'offres réelles? — Le silence du Code, sur les formes de la consignation, a entraîné de vifs dissentimens. — V. *Consignation,* n° 42, *Ordre,* n° 17, *Purge,* n° 40 et *Dissertation,* Art. 685 J. Pr.

La C. de Bordeaux a jugé que la consignation n'exigeait ni offres préalables, ni même sommation, soit au saisi, soit aux créanciers, d'y assister, 22 juin 1836 (Art. 669 J. Pr.). — Il est difficile, en effet, suivant nous, d'exiger pour cette consignation des offres, puisque le saisi ne peut les accepter à raison des créances inscrites, et que l'acquéreur ne se libère pas valablement entre les mains des créanciers sans le consentement du saisi qui peut contester leurs prétentions; d'ailleurs, l'art. 2186 ne rappelle pas les formalités de l'art. 1259.

Néanmoins, il peut être utile de faire des offres au vendeur; il est possible qu'il ait obtenu main-levée des inscriptions; telle est aussi la procédure suivie dans l'usage (Art. 685 J. Pr.).

Si le contrat de vente contenait délégation du prix au profit des créanciers inscrits, on devrait en faire l'offre. Carré, n° 2382; Pigeau, *ib.*

201. La consignation doit comprendre *somme suffisante pour acquitter en principal, intérêts et frais,* ce qui est dû, etc. Alors même qu'elle dépasserait le prix de l'aliénation. Carré, n° 2330; Pigeau, 2, 247.

202. *Ainsi qu'au saisissant.* Le saisissant, bien que créancier non-hypothécaire, a un privilége pour sa créance sur la somme déposée; les autres créanciers chirographaires n'ont pas le droit de former opposition sur cette somme, ni de faire ouvrir une contribution.

C'est ce qui paraît résulter de la discussion (Devilleneuve, 1841, 2, p. 377, note 1), après de longs débats (séance du 6 janv. 1841). — Pourquoi disait-on attribuer au poursuivant sa créance intégrale au préjudice de créanciers ayant privilége ou hypothèque légale dispensés d'inscription qui peuvent se faire connaître plus tard, — ou de créanciers qui peuvent prendre inscription dans la quinzaine de la transcription, — ou même au préjudice de la masse chirographaire ?

Mais on a répondu : les créanciers hypothécaires n'éprouveront aucune préjudice de la remise des deniers, soit aux créanciers inscrits, soit au poursuivant; l'acquéreur doit remplir les formalités de la purge, s'il ne veut pas être exposé à payer deux fois. M. Debelleyme (*Mon.* 12 janv. 1841). — Quant aux autres créanciers chirographaires, de quoi se plaindraient-ils ? comment empêcher le poursuivant de continuer ses poursuites tant qu'il n'a pas été désintéressé. — Aussi déjà sous l'ancien Code, en l'absence d'une disposition expresse, on comprenait dans la consignation la créance du saisissant. — V. *Vente sur saisie*, n° 200.

203. Le droit de surenchère proposé en faveur du poursuivant simple chirographaire par ceux qui ne voulaient pas comprendre sa créance dans la consignation a été repoussé comme exorbitant, et illusoire le plus souvent, car un créancier d'une somme peu importante, sera dans l'impossibilité d'acheter l'immeuble saisi, parce que le prix en est trop élevé. *Mon.* 7, 8, 10 et 12 janv. 1840.

L'acquéreur il est vrai, peut être exposé à payer une seconde fois, si plus tard il survient des créanciers, mais il sera subrogé aux droits des créanciers qui priment ceux qui ont reçu à tort le montant de leur créance : — et quant à la somme payée au poursuivant, non hypothécaire, il sera réduit à n'avoir qu'une action personnelle contre le saisi : il devait s'enquérir de la position de la partie saisie; s'il la croit embarrassée, il ne doit pas acheter.

204. Doit-on consigner, non-seulement le montant des *créances inscrites*, mais encore les sommes dues aux créanciers ayant hypothèque légale indépendante de l'inscription légale?

L'affirmative était soutenue par MM. Tarrible, p. 658 et Persil, 2, p. 529. Selon ces auteurs il ne fallait pas s'attacher aux termes mêmes de l'art. 693, mais bien consulter les principes qui régissent les hypothèques légales, le créancier auquel la loi accorde une hypothèque non soumise à l'inscription, est censé inscrit puisqu'il a le droit d'être colloqué à la date de son hypothèque, sans avoir égard à celle de l'inscription. Arg. C. civ. 2135. — V. dans le même sens, E. Persil, depuis la loi nouvelle.

Mais d'abord les créanciers à hypothèque légale n'éprouveront aucun préjudice de la non consignation de leurs créances (— V. *sup.* n° 202 et 203); ensuite ils ne sont point parties à la saisie; enfin comment exigerait-on la consignation de créances dont l'importance n'a pas été révélée par une inscription. — V. dans le même sens Carré, n° 2327; Pigeau, 2, 518.

205. Il n'est pas non plus nécessaire de consigner le montant des créances hypothécaires pour lesquelles on prendrait inscription dans la quinzaine de l'aliénation, conformément à l'art. 834 C. pr.

206. L'acte constatant la consignation doit être signifié aux créanciers inscrits et au poursuivant. C. pr. 687.

207. *Baux.* Les baux ayant date certaine avant le commandement doivent être exécutés par l'adjudicataire.

208. *Avant le commandement* qui précède la saisie immobilière; peu importent les commandemens antérieurs qui auraient pu être faits pour autre cause. Rennes, 7 déc. 1818, P. 14, 1106.

209. Le bail à *long terme*, consenti *avant le commandement*, mais depuis l'inscription des hypothèques, — est déclaré nul par Delvincourt (Arg. C. civ. 491, 595, 1429, 2091), et par Pigeau, réductible à une période de neuf années. — Ce bail nous paraît valable, s'il a été consenti de bonne foi; en effet, le bail à long terme, considéré, il est vrai, comme un acte d'aliénation, par rapport aux incapables et à leurs administrateurs, n'est relativement au propriétaire qui a l'exercice de ses droits, qu'un acte d'administration; il ne saurait être assimilé à la concession d'un usufruit ou d'une antichrèse; il ne confère au preneur qu'un *jus ad rem*, et non pas un droit réel; les créanciers du bailleur conservent la faculté de saisir les fermages. Toullier, 3, n° 388; Merlin, *Rép.*, v° *Bail*, § 4, n° 2; Carré, n° 2318.

Au contraire, en cas de fraude, l'action révocatoire existe de droit (C. civ. 1167), par exemple si le bail a été consenti en vue de tromper les créanciers, soit par des anticipations, soit par d'autres clauses qui auraient le même effet. Rapport de M. Pascalis, *Mon.* 23 juin 1840, p. 1524.

210. Les baux qui n'ont pas acquis date certaine avant le commandement, peuvent être annulés, si les créanciers ou l'adjudicataire le demandent. C. pr. 684.

On avait proposé de maintenir les baux non enregistrés, n'ayant pas date certaine, mais dont l'exécution aurait commencé avant la date du commandement, qui recevraient leur effet conformément aux art. 1736 et 1774 C. civ., c'est-à-dire qu'il aurait fallu donner un congé aux locataires, en se conformant à l'usage des lieux. Il est trop sévère, disait-on, d'exiger l'enregistrement des baux de biens de peu d'importance, surtout des locations de terres et autres héritages ruraux. Il sera bien rigoureux de priver le petit cultivateur de la jouissance d'un champ qu'il a loué de bonne foi, lorsque cette jouissance a commencé avant le commandement. *Mon.* 7 et 8 janv. 1841. — Toutefois cette modification n'a pas été accueillie, on a préféré laisser un pouvoir d'appréciation à la sagesse des tribunaux. Ch. des pairs, 16 mars 1841 ; Devilleneuve, 1841, 2, p. 375, note 1.

211. Quant aux présomptions *de fraude*, faut-il distinguer si le bail est d'une date antérieure à la transcription ? — Oui, ce bail n'est pas de plein droit réputé frauduleux, le saisi n'est point encore dépouillé de l'immeuble au moment du commandement, il a droit aux fruits jusqu'à la transcription. C. pr. 684, 686.

Postérieurement, au contraire, la présomption de fraude commence à s'élever contre le bail. Arg. 686.

Au reste, les trib. ont le droit d'apprécier souverainement la fraude.

Ainsi, peut être considéré comme frauduleux le bail fait, soit pour une période de temps inusitée, soit à des conditions onéreuses pour le bailleur, soit à vil prix, — peu importe, dans ces divers cas, que le bail ait été rédigé par acte authentique. Arg. C. civ. 1167. Rouen, 28 avr. 1824, S. 24, 279 ; Thomine, art. 691.

212. Les paiemens faits par anticipation doivent être annulés. Arg. C. civ. 1167 ; Nîmes, 28 janv. 1810 ; Cass. 5 nov. 1813, S. 14, 6 ; — à moins qu'ils ne soient d'un ou de deux termes de loyers seulement, selon l'usage : le preneur, pouvant être considéré comme ayant agi de bonne foi, serait fondé, dans ce cas, à les opposer aux créanciers hypothécaires.

213. Si le bail est annulé, le trib. ordonne ce qu'il juge convenable relativement à l'administration des biens. Carré, n° 2346. — V. *inf.* n° 215 et 217.

214. DÉPOSSESSION QUANT AUX FRUITS. — Il faut distinguer si les biens saisis sont loués ou ne le sont pas.

215. *Biens non loués.* Si les immeubles ne sont ni loués ni affermés, le saisi reste en possession jusqu'à la vente, comme séquestre judiciaire. C. pr. 681, 216.

216. Toutefois la dépossession du saisi peut être ordonnée sur la demande d'un ou de plusieurs créanciers. *Ib.*

217. Cette demande doit être motivée sur la *mauvaise gestion du saisi*, sur les *dégradations* par lui commises, en un mot sur des *raisons graves*. Orléans, 19 avr. 1809, D. 11, 835, n° 1 ; Thomine, 2, 225 ; Demiau, 438 ; Hautefeuille, 374 ; Carré, n° 2307. — M. Pigeau, 2, 240, n'exige pas de motifs.

218. Il est statué par le président du tribunal dans la forme des ordonnances de référé, *ib*. — Le saisi est déjà dépossédé légalement, à partir de la transcription (— V. *sup*. n° 178) un jugement du trib. n'est donc plus nécessaire. — V. toutefois, t. 5, *hoc verbo*, n° 217. •

219. Lorsque le président ordonne la dépossession du saisi, il peut confier l'administration des biens, soit à l'un des créanciers, soit à un tiers. — Mais il n'y a jamais lieu de recourir au bail judiciaire. Cette mesure, utile dans l'ancien droit, parce que la procédure de saisie immobilière durait alors plusieurs années, occasionnerait aujourd'hui des frais considérables sans aucun avantage.

220. Les créanciers peuvent être autorisés par ordonnance du président rendue dans la même forme à faire procéder à la coupe et à la vente, en tout ou en partie, des fruits pendans par les racines. C. pr. 681.

221. *Dans la même forme*, c'est-à-dire *sur référé*, une simple ordonnance, rendue sur la requête d'un seul créancier, — en l'absence du poursuivant et du saisi, — n'aurait pas présenté assez de garantie. Observation de M. de Belleyme, séance du 7 janv. 1841.

222. Les fruits sont vendus *aux enchères ou de toute autre manière*, autorisée par le président, dans le délai qu'il a fixé, et le prix est déposé à la caisse des dépôts et consignations. C. pr. 681.

Ainsi le concours d'un officier public, les moyens de publicité ne sont pas indispensables, — une vente au taux des mercuriales peut être autorisée, ou même une vente amiable, si le président croit à la solvabilité du créancier, si sa probité le rassure complétement. Rapport de M. Pascalis.

223. Lorsque le saisi n'est pas séquestre judiciaire, s'il commet des dégradations, il n'y a lieu contre lui qu'à une simple action civile, lorsque d'ailleurs le cas n'est pas prévu par le Code pénal. Séance du 6 janv. 1841.

224. *Immobilisation des fruits.* Elle a lieu de plein droit, elle s'applique aux fruits naturels comme aux fruits civils.

Les fruits naturels et industriels recueillis depuis la transcription, ou le prix qui en provient, sont immobilisés pour être distribués avec le prix de l'immeuble par ordre d'hypothèques. C. pr. 682.

225. Les mots, *fruits naturels et industriels recueillis*, ont été substitués à ceux-ci, fruits naturels *échus* : ils expriment plus clairement l'intention du législateur.

226. *Recueillis.* Ils sont immobilisés pour la totalité depuis la transcription, quoiqu'ils aient pris croissance antérieurement ; ils ne peuvent être considérés comme meubles avant la coupe ; si cette coupe a lieu après la saisie, mais quelques jours avant la transcription, ces fruits ayant perdu leur caractère im-mobilier, doivent être saisis exécutés, et le produit de la vente cesse d'appartenir exclusivement aux créanciers hypothécaires ; il doit être distribué au marc le franc entre tous les créanciers chirographaires ou autres de la partie saisie. Arg. C. civ., 520.

227. *De plein droit.* En effet, le saisi doit représenter même par corps, non seulement l'immeuble, mais même *les fruits,* comme tout séquestre. Arg. C. pr. 681 ; C. civ. 1962, 1963, 1956, 2060. — *A compter de la transcription,* époque à laquelle ils sont immobilisés, aux termes de l'art. 682. — Avant il fait les fruits siens. —·V. t. 5, *hoc verbo,* n° 214.

228. *Quid, au cas de saisie Brandon,* pratiquée depuis le com-mandement et la saisie, mais avant la transcription ? — Cette saisie doit-elle tomber après la transcription, si la vente n'a pas encore été effectuée ?

Suivant M. Thomine, n° 768, même après la vente, les créanciers hypothécaires peuvent en formant opposition sur le prix, demander qu'il leur soit attribué en soutenant que les récoltes ont été immobilisées avant qu'elles n'aient été *recueil-lies.* — Cette décision, quoique rigoureuse, nous paraît con-forme aux principes : la loi a voulu créer un privilége en fa-veur des créanciers hypothécaires, après la transcription de la saisie, c'est seulement en cas de négligence de leur part, à faire valoir leurs droits avant la distribution des deniers qu'ils peu-vent en être dépouillés, par exemple, s'ils se présentent depuis que le prix des fruits ou des loyers a été payé aux créanciers chirographaires. — V. t. 5, *hoc verbo,* n° 224.

229. Peut-on également annuler la vente d'une récolte sur pied, quoique antérieure à la transcription de la saisie, si la récolte n'est coupée que depuis la transcription ?—Pour l'affir-mative on dit : le saisi ne devient propriétaire des fruits sans être obligé d'en rendre compte, qu'autant qu'il les a *recueillis,* soit par lui-même, soit par ses représentans ; la vente n'est rien tant que la coupe des fruits n'a point été réalisée. — Pour la négative on oppose que le saisi peut aliéner l'immeuble *jusqu'à la transcription,* pourquoi ne pourrait-il pas aliéner les fruits que la loi considère comme immobiliers ? — Mais on réplique : en cas de vente amiable de *l'immeuble* grevé d'hypothèque, le prix ne peut être payé au préjudice des créanciers inscrits sans un ordre ; autrement l'acquéreur serait obligé de payer deux fois ; — à l'égard des fruits immobilisés, les créanciers n'ayant aucun droit de suite sur ces immeubles fictifs, il n'y aurait aucun re-cours contre l'acquéreur s'il avait payé son prix comptant, au préjudice des créanciers. Le seul remède légal, c'est de pro-noncer la nullité de la vente. L'acquéreur doit s'imputer la faute d'avoir payé comptant, une récolte sur pied, à un propriétaire dont la position gênée devait lui inspirer de la défiance.

230. *Biens loués.* La dépossession de fait ayant eu lieu par le bail, les créanciers n'ont pas besoin de la requérir. Quant à l'immobilisation, elle a lieu de plein droit, le saisi doit compte de tous les loyers qu'il a reçus. — V. *sup.*, n° 227. — Mais, comme il est le plus souvent insolvable, il est plus prudent de les saisir-arrêter dans la forme indiquée, *inf.* n° 234.

231. *Epoque de l'immobilisation.* Elle est la même que pour les fruits naturels. — Les loyers et fermages seront immobilisés *à partir de la transcription* de la saisie, pour être distribués avec le prix de l'immeuble par ordre d'hypothèque. *Ib.* 685.

232. S'il y a des priviléges ils passent avant les hypothèques ; c'est de droit commun. Le garde-des-sceaux, *Mon.* 7 janv. 1841, p. 47.

233. *A partir de la transcription.* Les fruits civils étant réputés s'acquérir jour par jour, ce n'est pas la totalité des loyers, mais seulement la portion échue depuis la dénonciation qui doit être réputée immobilisée. Arg. C. civ. 520, 585, 586, Carré, n° 2319.

Conséquemment si la saisie était transcrite le lendemain de l'échéance d'un terme de loyers, ce terme ne serait pas frappé d'immobilisation, mais seulement celui à écheoir. Dès-lors l'opposition, libellée dans la forme prescrite par l'art. 685 C. pr. nouveau, ne saurait empêcher le locataire de payer valablement au saisi le terme échu avant la transcription ; mais il en serait autrement si l'opposition avait été faite à la double fin 1° d'arrêter, pour les immobiliser, les loyers ou la portion de loyers échus depuis la transcription ; — 2° d'arrêter mobilièrement le paiement des loyers échus antérieurement à la transcription. Dans ce cas, aucuns paiemens ne pourraient être faits au saisi ; mais il faudrait remplir les formalités prescrites au titre de la saisie-arrêt pour la portion des loyers non frappés d'immobilisation. — *Contrà*, Paignon, n° 32. — Cet auteur prétend que tous les fruits civils, tous les loyers qui peuvent être dus à l'époque de la transcription sont frappés d'immobilisation ; que ces fruits sont censés représenter les intérêts des capitaux prêtés. Cette opinion est en opposition avec le principe que les fruits civils s'acquièrent jour par jour (C. civ. 585 et 586). L'ancien art. 691 portait : il en sera des fermages *échus* depuis la dénonciation, etc. comme des fruits mentionnés en l'art. 689, c'est-à-dire qu'ils seront frappés d'immobilisation. Le nouvel art. 685 se borne à fixer l'immobilisation des loyers et fermages, à partir de la transcription. Le mot *échus* a été supprimé comme surabondant. Le législateur s'en est référé évidemment aux règles portées dans les art. 585, 586. — V. *sup*., n° 223.

234. *Saisie-arrêt*. Un simple acte d'opposition à la requête du poursuivant ou de tout autre créancier vaut saisie-arrêt entre les mains des fermiers et locataires. C. pr. 685.

235. Un simple acte d'opposition suffit. Par suite se trouve tranchée la question de savoir si l'on devait remplir toutes les formalités de la saisie-arrêt.

236. Il n'y a pas besoin d'être créancier hypothécaire pour faire l'opposition indiquée dans l'art. 685. La loi accorde ce droit au poursuivant ou à tout autre créancier, sans exiger qu'il soit créancier inscrit.

237. A défaut d'opposition, les paiemens faits au débiteur sont valables, et celui-ci est comptable, comme séquestre judiciaire, des sommes qu'il aura reçues. C. pr. 685.

238. *Mode de libération des locataires*. Ils peuvent se libérer (après l'ordre) en exécution des mandemens de collocation, — ou par le versement de leurs loyers et fermages à la caisse des consignations (C. pr. 685), s'ils le préfèrent.

239. Ce versement a lieu, soit à leur réquisition, soit sur une simple sommation des créanciers. *Ib*.

240. Il n'est soumis à aucune formalité préalable, — à moins qu'il n'y ait difficulté sur le chiffre des loyers. — Auquel cas la contestation serait réglée par un jugement.

§ 5. — *Moyens de publicité pour arriver à la vente*.

Art. 1. — *Dépôt du cahier des charges*.

241. La vente est l'objet et le but de la saisie. Pour inviter les tiers à acquérir, il faut leur faire connaître les conditions de l'enchère; de là le dépôt au greffe de l'*enchère* ou *cahier des charges*, c'est-à-dire de l'acte renfermant toutes les conditions de la vente judiciaire.

242. Le cahier des charges est rédigé par le poursuivant, et grossoyé. Tar. 109. — V. *Vente judiciaire*.

243. Il contient, *à peine de nullité*, C. pr. 690, 717 : 1° l'énonciation du titre exécutoire en vertu duquel la saisie a été faite, du commandement, du procès-verbal de saisie, ainsi que des autres actes et jugemens intervenus postérieurement : destiné à servir de *qualités* au jugement d'adjudication, il doit présenter le sommaire de tout ce qui a été fait, surtout des actes essentiels et prescrits à peine de nullité. Nîmes, 28 juin 1809, S. 10, 565 ; Orléans, 7 juill. 1826, D. 51, 8 ; Carré, n° 2341. — Ainsi, serait *nul* le cahier des charges qui n'énoncerait que le commandement et le procès-verbal, sans faire mention de la dénonciation de la saisie au débiteur, etc. Besançon, 18 mars 1808, D. 11, 696, 1.

—Toutefois, il en est autrement si les actes omis sont postérieurs au dépôt du cahier des charges au greffe. Rouen, 4 mai 1827, D. 27, 141; Paris, 22 août 1811, D. 11, 745, n° 2; — ou s'ils ne constituent pas réellement un acte de procédure; Bordeaux, 1ᵉʳ août 1834, D. 37, 182.

244. 2° La désignation des objets saisis, telle qu'elle a été insérée dans le procès-verbal. C. pr. 690. — Cette désignation doit être détaillée. Carré, n° 2546; Pigeau, *Comm.*, art. 697, n° 5.

245. 3° Les conditions de la vente. C. pr. 690.

Ces conditions sont non-seulement toutes celles que la loi prescrit à l'adjudicataire, mais encore toutes autres que le poursuivant a droit d'y ajouter, pourvu qu'elles ne soient pas préjudiciables au saisi. Carré, n° 2347.

On a considéré comme frustratoire la clause portant que le jugement d'adjudication serait notifié aux créanciers inscrits. Paris, 18 déc. 1833, S. 34, 101; Paignon, n° 53. — Mais on a déclaré valable la clause portant que les frais extraordinaires de poursuite seraient prélevés sur le prix de l'adjudication. Riom, 3 août 1826, D. 29, 106.

Pour les conditions les plus usitées. — V. Pigeau, 2, 257 et suiv. *Vente judiciaire, Formules.*

246. C'est au créancier poursuivant qu'il appartient toujours de stipuler les charges de la vente. Cass. 25 juill. 1837 (Art. 1719 J. Pr.).

Il peut être considéré comme le mandataire légal des autres créanciers; les clauses et conditions par lui insérées sont réputées le fait de tous : ils peuvent s'en prévaloir, et elles leur sont opposables. Cass. 2 nov. 1807; 11 août 1813, D. 11, 801, 3, et 802, 4.—Toutefois, ils ont le droit de les critiquer, ils sont mis en demeure de prendre communication de l'enchère et de faire toutes les observations qu'ils jugent convenables avant la publication. C. pr. 691. — V. *inf.* n° 253.

247. 4° Une mise à prix par le poursuivant. C. pr. 690.— Il est libre de la fixer ainsi qu'il lui convient. Carré, n° 2348.

La mise à prix sera partielle, c'est-à-dire pour chaque article distinct qui est mis en vente, — ou seulement pour la masse des articles saisis, — selon que l'adjudication devra être faite partiellement ou en masse d'après le cahier des charges. Paignon, n° 57.

248. L'établissement de la propriété dans le cahier des charges aurait l'avantage d'augmenter la confiance des enchérisseurs, de faciliter la purge légale; aussi dans l'usage à Paris se sert-on des documens que l'on trouve à cet égard dans les actes de prêts hypothécaires.

Mais on n'a pas cru devoir l'imposer comme une condition : en effet, le saisissant ne possède pas les titres d'acquisition ; le saisi contre lequel il est en état d'hostilité déclarée ne les lui procure pas ; c'eût été souvent demander l'impossible, ou s'exposer à n'obtenir *que de trompeuses indications*. Rapport de M. Pascalis, *Mon.* 23 juin 1840, p. 1524.

249. *Délai du dépôt.*— Dans les vingt jours au plus tard *après la transcription*, le poursuivant est tenu de déposer au greffe du tribunal le cahier des charges. C. pr. 690. — La loi nouvelle a déterminé un délai fort court pour empêcher le poursuivant de traîner la procédure en longueur.

250· Le *dépôt* ne serait pas suffisamment constaté par un acte énonçant que l'avoué poursuivant a *produit* au greffe le cahier des charges ; il faut qu'il soit énoncé qu'il est resté déposé. Corse, 16 nov. 1822, D. 11, 731, 3.

251. Le cahier des charges n'est point signifié ; mais il est fait sommation au saisi et au créancier d'en prendre communication (V. *inf.*). Cette communication a lieu au greffe sans déplacement. Tar. 109.

252. *Dires.* Le poursuivant, les parties saisies et les créanciers inscrits sont tenus de faire insérer, à la suite de la mise à prix, leurs dires et observations ayant pour objet d'introduire des modifications dans le cahier des charges. C. pr. 694.

253. Ces dires doivent être faits trois jours *au plus tard* avant la publication, *ib.* — A leur égard, après ce délai, le réglement de l'enchère est définitivement fixé, — sauf les règles particulières au cas de revendication. — V. *inf.*, n° 506.

Cette déchéance avait paru bien rigoureuse à M. le garde-des-sceaux et à M. Rossi. *Mon.* 25 avr. 1840, p. 796. — Mais on a voulu avec raison détruire la faculté abusive de proposer des difficultés sur l'enchère jusqu'au moment de l'adjudication, pour l'entraver et la faire différer : on voyait autrefois des expropriations qui n'étaient pas mises à fin avant deux ou trois ans. Rapport de M. Persil.

254. *Sommation au saisi.* Dans les huit jours au plus tard après le dépôt au greffe, outre un jour par cinq myriamètres de distance entre le domicile du saisi et le lieu où siége le tribunal, sommation est faite au saisi à personne ou domicile, de prendre communication du cahier des charges, de fournir ses observations et d'assister à la lecture et publication qui doit en être faite, ainsi qu'à la fixation du jour de l'adjudication. C. pr. 691.

255. La sommation indique les jour, lieu et heure de la publication. *Ib.*

L'intervalle indispensable entre la sommation et le jour de la comparution n'est pas désigné dans l'art. 691. — Cela n'était pas nécessaire, puisque l'art. 694 fixe les deux extrêmes entre lesquels doit être faite la publication d'enchères à l'audience. C'est trente jours au plus tôt et quarante jours au plus tard, après le dépôt du cahier des charges, en retirant huit jours qui seront donnés au poursuivant, pour remplir cette formalité ; il existe un délai plus que suffisant pour prendre communication, préparer sa défense et comparaître. Rapport de M. Persil, p. 49.

256. *Sommation aux créanciers inscrits.* Les créanciers inscrits sont également sommés, dans le *même délai de huitaine,*—V. *sup.,* n° 251, au domicile élu dans leurs inscriptions, de prendre communication du cahier des charges. C. pr. 692.

257. Ce délai de huitaine est suffisant : la transcription a toujours une date antérieure au dépôt du cahier d'enchères ; si le poursuivant n'apporte pas de négligence dans ses premiers actes, elle doit même suivre de très-près la dénonciation ; en admettant que le conservateur garde les pièces quinze jours ou même vingt jours, pour faire la transcription et délivrer son certificat, il resterait encore un délai convenable au poursuivant pour le dépouillement de l'état et la préparation des sommations, en ajoutant un délai à raison des distances.

258. La sommation aux créanciers inscrits remplace la notification du placard. — Elle est préférable : 1° elle épargne les frais de placards imprimés et timbrés, des droits de copie de pièces ; — 2° elle met les créanciers en demeure d'une manière précise, d'examiner les conditions fixées pour la vente, t d'assister à la publication du cahier d'enchères.

259. Une disposition particulière existe pour le vendeur. — Si parmi les créanciers inscrits se trouve le vendeur de l'immeuble saisi, la sommation à ce créancier doit porter qu'à défaut de former sa demande en résolution et de la notifier au greffe avant l'adjudication, il sera définitivement déchu, à l'égard de l'adjudicataire, du droit de la faire prononcer. C. pr. 692.

Cette disposition a pour but de donner plus de faveur aux ventes sur expropriation. — V. d'ailleurs *inf.* n° 405.

260. *Aux créanciers inscrit.* Non-seulement à ceux du saisi, mais encore *à ceux des précédens propriétaires et des tiers-détenteurs :* l'art. 695 ne distingue pas ; d'ailleurs le but de la loi dans cet article a été que tous ceux qui ont hypothèque sur l'immeuble saisi fussent avertis des poursuites et de la vente qui doit s'ensuivre, afin de conserver leurs intérêts, soit en surenchérissant, soit de toute autre manière. Arg. Cass. 27 nov. et 5 déc. 1811, D. 11, 738, 1 ; Riom, 8 août 1815, D. 11,

725, 1 ; Toulouse, 29 juin 1835, D. 36, 14 ; Carré, n° 2335 ; Berriat, 587, note 67-4°. — *Contrà*, Turin, 2 juill. 1810, D. 11, 737, n° 2.

261. Cependant, lorsque le saisi a refusé des renseignemens sur le précédent propriétaire, et qu'il en est résulté que le poursuivant n'a pas connu les créanciers inscrits de celui-ci, il n'y a pas nullité par cela seul que la sommation ne leur a pas été faite : du moins le saisi ne saurait la proposer. Cass. 27 nov. 1811, D. 11 738, n° 1 ; 13 nov. 1827, S. 28, 196.

262. Pour connaître quels sont les créanciers inscrits, l'avoué du poursuivant se fait délivrer par le conservateur un extrait des inscriptions. Tar. 107.

263. La formalité de la sommation n'est exigée qu'à l'égard *des créanciers inscrits* à l'époque où l'état est délivré, et non à l'égard de ceux qui prendraient inscription ultérieurement. Arg. Nanci, 2 mars 1818. S. 18, 289 ; Carré, n° 2333.

264. Un amendement de M. Vavin, tendant à exiger la notification au domicile *réel* pour les créanciers habitant la France continentale, a été rejeté à raison de la difficulté de connaître ce domicile et de concilier les délais de distance avec la rapidité de la procédure actuelle.

265. La commission de la chambre des pairs (M. Persil, *Mon.* 23 av. 1840, p. 784) avait demandé qu'une sommation fût faite à la femme du saisi, aux femmes des précédens propriétaires et à leurs maris, aux subrogés-tuteurs des mineurs ou interdits, et aux mineurs devenus majeurs, si, dans l'un ou l'autre cas, les mariages et tutelles étaient connus du poursuivant ; que pareille sommation fut faite au procureur du roi de l'arrondissement des biens, lequel devait être tenu, le cas échéant, de requérir l'inscription des hypothèques appartenant aux femmes, aux mineurs et interdits. — L'adjudication sur saisie immobilière, disait-on, aurait pour effet de purger les hypothèques légales si elle était précédée d'une sommation à ces créanciers. (V. *Ordre*, n° 52.) Ils pourraient, s'ils étaient prévenus, concourir à l'élévation du taux des enchères ; — Le procureur du roi veillerait aux intérêts des mineurs, il devrait prendre inscription, ce ne serait plus pour lui une faculté comme sous le Code civil, mais une obligation. Enfin, pour dernière garantie, le tribunal serait chargé de surveiller si les formalités de purge auraient été remplies. — D'ailleurs les mineurs, les femmes, etc., conserveraient le droit de faire valoir leurs hypothèques dans l'ordre, quand bien même ils auraient négligé de prendre inscription. — V. *Ordre*, n° 53.

Cet amendement a été repoussé, sur les observations de M. Laplagne Barris et de M. le garde-des-sceaux. *Mon.* 23 et 24 av. 1840, p. 783 et 785. — La disposition proposée aurait pour but de trancher une difficulté qui n'est point une question de procédure. Mieux vaut réformer un titre entier que d'introduire accidentellement des dispositions spéciales qui peuvent ne pas se coordonner avec l'ensemble des principes qui ont servi de base à la création de la loi. (— V. d'ailleurs *Circulaire sur le projet de réforme du régime hypothécaire*, 7 mai 1841 (Art. 1958 J. Pr.)). Il faut laisser subsister les effets de l'adjudication tels qu'il ont été réglés par le Code civil. C'est à l'adjudicataire à notifier la vente aux femmes mariées, au procureur du roi, etc. Il a tous les titres de propriété : il peut examiner si le saisi ou ses auteurs ont été mariés ou tuteurs; en cas d'omission, il s'expose à payer deux fois. Pourquoi faire donner l'avertissement, sous peine de nullité de la procédure, par le créancier qui n'a pas les documens nécessaires et qui doit craindre l'intervention de nouveaux créanciers? — La surveillance du tribunal serait également à peu près nulle, puisqu'il n'aura pas sous les yeux les documens essentiels pour vérifier s'il y a des causes d'hypothèque légale.

Cette discussion confirme le dernier état de la jurisprudence, d'après lequel l'expropriation forcée ne purge pas par elle-même les hypothèques légales. Cass. ch. réunies, 22 juin 1833. — V. *Ordre*, n° 52; *Vente sur saisie*, n° 283.

266. Les créanciers inscrits, auxquels la sommation prescrite n'aurait pas été faite d'une manière régulière, sont recevables à proposer la nullité, même après l'adjudication, et à se pourvoir par tierce opposition contre le jugement qui la prononce. Besançon, 25 niv. an 13, S. 5, 572; Cass. 13 oct. 1812, D. 11, 823, 1; Tarrible, p. 662; Pigeau, 2, 253, note 1; Carré, *ib.*, n° 2356; Berriat, 587, note 67-1°.

267. Mais en aucun cas, après la clôture de l'ordre, les créanciers sommés de produire ne peuvent attaquer le jugement d'adjudication par tierce-opposition; autrement, un ordre ne serait jamais définitif, et l'acquéreur pourrait être troublé indéfiniment dans sa possession. Cass. 20 juin 1838 (Art. 1255 J. Pr.). — V. *Ordre*, n° 184.

268. Si le défaut de sommation est le résultat d'une omission faite par le conservateur dans l'état des inscriptions, ou d'une fausse indication, le créancier omis ou mal désigné n'a qu'une action en dommages-intérêts contre le conservateur. Arg. C. civ. 2198. Amiens, 7 janv. 1813, D. 11, 824, n° 2; Carré, *ib.*

269. La nullité de la sommation ne vicie pas la procédure antérieure. Arg. C. pr. 728.

270. Cette nullité, introduite dans l'intérêt exclusif des créanciers, ne peut être invoquée, 1° *par le saisi.* Paris, 13 prair. an 11, 679, n° 2; 13 avr. 1810; 1er mai 1810, S. 15, 146; Carré, n° 2338 ; Pigeau, 2, 253, note 1. — *Contrà*, arg. Cass. 29 nov. 1811 , S. 12, 171 ; Berriat, *ib.* ; — 2" *par les créanciers vis-à-vis desquels la sommation a été régulière.* Caen, 18 fév. 1829, D. 30, 235. — *Contrà*, Limoges, 4 janv. 1828, D. 29, 18.

271. Jugé que la sommation une fois faite, il n'y a pas besoin de la réitérer dans le cas où l'adjudication n'ayant pas eu lieu au jour indiqué, a été renvoyée à un autre jour : les créanciers ont dû se présenter au jour fixé, et par conséquent connaître le renvoi qui a été prononcé. Cass. 23 juill. 1817, D. 11, 685, n° 9 ; Pigeau, 2, 253, note 1.— Il en est de même si les poursuites de saisie ont été interrompues postérieurement. *Même arrêt.*

Le nouvel art. 703 a gardé le même silence que l'ancien Code sur cette question, en permettant au poursuivant de demander la remise de l'adjudication à une époque plus éloignée, il l'oblige à faire de nouvelles annonces, mais il ne prescrit aucunes notifications nouvelles ni au saisi, ni aux créanciers.

272. *Mention de la sommation au saisi et aux créanciers.* Mention de cette sommation est faite dans les huit jours de sa date, en marge de la transcription de la saisie, au bureau des hypothèques. C. pr. 693, — à peine de nullité. C. 715.

273. Du jour de cette mention, la saisie ne peut plus être rayée que du consentement des créanciers, ou en vertu de jugemens rendus contre eux. C. pr. 693.

Si le poursuivant transige avec le saisi, la saisie n'en conserve pas moins ses effets et les autres créanciers peuvent demander la subrogation dans la poursuite.

274. *Mention.* Si cette formalité n'a pas été remplie et *que la saisie n'ait pas été rayée,* le seul préjudice, qui pouvait résulter pour les créanciers de l'absence de cette formalité n'ayant pas eu lieu, ils sont non-recevables à en argumenter comme d'un moyen de nullité. Arg. Av. Cons. d'Ét. 30 mai 1809; Cass. après délibéré 22 fév. 1819, D. 11, 809, 2.

275. *En marge de la saisie.* Il suffit qu'en marge de la transcription de la saisie, mention soit faite de l'enregistrement des sommations sur un autre registre, avec indication de la page et du numéro de cet enregistrement. *Même avis.*

276. *La saisie ne peut plus être rayée que du consentement des créanciers,* non-seulement de ceux auxquels la sommation a été faite, mais encore de tous ceux inscrits depuis cette sommation. Nanci, 2 mars 1818, D. 11, 808, n° 1. — Ils deviennent, du jour de la mention de cet acte, parties dans l'instance de saisie; chacun d'eux est considéré comme cosaisissant, et le conservateur ne peut rayer la saisie que de leur consentement; avant la mention, au contraire, le saisissant est maître de la saisie; il peut en donner main-levée, et s'il le fait,

le conservateur doit la rayer immédiatement. Pigeau, 2, 223;
Carré, n° 2340.

277. La saisie peut-elle être rayée sans le consentement des
créanciers, quand la nullité en a été prononcée? — Oui, lorsque
la nullité provient d'un vice de forme. Montpellier, 18 fév.
1811, S. 16, 112; — non, si la nullité est fondée sur un défaut de titre de la part du poursuivant : la poursuite étant devenue commune à tous les créanciers inscrits du moment que
la mention de la sommation a été faite aux hypothèques, chacun d'eux a le droit de se faire subroger aux poursuites et de
les continuer en son nom. Carré, n° 2341. — V. d'ailleurs
Cass. 21 août 1840 (Art. 1851 J. Pr.).

Jugé que le créancier porteur de plusieurs titres de créances
inscrites sur le même immeuble peut, après avoir été payé de
celui en vertu duquel il agissait, continuer les poursuites de
saisie à raison de ses créances non acquittées. Grenoble, 14 juill.
1809, D. 11, 808, n° 4.

Art. 2 — *Publication du cahier des charges.*

278. Le cahier des charges est publié, c'est-à dire *lu* à l'audience (C. pr. 694) au jour indiqué par l'huissier de service,
sur la note que lui remet le greffier.

La lecture du cahier d'enchères, faite à l'audience par l'a-
voué, n'entraîne pas nullité de la publication. Montpellier,
15 fév. 1840 (Art. 1704 J. Pr.).

279. Le greffier dresse, sur le cahier, acte de la publication
qu'il signe avec le juge. Tarif, 110.

280. Aucunes affiches ni insertions dans les journaux, ne
sont prescrites avant la publication du cahier d'enchères. La
partie saisie et les créanciers sont prévenus suffisamment par la
sommation qui leur est faite. — V. sup. n°s 254 et 256.

281. *Epoque de la publication.* La publication doit être faite
trente jours au plus tôt, quarante jours au plus tard, après le
dépôt du cahier des charges. C. pr. 694.

D'après l'ancien code le saisi était prévenu deux fois de l'é-
poque de la première publication, — 1° lorsqu'on lui notifiait
copie du procès-verbal de saisie; 2° lorsqu'on lui signifiait copie
du premier procès-verbal d'apposition d'affiches, lequel devait
précéder d'un mois, six semaines, au plus, la première publication, et de manière que cette publication ne pût être faite
que quinze jours après le dépôt du cahier des charges. L'époque
de ce dépôt n'étant pas fixée, il fallait dès l'instant de la dénonciation de la saisie, combiner l'époque de cette publication,
et ensuite celle du dépôt de l'enchère, de manière à se conformer aux prescriptions de la loi.

Aujourd'hui un seul avertissement est imposé avec un intervalle à peu près semblable qu'autrefois trente ou quarante jours. Mais le dépôt du cahier de charges a lieu plus tôt, c'est à dire cinq ou six semaines avant la publication, et le saisi ou les créanciers sont prévenus de ce dépôt dans la huitaine : ils ont plus de temps pour critiquer les clauses de l'enchère.

282. *Acte de la publication.* La trib. donne acte des lecture et publication du cahier des charges. C. pr. 695.

283. Il statue sur les dires et observations qui y ont été insérées. *Ib.*

284. Le jugement qui rejette la demande à fin de réformation du cahier des charges est susceptible d'appel. — V. *inf.* n° 538. — L'exécution qui a lieu à l'instant même n'est point une fin de non recevoir.

285. La nullité du cahier des charges n'entraîne que la nullité des actes qui l'ont suivie (Arg. C. pr. 728). Il n'est pas nécessaire de recommencer toute la procédure, mais seulement de déposer un nouveau cahier des charges et de faire de nouvelles sommations au saisi et aux créanciers inscrits.

286. S'il ne contient que des irrégularités, comme serait le défaut d'indication des biens en autant d'articles qu'il y a d'exploitations, il y a lieu seulement à rectification. Cass. 14 janv. 1816, D. 11, 743, n° 5.

287. Il avait été jugé que la mise à prix fixée par le poursuivant ne devait pas être considérée comme un contrat judiciaire entre le débiteur et le créancier; que celui-ci pouvait en conséquence la restreindre ou la modifier avant l'ouverture des enchères. Bordeaux, 15 avr. 1834, D. 56, 19. — M. Dalloz fait observer avec raison que cette solution est trop générale. Autoriser le poursuivant à réduire cette fixation, c'est lui permettre de se faire adjuger l'immeuble à vil prix. La doctrine de l'arrêt précédent ne devrait être suivie qu'au cas où il aurait été trompé sur la valeur de l'immeuble, ou sur les charges à acquitter en sus de l'adjudication.

Au reste, depuis le Code de 1841 la réduction de la mise à prix ne pourrait être demandée que trois jours au plus tard avant la publication. C. pr. 694.

288. Le trib. fixe les jours et heure où il procédera à l'adjudication, de manière que le délai entre la publication et l'adjudication soit de trente jours au moins et de soixante jours au plus. C. pr. 695.

Toutes les dispositions du jugement sont constatées sur le cahier des charges à la suite de la mise à prix. C. pr. 695.

Le jugement qui donne acte de la publication n'est pas signifié, — à moins qu'il ne statue sur un incident. — V. *inf.* n° 538.

289. La publication ou l'adjudication peut avoir lieu en la chambre des vacations. Pigeau, 2, 257.

290. Si la publication ne se faisait pas au jour indiqué (C. pr. 691), si un incident la retardait, si, par exemple, par suite d'une erreur, elle avait été indiquée pour un jour autre que celui fixé, il n'y aurait pas lieu d'annuler tous les actes antérieurs. Arg. C. pr. 728. E. Persil, n° 188.

Art. 3. — *Insertion au journal judiciaire.*

291. Quarante jours au plus tôt vingt, jours au plus tard avant l'adjudication, — l'avoué du poursuivant doit faire insérer un extrait signé de lui dans le journal judiciaire. C. pr. 696.

292. Cet extrait doit contenir, à peine de nullité, C. pr. 715 :

1° La date de la saisie et de sa transcription ;

2° Les noms, professions, demeures du saisi, du saisissant et de l'avoué de ce dernier;

3° La désignation des immeubles, telle qu'elle a été insérée dans le procès-verbal ;

4° La mise à prix ;

5° L'indication du tribunal où la saisie se poursuit, et des jour, lieu et heure de l'adjudication. C. pr. 696.

293. Le choix du journal n'est pas entièrement laissé à la discrétion du poursuivant.

Les C. roy., chambres réunies, après un avis motivé des trib. de 1re inst. respectifs, et sur les réquisitions écrites du ministère public, désignent, chaque année, dans la première quinzaine de décembre, pour chaque arrondissement de leur ressort, parmi les journaux qui se publient dans le département, un ou plusieurs journaux où devront être insérées les annonces judiciaires. C. pr. 696.

Cette disposition a été l'objet d'une vive controverse.

La commission de la ch. des pairs voulait que les Cours ne pussent désigner qu'un seul journal, elle pensait que la saisie recevrait ainsi la plus grande publicité possible. — On a répondu que cette concentration dans les mêmes mains du droit de rendre au public un service dont il a besoin amènerait de graves inconvéniens : on pourrait mettre à contribution les parties intéressées à obtenir une insertion plus ou moins prompte : — la concurrence seule peut réprimer l'avidité des spéculateurs; la Cour royale désigne un, deux ou trois journaux, en raison de la population des villes et du nombre des organes accrédités de l'opinion dans chaque localité; on peut sur ce point s'en rapporter à la magistrature souveraine qui ne remplira pas moins bien sa mission que la magistrature consulaire ne le fait depuis la loi du 31 mars 1833 pour les *sociétés* commerciales (—V. ce mot, n° 7). *Monit.* 25 avr. 1840, p. 796.

294. Toutes les annonces judiciaires relatives à la même saisie doivent être insérées dans le même journal. C. pr. 696. — Autrement l'existence simultanée de plusieurs journaux ayant la faculté d'insérer les annonces eût été un piége tendu à la crédulité publique.

295. Si, dans le courant de l'année, le journal désigné cesse de paraître, — la C. roy. pourra, avant le mois de décembre, pourvoir à la désignation d'un nouveau journal pour le temps qui reste à courir de l'année commencée. E. Persil, n° 199; Paignon, n° 77. — Et même s'il y a urgence, le président du trib. pourra, dans l'intervalle, sur la requête du poursuivant, lui désigner un autre journal. Paignon, *Ib.*

296. *Quid,* si les premières annonces ont été faites dans un journal, et que le privilége de ce journal ne soit pas renouvelé par la C. royale, fera-t-on les nouvelles annonces dans l'une des feuilles nouvellement désignées, ou bien continuera-t-on d'insérer dans le même journal? — Cette dernière solution paraît être une conséquence de l'art. 696. — V. *sup.* n° 294.

297. Une faute de typographie dans une annonce peut être réparée par un erratum mis dans un autre numéro du journal. E. Persil, n° 195. — Pourvu que l'erratum rappelle d'une manière non équivoque le bien mis en vente.

298. Les C. roy. règlent le tarif de l'impression des annonces, chaque année, en désignant les journaux où elles peuvent être faites. C. pr. 696. — On suit pour la fixation du tarif les mêmes formalités que pour la désignation du journal. *Mon.* 15 janv. 1841.

299. Il est justifié de cette insertion par la feuille contenant ledit extrait, avec la signature de l'imprimeur, *légalisée par le maire,* C. pr. 698, *à peine de nullité,* 715. — La signature du propriétaire ou du rédacteur du journal ne suffit pas. Delaporte, 2, 290; Carré, art. 683, n° 2286.

Mais peu importe, 1° que l'imprimeur ne soit pas patenté, s'il est notoire qu'il exerce la profession d'imprimeur, et si sa signature a été, à ce titre, légalisée par le maire. Cass. 5 oct. 1812, D. 11, 731, 2; — 2° que l'exemplaire du journal ait été signé par l'employé de la maison de commerce qui tient l'imprimerie; il est présumé muni de pouvoirs; arg. Toulouse, 22 avr. 1837 (Art. 852 J. Pr.); — 3° que le maire qui a fait cette légalisation soit le père de l'imprimeur, et intéressé dans son commerce. Rennes, 6 juin 1814, P. 12, 239.

300. Jugé que la date de l'insertion est établie par la publication du journal, et qu'il n'y a pas lieu à enregistrement, la loi n'exigeant pas cette formalité. Rennes, 4 janv. 1813, D. 11, 714, 1.; dans l'usage cet enregistrement a lieu. — Il est utile pour énoncer la formalité de l'insertion dans les dires qui précèdent les adjudications. — V. d'ailleurs *Société*, n° 8.

301. *Insertions extraordinaires.* Lorsque indépendamment des insertions prescrites par l'art. 696, le poursuivant, le saisi ou l'un des créanciers inscrits estime qu'il y a lieu de faire d'*autres* annonces de l'adjudication par la voie des Journaux, le président du trib. devant lequel se poursuit la vente peut, *si l'importance des biens paraît l'exiger,* autoriser cette insertion extraordinaire. C. pr. 697.

302. Les frais n'entrent en taxe que dans le cas où l'autorisation du président a été accordée. C. pr. 697. — Le juge taxateur n'a pas le pouvoir d'y suppléer.

303. L'ordonnance du président n'est soumise à aucun recours. C. pr. 697.

Art. 4. — *Apposition de placards.*

304. L'avoué poursuivant rédige un autre exemplaire de l'extrait dont il a été parlé *sup.* n° 291 (Tarif, 106 ; Carré, n° 2293; Thomine, 2, 224), qu'il signe et qu'il fait enregistrer.

Une copie sur papier libre sert de modèle pour l'impression du placard, qui doit être affiché dans le même délai. C. pr. 699. — V. *sup.* n° 291.

305. Le placard serait nul s'il était *manuscrit, en tout ou en partie.* C. pr. 715. Carré, n° 2287; — cependant la simple addition de quelques mots omis, la rectification de quelques expressions, n'annulleraient pas un placard, d'ailleurs imprimé en totalité. Carré, *ib.*; Thomine, 2, 220; — par exemple, on peut remplir à la main la date de l'adjudication laissée en blanc. Cass. 6 janv. 1822, S. 22, 262.

Peu importe, au surplus, que les placards soient ou ne soient pas imprimés sur des timbres de dimension : ces contraventions aux lois sur le timbre ne donnent en général lieu qu'à des amendes. Turin, 2 juill. 1810, D. 11, 737, 2; Carré, *ib.*

306. Il a été jugé que le défaut de mention dans les placards imprimés que le poursuivant agit en qualité de mari et de maître de la dot et des droits de son épouse, n'est pas une cause de nullité de la saisie. Aix, 2 déc. 1837, D. 38, 228.

307. Le placard est affiché, 1° à la porte du domicile du saisi ;

2° A la porte principale des édifices saisis ;

3° A la principale place de la commune où le saisi est domicilié, de celle de la situation des biens, et de celle du trib. où se poursuit la vente ;

4° Au lieu où se tient le principal marché desdites communes, et lorsqu'il n'y en a pas, au lieu où se tient le principal marché de chacune des deux communes les plus voisines de l'arrondissement ;

5° A la porte de l'auditoire du juge de paix de la situation des bâtimens ; et s'il n'y en a pas, à la porte de l'auditoire de la justice de paix où se trouve la majeure partie des biens saisis ;

6° Aux portes extérieures des trib. du domicile du saisi, de la situation et de la vente. C. pr. 699.

Le tout à peine de nullité. C. pr. 715.

308. *A la porte du domicile du saisi.* Quand le domicile du saisi n'a pas de porte extérieure, il suffit d'apposer l'affiche sur la porte du bâtiment dans lequel se trouve son domicile. Cass. 10 juill. 1817, D. 11, 697, n° 2.

309. Lorsque le saisi n'a pas de domicile connu, l'affiche doit être placée à la porte du domicile énoncé dans le contrat obligatoire ; — ou à celle de la résidence. Paignon, n° 85.

310. Cette formalité a été maintenue dans l'intérêt de la publicité et à fin de stimuler le débiteur, quelque désagréable qu'elle puisse être pour lui. Si ce dernier enlève l'affiche, ce sera une preuve qu'il en aura eu connaissance. *Mon.* 15 janv. 1841, p. 107 et suiv.; 25 avril 1841, p. 799.

311. Si l'immeuble saisi est entre les mains d'un tiers détenteur, l'affiche doit être mise à la porte de son domicile : il est considéré comme partie saisie. Colmar, 20 mars 1807, P. 5,753.

312. *Au principal marché de chacune desdites communes.* Il suffit que les affiches soient apposées à la principale place du marché ; il n'est pas indispensable qu'elles le soient un jour de marché. Toulouse, 17 fév. 1812, D. 11, 734, n° 3 ; Paris, 3 fév. 1812, D. 11, 734, 2 ; Bourges, 5 juin 1812, D. 11, 734, 4 ; Cass. 19 nov. 1812, D. 11, 734, 5 ; 12 janv. 1820, D. 11, 709, n° 1 ; Toulouse, 12 avr. 1825, D. 25, 255 ; Thomine, 2, 221 ; Berriat, 585, note 63-3° ; Carré, n° 2288. — *Contrà*, Caen, 2 juill. 1811, D. 11, 734, 1.

313. Dans le cas où il existe dans la même ville plusieurs marchés d'une égale importance, la loi ne peut être exécutée à la lettre ; mais, conformément aux anciens usages, on appose les placards aux places considérées comme principales, à raison de ce qu'elles sont le plus fréquentées. Carré, n° 2289 ; Delaporte, 2, 292.

Peu importe qu'ils n'aient pas été apposés au marché de la section de la commune où sont situés les biens, pourvu qu'ils l'aient été au principal marché de cette commune. Montpellier, 14 janv. 1833, D. 34, 86.

314. *Lorsqu'il n'y en a pas, au lieu où se tient le principal marché de chacune des deux communes les plus voisines de l'arrondissement.* C. pr. 699-5°. — Ainsi se trouve tranchée affirmativement la question de savoir s'il est nécessaire que le marché soit situé dans l'arrondissement.

315. Jugé que la nécessité de faire l'apposition dans les communes voisines ne s'applique pas dans les hypothèses suivantes :

1° S'il y a un marché établi en vertu d'une loi et reconnu par l'autorité administrative, encore bien qu'en fait il n'y en ait pas réellement. Toulouse, 12 avr. 1825, D. 25, 255 ;

2° Si, à des époques fixes et déterminées, il se fait dans la commune des ventes de denrées et de marchandises qui y réunissent les habitans des lieux voisins, il n'est pas nécessaire qu'il y ait privilége de foire ou de marché. Cass. 6 avr. 1824, D. 11, 716, 3.

316. *Aux portes extérieures des trib.* Le mot *trib.* doit s'entendre uniquement des trib. ordinaires : il n'est donc pas nécessaire de mettre des affiches aux portes des trib. de paix et de commerce, qui se trouvent dans les trois communes dont parle l'art. 699-6°. Il ne saurait y avoir de difficulté à l'égard des trib. de paix ; la loi prescrivant d'une manière spéciale l'apposition d'une affiche à la porte de l'auditoire de la justice de paix de la situation, dispense en effet par cela même de remplir cette formalité dans les justices de paix des autres communes.

Quant aux trib. de commerce, il semble que le législateur ne les a pas eu en vue, car il ne prescrit pas d'apposition d'affiches dans un autre endroit, pour les cas où il n'en existe pas dans la commune. Au surplus, le trib. de commerce de Paris ne se trouve pas compris dans l'état des lieux où doivent être apposées les affiches relatives aux ventes judiciaires. Coffinière, 2, 301. — *Contrà*, Carré, n° 2292.

317. Selon l'importance des biens, il peut être passé en taxe jusqu'à cinq cents exemplaires des placards, non compris le nombre d'affiches prescrit par l'art. 699. C. pr. 700.

Il résulte de cette disposition, que toutes les affiches allouées en taxe, peuvent être apposées. Les termes généraux de l'art. 700 peuvent s'entendre, non seulement des frais d'impression, mais des frais d'apposition, qui d'ailleurs sont peu importans, — et même de ceux de distribution à domicile.

318. *Procès-verbal d'apposition.* L'apposition des placards est constatée par un procès-verbal, rédigé sur un exemplaire du placard. L'huissier atteste que cette apposition a été faite aux lieux désignés par la loi (sans les détailler) à *peine de nullité.* C. pr. 699 et 715.

319. *Sans les détailler.* Si l'huisier malgré cette défense détaillait les lieux, il n'y aurait pas nullité. E. Persil, n° 216.

320. *Sur un exemplaire du placard.* Ce mode de procéder dispense d'annexer un placard, comme l'exigeait l'ancien code. Le visa est mis également sur le placard. On réunit ainsi, dans un seul acte, toutes les formalités prescrites.

321. L'huissier ne peut, *à peine de nullité de procès-verbal d'apposition*, constater les appositions de placards faites au-delà de son ressort. Delaporte, 2, 293; Carré, n° 2298.

Si donc des appositions doivent avoir lieu dans plusieurs arrondissemens, il faut les faire constater par des huissiers différens, qui rédigent chacun un procès-verbal, et le font viser comme il est dit à l'art. 687 (— V. *inf.* n° 324). Carré, *ib.*

322. Ces procès-verbaux séparés sont valables, encore bien qu'un des huissiers ait pu constater seul toutes les appositions de placards à raison de l'étendue de son ressort; mais l'augmentation de frais qui en résulte doit être mise à la charge de celui qui l'a occasionnée. Carré, n° 2299.

323. Les originaux de placards et le procès-verbal d'apposition ne peuvent être grossoyés sous aucun prétexte. C. pr. 686; — cependant, s'ils l'avaient été, ils ne seraient pas nuls : l'art. 717 n'a pas prononcé de nullité à cet égard; mais il n'entrerait en taxe que les frais de minute. Tar. 106; Carré, n° 2300.

324. *Visa.* Le procès verbal est visé par le maire de chacune des communes dans lesquelles l'apposition a été faite. C. pr. 699; — *à peine de nullité.* C. pr. 715. — Bien que le maire soit parent ou créancier de la partie saisie. Cass. 9 fév. 1837 (Art. 826 J. Pr.).

325. La déclaration mise par le maire au bas du procès-verbal de l'huissier, constatant que l'apposition des placards a été faite, équivaut à un visa. Grenoble, 19 juill. 1808, D. 11, 736, n° 4; Carré, art. 687, note 1; Pigeau, 2, 301; Berriat, 586, n° 65.

326. La conservation des affiches est d'autant plus importante que l'on n'exige plus qu'une seule apposition, aussi l'art. 10 de la loi du 2 juin 1841 autorise-t-elle le gouvernement à régler par une ordonnance les précautions à prendre dans ce but.

§ 6. — *Adjudication.*

Art. 1. — *A quelle époque elle peut avoir lieu.*

327. L'adjudication préparatoire a été supprimée. — V. *sup.*

n° 8. *L'adjudication* unique a lieu au jour fixé par le trib. lors de la publication. C. pr. 695, — et indiqué dans les affiches et annonces. *Ib.* 696, 699.

528. Le délai entre la publication et l'adjudication est de *trente jours* au moins, et de *soixantejours* au plus. *Ib.* 695.

529. Il est procédé à l'adjudication sur la demande du *poursuivant*, — à son défaut, sur celle de l'un des créanciers. *Ib.* 702. — C'est à fin que le poursuivant ne puisse s'entendre avec la partie saisie pour prolonger indéfiniment l'époque de l'adjudication.

Réciproquement, l'adjudication peut être remise sur la demande du poursuivant, ou de l'un des créanciers inscrits, ou de la partie saisie, mais seulement pour *causes graves* et *dûment justifiées. Ib.,* 703.

530. *Sur la demande.* La remise ne peut être prononcée d'office par le tribunal.

531. *Pour causes graves,* par exemple : l'existence d'un incident qui ne serait pas définitivement jugé ; — un accident de force majeure des événemens politiques qui éloigneraient les enchérisseurs.

Mais une espérance de paiement que le saisi prétendrait faire concevoir encore n'aurait pas le caractère de gravité exigé. — Il ne faut pas sans nécessité diminuer le gage des créanciers par de nouveaux frais.

532. Une inscription en faux *incident* ne suspend pas l'adjudication. L'art. 250 C. pr. n'attribue cet effet qu'à l'inscription en faux *principal.* Autrement on eût vu à chaque instant la partie saisie arrêter la procédure par des allégations de faux. Cass. 1 déc. 1813, P. 11, 800; E. Persil, n° 231.

533. *Quid,* pour le cas où l'on aurait à craindre l'action en résolution d'un précédent vendeur ? — V. *inf.* n° 405.

534. Le jugement qui ordonne la remise, fixe de nouveau le jour de l'adjudication. *Ib.* 703.

Ce jour ne peut être éloigné de moins de quinze jours, ni de plus de soixante, *ib.* 703. — V. *inf.* n° 337.

535. Ce jugement qui prononce la remise, n'est susceptible d'aucun recours, *ib.* 703.

536. Conséquemment il est inutile, — 1° de signifier ce jugement;

2° d'observer les délais de l'opposition, s'il est par défaut. Aussi ne pensons nous pas comme M. E. Persil, n° 225, que la question puisse encore être débattue aujourd'hui;

3° de sommer de nouveau le saisi et les créanciers : prévenus du jour de la publication et par suite de celui de l'adjudication, ils ont pu connaître le jugement de remise.

537. D'ailleurs le nouveau jour de l'adjudication est annoncé huit jours au moins à l'avance par des insertions et des placards (— V. *sup.* n° 291 et 304). C. pr. 704 et 741.

338. Le jugement qui refuse une remise est susceptible d'appel. — V. *inf.* n° 538.

339. La saisie-immobilière, sauf les modifications que nécessite la nature particulière de cette instance, est soumise aux règles relatives à la reprise d'instance et à la constitution de nouvel avoué : autrement l'expropriation forcée serait entravée par beaucoup d'obstacles que le saisi pourrait faire naître. Lachaise, *Expropriation*, n° 493 ; *Praticien français*, 4, 321 ; Huet, *Saisie-immobilière*, 178, n° 3 ; Carré, 2, 86 ; Arg. Coffinière, Chauveau, 20, 371.

La procédure est considérée comme étant en état, lorsque l'instruction est complète. — V. *inf.* n° 588.

Ainsi il a été jugé sous l'ancien Code : —1° qu'une adjudication définitive ne devait pas être suspendue par le décès du saisi, bien qu'il eût été notifié, lorsque déjà l'adjudication préparatoire avait eu lieu, que le jour de l'adjudication définitive avait été fixé, et qu'aucun moyen de nullité n'avait été proposé dans les délais prescrits. Paris, 11 juill. 1812, S. 13, 197. — La cour refusa de surseoir à l'adjudication définitive pendant le temps accordé aux héritiers pour faire inventaire et délibérer.—2° Que malgré le décès du saisi (qui avait constitué avoué) survenu avant la dénonciation de la saisie, il avait pu être procédé à l'adjudication, alors que ce décès n'avait pas été notifié au poursuivant. Cass. 23 vent. an 11, S. 3, 223.

Peu importe que le saisi ait ou non constitué avoué ; cette circonstance est indifférente pour la solution de la question de savoir si l'affaire est ou non en état. C'est une conséquence de la règle, qui n'admet pas d'opposition en pareille matière, règle fondée sur l'urgence et la nécessité d'économiser sur les frais.—V. d'ailleurs *Dissertation* (Art. 1008 J. Pr.).

Art. 2. — *Formes de l'adjudication.*

340. Les enchères sont faites à l'audience, — par le ministère d'avoués. C. pr. 705. — A peine de nullité. *Ib.* 715.

Le législateur a voulu prévenir la multitude d'enchères qui pourraient être faites par des personnes incapables de tenir les engagemens qu'elles prendraient. — Aucune enchère faite par un autre qu'un avoué ne serait reçue par le trib.

La prudence suggère aux avoués d'obtenir de leurs clients un pouvoir écrit, — qui indique jusqu'à quelle somme ils peuvent élever leur enchère.

341. *Quid,* s'il y a plus d'enchérisseurs que d'avoués près le trib. où se fait l'adjudication?—Carré, n° 2565, pense que le même avoué peut alors surenchérir pour plusieurs personnes, nous ne contestons pas cette solution, mais nous n'admettons pas que l'avoué, dans ce cas, soit tenu de faire connaître à chaque enchère au nom de qui elle a lieu.—Cette dernière formalité nous paraît contraire au vœu de la loi, qui a voulu que les enchérisseurs ne fussent pas tenus de se faire connaître.

Nous croyons donc devoir persister dans la doctrine que nous avons émise sous le n° 361 v° *Vente sur saisie*, et que M. E. Persil, n° 235 ne semble pas avoir bien saisie.

M. Gaillard Kerbertin avait demandé qu'un avoué ne pût enchérir que pour une seule personne et que si un enchérisseur ne trouvait pas d'avoué il pût être autorisé par le trib. à enchérir pour lui-même, sous la condition de constituer avoué au moment de la prononciation de l'adjudication, s'il restait adjudicataire. Cette proposition n'a pas eu de suite. *Mon.* 15 janv. 1841.

342. Le montant de la taxe est annoncé publiquement avant l'ouverture des enchères. C. pr. 701. — V. *inf.* n° 389.

343. Aussitôt que les enchères sont ouvertes, il est allumé successivement des bougies préparées de telle sorte que chacune ait une durée d'environ une minute. C. pr. 705. — V. *Vente judiciaire.*

Le tout à peine de nullité. *Ib.* 715.

La loi nouvelle (art. 10), autorise à changer l'emploi des bougies par un autre mode, en vertu d'une ordonnance royale.

344. *L'adjudication* ne peut être faite qu'après l'extinction de trois bougies allumées successivement. C. pr. 706.— *A peine de nullité. Ib.* 715.

345. S'il ne survient pas d'enchère pendant la durée des trois bougies, le poursuivant est déclaré adjudicataire pour la mise à prix, *ib.* 706.

346. Si pendant la durée d'une des trois premières bougies il survient des enchères, l'adjudication ne peut être faite qu'après l'extinction de deux feux, sans enchère survenue pendant leur durée. C. pr. 706; — *à peine de nullité.* C. pr. 715.

347. Tout enchérisseur est lié par son enchère tant qu'elle n'a pas été couverte.—Il serait non-recevable à la rétracter sous prétexte que l'enchère précédente était nulle : les enchérisseurs contractent directement avec la justice l'obligation de payer le prix qu'ils proposent en échange de l'immeuble mis en adjudication ; cette obligation est absolue et parfaite, ils ne stipulent donc pas par l'intermédiaire du précédent enchérisseur, et sous la condition que son enchère est valable. Carré, n° 2366. —

348. Mais l'enchérisseur cesse d'être obligé du moment que son enchère est couverte par une autre, lors même que cette dernière serait déclarée nulle. *Ib.* 705. —Il ne peut dans ce cas demander que l'immeuble lui soit adjugé pour le prix de son enchère : en effet, cette enchère est considérée comme non avenue ; d'ailleurs, il est possible que d'autres enchérisseurs se soient abstenus de la couvrir uniquement parce que celui qui en a fait une non valable a été plus diligent qu'eux, et qu'ils soient disposés à surenchérir lorsque de nouvelles bougies seront allumées. Carré, n° 2564.—V. *Vente judiciaire.*

349. Mais la loi n'exige pas que le procès-verbal constate que les formalités de l'art. 705 C. pr. ont été accomplies : il n'y aurait donc pas nullité, 1° dans le cas où il ne serait point relaté que l'adjudication a eu lieu à l'extinction des feux. Ainsi jugé sous la loi du 11 brum. an 7, dont l'art. 15 s'exprimait dans les termes analogues à ceux de l'art. 707 C. pr. Cass. 10 pluv. an 13, D. 11, 755, 1 ; Carré, n° 2563 ; Berriat, 592, note 83. — 2° Dans celui où le procès-verbal ne mentionnerait pas la durée des bougies : il y a présomption qu'elles ont eu la durée prescrite. Lyon, 2 août 1811, D. 11, 755, n° 2.

3° Dans celui où le procès-verbal n'exprimerait pas le taux des différentes enchères qui ont précédé la dernière, ni le nom des avoués qui y ont concouru ; il suffit d'énoncer que l'adjudication a eu lieu après l'extinction des trois bougies successivement allumées, et que les enchères ont été faites par le ministère d'avoués. Cass. 9 déc. 1835, D. 36, 319.

350. L'adjudication ne peut avoir lieu qu'à l'audience.

351. Elle doit être prononcée par le tribunal : la loi n'autorise la délégation d'un notaire ou d'un juge que dans le cas de conversion ou des autres ventes judiciaires.

352. L'adjudication est valablement faite pendant les vacations. Bordeaux, 8 mai, Paris, 27 août 1811, P. 9, 510 et 597 ; Huet, p. 177.

Art. 3. — *Déclaration du nom de l'adjudicataire.*

353. L'avoué dernier enchérisseur est tenu, *dans les trois jours de l'adjudication*, de déclarer l'adjudicataire et de fournir son acceptation, sinon de représenter son pouvoir, lequel demeure annexé à la minute de sa déclaration. *Ib.* 707.

354. *Dans les trois jours* de l'adjudication, c'est-à-dire le quatrième jour au plus tard.

Jugé que si le quatrième jour est férié, c'est le cas d'appliquer l'art. 1037 C. pr. et de permettre à l'avoué de faire sa déclaration avec l'autorisation du juge. Cass. 1er déc. 1830, D. 30, 398.

Toutefois on admet maintenant que le délai doit se composer de trois jours *utiles*. Arg. Cass. Belgique, 21 fév. 1835; Régie déc. min. fin. 31 déc. 1838, n° 1577, § 5 (Art. 1358 J. Pr.). —V. d'ailleurs *Délai*, n° 21, *in fine.*

355. La déclaration a lieu au greffe du trib., sur le cahier des charges à la suite de l'adjudication; elle est signée de l'avoué. L'adjudicataire fait sa déclaration constatant qu'il accepte et la signe, sinon il est fait mention des causes qui l'empêchent de signer.—Si cette déclaration est faite par un mandataire, la procuration reste annexée à la déclaration. Le mandat peut être donné par acte authentique ou sous seing privé enregistré. Carré, n° 2569 ; Pigeau, *ib.*; Demiau, 452.

356. Une fois la déclaration du nom de l'adjudicataire faite et acceptée, c'est à celui-ci, et non à l'avoué, à payer les droits d'enregistrement du jugement d'adjudication. Décis. min. fin. 22 sept. 1807.

357. L'adjudication faite *in globo*, peut être répartie entre plusieurs personnes, en assignant à chacune d'elles une portion déterminée de l'immeuble et en indiquant le prix de cette portion. Cass. 3 août 1844; 8 nov. 1815, p. 13, 97 ; Championnière et Rigaud, t. 3, n° 2001.— *Contrà*, Solution Régie, 6 mai 1813.

358. L'avoué enchérisseur qui ne fait pas la déclaration dans le délai est réputé adjudicataire en son nom.— Sans préjudice des dispositions de l'art. 711. *Ib.* 707.—V. *inf.* n° 364.

359. Jugé sous l'ancien Code que si la personne indiquée par l'avoué est incapable, ce dernier ne peut être déclaré adjudicataire en son nom. — L'ajudication et la déclaration de command ne sont qu'un seul et même acte, la propriété n'a pas résidé un seul instant sur la tête de l'avoué. Paris, 20 mai 1835 (Art. 93 J. Pr.). — Dans l'espèce l'adjudicataire lui-même voulait, en critiquant la déclaration de command, faire maintenir l'adjudication à la charge de l'avoué.

Même décision à l'égard du propriétaire de l'immeuble vendu ou de ses créanciers : l'avoué est toujours réputé avoir agi en qualité de mandataire. Cass. 3 sept 1810, S. 11, 26 ; 23 avr. 1816, S. 16, 385 (—V. toutefois Chauveau, 48, 351; Sirey, 35, 2, 344).—Sauf à ces derniers leur action en dommages et intérêts contre l'avoué qui, par sa faute, a causé la nullité de l'adjudication.

360. La déclaration de l'adjudicataire par l'avoué est un acte de son ministère, elle constitue l'accomplissement d'un mandat nécessaire, elle ne saurait donc être considérée comme une déclaration de command. Cass. 7 sept. 1810, S. 11, 26 ; Toullier, 8, n° 170 ; Merlin, *R.*, v° *Déclaration au profit d'un tiers*, n° 7.

361. L'adjudicataire déclaré par l'avoué peut élire lui-même un command : pourvu, 1° que la réserve de faire cette élection ait été insérée dans la déclaration de l'avoué, soit lors du jugement d'adjudication, soit dans l'acte fait au greffe dans les trois jours. Cass. 23 avr. 1816, S. 16, 285; — 2° que cette élection ait lieu dans les vingt-quatre heures de la déclaration de l'avoué. Cass. 25 avr. 1823, S. 23, 158 ; Toullier, 8, 170 ; — et en se conformant à toutes les règles prescrites pour les déclarations de command. Décis. min. fin. 31 déc. 1808 ; 10 janv. 1809.—V. *Vente judiciaire.*

Art. 4. — *Personnes qui peuvent se rendre adjudicataires.*

362. Tous ceux auxquels la loi n'en interdit pas la faculté peuvent se rendre adjudicataires. C. civ. 1594.

363. Jugé que cette faculté ne peut être restreinte par le cahier des charges et spécialement la clause qui exigeait une caution du surenchérisseur a été annulée d'office comme contraire à l'ordre public. Colmar, 25 fév. 1834 (Art. 277 J. Pr.). Paignon, n° 53. — *Contrà*, E. Persil, n° 177.

364. L'art. 711 défend aux avoués d'enchérir, 1° pour les membres du trib. devant lequel se poursuit la vente ;

2° pour le saisi ;

3° pour les personnes notoirement insolvables , sous peine de nullité de l'adjudication (ou de la surenchère) et de dommages et intérêts.

Enfin il est interdit à l'*avoué poursuivant* de se rendre personnellement adjudicataire , ni surenchérisseur , à peine de nullité de l'adjudication ou de la surenchère, et de dommages et intérêts *envers toutes les parties.*

365. *Les membres du trib. où se poursuit la vente.* On a retranché avec raison la prohibition contre les membres de la C. royale , ils ne peuvent avoir qu'une influence très-éloignée auprès des trib. chargés de la vente. —V. *Vente sur saisie,* n° 395.

366. Cette incapacité cesse-t-elle d'être applicable quand les magistrats sont créanciers inscrits, sérieux, légitimes et poursuivans ?—L'affirmative a été jugée ; on a dit : Le droit d'exproprier est la conséquence de la qualité de créancier ; déciderait-on qu'en cas d'aliénation volontaire, le juge créancier ne pourrait surenchérir! Grenoble, 19 avr. 1823, S. 25, 110 ; Montpellier, 17 août 1818, D. 11, 758 et 23 mai 1835 (Art. 448 J. Pr.). Troplong, *Vente*, 1, n.° 190.

367. Mais cette opinion nous semble contraire au texte de la loi qui ne fait aucune distinction; d'ailleurs, ne serait-il pas facile à un juge qui désirerait acquérir un immeuble de se rendre à l'avance créancier de celui contre qui l'expropriation serait dirigée ? Thomine, art. 713. Paignon, n° 116 ; E. Persil, n° 266.

368. Les avoués (à l'exception de celui du poursuivant), les avocats et les huissiers, même les audienciers, n'étant pas compris dans l'art. 711 , se rendent valablement adjudicataires. Carré. *ib.*

369. *Le saisi.* Il n'a pu satisfaire ses créanciers; il y a donc présomption qu'il ne pourrait pas payer son prix et qu'il faudrait commencer de nouvelles poursuites. Pigeau, 2, 148.

370. Il en est autrement si le saisi n'est pas débiteur personnel, mais seulement tenu comme détenteur : il peut payer de ses propres deniers. Colmar, 21 janv. 1811, P. 1812, 2, 47; Thomine, art. 713; Pigeau, *ib.* — *Contrà*, Bruxelles, 15 avr. 1809, D. 11, 761, n° 2; Carré, n° 2394.

En conséquence, peuvent se rendre adjudicataires, 1° *l'héritier bénéficiaire*, des biens de la succession ; — 2° *la femme commune*, des biens de la communauté. Pigeau, 2, 149. Besançon, 11 mars 1811, P. 9, 172. — V. d'ailleurs *inf.* n° 379.

371. L'incapacité du saisi ne s'étend pas aux personnes chargées d'administrer ses biens ou de l'assister dans sa défense ; par ex., aux *tuteur, subrogé-tuteur, curateur, conseil judiciaire, mari, administrateur, envoyés en possession*, etc. — Le doute n'existe qu'à l'égard du tuteur et des administrateurs des communes ou établissemens publics. Arg. C. civ. 1596. — Les autres personnes se trouvent sous l'empire du principe que tous ceux auxquels la loi ne l'a pas défendu peuvent valablement enchérir.—V. *sup.* n° 562.—Mais l'incapacité même du tuteur ou des administrateurs des communes cesse dans le cas de vente forcée : d'une part, l'art. 713 C. pr. ne reproduit pas la disposition de l'art. 1596 C. civ.; et d'un autre côté, les motifs de la prohibition n'existent plus. On ne peut craindre que le tuteur s'adjuge à vil prix les biens de son pupille, quand la vente en est poursuivie par un tiers; toutes les formalités de la saisie immobilière garantissent une publicité suffisante pour attirer un grand nombre d'enchérisseurs. Colmar, 16 fév. 1808, D. 12, 749, 75; Thomine, *ib.*; Pigeau, 2, 150.— *Contrà*, Carré, n° 2392.

372. *Le mandataire chargé de vendre les biens du saisi* peut également s'en rendre adjudicataire sur saisie immobilière : dans ce cas, la vente n'est pas réellement faite par le saisi; son mandataire ne stipule pas deux intérêts contraires. Pigeau, *ib.*

373. *Quid de l'avoué du saisi :* il n'est pas non plus chargé de vendre, puisque l'adjudication a lieu sur la poursuite des créanciers. Pigeau, 2, 150. — *Contrà*, Troplong, n° 188.—Suivant cet auteur : « Si l'avoué dernier enchérisseur doit être réputé adjudicataire, faute de déclarer command, la loi ne considère pas cette adjudication comme régulière, l'avoué n'en est pas moins passible de dommages-intérêts pour un pareil acte. Une pratique contraire compromettrait les droits des créanciers et ferait toujours aboutir la saisie à un prix vil et insuffisant. »

374. Les syndics d'une faillite, bien que mandataires chargés de la vente, peuvent se rendre adjudicataires. *Rapp. ch. des Pairs, L. des faillites, Monit.* 6 avr. 1838, p. 811.—Néanmoins on leur avait contesté ce droit; on disait: La prohibition établie à l'égard du mandataire s'applique au syndic; le syndic est mandataire, non-seulement des créanciers, mais du failli; c'est ainsi que l'art. 528 C. comm. ancien permettait aux syndics de faire procéder à la vente sans appeler le failli. — Mais on répond : La prohibition de l'art. 1596 C. civ., ne s'applique qu'aux mandataires chargés *de vendre,* et non pas à ceux chargés *de poursuivre la vente;* or, tel a toujours été l'unique mandat des syndics. On ajoutait que la position des syndics est, sous ce rapport, la même que celle de l'avoué du créancier poursuivant, auquel on ne conteste pas le droit de se rendre adjudicataire en matière de saisie réelle. — V. *Faillite,* n° 511.

375. *Les personnes notoirement insolvables.* Tels sont les *faillis non réhabilités.* Thomine, art. 713. — Peu importe qu'ils présentent une caution. Cass. 31 mars 1819, D. 11, 762, n° 1; en cette matière régie par des dispositions spéciales, nul article ne parle de caution; la caution est remplacée, comme sanction pénale, par la contrainte par corps. Colmar, 25 fév. 1834 (Art. 277 J. Pr.). — V. *sup.* n° 362.

376. Ne peuvent être considérés comme insolvables ceux qui ne possèdent pas d'immeubles, si d'ailleurs ils ont des ressources qui garantissent l'exécution de leurs engagemens. Bordeaux, 21 fév. 1809, D. 55, 129.

Jugé d'ailleurs que les avoués ne sont responsables de l'insolvabilité de ceux pour lesquels ils enchérissent que lorsque cette insolvabilité est tellement notoire qu'ils n'ont pas pu se tromper. Caen, 1er fév. 1828, P. 21, 1126.

377. Mais le créancier qui, au lieu de s'opposer à ce que l'adjudication soit prononcée au profit d'un incapable ou de la faire déclarer nulle, poursuit la revente sur folle-enchère, se rend non recevable à former plus tard une demande en dommages et intérêts contre l'avoué adjudicataire. Trib. Rouen, 24 janv. 1839 (Art. 1424 J. Pr.).

378. Les avoués ne pourraient pas non plus se rendre adjudicataires pour les incapables, tels que *les mineurs, les interdits, les personnes pourvues d'un conseil judiciaire, les femmes mariées non autorisées.* Pigeau, 2, 152.

379. Les personnes déclarées incapables par la loi ne peuvent se rendre adjudicataires par personnes interposées.

La question de savoir si *telle* personne est ou non interposée est abandonnée à l'appréciation des tribunaux : la loi n'établit à cet égard aucune présomption.

En conséquence, *peuvent* être déclarées valables, 1° l'adjudication prononcée au profit *des fils du juge commis à la vente.*

2° Celle faite au profit de la *femme du saisi*. Aix, 23 fév. 1817 S. 15, 158; Thomine, art. 713; Carré, n° 2395; Berriat, 592, note 82, n° 2. — A moins qu'elle ne soit mariée sous le régime dotal et que tous ses biens ne soient dotaux, auquel cas elle doit être considérée comme insolvable. Montpellier, 22 mai 1807, D. 11, 765, n° 1; Arg. Lyon, 27 août 1813, D. 11, 765, n° 2; Berriat, Thomine, *ib.*

3° Celle faite *aux enfans du saisi*. Bordeaux, 21 fév. 1829, D. 33, 129.

380. Est également licite la convention par laquelle un tiers s'engage à se rendre adjudicataire de biens expropriés pour les faire rentrer dans la possession du saisi, après avoir acquitté les conditions de l'adjudication. Colmar, 12 juill. 1825, D. 26, 37.

381. *L'avoué poursuivant*. La défense qui lui est faite d'enchérir pour lui-même n'est pas en contradiction avec la disposition de l'art 707, portant que, faute d'avoir fait sa déclaration de command, l'avoué sera réputé adjudicataire pour son propre compte : si l'avoué poursuivant, après s'être rendu adjudicataire, fait dans les trois jours cette déclaration, il est déchargé comme le serait tout autre avoué, et l'adjudication est valable pour la personne qu'il a nommée. Mais s'il ne déclare pas avoir rapporté l'adjudication pour un autre, alors les divers intéressés à la vente sont libres d'en demander l'annulation qui n'a pas lieu de plein droit. L'avoué reste même passible de dommages et intérêts si son intervention personnelle dans l'adjudication en avait entraîné. *Rapport de M. Pascalis, Mon.* 23 juin 1840, p. 1526.

Les peines disciplinaires sont en dehors et restent applicables à l'avoué qui contrevient à la prohibition prononcée par la loi. Séance du 14 janv. 1841.

382. Dans les divers cas où l'adjudication est faite au mépris des dispositions précédentes au profit d'un incapable, la loi prononce deux peines, savoir : *la nullité* de l'adjudication et *des dommages-intérêts*. C. pr. 711.

383. La nullité n'a pas lieu de plein droit, comme dans le cas de l'art. 686 (—V. *sup.*, n° 183). — Elle ne peut être prononcée d'office.

384. Elle est relative : elle ne peut être demandée que par les créanciers, dans l'intérêt desquels elle a été introduite, — et non par les incapables qui se sont rendus adjudicataires. Thomine, 2, n° 259. *Mon.* 15 janv. 1841.

385. La nullité doit être demandée par action principale devant le tribunal qui a prononcé l'adjudication : l'appel n'est pas admis par la loi nouvelle contre le jugement d'adjudication. *Ib.* 730. E. Persil, n° 276.

386. A l'égard des dommages-intérêts, ils sont prononcés

solidairement contre l'avoué et contre la partie. Vainement on opposerait que la solidarité ne se présume pas, et que la loi ne défend d'enchérir qu'à l'avoué et non au client, qui a pu ignorer son incapacité. L'art. 1202 C. civ. n'est relatif qu'aux contrats et non aux quasi-délits, et d'ailleurs l'incapable doit répondre des faits de son préposé. C. civ. 1384; Pigeau, 2, 152; Carré, n° 2401; Thomine, art. 713.

Art. 5. — *Jugement d'adjudication.*

387. *Forme du jugement.* Le jugement d'adjudication n'est autre que la copie du cahier des charges, rédigé ainsi qu'il est dit dans l'art. 690. — V. *sup.* n° 243.

Il est revêtu de l'intitulé des jugemens et du mandement qui les termine, avec injonction à la partie saisie de délaisser la possession aussitôt après la signification du jugement, sous peine d'y être contrainte *même par corps.* C. pr. 712.—V. toutefois *Emprisonnement*, n° 43 et suiv.; Carré, n° 2406.

388. Il doit contenir : 1° la copie de tout ce qui est inséré à la suite du cahier des charges; c'est-à-dire des publication, dires et adjudication. Carré, n° 2402.—Cependant la mention générale que les formalités de la loi avaient été accomplies a été jugée suffisante. Cass. 20 fév. 1816, D. 11, 799, 2; Berriat, 594, note 87.

389. 2° *Le montant de la taxe.* C. pr. 701.

390. Cette taxe est faite par le juge. *Ib.*

391. Il ne peut rien être exigé au-delà. *Ib.*

Toute stipulation contraire, quelle qu'en soit la forme, est nulle de droit. *Ib.* — On a voulu proscrire la clause banale qui interdisait à l'adjudicataire de pouvoir demander la taxe ou en profiter, droit qui n'était accordé qu'au saisi ou à ses créanciers.

592. Le tarif des frais et dépens relatifs aux ventes judiciaires des biens immeubles doit être fixé incessamment par une ordonnance royale. L. 2 juin 1841, art. 10.

593. Le jugement d'adjudication ne prononçant sur aucune contestation, et déclarant seulement adjudicataire la personne qui a porté la plus haute enchère, est d'une espèce particulière et n'est pas soumis aux formalités prescrites pour les jugemens ordinaires. Carré, n° 2403; Merlin, *Quest.*, v° *Expropriation*, § 3; Berriat, 593, note 86.

Ainsi, il n'est pas nécessaire qu'il soit *motivé.* Toulouse, 31 janv. 1826, D. 26, 148.

594. *Signification.* — Le jugement d'adjudication ne doit être signifié *qu'à la personne, ou au domicile de la partie saisie. Ib.* 716.

Conséquemment il ne doit être signifié, ni au poursuivant, — ni aux créanciers inscrits : les frais d'une semblable signification seraient frustratoires. — V. *Ordre*, n° 37 et 38.

La signification à l'avoué de la partie saisie est implicitement proscrite par les termes restrictifs du nouvel art. 716; — à moins que le jugement n'ait statué sur un incident. Arg. C. pr. 751. — V. *inf.* n° 538.

Actuellement l'art. 749 C. pr. doit être interprété en ce sens que le délai du mois, pour ouvrir l'ordre, commencera à courir du jour de la signification du jugement au saisi : — la disposition qui faisait courir le délai à partir de la signification de l'arrêt confirmatif se trouve abrogée, puisqu'il n'y a plus lieu à appel. — V. *inf.*, n° 396.

595. Mention du jugement d'adjudication doit être faite en marge de la transcription de la saisie à la diligence de l'adjudicataire. *Ib.* 716. — Les tiers trouveront dans cette mesure le complément des procédures et une révélation suffisante de la transmission de la propriété amenée par la saisie.

La transcription entière du jugement même sous l'ancien Code était jugée inutile, puisque l'adjudication sur saisie immobilière purge l'immeuble de plein droit des hypothèques ordinaires.

396. Le jugement d'adjudication ne peut être attaqué ni par *appel*, — ni par *action principale en nullité*. Paris, 19 janv. 1814, D. 11, 845, n° 5; Cass. 6 fév. 1822, S. 22, 228 ; — *ni par opposition :* cette voie est interdite même à l'égard des arrêts par défaut. *Ib.* 730. — V. d'ailleurs *inf.* n. 538.

597. Mais la tierce opposition reste ouverte aux créanciers inscrits qui n'auraient pas été sommés d'assister à la publication (— V. *sup.*, n° 256).

Art. 6. — *Effets et suites de l'adjudication.*

398. Le jugement d'adjudication confère des droits à l'adjudicataire, et lui impose des obligations tant à l'égard du saisi qu'à l'égard des créanciers.

399. L'adjudicataire est mis au lieu et place du saisi; ce dernier doit lui céder la possession des biens adjugés, et peut, en cas de résistance, être expulsé par la force armée.

400. C'est l'adjudication qui fixe les limites de la possession à laquelle l'adjudicataire peut avoir droit. Il ne peut réclamer que les objets compris dans l'adjudication et leurs accessoires.

401. Les bestiaux donnés à cheptel, les semences, pailles et engrais, sont réputés compris dans l'adjudication du domaine dont ils dépendent, encore que le procès-verbal de saisie, le cahier des charges et même le jugement n'en fassent point

mention. Arg. C. civ. 524. Riom, 30 août 1820, D. 11, 667, n° 2. — Il en est de même des machines et ustensiles dépendant d'une manufacture. Cass. 10 janv. 1814, D. 11, 752, n° 7.— Il faut à cet égard suivre les mêmes principes que pour la saisie.

402. Jugé que la saisie et vente d'un immeuble sans restriction comprend le tréfonds comme la superficie, d'une mine, à moins d'une énonciation contraire ou de séparation existant antérieurement entre la propriété du fonds et celle de la superficie. Cass. 14 juill. 1840 (Art. 1739 J. Pr.).

403. *Quid*, si la partie forcée de déguerpir avait laissé des meubles dans l'habitation dont elle a été expropriée? — L'adjudicataire fera un commandement au propriétaire des meubles de les retirer dans un délai déterminé; à l'expiration du délai, un huissier présidera à l'enlèvement des meubles. — V. *Lieux (expulsion de)*, n° 19.

404. L'adjudication ne transmet à l'adjudicataire d'autres droits à la propriété que ceux appartenant au saisi. *Ib.* 717.

405. Néanmoins l'adjudicataire ne peut être troublé dans sa propriété par aucune demande en résolution, fondée sur le défaut de paiement du prix des anciennes aliénations, à moins qu'avant l'adjudication la demande n'ait été notifiée au greffe du trib. où se poursuit la vente. *Ib.* 717.

Si la demande a été notifiée en temps utile, il est sursis à l'adjudication, et le trib., sur la réclamation du poursuivant ou de tout créancier inscrit, fixe le délai dans lequel le vendeur est tenu de mettre à fin l'instance en résolution. *Ib.* 717.

406. Le poursuivant peut intervenir dans cette instance. *Ib.* 717.

Ce délai expiré sans que la demande en résolution ait été définitivement jugée, il est passé outre à l'adjudication, à moins que, pour des causes graves et dûment justifiées (— V. *sup.* n° 531), le trib. n'ait accordé un nouveau délai pour le jugement de l'action en résolution. *Ib.* 717.

407. Si le vendeur ne s'est pas conformé aux prescriptions du trib., et que l'adjudication ait eu lieu avant le jugement de la demande en résolution, l'adjudicataire ne peut pas être poursuivi à raison des droits des anciens vendeurs, sauf à ceux-ci à faire valoir, s'il y a lieu, leurs titres de créances, dans l'ordre et distribution du prix de l'adjudication. *Ib.* 717.

408. Cette innovation se justifie par deux considérations. D'une part, le vendeur non payé, qui a pu conserver son privilége, qui est en faute s'il l'a laissé perdre, averti par la publicité de la vente, est aussi sans excuse de n'avoir pas veillé sur son gage. Son silence dans une telle circonstance fait supposer qu'il ne l'a pas gardé sans dessein, et enlève toute faveur à sa position. — D'autre part, l'adjudicataire serait sans moyen de purger son acquisition d'un péril d'éviction qu'il n'a pu connaître auparavant. La loi nouvelle échappe aussi à tout reproche de contradiction, lorsqu'elle déclare éteinte par l'adjudication publique l'action en résolution du vendeur qui se prétendrait non payé, quoiqu'elle fasse survivre à cette adjudication l'hypothèque légale non inscrite; mais que la loi permet d'éliminer par une procédure facile, et qu'il sera au pouvoir de l'adjudicataire d'accomplir, avant qu'il ait distribué son prix. Rapport de M. Pascalis. *Mon.* 23 juin 1840, p. 1526.

409. Lorsque le danger de l'éviction a été clairement indiqué dans le cahier des charges ou notifié au poursuivant qui est tenu, sous peine de dommages et intérêts, d'en informer les enchérisseurs, le droit de résolution subsiste. L'adjudicataire alors a voulu passer outre malgré le péril qu'il a connu.

Dans ce cas même, l'adjudication n'est pas obligée. — C'est au trib. de se décider d'après les circonstances; il ne doit pas céder devant une menace qui ne reposerait sur aucun motif sérieux, et qui ne serait annoncée que par le résultat d'un concert avec le saisi. *Ib.*

410. Ce n'est pas assez que l'action résolutoire ait été intentée avant l'adjudication pour que cette action demeure entière, il faut en outre que l'adjudicataire ait pu la connaître; mais, au moment où le vendeur non payé revendiquait son ancienne propriété, il a dû en suivre le sort, connaître la saisie et la mise en vente par autorité de justice. *Ib.*

411. Il avait été jugé que la demande en résolution des biens saisis après la dénonciation du placard aux créanciers devait être formée, non-seulement contre le saisi, mais encore contre les créanciers inscrits; — que ces derniers étaient recevables à former tierce opposition au jugement qui avait prononcé la résolution de la vente en leur absence. Cass. 21 août 1840 (Art. 1851 J. Pr.).

412. Si le bien adjugé n'appartient pas au saisi la revendication peut être exercée, même après l'adjudication, par toute personne qui se prétend propriétaire du bien vendu,— contre l'adjudicataire. Arg. civ. 1599; C. pr. 717.

Peu importe 1° que le véritable propriétaire ait connu cette saisie avant l'adjudication; il n'en est pas moins recevable à faire prononcer la résolution de l'adjudication, et par suite celle de toutes les charges et hypothèques imposées par l'acquéreur sur l'immeuble indûment saisi. Rouen, 13 juill. 1815, D. 10, 518, n° 2;

2° Que le revendiquant ait connu la saisie qui a pu être faite sur lui comme caution du saisi. Paris, 9 mars 1811, S. 15, 167;

3° Qu'il ait été appelé en qualité de partie saisie lorsque d'ailleurs il est établi que c'est par erreur qu'il y a figuré et qu'il n'est pas débiteur du poursuivant. Rennes, 12 fév. 1818, P. 14, 643.

413. Au reste l'adjudicataire peut faire ordonner la mise en cause, soit du créancier poursuivant, soit des créanciers qui ont reçu le prix. Thomine, n° 836.

Il peut invoquer contre les tiers non-seulement son jugement d'adjudication, mais encore tous les titres de propriété du saisi pour déterminer l'étendue des biens par lui acquis. Cass. 10 mai 1825, S. 25, 193.

414. La demande en revendication est recevable tant que le délai de la prescription n'est point accompli. Arg. C. civ. 2265.

415. Elle doit être formée par exploit devant le trib. de la situation de l'immeuble qui a prononcé l'adjudication. — Il suffit de former tierce-opposition au jugement d'adjudication lorsqu'il est opposé par l'adjudicataire. Thomine, n° 835.

416. Mais le revendiquant n'a pas le droit de citer l'adjudicataire devant le juge de paix, comme s'il s'agissait de voie de fait : celui-là ne commet point de voie de fait qui exécute un jugement ; le juge de paix n'a pas le droit de connaître de l'exécution des jugemens, n'y d'y mettre obstacle. Caen, 24 juill. 1826, Thomine, n° 835.

417. Le trib. condamne, s'il y a lieu, l'adjudicataire à restituer l'immeuble.

418. Quant *aux fruits*, il faut distinguer : — doit être restitué le prix des coupes de bois de haute futaie, ou de matériaux provenant de démolitions de bâtimens. Arg. C. civ. 1376.

Il en est autrement du prix des fruits ordinaires : l'adjudicataire peut les conserver comme possesseur de bonne foi. C. civ. 549. — V. D'ailleurs *Fruits (restitution de)*.

419. Le revendiquant ne peut jamais être condamné aux dépens, — ni de l'instance en distraction, ni de la saisie immobilière, à moins qu'il ne soit établi que le retard apporté par lui dans sa réclamation a été volontaire et calculé. Arg. Amiens, 18 nov. 1823, P. 18, 213.

Ni aux dommages et intérêts pour avoir omis de faire inscrire son nom au rôle des contributions. *Même arrêt.*

420. L'adjudicataire a-t-il une action en garantie et à fin de dommages et intérêts pour cause de l'éviction totale ou partielle qu'il éprouve. — Plusieurs systèmes ont été proposés.

1er *Système.* Il n'y a pas lieu à la garantie ; l'art. 1637 C. civ. est inapplicable aux ventes sur expropriation. Troplong, n° 522.

2e *Système.* L'action en garantie existe contre le saisi et le saisissant. Toulouse, 24 janv. 1826 ; Caen, 7 déc. 1827, S. 26, 136 ; 29, 224.

3e *Système*. Cette action ne peut être exercée que contre le saisi. Duvergier, n° 345 ; Arg. motifs, Cass. 16 déc. 1828, S. 29, 21. — Et *non contre le saisissant. Même arrêt.*

Le 1er système paraît préférable : ce n'est pas le saisi qui a vendu, bien qu'il ait été appelé à la vente ; d'ailleurs il est le plus souvent insolvable. — *Le* saisissant lui-même ne peut être considéré comme vendeur, il a usé d'un droit en poursuivant la vente, il n'est pas tenu de compulser tous les registres établissant les mutations. — *L'adjudicataire aurait dû vérifier lui-même la transmission de propriété avant de payer. Cass.* 16 déc. 1828, S. 29, 21.

421. Les créanciers qui ont reçu le prix sont-ils tenus de le restituer ? — Pour l'affirmative on invoque l'art. 1377. Lyon, 2 juill. 1825, D. 26, 68 ; Colmar, 22 mars 1836 (Art. 812 J. Pr.) ; Pothier, *Procéd.*, p. 258 ; Favard, 5, 673 ; Persil, 2, 217 ; Carré, n° 2477 ; Troplong, n°s 432, 498 ; Duvergier, *Vente*, n° 346. — *Contrà*, Colmar, 21 juill. 1812 ; Duranton, 13, n° 686 ; 16, n° 266.

M. Thomine, n° 838, distingue : cet auteur accorde la restitution, si l'inscription portait à faux ; il la refuse, si elle a été prise avec droit, quand même le bien aurait été vendu sous le nom d'un autre que le véritable propriétaire.

422. L'adjudicataire peut-il réclamer contre le créancier poursuivant les frais qu'il a payés ? C. pr. 715, 731. — Pour l'affirmative on dit : Chacun est responsable de ses actes vis-à-vis des tiers (C. civ. 1135, 1382, 1383) ; et celui dont on paie la dette doit rembourser. C. civ. 1235, 1377.

Il faut distinguer : en principe, le poursuivant n'est pas débiteur, mais mandataire légal du saisi , chargé de faire les avances ; le saisi est seul débiteur ; les frais font partie du prix ; ils sont payés comme condition de la vente ; le créancier poursuivant qui les a touchés n'a pas été payé par erreur de ce qui ne lui était pas dû ; dès lors le saisi peut seul être actionné. Pau, 20 août 1836 (Art. 535 J. Pr.). — Néanmoins si l'éviction provenait d'un fait personnel au poursuivant, par ex., *d'un vice de procédure*, le créancier évincé pourrait agir en répétition contre le poursuivant. C. pr. 731 ; C. civ. 1626 ; Cass. 16 déc. 1828, P. 29, 2, 276 ; Colmar, 22 mars 1836 (Art. 812 J. Pr.) ; Despeisses, 1, p. 1, sect. 5, n° 29 ; Pigeau, 2, 252 ; Carré, 3, n° 2323 ; Duranton, 16, 265 ; Troplong, *Vente*, n° 432 ; Duvergier, *ib.* n° 435. — *Contrà*, Toulouse, 24 janv. 1826 ; Caen, 7 déc. 1827, P. 29, 3, 346.

A l'égard de la partie saisie. — V. *sup.* n° 419.

423. L'adjudicataire doit supporter toutes les charges dont l'immeuble est grevé, telles que l'usufruit et les servitudes de toute nature. Pigeau, 1, 145 ; Carré, n° 2476 ; — sauf son recours en indemnité contre le saisi et ses créanciers. — V. *inf.* n° 424.

424. Si l'on n'a pas mentionné dans le cahier des charges des servitudes non apparentes d'une importance telle qu'il est présumable que l'acquéreur n'eût pas acheté ou n'eût donné qu'un moindre prix, peut-il demander une diminution du prix ou même la résolution de l'adjudication ? — dans le silence du C. pr. M. Carré, n° 2478 pense qu'il faut s'en référer à l'art. 1636 C. civ. — Mais V. *sup.* n° 420.

425. Le seul défaut de contenance de l'objet vendu, même excédant le vingtième, n'est pas suffisant pour motiver une action en résolution ; l'adjudicataire n'a qu'une action en indemnité contre le créancier poursuivant, qui doit s'imputer de n'avoir pas indiqué exactement la contenance dans le cahier des charges. Riom. 12 fév. 1848, S. 49, 25.

426. Quant aux hypothèques, il faut distinguer entre celles qui sont dispensées d'inscription et celles qui ne le sont pas.

Les dernières sont éteintes par le jugement d'adjudication, et l'adjudicataire en est libéré en payant son prix à qui de droit. — V. *Purge*, n° 32.

Mais l'adjudicataire n'affranchit de l'hypothèque légale sa propriété qu'en remplissant les formalités exigées par les art. 2193 et suiv. C. civ. — V. *Ordre*, n° 52 ; *Purge légale*, n° 82, et *sup.* n° 265.

427. L'adjudicataire est tenu d'exécuter les conditions insérées au cahier des charges, — et principalement de payer son prix.

428. Le jugement d'adjudication ne lui est délivré qu'autant qu'il rapporte au greffier quittance des frais ordinaires de poursuite et la preuve qu'il a satisfait aux conditions de l'enchère, qui doivent être exécutées avant cette délivrance ; les quittances demeurent annexées à la minute du jugement, et sont copiées ensuite de l'adjudication : faute par l'adjudicataire de faire ces justifications *dans les vingt jours de l'adjudication*, il y est contraint par voie de *folle-enchère* (— V. ce mot), sans préjudice des autres voies de droit. *Ib.* 713.

429. Les frais *ordinaires* sont ceux de la poursuite de saisie immobilière, tels que le procès-verbal de saisie, les enregistremens, dénonciations, affiches, etc. ; — les frais *extraordinaires* sont ceux auxquels donnent lieu les contestations incidentes à la saisie. Pigeau, 2, 173, 252 ; Berriat, 595, note 92.

430. Les frais *extraordinaires* de poursuites sont payés par privilége sur le prix, lorsqu'il en a été ainsi ordonné par le jugement. *Ib.* 713. — V. *Ordre*, n° 172 ; — si l'on a négligé de demander l'emploi, et que par suite le trib. ne l'ait pas ordonné, cet emploi ne saurait avoir lieu. Carré, n° 2411.

451. *La preuve qu'il a satisfait aux conditions exigibles de l'enchère.* Par exemple, en produisant l'acte constatant le dépôt de son prix à la caisse des consignations, ou le versement qu'il en a fait entre les mains des créanciers du saisi. Pigeau, 2, 134.

SECTION II. — *Incidens sur la poursuite de saisie immobilière.*

§ 1. — *Principes généraux.*

452. La poursuite de saisie immobilière forme entre le poursuivant, les créanciers inscrits et le saisi, une véritable instance qui peut comme toute autre être plus ou moins entravée par des *incidens* (Art. 1008 J. Pr.). — V. *inf.* n° 588.

453. Afin de simplifier et d'accélérer la procédure, la loi du 2 juin 1841 règle spécialement la manière dont doivent être intentées, instruites et jugées les demandes incidentes qui se présentent le plus fréquemment. — V. *inf.* §§ 2 à 10.

454. Ces règles s'appliquent en général à tous les incidens de la saisie immobilière, même à ceux que le Code n'a point prévus: tel a été le vœu de la loi. Pigeau, 2, 154 et 169, Favard, 5, 70 ; Carré, 3, 123; Thomine, 2, 266; E. Persil, n° 298; Devilleneuve, 1841, 2, 388, note 1.

455. Les incidens sont au nombre de neuf :

1° Le concours des deux saisissans;

2° La subrogation dans la poursuite;

3° La radiation d'une 1re saisie;

4° La distraction de tout ou partie des objets saisis;

5° La demande en nullité ;

6° La conversion de la saisie en vente volontaire ;

7° Les voies contre les jugemens rendus sur des incidens;

8° La surenchère;

9° La folle-enchère.

456. Toute demande incidente à une poursuite de saisie immobilière doit être formée, — par un simple acte d'avoué à avoué, contenant les moyens et les conclusions ; — et si l'adversaire n'a pas d'avoué en cause, par exploit d'ajournement à huit jours, sans augmentation à raison des distances, si ce n'est dans le cas d'une demande en distraction. (—V. *inf.* n° 496). C. pr. 718.

457. Ces demandes sont *instruites* et *jugées* comme *affaires sommaires* et sans préliminaire de conciliation *Ib.* 718.

458. L'ancien Code portait seulement que toute contestation incidente serait *jugée sommairement;* c'était une question que de savoir s'il y avait lieu de taxer comme en matière *sommaire.* — V. ce mot nᵒˢ 24 et 25, *Vente sur saisie*, nᵒ 449, Art. 743 et 1337 J. Pr.

439. Dans aucun cas , elles ne subissent les lenteurs du rôle. Carré, *ib.;* Demiau , 453.

440. Tout jugement qui intervient ne peut être rendu que sur les conclusions du ministère public. C. pr. 718. — Cette innovation a été introduite pour garantir l'exécution des prescriptions de la loi.

441. Lorsque, par suite d'un incident, l'une des formalités prescrites n'a pas été remplie dans le délai déterminé, il n'y a pas nullité. Paris, 9 fév. 1811, P. 9, 89; — le délai est suspendu pendant l'instance à laquelle donne lieu la contestation et ne reprend son cours qu'à dater de la solution. — Il y a lieu à de nouvelles affiches et insertions. C. pr. 741.

442. Toute demande incidente est portée devant le trib. de la situation des biens. — Ce trib. devient compétent du moment que le commandement tendant à la saisie a été fait. — V. *Trib. de* 1ʳᵉ *inst.,* nᵒ 62.

443. Le jugement sur les incidens de saisie immobilière est soumis aux formalités ordinaires des jugemens. Rennes, 4 janv. 1813, D. 11, 714, nᵒ 1. — Il doit en conséquence contenir à peine de nullité les questions à résoudre et les motifs de la décision. Nîmes, 2 vent. an 12, D. *ib.,* 821, nᵒ 7.

§ **2.** — *Jonction de plusieurs saisies en une seule.*

444. Lorsque plusieurs saisies comprenant des biens différens, ou différentes parties d'une même exploitation ont été pratiquées sur le même individu, elles doivent être jointes.

445. *Jonction de deux saisies comprenant des biens différens.* Si deux saisissans ont fait transcrire deux saisies de biens *différens*, poursuivies dans le même trib., elles doivent être réunies sur la requête de la partie la plus diligente , et continuées par le premier saisissant; encore que l'une des saisies soit plus ample que l'autre. C. pr. 719.

446. La jonction peut être demandée par toute *partie intéressée;* en conséquence, par le saisi , le saisissant, les créanciers, soit hypothécaires, soit même chirographaires. C. civ. 1166. — Ces derniers sont intéressés à diminuer la masse des frais. Carré, *ib.* nᵒ 2415; Pigeau, 2, 165.

447. La demande doit dans tous les cas précéder le dépôt au greffe (C. pr. 719) du cahier des charges, soit de la première, soit de la seconde saisie ; — autrement le second saisissant résisterait avec raison à l'action dirigée contre lui. Pigeau, *ib.*

448. Elle est formée par un simple acte d'avoué à avoué et non plus par requête grossoyée. — V. sup. n° **436.**

449. Si les parties ne demandent pas la jonction, elle peut être prononcée d'office par le trib. Carré, n° 2414; Lepage, *Saisies*, 2, 165.

450. La poursuite des saisies jointes appartient au premier saisissant (c'est-à-dire à celui dont la saisie a été la première transcrite au bureau des hypothèques. Carré, *ib.*); en cas de concurrence, à l'avoué porteur du titre le plus ancien, et si les titres sont de même date, à l'avoué le plus ancien. C. pr. 749.

451. Si les saisies réunies sont au même état, le poursuivant suit immédiatement sur l'une et l'autre; dans le cas contraire, il surseoit aux poursuites de celle qui est la plus avancée jusqu'à ce qu'il ait conduit l'autre au même point. Arg. C. pr. 720; Carré, n° 2420; Pigeau, 2, 163; Berriat, 582, note 52. — V. d'ailleurs, *sup.* n° 11.

452. *Jonction de deux saisies comprenant différentes parties d'une même exploitation.* Si la seconde saisie présentée à la transcription est plus ample que la première, elle est transcrite pour les objets non compris en la première saisie, et le second saisissant est tenu de dénoncer sa saisie au premier saisissant, qui poursuit sur les deux, et si elles sont au même état; sinon, surseoit à la première et suit sur la deuxième jusqu'à ce qu'elle soit au même degré, et alors elles sont réunies en une seule poursuite, qui est portée devant le trib. de la première saisie. C. pr. 720.

453. La dénonciation de la seconde saisie doit être faite par acte d'avoué à avoué (Arg. Tar. 148), afin que l'officier ministériel chargé des poursuites soit plus tôt prévenu; — elle pourrait l'être, selon Delaporte, 2, 321, par exploit au domicile réel, et selon Demiau, 455, au domicile élu dans le commandement.

454. Le saisi doit-il être mis en cause sur la jonction ? — L'affirmative résulte, malgré le silence de la loi, de ce que le saisi peut avoir intérêt à s'opposer à cette jonction. Paignon, n° 141.

455. La dénonciation, d'après M. Paignon, n° 142, doit être faite dans la quinzaine de la transcription de la seconde saisie au bureau des hypothèques, outre un jour par cinq myriamètres de distance, entre le lieu de la situation des biens et le tribunal. — Mais pourquoi fixer un délai, à peine de déchéance? Le second saisissant qui ne peut poursuivre, a évidemment intérêt à faire promptement sa dénonciation et à épargner les frais de formalités déjà accomplies.

456. Faute par le second saisissant d'avoir dénoncé sa saisie au premier, les poursuites par lui faites sont nulles; à moins qu'il n'y ait présomption légale qu'il ait ignoré la première saisie. Cette présomption cessait dès que cette saisie était devenue publique par l'insertion au tableau de l'auditoire. Pigeau, 2, 164 ; Carré, n° 2425.—*Contrà*, Thomine, 2, 270.

Toutefois, il a été jugé que lorsqu'une saisie immobilière avait été suivie d'une demande en nullité, d'une transaction, d'un désistement, et surtout d'un abandon de poursuites pendant plusieurs années, la seconde saisie faite par un créancier qui n'avait pas été partie dans l'instance sur la première saisie, et les poursuites faites sur cette saisie ne pouvaient être déclarées nulles, nonobstant la règle saisie sur saisie ne vaut. Cass. 27 juin 1827, S. 27, 509.

457. La jonction dont parle l'art. 720, à la différence de celle dont il est question à l'art. 719 (—V. *sup.* n° 445), est forcée ; elle doit avoir lieu sans qu'elle ait été ni demandée, ni ordonnée : — il ne doit intervenir un jugement de jonction qu'autant que la jonction est contestée. Carré, n° 2421 ; Demiau, 455 ; Favard, *Rép.*, 5, 70 ; Thomine, 2, 268.—*Contrà*, Hautefeuille, 390.

458. Malgré la généralité des termes de l'art. 720, la jonction n'a lieu qu'autant que les biens compris dans chaque saisie sont situés dans le même arrondissement ou font partie d'une même exploitation. C. civ. 2210 ; Carré, *ib.* n° 2422, Thomine, 2, 269.

Mais si, dans ce dernier cas, la première saisie comprend les dépendances d'une exploitation faisant l'objet de la seconde, c'est devant le trib. du chef-lieu de l'exploitation que la saisie doit se suivre, en laissant toutefois la poursuite au premier saisissant. Arg. C. civ. 2210, *nec obstat.* C. pr. 720 ; Huet, 220.

459. La jonction de deux saisies pratiquées sur les mêmes immeubles, mais dont l'une est plus ample que l'autre, peut-elle avoir lieu après la mise au greffe de l'enchère de la première saisie ?

Pour la négative, on dit : La jonction *facultative* de la saisie de biens différens ne peut avoir lieu qu'*avant* le dépôt au greffe du cahier d'enchère. A plus forte raison doit-il en être ainsi pour la jonction commandée par la loi. — Le but unique de la jonction est de diminuer les frais, en ne faisant qu'une seule poursuite ; ce serait les augmenter que d'ordonner la réunion, quand il serait nécessaire de recommencer les annonces et autres formalités.

La disposition de l'art. 719 C. pr. contient la règle générale, à laquelle il n'est point dérogé par l'art. 720, qui suppose la première saisie peu avancée, lorsqu'il prescrit la dénonciation de la seconde, cette dénonciation serait inutile si le cahier d'enchères était déjà déposé, et la jonction serait impossible. Pigeau, 2, 163; Thomine, 2, 269. Paignon, n° 140 ; E. Persil, n° 306.

Dans l'opinion contraire, on répond : La disposition qui ne permet plus la jonction de deux saisies de biens *différens* après la mise au greffe de l'enchère de l'une d'elles (—V. *sup.* n° 447) ne se retrouve pas dans l'art. 720 C. pr. Or, on doit supposer que c'est à dessein que la loi ne l'a pas reproduite. D'ailleurs, la jonction aura toujours pour résultat d'empêcher, à l'égard de l'une des saisies, les frais postérieurs à la mise de l'enchère au greffe. Lepage, *Quest.*, 480 ; *Saisies*, 2, 168 ; Delaporte, 2, 321 ; — V. Carré, n° 2423.

Au reste, les juges ont un pouvoir discrétionnaire, pour ordonner ou refuser la jonction.

460. La nullité prononcée pour une cause postérieure à la jonction s'applique aux deux saisies ; mais si au contraire la nullité a trait à la procédure suivie par l'un des saisissans avant la jonction, la partie dont la saisie est valable reprend ses poursuites dans l'état où elles étaient au moment de la jonction. Orléans, 9 fév. 1810, P. 8, 95; Hautefeuille, 390 ; Carré, n° 2426 ; Thomine, 2, 270.

461. Mais s'il faut que le premier saisissant laisse sommeiller sa saisie pour s'emparer de la seconde et l'amener au même degré que la première, que deviendront les actes par lui faits sur la première saisie ? Ils resteront sans effet, puisque la publication ne pourra plus se faire au jour indiqué. — M. Huet, p. 221 signale d'autres inconvéniens résultant de cette jonction, dans le cas où les biens sont situés dans divers arrondissemens. — V. *sup.* n° 459 à la fin.

§ 3. — *Subrogation dans la poursuite de saisie.*

462. *Cas dans lesquels il y a lieu à subrogation.* La subrogation peut être demandée contre le poursuivant : 1° faute par lui d'avoir poursuivi sur la seconde saisie à lui dénoncée, conformément à l'art. 720 (—V. *sup.* n° 452). *Ib.* 721.

Par exemple, si depuis cette dénonciation il a fait un nouvel acte sur la première saisie sans commencer les poursuites sur la seconde. Carré, n° 2427.

463. 2° Dans le cas de collusion, fraude ou négligence, sauf dans les deux premières hypothèses la condamnation aux dommages-intérêts. *Ib.* 722. — Il y a *collusion*, lorsque le poursuivant, par suite d'un concert frauduleux avec le saisi, ne continue pas les poursuites commencées, ou procède de manière à entraîner la nullité de la saisie. — Il y a *fraude*, lorsque le poursuivant n'est pas un créancier sérieux, et qu'il s'est emparé de la saisie pour paralyser l'action des créanciers légitimes.—Il y a *négligence,* lorsque le poursuivant n'a pas rempli une formalité ou n'a pas fait un acte de procédure dans les délais prescrits. *ib.* ; — à plus forte raison, s'il a abandonné la saisie. Bourges, 18 août 1826, D. 30, 123.—V. *inf.* n° 483.

Jugé que le consentement à la conversion devant un autre trib. ne constitue pas une négligence suffisante pour autoriser la demande en subrogation. — Cette décision est à l'abri de la censure de la C. suprême. Cass. 23 janv. 1833, D. 33, 150.

Dès qu'il est constant qu'il y a eu négligence de la part du créancier|poursuivant, ce dernier peut-il encore écarter la demande d'un créancier postérieur, en offrant de continuer les poursuites. — V. *sup.* n° 481.

464. 3° Lorsque par suite des contestations sur le titre du saisissant la poursuite est entravée. Lyon, 21 mars 1817, 1er août 1830, S. 31, 220; 1er mars 1831, D. 31, 101.

Mais si la poursuite a été déclarée nulle par suite d'absence de titre, il n'y a plus rien dans quoi l'on puisse être subrogé. Paris, 29 mai 1809, P. 7, 584; Arg. Amiens, 9 juill. 1822, P. 17, 484.—V. toutefois *sup.* n° 277 et *inf.* n. 483.

Lorsque la nullité, au lieu de vicier la procédure de saisie tout entière, n'en attaque qu'une partie, le surplus peut motiver une subrogation et donner le droit au subrogé de continuer les poursuites.—V. *sup.* n° 269.

465. 4° Dans le cas de désistement volontaire du poursuivant. Thomine, 2, 272.—V. *inf.* n° 470.—Ce désistement est valablement donné à la barre du trib. Cass. 12 mai 1813, P. 11, 360; Riom, 21 mars 1816, P. 13, 348.

466. 5° Dans le cas où le poursuivant a été désintéressé. Arg. Grenoble, 14 juill. 1809, P. 7, 686; Thomine, 2, 272.

467. Le point de savoir s'il y a lieu ou non à prononcer la subrogation dépend d'une question de fait qui échappe à la censure de la C. de cassation. Cass. 23 janv. 1833, S. 33, 103.

Les art. 721 et 722 ne sont pas limitatifs : on peut faire prononcer la subrogation dans d'autres cas que ceux prévus par ces articles. Arg. Lyon, 1er mars 1831, D. 31, 101.

468. *Par qui la subrogation peut être réclamée.* La subrogation peut être demandée dans les cas des art. 721 et 722 C. pr. (—V. *sup.* n° 462 et 463) : 1° par tout créancier qui a formé une saisie. *Ib.* 721, 722.

469. 2° Par tout créancier ayant titre exécutoire inscrit, encore bien qu'il n'ait fait pratiquer lui-même aucune saisie : il suffit que la saisie lui ait été notifiée. Arg. C. pr. 696. — Le système contraire permettrait au poursuivant, s'il est seul, ou aux saisissans, s'il y en a plusieurs, de prolonger indéfiniment la saisie par collusion, fraude ou négligence, ce qui équivaudrait à une radiation de la saisie, qu'ils n'auraient cependant pas le droit d'accorder sans le consentement des créanciers inscrits.—V. *sup.* n° 273.—Ainsi jugé sous la loi du 11 brum. an 7, qui gardait à l'égard des créanciers le même silence que le Code. Cass. 15 germ. an 11, et Rouen, 16 germ. an 11, P. 3, 225 et 229; Arg. C. pr. 679; Aix, 7 avr. 1808, P. 6, 618; Riom, 21 mars 1816, P. 13, 348; 24 avr. 1817, P. 14, 196; Toulouse, 2 août 1827, S. 28, 113; Caen, 12 mars 1828, S. 29, 230; Carré, n° 2433; Pigeau, 2, 166; Lepage, 170; Demiau, 455; Persil, 2, 371; Huet, 230; Berriat, 582; Thomine, 2, 271.—*Contrà*, Merlin, *Rép. h.* v° 667.

470. 3° Par le créancier qui n'a fait transcrire son titre que depuis la sommation prescrite par l'art. 692. Nanci, 2 mars 1818, P. 14, 677.

A dater de cette époque, la saisie devient commune à tous les créanciers inscrits même postérieurement, et le désistement qui intervient de la part du poursuivant ne peut anéantir la saisie à leur égard. Arg. Pigeau, 2, 167.

471. 4° Par le créancier dont l'inscription ne frappe que sur une portion indivise de l'immeuble saisi : il n'est pas obligé de poursuivre préalablement le partage ou la licitation de l'immeuble. Besançon, 26 janv. 1828, S. 28, 197.

472. 5° Par les créanciers chirographaires porteurs de titres exécutoires : ils ont en effet le droit de saisir l'immeuble et de s'opposer à ce que le prix provenant de la vente soit distribué hors de leur présence (— V. *Ordre*, n° 119). D'ailleurs, sous l'ancienne législation les simples chirographaires, quoique privés du droit de saisir les immeubles, pouvaient obtenir la subrogation. D'Héricourt, ch. 6, n° 24; Carré, n° 2436.

Autrement le débiteur aurait un moyen de mettre ses biens immeubles à l'abri de toute attaque, de la part des créanciers chirographaires. Il simulerait une saisie immobilière qui une fois transcrite resterait impoursuivie. Dans ce cas le créancier chirographaire ne pouvant se faire subroger, ne pourrait pas non plus faire pratiquer une nouvelle saisie sur les mêmes biens, puisqu'il serait arrêté à la transcription; son titre demeurerait sans exécution. Paignon, n° 145.

473. 6° Enfin, par les créanciers en sous-ordre : cette proposition *contestable* sous la loi du 11 brum. an 7, qui semblait refuser cette faculté à tous ceux qui n'étaient pas créanciers directs du saisi, est certaine aujourd'hui. Arg. C. civ. 1166; Carré, art. 722, n° 2437. —*Contrà*, Coffinières, t. 20, n° 33.

Peu importe qu'il s'agisse d'une subrogation demandée dans le cas prévu par l'art. 721 (— V. *sup.* n° 462) ou dans ceux indiqués par l'art. 722 (—V. *sup.* n° 463). — Il est bien vrai, en effet, que l'art. 721 ne parle que du second saisissant, mais cet article est attributif et non pas limitatif.

474. La subrogation doit être accordée de préférence au créancier second saisissant, parce qu'il a fait des actes qui manifestent sa volonté de continuer activement les poursuites de saisie; mais si cette présomption est démentie par sa conduite, les autres créanciers peuvent obtenir la subrogation. Arg. Tar. 119; Carré, n° 2454. — *Contrà*, Thomine, 2, 272.

475. *Devant qui et dans quelle forme la subrogation est demandée.* La demande en subrogation est portée devant le trib. de la situation de l'immeuble saisi. — V. *sup.* n° 442.

476. Elle doit subir les deux degrés de juridiction; elle n'est donc pas valablement formée pour la première fois en cause d'appel. Turin, 24 juill. 1810, S. 11, 51; Berriat, 585, note 54; — *Contrà*, 26 déc. 1820, P. 15, 265. — V. *Appel*, Sect. IX.

477. L'avoué doit être muni d'un pouvoir spécial de son client; — à moins qu'il n'agisse à la requête d'un créancier saisissant. Pothier, *Procéd.*, part. 4, ch. 2, art. 8, § 2; Commaille, 2, 308; Carré, n° 2438.

478. La demande en subrogation est introduite contre le poursuivant et le saisi de la manière et dans les formes prescrites par l'art. 718. — V. *sup.*, n° 436.

479. Il convient que le créancier, avant de demander la subrogation, somme le poursuivant de continuer la poursuite; toutefois, cette sommation n'est pas indispensable. Carré, n° 2435. — *Contrà*, Pigeau, 2, 166.

480. Il n'est pas nécessaire d'appeler le saisi, qui n'a pas constitué avoué; la loi ne l'a pas exigé. Dijon, 24 mars 1828, S. 28, 228.

481. L'incident se juge à l'audience.

Le trib. n'est pas tenu de prononcer la subrogation, alors même qu'il y a faute de la part du premier saisissant pour n'avoir pas poursuivi sur la saisie qui lui a été dénoncée. Il peut, en condamnant l'avoué de celui-ci aux dépens de l'incident, lui conserver la poursuite ou l'accorder conditionnellement à l'avoué adverse pour le cas où le premier ne se mettrait pas en règle dans un délai déterminé. Carré, *ib.* n° 2430. — *Contrà*, Demiau, 436.

Mais l'offre faite par le poursuivant de suivre sur les deux saisies et de conduire activement les poursuites n'est pas une fin de non-recevoir contre la demande en subrogation. Bourges, 18 août 1826, S. 27, 89.

482. Si la subrogation est ordonnée dans le cas de l'art. 721, le second saisissant est chargé de poursuivre tant sur la saisie qu'il a faite que sur la première. Carré, *ib.* n° 2428, Hautefeuille, 591; Berriat, 583, note 55.

483. Il n'est pas nécessaire qu'il fasse transcrire préalablement sa propre saisie. Il continue la poursuite à compter du dernier acte valable. Thomine, n° 815 et 823.

Spécialement, si le premier saisissant a négligé de faire procéder à la publication, il suffit de faire une nouvelle sommation au saisi et aux créanciers pour leur indiquer l'époque de la publication avec l'intervalle prescrit par la loi.

En vain, on objecte que si une formalité n'a pas été remplie dans un délai prescrit à peine de nullité, il est impossible d'obtenir la subrogation *à une procédure nulle*, — car la nullité de la procédure ne peut être opposée par le saisi qu'à l'égard du premier saisissant qui continuerait la poursuite. — Mais elle n'est pas opposable au créancier subrogé, comment expliquer autrement l'art. 722, — qui admet comme cause de subrogation la négligence à remplir une formalité dans un délai prescrit? Thomine, n°⁸ 815 et 823. Rapport de M. Pascalis, *Mon.* 23 juin 1840, p. 1526.

D'où il semble résulter que le jugement qui prononce la subrogation, a pour effet de couvrir la nullité en faveur du subrogé. — V. toutefois Paignon, n° 148 et 149.

484. Le poursuivant contre qui la subrogation a été prononcée est tenu de remettre les pièces de la poursuite au subrogé, sur son récépissé; notamment le titre en vertu duquel il a saisi. C. pr. 723. — Néanmoins, si ce titre lui est indispensable pour d'autres poursuites, il peut le déposer au greffe ou en donner une expédition. Thomine, 2, 275.

Il ne doit pas être condamné par corps à la restitution de ces pièces : la loi n'a pas autorisé cette voie d'exécution, et les dispositions relatives au séquestre (C. civ. 2060) ne peuvent lui être appliquées par voie d'analogie. Paignon, n° 151.

Mais si un dommage quelconque résulte du refus de remise des titres et pièces, il en doit la réparation. Thomine, *ib.*

485. Le premier poursuivant n'est payé de ses frais qu'après l'adjudication, soit sur le prix, soit par l'adjudicataire. *Ib.* 723.

486. La partie qui succombe sur la demande en subrogation est condamnée personnellement aux dépens. *Ib.* 723.— Ils ne sauraient être payés par privilége sur le prix de la vente comme frais extraordinaires de poursuite : ils n'ont pas en effet été faits dans l'intérêt de la masse. Thomine, 2, 275; Hautefeuille, 391.

L'ancien Code mettait à la charge du poursuivant qui avait contesté la subrogation, les frais de cet incident, mais il avait omis de prononcer la même disposition à l'égard du demandeur en subrogation qui pourrait succomber. La loi nouvelle prononce, sans distinction, la condamnation personnelle aux dépens contre celui qui succombe.

§ 4 — *Radiation d'une première saisie.*

487. Lorsqu'une saisie immobilière a été rayée, le plus diligent des créanciers postérieurs peut poursuivre sur la saisie, encore qu'il ne se soit pas présenté le premier à la transcription. C. pr. 724. — Il n'est pas besoin de jugement dans ce cas pour être autorisé à poursuivre.

488. Lorsqu'une saisie a été déclaré nulle, le conservateur peut-il la rayer d'office? — V. *inf.* n° 525.

§ 5. — *Demande en distraction et en revendication de tout ou partie de l'objet saisi.*

489. Si l'on a compris dans la saisie des biens qui n'appartiennent pas au saisi, ils peuvent être réclamés par le véritable propriétaire. — V. d'ailleurs *inf.* n° 505.

Cette réclamation se nomme demande *en distraction* ou *en revendication*, selon qu'elle est formée pendant ou après les poursuites de saisie immobilière.

Cette demande est l'incident le plus important, il met en question la propriété de l'immeuble en totalité ou en partie.

Il serait à souhaiter qu'une pareille demande fût toujours présentée avant l'adjudication.

Le jugement qui interviendrait mettrait l'adjudicataire à couvert des revendications que les tiers peuvent exercer même après que le prix de l'adjudication a été payé et distribué aux créanciers. C'est un inconvénient auquel on aurait pu parer en forçant le propriétaire à revendiquer l'immeuble avant le jugement d'adjudication. On l'avait fait autrefois ; on décidait que le décret purgeait la propriété. On ne pouvait proposer de renouveler ce principe sans violer le droit de propriété.

Il n'en est pas de même d'un propriétaire d'un immeuble saisi irrégulièrement, que du vendeur ; le vendeur est un créancier qui doit faire valoir ses titres, ses droits (— V. *sup.* n° 405). Le propriétaire saisi injustement, n'a rien à faire, rien à suivre, rien à observer ou à considérer, pour conserver sa propriété. Il ne peut la perdre que par son fait, une négligence, ou une omission ne pourrait en tenir lieu. Rapport de M. Persil, p. 81.

L'action en revendication après l'adjudication est un procès soumis à toutes les conditions des actions ordinaires. Au contraire, la distraction se lie par voie d'incident à la poursuite de la saisie immobilière, et c'est afin de ne pas la retarder qu'elle est soumise à toutes les conditions des procédures sommaires. Persil, *ib.*

490. *Par qui la demande en distraction peut être formée.* Par celui qui est propriétaire de l'immeuble au moment de la pour·suite; le précédent vendeur ne peut l'intenter tant qu'il n'a pas fait rescinder l'acte d'aliénation par lui consenti, sauf à exercer plus tard la revendication. Poitiers, 18 janv. 1810, P. 8, 44; Carré, nᵒˢ 2453, 2458.

491. *A quelle époque.* En tout état de cause; — pourvu que ce soit avant l'adjudication. — V. *inf.* nᵒ 506.

492. *Contre qui.* La demande doit être formée contre le saisissant, le saisi, le créancier premier inscrit, au domicile élu par l'inscription. *Ib.* 725.

Toutefois il a été jugé que, la loi ne prononçant pas la nullité pour le cas où l'on aurait omis de mettre l'un d'eux en cause, et leurs intérêts étant distincts, il en résulte que cette irrégularité ne saurait être opposée par les défendeurs valablement cités. Cass. 9 fév. 1835 (Art. 110 J. Pr.).—*Contrà*, Toulouse, 18 nov. 1829, S. 30, 170; 4 avr. 1837 (Art. 759 J. Pr.) — Surtout lorsque le premier créancier inscrit non intimé sur l'appel n'a pas signifié le jugement au demandeur. Cass. 9 février 1835.

493. Les créanciers, étant représentés par le premier inscrit, ne peuvent figurer en leur nom personnel dans la contestation, ni appeler des décisions intervenues sur les contestations. Cass. 11 mai 1826, S. 26, 395. —V. *sup.* nᵒ 444.

494. *Dans quelle forme.* La demande est formée par un simple acte contre toutes les parties qui en ont constitué, et par exploit contre celles qui n'en ont pas. Arg. *Ib.* 718. — V. d'ailleurs *sup.* nᵒ 436.

595. Si le saisi n'a pas constitué avoué avant la poursuite, le délai prescrit pour la comparution (— V. *sup.* nᵒ 436) est augmenté d'un *jour par cinq myriamètres* de distance entre son domicile et le lieu où siége le tribunal; sans que ce délai puisse être augmenté à l'égard de la partie domiciliée hors du territoire continental du royaume. C. pr. 725.

496. La demande contient : 1ᵒ les désignation et description des objets revendiqués. Arg. C. pr. 64; Thomine, 262; Carré, nᵒ 2461.

2ᵒ L'énonciation des titres justificatifs qui sont déposés au greffe avec copie de l'acte de ce dépôt. *Ib.* 726.

497. Serait nulle la demande non formée contre le saisi, il a intérêt à être présent pour prouver qu'il est propriétaire des biens saisis. Serait également nul le jugement par défaut qui aurait omis d'énoncer les noms de la partie saisie régulièrement assignée. Pau, 7 juill. 1813, Dalloz, 11, p. 817.

498. *Effets de la demande en distraction.* Il faut distinguer.

Si la demande porte sur la totalité des biens saisis, le trib.

doit, sur la demande des parties ou d'office (Carré, n° 2465), surseoir à l'adjudication. Arg. C. pr. 727.

Cette adjudication ne peut avoir lieu qu'autant qu'il est intervenu un jugement définitif ou passé en force de chose jugée. Cass. 8 vent. an 13, P. 4, 413 ; Arg. Cass. 21 juill. 1806, P. 5, 425 ; 1er juin 1807, P. 6, 122 ; Pau, 20 nov. 1813, P. 11, 782.

Toutefois, Carré, n° 2469 pense que l'on procède valablement à l'adjudication aussitôt après le jugement, si la partie condamnée ne justifie pas qu'elle ait interjeté appel.

Tel est l'usage.

499. Si la demande en distraction ne porte que sur une partie des objets saisis, il est passé outre, nonobstant cette demande, à la vente du surplus. *Peuvent* néanmoins les juges, *sur la demande* des parties intéressées ou de l'une d'elles (Carré, n° 2464 ; Pigeau, 2, 171), ordonner le sursis pour le tout. C. pr. 727.

500. Au cas de distraction partielle ordonnée, le poursuivant est admis à changer la mise à prix portée au cahier des charges *Ib.*

501. Le trib. *peut* refuser le sursis, même dans le cas où toutes les parties sont d'accord pour le demander. Les termes de l'art. 727 sont facultatifs.—*Contrà*, Carré, n° 2465 ; Delaporte, 2, 437.

502. Le sursis est ordonné, s'il peut résulter une dépréciation notable de la portion des biens non-revendiqués. — Si, au contraire, le danger n'existe pas, s'il reste à vendre une fraction des biens d'une valeur assez importante pour désintéresser en partie les créanciers, le sursis ne saurait être ordonné.

503. Quoi qu'il en soit, le trib. ne doit jamais ordonner d'office le sursis, si la demande à fin de distraction ne porte que sur partie des objets saisis. L'art. 729 exige une demande préalable des parties à cet égard.

504. Lorsqu'une demande en distraction est déclarée non recevable, peut-on passer de suite à l'adjudication des objets qui avaient été revendiqués ?—Pour la négative on dit : Le jugement sur la demande en distraction est susceptible d'appel ; la propriété est encore contestable ; or, une adjudication faite dans des circonstances semblables ne présente pas aux enchérisseurs la même sécurité que si la question de propriété était définitivement vidée.

Il serait sage d'ordonner le sursis de la vente jusqu'à ce que la sentence qui repousse l'adjudication soit passée en force de chose jugée ; mais ce sursis n'étant point commandé par la loi à peine de nullité, l'adjudication pourrait être prononcée valablement sans faire droit à cette demande. Paignon, n° 160.

505. Si des tiers justifient qu'ils ont des droits réels sur l'immeuble, tels qu'un usufruit, une servitude, le trib. ordonne qu'au cahier des charges il sera ajouté une clause constatant leurs droits. *Exposé des motifs.* Paris, 18 juin 1811, P. 9, 403.

Il n'est pas besoin d'observer les formalités prescrites pour la demande en distraction. Lyon, 24 janv. 1834, D. 34, 126. Arg. Cass. 6 déc. 1835 (Art. 423 J. Pr.).

506. *Demande en revendication.* Elle a le même but que celle en distraction, elle peut être formée après l'adjudication. — V. d'ailleurs *sup.* nᵒˢ 412 et 489 et suiv.

§ 6. — *Demande en nullité.*

507. La plupart des formalités prescrites pour la saisie immobilière doivent être accomplies, à peine de nullité. C. pr. 715. — V. *sup.*, Sect. I.

Spécialement, celles prescrites par les art. 673, 674, 675, 676, 677, 678, 690, 691, 692, 693, 694, 696, 698, 699, 704, 705, 706, 709, §§ 1 et 3.

508. Les nullités prononcées par l'art. 715 peuvent être proposées par tous ceux qui y ont intérêt. C. pr. 715. — C'est-à-dire par les créanciers aussi bien que par le saisi. Rapport de M. Persil. — la distinction que l'on voulait établir entre ce dernier et les créanciers a été repoussée.

509. Si la saisie est poursuivie contre plusieurs personnes, et que la nullité n'ait été commise qu'à l'égard de l'une d'elles, les autres sont non recevables à s'en prévaloir : les nullités sont relatives. Paris, 10 mai 1810, P. 8, 300; Rennes, 6 juin 1814, P. 12, 239; Bastia, 22 mai 1823, P. 17, 1122; Pigeau, 2, 315; Arg. Paris, 23 août 1816, P. 12, 608.

510. Tous les moyens de nullité doivent être proposés cumulativement. Bourges, 26 nov. 1824, D. 11, 827, nᵒ 1; Cass. 14 août 1838 (Art. 1281 J. Pr.). — *Contrà*, E. Persil, nᵒ 349.

Ils ne sont pas proposables pour la première fois en appel. — V. *inf.* nᵒ 511.

511. *Nullités antérieures à la publication.* Les moyens de nullité, *tant en la forme qu'au fond*, contre la procédure qui précède la publication du cahier des charges, doivent être proposées, à peine de déchéance (*trois jours*) au plus tard avant cette publication. C. pr. 728.

Au fond. Conséquemment l'on doit opposer les nullités résultant d'irrégularités antérieures à la saisie, ou même des vices du titre en vertu du quel agit le poursuivant. — V. *vente sur saisie*, nᵒ 526 et 527.

512. Toutefois lorsque c'est le poursuivant lui-même qui s'est rendu adjudicataire le saisi peut, postérieurement à la publication, en obtenir la nullité en établissant que ce créancier avait été complètement désintéressé antérieurement à la saisie. Arg. Cass. 3 avr. 1837 (Art. 748 J. Pr.).

513. Au surplus, si le saisi est non recevable à demander incidemment à la saisie immobilière, et ultérieurement à la publication, la nullité du titre du poursuivant, il a la faculté de le faire par voie d'action principale, sans que, dans aucun cas, cette action puisse avoir d'influence sur la saisie ni, entraver les poursuites; il a même le droit, suivant les circonstances, d'obtenir des dommages-intérêts contre celui par les poursuites duquel il a été exproprié. Arg. Cass. 29 nov. 1819, P. 15, 587; Carré, *ib.* note et n° 2488; Chauveau, 20, n° 63.

514. Dans tous les cas la déchéance n'est encourue qu'autant que les parties intéressées ont été valablement averties de la publication : en conséquence la nullité est valablement proposée même après la publication par le saisi qui n'a pas été sommé d'y comparaître. — V. *Vente sur saisie*, n° 550.

515. L'incident est jugé avant la publication. C. pr. 729.

Si cette publication avait lieu, nonobstant une demande en nullité contre la procédure antérieure, elle n'empêcherait pas la solution de cette demande, alors même qu'il n'existerait qu'une simple requête à laquelle on n'aurait encore donné aucune suite. Arg. Cass. 25 avr. 1814, P. 12, 182; — ou seulement une opposition formée lors du commandement. Cass. 1er fév. 1830, S. 30, 41. — V. *sup.* n° 98.

La publication qui serait intervenue dans cette circonstance serait nulle et comme non avenue, alors même que le jugement postérieur aurait repoussé les moyens de nullité. Arg. Cass. 23 juill. 1811, P. 9, 484.

516. Si les moyens de nullité sont rejetés, il est donné acte des lecture et publication par le même jugement. C. pr. 728.

517. S'ils sont admis, la poursuite peut être reprise à partir du dernier acte valable. C. pr. 728.

Les délais pour accomplir les actes suivants, courent à dater du jugement ou arrêt qui a définitivement prononcée sur la nullité. *ib.*

518. Le jugement qui statue sur les moyens de nullité, proposés avant la publication du cahier des charges, est susceptible d'appel. — V. *inf.* n° 534.

519. Cet appel est suspensif : autrement il resterait une grande incertitude qui écarterait les adjudicataires. Persil, 2,568.

520. *Nullités postérieurs à la publication.* Les moyens de nullité contre la procédure postérieure à la publication du cahier

des charges, doivent être proposés, à peine de déchéance, au
plus tard, trois jours avant l'adjudication. C. pr. 729.

521. Au jour fixé pour l'adjudication, et immédiatement
avant l'ouverture des enchères, il est statué sur les moyens de
nullité. *Ib.*

522. Si les moyens sont admis, le tribunal annulle la poursuite, à partir du jugement de publication, il en autorise la
reprise à partir de ce jugement, et fixe le jour de l'adjudication. *Ib.*

523. Si les moyens sont rejetés, il est passé outre aux enchères et à l'adjudication. *Ib.*

524. Les moyens de nullité sont proposés par un simple
acte d'avoué à avoué. — V. *sup.*, n° 436.

525. Le jugement qui déclare la saisie nulle doit en même
temps ordonner qu'elle sera rayée des registres où elle a été
transcrite; cependant la partie dont la procédure a été annulée
ne saurait s'opposer à la radiation par le motif qu'elle n'a pas été
ordonnée par le jugement. Cette radiation est une conséquence
nécessaire de l'annulation de la procédure de saisie. Riom, 23
déc. 1809, P, 7, 944. — *Contrà*, Coffinières et Chauveau,
v° *Saisie immob.* n° 229; E. Persil, n° 333. Arg. C. civ. 2157.

526. La caution pour le paiement des frais résultant de
l'incident (— V. *Vente sur saisie*, n° 516) n'est plus exigée : les
frais se trouvent diminués par la simplification de la procédure.

§ 7. — *Voies ouvertes contre les jugemens rendus sur des
incidens.*

527. Les jugemens rendus sur des incidens ne sont pas toujours soumis aux mêmes recours que les jugemens ordinaires.

528. *Opposition.* Elle n'est point recevable contre les arrêts
rendus par défaut. C. pr. 731; — ni, à plus forte raison, contre
les jugemens.—Une disposition expresse dans ce sens, d'ailleurs
conforme à la plupart des arrêts sous l'ancien droit (— V.
Vente sur saisie, n° 554 à 556) et à l'esprit de la loi nouvelle,
se trouvait à l'art. 730 du projet; cette disposition a disparu
par suite d'un renvoi de l'art. à la commission pour la rédaction relative à un autre point. Rien n'indique que ce retran-
chement ait été fait avec intention; — loin de là, M. Pascalis
(1840, *Mon.* p. 1526) motivait la suppression de l'opposition
par les considérations suivantes : — « Dans tous les incidens
le jugement est rendu contre le saisi, contre le saisissant, ou
contre des tiers qui jusque-là n'étaient point parties dans la
poursuite; — quant au saisi il est averti par la dénonciation
de la saisie et par la procédure entière dirigée contre lui. Comment serait-il censé ignorer la décision rendue sur l'incident
qu'il aura provoqué? Le saisissant est partie non moins né-

cessaire, la part la plus active lui appartient dans la procédure ; par son avoué il est présent à tous les actes ; rien ne peut donc se faire à son insu. En ce qui concerne les tiers qui forment une demande en distraction ou en subrogation, leur rôle est celui de demandeurs dans ces incidens et prévient toute surprise à leur égard ; aucun intérêt ne souffrira donc d'un principe appliqué déjà à une partie des jugemens rendus en matière de saisie immobilière, et que l'on a voulu généraliser. » — V. dans le même sens le rapport de M. Persil. E. Persil, n° 362 ; Paignon, n° 174.

Toutefois M. Devilleneuve 1841, 2, p. 389, note 2, émet quelque doute sur cette solution à raison de l'abrogation du décret de 1811 et du silence de la loi actuelle.

529. *Tierce-opposition.* Elle serait également non recevable, les créanciers sont aujourd'hui parties dans l'instance d'expropriation. — Cette voie était d'ailleurs refusée sous l'ancien Code : le poursuivant était considéré comme le représentant légal de tous les créanciers ; ceux-ci n'avaient que le droit de demander la subrogation dans le cas de fraude ou de négligence de sa part. Cass. 22 fév. 1819, P. 15, 107. — V. *sup.* n° 366, et suiv., et toutefois, *sup.* n°s 266 et 397.

530. *Appel.* Il n'est point admis, — 1° contre les jugemens qui statuent sur une demande en subrogation : les jugemens intéressent plutôt les avoués que les parties C. pr. 750. — V. toutefois *inf.*, n° 535.

531. 2° Contre ceux qui, *sans statuer sur des incidens*, donnent acte de la publication. C. pr. 730. — V. toutefois *inf.*, n° 538.

532. 3° Contre ceux qui, *sans statuer sur des incidens*, prononcent l'adjudication, soit avant, soit après surenchère. C. pr. 750. — Ces jugemens ne sont autre chose que le cahier des charges terminé par l'enchère et par la déclaration du nom de l'adjudicataire C. pr. 730. — V. toutefois *inf.*, n° 538.

533. 4° Contre les jugemens qui prononcent sur les nullités postérieures à la publication du cahier des charges. C. pr. 730. — L'appel de ces jugemens entraînait des frais et des longueurs, éloignait les enchérisseurs sérieux qui répugnaient à avoir un procès à soutenir. D'ailleurs à cette époque, il ne reste plus guère qu'une chose à apprécier, la publicité donnée à la vente. Rapport de M. Persil. — Toutefois cette disposition n'a pas été votée sans opposition. M. Laplagne-Barris, séance du 25 avril 1840.

534. *Mais sont susceptibles d'appel :* 1° le jugement qui statue sur des nullités antérieures à la publication. Rapport de M. Pascalis. *Mon.* 25 juin 1840, p. 1527 ;

535. 2° Ceux qui statuent sur une demande en subrogation pour collusion ou fraude : cette disposition a été introduite, sur la demande de M. Thil. *Mon.* 15 janv. 1841. — Les cas de collusion et de fraude comprennent des faits complexes dont l'appréciation devient plus ou moins difficile suivant la nature ou le caractère des circonstances qui les constituent. Alors la loi n'a pas voulu priver les justiciables de la garantie du double degré de juridiction.

Mais *en cas de négligence*, l'appel ne serait pas recevable : les tribunaux de 1re instance n'ont alors à constater qu'un simple fait. Leur décision peut être souveraine sous ce rapport sans grave inconvénient.

536. 3° Ceux qui statuent sur une demande en jonction.

537. 4° Ceux qui statuent sur une demande en distraction. Arg. C. pr. 730, 731.

538. 5° Tous autres non exceptés par l'art 730. M. Pascalis, *ib.* — Par exemple le jugement qui en donnant acte de la publication *ou* en prononçant l'adjudication, statue sur un incident. — Spécialement dans le cas de demande en résolution formée par un vendeur précédent non payé (— V. *sup.* n° 405), — ou d'offres réelles faites par le saisi.

539. *Par qui l'appel doit-il être interjeté ?* Par ceux qui ont été partie au jugement ; les créanciers qui n'y ont pas figuré n'ont pas cette faculté.

540. *Contre qui ?* Contre toutes les parties qui ont figuré en première instance.

On ne pourrait donc se dispenser d'y appeler, dans le cas de demande en distraction, le créancier premier inscrit. Toulouse, 18 nov. 1829, S. 30, 170.

541. Il doit être signifié séparément à tous ceux qui ont été parties en 1re instance ; — un exploit collectif à des héritiers qui ont figuré individuellement devant les premiers juges est insuffisant. Cass. 7 mai 1818, D. 18, 577.

542. La nullité résultant de ce que l'on n'aurait pas appelé toutes les parties ne saurait être opposée par celles qui auraient été régulièrement citées : la loi ne prononce pas la nullité pour ce cas, et les intérêts des intimés sont distincts. — V. *sup.* n°s 399 et 437. — *Contrà*, Toulouse, 4 avr. 1837 (Art. 759 J. Pr.).

543. Jugé qu'il n'était pas nécessaire, comme en matière ordinaire, de signifier l'acte d'appel au subrogé tuteur du mineur partie en cause, que le délai de l'ancien art. 726 n'en courait pas moins : la publicité donnée à la saisie et aux actes qui en sont la suite, devant avertir suffisamment le subrogé tuteur. Nîmes, 2 juin 1819, P. 15, 312.

544. *Dans quel délai ?* Il doit être interjeté dans les dix jours à compter de la signification à avoué (du jugement attaqué), ou s'il n'y a point d'avoué, à compter de la signification à personne ou au domicile, soit réel, soit élu. C pr. 731.

545. Le délai uniforme de dix jours à compter de la signification du jugement à avoué, est substitué aux délais divers qui étaient fixés par le C. de pr. (trois mois; Cass. 13 janv. 1841, Art. 1946, J. Pr., quinze et huit jours; C. pr. 723, 730, 734, 756, 749 anciens) et qui couraient, tantôt du jour de la même signification, tantôt de celle à personne ou domicile. *Rapport* de M. Pascalis, *Mon.* 1840, p. 1526.

546. La règle *dies termini non computatur in termino* (C. pr. 1033) n'est pas applicable : l'intention du législateur a été de déroger au droit commun. Besançon, 27 déc. 1807, P. 6, 412; Cass. 8 août 1809, D. 9, 293; Metz, 12 fév. 1817, D. 11, 698, n° 1. — V. *Délai*, n° 21.

547. Dans le cas où le jugement a été rendu sur une demande en distraction, le délai est augmenté d'un jour par cinq myriamètres de distance. C. pr. 725, 731.

548. L'appel incident est recevable en tout état de cause. Bourges, 10 fév. 1816, D. 11, 813, n° 1. — V. *Appel*, n° 414.

549. *Dans quelle forme?* L'acte d'appel doit, à peine de nullité, contenir l'objet de l'appel et un exposé sommaire des motifs ; — et l'énonciation des griefs à peine de nullité. C. pr. 732.

550. *Lieu où l'appel est signifié.* Il est signifié 1° au domicile de l'avoué, et, s'il n'y a pas d'avoué, au domicile réel ou élu de l'intimé. C. pr. 751. — Telle était d'ailleurs la jurisprudence. — V. *Vente sur saisie*, n° 569.

551. 2° De plus l'appel doit être notifié, *en même temps* au greffier du trib. et visé par lui. C. pr.752. — C'est afin que les premiers juges avertis de l'appel ne donnent pas suite à la saisie jusqu'à ce que l'incident soit vidé. — Carré, n° 2492.

552. Par les mots *en même temps*, il faut entendre que l'appel doit être notifié dans le même délai (de dix jours fixé par l'art. 751) et à l'intimé et au greffier du tribunal. — L'ancien art 734 ne fixait pas d'époque pour la notification au greffier.

553. *Moyens qui peuvent être proposés.* Le saisi ne peut sur l'appel proposer des moyens, autres que ceux présentés en 1re instance. C. pr. 752. — Telle était la jurisprudence. — V. *Vente sur saisie*, n° 575.

Cette prohibition s'applique aux créanciers comme à la partie saisie. Amiens, 23 mai 1812, P. 10, 417.

554. Peu importe d'ailleurs que la partie qui oppose la nullité ait été condamnée contradictoirement ou par défaut. Cass. 16 juill. 1834, S. 34, 709. — Qu'il s'agisse de la nullité du titre en vertu duquel la saisie est pratiquée ou d'une nullité de

procédure. Rouen, 28 fév. 1810, D. 11, 851, n° 1; Cass.
2 juill. 1816, D. *ib*. 852, n° 2; 29 nov. 1819, D. *ib*. 852, n° 3;
23 mars 1823, D. *ib*.; 24 août 1823, S. 24, 29; Nîmes, 16 juin
1830, D. 31, 35; Cass. 13 déc. 1831, D. 32, 26; 18 juill. 1832,
D. 32, 296; 24 juin 1834, D. 34, 293; 28 déc. 1836 (Art. 728
J. Pr.). — V. *sup.* n° 493.

Cette prohibition sera quelquefois bien rigoureuse. Ainsi un
prétendu créancier dont le titre est éteint, sachant que le débiteur a perdu sa quittance exerce des poursuites de saisie
contre lui. Un jugement repousse en 1re instance les moyens de
nullité proposés contre les poursuites, avant la publication.
— Postérieurement la quittance est retrouvée. — Appel. —
On invoque pour la première fois le moyen tiré de l'extinction de la dette; d'après le texte de la loi ce moyen devra être
repoussé. Paignon, n° 172.

L'art. 726 C. pr., qui imposait des conditions particulières
pour l'appel du jugement qui condamne le saisi à payer, a
disparu du projet de loi.

555. Mais le saisi peut se prévaloir en appel des moyens de
nullité proposés d'office au trib. par le ministère public.
Bourges, 30 mars 1808, P. 6, 591; E. Persil, n° 372.

556. L'appel est non-recevable lorsqu'il y a eu acquiescement au jugement de 1re inst. Le saisi ne peut en conséquence,
après avoir plaidé sur le fond sans faire de réserves, appeler du
jugement qui a déclaré la saisie valable en la forme. Rennes,
18 mai 1819. D. 11, 857, n° 3. —V. *Acquiescement.*

557. *Effet de l'appel.* Ils sont les mêmes qu'en matière ordinaire (—V. *Appel,* n°s 208 et suiv.); — ainsi l'appel est suspensif. Bordeaux, 25 août 1810, P. 8, 564; — en conséquence
est nulle l'adjudication prononcée au mépris d'un appel antérieurement formé. Cass. 7 août 1811, P. 9, 524; 7 janv. 1818,
P. 14, 564; Paris, 26 août 1814, P. 12, 392; 27 mars 1830, S.
30, 143.

558. Toutefois, si l'appel est interjeté après le délai de dix
jours, il est considéré *comme non avenu.* C. pr. 731. — C'est-
à-dire que l'existence d'un recours quelconque de ce genre
n'oblige pas le tribunal à s'arrêter, jusqu'à ce que la C. roy.
ait statué; comme il ne s'agira que d'une question de date, il
passe outre si le délai légal est écoulé. Rapport de M. Pascalis, 1840, p. 1526. M. Devilleneuve, 1841, 2, 392. —
Contrà, E. Persil, n° 367. Arg. C. pr. 457. — V. toutefois
sous l'ancien Code, *Vente sur saisie,* n° 573.

Même décision si la validité de l'acte d'appel est contestée,
parce qu'il n'a pas été notifié au greffier.

559. *Requête civile.* Cette voie est ouverte contre les jugemens rendus sur des incidens de saisie immobilière, comme

en matière ordinaire. Arg. Cass. 4 mai 1825, S. 26, 214. — V. *Requête civile.*

560. *Cassation.* Ce recours est également admis. Toutefois il a été jugé sous l'ancien Code que le saisi qui, après l'arrêt confirmatif d'un jugement qui avait repoussé les moyens de nullité antérieurs à l'adjudication provisoire, s'était borné à attaquer la procédure relative à l'adjudication définitive, sans faire aucune réserve de se pourvoir contre l'arrêt précédemment rendu, était réputé par cela seul acquiescer à cet arrêt et renoncer à tout recours. Cass. 4 fév. 1811, P. 9, 76 ; 1er déc. 1813, P. 11, 800.

2° Qu'on ne pouvait proposer en cassation des moyens de nullité nouveaux. Cass. 4 oct. 1814, D. 11, 750, n° 3. — V. *sup.* n° 553.

§ 8. — *Demande de conversion.*

561. Lorsqu'un immeuble a été saisi, — que la saisie a été transcrite, — que les intéressés sont tous majeurs et maîtres de leurs droits, — ils peuvent demander que l'adjudication soit faite aux enchères, devant notaire ou en justice, sans autres formalités que celles prescrites aux art. 958, 959, 960, 961, 962, 964, 965, pour la vente des biens immeubles appartenant à des mineurs, *ib.* 743. — V. *Vente judiciaire.*

Aujourd'hui la vente sur conversion n'offre plus guère d'économie dans les frais relativement à une vente sur saisie immobilière. — Mais elle a conservé d'autres avantages. — Ainsi l'établissement de la propriété est fait d'une manière plus sûre; le saisi fournit lui-même tous les titres et documens nécessaires : les enchérisseurs n'éprouvent pas la même répugnance; ils sont plus disposés à élever leur prix.

562. *A été saisi.* Sans cette condition la vente serait volontaire : or, dans ce cas, les immeubles appartenant à des majeurs maîtres de disposer de leurs droits ne peuvent, à peine de nullité, être mis aux enchères en justice. C. pr. 744.

563. Mais avant la saisie la vente pourrait avoir lieu devant notaire sans autorisation du trib. — Cependant, si cette autorisation avait été donnée, la vente faite devant notaire ne serait pas nulle. L'art. 746 C. pr. ne prohibe que les ventes volontaires faites en justice, et cela dans l'intérêt des notaires. Nîmes, 30 déc. 1808, P. 7, 287 ; Carré, n° 2527.

564. *Et la saisie transcrite.* — Cette seconde condition a été introduite dans la loi de 1841 pour empêcher qu'une autre saisie ne soit poursuivie après la conversion prononcée.

565. Sous l'ancien Code les trib. refusaient ordinairement d'ordonner la conversion après l'accomplissement des premières formalités, telles que le dépôt de l'enchère, l'impression et l'apposition des affiches : parce qu'alors le principal but de la conversion ne pouvait plus être attein¹. Thomine, n° 852. — V. *Vente sur saisie*, n° 596.

566. *Les intéressés*. Le législateur, dans la loi nouvelle, a établi une distinction qui existait dans la jurisprudence. — V. *Vente sur saisie*, n° 597.— Sont considérés comme intéressés avant la sommation aux créanciers prescrite par l'art. 692, le poursuivant et le saisi ; et après la sommation *ces derniers* et *tous les créanciers inscrits*. *Ib*. 743.

567. Si la demande est antérieure à la sommation aux créanciers inscrits, les créances inscrites ne sont pas purgées. — Mais si, au contraire, l'abandon de la poursuite en expropriation n'a été consenti qu'après la sommation aux créanciers, ceux-ci, avertis dès cet instant, ont pu veiller à leurs droits. L'adjudication éteindra leurs hypothèques, car il ne faut pas le perdre de vue, c'est bien moins l'adjudication qui purge les hypothèques inscrites que la mise en demeure de ceux à qui elles appartiennent. Rapport de M. Pascalis, *Mon*. du 23 juin 1840, p. 1528. — V. d'ailleurs *inf*., n° 589.

568. L'opposition de l'un des intéressés suffit pour empêcher la conversion. Arg. Tar. 127 ; Paris, 20 sept. 1809, et 26 sept. 1810, P. 8, 598 ; Carré, *ib*.; Demiau, 462.—*Contrà*, Delaporte, 2, 338 ; Thomine, 2, 301. — Alors même que le saisi a commencé les poursuites de la vente volontaire, et que l'immeuble saisi est d'une valeur modique. Grenoble, 22 juin 1831, S. 32, 570. — V. *inf*. n° 580.

569. Le consentement des parties doit être pur et simple, et non conditionnel. Paris, 8 mars 1834, S. 34, 237. — Dans l'espèce, l'un des créanciers avait exigé que la vente fût renvoyée devant un notaire par lui désigné.

570. *Tous majeurs et maîtres de leurs droits*. La vente sur conversion ne présentant pas toutes les garanties de publicité de la vente sur saisie immobilière, le consentement des incapables ne suffirait pas.

571. Toutefois on admet aujourd'hui, sans distinction , à former la demande en conversion ou à s'y adjoindre , 1° le tuteur du mineur ou interdit, spécialement autorisé par un avis de parens ;

2° Le mineur émancipé assisté de son curateur ;

3° Et généralement tous les administrateurs légaux des biens d'autrui. C. pr. 744. — V. pour l'ancien droit, *Vente sur saisie*, n° 600 à 603.

572. La délibération du conseil de famille qui donne au tuteur l'autorisation nécessaire, n'a pas besoin d'être homologuée. Le tribunal ayant à prononcer sur la conversion est tou-

jours à même de la rejeter, dans le cas où il la croit préjudiciable aux intérêts du mineur.

573. *Tous les administrateurs légaux des biens d'autrui.* — Conséquemment peuvent aujourd'hui former une demande en conversion : — 1° l'héritier bénéficiaire ; — 2° le curateur à une succession vacante ; — 3° les syndics d'une faillite ; — 4° le failli assisté de son syndic. — V. d'ailleurs *Faillite*, n° 501 à 510.

Cette énonciation se trouvait dans le projet de M. Parant (Art. 1487, J. Pr., p. 414.) On n'a pas cru nécessaire de la reproduire, les termes généraux du législateur ont paru suffisans.

574. Au reste, pourrait également consentir la conversion : 1° la femme mariée, autorisée de son mari ou de la justice. Carré, n° 2559;

2° La personne pourvue d'un conseil judiciaire, avec l'assistance de ce conseil. Carré, *ib*.

575. Si une partie des biens dépendant d'une même exploitation a été saisie, le débiteur peut demander que le surplus soit compris dans la même adjudication. C. pr. 743.

576. La demande en conversion doit être soumise au tribunal saisi de la poursuite. C. pr. 745, — dont elle n'est qu'un incident.

577. Conséquemment, 1° les parties ne peuvent par des conventions particulières attribuer compétence à un autre tribunal. — V. *Vente sur saisie*, n° 604;

2° Le trib. qui n'aurait pas connu de la saisie devrait se déclarer d'office incompétent sur la demande en conversion.

578. La demande est formée par simple requête. C. pr. 745.

579. Cette requête contient une mise à prix qui tient lieu d'estimation. *Ib*. — Il n'y a plus lieu à expertise. — V. *inf.* n° 596.

580. Elle est signée des avoués de *toutes* les parties. *Ib*.

Il nous paraît difficile de concilier cette disposition avec l'opinion de M. E. Persil, n° 597, qui se contente du consentement de la majorité des créanciers pour obliger la minorité à la conversion, par argument de ce qui a lieu en matière de concordat. — V. *sup.* n° 568.

581. La demande ne peut plus être formée par exploit : l'accord des parties exigé par la loi doit résulter de leur requête collective.

582. Au bas de la requête le président rend une ordonnance qui porte que les pièces seront communiquées au ministère public et que le rapport en sera fait par un juge qu'il commet.

583. Le jugement est rendu à l'audience, — sur le rapport

d'un juge, et sur les conclusions du ministère public. C. pr.
746.

584. Si la demande est admise, le *tribunal fixe le jour de la
vente* et renvoie pour procéder à l'adjudication, soit devant un
notaire, soit devant un juge du siége, ou devant un juge d'un
autre trib. C. pr. 746.

585. *Si la demande est admise;* il résulte de ces mots que le
trib. est juge de l'opportunité et des avantages pour les parties
de la demande en conversion. E. Persil, n° 410. — Et qu'il
lui appartient de déterminer le mode de vente. — V. toutefois
Vente sur saisie, n° 607.

586. *Soit devant un juge de* TOUT AUTRE TRIBUNAL.

M. Gaillard de Kerbertin a demandé — 1° si le cas de renvoi
devant un juge de tout autre trib. est subordonné seulement à
la circonstance où des immeubles seraient situés dans un autre
arrondissement; — 2° si ce renvoi est attributif de compétence
en ce sens que le trib. étranger deviendrait juge des incidens de
l'ordre et de la distribution; — 3° s'il y aurait lieu de constituer avoué devant le trib. étranger.

M. Pascalis a répondu : — « Il peut arriver, dans des cas
très-rares, il est vrai (— V. C. pr. 743; Décr. de 1808), mais
qui peuvent se présenter, qu'il y ait des biens situés dans d'autres arrondissemens; alors on veut qu'il y ait un pouvoir de délégué à un juge d'un autre trib. pour que la vente puisse être
faite devant lui. » *Monit.* 19 janv. 1841, p. 146.

587. Le jugement de conversion n'est point signifié; — il
n'est susceptible ni d'opposition ni d'appel. C. pr. 746.

588. Si, après le jugement, il survient un changement dans
l'état des parties, soit pour décès ou faillite, soit autrement,
ou si les parties sont représentées par des mineurs, des héritiers
bénéficiaires ou autres incapables, le jugement continue à recevoir sa pleine et entière exécution. C. pr. 747. — C'est l'application du principe de l'art. 342 C. pr. Après le jugement de
conversion, l'affaire est réputée en état. On prévient ainsi bien
des difficultés.

589. Le jugement qui ordonne la conversion n'a pas pour
conséquence d'annuler la saisie dont les effets subsistent, il
substitue seulement un mode de procéder à un autre.

590. Ainsi, dans la huitaine du jugement de conversion,
mention sommaire en est faite, à la diligence du poursuivant,
en marge de la transcription de la saisie. C. pr. 748.

Les fruits immobilisés, en exécution des dispositions de
l'art. 682, conservent ce caractère, sans préjudice du droit qu'a
le poursuivant de former opposition au paiement des loyers et
fermages. (— V. *sup.* n° 234.)

Est également maintenue la prohibition d'aliéner faite par l'art. 686. *Ib.*

591. Les dispositions de l'art. 717 C. pr. sont-elles applicables à l'adjudication après conversion? — L'affirmative avait été soutenue par le ministre des travaux publics. *Monit.* 19 janv. 1841. Mais M. Pascalis a répondu avec raison que cet art. était spécial à l'adjudication sur saisie immobilière; que l'adjudicataire sur conversion avait pu s'entendre avec les vendeurs, connaître par eux quelle était la situation de la propriété, remonter à son origine et savoir s'il existait ou non des vendeurs non payés. Paignon, n° 206; Devilleneuve, 1841, 2, 594, note 2.

592. La conversion une fois ordonnée, le poursuivant dépose au greffe ou chez le notaire commis un cahier des charges rédigé dans la forme prescrite pour les ventes de biens de mineurs. — Arg. C. pr. 958.

593. Les enchères sont ouvertes sur le cahier des charges, *ib.* — V. *Vente judiciaire.*

594. On se conforme au surplus pour les affiches, placards et insertions destinés à donner de la publicité à la vente, et pour les formes de l'adjudication, aux règles tracées pour les ventes de biens de mineur. — V. *Vente judiciaire.*

595. La loi ayant prohibé les ventes volontaires devant le trib., dans l'intérêt des notaires, si la vente avait été renvoyée devant un juge, les parties, mêmes capables, ne pourraient renoncer à aucune des formalités prescrites. Pigeau, 2, 282; — il en est autrement si la vente a lieu devant notaire. *Ib.*; Carré, n° 2536.

596. Si la mise à prix (— V. *sup.*, n° 579) n'est pas couverte, il y a lieu d'ordonner un sursis; la vente ne peut pas avoir lieu instantanément au-dessous du chiffre fixé : en effet, on doit penser que la trop grande élévation de la première mise à prix a empêché les amateurs de se rendre à l'adjudication.

597. Après l'adjudication, — la surenchère du sixième dans la huitaine est seule autorisée. — V. *Vente sur surenchère.*

598. En cas de négligence du saisi autorisé à poursuivre la vente, le trib. peut subroger l'un des créanciers dans la poursuite : ils n'ont consenti la conversion que dans l'espérance d'une procédure plus rapide. Les trib. apprécient souverainement le point de savoir s'il y a eu négligence. Carré, n° 2459; Berriat, 609.

§ 9. — *Surenchère.*

599. La surenchère du sixième du prix principal de la

vente peut être faite dans les huit jours qui suivent l'adjudication par toute personne assistée d'un avoué. C. pr. 708. — V. *Vente sur surenchère.*

§ 10. — *Folle enchère.*

600. *Pour quelles causes la folle enchère peut être poursuivie?* — Elle peut l'être, soit *pour inexécution des conditions* exigibles de l'adjudication, avant la délivrance du jugement ou du procès-verbal d'adjudication, par exemple, si l'adjudicataire viole la clause qui interdit de changer la culture des biens, de démolir des bâtimens, jusqu'au paiement du prix, — soit pour défaut du paiement du prix. Arg. C. pr. 733, 734. — V. *Folle enchère,* n° 11 à 15, et *inf.,* n° 613.

601. *Par qui?* Ce droit appartient à tous ceux qui y ont intérêt, notamment, en *matière d'expropriation,* à tous les créanciers inscrits de la partie saisie.

602. L'art. 750 C. pr. qui accorde la préférence au saisissant pour la poursuite d'ordre ne peut être appliquée ni par analogie. Arg. Carré, n° 2518. Demiau, 461. — *Contrà,* Pigeau, 2, 157. — Cet auteur n'accorde la poursuite à un autre créancier que tout autant qu'il a mis en demeure le poursuivant.

603. Lorsque la procédure de folle enchère est entamée simultanément par divers créanciers, à qui la préférence doit-elle être accordée? — D'abord au saisissant; — 2° ensuite à celui du créancier qui est colloqué en première ligne. Paignon, n° 181. — On aurait pu, dit cet auteur, prévenir l'inconvénient d'une collision, en obligeant le poursuivant à faire viser par le greffier l'original du placard tendant à folle enchère.

604. Le droit de préférence sera réglé par le président du tribunal. — V. *sup.,* n° 170.

605. *Contre qui?* Contre l'adjudicataire et non contre le tiers détenteur. Arg. Cass. 27 mai 1835 (Art. 77 J. Pr.).

606. Il convient de mettre les tiers en cause, si l'on veut empêcher qu'ils forment tierce opposition au jugement d'adjudication sur poursuite de folle enchère.

607. La poursuite de folle enchère peut être repoussée par les incapables qui ont acheté sans les autorisations nécessaires.

608. *Devant quel tribunal?* La folle enchère doit être poursuivie devant le tribunal qui a connu de la saisie.

609. Le même tribunal connaîtra de la revente sur folle enchère, lorsque l'adjudication a eu lieu devant un notaire. C. pr. 964; — ou devant un juge commis.

610. *Dans quelle forme?* On distingue si la poursuite est

commencée avant ou depuis la délivrance du jugement ou
procès verbal d'adjudication.

611. Avant la délivrance du jugement d'adjudication, le
poursuivant doit se faire délivrer par le greffier un certificat
constatant que l'adjudicataire n'a point justifié de l'acquit des
conditions exigibles de l'adjudication. C. pr. 734.

Ce certificat suffit : aucune autre procédure ni jugement ne
sont exigés. C. pr. 735.

612. La délivrance de ce certificat peut être suspendue par
une opposition. C. pr. 734.

Mais il est statué sur cette opposition par le président du
tribunal, *en état de référé*, à la requête de la partie la plus diligente. *Ib.*

Le projet portait : « Le greffier sera tenu de délivrer le certificat nonobstant toutes oppositions. » — La commission de la
chambre des pairs a trouvé cette disposition trop absolue, elle
y a vu une sorte de déni de justice envers les opposans.

La loi ne peut pas frapper d'avance de réprobation des oppositions dont il est possible qu'elle n'ait pas prévu les causes ; elle
doit s'en rapporter à un juge, et non pas au greffier qui ne
serait pas même le maître de les apprécier. (*Rapport de M.
Persil*, p. 89) Ces raisons avaient déterminé la commission à
proposer de donner le droit au président de prononcer souverainement sur ces difficultés et de déclarer que son ordonnance
ne pourrait être attaquée, ni par opposition, ni par appel. —
M. Vivien, garde-des-sceaux, séance du 28 avril 1840, *Mon.*,
p. 830, 831, s'est opposé à cette rédaction ; il préférait celle
du projet. Sur ses observations et celles de M. Persil, on a accordé au président de prononcer seulement *en état de référé*.

La voie de l'opposition à cette ordonnance n'est pas recevable,
mais elle peut être attaquée par appel, comme toutes les autres
ordonnances de référé. Devilleneuve, 1841, 2, 592, note 2.

613. Après la délivrance du jugement d'adjudication, la
folle enchère peut être poursuivie trois jours après la signification du bordereau de collocation avec commandement. C. pr.
nº 735.

Ainsi le défaut de paiement du prix donne lieu à la *folle
enchère*. Sous l'ancien Code la question était controversée. —
V. ce mot, nº 7.

Mais il faut que l'ordre ait été poursuivi, les bordereaux de
collocation délivrés, et c'est seulement à défaut de paiement
des bordereaux que la folle enchère est autorisée ; on n'exige
point alors de certificat du greffier.

614. *Quid*, au cas de vente devant notaire, s'il n'y a point
de créanciers inscrits, et par conséquent s'il n'y a pas lieu à
ordre ? quelle est la formalité préalable qui doit être remplie

par le vendeur non payé? — Il suffit d'un commandement à la requête de ce dernier afin de paiement du prix, et trois jours après la revente par folle enchère peut être poursuivie. Arg. C. pr. 735.

615. Au reste, soit qu'il s'agisse d'une revente par folle enchère après adjudication devant le tribunal, ou devant un notaire, les mêmes formalités sont imposées, — sauf de légères différences pour le cahier de charges.

616. *Cahier des charges.* S'il s'agit de la revente d'un bien adjugé devant le trib., on se sert de l'ancien cahier de charges, pour porter à la suite la nouvelle adjudication. C. pr. 735.

617. S'il s'agit au contraire de la revente d'un immeuble adjugé devant un notaire, il faut déposer au greffe l'expédition du procès-verbal d'adjudication, pour servir d'enchère. C. pr. 964.

618. *Annonce de la revente.* Il faut apposer (une seule fois) de nouveaux placards, et faire insérer dans les journaux de nouvelles annonces dans la forme prescrite pour la vente sur saisie immobilière. C. pr. 735.

619. Ces placards et annonces indiquent en outre les noms et demeure du fol enchérisseur, le montant de l'adjudication, et le jour auquel doit avoir lieu la nouvelle adjudication. C. pr. 735.

620. La signification des jour et heure de l'adjudication doit être faite quinze jours avant l'adjudication, à *l'avoué de l'adjudicataire* et à *celui du saisi*; — si ce dernier n'en n'a pas constitué; elle est faite à domicile. C. pr. 736.

621. Il n'est pas nécessaire de faire, comme le proposait M. Vavin, cette signification aux créanciers inscrits, aux domiciles élus dans leurs inscriptions. — Alors même que l'adjudication sur folle enchère doit avoir lieu plus de trois mois après la première adjudication : ces créanciers ont été appelés à la saisie immobilière, ils ont dû en surveiller le résultat. Séance du 14 janv. 1841.

622. Un intervalle de quinze jours au moins, de trente jours au plus, doit exister entre les annonces et l'adjudication. C. pr. 735.

623. On n'exige ni nouvelle lecture, ni adjudication préparatoire; ces formalités, prescrites autrefois, sont supprimées, ainsi que les triples procès verbaux d'affiches et insertions. La vente primitive en est elle-même dispensée.

624. *Adjudication.* — Elle a lieu au jour indiqué, le *poursuivant* est seul admis à demander pour causes graves dûment justifiées, qu'elle soit remise à un autre jour. C. pr. 737. — V. *sup.* n° 531.

625. On observe les formalités prescrites par les art. 705 , 706, 707, 711. C. pr. 739.

626. Il ne doit pas être passé outre à l'adjudication , si le fol enchérisseur justifie de l'acquit des conditions de l'adjudication, et de la consignation d'une somme réglée par le président du trib. pour les frais de folle enchère. C. pr. 738.

Cette justification doit être faite au plus tard au moment indiqué pour l'adjudication.

627. Les formalités et délais prescrits par les art. 735, 736, 737, doivent être observées à peine de nullité. C. pr. 739.

628. Les moyens de nullité doivent être proposés et jugés comme il est dit art. 729 (— V. *sup*. n° 507 et suiv). C. pr. 739.

Les formalités ayant été restreintes à un très-petit nombre, il s'ensuit que les moyens de nullité sont également réduits à très-peu de cas.

629. La disposition de l'art 739 a été critiquée comme étant trop générale; elle autorise , non-seulement la partie saisie , mais même le fol enchérisseur à proposer des moyens de nullité contre la procèdure; le projet n'accordait ce droit qu'à *la partie saisie*. Malgré les observations de M. le garde-des-sceaux (*Mon*. 28 avril 1840, p. 830), la rédaction actuelle a été maintenue.

630. L'adjudication sur folle enchère est-elle susceptible de la *surenchère* du sixième? — V. ce mot.

631. *Voies contre les jugemens.* Aucune opposition n'est recevable contre les jugemens par défaut rendusen matière de folle enchère; les jugemens qui statuent sur les nullités peuvent seuls être attaqués par la voie de l'*appel*. dans les délais et suivant les formes prescrites par les art. 731 et 732. C. pr. 739.

— V. d'ailleurs *sup*. , n° 606.

632. Pourquoi permettre ici l'appel dans tous les cas, 'andis que en matière de saisie immobilière les jugemens rendus sur des nullités postérieures à la publication sont en dernier ressort? — Ne fallait-il pas du moins distinguer entre les moyens du fond et ceux de forme (Garde-des-sceaux , *Mon*. 28 avril 1840, p. 831).

Il a été répondu , qu'en matière de folle enchère il n'existe pas , comme dans la saisie immobilière, une première période qu'on puisse limiter; — que tout se tient ; qu'il n'y a qu'une formalité, la délivrance du certificat du greffier; que sur cette délivrance peuvent s'élever des difficultés relatives au fond et à la forme; sans doute il y a des annonces, des publications; mais elles ne peuvent être jugées qu'avant l'adjudication : l'adjudicataire est propriétaire jusqu'à résolution. Il a droit de défendre son titre par les moyens du fond comme par les moyens de forme. La procédure est une, indivisible et ne comporte pas de distinction. *Discours de M. le Rapporteur, même séance.*

633. *Effets de la folle enchère.* Le fol enchérisseur est tenu par corps de la différence entre son prix et celui de la revente sur folle enchère, sans pouvoir réclamer l'excédant s'il y en a ; cet excédant est payé aux créanciers, ou si les créanciers sont désintéressés, à la partie saisie. C. pr. 740.

L'adjudication primitive une fois résolue, l'adjudication sur folle enchère prend sa place, elle devient une véritable adjudication sur saisie immobilière, elle en produit tous les effets. — V. d'ailleurs *folle enchère*, n° 52 et suiv.

SECTION III.—*Timbre et Enregistrement.*

634. *Timbre.* — V. ce mot ; *Affiche* ; et *sup.* n° 305 .

635. *Enregistrement.* Le commandement tendant à saisie immobilière est passible du droit fixe de 2 fr. L. 28 avr. 1816, art. 43.

636. Il en est de même du procès-verbal de saisie.—Toutefois, il est dû un droit de 2 fr. par chaque vacation, c'est-à-dire par chaque séance signée de l'huissier, quel que soit du reste le nombre d'heures employées par vacation. Solut. rég. 22 nov. 1817 ; Délib. rég. 26 mai 1823.—Chaque séance doit être enregistrée dans les quatre jours de sa date ; elle constitue un acte séparé. Déc. min. just. et fin. 17 mai et 21 juin 1808.

637. Sont passibles du droit fixe de 3 fr., — outre le droit de rédaction de 1 fr. 25 c. — V. *Greffe (droits de)*, n° 54 : 1° la transcription de la saisie. L. 22 frim. an 7, art. 68 , § 2, n° 6; — 2° l'acte de dépôt du cahier des charges. *Ib.*

638. Sont soumis au droit fixe de 1 fr., 1° le certificat'd'insertion au journal ;—2° le cahier des charges. Inst. rég. n° 436.

639. Les autres actes de la procédure sont assujettis aux mêmes droits que les actes analogues faits dans les procédures ordinaires.—V. *Exploit, Sommation, Requête, Vente,* etc.

640. Les jugemens portant adjudication sur expropriation forcée sont passibles du droit de cinq et demi pour cent, quoiqu'ils ne soient pas sujets à la transcription. Cass. 25 juill. 1821, P. 16 , 803.—V. *Vente judiciaire.*

641. Toutefois, les droits d'enregistrement perçus sur le jugement d'adjudication doivent être restitués si le jugement est annulé plus tard par les voies légales. Av. Cons.-d'Ét., 22 oct. 1808.—V. d'ailleurs *sup.* n° 360.

642. La déclaration de command *proprement dite* (celle émanée d'un particulier qui s'est réservé de déclarer ultérieurement le nom du véritable adjudicataire), est sujette au droit fixe de 3 fr. L. 28 avr. 1816, art. 44. —¸Celle faite par l'avoué du nom de la personne pour laquelle il s'est rendu adjudicataire, n'est passible que du droit de 1 fr., comme complément. Sol. rég. 3 nov. 1830.

643. La réserve d'élire command doit être insérée dans l'acte d'adjudication, ou contenue au cahier des charges, elle ne pourrait être insérée utilement dans la déclaration, ou dans l'acceptation de command. Instr. rég. 16 juill. 1815. Arg.

644. Toutefois, il a été jugé que l'acceptation de la déclaration faite (le jour même de l'adjudication) par un tiers tant en son nom qu'au nom de plusieurs amis, ne donnait lieu à aucun droit proportionnel, attendu qu'il n'y avait pas revente. Cass. 23 avr. 1816, P. 13, 591.

645. — Pour le cas de revente sur *folle enchère.* — V. ce mot, nᵒˢ 63 à 66.

646. Enfin, l'adjudicataire peut être dépossédé par une surenchère *du sixième,* qui peut être formée par toute personne, dans la huitaine de l'adjudication. C. pr. 708. — V. *Vente sur surenchère.*

Section IV. — *Formules.*

FORMULE I.
Commandement tendant à saisie-immobilière.

(C. pr. 2 juin 1841, 673. — Tarif, 29. — Coût, 2 fr. orig.; 50 c. copie.)

L'an   , le   , en vertu de la grosse dûment en forme exécutoire d'une obligation passée devant Mᵉ   , qui en a gardé la minute, et son collègue, notaires à   , le   , dûment enregistrée; dont il est, en tête de celle des présentes, donné copie, et à la requête du sieur propriétaire, demeurant à   , pour lequel domicile est élu à   , en la demeure de Mᵉ   , avoué près le tribunal de première instance de (*lieu de la situation de l'immeuble que l'on se propose de saisir*), j'ai (*immatricule de l'huissier*), soussigné, fait commandement de par le roi, la loi et justice, au sieur   , demeurant à   , en son domicile, où étant et parlant à

De, dans trente jours pour tout délai, payer audit sieur   , ou présentement à moi, huissier, pour lui porteur de pièces, la somme totale de -   , composée 1° de celle de   montant en principal de l'obligation sus-énoncée, souscrite par le sieur   au profit dudit sieur   , et exigible aux termes de l'acte susénoncé depuis le   ; 2° de   , montant de   années des intérêts dont ladite obligation a été stipulée productive sur le pied de cinq pour cent par an sans retenue; à partir du   , lesdits intérêts payables aux termes de l'acte les   de chaque année, sans préjudice de tous autres dus, droits, actions, intérêts, frais, dépens et mises à exécution; lui déclarant que, faute de paiement et de satisfaire au présent commandement dans le délai ci-dessus fixé et icelui passé, il y sera contraint par toutes voies de droit, notamment par la saisie réelle de ses immeubles, et spécialement de la maison où il demeure, sise à   , hypothéquée et affectée au paiement en principal et accessoires du montant de la susdite obligation; à ce que du tout le susnommé n'ignore, je lui ai, domicile et parlant comme dit est, laissé copie tant de la grosse de l'obligation susénoncée que du présent.

Et j'ai fait viser le présent original par M. le maire de la commune de   (1), conformément à la loi. — Le coût du présent est de   (*Signature de l'huissier.*)

---

(1) Le visa est donné par le maire du lieu où l'acte est signifié : l'ancien code exigeait qu'il fut donné par le maire du domicile du saisi.
La loi nouvelle a supprimé la remise d'une copie au maire, comme inutile.

Vu par nous, maire (ou adjoint) de la commune de   à   , ce

(*Signature du maire.*)

FORMULE II.

Pouvoir donné à l'huissier pour procéder à la saisie.

(C. pr. 556.)

Je soussigné (*nom, prénoms, profession*) demeurant à   , donne pouvoir
à Me   , huissier à   , de, à ma requête, procéder à la saisie immobilière d'une maison sise à   , appartenant au sieur   , mon débiteur
(*indiquer si la maison est hypothéquée, pour quelle créance, en vertu de quel
acte.* — V. *sup.* Formule 1).

A l'effet de quoi j'ai remis audit Me   la grosse de ladite obligation, aux
effets ci-dessus, dresser tous actes et procès-verbaux nécessaires, prendre tous
visas, lever toute copie de la matrice du rôle de la contribution foncière, constituer tous avoués, et généralement faire tout ce qui sera nécessaire, promettant
l'avouer, et le ratifiant par avance   (*Signature de la partie.*)

FORMULE III.

Procès-verbal de saisie immobilière.

(L. 2 juin 1841, 675 et 676.—Tarif, 47, 48.—Coût, pour vacation de trois heures,
6 fr.; chaque vacation subséquente, 5 fr.; le quart pour chaque copie.)

L'an   , le   , heures   , en vertu de la grosse, etc.,
(— V. *sup.*, Formule 1) dont il a été précédemment donné copie, avec le commandement dont sera ci-après parlé, et à la requête du sieur   , demeurant à   , pour lequel domicile est élu à   , en l'étude de Me
avoué près le tribunal de   , lequel occupera sur la présente saisie immobilière et ses suites, j'ai (*immatricule*), soussigné, en continuant les poursuites
encommencées par exploit de   , huissier, en date du   , enregistré, et faute par le sieur (*nom, prénoms, profession, domicile*), d'avoir satisfait audit acte contenant commandement à la requête dudit sieur   , audit sieur   , de   , etc. (— V. Formule 1) avec déclaration que, faute
de payer dans ledit délai, il y serait contraint par la saisie réelle de l'immeuble
ci-dessus désigné.

Et revêtu des marques distinctives de ma profession, porteur du pouvoir spécial à l'effet des présentes, donné par ledit sieur   , par acte sous seing
privé, à   , le   , enregistré à   , le   folio   , par   ,
qui a reçu   , duquel pouvoir copie est donnée en tête de celle des présentes, me suis transporté en la commune de   , arrondissement de
département de   , au devant d'une maison sise en ladite commune,
rue   , numéro   et dont la désignation suit :

*S'il n'y a pas de numéro sur la maison saisie, la loi exige l'indication de
deux tenans et aboutisans,*

Si ce sont des biens ruraux, il faut indiquer : la désignation des bâtiments
quand il y en a, la nature et la contenance approximative de chaque pièce, le
nom du fermier ou colon, s'il y en a, l'arrondissement et la commune où les biens
sont situés, *ib.* 675.

Désignation.

Cette maison est composée de trois étages, elle est couverte en tuiles, etc. (1).
Cette maison a son entrée principale par une porte cochère; en entrant par la
susdite porte principale est une grande cour, en partie pavée; à droite d'icelle
est un puits garni de sa manivelle, supportée par une charpente.

(1) On peut se dispenser de donner une désignation détaillée et nota ment de l'*extérieur* des objets saisis. — Il suffit de l'indication de la rue et du numéro de la maison
saisie pour la reconnaître et éviter toute confusion. — A l'égard des bâtimens ruraux il
suffit également d'indiquer la nature des bâtimens, de spécifier si c'est un corps de ferme,
une grange, etc., ou une maison d'habitation. — V. *sup.* 122.

En face de ladite entrée, est le principal corps de bâtiment composé d'un rez-de-chaussée, etc., éclairé par   , couvert en tuiles.

A droite d'icelui, est un autre corps de bâtiment en aile, faisant l'encoignure de la rue   , composé d'un rez-de-chaussée, etc.

A gauche du principal corps de bâtiment est un autre corps de bâtiment également en aile, composé de

Toute la superficie desdits bâtimens et cour est d'environ   ares, centiares

Cette maison et les dépendances sont imposées au rôle des contributions foncières de la ville de   , pour l'année 1842   , à la somme de   , ainsi que le constate l'extrait dont la teneur suit :

« Copie de la matrice du rôle de la contribution foncière de l'an   , commune   , arrondissement   , quartier   , rue   , no et   du rôle, art.   Sieur   , pour sa maison et terrain compris, d'un produit évalué ensemble à   francs, cotisés sur un produit net de   . Principal et centimes additionnels réunis d'après la matrice du rôle de l'an   , fr. Certifié conforme à la matrice foncière de l'an   , par nous, membres composant la commission des contributions directes de la ville de   . Délivré à   , le   , à la réquisition de

(*Signatures des commissaires.*) »

On insère cette copie telle qu'elle a été délivrée. — *La loi nouvelle ne se contente pas d'un extrait.*

Tous lesquels biens ci-dessus décrits en fonds et superficie et revenu de toute espèce, j'ai, huissier susdit et soussigné, par ces présentes saisi réellement et mis sous la main du roi, la loi et justice, sur le sieur   , ci-dessus dénommé, qualifié et domicilié, et ce, afin d'avoir paiement de la somme totale de   , pour les causes énoncées au commandement susrelaté, sans préjudice des réserves énoncées au commandement susdaté pour, par suite des présentes, être, lesdites maison et dépendances, sises à   , vendues et adjugées après l'accomplissement des formalités voulues par la loi, à l'audience des saisies immobilières du tribunal de première instance de   , au Palais-de-Justice, local de la première chambre dudit tribunal, issue de l'audience ordinaire, auquel tribunal la présente saisie sera portée ; et de tout ce que dessus j'ai rédigé le présent procès-verbal, auquel j'ai vaqué depuis ladite heure de   , jusqu'à celle de   , et j'ai à l'instant fait viser le présent original avant l'enregistrement, par M. le maire de la commune de   (1). Le coût du présent est de   . (*Signature de l'huissier.*)

Visé par nous, maire (ou adjoint) de la commune de   , arrondissement de   , le présent procès-verbal de saisie immobilière.

A   ce   (*Signature du maire.*)

FORMULE IV.

Dénonciation à la partie saisie du procès-verbal de saisie.

(L. 2 juin 1841, 677.—Tarif, 49.—Coût, 2 fr. 50 c. orig. ; le quart pour la copie.

L'an   , le   , à la requête du sieur   , etc., pour lequel domicile est élu en la demeure de Me   , avoué au tribunal de   , sise à   , lequel est constitué et continuera d'occuper sur la poursuite de saisie immobilière, dont sera ci-après parlé, j'ai (*immatricule de l'huissier*), soussigné, signifié, dénoncé et avec celle des présentes donné copie au sieur   , demeurant à   , en son domicile, en parlant à

1° D'un procès-verbal de moi, huissier soussigné du   , dûment enregistré, contenant saisie réelle sur ledit sieur   , à la requête dudit   de la maison où il demeure, et dépendances, sises à   , rue   , n°

2° Du visa, étant sur ledit procès-verbal, donné et fait par M. le maire de la commune de   , le   .

---

(1) Si la saisie comprend des biens situés dans plusieurs communes, le visa est donné par chacun des maires à *la suite de la partie* du procès-verbal relative aux biens situés dans sa commune. *Ib.* art. 676.

On rejeterait de la taxe les frais de transport réclamés par l'huissier pour aller requérir ultérieurement le visa.

A ce que le sus nommé n'en ignore, et je lui ai, en parlant comme dessus, laissé copie du présent original, qui a été visé à l'instant par M. le maire de la commune de   , et dont le coût est de

(Signature de l'huissier.)

Vu par moi, maire du   , arrondissement, à   , le   (1).

(Signature du maire.)

FORMULE V.

Opposition entre les mains des fermiers et locataires.

(L. 1841, art. 685. — Ordon. 10 oct. 1841, art. 3, — Coût, 2 fr. orig.; 50 c. cop.).

L'an   le   à la requête du sieur   , demeurant à   , pour lequel domicile est élu à   en la demeure de M⁰   , avoué près le tribunal de première instance de   , lequel occupera pour le requérant sur tous incidents relatifs à l'opposition ci-après, j'ai *(immatricule de l'huissier)*, soussigné, signifié, et déclaré au sieur   locataire d'une maison où il demeure, sise à   en son domicile et parlant à

Qu'il est opposant, comme par les présentes, Il s'oppose à ce que le dit sieur se dessaisisse, paye et vide ses mains, en celles de qui que ce soit, des sommes qu'il doit ou devra ou pourra devoir au sieur   , demeurant à   , pour raison des loyers échus depuis le   et à échoir, des lieux qu'il tient à loyer dudit sieur   en ladite maison   à peine de payer deux fois et de toutes pertes, dépens, dommages et intérêts.

La présente opposition formée pour sûreté et avoir paiement de la somme de   due au requérant par le sieur   , aux termes d'une obligation contenant hypothèque sur ladite maison, passée devant M⁰   et son collègue   notaires à dûment enregistrée.

Et de plus ladite opposition formée en vertu de l'art. 685. L. 2. juin 1841, par suite de la saisie immobilière de ladite maison pratiquée sur le sieur   par procès verbal de   huissier en date du   dénoncée au sieur par acte du ministère de   huissier, en date du   lesdits actes dûment enregistrés, le   et transcrits au bureau des hypothèques de

Déclarant au sus-nommé qu'il ne pourra se libérer des loyers par lui dus et immobilisés aux termes dudit art. 685 à partir de la transcription de ladite saisie que par le paiement des bordereaux de collocation qui lui seront signifiés, ou par le versement, s'il le préfère, desdits loyers à la caisse des consignations.

A ce qu'il n'en n'ignore et je lui ai, en parlant comme dessus, laissé copie du présent dont le coût est de   *(Signature de l'huissier.)*

NOTA. Cette opposition n'est point assujettie aux formalités des saisies arrêts; la dénonciation, la demande en validité, celle en déclaration affirmative, ne sont point exigées.

Elle peut être formée par le créancier qui a poursuivi l'expropriation, ou par *tout autre créancier.* Faut-il qu'il soit hypothécaire? la loi ne l'exige pas. Mais à quoi pourrait servir cette opposition aux créanciers chirographaires, à cause de l'immobilisation?

FORMULE VI.

Enchère.

(C. pr. 697. — Ord. 1841, art. 11. — Coût, 2 fr. par rôle.)

CAHIER

DES CHARGES, CLAUSES ET CONDITIONS

Auxquelles seront adjugées à l'audience des saisies immobilières du tribunal

---

(1) Cette dénonciation est transcrite au bureau des hypothèques dans la quinzaine, en même temps que le procès-verbal de saisie.
Pour les effets de cette transcription. — V. *sup.* nº 177:

de première instance de   , séant à   , sur saisie-immobilière, au plus offrant et dernier enchérisseur,

Une maison et dépendances sises à   appartenant à M.   (nom, prénom, profession et demeure), à la requête, poursuite et diligence de M. (nom, prénoms, profession) demeurant à   , ayant pour avoué Me (nom, prénoms), demeurant à

Lequel occupe pour lui sur la présente poursuite de saisie immobilière.

ÉNONCIATIONS PRÉLIMINAIRES.

En vertu d'un jugement, etc., ou d'une obligation passée devant Me notaire à   , (énoncer le titre en vertu duquel la vente se poursuit.) M.   , a suivant exploit   de huissier à   en date du   fait faire commandement à M.   (noms, etc., de la partie saisie) de payer audit sieur   , la somme de   , avec déclaration que faute de paiement il serait procédé à la saisie des immeubles du dit sieur   (les énoncer). Ce commandement en tête duquel il a été donné copie entière du jugement ou de l'obligation notariée susénoncée, a été visé ledit jour par M. le maire de et porte cette mention, enregistrée à Paris le   , f.   , case   , reçu   , signé.

Suivant un procès-verbal dressé par   , huissier à   , il a été à la requête dudit sieur   , procédé sur ledit sieur   , à la saisie immobilière de   , ledit procès-verbal contenant toutes les énonciations prescrites par l'art. 675 du Code de procédure civile du 2 juin 1841, et visé avant l'enregistrement, par M. le maire de   , porte cette mention   , enregistré à   , etc.

Ce procès-verbal de saisie immobilière a été dénoncé audit sieur suivant exploit de   , huissier à   , en date du   , dont l'original a été visé dans le jour par M. le maire de   , et porte cette mention, enregistré à   , etc.

Ledit procès-verbal et l'exploit de dénonciation transcrits au bureau des hypothèques de   , le   , no,   , par M. le conservateur des hypothèques.

Si d'autres formalités ont été remplies avant le dépôt du cahier des charges, elles sont énoncées.

DÉSIGNATION.

Maison sise à   , rue de   , n.   , commune de   , arrondissement de   , département de

(Il faut copier ici la désignation telle qu'elle est faite sur le procès-verbal de saisie.)

PROPRIÉTÉ.

(On établit le mieux qu'il est possible, d'après les titres que l'on a entre les mains, de quelle manière la propriété mise en vente appartient au saisi.)

La loi n'impose pas l'obligation d'établir la propriété, pour les ventes sur saisie immobilière, si on n'a pas tous les documens pour le faire convenablement, il vaut mieux omettre entièrement ces énonciations.

CHARGES, CLAUSES ET CONDITIONS. — V. *Ventes judiciaires.*

MISE A PRIX.

Et en outre, le poursuivant enchérit et met à prix ladite maison à la somme de   fr. qui servira de première enchère que porte le poursuivant, ci.....

Fait et rédigé à   par l'avoué soussigné   le

(Signature de l'avoué.)

FORMULE VII.

Dépôt du cahier d'enchère.

(L. 2 juin 1841, art. 690.— Ord. 1841, art. 11. Vacation, 3 fr.)

L'an   , le

Est comparu au greffe   , Me   , avoué en ce tribunal et du

eur   , poursuivant la saisie immobilière d'une maison sise à
r le sieur
Lequel a déposé en ce greffe, le cahier d'enchère, contenant les clauses et
nditions auxquelles sera adjugée la maison dont s'agit   , dont la lecture et
blication aura lieu le   , pour être ensuite procédé ultérieurement à
djudication de ladite maison.
Duquel dépôt le comparant a requis acte à lui octroyé,

(*Signature de l'avoué.*)

FORMULE VIII.

*Sommation à la partie saisie de prendre communication du cahier
des charges et d'assister à sa lecture et publication.*

(L. 2 juin 1841, art. 691. — Coût des exploits ordinaires.)

L'an   , le   .
A la requête du sieur   , j'ai,   soussigné fait sommation au
eur   , partie saisie, de prendre communication du cahier des charges contenant
s clauses et conditions auxquelles sera vendue la maison dont il s'agit, et de
urnir les dires et observations qu'il jugera convenables sur le dit cahier d'en-
ère dressé par Me   , le   , dûment enregistré et déposé au
effe par acte du   , aussi dûment enregistré.
Lui faisant également sommation d'être présent, si bon lui semble, à la lecture
publication dudit cahier d'enchère ainsi qu'à la fixation du jour de l'adju-
cation.
A ce que le susnommé n'en n'ignore, et je lui ai, en son domicile, et parlant
mme dessus, laissé copie du présent, dont le coût est de

(*Signature de l'huissier.*)

FORMULE IX.

*Sommation aux créanciers inscrits d'être présens à la publication de
l'enchère*

(L. 2 juin 1841, art. 692.)

L'an   , le   ; j'ai
A là requête de   .
Soussigné fait sommation 1o au sieur   , demeurant à   , au
micile par lui élu en son inscription prise le   , vol.   , no
 bureau des hypothèques de   , en la demeure de   , ou étant et
rlant à
2o   — 3o   — 4o   .
De prendre communication du cahier des charges. (— V. la formule qui
écède.)

FORMULE X.

Original du placard pour les affiches et insertions.

. 2 juin 1841, art. 696, 699. — Arg. — Ord 1841 art. 11. — Rédaction de l'o-
riginal servant de placard 6 fr.; de celui inséré au journal 2 fr.

DE PAR LE ROI, LA LOI, ET JUSTICE.

VENTE SUR SAISIE IMMOBILIÈRE.

En l'audience des ventes sur saisie immobilière du tribunal de   séant,
Palais-de-Justice à
D'une maison sise à   , rue   , no
L'adjudication définitive aura lieu le   , heure de midi.
On fait savoir à tous qu'il appartiendra, qu'il sera procédé à la vente et adju-
ation de la maison ci-après désignée.

Désignation.

D'une maison sise à   , rue   , etc. (*Copier celle du procès-verbal de saisie*) Tous lesdits biens saisis à la requête du sieur   , demeurant à rue   , ayant pour avoué M•   (*nom, prénoms*), avoué au tribun de   , demeurant à   , lequel est constitué et continuera d'occuper sur la poursuite de saisie immobilière dont s'agit ; sur le sieur demeurant à   , arrondissement municipal de la ville de commune et arrondissement de   , département de   Par procès verbal de   , huissier à   , en date du   , visé le   , par M.   maire, enregistré le   , par   qui a reçu   , transcau bureau des hypothèques de   , le   vol.   , t.•   par le conservateur qui a reçu   . Ladite adjudication aura lieu sur la mise prix de. . . . .   3,000 f Pour original.   (*Signature de l'avoué.*)

Enregistré à   , le   . Reçu

FORMULE XI.

Procès-verbal d'apposition d'affiches.

(L. 2 juin 1841, art. 699.—Ordon. 1841, art. 4 —Coût, 8 fr.)

L'an   , le   , à la requête du sieur   , demeurant à poursuivant sur le sieur   , la saisie d'une maison où il demeure, et dépendances, sises à   , pour lequel domicile est élu, etc., je (*immatricule de l'huissier*), soussigné, certifie m'être exprès transporté, en la commune de assisté du sieur   , afficheur, lequel, en ma présence, a apposé à chacun des endroits désignés par la loi, des exemplaires d'un placard, indiquant qu'il ser procédé en l'audience des ventes sur saisies immobilières du tribunal de séant à   , au Palais-de-Justice, local de la première chambre dudit tribunal, issue de l'audience ordinaire, à l'adjudication d'une maison et dépendance sises à   , rue   , commune de   , arrondissement de appartenant au sieur   (*nom, profession, demeure*), et saisies sur lui à l requête dudit sieur   ; et j'ai rédigé le présent procès-verbal auquel j'ai annexé un exemplaire dudit placard, et j'ai fait viser le présent procès-verbal par MM. les maires et adjoints des arrondissemens dans lesquels l'apposition a été faite, le coût du présent procès-verbal est de

(*Signature de l'huissier et de l'afficheur.*)

Vu par nous maire de la commune de A   ce   1842.   (*Signature du maire.*)

Nota. — Ce procès-verbal est rédigé sur un exemplaire du placard, le visa est donné au bas de cet acte. — Par ce moyen la preuve de l'accomplissement de toutes les formalités se trouve réunie dans un seul acte. — On évite l'annexe du placard (1).

FORMULE XII.

Dire, avant l'adjudication.

(L. 2 juin 1841. Arg. 701.—Ord. 1841, art. 11.—Vacation à l'adjudication, 15 fr.

Et le Est comparu au greffe M•   , avoué du sieur   , ci-devant qualifié e domicilié ;

Lequel a dit qu'indépendamment des actes et formalités précédemment énoncées, il a, suivant un procès-verbal de   , en date du   , dûment enregistr et visé le même jour par les maires des communes de   , fait apposer, au

___

(1) Une seule insertion, et un seul procès-verbal d'affiches sont autorisés

lieux prescrits par la loi, des placards imprimés, indicatifs de l'adjudication des dits biens saisis, au

Que de plus, il a fait insérer dans le journal judiciaire du département de désigné conformément à la loi de   une annonce indicative de ladite adjudication, ainsi qu'il résulte de la feuille dudit journal, en date du revêtue de la signature de l'imprimeur, légalisée par le maire, pourquoi il requiert que demain (*quantième*), il soit procédé à l'adjudication desdites maison et dépendances, aux clauses, charges et conditions insérées en la présente enchère. Déclarant en outre que les frais faits pour parvenir à ladite vente s'élèvent et ont été taxés à la somme de   , lesquels seront payés au dit M⁸ avoué poursuivant, par l'adjudicataire en sus du prix de son adjudication, conformément à l'art.   des clauses de ladite enchère.

Dont et de quoi ledit sieur   a requis acte à lui octroyé, et a signé avec le greffier.   (*Signature de l'avoué et du greffier.*)

FORMULE XIII.

Pouvoir donné à l'avoué pour enchérir.

(L. 2 juin 1841, 707.—Ord. 1841, art. 11.—Coût, 7 fr. 50 c. pour enchérir; 15 fr. pour se rendre adjudicataire; 6 fr. pour la déclaration de command.)

Je   soussigné, demeurant à   , donne pouvoir à M⁸   , avoué, de, pour moi et en mon nom, se rendre adjudicataire pour la somme de   , outre les charges, d'une maison et dépendances sises à   , dont la vente, par suite de saisie immobilière, est poursuivie contre le sieur   , promettant avoir ladite adjudication pour agréable, et me soumettant à signer la déclaration de command quien sera faite à mon profit, et à garantir et indemniser ledit M⁸   de toutes choses relatives à ladite adjudication.

Fait à   , le   (*Signature de la partie.*)

FORMULE XIV.

Requête pour avoir permission de saisir tous les biens d'un débiteur, situés dans plusieurs arrondissemens.

(L. 14 nov. 1808.—L'ord. de 1841 n'alloue aucun émolument spécial.— V. les art. 7, 17, et 20.

A M. le président du trib. de première instance de

Le sieur   , demeurant à   , ayant pour avoué M⁸   , a l'honneur de vous exposer qu'il est créancier hypothécaire du sieur   , demeurant à

Que ledit sieur   est propriétaire de diverses pièces de terres, situées les unes dans l'arrondissement du tribunal de   , et les autres dans l'arrondissement du tribunal de

Qu'il est justifié par les états d'inscriptions et les extraits de matrice de rôle ci-joints, que la valeur de toutes lesdites terres est inférieure aux créances dues.

Pourquoi, M. le président, il vous plaira, aux termes des dispositions de la loi du 14 nov. 1808, permettre à l'exposant de faire procéder simultanément à la saisie de tous lesdits biens, dans les formes et les délais du C. pr. civ.; et vous ferez justice.   (*Signature de l'avoué.*)

FORMULE XV.

Assignation en référé pour demander que le saisi qui a dégradé ne soit plus séquestre judiciaire.

(L. 2 juin 1841, 681.—Ord. 1841, art. 3.—Coût, 2 fr. orig.; 50 c. copie.)

L'an   , le   , etc. (— V. *Référé*, Formule 1).

Pour, attendu que depuis que les maisons et dépendances, sises à   , ont été saisies sur le sus-nommé à la requête dudit sieur   , par procès-verbal

de   , en date du   , dûment enregistré, visé, transcrit et dénonc
aux termes de la loi, ledit sieur   , qui en est resté en possession, a commi
des dégradations dans ladite maison;

Attendu que ces dégradations ne permettent pas de laisser plus long-temp
ledit sieur   , séquestre judiciaire des biens sur lui saisis; au principal, vo
renvoyer les parties à se pourvoir, et cependant, dès à présent et par provision
entendre dire et ordonner qu'il sera fait défense au sus-nommé de gérer et ad
ministrer les biens sur lui saisis, et qu'il sera commis par M. le président un sé
questre auxdits biens, lequel les gérera, administrera seul jusqu'au jour de leu
adjudication, veillera à leur conservation, et sera à cet effet autorisé à s'établi
dans la maison, et même, en cas de résistance, à se faire assister du com
missaire de police, et à requérir, si besoin est, la force armée, ce qui ser
exécuté nonobstant l'appel et sans y préjudicier, etc.

FORMULE XVI.

Assignation en référé pour faire ordonner la coupe et la vente des récoltes

(L. 2 juin 1841, 681. — Coût. — V. formule XV.)

L'an   , le   , (V. — *référé, formule* 1.)
Pour, attendu qu'il existe sur les immeubles saisis sur le sieur   pa
procès-verbal du ministère de huissier, en date du   , des récoltes de foin
dont il est important de conserver le produit au requérant et aux autres créan
ciers du sieur

Que si ces récoltes étaient recueillies par le sieur   , sa mauvaise
administration et l'état de gêne dans lequel il se trouve, empêcheraient qu'il pû
en rendre aucunement compte à ses créanciers.

Il plaise à M. le président du tribunal

Ordonner par provision, et en état de référé, que les dites récoltes seront cou-
pées à leur maturité, sous la surveillance du garde champêtre de la commune d
    par les ouvriers choisis par ce dernier.

Pour le produit des dites récoltes être vendu aux enchères sur les lieux où elle
se trouvent, après leur coupe (ou même sur pied; par le ministère du sieur
    huissier à   commis à cet effet après l'accomplissement des for-
malités prescrites par la loi.

Si la récolte est de peu d'importance, on met : pour les dites récoltes êtr
vendues sur pied à l'*amiable* par le requérant, autorisé à cet effet par la présente
ordonnance, après estimation préalable faite par le garde champêtre de la commune.

Pour le prix de la dite vente être versé et déposé à la caisse des dépôts et consignation et être distribué avec le prix de l'immeuble par ordre d'hypothèque
conformément à l'art. 682 même loi.

Et j'ai au susnommé en son domicile et parlant comme dessus laissé copie du
présent dont le coût est de

                                        (*Signature de l'huissier.*)

FORMULE XVII.

Signification aux créanciers inscrits de l'acte constatant la consignatio
faite par l'acquéreur de l'immeuble saisi.

(L. 2 juin 1841, 687.—Ord. 1841, art. 3 — Coût, 2 fr. orig.; 50 c. copie.)

L'an   , le   , à la requête du sieur   , demeurant à
pour lequel domicile est élu   , etc., j'ai   (*immatricule de l'huissier*)
soussigné, signifié, et avec celle des présentes donné copie, 1° au sieur
créancier saisissant, demeurant à   , etc.

2° Au sieur   , demeurant à   , au domicile par lui élu en son inscription, chez M°   , audit domicile, en parlant à

3° Au sieur   , etc.

D'une quittance délivrée le   , audit sieur   , par M. le caissier de la
caisse des dépôts et consignations, de la somme de   , déposée par ledi

sieur   , à l'effet d'acquitter en principal, intérêts et frais, toutes les créances inscrites, et grevant une maison, jardin et dépendances, sis à   , rue et celle du sieur   *créancier saisissant* (1), le tout vendu par le sieur au requérant, par contrat passé, etc., lesquels biens avaient été saisis réellement sur le sieur   , à la requête du sieur   , par procès-verbal de   , huissier, en date du   etc.; à ce que de ladite quittance les sus-nommés n'ignorent, et le sieur   , l'un d'eux, ait à cesser les poursuites de ladite saisie immobilière, à peine de tous dépens et dommages intérêts; et j'ai, auxdits sus-nommés, domiciles et parlant comme dessus, laissé à chacun séparément copie de ladite quittance et du présent exploit, dont le coût est de

(*Signature de l'huissier.*)

FORMULE XVIII.

Dénonciation d'une saisie plus ample au premier saisissant.

(C. pr. 720.—Ord. 1841, art. 7. — Coût, 3 fr. orig. ; 75 c. copie.)

A la requête du sieur   , demeurant à

Soit signifié, dénoncé, et avec celle des présentes donné copie à M^e avoué du sieur   (*premier saisissant*)

1o D'un procès-verbal de   , huissier à   , en date du   , contenant à même requête que dessus, saisie immobilière d'une maison sise à appartenant au sieur   , demeurant à   , plus d'un jardin de la contenance de   , attenant à la dite maison, dûment enregistré et visé, transcrit au bureau des hypothèques de   , en ce qui concerne seulement ledit jardin saisi ;

2o De la mention de la transcription sus-énoncée faite audit bureau, le vol.   , n^o

A ce que du contenu audit procès-verbal de saisie immobilière le sus-nommé, pour sa partie, n'en ignore ; le sommant en conséquence de se mettre en état de poursuivre sur lesdites deux saisies, réunies de droit; à ce que pareillement il n'en ignore, D. A.   (*Signature de l'avoué.*)

FORMULE XIX.

Acte pour demander la subrogation à une poursuite de saisie immobilière.

(L. 2 juin 1841, 721, 722. — L'ordon. de 1841 n'alloue aucun émolument spécial.—V. les art. 7, 17 et 2o.

A la requête du sieur   , demeurant à
Soit sommé M^e , avoué du sieur   , de comparaître (*jour, quantième*), heure   , à l'audience et par-devant MM. les président et juges composant la chambre des saisies immobilières du tribunal de   , à l'issue de l'audience ordinaire ;

Pour, attendu que par acte du   , dûment enregistré, le sieur   a dénoncé au sieur   la saisie par lui faite, des maisons et jardin, de la contenance de   , sis à   , sur le sieur   , par procès-verbal de en date du   , dûment enregistré, visé et transcrit pour les objets non compris dans la saisie du sieur   ;

Attendu que, depuis cette dénonciation, il s'est écoulé plus d'un mois sans que ledit sieur   ait fait la moindre diligence sur ces deux saisies réunies de droit.

Voir dire et ordonner que le requérant sera et demeurera subrogé au sieur dans la poursuite des deux saisies dont s'agit, à l'effet de la continuer et de suivre sur icelle aux termes de la loi : en conséquence, entendre ordonner que, dans les vingt-quatre heures de la signification du jugement à intervenir, le sieur sera tenu de remettre au requérant, sur le récépissé de M^e , son avoué,

---

(1) Cette innovation a éprouvé beaucoup d'opposition. — V. *sup.* n. 202.

toutes les pièces de la procédure par lui faites jusqu'à ce jour; à quoi faire ledit sieur   contraint, quoi faisant, bien et valablement quitte et déchargé ; et en cas de contestation, condamner le sus-nommé aux dépens, dont, en tout événement ledit sieur   , sera autorisé à faire l'emploi par privilège, comme de frais extraordinaires de poursuite de saisie immobilière, aux offres de droit. D. A.

(*Signature de l'avoué.*)

NOTA. Dans la pratique on signifie cet acte sous la forme de conclusions, et l'on donne séparément avenir pour plaider sur ces conclusions.

FORMULE XX.

Conclusions en réponse à une demande en subrogation.

(L. 2 juin 1841. — — V. *sup.* formule XIX.

Conclusions.

Pour le sieur   , etc. — Contre le sieur   , etc.

Il plaise au tribunal, sans avoir égard à la demande en subrogation de poursuite de saisie immobilière formée par le sieur   , par acte du   , et dans laquelle demande en subrogation ledit sieur   , sera déclaré non-recevable, ou en tous cas, mal fondé, ordonner qu'il sera passé outre à la poursuite de la saisie immobilière, commencée sur le sieur   , d'une maison et dépendances sises à   , par procès-verbal du   , et ce à la requête et diligence du sieur

Et condamner le sieur   , aux dépens, qu'il ne pourra employer en frais extraordinaires de poursuite de saisie, et qu'en tous cas le sieur   pourra, au contraire, employer en frais extraordinaires de poursuites, et dont la distraction sera faite au profit de M°   , avoué, qui la requiert, comme les ayant frayés et déboursés de ses deniers.   (*Signature de l'avoué.*)

FORMULE XXI.

Conclusions pour demander la distraction de tout ou partie de l'objet saisi.

(L. 2 juin 1841, 727, 728. — V. *sup.* formule XIX.)

Conclusions.

Pour, le sieur   , etc.

Contre, 1o le sieur   , demeurant à   , poursuivant la vente sur saisie immobilière d'une maison, jardin et dépendances sis à   , défendeur, ayant M°   pour avoué.

2o Le sieur   , demeurant à   , partie saisie, défendeur, ayant pour avoué M°   ;

3o Le sieur   demeurant à   , créancier, premier inscrit, sur le sieur   , aussi défendeur, ayant M°   pour avoué;

4o Et M°   , avoué, adjudicataire provisoire, sous réserves de command des biens saisis.

Il plaise au tribunal recevoir ledit sieur   partie intervenante dans la poursuite de vente par suite de saisie immobilière dont s'agit, et, faisant droit sur son intervention, lui donner acte de ce qu'il prend pour trouble apporté à sa jouissance et à sa propriété d'un jardin de la contenance de   , situé à   . la saisie immobilière qui en a été faite avec d'autres biens sur le sieur

Et attendu que ledit jardin n'a jamais appartenu et n'appartient pas audit sieur   , mais est la propriété personnelle du requérant, ainsi qu'il résulte de la vente qui lui en a été faite par contrat passé devant M°   , qui en a gardé minute, et son confrère, notaires à   , le   , dûment enregistré;

Attendu que le sieur ne jouit du jardin dont s'agit qu'à titre de locataire, ainsi que le constate le bail sous seing privé, qui lui en a été passé par le requérant le   , enregistré le   , par   , qui a reçu

Attendu en conséquence que la saisie immobilière faite à la requête dudit sieur   , sur ledit sieur   , par procès-verbal de   , huissier, en date du   , ne peut frapper sur ledit jardin, puisqu'il n'appartient pas au débiteur du sieur

Ordonner que le jardin de la contenance de   , attenant à la maison du sieur   , sise à   , compris à tort dans la saisie immobilière faite sur ledit sieur   , à la requête du sieur   , par procès-verbal de   sera distrait de ladite saisie et de la vente que le sieur   poursuit.

En conséquence, que la saisie dont s'agit sera rayée, en ce qu'elle comprend ledit jardin, des registres où elle est inscrite, au bureau des hypothèques de   , et qu'en marge, ou à la suite du cahier des charges, et de tous actes et procès-verbaux dans lesquels est compris ledit jardin, mention sera faite du jugement à intervenir, en ce qu'il ordonnera ladite distraction ; à faire lesquelles radiation et mention seront tous conservateurs des hypothèques contraints sur la représentation dudit jugement ; quoi faisant, bien et valablement quittes et déchargés, et condamner ledit sieur   (le saisissant), ou autres contestans, aux dépens.

Et à l'appui de la présente demande en distraction, il est avec celle des présentes donné copie de l'acte, constatant le dépôt fait au greffe par le requérant, 1o du contrat de vente, etc. ; 2o du bail, etc.

FORMULE XXII.

Conclusions en réponse à une demande en distraction.

(C. pr. 727.— Tarif, 122. — V. *sup.* formule XIX.)

Pour le sieur   , etc.

Il plaise au tribunal donner acte au sieur   , de ce que, pour réponse à la demande du sieur   , formée par sa requête du   , à fin de distraction d'un jardin sis à   , compris en la saisie immobilière faite sur le sieur   par procès-verbal du   , ledit sieur emploie les moyens contenus en la présente requête ; ce faisant, attendu que l'acte de vente faite audit sieur   est nul, le déclarer purement et simplement non-recevable dans sa demande et le condamner aux dépens, qu'en tout événement, le sieur   sera autorisé à employer en frais extraordinaires de poursuite, et dont distraction sera faite à Me   , avoué, qui les a frayés et déboursés de ses deniers.   (*Signature de l'avoué.*)

FORMULE XXIII.

Conclusions à fin de jonction de saisies immobilières de biens différens portées devant le même tribunal.

(L. 2 juin 1841, 719. — V, *sup.* formule XIX.)

Acte de simples conclusions.

Le sieur   demeurant à   , ayant pour avoué Me

Contre le sieur   , demeurant à   , ayant pour avoué Me

Il plaise au tribunal   attendu que le sieur   est premier saisissant sur le sieur   , ainsi qu'il résulte de la date tant du procès-verbal de saisie pratiquée à sa requête le   , par exploit de   , enregistré, que de celle du procès verbal fait à la requête dudit sieur   ; attendu qu'aux termes de l'art. 719 C. pr. civ., deux saisies, quoique faites de biens différens, doivent être réunies pour être suivies par le premier saisissant ;

Ordonner que la saisie des maison et dépendances sises à   sur le sieur   à la requête du sieur   , par procès-verbal de   , huissier, en date du   , sera jointe et réunie à la saisie de la maison sise à   faite pareillement sur le sieur   à la requête du sieur   , par procès-verbal de   , en date du   , pour être par le sieur   , suivi sur lesdites deux saisies, par une seule et même procédure.

Et à l'effet de ladite jonction, ordonner que le sieur   sera tenu de, dans les trois jours du jugement à intervenir, remettre au sieur   , sur le récépissé de M⁰   , son avoué, les pièces de la procédure faite par lui jusqu'à ce jour sur la saisie;

A quoi faire, ledit sieur   , ou tout autre dépositaire desdites pièces, sera contraint; quoi faisant, déchargé; et en cas de contestation, condamner le sieur   aux dépens, dont, en tous cas, l'exposant sera autorisé à faire l'emploi en frais privilégiés de vente sur saisie immobilière des immeubles dont s'agit: desquels dépens distraction sera faite audit M⁰   , avoué, qui la requiert comme en ayant fait l'avance de ses deniers personnels, ainsi qu'il offre de l'affirmer.   (*Signature de l'avoué.*)

NOTA. Cette requête ne peut être grossoyée; toutes les demandes incidentes doivent être formées par un simple acte de conclusions. Art. 718.

FORMULE XXIV.

Conclusions pour demander la nullité d'une saisie immobilière, avant la publication.

(L. 2 juin 1841, 728. — V. *sup*. formule XIX.)

Le sieur   , demeurant à   , partie saisie, défendeur à la saisie immobilière poursuivie contre lui, et demandeur aux fins des présentes, ayant pour avoué M⁰

Contre le sieur   , demeurant à   , poursuivant la vente par suite de la saisie immobilière faite à sa requête sur le sus-nommé, et défendeur aux fins des présentes, ayant pour avoué M⁰

Il plaira au tribunal,

Attendu qu'aux termes des art. 681 et 715 C. pr. nouveau, la dénonciation à la partie saisie du procès-verbal de saisie faite sur elle, doit être faite dans la quinzaine de la clôture du procès-verbal;

Attendu que la dénonciation de la saisie dont s'agit, faite au sieur   , par exploit du   , n'a pas été faite dans le délai légal.

Déclarer nulle et de nul effet la saisie immobilière faite sur le sieur   , à la réquête du sieur   , par procès-verbal de   , huissier, en date du   de la maison où il demeure, et dépendances sis à   , ensemble toute la procédure qui s'en est suivie; en conséquence, ordonner que ladite saisie sera rayée des registres où elle est transcrite au bureau des hypothèques   , à quoi faire, sur la représentation du jugement à intervenir, seront tous conservateurs des hypothèques contraints; quoi faisant, bien et valablement déchargés; et condamner le sieur   en tous les dépens, qu'il ne pourra employer, en aucun cas, en frais de mise à exécution.   (*Signature de l'avoué.*)

NOTA. *Ces conclusions doivent être signifiées trois jours au moins avant la publication. Art.* 728.

La demande en nullité est encore utilement formée, le 1ᵉʳ lorsque la publication doit avoir lieu le 4: les *trois jours* ne sont pas francs; l'art. 1033 C. pr. est inapplicable. Arg. Cass. 4 mai 1825, S. 26, 214. Thomine, n° 780. — V. *Vente sur saisie,* n° 321.

FORMULE XXV.

Conclusions pour demander la nullité d'une saisie immobilière, avant l'adjudication.

(L. 2 juin 1841, art. 729. — V. *sup* formule XIX,)

Pour le sieur   , etc.

Contre le sieur   , etc.

Il plaise au tribunal. — Attendu que les placards annonçant la vente et adjudication des biens saisis sur le sieur   ne contiennent pas de mise à prix, qu'ils n'ont pas été affichés à la porte du saisi, en conformité des art. 696 et 699 de la loi du 2 juin 1841,

Déclarer nulle et de nul effet la saisie faite, etc. (— V. Formule ci-dessus.)

Nota. Ces conclusions doivent être signifiées trois jours, au moins, avant l'adjudication. Art. 729. — V. la formule qui précède.

FORMULE XXVI.

Notification au greffier de l'appel (1) *d'un jugement lorsqu'il en est susceptible.*

(L. 2 juin 1841, 732.—Ord. 1841, art. 3 et 5 —Coût, 2 fr. orig. ; 50 e. copie de l'exploit, et 1 fr. pour vacation afin d'obtenir le visa.)

L'an   , le   , à la requête du sieur   , demeurant à pour lequel domicile est élu à   , chez Me   , j'ai   (*immatricule*), soussigné, dénoncé, et avec celle des présentes, donné copie à Me   , greffier du tribunal de première instance de   , en la personne de M.   ; commis-greffier de l'audience des ventes sur saisies immobilières, en son greffe à en parlant à
D'un exploit de mon ministère, en date du   , dûment enregistré, contenant à la requête du sieur   , contre le sieur   , demeurant à   , appel avec intimation d'un jugement contradictoirement rendu entre eux, au tribunal de   , le   ·   , signifié à partie le   , qui a rejeté les moyens de nullités proposés avant la publication de l'enchère des biens saisis sur le sieur   , à ce que du tout mondit sieur   n'ignore, le sommant de, en conformité de l'art. 732, L. 2 juin 1841, viser l'original dudit acte d'appel que je lui ai, à cet effet, représenté. Lequel susnommé, en parlant comme dessus, a de fait visé ledit exploit, et je lui ai déclaré que le sieur   est opposant, comme par ces présentes il s'oppose formellement à la vente et adjudication sur saisie immobilière de l'immeuble dont s'agit, protestant de nullité de tout acte qui serait fait, ou de toute procédure, ou suite quelconque qui serait donnée à ladite vente, au préjudice des présentes ; à ce que du tout mondit sieur, greffier, n'ignore, et je lui ai, audit greffe et parlant comme dessus, laissé copie de l'acte d'appel et d'intimation sus-daté, et du présent exploit dont le coût est de

(*Signature de l'huissier.*)

FORMULE XXVII.

Requête pour obtenir l'autorisation de faire des annonces extraordinaires dans le but d'augmenter la publicité de la vente.

(L. 2 juin 1841, art. 697.—Ord. 1841, art. 11.—Coût 2 fr.)

A M. le président du tribunal, etc.

Le sieur   , ayant pour avoué Me   , a l'honneur de vous exposer, M. le président,
Que par procès-verbal du   , il a été procédé à la saisie d'une maison, etc.   , sur le sieur   , dont la vente est poursuivie devant le tribunal.
Que le cahier des charges a été déposé au greffe du tribunal, et que l'adjudication est indiquée au
Que la nature et l'importance de l'immeuble exigent qu'une grande publicité soit donnée à la vente et que des annonces extraordinaires soient faites par la voie des journaux;
Qu'il serait également utile que des affiches à la main fussent distribuées dans les études des avoués et notaires de Paris.
Pourquoi l'exposant requiert qu'il vous plaise, monsieur le président, l'autoriser à faire faire des insertions sommaires indiquant la vente dont il s'agit, dans les journaux ci-après savoir : (*Enoncer le nombre d'insertions requises.*)

---

(1) Pour la forme de l'acte *d'appel*,— V *ce mot, formule* 1.
☞ L'appel doit être signifié dans les dix jours, au domicile de l'avoué, s'il en a été constitué. — V. *sup.* n. 550.

L'autoriser, en outre, à faire imprimer (*le nombre*) affiches à la main, tant pour remettre aux amateurs, que pour faire distribuer dans toutes les études des avoués et des notaires de Paris. Et ce sera justice (1).

(Signature de l'avoué.)

Ordonnance du président. — Nous, président du tribunal, vu la requête et les pièces jointes; vu les dispositions de la loi du 2 juin 1841. — Autorisons l'exposant à faire faire, par la voie des journaux,   annonces sommaires indicatives de la vente dont il s'agit dans le journal (*l'indiquer ainsi que le nombre des insertions*), et à faire imprimer et distribuer   affiches à la main.
    Fait en notre cabinet, etc.

(Signature du président.)

FORMULE XXVIII.

Requête pour faire convertir en vente aux enchères une poursuite de saisie immobilière.

(L. 2 juin 1841, art. 743, Ord, 1841, art. 7.—Coût 6 fr.)

A MM. les présidens et juges, etc.

M.   , (*noms, profession, demeure du saisissant*) ayant pour avoué M°
    Et encore 1° M.   , créancier inscrit sur les biens ci-après désignés.
2°   , etc.
    Le concours des créanciers inscrits est nécessaire lorsque la demande en conversion est formée postérieurement à la sommation prescrite par l'article 692.
    Ont l'honneur de vous exposer
    Que suivant procès-verbal de   , huissier à   , en date du visé conformément à la loi, et enregistré   , M.   , a fait procéder sur le sieur   . à la saisie réelle de   , que ce procès-verbal a été dénoncé au sieur   , suivant exploit de   , huissier à   en date du   , enregistré.
    . Que ladite saisie immobilière et ledit exploit ont été transcrits, sur le registre à ce destiné, au bureau des hypothèques de   , le   , vol.
    Que toutes les parties sont d'accord de demander la conversion de la saisie en vente aux enchères à l'audience des criées du trib. civ. de la Seine.
    En conséquence les exposants requièrent qu'il vous plaise, MM.   , ordonner que les poursuites de saisie immobilière commencées par M.   , seront discontinuées et converties en vente aux enchères, tous les effets de ladite saisie expressément réservés, conformément à l'art. 748. C. pr,
    En conséquence ordonner qu'aux requêtes, poursuites et diligences du sieur   , (*partie saisie*) il sera procédé à l'audience des criées du trib. civ. de   , en présence du sieur   , (*le saisissant*) ou lui dûment appelé, à la vente aux enchères de   , (*indiquer le bien*) sur la mise à prix de   , et ce sur le cahier des charges qui sera à cet effet dressé et déposé au greffe de ce trib., par M°   , avoué, affiches indicatives de ladite vente préalablement mises et apposées, partout ou besoin sera et après l'accomplissement de toutes les formalités prescrites par la loi.
    Ordonner que le cahier des charges sera déposé dans le délai d'un mois du jugement à intervenir; fixer, conformément à l'art. 746, C. pr., le jour auquel aura lieu l'adjudication dans un délai qui ne pourra excéder trois mois, sinon et faute de le faire, subroger le sieur   , (*saisissant*) dans lesdites poursuites, ordonner que l'avoué du poursuivant sera tenu de remettre à l'avoué de la partie saisie subrogée, tous titres et pièces, pour que ce dernier puisse mettre ladite vente à fin, d'après les derniers erremens de la procédure, ordonner la mention sommaire du jugement en marge de la transcription de la saisie ci-dessus datée.

A Paris Cette requête doit être préalablement visée par la chambre des avoués.

Compenser les dépens entre les parties, qui les emploieront en frais privilé-giés de poursuite, de vente et de présence à icelle, et dont distraction sera faite au profit des avoués qui la requièrent. Et vous ferez justice.

(*Signatures des avoués des parties.*)

NOTA. Si une partie seulement des biens dépendant d'une même exploitation a été saisie, le débiteur peut demander que le surplus soit compris dans la même adjudication. C. pr. 743.

FORMULE XXIX.

Sommation à l'adjudicataire de justifier de l'acquit des conditions.

(C. pr. 734. —Ord. 1841, art. 3. — Coût 2 fr. orig.; 50 c. copie.)

L'an   , etc., à la requête du sieur   , demeurant à   , lequel fait élection de domicile à, etc., j'ai (*immatricule de l'huissier*), soussi-gné, fait sommation au sieur   , demeurant à   , au domicile par lui expressément élu par le jugement d'adjudication ci-après énoncé, en la demeure de Me   , avoué au tribunal de première instance du département de   , sise à   , audit domicile, en parlant à

De, dans le jour (1) pour tout délai, satisfaire aux conditions présentement exigibles, de l'adjudication à lui faite par jugement de l'audience des saisies im-mobilières dudit tribunal, en date du   , enregistrée, d'une maison, jardin et dépendances, sis à   , vendus par suite de saisie immobilière sur le sieur   , et en conséquence, de justifier au greffe de l'audience des saisies immobilières du tribunal séant à   , au Palais-de-Justice, du paiement des frais de la poursuite de saisie immobilière qu'il est tenu d'acquitter aux termes de l'art.   du cahier des charges; et de satisfaire aux conditions de ladite ad-judication, notamment consigner le prix, principal et intérêts, moyennant lequel il s'est rendu adjudicataire, lui déclarant que, faute par lui de satisfaire à la pré-sente sommation, le requérant se fera délivrer, par le greffier du tribunal, le certificat prescrit par l'art. 734 du Code de procédure, et qu'il poursuivra en conséquence la revente, sur la folle-enchère du sus-nommé, des biens dont il s'a-git ; à ce que du tout il n'ignore, et je lui ai, etc.

FORMULE XXX.

Réquisition et certificat pour parvenir à la folle-enchère (1).

(C. pr. 734.—Ord. 1841 art. 12. —Vacation à se faire délivrer le certificat, 3 fr.)

Et le   , au greffe des criées du tribunal de première instance de   au Palais-de-Justice,

Est comparu Me   , avoué du sieur   , demeurant à   dûment enregistré, lequel nous a dit que par exploit d'huissier en date du   il avait fait faire sommation au sieur   , de satisfaire aux conditions de l'adjudication ci-après énoncée, laquelle sommation est restée sans effet.

Pourquoi il nous requérait de lui délivrer le certificat prescrit par l'art. 734 du Code de procédure, pour parvenir à la vente sur folle-enchère, d'une maison, jardin et dépendances, sis à   ; dont le sieur   , s'est rendu adjudi-cataire, suivant jugement de   , moyennant la somme de   , en sus des charges; et a, ledit Me   , signé   (*Signature de l'avoué.*)

A quoi obtempérant, nous, greffier soussigné, certifions à tous qu'il appartien-

---

(1) Souvent on accorde un délai plus long, si l'adjudicataire est domicilié dans un lieu éloigné ; il faut un délai moral suffisant pour recevoir la réponse. — Au reste, cette som-mation ne se fait dans l'usage, mais elle n'est pas indispensable.

Lorsqu'on veut poursuivre la folle enchère après la délivrance du jugement d'a-djudication, le certificat du greffier est inutile; mais il faut signifier le bordereau de collo-cation, les poursuites doivent être commencées trois jours après cette signification. — V. *sup.* n. 643.

dra, que ledit sieur   , n'a pas satisfait à toutes les conditions exigibles du jugement d'adjudication susdaté, et notamment qu'il ne nous a pas été justifié par ledit sieur   , du paiement des frais de la poursuite de saisie immobilière dont s'agit, malgré la sommation à lui faite, susénoncée et datée.

En foi de quoi nous avons délivré le présent certificat pour servir et valoir ce que de raison, les jour, mois et an susdits.   (*Signature du greffier.*)

FORMULE XXXI.

Affiche annonçant la revente sur folle-enchère.

(C. pr 696, 733. — Ord. 1841, art. 7 et 12. — Pour rédaction du placard, 6 fr.)

AU NOM DU ROI, LA LOI ET JUSTICE.

Vente sur folle-enchère.

En l'audience des saisies immobilières du tribunal civil de première instance de   , séant à   , au Palais-de-Justice.

D'une maison sise à   , rue
L'adjudication aura lieu le   . heure de midi.

On fait savoir à tous qu'il appartiendra, qu'en vertu : 1o de la clause du jugement d'adjudication ci-après énoncé, et faute par le sieur   , demeurant à   , d'avoir justifié de l'acquit des conditions exigibles de l'adjudication ainsi qu'il résulte de la sommation à lui faite le   , par exploit de huissier, dûment enregistré, et d'un certificat délivré par le greffier du tribunal de première instance du département de   , le   , enregistré ; 2o et de l'art. 733 du Code de procédure.

Et à la requête du sieur   , demeurant à   , créancier du sieur   , pour lequel domicile est élu à   , en la demeure de Me   , avoué au tribunal de première instance du département de   , sis à   , lequel occupera pour lui sur la présente poursuite de folle-enchère, en l'audience des saisies immobilières du tribunal civil de première instance, séant à,   il sera procédé à la revente sur folle-enchère d'une maison sise à   , dont la désignation suit :

Désignation.

Cette maison (*copier la désignation qui est dans le cahier des charges.*)

Laquelle maison et ses dépendances ont été adjugées au sieur   par jugement de l'audience des saisies immobilières du tribunal de première instance du département de   , le   , enregistré, rendu sur saisie immobilière, poursuivie contre le sieur   , demeurant à   , moyennant la somme de   , outre les charges.

Ladite revente sur folle-enchère se fera aux charges, clauses, conditions insérées dans l'enchère déposée, lors de ladite adjudication, au greffe dudit tribunal,

Sur la mise à prix de

Fait et rédigé par l'avoué poursuivant soussigné, à   le   1842.

Enregistré à   , etc.   (*Signature de l'avoué.*)

FORMULE XXXII.

Sommation à l'avoué de l'adjudicataire et à la partie saisie d'assister à la nouvelle adjudication.

(C. pr. 736. — Coût ordinaire des actes d'avoué.)

A la requête du sieur   , poursuivant la revente par voie de folle-enchère, de la maison dont s'agit, ayant Me   pour avoué, lequel est constitué et occupera pour le requérant,

Soit signifié et déclaré à Me   avoué du sieur   , adjudicataire de ladite maison.

2° A M.   . avoué du sieur   , partie saisie.

Que la revente sur folle-enchère de la maison dont s'agit, sise à   , rue   , aura lieu le   , à l'audience des saisies immobilières, heure de issue de l'audience ordinaire, leur faisant en conséquence sommation d'être présents, si bon leur semble, à ladite adjudication, et leur déclarant qu'il y sera procédé, tant en leur présence qu'en leur absence.

A ce qu'ils n'en ignorent, dont acte.   (*Signature de l'avoué.*)

VENTE JUDICIAIRE D'IMMEUBLES.

DIVISION.

§ 1. — *Des différentes espèces de ventes judiciaires.*

1. Les principales ventes judiciaires sont 1° *les ventes d'immeubles sur saisie.* — V. ce mot ; — 2° sur conversion de saisie-immobilière. — V. *ib.* sect. II , § 8 ; — 3° sur *licitation.* — V. *inf.* § 3 ; — 4° de biens de mineurs et autres incapables. — V. *inf.* § 2 ; — 5° de biens dépendans d'une succession bénéficiaire. — V. *inf.* § 4, — de biens dotaux. — V. *inf.* § 5.

2. Les formalités de la vente des biens de mineurs s'appliquent aux ventes des immeubles, 1° des interdits , C. civ. 509 ; — 2° des *absens.* — V. ce mot , n° 56 ; — 3° des faillis. C. comm. 571 et suiv. — V. d'ailleurs *Faillite*, n°ˢ 501 à 519 ;

L'autorisation de justice est également nécessaire pour la vente par le grevé des biens compris dans une substitution , pour celle des biens appartenant aux condamnés soit par contumace , soit à des peines afflictives et infamantes.

3. Les formes prescrites en cas de succession bénéficiaire doivent être observées pour la vente des biens dépendans d'une *succession vacante.* C. pr. 1001 ; — ou appartenant à un individu admis à la *cession de biens.* C. pr. 901.

4. Parmi les ventes judiciaires, les unes ne peuvent être faites qu'à l'audience; telles sont celles sur *saisie-immobilière*; les autres au contraire sont indifféremment renvoyées devant un juge ou devant un notaire commis par le tribunal.

Mais il suffit qu'une vente ait été judiciairement ordonnée pour qu'elle ait tous les caractères et tous les effets d'une vente en justice peu importe que les enchères aient été reçues par un notaire ou à l'audience des criées. Cass. req. 12 mars 1853, D. 33, 180.

D'un autre côté, nulle autre vente, que celles dont il vient d'être question, ne peut avoir lieu en justice. *Dict. du Not.*, v° *Vente judiciaire*, n° 8; Rolland de Villargues, n° 16.— *Contrà*, Bruxelles, 26 juin 1811, D. 11, 197.

Ces ventes sont assujetties à des formalités qui les rapprochent des ventes forcées.

5. Indépendamment des ventes judiciaires énoncées ci-dessus, la chambre des avoués du trib. de la Seine avait proposé d'appliquer les règles relatives aux ventes de biens de mineurs :

1° Aux ventes des biens abandonnés par un débiteur à ses créanciers. C. civ. 1265 ;

2° A celles des biens délaissés par un acquéreur aux créanciers du vendeur. C. civ. 2168 et suiv. ;

3° A celles des biens appartenant aux femmes mariées qui réclament l'autorisation de la justice à défaut de celle de leurs maris ;

4° A celles des biens des communes, des hospices et autres établissemens publics.

6. Les parties majeures et capables de contracter ne peuvent pas convenir dans un acte de prêt que, faute de paiement à l'échéance, le prêteur fera vendre les immeubles du débiteur sans suivre les formalités de la saisie immobilière : une pareille vente est nulle. C. pr. 1841, art. 742. — V. *Vente d'immeubles sur saisie*, n° 12.

7. La loi du 2 janv. 1841 (Art. 1959 J. Pr,) a beaucoup simplifié les formalités des *ventes judiciaires*.

Ainsi l'expertise est facultative :

Si l'expertise a été ordonnée, l'expert ne doit point entrer dans le détail descriptif des biens ; — le rapport d'expert n'est point expédié, *spécialement* pour les ventes de biens de mineurs.

La mise à prix est fixée par le tribunal ;

Il n'y a plus qu'une seule annonce, une insertion aux journaux, une seule apposition d'affiches, une seule adjudication.

L'adjudication préparatoire est supprimée.

— V. d'ailleurs nos *Observations*, Art. 1566 J. Pr.; *Vente d'immeubles sur saisie*, n° 7 et 8.

8. Toutefois les règles imposées au vendeur non payé pour l'exercice de l'action résolutoire, en cas de vente sur expropriation (C. pr. 717; — V. *Vente d'immeubles sur saisie*, n° 405), ne sont point applicables dans le cas des autres ventes judiciaires : l'adjudicataire a pu se procurer les renseignemens nécessaires sur l'origine de la propriété. Rapport de M. Pascalis, *Monit.* 23 juin 1840, p. 1528.— V. *Vente d'immeubles sur saisie*, n° 591.

9. Lorsqu'il y a lieu dans l'un des cas prévus pour les ventes judiciaires d'immeubles sur licitation de mineurs ou autres, d'augmenter un délai à raison des distances, l'augmentation est d'un jour par cinq myriamètres de distance. L. 2 juin 1841, art. 7. — Autrefois l'augmentation était d'un jour par trois myriamètres.

10. *Dispositions transitoires.* — Les ventes judiciaires commencées avant la promulgation de la loi du 2 juin 1841 continuent à être régies par les anciennes dispositions du C. de pr. L. 2 juin 1841, art. 9.

Sont réputées commencées avant la loi du 2 juin 1841 les ventes dont les placards étaient affichés antérieurement. — V. *Vente d'immeubles sur saisie*, n° 11.

§ 2. — *Vente d'immeubles de mineurs.*

Art. 1. — *Par qui et contre qui la vente est poursuivie.*

11. S'agit-il de la vente d'immeubles appartenant au mineur seul? Elle doit être poursuivie par le tuteur en présence du subrogé tuteur. C. civ. 459.

12. S'agit-il de licitation d'un bien indivis entre un mineur et un *étranger majeur?* La vente doit être suivie par ou contre le tuteur, suivant les cas; mais la présence du subrogé-tuteur nous paraît toujours nécessaire. En effet, l'art. 460, après avoir décidé que les formalités ordinaires ne s'appliquent pas à la licitation provoquée contre un mineur par un copropriétaire indivis, renvoie pour la procédure aux règles tracées par l'art. 469; or, l'art. 469 exige la présence du subrogé-tuteur. Turin, 9 janv. 1811; Rouen, 3 prair. an 12, D. 12, 510, 2; Carré, n° 3165; Chauveau, 16, 711, 2, 63; Dissertation (Art. 29 J. Pr.). — V. *Licitation*, n° 32.

13. S'agit-il d'une licitation de biens entre le *tuteur lui-même* et son pupille? Dans le cas où l'immeuble est reconnu impartageable en nature, le tuteur doit former sa demande contre le subrogé-tuteur : il ne saurait en effet remplir le double rôle de poursuivant, et de défendeur à la poursuite à la licitation; il y a d'ailleurs opposition d'intérêts; l'assistance du subrogé-tuteur est donc indispensable. *Même dissertation.*

14. Mais, en cas pareil, ne faut-il pas, indépendamment du subrogé-tuteur ordinaire, faire nommer au pupille un subrogé-tuteur *ad hoc?* M. Duranton, 3, n° 521, paraît se contenter du subrogé-tuteur; quelques arrêts exigent seulement la présence, soit du subrogé-tuteur, soit d'un tuteur *ad hoc.* Turin, 9 janv. 1811, P. 11, 19; Grenoble, 10 janv. 1833, S. 33, 380. — Suivant nous, le pupille doit être assisté, dans une pareille instance, et de son subrogé-tuteur et d'un subrogé-tuteur *ad hoc.* La loi veut une double garantie pour le mineur; l'une d'elles venant à manquer doit être remplacée par une garantie équivalente. C. civ. art. 450, 420. Arg. Cass. 1ᵉʳ avr. 1833, D. 33, 169 (Art. 29 J. Pr.). — V. *Licitation,* n° 32; *Appel,* n° 133, et Art. 1642 J. Pr.

15. Si le mineur est *émancipé,* la demande doit être formée par ou contre le mineur en présence de son curateur, dans un cas, et d'un curateur *ad hoc,* dans l'autre.

Il a été jugé que si le décès du curateur qui assistait le mineur émancipé dans la licitation n'a pas été notifié, la procédure a pu être continuée, et l'adjudication prononcée, sans nomination préalable d'un autre curateur au mineur. Cass. Req. 22 nov. 1833 (Art. 1011 J. Pr.).

ART. 2. — *Comment la vente est autorisée.*

16. Il faut que l'aliénation soit autorisée par un avis du conseil de famille homologué par le trib. C. civ. 457, C.-pr. 953; — à moins qu'elle ne soit provoquée contre le mineur.— V. *Licitation,* n° 28. *Ib.*

17. Cette autorisation ne doit être accordée que pour cause d'une *nécessité absolue* ou d'un *avantage évident.* C. civ. 457.

Il y a *nécessité absolue,* lorsqu'il résulte d'un compte sommaire (— V. *Discussion,* n°ˢ 21 à 25), présenté par le tuteur que les deniers, effets mobiliers et revenus du pupille sont insuffisans pour acquitter ses dettes. C. civ. 457. — V. d'ailleurs C. civ. 1558.

Il y a *avantage évident,* 1° lorsque l'immeuble produit peu ou point de revenu; — 2° quand il s'agit d'établir le mineur, par exemple, de lui acheter un fonds de commerce.

18. Dans tous les cas, le conseil de famille indique les immeubles qui doivent être vendus de préférence, leur nature, leur valeur approximative et les conditions qu'il juge utiles. C. civ. 457; C. pr. 953 et 955.

19. La demande à fin d'homologation est formée par une requête que présente le tuteur au trib. de 1ᵉʳ inst. *du domicile du mineur.* Merlin, Rép. v° *Transcription,* § 3, n° 7; Pigeau, 2, 508; Carré, n° 3167; *Dict. du Not.* n° 53. — On joint à cette requête l'expédition de la délibération de famille.

20. Le trib. statue en la chambre du conseil après avoir entendu le procureur du roi. C. civ. 458. — V. d'ailleurs C. pr. 885, 886, et *Conseil de famille*, n° 57.

21. Lorsque le trib. homologue l'avis de famille, il déclare par le même jugement, que la vente aura lieu, soit devant l'un des juges du trib., à l'audience des criées, soit devant un notaire à cet effet commis. C. pr. 954.

22. Si les immeubles sont situés dans divers arrondissemens, le trib. peut commettre un notaire dans chacun de ces arrondissemens et même donner commission rogatoire à chacun des trib. de la situation de ces biens. *Ib.* 954. — Cette innovation est en harmonie avec la disposition de l'art. 1035.

23. Le trib. est-il lié par la demande que forment toutes les parties d'accord? — Conserve-t-il, au contraire, dans tous les cas, le choix entre la vente à l'audience des criées et l'adjudication devant notaire?

Le premier système a été adopté par la C. Bordeaux, le 29 sept. 1835, D. 36, 32. — Il s'agissait, dans l'espèce, d'héritiers bénéficiaires.

Mais la jurisprudence décide généralement qu'au juge appartient le droit souverain d'examiner si la vente doit avoir lieu à la barre du trib. ou en l'étude d'un notaire; qu'à cet égard il n'est point lié par les conclusions des parties. Douai, 11 avr. et 5 mai 1836 (Art. 417 J. pr.).—V. *Licitation*, n° 48, et *Vente d'immeubles sur saisie*, n° 586.

Au reste le désir et le choix des parties seront pris le plus souvent en considération.

24. Les trib. examineront les circonstances, la nature des biens, leur importance et leur situation, le chiffre des frais; — et ils se détermineront d'après l'intérêt des mineurs. Rapport de M. Pascalis, 23 juin 1840, p. 1528.

25. Jugé que le notaire désigné pour procéder à la vente peut être autre que celui de la situation de l'immeuble. Orléans, 29 nov. 1826, D. 29, 4; *Dict. du not.* n° 24. — *Contrà*, Rolland de Villargues, n° 19.

26. Le notaire commis pour la vente représente le trib., et tient la place du juge. C. pr. 935. — Mais il n'en doit pas moins accomplir toutes les formalités des actes notariés. Rolland de Villargues, *ib.* n° 109; Armand Dalloz, v° *Vente publique*, n° 21. *Dict. du not.*, n° 24, 104. — V. *Licitation*, n° 70.

27. Le jugement qui ordonne la vente détermine la *mise à prix* et *les conditions de la vente.* C. pr. 955.

28. *Les conditions de la vente.* Cette disposition n'existait pas dans le projet: elle a été proposée par la commission de la ch. des pairs: c'est un moyen a dit M. Persil, rapport, p. 106,

de rentrer dans les disposition de l'art. 457 C. Civ. et de donner à la mise à prix sa véritable signification.

Toutefois il nous semble que les conditions d'usage, pour
l'entrée en jouissance, la purge, etc., peuvent être insérées dans
le cahier des charges, indépendamment des conditions principales déterminées par le jugement.

29. *La mise à prix.* Elle est réglée par le trib., soit d'après
l'avis des parens, soit d'après les baux authentiques ou sous
seing privé *ayant date certaine*, et à défaut de baux, d'après le
rôle de la contribution foncière. C. pr. 955.

30. *Ayant date certaine.* M. Thil avait demandé la suppression de ces mots, pour laisser aux trib. la faculté de consulter
les baux à titre de documens ; M. le garde des sceaux s'opposa
à cette suppression dans l'intérêt du fisc. M. le président fit
observer que le 2ᵉ § se liant au 1ᵉʳ autorisait le trib. à procéder
suivant les circonstances. *Mon.* 19 janv. 1841, p. 148.

31. *Expertise.* Le trib. peut, suivant les circonstances, faire
procéder préalablement à l'estimation totale ou partielle des
immeubles. C. pr. 955. — V. d'ailleurs ord. 10 oct. 1841
art. 11.

32. Il commet à cet effet un ou trois experts, suivant l'importance et la nature des biens. *Ib.*

33. *Prestation de serment.* Les experts prêtent serment, soit
devant le président du trib., soit devant un juge de paix commis par lui. C. pr. 956.

34. Leur rapport doit indiquer sommairement les bases
de l'estimation, *sans entrer dans le détail descriptif des biens à
vendre. Ib.*

35. La minute du rapport est déposée au greffe du trib. *ib.,*
— et non plus en l'étude du notaire chargé de la vente.

Le notaire chargé de la vente, n'étant plus dépositaire de la
minute du rapport des experts, sera obligé d'employer une ou
plusieurs vacations pour prendre connaissance de ce rapport
au greffe. — L'art. 1 de l'ordonn. du 10 oct. 1841 sur le tarif
(Art. 2051 J. Pr.) alloue au greffier un droit de 15 fr. pour communication tant du cahier des charges que du procès-verbal d'expertise. Mais la vacation du notaire se trouve comprise dans le
droit proportionnel, art. 14.

36. Il n'est pas délivré expédition du rapport des experts.
C. pr. 956.—V. toutefois *inf.* n. 75 et 96.

Art. 3. — *Annonces de la vente.*

37. *Cahier des charges.* Il est rédigé par l'avoué, si la vente a
lieu devant le tribunal, — ou par le notaire, si la vente doit
avoir lieu dans l'étude de ce dernier. C. pr. 957.

Cette dernière disposition a tranché dans le sens de la jurisprudence (Cass. 25 juin 1828, D. 28, 298), malgré l'opposition de la chambre des avoués du trib. de la Seine, une question fort controversée sous l'ancien Code.— V. *Vente judiciaire,* tom. 5 n° 22; Rapport de M. Pascalis, *Monit.* 23 juin 1840, p. 1528.

38. Il contient :

1° L'énonciation du jugement qui a autorisé la vente ;

2° Celle des titres qui établissent la propriété ;

3° L'indication de la nature, ainsi que de la situation des biens à vendre, celle des corps d'héritage, de leur contenance approximative, et de deux des tenans et aboutissans ;

4° L'énonciation du prix auquel les enchères seront ouvertes, et les conditions de la vente. C. pr. 957.

39. Le cahier des charges est déposé au greffe par l'avoué, ou par le notaire en son étude, suivant que la vente a lieu en justice ou devant notaire. C. pr. 957.

40. La loi ne prescrit pas de délai pour accomplir cette formalité, mais elle doit précéder les annonces et insertions. Arg. C. pr. 958,960.

41. *Signification au subrogé-tuteur.* — Le subrogé-tuteur est appelé à la vente, ainsi que le prescrit l'art. 459 C. civ.

42. On lui notifie les jour, lieu et heure de l'adjudication, avec avertissement qu'il y sera procédé, tant en son absence qu'en sa présence. C. pr. 962.

43. Cette sommation doit être faite un mois avant la vente. Ib.

L'ancien Code ne fixait ni la forme ni le délai de cette sommation. — Il est utile qu'elle ait lieu assez longtemps avant l'adjudication, afin que le subrogé tuteur puisse avoir le temps d'examiner les conditions de la vente, et de faire venir des enchérisseurs.

44. Il résulte de la combinaison des art. 959 et 960 que la sommation à faire au subrogé-tuteur doit avoir lieu avant les annonces, puisqu'elle doit être notifiée un mois avant la vente, et que les annonces ne doivent pas être faites *plus* de trente jours (*au plus tard*) avant l'adjudication.

45. *Placards.* — Il est rédigé un placard servant d'original restant au dossier soumis à la formalité de l'enregistrement comme en matière de *saisie immobilière.* — V. *Vente d'immeubles sur saisie.*

46. Les placards qui doivent être imprimés contiennent,

1° L'énonciation du jugement qui a autorisé la vente,

2° Les noms, professions et domicile du mineur, de son tuteur et de son subrogé-tuteur ;

3° La désignation des biens, telle qu'elle a été insérée dans le cahier des charges ;

4° Le prix auquel seront ouvertes les enchères;

5° Les jour, lieu et heure de l'adjudication, ainsi que l'indication, soit du notaire et de sa demeure, soit du trib. devant lequel l'adjudication a lieu, et, dans tous les cas, de l'avoué du vendeur. C. pr. 958.

47. *Apposition des placards.* — Cette apposition unique doit être faite quinze jours au moins, trente jours au plus avant l'adjudication. C. pr. 959.

48. Elle est faite à la porte du notaire qui procède à la vente, et en outre aux lieux désignés dans l'art. 699 (—V. *Vente d'immeubles sur saisie*, n° 307). C. pr. 959. — L'apposition à la porte du domicile du mineur n'est pas nécessaire. (Art. 2030. J. Pr.

49. Il est justifié de cette apposition dans la forme indiquée *sup.* v° *Vente d'immeubles sur saisie*, n° 318. C. pr. 959.

50. *Insertions.* — Elles doivent avoir lieu dans le même délai que celui prescrit pour les placards, auxquels elles doivent être conformes.

Cette insertion est faite dans le journal indiqué par l'art. 696, et dans celui qui aura été désigné pour l'arrondissement où se poursuit la vente, si ce n'est pas celui de l'arrondissement des biens (—V. *Vente d'immeubles sur saisie*, n° 293). C. pr. 960.

Il en est justifié conformément à l'art. 698. — (V. même mot, n° 299). *Ib.*

51. Selon la nature et l'importance des biens, il peut être donné à la vente une plus grande publicité. C. pr. 697, 700 et 961, — V. *Vente d'immeubles sur saisie*, n° 301.

Art. 4. — *Adjudication.*

52. L'adjudication a lieu au jour indiqué par les annonces.

La loi ne fixe pas d'époque, elle s'en rapporte au poursuivant sur le soin de mettre un intervalle suffisant pour donner de la publicité à la vente. Il faut toujours plus d'un mois, puisqu'indépendamment du délai fixé pour les annonces (959, 960), le subrogé-tuteur doit être prévenu du jour de cette adjudication au moins un mois à l'avance. C. pr. 962.

53. *Remise de l'adjudication.* — Si, au jour indiqué pour l'adjudication, les enchères ne s'élèvent pas à la mise à prix, le tribunal peut ordonner, sur simple requête, en la chambre du conseil, que les biens seront adjugés *au-dessous de l'estimation.* C. pr. 963.

54. Le tribunal n'est pas obligé de déterminer une limite, il le peut et il le fera souvent. Mais rien ne l'empêcherait d'autoriser la vente à tout prix, s'il le croyait utile pour éviter de nouvelles lenteurs et d'autres frais de procédure d'insertions et d'affiches (Rapport de M. Persil).

La latitude de consulter le conseil de famille est laissée ; de là vient la suppression pure et simple de la partie de l'art. 964 qui prescrivait l'avis préalable du conseil de famille.

55. L'adjudication est remise à un délai que détermine le jugement et qui ne peut être moindre de quinzaine.

56. Cette adjudication est encore indiquée par des placards, et des insertions dans les journaux, comme il est dit ci-dessus *huit jours au moins avant l'adjudication.* C. pr. 963.

57. *Forme de l'adjudication.* L'art. 964 C. pr. déclare applicables et communs aux ventes de biens de mineurs les art. 701, 705, 706, 711, 712, 713, 733, 734, 735, 736, 737, 738, 739, 740, 741, 742.

Spécialement les dispositions du titre de la saisie immobilière relatives : —1° à la taxe des frais. C. pr. 701 ;

2° A la forme de la réception des enchères par le ministère des avoués, *ib.* ; —excepté dans le cas où la vente a lieu devant notaire. — V. *inf.*, n° 58 ;

3° A l'emploi des bougies. C. pr. 706 ;

4° A la prohibition de se rendre adjudicataire pour certaines personnes. C. pr. 711 ;

5° A la forme du jugement d'adjudication. C. pr. 712 ;

6° A la délivrance de ce jugement. *Ib.* 713 ;

7° Au droit de poursuivre la folle enchère. *Ib.* 733 ;

8° Aux formalités de cette revente. *Ib* 734 à 740 ;

9° A la nécessité de renouveler les formalités de publicité, au cas de retard causé par un incident. *Ib.* 741 ;

10° A l'interdiction de la clause de la voie parée. *Ib.* 742.

58. Quand la vente a lieu devant un notaire, les enchères peuvent être faites par toute personne, sans ministère d'avoué. Il n'est pas nécessaire que l'enchère soit signée par celui qui l'a faite : le notaire aussi bien que le juge, a pouvoir de la constater. Arg. Cass. 24 janv. 1814, P. 12, 50. — Ce n'est pas un contrat ordinaire où le consentement n'est valablement constaté que par les signatures des parties. *Dict. du Not.*

Il en est autrement des ventes volontaires aux enchères. *Même arrêt.*

Toutefois, dans l'usage, on fait souvent signer les enchérisseurs qui se sont rendus adjudicataires.

59. Ceux qui portent atteinte à la liberté des enchères sont passibles des peines portées par l'art. 412 C. Pén.-Carnot sur l'art. 412.

60. Les formalités prescrites sont de rigueur, quelque modique que soit la valeur des immeubles vendus. Riom, 31 mai 1830, D. 34, 45. — Si elles n'ont pas été observées, la vente faite par le tuteur est nulle. Amiens, 29 juill. 1824. D. 12, 932, n° 1, 8. — V. *Mineur*, n° 11.

La vente régulièrement faite a la même force que si elle avait été consentie par le mineur lui-même en majorité, et ne peut plus être attaquée pour lésion. C. civ. 1314.

Les majeurs ne seraient pas fondés à se prévaloir de ce que la vente aurait eu lieu en l'absence du subrogé-tuteur ou du curateur. Arg. C. civ. 1125; Carré, n° 3166.

61. L'adjudicataire a le droit d'examiner si les formalités exigées par la loi ont été exactement remplies; il peut se dispenser de payer son prix jusqu'à ce qu'il soit reconnu par l'inspection de tous les actes qu'elles ont été observées, alors même que le procès-verbal ou le jugement énonceraient l'accomplissement de ces formalités. Agen, 10 janv. 1810, D. 11, 803, 1; Carré, n° 3186. *Dict. du Not.* n° 111.

Jugé au contraire qu'il n'est pas recevable à demander la nullité des procédures qui ont précédé son adjudication, et qu'il doit s'imputer de ne s'être pas assuré à l'avance de leur validité. Orléans, 7 fév. 1811; *Dict. du Not.* n° 112.

62. Les honoraires des notaires sont de : un pour cent jusqu'à 10,000 fr.; un demi pour cent de 10,000 fr. à 50,000 fr.; un quart pour cent de 50,000 fr. à 100,000 fr. et sur l'excédant, indéfiniment un huitième pour cent.

La remise proportionnelle ne peut être réclamée par les avoués au-dessous de 2,000 fr. — V. *inf.* art. 11 et 14 de l'ordonn. du 10 oct. 1841 sur le tarif.

63. *Folle enchère.* Si l'adjudicataire ne satisfait pas soit aux conditions exigibles de l'adjudication; — soit au paiement du prix, — il y a lieu à folle enchère dans la même forme que pour les *ventes d'immeubles sur saisie* (— V. ce mot, n° 600 et suiv.). C. pr. 964 et 733.

64. Toutefois le certificat constatant que l'adjudicataire n'a pas justifié de l'acquit des conditions est délivré par le notaire. C. pr. 964.

65. Mais la poursuite de folle enchère est portée devant le tribunal. C. pr. 964.

Le tribunal. Celui qui a ordonné la vente, et non pas celui dans l'arrondissement duquel se trouve le notaire commis.

66. Le procès-verbal d'adjudication est déposé au greffe pour servir d'enchère. C. pr. 964.

67. *Surenchère.* L'adjudication transporte la propriété à l'adjudicataire sous une condition résolutoire, celle qu'il n'y aura pas de surenchère; aussi la perte de l'immeuble arrivée dans l'intervalle serait-elle à sa charge; il n'en devrait pas moins son prix.

68. La surenchère doit être du sixième. Elle est faite dans la huitaine de l'adjudication par toute personne. C. pr. 965. — V. *Surenchère.*

§ 3. — *Des licitations et partages* (1).

69. La demande tendante à faire ordonner le partage ou la vente par licitation est formée par exploit, comme les autres demandes.

Le mode de procéder par requête collective, — proposé par M. Parant (Art. 1466 J. Pr., p. 354), — n'a pas été adopté.— — Ce mode était repoussé par les auteurs (Thomine, n° 1152), et par la jurisprudence. Rouen, 2 janv. 1841 (Art. 1889 J. Pr.). *Contrà*, Rouen, 21 fév. 1837. — Il s'agissait, dans cette dernière espèce, d'une *succession bénéficiaire*, mais cette circonstance ne devait pas, selon nous, amener une solution différente, car, dans les licitations où des mineurs sont intéressés, il y a toujours des héritiers bénéficiaires, puisque les mineurs sont toujours considérés comme *tels*. Si l'art. 987 impose la forme d'une requête à l'héritier bénéficiaire, c'est que cet art. suppose qu'il n'existe qu'un seul héritier.

Art. 1. — *De la licitation.*

70. Lorsque le partage ne peut pas avoir lieu, — le trib. ordonne la vente par licitation, soit devant un juge, soit devant un notaire (— V. *sup.* n° 21 à 32). C. pr. 955, 970.

71. Le trib. peut déclarer qu'il y sera procédé sans expertise préalable, même lorsqu'il y a des mineurs en cause. C. pr. 970.

72. Lorsqu'il ordonne l'expertise, il commet un *ou* trois experts. C. pr. 971.

73. Pour la prestation du serment des experts (— V. *sup.* n° 33). *Ib.*

74. Les formalités prescrites, au titre des rapports d'experts, sont applicables à la nomination et aux rapports des experts commis. C. pr. 971.

Toutefois, les rapports d'experts doivent seulement présenter sommairement les bases de l'estimation, sans entrer dans le détail descriptif des biens à partager ou à liciter. *Ib.*

75. Le rapport peut-il être expédié ? — L'affirmative résulte des termes formels du préambule de l'ordonn. du 10 octobre 1841 sur le tarif (Art. 2031 J. Pr.). — V. d'ailleurs *inf.* les art. 1er et 10 de cette ordonnance.—L'art. 972 n'a pas répété la prohibition de l'art. 956 qui interdit d'en lever expédition. (—V. *sup.* n° 35).

---

(1) Depuis la loi du 2 juin 1841, il y a lieu de remplacer les n°s 40 à 71 v° *Licitation*, et les n° 34 à 42 v° *Partage* par les dispositions suivantes.

76. L'entérinement du rapport d'expert est demandé par le poursuivant par un simple acte d'avoué à avoué. C. pr., 971. — La loi nouvelle ne permet plus de signifier une requête grossoyée. — V. l'art. 10 de l'ord. du 10 oct. 1841.

77. Le trib. détermine lui-même la mise à prix, C. pr. 970.

78. *Cahier des charges.* Il est rédigé et déposé par l'avoué ou par le notaire, selon que la vente a lieu devant ce dernier ou en justice. C. pr. 972.

79. Il contient les énonciations indiquées *sup.* n° 38, — et en outre les noms, demeures et profession du poursuivant, les noms et demeure de son avoué ; — les noms, demeure et professions des colicitans et de leurs avoués. C. pr. 972.

80. Pour les affiches et insertions et toutes autres formalités, on se conforme aux règles prescrites dans le titre de la vente des immeubles appartenant à des mineurs. C. pr. 972. — *sup.* n° 45 à 51.

81. Sommation de prendre communication du cahier des charges est faite aux colicitans. C. pr. 973. — Cette formalité remplace la signification du cahier des charges.

82. La sommation doit avoir lieu dans la huitaine du dépôt de l'enchère au greffe ou chez le notaire. *Ib.*

83. Elle a lieu par un simple acte en l'étude des avoués du colicitant. *Ib.*

84. S'il s'élève des difficultés sur l'enchère, elles sont vidées à l'audience *sans aucune requête*, et sur un simple acte d'avoué à avoué. C. pr. 973.

85. *Voie contre les jugemens sur les incidens.* Le jugement qui intervient sur les difficultés relatives au cahier des charges ne peut être attaqué que par la voie de l'appel dans les formes et délais prescrits par les art. 731 et 732, en cas de *vente d'immeubles sur saisie.* — V. ce mot, n° 544 et 549.

Tout autre jugement sur les difficultés relatives aux formalités postérieures à la sommation de prendre communication du cahier des charges ne peut être attaqué, ni par opposition ni par appel. C. pr. 973.

86. *Abaissement de la mise à prix.* Si, au jour indiqué pour l'adjudication, les enchères ne couvrent pas la mise à prix, — V. *sup.*, n°ˢ 53 à 56. C. pr. 973 et 963.

L'intervention du tribunal est toujours nécessaire même dans le cas où la vente est provoquée par un majeur. La question était controversée sous l'ancien Code. — V. *Licitation*, n° 68.

87. *Folle enchère.* En cas d'inexécution des clauses de l'adjudication, l'immeuble est vendu à la folle enchère de l'adjudicataire, Arg. C. pr. 972, 964 et 733 ; — si ce dernier n'est point l'un des colicitans.

Si, au contraire, l'adjudicataire est l'un des colicitans, il n'y a pas lieu à folle enchère, Arg. C. civ. 883, — mais bien à saisie immobilière. —V. *Folle enchère*, n° 3 ; notre dissertation (Art. 1339 J. Pr.).

— V. d'ailleurs *sup.*, n°s 65 à 66 ; *Vente d'immeubles sur saisie*, n° 600 et suiv.

88. *Surenchère du sixième.* Elle peut être faite par toute personne, en se conformant aux conditions et aux formalités prescrites par les art. 708, 709 et 710. C. pr. 973.

Quant aux effets de cette *surenchère.* — V. *Vente sur surenchère.*

Art. 2. — *Des partages.*

89. Si le tribunal pense que le partage est possible, il l'ordonne, C. pr. 970, — avec ou sans expertise préalable, selon qu'il le juge convenable. *Ib.*

90. Le même jugement commet un juge et un notaire pour procéder aux opérations du partage. C. pr. 969.

En cas d'empêchement, dans le cours des opérations, ce juge ou ce notaire est remplacé, sans nouveau jugement, par une ordonnance du président rendue sur requête. *Ib.*

Cette ordonnance n'est susceptible ni d'opposition, ni d'appel. *Ib.*

91. Si la demande en partage n'a pour objet que la division d'un ou plusieurs immeubles sur lesquels les droits des intéressés soient déjà liquidés, les experts nommés en procédant à l'estimation composent les lots, ainsi qu'il est prescrit par l'art. 466. C. civ. C. pr. 975.

Lorsque le rapport a été entériné, les lots sont tirés au sort, soit devant le juge-commissaire, soit devant le notaire déjà commis. *Ib.*

92. Dans les autres cas, et notamment lorsque le tribunal a ordonné le partage sans expertise préalable, — le poursuivant fait sommation aux copartageans de comparaître, au jour indiqué, devant le notaire commis, à l'effet de procéder aux compte, rapport, formation de masse, prélèvemens, composition de lots et fournissemens. C. pr. 976, C. civ. 828.

Sommation. Les co-partageans peuvent être sommés de comparaître *directement* devant le notaire commis, sans employer l'intermédiaire du juge-commissaire, comme l'exigeait l'ancien art. 976. Ce circuit a été jugé inutile. R. de M. Pascalis, *Mon.* 23 juin 1840, p. 1528.

93. Il en est de même, après qu'il a été procédé à la licitation, si le prix de l'adjudication doit être confondu avec d'autres objets dans une masse commune de partage pour former la balance entre les divers lots. C. pr. 976.

§ 4. — *Vente d'immeubles dépendans d'une succession bénéficiaire.*

94. Dans le cas où il y a lieu de vendre des immeubles dépendans d'une succession bénéficiaire, l'héritier présente au président du tribunal de 1re instance (dans l'arrondissement duquel la succession s'est ouverte) une requête dans laquelle les biens à vendre sont désignés sommairement. C. pr. 987.

Pour les biens situés en France et qui dépendent d'une succession ouverte en pays étranger, on s'adresse au tribunal du lieu de la situation, et s'ils sont situés dans divers arrondissemens, au tribunal du chef lieu de l'exploitation, ou à défaut de chef-lieu, de la partie des biens qui présente le plus grand revenu, d'après la matrice du rôle. Arg. C. civ. 2210. Carré, n° 3221.

95. La requête est communiquée au ministère public, et sur ses conclusions et le rapport d'un juge commis à cet effet, le tribunal rend un jugement qui autorise la vente et fixe la mise à prix. Toutefois, le tribunal *peut* ordonner que les immeubles seront vus et estimés par un expert nommé d'office. C. pr. 987.

96. Lorsqu'une expertise a été ordonnée le rapport de l'expert est entériné sur requête par le tribunal et sur les conclusions du ministère public, le même jugement ordonne la vente. C. pr. 987.

Si l'héritier bénéficiaire est un mineur, il y a lieu de faire également entériner le rapport. — L'art. 9 de l'ord. du 10 oct. 1841 sur le tarif alloue une requête pour demander l'entérinement, en cas de vente de biens de mineur, ce qui faisait doute autrefois. — V. Thomine, n° 1137.

97. On procède suivant les formalités prescrites au titre de la vente des biens immeubles appartenant à des mineurs. — V. *sup.* § 2.

On applique les art. 701, 702, 705, 706, 707, 711, 712, 713, 733, 734, 735, 736, 737, 738, 739, 740, 741, 742, les deux derniers paragraphes de l'art. 964, et l'art. 965. C. pr. 988.

98. L'héritier bénéficiaire est propriétaire des biens de la succession, comme l'héritier pur et simple; il n'est point uniquement administrateur comptable; ainsi, lorsqu'il vend sans formalités les immeubles héréditaires, ces ventes ne sont pas nulles comme faites à *non domino*. Paris, 20 frim. an 14, S. 7, 997.

Mais le défaut de formalités expose l'héritier bénéficiaire à être réputé héritier pur et simple. C. pr. 988. — V. *Bénéfice d'inventaire*, n° 35.

§ 5. — *Vente d'immeubles dotaux.*

99. Lorsqu'il y a lieu de vendre des immeubles dotaux dans les cas prévus par l'art. 1558 C. civ., la vente est préalablement autorisée sur requête par jugement rendu en audience publique. C. pr. 997.

100. Pour les annonces et autres formalités on se conforme aux règles tracées par les art. 955, 956 et suiv. du titre de la vente des biens immeubles appartenant à des mineurs. *Ib.* — V. *sup.* § 2.

§ 6 — *De la déclaration de command.*

101. Le mot *command* désigne la personne inconnue qui a commandé, ou qui est censé avoir commandé d'acquérir pour elle ; la *déclaration de command* est l'indication de cette personne.

Cette déclaration n'est pas considérée comme opérant une nouvelle mutation quand elle réunit les conditions exigées par la loi. LL. 27 fr. an 7, art. 68, § 1, n° 24 ; 28 avr. 1816, art. 44, n° 3. — V. *Vente d'immeubles sur saisie*, n° 353 et suiv.

102. Ces conditions sont au nombre de cinq ; il faut : 1° que la réserve de nommer un command ait été exprimée dans le procès-verbal d'adjudication ; — ou dans le cahier des charges : elle est en effet partie intégrante de l'adjudication. Déc. min. fin. 25 juin 1819.

A défaut de réserve, ou de déclaration dans le délai fixé, l'acquéreur reste propriétaire, et la cession de ses droits à un tiers produit tous les effets d'une revente. — V. *ib.*

103. 2° Que la déclaration de command émane de l'adjudicataire direct : la loi n'admet pas deux élections successives. Cass. 22 août 1809, D. 7, 174 ; — et qu'elle ait lieu par acte public. Déc. min. fin. 15 mars 1808 ; — mais elle est valablement faite par acte authentique en vertu d'une procuration sous seing-privé. Déc. rég. 20 avr. 1821.

104. 3° Que la remise des biens acquis au command soit *pure et simple,* et sans *novation* dans les clauses. Déc. min. fin. 15 mars 1808 ; Inst. rég. 7 juin 1818, n° 386 ; — la concession d'un délai emporterait revente. Cass 31 janv. 1814, D. 7, 170.

Toutefois, le déclarant peut, 1° *diviser les objets* qu'il a acquis entre divers commands, pourvu d'ailleurs que les conditions restent les mêmes. Cass. 8 nov. 1815, P. 15, 97 ; Délib. rég.

5 mai 1821; — 2° *se réserver l'usufruit* et céder la nue propriété au command. Délib. rég. 6 fév. 1827.

Dans une espèce où une femme séparée de biens, ayant acquis de son mari un immeuble en paiement de ses reprises, avait déclaré un command auquel elle avait accordé des termes de paiement, la régie a décidé, le 15 déc. 1826, qu'il n'y avait point revente, mais seulement un prêt de la part de la femme.

La déclaration de command faite pour un prix plus élevé que celui de l'adjudication doit être considérée comme une revente passible du droit proportionnel de mutation. Cass. 31 janv. 1814, S. 14, 178; 18 fév. 1839 (Art. 1386 J. Pr.)

Mais si les déclarations ont été divisées, l'irrégularité de l'une d'elles ne nuit point à l'autre. Cass. 18 fév. 1839 (Art. 1387 J. Pr.)

On peut, au reste, céder à l'un le sol, à l'autre la superficie. *Même arrêt.*

105. 4° Que la déclaration soit notifiée à la régie dans les vingt quatre heures du procès-verbal d'adjudication.

La notification au receveur se fait par acte extrajudiciaire, ou par la présentation du procès-verbal d'adjudication à l'enregistrement : dans ce dernier cas, il faut veiller à ce que la déclaration soit immédiatement enregistrée. Déc. min. fin 18 brum. an 9 ; — la déclaration remise dans le délai voulu par la loi, mais enregistrée postérieurement à ce délai, perd son effet; le receveur qui a commis la faute, demeure garant envers les parties du dommage qu'elles éprouvent par la perception d'un second droit de mutation. Cass. 31 mai 1825, S. 25, 409.

Cette notification au receveur ne pourrait être suppléée par celle faite au command élu. Cass. 3 therm. an 9, P. 2, 260.

106. Le délai de vingt-quatre heures est tellement de rigueur, que si l'acte de vente était daté *avant midi*, la déclaration de command devrait être faite et notifiée le lendemain *avant midi*. Favard, *R.* v° *Déclaration de command*, n° 2.

Mais la déclaration faite le *samedi* peut être faite et notifiée le *lundi*. Cass. Belgique 21 fév. 1833. Trib. Seine, 8 juill. 1835 (Art. 350 J. Pr.). Cass. civ. 15 nov. 1837 (Art. 1006 J. Pr.).

107. Lorsqu'un notaire, qui a reçu une déclaration de command, se trouve trop éloigné du bureau où les actes doivent être enregistrés pour notifier la déclaration au receveur avant l'expiration des vingt-quatre heures, la notification au receveur du bureau dans l'arrondissement duquel l'acte a été passé est régulière.

108. Le délai pour la déclaration de command à faire par l'acquéreur d'un domaine national est *de trois jours*. LL. 13 sept., 16 octobre 1791; 26 vend. an 7. — V. d'ailleurs L. 15

flor. an 10, art. 9; Av. cons. d'Etat. 30 janv. 1809 ; Délib.
rég. 29 avr. 1831.

S'il s'agit de vente de coupe de bois de l'Etat, la déclaration
doit être faite immédiatement après l'adjudication et séance
tenante. C. for. 23; — il en est de même pour les coupes de
bois du domaine de la couronne, des communes et des établissemens publics. *Ib.* 90.

109. La déclaration de command peut être reçue avant que
l'adjudication ait été enregistrée. *Nec obstat.* L. 2 frim. an 7 ;
Arg. L. 28 avr. 1816, art. 56; Déc. min. just. et fin. 31 déc.
1808, 10 janv. 1809.

110. 5° Que la déclaration soit acceptée par le command.

Les avoués qui se rendent adjudicataires dans les ventes faites
devant notaires commis par justice ont la faculté d'élire un
command dans les trois jours de l'adjudication, lors même
qu'ils ne se seraient pas réservé cette faculté dans le procès-verbal d'adjudication. *Nec obstat.* C. pr. 965 ; cet art. renvoie en
effet à l'art. 709 du même Code. Cass. 26 fév. 1827, D. 27, 155.
— V. d'ailleurs *Vente d'immeubles sur saisie*, n° 353 et suiv.

§ 7. — *De la folle enchère.*

111. Lorsque l'adjudicataire n'exécute pas les clauses de
l'adjudication la vente est poursuivie à sa folle enchère, —
non seulement dans le cas de ventes sur expropriation forcée,
C. pr. 733 ; mais encore à l'égard de toutes les ventes judiciaires.

Ainsi la folle enchère est admise à l'égard, — 1° des ventes
de biens de mineurs. C. pr. 964 et 733. — V. *sup.* n° 63 à 66 ;

2° De celles sur licitation. C. pr. 972 et 964 combinés, —
sous une distinction. — V. *sup.* n° 87 ;

3° De celles des biens de failli. C. pr. 972; C. comm. 572 ;

4° De celles des biens dépendans d'une succession bénéficiaire.
C. pr. 988 ;

5° De celles des immeubles dotaux. C. pr. 997 et 964, combinés ;

6° De celles des immeubles saisis dont la conversion a été autorisée en vente sur publications volontaires. *Ib.* art. 743 et
964, combinés.

§ 8. — *Enregistrement.*

112. Les affiches indicatives de la vente s'identifient avec
le procès-verbal d'apposition; ce procès-verbal est seul sujet au
droit fixe de 2 fr. L. 28 avr. 1816, art. 43. — V. d'ailleurs
Affiches, n°° 16 et suiv.

113. L'adjudication est passible du droit proportionnel de
5 fr. 50 c. par 100 fr. *Même loi*, art. 52. — V. d'ailleurs

Greffe (*droits de*), n°ˢ 37 et suiv. — Et toutefois *Licitation*, n°ˢ 96 et suiv.

114. Le droit est liquidé sur le prix exprimé en y ajoutant toutes les charges en capital. L. 22 frim. an 7, art. 15, n° 6.

115. Lorsque, par un même procès-verbal d'adjudication, plusieurs lots ont été adjugés à un même individu, le droit d'enregistrement doit être perçu non sur chaque article séparé, mais *sur le prix des différentes cotes réunies.* Délib. rég. 19 mars 1823.

116. La déclaration du command, proprement dite, est soumise au droit fixe de 3 fr. L. 28 avr. 1816, art. 44; — mais celle faite par l'avoué du nom de la personne pour laquelle il s'est rendu adjudicataire n'est passible que du droit de 1 fr. comme celle de complément. Solut. rég. 3 nov. 1830.

117. Quant aux divers actes de procédure faits pour parvenir à l'adjudication. — V. les mots qui les concernent, et d'ailleurs *Vente d'immeubles sur saisie.*

118. — Pour le cas de revente sur *folle-enchère.* — V. ce mot, n° 63 à 66.

§ 9. — *Formules.*

FORMULE 1.

Requête en homologation d'une délibération du conseil de famille qui ordonne la vente des immeubles d'un mineur.

(L. 1841, Art. 954. Ord. 1841, art. 9, coût, 7 fr. 50.)

A Messieurs les président et juges, etc.

Le sieur   , au nom et comme tuteur du mineur
ayant Mᵉ   pour avoué,

Requiert, qu'il vous plaise;

Attendu que la délibération du conseil de famille dudit mineur sous la présidence de M. le juge de paix de   , en date du   enregistrée, est régulière en la forme et juste au fond,

Homologuer, pour être exécutée selon sa forme et teneur, ladite délibération de famille.

En conséquence, ordonner que la maison dont il s'agit, sera vendue, en l'audience des criées du tribunal, ou par le ministère de M.   , notaire à   , qu'il plaira au tribunal commettre.

Laquelle vente aura lieu, sans expertise préalable, sur la mise à prix de   indiquée par ladite délibération de famille, ou telle autre qu'il plaira au tribunal fixer, en conformité de l'art. 955, Loi 2 juin 1841, d'après les titres de propriété et les baux dûment enregistrés de ladite maison, et la copie du rôle des contributions foncières, lesquelles pièces sont jointes à la présente requête, comme aussi aux clauses et conditions qui seront déterminées par le tribunal, et notamment, 1o que le prix principal sera payé dans le délai d'un an, avec les intérêts à 5 pour 100, à partir de l'entrée en jouissance; 2o que l'adjudicataire sera tenu de remplir les formalités de la purge légale, dans le délai de quatre mois; 3o enfin, aux autres conditions d'usage qui seront insérées dans le cahier d'enchère.

Et, dans le cas où le tribunal croirait une expertise nécessaire, ordonner que, par un seul expert nommé d'office, les dits immeubles seront vus et estimés, lequel prêtera serment devant M. le président du tribunal; de laquelle visite il dressera procès-verbal contenant sommairement les bases de l'estimation de ladite maison, sans entrer dans le détail descriptif des biens à vendre. Lequel rapport sera déposé au greffe du tribunal (1).

Et ce sera justice.   (Signature de l'avoué.)

FORMULE II.

Demande en licitation, ou partage.

(C. pr., 969 et 970. — Coût des exploits ordinaires.)

L'an   , le   , à la requête de   , j'ai, etc. soussigné, donné assignation, 1o au sieur   ; 2o et 3o, etc. (<i>V. ajournement</i>, formule 1.)

Pour, attendu qu'aux termes de l'art. 815 C. civ. nul n'est tenu de rester dans l'indivision ;

Attendu que, par suite du décès du sieur   , il y a lieu de procéder aux compte, liquidation et partage, tant de la communauté qui a subsisté entre la dame veuve   et son défunt mari, que de la succession de ce dernier.

Conclusions pour le cas où le partage paraît impossible.

Attendu que des dites succession et communauté dépendent deux maisons lesquelles ne peuvent être partagées en nature, que dès lors il y a lieu d'en ordonner la vente par licitation, et sans avoir besoin d'être préalablement estimées par expert ; que la mise à prix des dits immeubles peut être fixée par le tribunal, d'après les baux des dites maisons et autres documens.

En conséquence, dire et ordonner qu'il sera, aux requête, poursuite et diligence du sieur   , en présence des autres parties, où elles dûment appelées, procédé, en l'audience des criées du tribunal, à la vente des dites maisons, sur la mise à prix et aux conditions déterminées par le tribunal, sur le cahier d'enchère, qui sera dressé à cet effet par M•   , avoué en ce tribunal, et déposé au greffe, après l'accomplissement des formalités prescrites par la loi.

(Conclusions pour le cas où le partage en nature peut avoir lieu.)

Et, attendu que les dites maisons sont susceptibles d'être partagées en nature, sans avoir besoin d'ordonner une expertise.

Renvoyer les parties devant M.   , l'un de MM. les juges de ce tribunal, qui sera commis à cet effet pour la formation et le tirage des lots.

En tous cas, commettre l'un des membres du tribunal, et tel notaire qu'il plaira au tribunal désigner, pour procéder aux compte, liquidation et partage de la succession dont s'agit (2).

(Conclusions pour le cas où une expertise paraît nécessaire.)

Ordonner, avant faire droit, que les immeubles dont s'agit seront vus et visités, et estimés par un ou trois experts commis à cet effet, lesquels dresseront un procès-verbal de leurs opérations, serment par eux préalablement prêté devant le président du tribunal (ou tel juge de paix désigné), lequel rapport sera déposé au greffe du tribunal, pour être ensuite statué ce qu'il appartiendra.

Se ouïr les contestans condamner aux dépens que le requérant sera en tout cas autorisé à employer et prélever par privilége comme frais de liquidation et partage.

Et j'ai, etc.   (<i>Signature de l'huissier.</i>)

---

(1) Ce rapport n'est point expédié. C. pr. 956. — V, toutefois <i>sup</i>, no 75.

(2) L'art. 969 prescrit de commettre de suite un juge et un notaire ; il n'est plus nécessaire d'obtenir du juge le renvoi des parties devant le notaire commis. C'était un circuit inutile.

FORMULE III.

Acte de simples conclusions pour demander l'entérinement du rapport des experts, quand il a été ordonné.

(C. pr. 972. Ord. 1841, art. 10; coût orig. 7 fr. 50 Le quart pour chaque copie.)

Conclusions.

Pour le sieur   ; ayant M⁰   pour avoué,
Contre le sieur, etc.
Il plaise au tribunal,
Attendu, etc. (V. *Licitation*, formule II.)

FORMULE IV.

Sommation au subrogé tuteur d'être présent à la vente d'un immeuble appartenant à un mineur.

— V. *Licitation*, formule VII.
Nota. Cette sommation doit être faite un mois avant l'adjudication. C. pr. 962.

FORMULE V.

ENCHÈRE.

C. pr. 957. — Ord. 1841, art. 11. — Coût, 2 fr. par rôle.

Cahier des charges, clauses et conditions.

Auxquels seront adjugés, à l'audience des criées du tribunal civil de première instance du département de   , séant au Palais-de-Justice à   ,
sur licitation et au plus offrant et dernier enchérisseur :
1o Une maison, et, (*indiquer la nature et la situation des biens à vendre, celles des corps d'héritage, leur contenance approximative, et deux des tenans et aboutissans.*)
A la requête, poursuite et diligence de   (*noms, prénoms, profession et demeure*), ayant pour avoué M⁰   (*noms et prénoms*), demeurant à   , rue
En présence de (*noms professions et demeure des colicitants, si c'est une vente sur licitation,*
En exécution : 1o d'un jugement rendu en la   chambre du tribunal civil de première instance du département de   , le   , signifié à   avoué, le   , et à domicile, par exploit de,   huissier à   , en date du   , lequel jugement a ordonné
(*Copier le dispositif.*)
(*Toutefois, les dispositions de ce jugement étrangères à la vente ne doivent pas être rapportées.*)

DÉSIGNATION.

(*S'il existe dans l'immeuble des glaces ou autres objets de cette nature, immeubles par destination, on peut en donner un état. — Il est important d'énoncer les servitudes actives ou passives et les droits de mitoyenneté. — S'il y a des biens à vendre en plusieurs lots, indiquer la composition des lots, et la contenance, les tenans et aboutissans.*)

PROPRIÉTÉ.

(*S'il y a plusieurs lots et que les biens ne soient pas de même origine, di-*

viser la propriété en propriété générale et propriété particulière. — Dans la première partie, énoncer les qualités des vendeurs, indiquer les actes qui établissent ces qualités et fixer la portion virile de chacun dans les biens. — Dans la seconde partie, énoncer avec soin : 1o les lettres de ratification ou de transcription; 2o les certificats du conservateur des hypothèques, par suite de l'accomplissement des formalités de purge légale; 3o les quittances ou autres actes constatant la libération des différens propriétaires.—Faire remonter l'établissement de la propriété, autant qu'on le peut, à trente ans au moins.)

CONDITIONS DE LA VENTE.

(S'il y a plusieurs lots, et que, soit pour les servitudes, soit pour les locations, soit pour toute autre cause, il y ait nécessité de faire des conditions particulières pour quelques lots, il serait convenable de diviser les conditions en générales et particulières.

Art. 1. — Garantie.

L'adjudicataire prendra les biens dans l'état où ils seront le jour de l'adjudication définitive, mais sans pouvoir prétendre à aucune garantie et indemnité contre les vendeurs, ni à aucune diminution de prix pour dégradations, réparations, erreurs dans la désignation, dans la consistance ou dans la contenance ni même à raison de la mitoyenneté des murs séparant lesdits biens des propriétés voisines.

(S'il s'agit de la vente d'un corps certain clos de murs, telle qu'une maison on ajoutera : et sans aucune garantie de mesure, lors même que la différence excéderait un vingtième. — S'il s'agit de biens ruraux ou de terrains non clos, on ajoutera, à la différence ci-dessus : sauf l'exécution de l'art. 1619 C. civ. S'il y a des objets réclamés par des tiers ou par des locataires et fermiers, les indiquer. — Faire connaître les actes qui repoussent ou qui appuient ces réclamations.)

'Art. 2. — Servitudes.

L'adjudicataire jouira des servitudes actives et souffrira les servitudes passives, occultes et apparentes, sauf à faire valoir les unes et à se défendre des autres à ses risque, péril et fortune, sans aucun recours contre les vendeurs, et sans que la présente clause puisse attribuer, soit aux adjudicataires, soit aux tiers, d'autres et plus amples droits que ceux résultant des titres.

(S'il y a des servitudes connues, les indiquer avec détail, et énoncer les titres sur lesquels sont fondées les servitudes actives.)

Art. 3. — Entrée en jouissance.

(L'adjudicataire sera propriétaire par le fait seul de l'adjudication, mais il n'entrera en jouissance pour la perception des loyers qu'à partir du premier jour du terme qui suivra cette adjudication.

(S'il s'agit d'une ferme ou de biens ruraux affermés, la clause sera rédigée ainsi qu'il suit : mais l'adjudicataire n'entrera en jouissance que par la perception des fermages représentatifs de la récolte   , dont le premier terme sera exigible le   ,)

(S'il s'agit d'une ferme ou de biens ruraux non affermés, et que la vente se fasse avant la récolte : il entrera en jouissance à compter dudit jour, mais il remboursera aux vendeurs, indépendamment du prix de l'adjudication, les frais de labours, semences et cultures, qui sont fixés à la somme de   .)

(S'il s'agit de bois et que la vente se fasse avant l'exploitation : mais il n'entrera en jouissance pour l'exploitation, que par celle de la coupe ordinaire de   184   , laquelle aura lieu dans l'hiver de 184   à 184   .

(Il est, au surplus, impossible de prévoir tout ce qui est à stipuler sur l'entrée en jouissance, puisque la nature des biens, la saison dans laquelle se fait la vente, et une foule de circonstances peuvent modifier ces stipulations. On doit donc recommander cette clause aux soins des rédacteurs, afin qu'ils évitent l'obscurité ou l'ambiguïté.)

Art. 4. — *Contributions. — Intérêts.*

L'adjudicataire supportera les contributions et charges de toute nature dont les biens sont ou seront grevés, et ce à compter du jour fixé pour son entrée en jouissance des revenus, *si ce sont des biens ruraux, il faudra dire :* à compter du premier janvier de   *l'année dont la récolte lui appartiendra ;* il paiera les intérêts de son prix à raison de cinq pour cent par année, sans aucune retenue, à compter de la même époque jusqu'à paiement intégral dudit prix.

Art. 5. — *Baux et locations.*

L'adjudicataire sera tenu d'exécuter, pour le terme qui restera à courir au moment de l'adjudication, les baux et locations ci-après   *énoncer les baux, leur date, leur durée, le prix et les principales conditions ;* il tiendra compte en sus et sans diminution de son prix, aux différens locataires, des loyers qu'ils auraient payés d'avance.

Savoir : 1°   *énoncer avec soin les noms des locataires et la quotité des loyers payés d'avance*

S'il s'agit d'une saisie immobilière, on met : — L'adjudicataire sera tenu d'exécuter les locations verbales pour le temps qui en restera à courir au moment de l'adjudication, d'après l'usage des lieux.

Il sera également tenu d'exécuter, pour le temps qui en restera à courir, les baux faits par la partie saisie : toutefois ceux des dits baux qui n'auront pas acquis date certaine avant le commandement, pourront être annulés, si les créanciers ou l'adjudicataire le demandent.

Art. 6. — *Assurance contre l'incendie.*

L'adjudicataire devra entretenir, à partir du jour de son entrée en jouissance, et pour tout le temps qui en reste à courir, la police d'assurance contre l'incendie avec la compagnie de   (*énoncer cette police*), et de payer, à partir de sa dite entrée en jouissance, les primes et droits des dites polices ; de telle manière que, pour raison d'icelles, les vendeurs ne puissent être aucunement poursuivis, inquiétés ni recherchés.

Art. 7. — *Droits d'enregistrement et autres.*

L'adjudicataire sera tenu d'acquitter, en sus de son prix, tous les droits d'enregistrement, de greffe et autres auxquels l'adjudication donnera lieu.

Art 8 — *Frais de poursuite.*

Il paiera entre les mains et sur la quittance de l'avoué poursuivant, en sus de son prix et dans la huitaine de son adjudication: les frais faits pour parvenir à la vente et à l'adjudication des biens susdésignés, d'après la taxe qui en aura été faite, et dont le montant aura été déclaré avant l'ouverture des enchères, et sera inséré dans le jugement d'adjudication.

Il paiera également dans le même délai, entre les mains et sur la quittance de l'avoué poursuivant, et en sus du prix de l'adjudication, le montant de la remise proportionnelle accordée par la loi.

La grosse du jugement d'adjudication ne pourra être délivrée par le greffier du tribunal qu'après la justification de la quittance des dits frais, qui demeurera annexée à la minute du jugement d'adjudication.

Art. 9. — *Levée et signification du jugement d'adjudication.*

L'adjudicataire sera tenu de lever le jugement d'adjudication et de le faire signifier dans le mois de l'adjudication et à ses frais ; faute par lui de satisfaire à cette condition dans le délai prescrit, les vendeurs pourront se faire délivrer une première grosse du jugement d'adjudication, à ses frais, par le greffier du tribunal, trois jours après une sommation, sans être obligés de remplir les formalités prescrites par la loi pour parvenir à la délivrance d'une deuxième grosse.

Art. 10. — *Transcription.*

Dans la quinzaine suivante, l'adjudicataire devra faire transcrire, à ses frais, son jugement d'adjudication au bureau des hypothèques dans l'arrondissement duquel sont situés les biens. — V. toutefois *Purge des hyp.* n° 32.

Art. 11. — *Formalités en cas d'inscriptions.*

Si, sur la transcription, ou pendant la quinzaine qui la suivra, il survient des inscriptions du chef des vendeurs ou de leurs auteurs, l'adjudicataire devra en dénoncer l'état à l'avoué poursuivant, aux frais des vendeurs, par acte d'avoué à avoué, dans la quinzaine de la délivrance de cet état. Les vendeurs auront, à compter de cette dénonciation, un délai de quarante jours pour rapporter à l'adjudicataire le certificat de radiation de ces inscriptions. Pendant ce délai, l'adjudicataire ne pourra faire aux créanciers les notifications prescrites par les art. 2183, 2184 C. civ.; il ne pourra non plus faire ni offres, ni consignation, ni aucune diligence pour opérer la libération. Les inscriptions qui ne frapperaient que sur un ou plusieurs des vendeurs, ne pourront empêcher le paiement que des portions du prix revenantes aux vendeurs grevés, et l'adjudicataire devra payer les portions libres.

Cette clause n'est pas insérée s'il s'agit d'une saisie immobilière.

Art. 12. — *Purge légale et paiement du prix.*

L'adjudicataire aura un délai de quatre mois pour remplir, s'il le juge convenable, et à ses frais, les formalités nécessaires à l'effet de purger les hypothèques légales dont les biens pourraient être grevés.

Après l'expiration des délais fixés ci-dessus pour la purge, (*ou dans le délai fixé par le tribunal,*) il sera tenu de payer son prix à (*lieu*) en principal et intérêts, en espèces d'or et d'argent ayant actuellement son cours de monnaie, et non autrement.

S'il s'agit d'une saisie immobilière, on met : après l'expiration des délais fixés pour purger les hypothèques de toutes natures, soit que l'adjudicataire ait ou non rempli toutes les formalités, il sera tenu de payer son prix à   , en principal et intérêts à la partie saisie, aux créanciers inscrits ou aux délégataires.

Ce prix sera payé en espèces d'or et d'argent ayant actuellement cours de monnaie, et non autrement. L'adjudicataire, par le fait seul de l'adjudication, renoncera à invoquer toutes les lois et ordonnances qui introduiraient le cours forcé du papier monnaie, effets publics ou autres valeurs.

Dans le cas où, un an après l'adjudication, la partie saisie ou ses créanciers ne seraient pas en mesure de recevoir le prix, ils auront le droit de faire consigner chaque année échue des intérêts du prix.

Art. 13. — *Prohibition de ne pas détériorer l'immeuble.*

Avant le paiement intégral de son prix, l'adjudicataire ne pourra faire aucuns changemens notables, aucunes démolitions, (*coupes extraordinaires de bois*), ni commettre aucunes détériorations dans les biens, à peine d'être contraint immédiatement à la consignation de son prix, même par voie de folle enchère.

Si les ayans droit ne sont pas en état de le recevoir, il devra les indemniser de la perte que cette consignation leur ferait éprouver, soit pendant le temps durant lequel la caisse des consignations ne paie pas d'intérêts, soit par la différence existant entre l'intérêt à 5 pour 100 et celui servi par la caisse des consignations.

Art. 14. — *Remise des titres.*

Les vendeurs déclarent avoir à remettre (*énoncer les titres avec exactitude*);

à l'égard de tous autres titres que l'adjudicataire voudra se procurer, il est autorisé à s'en faire délivrer des expéditions ou extraits à ses frais par tous dépositaires.

Cet article n'est pas applicable à la saisie immobilière. — on met le poursuivant n'ayant pas en sa possession les titres de propriété de l'immeuble saisi, l'adjudicataire n'en pourra exiger aucuns, mais il est autorisé à se faire délivrer à ses frais par tout dépositaire des expéditions ou extraits de tous actes concernant la propriété.

Art. 15. — *Réception des enchère.*

Les enchères ne seront reçues, conformément aux art. 705 et 964 C, pr., que par le ministère d'avoué exerçant près le trib. civ. de 1re instance de

L'avoué qui aura enchéri et qui sera resté adjudicataire pour une personne notoirement insolvable, sera garant et responsable des effets de l'adjudication.

Art. 16. — *Des commands.*

Dans le cas où l'adjudicataire userait de la faculté de déclarer command, il sera solidairement obligé, avec ceux qu'il se sera substitués, au paiement du prix et à l'accomplissement des charges de l'enchère.

Art. 17. — *Folle-enchère.*

A défaut par l'adjudicataire de payer tout ou partie de son prix, ou d'exécuter aucune des clauses ou conditions de l'adjudication, les vendeurs pourront faire revendre les biens par folle-enchère, dans les formes prescrites par les art. 733 et suiv. L. 2 juin 1841.

Si le prix de la nouvelle adjudication est inférieur à celui de la première, le fol-enchérisseur sera contraint au paiement de la différence, en principal et intérêts, par toutes les voies de droit; dans aucun cas, le fol-enchérisseur ne pourra répéter, soit contre le nouvel adjudicataire, soit contre les vendeurs auxquels ils demeureront acquis à titres de dommages et intérêts, et qui profiteront au nouvel adjudicataire, les frais d'enregistrement, de greffe et d'hypothèques qu'il aurait payés.

L'adjudicataire sur folle-enchère devra les intérêts de son prix du jour où le fol-enchérisseur en était tenu, sauf à poursuivre à ses risques et périls le recouvrement des fruits et des revenus, à compter de la même époque.

Dans le cas où le prix de la seconde adjudication serait supérieur à celui de la première, la différence appartiendra aux vendeurs.

(Les conditions ci-dessus sont applicables même au cohéritier ou copropriétaire adjudicataire.)

Les vendeurs auront en outre, conformément à l'art. 9, le droit de se faire délivrer une grosse du jugement d'adjudication pour contraindre l'adjudicataire au paiement de son prix.

Art. 18. — *Attribution de juridiction.*

Le tribunal de première instance du département de   sera seul compétent pour connaître de toutes contestations relatives à l'exécution des conditions de l'adjudication et à ses suites, quels que soient la nature desdites contestations et le lieu du domicile des parties intéressées,

Art. 19. — *Élection de domicile.*

L'adjudicataire sera tenu d'élire domicile à   , pour l'exécution des charges et conditions de l'adjudication; sinon et par le seul fait de l'adjudication, le domicile sera élu de droit chez l'avoué qui se sera rendu adjudicataire.

Les vendeurs élisent domicile, savoir: 1°   ; 2°

Les domiciles élus seront attributifs de juridiction, même pour le préliminaire de conciliation et les actes d'exécution, ceux sur la folle-enchère et tous autres; même les exploits d'offres réelles et d'appel, y seront valablement signifiés.

Outre les charges, clauses et conditions de l'adjudication, les enchères seront reçues sur la somme de   , montant de la mise à prix fixée par le tribunal, ci. .   .   .   .

Fait et rédigé à   le   , par Mᵉ   , avoué poursuivant.

FORMULE VI.

Sommation aux avoués des colicitans.

(C. pr. 973.—Ord. 1841, art. 10.—Coût, 1 fr. — Copie, le quart.)

A la requête du sieur   , poursuivant la vente par licitation des biens dépendant de la succession du sieur ·   , ayant Mᵉ   pour avoué.

soit signifié, déclaré et fait sommation :

1º A Mᵉ   , avoué colicitant et du sieur   ; 2º   ; 3º

de prendre communication, si bon leur semble, du cahier des charges, contenant les clauses et conditions de la vente des biens dont s'agit , déposé au greffe du tribunal de   , par acte du   , dûment enregistré. — Faire tous dires et observations qu'ils jugeront convenables.

Leur faisant également sommation d'être présens, si bon leur semble, à l'adjudication des biens dont s'agit, laquelle aura lieu à l'audience des criées du tribunal, le   , heure de midi, leur déclarant qu'il y sera procédé tant en leur présence qu'en leur absence.   à ce qu'ils n'en ignorent dont acte.

(Signature de l'avoué.)

FORMULE VII.

Affiche pour la vente des biens de mineurs ou sur licitation.

(Coût. — V. *Vente d'immeubles sur saisie.*)

VENTE SUR LICITATION ENTRE MAJEURS ET MINEURS,

Ou VENTE DE BIENS DE MINEURS.

En l'audience des criées du tribunal de première instance séant au Palais de Justice ,

D'une maison et dépendances sise à   , rue

L'adjudication aura lieu le   , heure de midi.

On fait savoir à tous qu'il appartiendra , qu'en vertu (1) d'un jugement rendu en la chambre du tribunal de   , le   ; dûment enregistré et signifié,   et aux requête, poursuite et diligence du sieur   , demeurant à   , héritier pour   du sieur   , ayant M   pour avoué.

En présence de 1º dame   ; veuve du sieur   , en son nom, à cause de la communauté de biens qui a subsisté entre elle et son défunt mari, demeurant à   , ayant Mᵉ   pour avoué ;

2º Le sieur   , demeurant à   , au nom et comme tuteur de M.   , ayant ledit sieur   Mᵉ   pour avoué ;

3º Et le sieur   , au nom et comme subrogé-tuteur du mineur   , demeurant à   ; ayant Mᵉ   pour avoué.

Il sera procédé à la vente et adjudication de la maison ci-après désignée :

---

(1) *S'il s'agit d'une vente de biens de mineurs on met :* — En vertu d'une délibération de conseil de famille dudit mineur, en date du   , ladite délibération homologuée par jugement rendu au tribunal le   , il sera, à la requête du sieur, au nom et comme tuteur desdits mineur, procédé, etc. — Et en présence du sieur   , subrogé tuteur.

DÉSIGNATION (*comme celle qui est au cahier des charges.*)

Mise à prix.

L'adjudication aura lieu sur la mise à prix de   fixée par le tribunal.
S'adresser dans la maison pour la voir au concierge , et pour les renseignemens :

      A Mᵉ   , rue   , avoué poursuivant ;
   A Mᵉ   , rue
   A Mₑ   , rue   } avoués colicitans.
   A M   , rue

                               (*Signature de l'avoué.*)
enregistré à Paris le   , etc.

                               (*Signature du receveur.*)

FORMULE VIII.

Procès-verbal d'apposition d'affiches.

(C. pr. 961. — Ord. 1841, art. 4. — Coût, 8 fr.

L'an   , le   , à la requête du sieur   , etc., poursuivant la vente d'une maison   , etc., pour lequel domicile est élu en la
demeure de Mᵉ   , avoué, etc., je   (*immatricule*), soussigné,
certifie, etc. (— V. *Vente d'immeuble sur saisie*), en l'audience des criées du
tribunal de   , etc., à l'adjudication de ladite maison.
   Coût du présent procès-verbal, etc,

FORMULE IX.

Dire du poursuivant.

(C. pr. 95°. — Arg. ord. 1841, art. 11. — Vacation à l'adjudication, 15 fr.)

*Il est rédigé sur le cahier des charges dans une forme analogue à celle
suivie en cas de saisie immobilière.* — V. *Licitation,* Formule VII; *Vente sur
saisie.*

FORMULE X.

Jugement d'adjudication.

Louis-Philippe , etc. Le juge tenant l'audience des criées du tribunal de
etc., a rendu le jugement dont la teneur suit :
   Sur le cahier des charges, signé par Mᵉ   , avoué en ce tribunal et du
sieur   , timbré et enregistré, etc., et déposé au greffe desdites criées du
susdit tribunal, et duquel dit cahier des charges la teneur suit :   (*copier
le cahier des charges et les dires, faits à la suite*).
   Du   l'audience des criées tenue par M.   , juge au tribunal :
   Nous, juge, donnons acte à Mᵉ   , avoué poursuivant la vente, du dire
par lui fait, en date du   , lui donnons acte également de ce que les
frais de poursuite pour parvenir à la dite vente s'élèvant à la somme de   ,
à laquelle ils ont été taxés, laquelle somme sera payée par l'adjudicataire, en
sus de son prix principal ; et attendu que les formalités voulues par la loi ont
été remplies, disons qu'il soit immédiatement procédé à la réception des enchères
et à l'adjudication de l'immeuble dont s'agit.
   Et à l'instant Mᵉ   , etc., a enchéri à
après l'extinction de trois feux consécutifs sans enchères nouvelles, adjugeons
à Mᵉ   l'immeuble dont s'agit, moyennant   fr., en sus des charges
et indépendamment des frais de poursuite de vente , s'élevant, suivant la taxe,
à la somme de

Donnons acte en outre au dit M°   , avoué, de ce qu'il déclare que l'adjudication à lui présentement faite, de l'immeuble ci-dessus désigné, est pour et au profit de M°   , présent à l'audience, et acceptant sous la réserve néanmoins du droit de command ; lequel a dit également faire élection de domicile en l'étude de M°   . Ainsi signé. (*Signatures du juge et du greffier.*)

Fait et jugé à   , etc. Mandons, etc.

Nota. Si la vente a lieu par suite de saisie immobilière l'audience est tenue par le tribunal.

; — V. d'ailleurs *Conseil de famille, Expertise, Licitation, Vente sur saisie.*

VENTE DES MARCHANDISES NEUVES.

DIVISION.

§ 1. — *Prohibition de la vente des marchandises neuves.*

1. Est interdite la vente *en détail* de marchandises neuves, — à cri public, soit aux enchères , — soit au rabais, — soit à prix fixe proclamé, — avec ou sans assistance des officiers ministériels. Art. 1er. L. du 25 juin 1841 (Art. 1995 J. Pr.).

Cette interdiction a donné lieu à de vives discussions : — Pour la combattre on invoquait le principe de la liberté commerciale, proclamée par la loi du 2 mars 1791, — et le droit absolu de disposer de sa propriété consacré par l'art. 544 C. civ. On voulait au moins conserver aux marchands sédentaires le droit de vendre à l'encan, par le ministère d'un officier public. M. Persil, *Mon.* du 20 mai 1841.

Mais le système contraire, conforme à la jurisprudence de la C. de Cass. consacrée par vingt-trois arrêts, a prévalu.—V. notre journal année 1840, Art. 1593; année 1841, Art. 1898; —Galouzeau de Villepin, *Commentaire sur la loi du 25 juin* 1841, n° 6.

Pour les motifs de la prohibition. — V. *inf.* n° 4 à 7.

2. *Vente en détail.* C'est-à-dire pièce à pièce, article par article ; mais il ne suffirait pas de réunir quelques objets pour échapper à la prohibition. Il y a vente en détail toutes les fois que les objets ou lots mis en vente s'adressent directement au consommateur. Les ventes en gros restent soumises à la législation existante. — V. *inf.* n° 33.

3. *Marchandises neuves.* Ces expressions ne sont pas applicables à des objets qui ont été achetés par un particulier pour son usage personnel ; ces marchandises sont alors sorties du commerce ; peu importe dès-lors qu'elles soient encore neuves au

moment de la vente. La prohibition n'a été faite que dans l'intérêt du commerce.

4. *A cri public.* Cette vente est ordinairement faite par des hommes qui ne présentent aucune garantie de moralité ni de solvabilité ; elle n'est assujétie à aucun droit, à aucuns frais ; elle n'offre aucun recours contre le vendeur, qui disparaît lorsque son opération est consommée ; elle est d'autant plus dangereuse pour le commerce, par la concurrence qu'elle lui fait en séduisant l'acheteur par l'appât du bon marché, que ce bon marché est facile pour elle, puisqu'elle n'est soumise à aucune des conditions journalières de loyer, de patente, de commis, d'établissement enfin qui pèsent sur le marchand. M. Ganneron, *Mon.* du 4 avr. 1841.

5. *Soit aux enchères, soit au rabais.* La vente aux *enchères* n'est pas la même que celle au *rabais.*

La première a l'inconvénient que les marchandises n'ont pas le temps d'être examinées par les enchérisseurs ; on s'échauffe souvent inutilement, en croyant acheter à un prix raisonnable des objets qu'on paie fort chers.

La seconde a lieu en criant la marchandise à un prix élevé qui est abaissé progressivement jusqu'à ce qu'on trouve un acheteur qui offre un prix, moyennant lequel on lui adjuge l'objet mis en vente. Ce mode d'adjudication n'est qu'une enchère déguisée.

6. *Soit à prix fixe proclamé.* Il y avait encore abus dans ce mode d'adjudication, les premiers objets criés et vendus étaient souvent de bonne qualité, mais les autres n'avaient aucune valeur. C'était un piége tendu à la bonne foi.

7. *Avec ou sans assistance des officiers ministériels.* Il y avait de nombreux abus à tolérer les ventes journalières qui avaient lieu dans les salles des commissaires-priseurs à Paris ; on voyait souvent des commerçans près de faire faillite soustraire leur actif à l'action de leurs créanciers ; d'autres fois, le marchand de mauvaise foi faisait vendre des marchandises non payées ou de mauvaise qualité. Rapport de M. Quesnault, *Mon.* du 20 mars 1841, p. 694.

§ 2. — *Cas où la vente de marchandises neuves est autorisée.*

8. La prohibition ne s'applique pas :

1° Aux ventes prescrites par la loi ;
2° Aux ventes faites par autorité de justice ;
3° Aux ventes après décès ;
4° Aux ventes après faillite ;
5° Aux ventes après cessation de commerce ;
6° Aux ventes faites en cas de nécessité ;

7° Aux ventes de comestibles et objets de peu de valeur, connus dans le commerce sous le nom de *menue* mercerie. *Même loi*, art. 2.

9. *Ventes prescrites par la loi,* par exemple, la vente des effets donnés en nantissement au Mont-de-piété. Rapport de M. Quesnault.

Le conseil-général des manufactures avait émis le vœu que l'autorisation du trib. de commerce précédât les ventes de marchandises neuves faites par le Mont-de-piété, à cause des abus qui résultent des prêts sur nantissement de marchandises neuves qui ne sont pas déballées, qui peuvent souvent provenir de vols ou soustractions. — Ce vœu n'a pas été accueilli.

10 *Faites par autorité de justice.* Ce qui comprend les ventes faites après *saisie exécution.* — V. ce mot, n° 258.

11. *Vente après décès.* Les courtiers de commerce ont-ils le droit de procéder aux ventes en gros de marchandises dépendant de la succession d'un commerçant acceptée sous bénéfice d'inventaire ?

Pour l'affirmative on dit : le décret du 22 nov. 1811 a investi les courtiers de commerce du droit de faire dans tous les cas les ventes publiques de marchandises à la Bourse aux enchères, c'est l'objet et non la nature de la vente que le législateur a eu en vue. Rouen, 28 août 1838 (Art. 1361 J. Pr.). Galouzeau, n° 105 à 108.

Mais pour la négative on répond avec plus de raison : les dispositions des Codes civil et de procédure forment, à moins de dérogation expresse, le droit commun en matière de succession bénéficiaire. Peu importe que le défunt ait été commerçant ou non, les art. 805 C. civ. et 989 C. pr. investissent les trib. civils du droit de connaître des difficultés auxquelles la vente peut donner lieu.

Les mots *dans tous les cas,* insérés dans le décret de 1811, doivent être restreints aux seules ventes commerciales. Benou, p. 36, et notre dissertation (Art. 1368 J. Pr.).

12. *Ventes après faillite ou cessation de commerce.* — La cessation d'une branche de commerce suffit pour autoriser la vente de certaines marchandises lorsque le commerçant réunissait plusieurs genres d'industrie. Discours de M. le garde des sceaux.

13. *Ventes en cas d'absolue nécessité.* Cette appréciation est laissée au trib. de commerce, et non pas au président seul. L. 25 juin 1841, art. 2.

14. On peut donner comme exemple des cas de nécessité :

1° L'expropriation de la jouissance d'un magasin pour cause d'utilité publique ;

2° La fin d'un bail ;

3° Une gêne commerciale ;

4° La liquidation d'une société ;

5° Les avaries ou autre cause qui font considérer certaines marchandises comme fonds de magasin ;

6° Les ventes de modèles de bronze, qui ont cessé d'être de mode;

7° Les ventes motivées sur une translation d'un établissement à un autre lieu.

— V. Galouzeau, n° 20 à 26.

15. *Ventes de comestibles.* On n'a pas voulu contrarier les réglemens de certaines villes qui autorisent cet usage. Rapport de M. Quesnault.

16. *Ventes de menue mercerie.* On voulait spécifier que ces ventes ne pourraient avoir lieu que *sur la voie publique* avec permission de l'autorité municipale. Cette addition a été repoussée. On n'a voulu rien retrancher ni ajouter aux droits conférés à l'autorité municipale par les lois de 1790 et autres réglemens. Au reste, on a pensé que la concurrence devait exister pour les marchands en boutique, comme pour ceux qui se placeraient sur la voie publique, pour les objets de peu de valeur désignés par le législateur. Observations de M. Quesnault.

§ 3. — *Dans quelle forme et par quels officiers publics
la vente doit avoir lieu.*

17. Les ventes publiques et en détail de marchandises neuves qui ont lieu après décès, ou par autorité de justice, sont faites selon les formes prescrites et par les officiers ministériels préposés pour la vente forcée du mobilier, conformément aux art. 625 et 945 C. pr. *Même loi*, art. 3. — V. *Saisie-exécution*, n° 258; *Ventes de meubles*, n°s 2 et 10.

18. Après faillite, on distingue entre la vente des marchandises et celle du mobilier.

Le mobilier ne peut être vendu aux enchères que par le ministère des commissaires-priseurs, notaires, huissiers ou greffiers de la justice de paix, conformément aux lois et réglemens qui déterminent les attributions des ces différens officiers. *Même loi*, art. 4. — V. *Vente de meubles*, n°s 2 et 3.

19. Les marchandises doivent être vendues conformément à l'art. 486 C. comm. par un officier de la classe que le juge-commissaire détermine. *Même loi*, art. 4.

20. Le juge-commissaire n'a pas le droit de désigner nominativement l'officier public de la classe qu'il croit devoir indiquer. Le choix appartient aux syndics.

21. La vente peut avoir lieu en détail et *hors de la Bourse*, même lorsqu'elle est faite par un courtier : l'art. 486 C. comm.

nouveau ne reproduit pas l'obligation de vendre à la Bourse qui se trouvait écrite dans l'ancien art. 492. Mollot, n° 540; Galouzeau, n° 58.

22. De même, les courtiers peuvent, au cas de faillite, vendre toutes espèces de marchandises, même celles qui ne sont pas comprises aux tableaux dressés en exécution du décret de 1812, et de l'ordonnance de 1818. Arg. C. comm. 486. Mollot, n° 559; Galouzeau, n° 59.

23. Les ventes publiques et par enchères, après cessation de commerce ou dans les autres cas de nécessité dont il est parlé *sup.* n° 14, ne peuvent avoir lieu qu'avec l'autorisation du trib. de comm. *Même loi,* art. 5.

24. L'autorisation est demandée par le commerçant propriétaire. — V. d'ailleurs *inf.*, n° 30.

25. Il présente, à cet effet, une requête à laquelle est joint un état des marchandises. *Ib.*

26. Le jugement qui autorise la vente doit, — 1° constater le fait qui donne lieu à la vente, *ib.*, art. 5; *Moniteur,* 9 avr. et 17 juin 1841; — spécialement, s'il y a cessation de commerce, il faut constater deux choses, que le marchand faisait le commerce, et qu'il le cesse effectivement.

27. 2° Indiquer le lieu où se fera la vente : si le tribunal aperçoit que la vente dans tel lieu aurait, soit pour le marchand qui vend, soit pour les autres marchands sédentaires du lieu, de graves inconvéniens, il a la faculté d'ordonner qu'elle soit faite dans un autre lieu du même arrondissement où les mêmes bénéfices pourront être réalisés. M. Quesnault, *Moniteur,* 9 avr. 1841.

Ainsi, on peut désigner un autre lieu que celui du domicile du marchand. Galouzeau, n° 48.

28. 3° S'il autorise la vente par lots, il en fixe l'importance.

29. 4° Décider, d'après les lois et réglemens d'attributions, que des courtiers, des commissaires-priseurs ou autres officiers publics, seront chargés de la réception des enchères. *Ibid.*

S'agit-il d'une vente en gros, il convient d'indiquer un courtier de commerce. — S'agit-il d'une vente en détail dans un lieu où il existe des commissaires-priseurs, le tribunal ne peut autoriser la vente par un autre officier public.

30. L'autorisation ne peut être accordée, pour cause de nécessité, qu'au marchand sédentaire, ayant, depuis un an au moins, son domicile réel dans l'arrondissement où la vente doit être opérée. *Ib.*

31. Le jugement qui accorde l'autorisation peut être attaqué, 1° par les négocians de la ville où doit se faire la vente, par exemple, s'ils contestent que le requérant réunit les conditions exigées;

2° Par les officiers, vendeurs de meubles, qui prétendent que les règles de compétence établies entre eux ont été violées.

32. Le recours qui leur est ouvert est la tierce-opposition. Galouzeau, n° 61.—Ils ne sont recevables à se pourvoir contre ce jugement ni par opposition, ni par appel.

Ils peuvent demander au tribunal de commerce, saisi de la tierce-opposition, de suspendre l'exécution de leur jugement. Arg. C. pr., 478; Galouzeau, n° 62.

33. Les ventes publiques aux enchères de marchandises *en gros* continueront à être faites par le ministère des courtiers, dans les cas, aux conditions et selon les formes indiquées par les décrets des 23 nov. 1811, 17 avr. 1812, la loi du 15 mai 1818, et les ordonn. des 1er juill. 1818 et 9 août 1819; Loi du 25 juin 1841, art. 6. — V. *Courtier de commerce; Vente de meubles aux enchères.*

Ainsi, hors le cas de faillite, elles ne pourront avoir lieu par le ministère des courtiers qu'en vertu d'une autorisation du trib. de commerce, — à la bourse, à moins que l'autorisation ne détermine un autre lieu.

34. Les courtiers continuent d'être soumis aux mêmes lois, tant pour les formes de vente que pour les droits de courtage. — *Même loi*, art. 9.

35. Dans les lieux où il n'y a point de courtiers de commerce, les commissaires-priseurs, les notaires, huissiers et greffiers de justice de paix font les ventes selon les droits qui leur sont respectivement attribués par les lois et réglemens. *Ib.*, art. 10.

Ils sont, pour les ventes, soumis aux formes, conditions et tarifs imposés aux courtiers. *Ib.*

36. On avait successivement proposé que les lots de marchandises en gros ne pussent jamais être au-dessous de 500 fr. ou de 200 fr.

Mais la fixation d'un minimum a été repoussée. La variété ou la disproportion que présente le prix comparé des diverses marchandises ne permettent pas de trouver dans un chiffre déterminé une limite toujours convenable; ce chiffre sera, selon les lieux et les circonstances, ou trop bas, ou trop élevé. Un lot de 500 fr. pourra, suivant la nature des marchandises, ne contenir qu'un ou deux articles, ou composer un approvisionnement trop important pour le petit commerce. Rapport de M. Quesnault.

L'évaluation des lots n'empêche pas de pouvoir les vendre moyennant un prix moins élevé, pourvu que la différence ne fasse pas présumer que le courtier a voulu éluder la loi. Mollot, n° 548.

37. Des affiches apposées à la porte du lieu où se fait la

vente énoncent le jugement qui l'a autorisée. *Même loi*, art. 5;
— c'est-à-dire la date du jugement et la nature des marchandises, sans qu'il soit nécessaire d'énoncer les motifs du jugement. Il serait souvent pénible de rendre publics les motifs qui
ont obligé le marchand à solliciter l'autorisation de vendre ses
marchandises. Galouzeau, n° 55.

§ 4. — *Des contraventions et amendes.*

38. Toute contravention aux dispositions de la loi du 25 juin
1841 est punie, 1° de la confiscation des marchandises mises
en vente. *Même loi*, art. 7, — en fraude de la loi. — Si, à des
marchandises dont la vente a été autorisée, on a ajouté d'autres
marchandises, ces dernières seules pourront être confisquées.

39. 2° D'une amende de 50 à 3,000 fr. *Ib.* — Le minimum
de l'amende ne peut être abaissé; l'art. 463 C. pén. doit être
restreint aux peines prononcées par le C. pén.; Arg. Cass.,
28 janv. 1830; S. 30, 141.

40. 3° D'une condamnation à des dommages-intérêts, s'il
y a lieu. *Même article.*

41. Ces condamnations sont prononcées *solidairement*, tant
contre le vendeur que contre l'officier public qui l'assiste, *ib.*,
— même pour les dommages et intérêts et pour les dépens.
Arg. C. pén., 55; Galouzeau, n° 74.

42. Sont passibles des mêmes peines les vendeurs ou officiers
publics qui comprennent sciemment, dans les ventes faites par
autorité de justice, sur saisie, après décès, faillite, cessation
de commerce, ou dans les autres cas de nécessité prévus dont il
est parlé ci-dessus, des marchandises neuves, ne faisant pas
partie du fonds ou mobilier mis en vente. Loi du 25 juin,
art. 8.

43. Ces condamnations sont prononcées par les trib. correctionnels. *Ib.*

44. Les ventes, soit en gros, soit en détail, ne sont pas
frappées de nullité, lors même que l'autorisation est nulle;
la loi se borne à édicter des peines pécuniaires pour l'inobservation des règles qu'elle trace, et ne prononce pas cette double
nullité. Galouzeau, n° 77.

45. Mais les commerçans d'une ville ont individuellement
qualité pour s'opposer aux ventes qui seraient faites en violation de la loi. Arg. Cass., 12 juill. 1836 (Art. 439 J. Pr.);
Cass., 24 août 1836, D. 37, 143.

46. Ils peuvent, à cet effet, s'adresser au juge des référés.
Caen, 31 déc. 1829, D. 30, 283; — Ou bien aux trib. civils,
Bourges, 24 mai 1839 (Art. 1507 J. Pr.); — Ou même aux
trib. de commerce. Pau, 12 déc. 1832; Arg. Cass., 24 août

1836; Grenoble, 16 ou 17 mars 1837 (Art. 854 J. Pr.). —
Contrà, Bourges, 24 mai 1839: —V. d'ailleurs *sup.* n° 32.

47. Le même droit appartient aux corporations d'offic'ers
ministériels. Arg. Cass., 11 mai 1837 (Art. 829 J. Pr.).

VENTE D'OFFICE.

1. Tout traité ou convention, ayant pour objet la transmission, à titre onéreux ou gratuit, d'un office, de la clientèle, des minutes, répertoires, recouvremens et autres objets
en dépendant, doit être constaté par écrit et enregistré avant
d'être produit à l'appui de la demande de nomination du successeur désigné. L. 25 juin 1841, art. 6 (Art. 2000 J. Pr.).

2. Pour les transmissions à titre onéreux, le droit d'enregistrement est de 2 p. 100 du prix exprimé dans l'acte de cession
et du capital des charges qui peuvent ajouter au prix. *Même loi,*
art. 7.

3. Si la transmission de l'office et des objets en dépendant
s'opère par suite de disposition gratuite entre vifs ou à cause de
mort, les droits établis pour les donations de biens meubles
par les lois existantes sont perçus sur l'acte ou écrit constatant
la libéralité, d'après une évaluation en capital. *Ib.*, art. 8.

Dans aucun cas, le droit ne peut être au-dessous de 2 p. 100.
Ib., art. 8.

4. Lorsque l'office transmis par décès passe à l'un des héritiers, le droit est de 2 p. 100 du prix exprimé dans l'acte de
cession et du capital des charges qui peuvent ajouter au prix.
Ib., art. 9.

5. Lorsque l'office passe à l'héritier unique du titulaire, le
droit de 2 p. 100 est perçu d'après une déclaration estimative
de la valeur de l'office et des objets en dépendant. *Ib.*

6. Cette déclaration est faite au bureau de l'enregistrement
de la résidence du titulaire décédé. *Ib.*

7. La quittance du receveur doit être jointe à l'appui de la
demande de nomination du successeur. *Ib.*

8. Le droit acquitté sur cette déclaration ou sur le traité fait
entre les cohéritiers est imputé, jusqu'à due concurrence, sur
celui que les héritiers ont à payer lors de la déclaration de succession, sur la valeur estimative de l'office, d'après les quotités
fixées, pour les biens meubles, par les lois en vigueur. *Ib.*

9. Le droit d'enregistrement de transmission des offices,
déterminé ci-dessus, ne peut, dans aucun cas, être inférieur
au dixième du cautionnement attaché à la fonction ou à l'emploi. *Ib.*, art. 10.

10. Lorsque l'évaluation donnée à un office pour la perception du droit d'enregistrement d'une transmission à titre gratuit,
entre vifs ou par décès, est reconnue insuffisante, ou que la
simulation du prix exprimé dans l'acte de cession à titre oné-

reux est établie d'après des actes émanés des parties ou de l'autorité administrative ou judiciaire, il est perçu, à titre d'amende, un droit en sus de celui qui est dû sur la différence de prix ou d'évaluation. *Ib.* art. 11.

Les parties, leurs héritiers ou leurs ayant-cause sont solidaires pour le paiement de cette amende. *Ib.*

11. En cas de création nouvelle de charges ou offices, ou en cas de nomination de nouveaux titulaires sans présentation, par suite de destitution ou par tout autre motif, les ordonnances qui y pourvoient sont assujéties à un droit d'enregistrement de 20 pour 100 sur le montant du cautionnement attaché à la fonction ou à l'emploi. *Ib.* art. 12.

12. Toutefois, si les nouveaux titulaires sont soumis, comme condition de leur nomination, à payer une somme déterminée pour la valeur de l'office, le droit d'enregistrement de 2 pour 100 est exigible sur cette somme, sauf l'application du minimum de perception établi à l'art. 10 ci-dessus. Ce droit doit être acquitté avant la prestation de serment du nouveau titulaire, sous peine du double droit. *Ib.*

13. En cas de suppression d'un titre d'office, lorsqu'à défaut de traité l'ordonnance qui prononce l'extinction fixe une indemnité à payer au titulaire de l'office supprimé ou à ses héritiers, l'expédition de l'ordonnance doit être enregistrée dans le mois de la délivrance, sous peine de double droit. *Ib.* art. 13.

Le droit de 2 pour 100 est perçu sur le montant de l'indemnité. *Ib.*

14. Les droits perçus en vertu des art. qui précèdent sont sujets à restitution toutes les fois que la transmission n'a pas été suivie d'effet. *Ib.* art. 14.

S'il y a lieu seulement à réduction du prix, tout ce qui a été perçu sur l'excédant est également restitué. *Ib.*

La demande en restitution doit être faite conformément à l'art. 61 L. 22 frim. an 7, dans le délai de deux ans à compter du jour de l'enregistrement du traité ou de la déclaration. *Ib.*

15. La loi du 25 juin 1841, promulguée le 10 juillet, est devenue exécutoire à Paris le 12 juill. 1841.

Conséquemment à partir de cette dernière date, aucune nomination d'officiers publics désignés à l'art. 91 L. 28 avr. 1816 n'a pu avoir lieu que sur la production d'un traité de cession à titre onéreux ou gratuit, enregistré conformément aux dispositions de la loi nouvelle. Instruction de la régie du 15 juill. 1841 (Art. 2001 J. Pr.).

Mais les *nominations* antérieures au 12 juill. 1841 sont restées soumises au mode de perception établi par l'art. 34 L. 21 avr. 1832 en vigueur jusqu'à cette époque.

VENTE *sur* SURENCHÈRE. La *surenchère* est l'enchèr faite en sus du prix d'une vente ou d'une adjudication d'immeubles.

1. La surenchère a été introduite 1° dans l'intérêt des créanciers; elle leur donne le moyen de porter à sa véritable valeur l'immeuble vendu à vil prix. — 2° dans l'intérêt du débiteur; elle tend à multiplier les libérations. — V. toutefois *inf.* n. 7.

DIVISION.

§ **1.** — *Différentes espèces de surenchères; cas où elles ont lieu.*

2. Il y a deux espèces de surenchère, celle du dixième et celle du sixième.

3. *Surenchère du dixième.* — Elle s'applique 1° aux ventes sur aliénation volontaire. C. civ. 2181, 2185.

2° *Aux ventes judiciaires,* autres que celles sur expropriation forcée : les créanciers hypothécaires ne sont point avertis comme ils le sont en cas de vente sur saisie immobilière. Rapport de M. Persil, p. 110 et suiv. Séance du 23 mars 1840. — V. toutefois *inf.*, n° 7.

4. Il existe une autre surenchère du dixième permise après la vente des immeubles d'un failli. C. comm. 573. — V. *inf.*, n° 194.

5. *Surenchère du sixième.* — Elle est admise : 1° pour les ventes sur expropriation. C. pr. 708 ;

2° Pour les ventes de biens de mineurs. C. pr. 965 ;

3° Pour celles sur licitation. C. pr. 973, 965 ;

4° Pour les autres ventes judiciaires. *Ib.*

6. Cette surenchère du sixième n'empêche pas qu'il ne soit utile de faire aux créanciers les notifications prescrites par l'art.

2183 C. civ., pour mettre l'adjudicataire à l'abri de l'action hypothécaire. Il n'est plus contraint de délaisser l'immeuble ou de payer toutes les créances hypothécaires. Il est obligé personnellement, et non comme tiers détenteur, mais seulement jusqu'à concurrence de son prix. Rapport de M. Persil.

7. Cette surenchère du sixième, lorsqu'elle a été suivie d'une seconde adjudication, est un obstacle à la surenchère du dixième. C. pr. 965, — sauf le droit de suite des créanciers hypothécaires. Rapport de M. Pascalis, *Mon.* 23 juin 1840, p. 1526.

§ 2. — *De la surenchère sur aliénation volontaire.*

Art. 1. — *Par qui la surenchère peut être faite.*

8. Pour surenchérir il faut : — *premièrement* être créancier privilégié ou hypothécaire de l'un des vendeurs (— V. *inf.* n° 11), — avant l'aliénation faite par celui-ci. C. civ. 2185 ; C. pr. 834 ; — sous l'édit de 1771, peu importait que la créance fût postérieure à la vente. Cass. 25 therm. an 5, P. 1, 166.

9. Conséquemment, la surenchère est nulle, si l'acquéreur prouve que le titre du créancier est frauduleux. Toulouse, 13 janv. 1837 (Art. 696 J. Pr.); — ou éteint par le paiement. Poitiers, 15 juin 1819, P. 15, 330; Toulouse, 30 janv. 1834, S. 34, 211.

10. Le créancier ne renonce pas au droit de surenchérir; en recevant de l'acquéreur un à-compte, alors surtout que dans la quittance il s'est réservé tous ses droits. Paris, 18 fév. 1826, S. 28, 21.

11. *Deuxièmement.* Avoir pris inscription sur l'immeuble grevé du privilège ou de l'hypothèque. C. civ. 2185, 2195 ; — avant l'expiration de la quinzaine de la transcription. C. pr. 834.

12. Il suffit aux mineurs et aux femmes mariées de prendre inscription avant l'expiration des délais des art. 2194 et 2195 C. civ. Persil, art. 2185, n° 4 ; Carré, n° 2850 ; Delvincourt, 3, 366.—V. d'ailleurs *inf.* n° 71.

13. L'inscription n'est jamais remplacée par la connaissance personnelle que le tiers détenteur aurait du titre. Pigeau, *Comm.* 2, 531.

14. Doivent être considérées comme non avenues : — 1° l'inscription irrégulière. Cass. 28 déc. 1808, P. 7, 281 ; Persil, art. 2185, n° 2 ; Merlin, *Rép.*, *hoc verbo*, n° 5.

15. 2° L'inscription non encore radiée si la main-levée en a été consentie. Persil, *ib.* n° 3 ; Delvincourt, 3, 567.

Jugé toutefois que l'acquéreur, en faisant la notification au créancier, se rend non recevable à demander la nullité de la

surenchère formée par celui-ci. Toulouse, 11 fév. 1806 ; Cass.
23 avr. 1807 , P. 6 , 45. — Surtout lorsque le créancier n'a
reçu qu'un paiement partiel, et qu'il a été déjà sommé par
l'acquéreur, à raison de sa créance, de produire à l'ordre ouvert sur le prix d'un autre immeuble. Bourges, 6 mars 1836
(Art. 544 J. Pr.). — « Considérant que s'il était permis avant
l'ordre de contester les créances du surenchérisseur et des autres
créanciers inscrits, cela aurait de graves inconvéniens, soit en
offrant aux créanciers la perspective d'un grand nombre de
procès pendant lesquels l'acquéreur jouirait sans payer son
prix, soit en facilitant la fraude entre l'acquéreur et le vendeur. »

16. 3° L'inscription omise dans le certificat délivré par le
conservateur : l'immeuble en demeure affranchi entre les mains
du tiers acquéreur, sauf la responsabilité du conservateur, et
sans préjudice du droit accordé au créancier de se faire colloquer suivant l'ordre qui lui appartient, tant que le prix n'a pas
été payé par l'acquéreur, ou tant que l'ordre entre les créanciers n'a pas été homologué. C. civ. 2198. — Peu importe que
l'art. 834 C. pr. permette aux créanciers inscrits dans la quinzaine de la transcription de surenchérir ; tout ce que l'on peut
conclure de cet article, c'est que depuis sa promulgation le
certificat des inscriptions ne libère l'immeuble entre les mains
de l'acquéreur qu'autant qu'il est requis à l'expiration de la
quinzaine. Grenier, n° 443 ; Troplong, n° 1007 *bis* ; Arg. Cass.
9 niv. an 14 , P. 5 , 105.—*Contrà*, Merlin , *Rép.*, v° *Transcription* , n° 137 ; Dalloz , *Hyp.* 371.

17. *Troisièmement.* N'avoir point été partie au contrat d'a-
liénation.

Ainsi ne peuvent surenchérir, bien qu'ils soient créanciers
inscrits : — 1° le copropriétaire de l'immeuble hypothéqué
vendu par licitation : en sa qualité de vendeur, il est tenu de
la garantie. Cass. 4 mai 1824 , D. v° *Saisie immobilière* , 10 ,
764.—*Contrà*, Arg. Aix, 30 janv. 1855, D. 35 , 115 , rendu
à l'égard de l'ancienne surenchère du quart, attendu que l'art.
710 C. pr. admet toute personne à surenchérir.

18. 2° Celui qui a acheté l'immeuble : il ne peut détruire,
au moyen d'une surenchère, le prix qu'il a lui-même stipulé.
Bordeaux , 22 juill. 1855, D. 34, 45. — Il en est autrement
des créanciers qui ont été présens à la vente : leur but, par un
semblable concours, a été de veiller à leurs intérêts et non d'y
renoncer. Grenier , n° 46.

19. *Quatrièmement.* Il faut que la surenchère émane d'une
partie capable d'ester en jugement. La surenchère, d'après ses
effets (—V. *inf.* art. 9), ne doit pas être considérée comme une
simple mesure conservatoire, mais comme une action *immobi-*

lière. D'ailleurs, la réquisition de surenchère rend le créancier acquéreur si son enchère n'est pas couverte (—V. *inf.* n° 154.); Il faut donc qu'il soit capable de s'obliger. Cass. 14 juin 1824, S. 24, 321; Troplong, n° 951; Duranton, 20, n° 403; Delvincourt, *ib.* — *Contrà*, Arg. Bruxelles, 20 avr. 1811, P. 9, 276.

20. Conséquemment, ne peuvent surenchérir : 1° la femme mariée, quoique séparée de biens, sans l'autorisation de son mari. C. civ. 217; Troplong, n° 952; Grenier, n° 459; Cass. 14 juin 1824, S. 24, 3; Arg. C. civ. 223. *Même arrêt.* — V. toutefois *Femme mariée*, n° 58.

21. Le jugement qui prononce la séparation de biens autorise implicitement la femme à diriger contre le mari toutes poursuites pour le paiement de ses droits et reprises, et conséquemment à surenchérir l'immeuble vendu par celui-ci. Orléans, 25 mars 1831, D. 31, 168.

Jugé que la femme séparée de biens, qui a renoncé à la communauté, peut surenchérir un immeuble qui est un acquêt de la communauté préexistante. Trib. Seine 21 janv. 1841 (Art. 1882 J. Pr.).

22. Sous le régime dotal, la femme dûment autorisée, peut-elle surenchérir? — On objecte que ce serait donner aux époux un moyen indirect d'aliéner la dot mobilière. Arg. Montpellier, 22 mai 1807, P. 6, 104; Lyon, 27 août 1813, P. 11, 676.—Mais si la femme ne pouvait surenchérir, elle se verrait privée de l'exercice d'un droit introduit en sa faveur; en admettant même que sa dot mobilière ne pût être aliénée, ce qui est contestable, rien ne l'empêcherait d'acquérir en son nom avec ses deniers dotaux un immeuble qui serait frappé de dotalité.—De deux choses l'une, ou l'immeuble surenchéri par elle ne lui sera pas adjugé, et, dans ce cas, elle n'a aucun recours à craindre, et son paiement sera mieux assuré par un prix plus élevé, ou l'immeuble, au contraire, lui sera adjugé, et, dans ce cas, elle trouve encore son avantage à remplacer une dot mobilière par une dot immobilière. — L'acquéreur et les créanciers ne peuvent eux-mêmes se plaindre. Ils trouvent une garantie contre l'insolvabilité personnelle de la femme dans la caution qu'elle est tenue d'offrir. Grenoble, 11 juin 1825, D. 26, 27; Riom, 11 août 1824, S. 26, 139; Troplong, n° 953. Arg. Besançon, 12 mars 1811, P. 9, 172.

Le mari a même été admis à poursuivre les débiteurs de sa femme mariée sous le régime dotal, et à former, sans son concours, une surenchère sur les biens hypothéqués à une créance dotale de celle-ci. Caen, 20 juin 1827, S. 28, 183.

23. 2° Le mineur non émancipé, si ce n'est par le ministère du tuteur, avec l'autorisation du conseil de famille. C. civ·

464.—La réquisition de surenchère est une action qui tient aux droits immobiliers. Troplong, n° 953 ; Grenier, n° 459.

24. 3° Le mineur émancipé, sans l'assistance de son curateur également autorisé.

25. 4° L'interdit s'il n'est représenté par son tuteur également autorisé. C. civ. 509.

26. Si la femme interdite a pour tuteur une autre personne que son mari, ce tuteur n'a pas besoin de demander l'autorisation de celui-ci au nom et dans l'intérêt de sa femme : l'autorisation du conseil de famille suffit. Arg. C. civ. 464, 509. — Jugé que celle du mari n'est exigée que lorsque la femme jouit de la plénitude de sa raison et agit elle-même. Amiens, 29 déc. 1825, S. 26, 199.

27. L'incapable ainsi autorisé est sujet aux mêmes déchéances que tout surenchérisseur ordinaire. Grenoble, 27 déc. 1821, P. 16, 1044.

28. *Quid*, si l'autorisation intervenait après le délai de quarante jours ? — La nullité ne serait pas couverte : ce délai est fatal. Arg. C. civ. 2186. — On ne peut d'ailleurs laisser incertaine la position du tiers acquéreur et des créanciers. Vainement dirait-on que la ratification doit rétroagir jusqu'au jour où l'acte est intervenu. Ce principe ne peut s'appliquer à la surenchère qui est un acte *du droit civil*, soumis à des formalités rigoureuses. Dijon, 12 déc. 1821 ; Cass. 14 juin 1824, S. 24, 321 ; Troplong, n° 954.

29. Mais il suffit qu'un établissement public (spécialement une fabrique), demande dans les délais l'autorisation administrative ? Autrement, cette mesure établie dans l'intérêt de l'établissement public ne pouvant être accomplie dans le délai de la surenchère, tournerait toujours à son préjudice. Bruxelles, 20 avr. 1811, P. 9, 276.—Ce motif détermine même (Pigeau, *Comm.* 2, 526) à penser que les communes qui ont besoin d'une autorisation pour acquérir peuvent surenchérir sans ce préliminaire.

30. Toutes les fois que l'une des quatre conditions ci-dessus manque, l'acquéreur a le droit de s'opposer à la surenchère, pour empêcher la résolution de la vente. Poitiers, 15 juin 1819, P. 15, 330 ; Toulouse, 30 janv. 1834, S. 34, 241 ; Cass. 4 mai 1824, D. *ib.* 764.

31. Il peut se prévaloir du défaut d'autorisation du surenchérisseur. L'art. 1125 C. civ., qui ne permet point aux personnes capables d'opposer l'incapacité du mineur, de l'interdit ou de la femme mariée, est seulement relatif aux contrats volontairement passés. Cass. 14 juin 1824, S. 24, 321 ; Troplong, n° 955. — *Contrà*, Grenoble, 11 juin 1825, D. 26, 27. — Il en serait ainsi, encore bien que la caution présentée fût solvable. Cette circonstance est indifférente à l'acquéreur qui n'a rien à recevoir d'elle. Troplong, *ib.*

32. Les créanciers, au contraire, sont sans intérêt à invoquer le défaut d'autorisation dès que la caution se présente. Grenier, n° 459 ; Troplong, *ib.*

33. Le droit de surenchérir appartient non-seulement au créancier hypothécaire, mais à ses ayant-droit. Persil, art. 2185, n° 7. — V. C. civ. 1251-3°. — Spécialement au débiteur solidaire subrogé aux droits et hypothèques du créancier auquel il a payé l'intégralité de la dette (C. civ. 1251-3°), en cas de vente des biens de son co-débiteur hypothéqués à l'obligation. Paris, 2 mars 1809, P. 7, 421 ; Pothier, *oblig.* n° 280.

34. En cas de revente par l'acquéreur, les créanciers dont l'hypothèque n'a pas été purgée, peuvent surenchérir sur le second acquéreur, comme ils l'auraient pu sur le premier. Motifs, Paris, 3 avr. 1812, P. 10, 269.

35. Si plusieurs personnes surenchérissent dans le délai de la loi, la poursuite appartient au plus diligent. Arg. C. civ. 2187 ; Lepage, p. 559.

Art. 2. — Sur quels biens.

36. Le créancier n'est pas tenu de faire porter sa surenchère sur des biens non compris dans son hypothèque, ni sur des biens situés dans divers arrondissemens, quoiqu'ils soient aliénés par un même acte. C. civ. 2192. — V. *Purge*, n° 64.

S'il a des hypothèques distinctes sur plusieurs immeubles vendus par le même acte et situés dans le même arrondissement, il peut néanmoins diviser sa surenchère. Delvincourt, 3, 175. — V. *Purge*, n° 65.

Conséquemment après la ventilation faite dans une notification pour l'acquéreur de divers immeubles vendus en bloc, le créancier même à hypothèque générale a le droit de ne faire porter la surenchère que sur les portions de biens qui lui conviennent, dont il ne trouve pas l'évaluation suffisante. Angers, 30 avril 1840 (Art. 1760 J. Pr.).

37. Lorsque l'acquisition entière est faite pour un seul et même prix, l'acquéreur détermine le prix particulier par une ventilation. — V. *Purge*, n° 64.

38. La ventilation peut être contestée, — 1° par le vendeur : il a intérêt à ce qu'on délègue à ses créanciers le véritable prix du contrat, afin d'empêcher les frais et les lenteurs de la surenchère. Troplong. n° 973. — *Contrà*, Delvincourt, 3, 370.

39. 2° Par les créanciers inscrits : ils ont le même intérêt. — V. *Ordre*, n° 17.

40. 3° Par les créanciers chirographaires, si le contrat de vente contient à la fois des immeubles hypothéqués et d'autres non hypothéqués, et que les premiers aient été portés dans la ventilation à un prix supérieur à leur valeur réelle. Delvincourt, 3, 370.

41. A défaut de ventilation, la notification est nulle. Cette formalité est aussi nécessaire que la déclaration du prix, quand l'acte de vente ne comprend qu'un seul immeuble. Caen, 17 juin 1823, P. 17, 1190. — V. *Ordre*, n° 18.

42. Si par suite du morcellement causé par une surenchère ne portant que sur une partie des biens acquis, l'acquéreur évincé éprouve un préjudice, il a un recours en garantie contre ses auteurs. C. civ. 2192.

43. Quand l'immeuble hypothéqué à la même dette est situé dans plusieurs arrondissemens, le créancier doit surenchérir tout l'immeuble, et faire alors les poursuites devant le trib. dans le ressort duquel se trouve le chef-lieu de l'exploitation. C. civ. 2210 ; Persil, art. 2192-1°.

Art. 3. — *Du prix que doit comprendre la surenchère.*

44. La surenchère doit porter le prix à un dixième en sus de celui qui a été stipulé dans le contrat ou déclaré par le nouveau propriétaire. C. civ. 2185-2°.

45. Ce dixième se calcule, non-seulement sur le *prix principal,* mais encore sur tout ce qui profite directement ou indirectement au vendeur. Cass. 25 nov. 1811, P. 9, 722 ; Merlin, *R. hoc verbo,* n° 3 *bis* ; Grenier, n° 452, 454 ; Troplong, n° 935, 936.

Par exemple, 1° sur le pot de vin que l'acheteur s'est obligé de payer. Cass. 3 avr. 1815, P. 12, 658 ; Favard, 5, 476 ; Troplong, n° 935.

46. 2° Sur le capital des rentes qu'il s'est engagé à acquitter. Bordeaux, 4 mai 1833, S. 33, 508 ; Paris, 1er déc. 1836 (Art. 332 J. Pr.) ; Delvincourt, p. 367, — et notamment des rentes foncières. Cass. 25 nov. 1811.

Lorsqu'au contraire un droit d'usufruit grève l'immeuble vendu, il y a distraction de la propriété, et il y a lieu seulement de surenchérir le prix de la nue-propriété aliénée. Grenier, n° 454.

47. 3° Sur les impôts *échus* mis à la charge de l'acquéreur par une clause du contrat de vente : celui-ci n'est tenu de les payer qu'en l'acquit du vendeur. La maxime que l'impôt ne vient pas du contrat mais de la loi est sans application à l'égard des impôts échus, puisque l'acquéreur ne peut les devoir qu'en vertu de son contrat. Troplong, n° 936. — *Contrà,* Bourges, 19 juill. 1822, P. 17, 516 ; Arg. Cass. 18 janv. 1825, S. 25, 410.

Il en serait autrement s'il avait été stipulé que la récolte de l'année appartiendrait à l'acquéreur, et qu'il supporterait les impôts de cette année : l'impôt, dans ce cas, n'est qu'une charge des fruits. Bourges, 1ᵉʳ août 1829, D. 30, 123 ; Troplong, *ib.* Ou à l'égard des impôts payés et dus par l'adjudicataire depuis son entrée en jouissance. Paris, 6 déc. 1839 ; *le Droit*, 14 janv. 1840.

48. 4° Sur le prix supplétif de deux et demi par fr. comptant qu'il s'est obligé de payer, outre le prix de l'adjudication. Nanci, 18 mai 1827, D. 27, 194.

49. 5° Sur les frais de l'extrait des inscriptions et des dénonciations aux créanciers inscrits, si le cahier des charges les mettait au compte de l'adjudicataire : ces frais, bien qu'ils soient avancés par l'acquéreur (C. civ. 2188), ne sont point, en principe à sa charge, aussi peut-il les prélever par privilége sur le prix. C. pr. 777.—Dans ce dernier cas, il n'est pas besoin de faire porter sur eux la surenchère. — Il en est autrement lorsque, par une convention particulière, ils ont été mis à la charge de l'acquéreur. Ils sont alors payés en l'acquit du vendeur. Bordeaux, 14 déc. 1827, D. 28, 90 ; — peu importe que le tiers détenteur n'ait point liquidé dans la notification le montant de ces frais ; ils sont réglés par des tarifs invariables. Troplong, n° 936.

50. 6° Sur les sommes dont l'acquéreur a été chargé pour frais étrangers à la vente. Cass. 15 mai 1811, P. 9, 325 ; 2 nov. 1813, P. 11, 744 ; Merlin, v° *Surenchère*, n° 3 *bis* ; Duranton, 20, n° 375.

51. 7° Et généralement sur tous les frais qui, n'étant pas de plein droit supportés par l'acquéreur, doivent être considérés comme des charges extraordinaires faisant partie du prix. Arg. C. civ. 2183-1° ; Troplong, n° 936 ; Grenier, n° 452 ; Riom, 29 mars 1816, P. 13, 363 ; Arg. Cass. 2 nov. 1813.— Spécialement, sur le droit proportionnel alloué à l'avoué poursuivant. Paris, 7 fév. 1840.

52. Mais la surenchère ne doit pas porter : — 1° sur les charges au paiement desquelles l'acquéreur est tenu de plein droit : elles ne sont pas considérées comme faisant partie du prix. Troplong, n° 936 ; Persil, art. 2185, n° 16.— Tels sont les frais ordinaires de poursuite de vente. C. pr. 715. Bordeaux, 14 déc. 1827, D. 28, 90 ;—et ceux d'enregistrement, de transcription et d'expédition du jugement d'adjudication ou du contrat. C. civ. 1593, 2188 ; Cass. 26 fév. 1822, P. 17, 151 ; Bordeaux, 14 déc. 1827 ; Delvincourt, 3, 568 ; Troplong, *ib.* ; Grenier, n° 452. — Peu importe qu'une clause expresse eût mis ces frais à la charge de l'acquéreur, puisqu'elle ne ferait que confirmer la disposition de la loi. C. civ. 1188.

Cass. 26 fév. 1822 ; Bordeaux , 14 déc. 1827. — Ces frais sont remboursés à l'acquéreur par le nouvel adjudicataire, qui doit les supporter en sus de son prix , ainsi que les frais de la nouvelle vente.—V. *inf.* n° 190.

Si, pour éviter qu'il en soit ainsi, au cas où il demeurerait adjudicataire, le surenchérisseur, tout en offrant le dixième en sus du prix de vente, se réserve d'être remboursé de ces frais par privilége sur le prix, la surenchère est insuffisante. Montpellier, 25 janv. 1830, S. 30, 232; — à moins toutefois qu'il n'ait offert en sus du dixième du prix une somme jugée suffisante pour les couvrir. Cass. 4 fév. 1835 (Art. 16 J. Pr.).

53. 2° Sur les intérêts du prix de vente qui seraient dus et déclarés par l'acquéreur : — L'art. 2185 exige seulement que la surenchère frappe sur le prix stipulé dans le contrat.

Vainement on oppose qu'il doit en être ainsi, puisque les intérêts du prix de vente auraient été plus forts d'un dixième, si dans le contrat le prix lui-même eût été augmenté du dixième. — Les intérêts qui sont la représentation des fruits de l'immeuble ayant pour cause un fait postérieur à la vente, et par conséquent en dehors de l'évaluation de cet immeuble, ne peuvent être assimilés aux charges qui participent à la nature de ce prix, base légale de la surenchère. L'acquéreur avant toute sommation des créanciers ou toute notification de sa part, pouvait valablement payer à son vendeur les intérêts échus; d'où il suit que ces intérêts sont distincts du capital. Rouen, 4 juill. 1828, D. 29, 180; 17 nov. 1838 (Art. 1301 J. Pr.). —*Contrà*, Troplong, n° 937.

54. 3° Sur le montant de la prime d'assurance : elle est la représentation des avantages résultant du contrat fait avec la compagnie et ne constitue point une augmentation du prix de vente. Angers, 16 avr. 1834, S. 34, 388.

55. 4° Et généralement sur ce que l'acquéreur a payé à raison de sa jouissance : par exemple, pour réparations ou pour gages du portier. Paris, 6 déc. 1839; *le Droit*, 14 janv. 1840.

56. En cas de folle-enchère, il suffit que la surenchère porte sur le prix de la dernière adjudication; il n'est pas nécessaire de l'étendre au prix de l'adjudication primitive, qui est considérée comme non avenue à l'égard de tout autre que le folenchérisseur. Montpellier, 7 déc. 1825, S. 26, 224; Riom, 11 juill. 1829, S. 29, 330; Paris, 10 mai 1834, S. 34, 275. — V. *sup.* n° 44.

57. C'est au surenchérisseur à vérifier lui-même, et non à l'acquéreur à indiquer celles des charges notifiées qui font partie du prix. Cass. 2 nov. 1813, P. 11, 744 ; Troplong, *ib.*

58. Si ces charges faisant partie du prix sont indéterminées,

si elles consistent, par exemple, en paiement de rentes viagères ou en prestations quelconques, est-ce à l'acquéreur à les évaluer dans sa notification, ou au créancier dans son acte de surenchère? — Dans ce dernier système, on dit : D'après l'art. 2183 c'est en cas de donation seulement que le nouveau propriétaire est tenu de faire l'évaluation en numéraire. L'acquéreur n'est point obligé de notifier le prix ou les charges qui en font partie autrement qu'ils sont stipulés dans son contrat ; la notification n'est que l'extrait de son acte. Cass. 3 avr. 1815, P. 12, 658 ; Amiens, 26 août 1824; Cass. 12 mars 1829, D. 29, 174; Aix, 2 fév. 1821, P. 16, 358. — Mais on répond : Ce qui doit être offert par l'acquéreur, c'est un prix (C. civ. 2184), c'est-à-dire une somme déterminée. N'est-il pas plus juste que l'évaluation soit faite par l'acquéreur qui connaît l'importance des charges auxquelles il s'est soumis, et qui a même dû payer les droits d'enregistrement en proportion de leur valeur, que par les créanciers qui n'ont point été parties au contrat? Pourquoi n'en serait-il pas dans ce cas, comme dans celui de donation? Si l'on craint d'ajouter à la loi en soumettant, par analogie, l'acquéreur à l'évaluation des charges indéterminées, comment imposer aux créanciers une obligation à laquelle la loi ne les astreint dans aucun cas? Ils pourraient faire tomber la vente par une évaluation illusoire afin de ne courir aucun risque en surenchérissant. Paris, 5 fév. 1814, P. 12, 78; Grenier, p. 455; Persil, art. 2183, n° 8 ; Delvincourt, 367; Troplong, n°s 925 et 955 bis. — En conséquence, si l'évaluation de ces charges n'a point été faite par l'acquéreur, le créancier sera en droit de prétendre que les délais de la surenchère et de l'ordre n'ont pu courir. Paris, 5 fév. 1814, P. 12, 78; — ou s'il veut surenchérir, qu'il n'est point tenu de faire porter sur elles sa réquisition. Troplong, ib. — Jugé, du reste, que lorsque le rentier viager renonce à la rente moyennant un capital, il doit être payé aux créanciers hypothécaires, bien qu'ils aient laissé passer les délais sans surenchérir. Bordeaux, 28 mai 1832, D. 52, 210. — Dans l'espèce, la notification ne mentionnait même pas la rente viagère.

59. De même c'est à l'échangiste, et non aux créanciers qui veulent surenchérir, à évaluer le bien reçu en échange. Persil, art. 2183, n° 8; Troplong, n° 924.

60. La loi n'oblige point le surenchérisseur d'exprimer numériquement sa surenchère, le calcul inexact qu'il en aurait fait ne la vicie pas, il suffit qu'il ait déclaré qu'il la faisait porter à un dixième en sus du prix et des charges. Caen, 5 mai 1819; Cass. 30 mai 1820, P. 15, 1014 ; Paris, 1er déc. 1836 (Art. 632 J. Pr.). Trib. Seine, 21 janv. 1841 (Art. 1882 J. Pr.,); Persil, art. 2185, n° 17. — Contrà, Troplong, p. 955 bis. —

Par conséquent, l'erreur de calcul peut être rectifiée, même après le délai de quarante jours. Paris, 1er déc. 1836.

61. Toutefois, le prix porté au contrat et la somme de la surenchère devant tenir lieu d'enchère (C. pr. 838), le créancier doit dans les placards préciser en chiffres le montant de sa surenchère. — V. *inf.* n° 158.

62. Jugé que lorsqu'il résulte de la somme énoncée par le surenchérisseur qu'il n'a point entendu faire porter sa soumission sur un droit mis à la charge de l'acquéreur et considéré comme faisant partie du prix, la surenchère est nulle bien que le créancier ait ajouté qu'il s'engageait à faire porter le dixième sur les charges du contrat. Paris, 7 fév. 1840.

63. Si la ventilation faite par l'acquéreur dans le cas où elle doit avoir lieu (—V. *sup.* n° 37), est exempte de toute fraude et qu'elle soit même supérieure à la valeur fixée par les experts, la surenchère qui ne porte pas sur le prix est insuffisante. Cass. 3 juill. 1838 (Art. 1242 J. Pr.).

Art. 4. — *Dans quel délai et dans quelle forme la surenchère doit être faite.*

---

64. *Délai.* La réquisition de surenchère doit être signifiée dans les quarante jours à compter de la notification du contrat d'acquisition. C. civ. 2185-1°.

Tant que cette notification n'a pas été faite à l'un des créanciers inscrits, celui-ci est toujours à temps pour surenchérir, — bien qu'il ait déjà figuré à l'ordre ouvert sur le prix de l'immeuble, lorsqu'il n'a produit qu'avec réserve d'agir en nullité de la vente et de faire une surenchère s'il n'était pas utilement colloqué. Cass. 9 avr. 1839 (Art. 1384 J. Pr.).

65. Dans tous les cas, la fin de non-recevoir tirée de sa comparution à l'ordre, serait couverte par la notification du contrat, qui, sur sa sommation et avant sa surenchère, lui serait faite par l'acquéreur. *Même arrêt.*

66. Les notifications devant être faites personnellement à tous les créanciers inscrits avant la transcription (C. civ. 2183), le délai peut courir d'une époque différente pour chacun d'eux. Paris, 27 mars 1811, P. 9, 215; Delvincourt, 3, 368; Troplong, n° 933; Persil, art. 2185, n° 9; Berriat, n° 652, note 2; Thomine, n° 983; Duranton, 20, n° 393. — V. *Ordre*, n° 208, et *inf.* n° 155.

67. Pour les créanciers inscrits dans la quinzaine de la transcription, le délai court du jour de la notification faite aux créanciers inscrits avant la transcription. *Orateur du tribunat*; Persil, *ib.*, n° 11; Grenier, n° 457; Delvincourt, 3, 367; Carré, n° 2852; Lepage, p. 561; Troplong, n° 933.—V. *inf.* n° 68.

68. Il n'est pas nécessaire de notifier aux créanciers dont l'inscription n'a été prise que dans le délai de quinzaine qui a suivi la transcription. C. pr. 835. — V. *Purge*, n° 43.

69. Mais s'il n'existe pas d'autres créanciers que ceux inscrits dans la quinzaine, comment peut courir le délai pour surenchérir, lorsqu'il n'a été fait aucunes notifications? — Suivant les uns, le délai court du jour de la délivrance du certificat du conservateur au tiers détenteur. Persil, *ib.* n° 12; Delvincourt, *ib.*; — ou du jour de l'expiration du délai de la quinzaine après la transcription. Grenier, n° 457. — Suivant M. Thomine, n° 986, c'est du jour seulement des notifications qu'il juge nécessaires dans ce cas. — Il paraît difficile d'admettre le premier système. — Comment les créanciers pourraient-ils savoir le jour de la délivrance du certificat, ou même celui de la transcription? — V. *Purge*, n° 43.

70. Dans quel délai le mineur et la femme mariée doivent-ils surenchérir? — Dans les quarante jours à partir des notifications qui leur sont faites, s'ils ont pris inscription avant la transcription ou dans la quinzaine : ils se sont placés dans le droit commun. Troplong, n°s 921 et 997; Grenier, n° 457. — V. *Purge*, n°s 6, 42.

71. S'ils ont pris seulement inscription dans les deux mois de l'art. 2195, ont-ils un délai particulier pour surenchérir, ou doivent-ils le faire dans le délai même qui leur est accordé pour prendre inscription?

1er *système*. Les notifications doivent être faites à la femme et au mineur, et ils ont pour surenchérir un délai de quarante jours à partir des notifications. L'inscription, prise dans le délai de la purge, produit le même effet que si elle l'avait été le jour de la célébration du mariage ou de l'entrée en gestion (C. civ. 2135, 2195). Cette inscription doit donc jouir de tous les avantages attribués à celles existantes au moment même de l'aliénation et avant la transcription du contrat. — Le dépôt du contrat au greffe ne manifeste pas comme la notification (C. civ. 2184), l'intention de la part de l'acquéreur d'acquitter sur-le-champ les charges, il a seulement pour but de lui faire connaître les droits des créanciers à hypothèques légales. Cette notification est donc nécessaire. Caen, 28 août 1811, P. 9. 605; 12 avr. 1826, D. 27, 51; Orléans, 17 juill. 1829, S. 29, 217; Thomine, n° 977.

2e *système*. Les notifications au mineur et à la femme sont inutiles, on doit leur accorder quarante jours pour surenchérir, à dater de l'inscription pour le mineur et à dater de la dissolution du mariage pour la femme. Arg. C. civ. 2191, 2256. Pigeau, 2, 477.

3e *système*. Le mineur et la femme doivent surenchérir dans le délai qui leur est accordé pour prendre inscription. Le chap.

9 du titre des hypothèques, relatif aux hypothèques des femmes mariées et des mineurs, est tout-à-fait distinct du chap. 8, et se suffit à lui-même, de même que la surenchère doit être requise par un créancier ordinaire dans le délai de l'art. 2185, elle doit l'être par le mineur ou la femme dans celui de l'art. 2194. L'art. 2195 ne suppose aucune formalité après l'expiration des deux mois pour prendre inscription, il permet même à l'acquéreur de se libérer en payant son prix aux créanciers antérieurs, lorsque le mineur ou la femme mariée qui ont pris inscription dans le délai ne viennent pas en ordre utile, ce qui exclut toute idée de surenchère ultérieure de la part de ceux-ci. La notification n'est-elle pas suppléée et au-delà par le dépôt du contrat et sa signification, l'exposition d'un extrait de ce même contrat dans l'auditoire du tribunal ? Ainsi jugé par la C. Paris 16 déc. 1840 (Art. 1890 J. Pr.).

D'ailleurs, l'art. 775 C. pr., en disposant que l'ordre sera provoqué après les trente jours qui suivent le délai des art. 2185 et 2194, établit clairement que tout est consommé à l'expiration des deux mois. D'après une disposition de l'édit de 1771, qui avait les plus grands rapports avec l'art. 2194, c'était aussi dans les deux mois de l'exposition du contrat qu'il fallait surenchérir. Vainement dirait-on qu'à l'égard de la femme le délai ne court qu'après la dissolution du mariage, la surenchère pouvant réfléchir contre le mari vendeur. C. civ. 2191, 2256. — Ce dernier art. ne concerne que la prescription ordinaire. Arg. C. civ. 942, 1070, 1663, 1676; Grenoble, 27 déc. 1821, P. 16, 1044; Metz, 14 juill. 1837. P. 1838, 1, 311; Troplong, nᵒˢ 921, 982; Grenier, nᵒ 457; Merlin, R., vᵒ *Transcription*, § 5, nᵒ 4; Duranton, 20, nᵒ 423.

72. Selon nous, le mineur et la femme mariée qui ne se sont pas fait inscrire dans la quinzaine de la transcription peuvent surenchérir dans le délai accordé aux créanciers inscrits, sans attendre l'accomplissement des formalités de la purge légale : la faveur qui leur est accordée par l'art. 2135 C. civ. les place dans la même position que si leur hypothèque eût été inscrite.

73. Le jour de la notification du contrat de vente n'est pas compris dans le délai de quarante jours. Arg. C. pr. 1033; Paris, 18 juill. 1819, P. 15, 417. —V. *Délai*.

74. Ce délai de quarante jours est augmenté de deux jours par cinq myriamètres de distance entre le domicile élu et le domicile réel de chaque créancier réquérant. C. civ. 2185.

75. S'il y a une fraction de moins de cinq myriamètres, on ne doit point y avoir égard pour l'augmentation du délai. Pau, 3 sept. 1833, Cass. 10 déc. 1839 (Art. 350 et 1595 J. Pr.);

Delvincourt, 3, 367. —*Contrà*, Bordeaux, 27 nov. 1829, S. 30,
56 ; Troplong, n° 933. —V. *Ajournement*, n° 47.

76. Au reste, si le créancier a son domicile en pays étranger, il n'y a point lieu d'augmenter le délai à raison des distances : ce n'est pas le cas d'appliquer l'art. 73 C. pr. relatif
seulement aux ajournemens et citations qui ne sont pas soumis
à des règles spéciales. Cass. 26 nov. 1828, S. 29, 18.

77. On ne doit point non plus doubler l'augmentation de
délai, quand il y a lieu à voyage. Le temps nécessaire pour
l'aller et le retour est compris dans le délai de l'art. 2185.
Même arrêt. Paris, 26 janv. 1826, P. 26, 240.

78. *Formes.* La réquisition de surenchère doit être notifiée
à peine de nullité, 1° à l'acquéreur. C. civ. 2185.

En cas d'acquisition faite conjointement par un mari et une
femme, la réquisition est notifiée au mari seulement, s'il y a
communauté. Arg. C. civ. 1421 ; |Persil, *ib.* n° 26 ; Thomine,
n° 981 ; — à la femme personnellement et au mari, tant en
son nom personnel que comme autorisant sa femme, s'il y a
séparation de biens. Dans ce cas, les époux sont devenus propriétaires chacun pour moitié, et le mari étant sans qualité
pour représenter sa femme, il ne peut en son nom ni acquiescer
à la surenchère ni la combattre.

L'original doit constater en conséquence que la signification
a été faite au mari et à la femme par deux copies séparées. Arg.
C. pr. 68 ; — peu importe qu'ils aient acheté solidairement :
la solidarité autorise le vendeur à demander à chacun des
époux la totalité du prix, mais n'empêche pas que la totalité
de l'immeuble ne se divise aussitôt entre la femme et le mari ,
— ou que les époux séparés de biens demeurent ensemble : ils
n'en ont pas moins des intérêts distincts ; — ou que la notification ait été faite par le mari et la femme par un seul
exploit : il suffit que ceux-ci aient laissé au créancier copie de
cette notification commune pour lui imposer les mêmes obligations que si la notification eût été faite par deux exploits
séparés. Cass. 12 mars 1810 ; 17 août 1813, P. 11, 658;
chambres réunies; Troplong, n° 953; Persil, *ib.*; Thomine,
n° 981.

Même solution sous le régime dotal. Persil et Troplong, *ibid.*

79. 2° Au précédent propriétaire débiteur principal. C.
civ. 2185 ; — si le mari débiteur a vendu un immeuble
de la communauté ou à lui propre, et que la femme soit intervenue à l'acte pour renoncer à son hypothèque légale, la signification faite à lui seul suffit. La décision serait la même dans
le cas de séparation de biens, le concours de la femme à l'acte
n'empêchant point que son mari n'eût été seul propriétaire de
l'immeuble vendu. En conséquence, la signification de la sur-

enchère peut être faite aux époux par une seule copie laissée
à leur domicile ; — surtout lorsqu'il n'a été fait aucune mention de la séparation de biens, ni dans la vente, ni dans la transcription, ni dans les notifications. Cass. 25 mars 1814, P. 12,
158. Arg. Grenier, n° 450.

80. Mais si l'immeuble vendu est propre à la femme, la
surenchère doit lui être notifiée personnellement, et à son mari
pour la validité : l'acte de réquisition contient assignation
devant le trib. pour la réception de la caution. Arg. C.
civ. 215.

81. La nullité résultant de ce que la surenchère n'a été
notifiée qu'à la femme seule n'est pas couverte par une assignation donnée au mari après le délai des quarante jours. Cass.
15 mars 1837 (Art. 850 J. Pr.).

82. Si plusieurs copropriétaires ont figuré dans l'acte, la
signification doit être faite à chacun d'eux. Arg. C. civ. 2191.
Thomine, n° 981.

83. Jugé que la surenchère est valablement signifiée au
vendeur, bien qu'il ait été interdit par arrêt de C. d'assises, si
ce changement d'état n'a pas été légalement notifié au surenchérisseur. Cass. 24 déc. 1833, D. 34, 161. — Lors de la
notification du contrat faite par l'acquéreur (C. civ. 2185) le
vendeur jouissait de la plénitude de ses droits.

84. La surenchère doit être signifiée à l'acquéreur et au
précédent propriétaire, à personne ou à domicile : l'art. 2185
C. civ. n'est point une exception à l'art. 68 C. pr. — Ainsi
est nulle la signification au domicile de l'avoué constitué par
l'acquéreur dans la notification de son contrat de vente. Grenoble, 22 janv. 1819, P. 15, 27.— Il en est autrement si l'acquéreur déclare dans sa notification que son avoué a charge
d'occuper sur toutes surenchères, ordre ou demandes qui
pourraient suivre. Caen, 5 mai 1819 ; Cass. 30 mai 1820, P.
15, 1014.

85. Les significations aux autres créanciers inscrits seraient frustratoires. Orléans, 12 mai 1808, D. 771 ; Carré,
n° 2836.

86. La réquisition de surenchère est notifiée par un huissier
commis à cet effet sur simple requête par le président du trib.
de l'arrondissement où elle a lieu. C. pr. 832 ; — c'est-à-dire
de l'arrondissement dans lequel l'acquéreur ou le débiteur
ont leur domicile, selon qu'il s'agit de la signification à faire à
l'un ou à l'autre. Troplong, n° 933 ; Carré, n° 2825 ; Thomine,
n° 980.

87. S'ils demeurent dans deux arrondissemens différens, le
même président ne doit pas faire les deux commissions; il n'a
point de compétence pour les actes qui doivent être signifiés

hors de son territoire. Motifs, Bordeaux, 13 mars 1817 ; Cass. 7 avr. 1819, P. 15, 206. — Toutefois une signification faite par huissier irrégulièrement commis par le président n'a pas été annulée ; attendu que la première disposition de l'art. 832, concernant l'huissier à commettre, ne statue point à peine de nullité, comme la deuxième relative à la caution. C. pr. 1030. *Mêmes arrêts*. Limoges, 25 fév. 1819 ; Cass. 9 août 1820, P. 16, 106 ; Carré, n° 2825 ; Thomine, n° 980.

88. Peu importe que par suite de l'autorisation donnée dans ce cas par ce magistrat la signification soit faite un jour férié, l'art. 63 C. pr. n'attribue pas une compétence exclusive à tel ou tel président. Bordeaux, 13 mars 1817 ; Cass. 7 avr. 1819.

89. Il résulte même d'un arrêt de Metz, 10 août 1808, P. 7, 81, et des motifs des arrêts de Limoges, 25 fév. 1819 et Cass. 9 août 1820, que la signification de surenchère faite par huissier non commis n'est pas nulle. Arg. Lyon, 30 mai 1822, D. 9, 752. — Mais dans l'espèce, il s'agissait d'une surenchère du quart. L'art. 832 C. pr. était donc inapplicable. — Dans l'opinion contraire, on dit avec l'orateur du tribunat au Corps-Législatif que : « L'importance de certains actes paraissant exiger une plus grande confiance, on n'en doit confier l'exécution qu'à des huissiers commis par le magistrat qui leur confère le titre en vertu duquel ils peuvent agir. » D'où il suit que sans cette mission ils sont sans pouvoir et sans caractère et que leurs actes sont frappés de nullité. — D'ailleurs, l'art. 833 C. pr. porte que, faute par les créanciers d'avoir requis la mise aux enchères dans le délai et les formes prescrites, le nouveau propriétaire n'est tenu que du paiement du prix porté en son contrat. Turin, 1er janv. 1811, P. 9, 359 ; Bourges, 25 août 1808, P. 7, 116 ; Arg. Paris, 21 mars 1808. — Il s'agissait d'une notification faite par l'acquéreur après le délai de l'art. 2183. Metz, 14 avr. 1812, P. 10, 297 ; Pigeau, *Comm.* 2, 528 ; Favard, 5, 475 ; Delvincourt, 3, 370 ; Carré, n° 2824 ; Grenier, 2, n° 438 ; Troplong, n° 918 ; Thomine, n° 980.

90. L'original et les copies des divers exploits doivent être signés par le créancier réquérant. C. civ. 2185-4° : la signature du mari suffit, si la créance dépend de la communauté, bien que la signification de la surenchère ait été faite aussi à la requête de la femme, son intervention dans ce cas étant surabondante. C. civ. 1421 ; Paris, 4 mars 1815, P. 12, 623.

91. Ou par son fondé de procuration expresse. C. pr. 2185-4°. — Un pouvoir sous seing privé est valable. Persil, *ib.* n° 25.

Copie du pouvoir doit être donnée en tête de l'acte de surenchère. C. civ. 2185.

Si ce pouvoir contient plusieurs points étrangers à la surenchère, il suffit d'en donner copie par extrait. Paris, 30 nov. 1822, P. 17, 695.

Jugé que la procuration antérieure aux notifications et sans désignation de l'immeuble à surenchérir suffit. *Même arrêt.* — Que cette procuration est inutile, lorsque la surenchère est faite par des négocians associés, créanciers hypothécaires inscrits : la signature sociale suffit. Cass. 29 janv. 1839 (Art. 1352 J. Pr.).

Art. 5. — *De la caution que le surenchérisseur doit offrir.*

92. La réquisition de mise aux enchères doit contenir, à peine de nullité, l'offre d'une caution jusqu'à concurrence du prix et des charges. C. civ. 2185-5°.

La chambre des avoués de Paris avait demandé que la caution ne fût tenue d'offrir des garanties que pour la moitié de la valeur de l'immeuble, l'immeuble vendu présentant lui-même une garantie.

93. Le trésor, d'abord soumis à cette obligation (Cass. 9 août 1826, S. 27, 17), en a été dispensé par la loi du 11 fév. 1827.

94. *Prix.* C'est-à-dire le prix stipulé au contrat, augmenté du dixième. C'est ce nouveau prix que le surenchérisseur s'engage à payer. C. pr. 838. Cass. 10 mai 1820, P. 15, 978; Troplong, n° 947; Delvincourt, 3, 369. — *Contrà*, Rennes, 29 mai 1812, P. 10, 430; 9 mai 1818, P. 15, 978; Carré, n° 2830.

95. La caution doit être désignée nommément, pour que l'acquéreur puisse prendre des informations sur sa solvabilité : aussi l'art. 832 C. pr. exige-t-il que l'acte de surenchère contienne assignation pour sa réception? Une offre vague de caution rendrait nulle la surenchère. Cass. 4 janv. 1809, P. 7, 292; Bruxelles, 22 déc. 1807; Paris, 2 avr. 1808, P. 6, 402, 599; Paris, 27 nov. 1821, P. 16, 975; Delvincourt, 368; Persil, *ib.* n° 18; Carré, n° 2828; Lepage, p. 558; Berriat, p. 653, note; Troplong, n° 940; Pigeau, 2, 334.

96. Le créancier peut offrir plusieurs personnes pour caution, de même qu'on peut offrir pour caution une personne qui aurait des immeubles situés dans divers arrondissemens, quoique la discussion fût plus difficile que si un seul immeuble était affecté à la même garantie. L'art. 832 C. pr. n'a point dérogé à l'art. 2025 C. civ. qui suppose que plusieurs personnes peuvent cautionner une même dette. Cass. 4. avr. 1826, S. 26, 353; Paris, 3 août 1812, P. 10, 621; Toulouse, 2 août 1827, S. 28, 108; Bordeaux, 20 août 1831, D. 33, 80; Persil, *ib.* n° 19; Thomine, n° 982. — *Contrà*, Carré, n° 2831.

— Mais si l'une des personnes dont la soumission était néces saire pour compléter le cautionnement n'a pas fait sa soumission lors du jugement qui statue sur la réception des cautions, la surenchère doit être annulée, bien que les autres se soient portés forts pour elles. Et la C. roy. ne peut valider cette surenchère sous le prétexte que la soumission de cette caution est intervenue sur l'appel : cette Cour n'est saisie que de la question de savoir si le trib. a régulièrement jugé. Cass. 15 mai 1822, P. 17, 548.

97. Il n'est pas nécessaire que la personne offerte soit susceptible de contrainte par corps; l'art. 2040 C. civ. n'exige cette condition que pour la caution *judiciaire :* or, la caution de l'art. 2185 est légale : les parties ne discutent pas sur le point de savoir, s'il y a une caution, mais sur la solvabilité de la caution offerte. Carré; Troplong, n° 946. — *Contrà*, Tarrible, *Rép.*, v° *Transcription*, § 5, n° 9. — Ainsi, une femme peut être valablement offerte pour caution. Rennes, 9 mai 1810, D. 784; Amiens, 2 fév. 1819, P. 15, 52. — Pourvu, si elle est mariée, qu'elle soit autorisée par son mari. Bordeaux, 20 août 1831, D. 35, 80.

98. La caution présentée doit, 1° avoir son domicile dans le ressort de la Cour où se poursuit l'affaire (C. civ. 2018); — à peine de nullité, — proposable pour la première fois sur l'appel. Il s'agit ici d'un moyen de nullité substantiel.

99. 2° Être solvable et justifier de sa solvabilité par des immeubles qui lui soient propres. C. civ. 2019.

100. Sinon elle doit être écartée, quand même elle justifierait d'une fortune mobilière plus que suffisante. Rouen, 2 mars 1828, D. 30, 105. Arg. Bourges, 27 nov. 1830, S. 31, 219; Rouen, 2 mars 1828, D. 30, 105. — Spécialement par le dépôt en l'étude d'un notaire d'un billet souscrit à son ordre. Il est à craindre que ce billet ne soit point payé, et en supposant qu'il le soit, qu'on n'en fasse disparaître le montant. — *Contrà*, Amiens, 2 fév. 1819, P. 15, 52.

101. C'est exclusivement d'après les immeubles présentés par la caution que doit être appréciée sa solvabilité. S'ils sont insuffisans, la surenchère est nulle; vainement le créancier prétendrait-il que les immeubles possédés en outre par la caution rendent sa solvabilité notoire. Bourges, 27 nov. 1830, S. 31, 219.

102. Le mari ne peut établir sa solvabilité sur la valeur d'un immeuble propre à sa femme. Bordeaux, 30 août 1816, P. 13, 630.

103. La possession d'un immeuble à titre d'emphytéose a été jugée insuffisante; le cas de dépossession peut survenir d'un moment à l'autre, si les conditions de l'emphytéose ne sont pas remplies. Colmar, 31 août 1810, P. 8, 684.

104. Peut-on présenter une caution dont les immeubles soient grevés d'une hypothèque légale et indéterminée? — La C. Paris, 11 déc. 1834, S. 35, 14, a jugé la négative, par le motif que l'importance de l'hypothèque peut dépasser la valeur de ces immeubles quelque élevée qu'elle soit, quand bien même les droits actuellement liquidés seraient inférieurs à cette valeur.—Cette opinion tend à rendre les hommes mariés incapables d'être cautions. Rennes, 9 mai 1818, P. 15, 978. — Décidé que c'est à celui qui conteste la solvabilité de la caution à établir que l'étendue de l'hypothèque absorbe en grande partie la valeur des biens. Paris, 20 mars 1833, S. 33, 259.

Selon nous, la preuve de l'insuffisance des biens serait souvent impossible à l'adjudicataire. — Ce sera, au contraire, au surenchérisseur à établir, soit par documens précis, soit par présomptions, que les biens présentés suffisent.

105. Tant que le délai de la surenchère n'est pas expiré, une nouvelle caution peut être présentée, soit par le surenchérisseur primitif, soit par un autre créancier. La condition de l'art. 2185 C. civ. se trouve alors remplie. Thomine, n° 983.

106. *Quid* après l'expiration des quarante jours, l'offre d'une nouvelle caution est-elle valable? — Il faut distinguer :

L'offre est valablement faite avant le jugement sur la discussion de la solvabilité de la caution, et sans y apporter aucun retard. — Ainsi jugé, 1° en cas de refus de s'obliger de la part de la caution. Cass. 1er juill. 1840 (Art. 1709 J. Pr.).—2 En cas d'insolvabilité d'une caution qui avait aliéné l'immeuble qu'elle possédait depuis la surenchère, mais avant le jugement de réception de caution : l'insolvabilité survenue est un cas fortuit non imputable au créancier. Paris, 19 mai 1809, P. 7, 570. Persil, *ib.* n° 20; Delvincourt, p. 368; Grenier, n° 448; Troplong, n° 943. — 3° Même décision en cas de décès. Cass. 16 mars 1824, P. 18, 527.

107. Mais l'offre d'une nouvelle caution n'est plus admissible après contestation de la première caution : autrement, le créancier pourrait traîner indéfiniment en longueur la procédure. Bordeaux, 30 août 1816, P. 13, 630; Paris, 27 nov. 1821; 28 mars 1823, P. 16, 975; 17, 1000; Troplong, *ib.* Arg. Paris, 28 mars 1813, P. 11, 249. — Peu importe que l'inaction du surenchérisseur fût le résultat d'un concert frauduleux entre lui et l'acquéreur : c'était aux autres créanciers à veiller à la conservation de leurs droits. Paris, 28 mars 1813.

108. Au reste, le créancier surenchérisseur ne peut obtenir aucune prorogation de délai pour fournir une nouvelle caution, quand le trib. est sur le point de statuer sur la demande en nullité de la surenchère. Cass. 27 mai 1823, P. 17, 1133. — *Contrà*, Limoges, 17 mai 1820, P. 17, 1133.

109. Le surenchérisseur ne peut remplacer la caution par une hypothèque sur ses biens : il ne satisfait à la loi qu'en présentant une caution ou un gage en nantissement suffisant. Dans le cas de cautionnement, il y a deux obligations, celle du surenchérisseur et celle de la caution ; il n'y en a qu'une lorsque l'on reçoit, au lieu de la caution, l'hypothèque sur les biens du surenchérisseur : la caution garantit d'une manière bien plus efficace l'exécution des engagemens pris par ce dernier. Elle est intéressée à veiller à ce qu'ils soient remplis. Celui à qui une hypothèque est conférée peut craindre au contraire, avec juste raison, de n'être payé qu'après les formalités longues et dispendieuses de l'expropriation. Bourges, 15 juill. 1826, S. 27, 61 ; Paris, 26 fév. 1829, S. 29, 121 ; Bruxelles, 26 juin 1831, D. 33, 232 ; Troplong, sur l'art. 2185 ; Rouen, 4 juill. 1828, S. 29, 217.

110. Le nantissement qui remplace la caution peut être fourni en argent ou en rentes sur l'État. C. pr. 832.

Copie de l'acte constatant la réalisation de ce nantissement doit être donnée avec l'acte de réquisition de mise aux enchères. *Ib.* — V. *inf.*, n° 113.

111. Le surenchérisseur pourra-t-il fournir à titre de cautionnement des créances hypothécaires qui lui appartiennent ?— L'affirmative a été jugée (Cass. 14 juin 1810, D. 783 ; Motifs, Bourges, 15 juill. 1826, S. 27, 64), attendu, que dans ce cas il y a deux obligations.

Au reste, les trib. peuvent rejeter ces créances lorsque les immeubles sur lesquels elles frappent sont d'une discussion difficile. C. civ. 2019. — Alors surtout que ces immeubles ne sont pas situés dans le ressort de la C. où est portée la surenchère. Arg. C. civ. 2023. Limoges, 31 août 1809, P. 7, 819.— Et leur décision à cet égard ne serait pas sujette à cassation. Cass. 14 juin 1810.

112. *Réception de la caution.* La personne qui consent à se rendre caution fait sa soumission au greffe et dépose à l'appui ses titres constatant sa solvabilité.

113. L'acte de réquisition de mise aux enchères contient, —l'offre et l'indication de la caution, — copie de l'acte de soumission et du dépôt au greffe des titres qui constatent sa solvabilité, et assignation à l'acquéreur et aux vendeurs primitifs en réception de cette caution. C. pr. 832.

114. L'assignation est donnée à trois jours, — devant le tribunal. C. pr. 832 ; et non devant le juge des référés. Riom, 10 déc. 1808, P. 7, 249, Pigeau, *comm.* 2, 529.

A trois jours. Ce délai est introduit en faveur du surenchérisseur, comme tous les brefs délais, conséquemment a été
jugée valable l'assignation donnée à l'audience la plus prochaine, bien qu'il eût été laissé un intervalle de *plus de trois
jours.* Caen, 5 mai 1819; Cass. 50 mai 1820, P. 15, 1014.

115. Cette assignation peut être notifiée au domicile de
l'avoué constitué, C. pr. 832; — c'est-à-dire de celui indiqué
par le nouveau propriétaire dans l'exploit de notification. —
On doit appliquer la même règle à l'égard du vendeur qui a
constitué avoué; — si non, il faut le faire assigner par exploit
à domicile.

116. L'assignation peut être donnée même en temps de vacation. Riom, 10 déc. 1808, P. 7, 249. Carré, n° 2832; Berriat,
652; Pigeau, *Comm.* 2, 529.

117. Au reste, elle est soumise à toutes les règles des ajournemens. Arg. Cass. 14 août 1813, P. 11, 638; Troplong,
n° 935; Merlin, *Rép.*, *hoc verbo*, n° 5 *ter.*—V.*sup.* n° 78.—Spécialement elle est nulle, lorsque le surenchérisseur élit seulement
domicile chez un avoué près le trib compétent, sans le constituer, bien que l'art. 832 qui exige cette constitution ne statue
pas formellement, à peine de nullité. Arg. C. pr. 61.

118. Mais cette nullité a été déclarée couverte par cela seul
que l'acquéreur avait fait signifier chez cet avoué la constitution
du sien. Bourges, 25 août 1808, P. 7, 116.

119. Il est procédé comme en matière sommaire à la réception de la caution. *Ib.* 832-2°.

En conséquence, les juges ne peuvent ordonner l'estimation
par experts de ses biens. Bordeaux, 30 août 1816, P. 13, 650.

120. Suivra-t-on pour la réception de la caution et la justification de sa solvabilité les art. 518 et suiv. C. pr.? — il faut
distinguer : lorsqu'il s'agit du remplacement d'une caution,
comme il ne peut avoir lieu qu'en vertu d'un jugement, la caution nouvelle doit être présentée et reçue conformément aux art.
518 et suiv. Cass. 16 mars 1824, P. 18, 527; Troplong n° 944.

Lorsqu'il s'agit au contraire de la réception de la caution
présentée par l'acte même de réquisition, c'est seulement aux
art. 832 et 833 C. pr. qu'il faut se référer; or, ces art. règlent
seuls ce qui est relatif à cette procédure : on ne peut donc appliquer les art. 518 et suiv., qui n'ont rapport qu'aux cautions
données en vertu d'un jugement, et supposent qu'elles peuvent
être admises par un simple acte (art. 519), tandis que celle présentée à l'appui de la surenchère doit toujours être discutée
contradictoirement et reçue par un jugement. Arg. Cass. 4 janv.
1809, P. 7, 292; Carré, n° 2829.

121. Lorsque la caution ne devient solvable ou n'acquiert son
domicile dans le ressort de la C. qu'après le délai de l'art. 2185,

bien que ce soit avant le jugement de réception, la caution est-elle censée n'avoir été offerte qu'après les quarante jours? Oui suivant Bordeaux, 27 juin 1826, D. 27, 59 ; Troplong, n°945.

Non : aux termes des art. 2185 C. civ. et 832 C. pr., il suffit que la réquisition contienne l'offre de la caution avec assignation pour sa réception. Ces articles n'imposent, sous peine de nullité, aucun délai fatal pour la justification de la solvabilité de la caution ; elle peut donc être faite, soit après les quarante jours de l'art. 2185 C. civ., soit après les trois jours de l'art. 832 C. pr., pourvu que ce soit avant le jugement qui statue sur la réception.

122. Jugé en conséquence, 1° qu'il suffit que les titres soient déposés au greffe avant le jugement. Cass. 22 juill. 1828, S. 28, 291; 31 mai 1831, S. 31, 412 ; Paris, 2 juill. 1830, S. 30, 349 ; 6 avr. 1835 ; 25 mai 1837 (Art. 208, et 862 J. Pr.); Limoges, 11 juill. 1833, S. 33, 655; Bordeaux, 7 avr. 1834, S. 34, 358 ; Motifs, Rouen, 2 mai 1828, D. 30, 105.

2° Que la caution peut être admise bien qu'elle ne soit devenue solvable qu'après les délais des art. 2185 C. civ. et 832. Bordeaux, 7 avr. 1834, S. 34, 358; Paris, 19 déc. 1836 (Art. 1352, J. Pr.).

123. La caution n'est pas recevable à intervenir dans l'instance engagée entre le surenchérisseur et l'acquéreur relativement à la suffisance ou à l'insuffisance des biens offerts, elle n'est pas personnellement intéressée dans l'instance. Paris, 11 déc. 1834, S. 35, 14.

124. Si la caution est rejetée, la surenchère est déclarée nulle et l'acquéreur maintenu, à moins que d'autres créanciers n'aient formé d'autres surenchères. *Ib.* 832.

125. *Subrogation.* La subrogation dans la poursuite de surenchère est admise en faveur des créanciers inscrits, si le surenchérisseur ou le nouveau propriétaire ne donne pas suite à l'action dans le mois de la surenchère. C. pr. 833.

2° Lorsque dans le cours de la poursuite, il y a collusion, fraude ou négligence de la part du poursuivant. *Ib.*

Cette disposition favorise les créanciers qui n'auraient pas surenchéri eux-mêmes dans le délai légal ; ils profitent de la caution fournie qui reste liée, si elle a fait sa soumission. C. pr. 835, — ou ils peuvent en fournir une autre.

La subrogation a lieu aux risques et périls du surenchérisseur ; d'où il suit que s'il ne survient pas d'enchère le surenchérisseur demeure adjudicataire et peut être poursuivi par voie de folle enchère. — V. *inf.*, n° 253.

126. La subrogation est demandée par une simple requête en intervention et signifiée par acte d'avoué à avoué. *Ib.* 833.

Art. 6. — *Tribunal compétent.— Demande en nullité de la surenchère.*

127. La réquisition contient constitution d'avoué près le trib. où la surenchère et l'ordre devront être portés. *Ib.* 852.

128. Ce trib. est celui de la situation : la surenchère est une action réelle. Cass. 13 août 1807, P., 6, 257; Carré, n° 2827; Lepage, 558; Persil, 2, 83; Merlin, [v° *Suren-chère*; Delvincourt, 3, 370; Troplong, *Hypoth.*, n° 953. — V. d'ailleurs *Ordre*, n° 102.

129. C'est devant ce trib. qu'il est procédé à l'adjudication. *Mêmes autorités ;* — dans le cas même où la vente a été faite dans le ressort d'un autre trib. Paris, 27 mai 1816, P. 13, 457; Persil, *ib.*, n° 4; Delvincourt, *ib.*

130. Le même trib. connaît de la demande en nullité de la surenchère ; il est saisi par la réquisition du surenchérisseur. *Mêmes autorités.*

131. Cette nullité doit être prononcée lorsque les formalités exigées par l'art. 2185 C. civ. n'ont pas été observées, ou quand l'offre de la caution n'a pas été faite de la manière prescrite par la loi C. civ. 2185 C. pr. 833.

132. Elle peut être demandée par l'acquéreur et le vendeur chacun en ce qui les concerne.

133. L'acquéreur, bien que l'acte de réquisition lui eût été signifié régulièrement, a été admis à se prévaloir des nullités, qui se rencontraient dans la copie signifiée au vendeur : il a intérêt à ce que la résolution de son contrat ne soit point prononcée. Arg. C. civ. 2185, 2191; Bourges, 13 août 1829, S. 30, 201; Orléans, 15 janv. 1833, S. 33, 571.

Bien que le vendeur ait renoncé à faire valoir ces nullités, l'inobservation d'une seule formalité requise pour la validité de la surenchère la vicie à l'égard de tous les intéressés. *Mêmes arrêts.* — *Contrà*, Cass. 9 août 1820, P. 16, 106; Paris, 6 août 1832, S. 32, 543; 20 mars 1833 (Art. 850 J. Pr.).

134. Réciproquement le vendeur pourrait opposer les nullités qui se rencontrent dans la signification faite à l'acquéreur. il a intérêt à ne point encourir la garantie. Arg. C. civ. 2191, — V. *inf.*, n° 165. — Ou dans celles faites à ses covendeurs, quand même, à raison de sa qualité d'héritier bénéficiaire, il ne serait point tenu à la garantie envers l'acquéreur dépossédé : il ne peut rester étranger à la discussion qui a lieu sur la réception de la caution et la distribution du prix. Cass. 15 mars 1837 (Art. 850 J. Pr.).

135. La nullité de la réquisition peut être aussi demandée par le créancier que le prix de la vente doit désintéresser : il lui importe d'empêcher les lenteurs de la surenchère.

136. L'expropriation pour cause d'utilité publique prononcée postérieurement à la requisition de surenchère n'entraîne pas la nullité de cette surenchère. Trib. Seine, ch. des saisies, 21 janv. 1841 (Art. 1882 J. pr.).

157. La surenchère faite sur la masse entière d'immeubles adjugés solidairement à plusieurs individus est indivisible ; elle doit être maintenue ou annulée pour le tout. Colmar, 18 déc. 1820, P. 16, 245.

158. Les nullités qui concernent la déclaration de surenchère et l'assignation doivent être proposées avant le jugement qui statue sur la réception de la caution. C. pr. 838.

159. Ce jugement doit prononcer sur ces nullités. *Ib.*

159. La surenchère une fois annulée, la première vente doit être maintenue. Arg. C. pr. 832. Cass. 28 mars 1813, P. 11, 249 ; — il n'y a point lieu à une seconde adjudication. Agen, 17 août 1816, P. 13, 593.

140. Si les créanciers ne surenchérissent pas dans le délai et les formes prescrits, la valeur de l'immeuble demeure définitivement fixée au prix stipulé ou déclaré, et l'acquéreur est libéré de tout privilége ou hypothèque en payant son prix ou en consignant. C. civ. 2186. — V. *Purge*, n° 73.

141. Mais ces créanciers n'en conservent pas moins le droit d'établir qu'une portion du prix a été frauduleusement dissimulée. — A l'expiration du délai de la surenchère, les priviléges et hypothèques sont à la vérité purgés, mais non les vices qui peuvent se rencontrer dans l'aliénation. *Art. 7, édit. de* 1771. Limoges, 21 déc. 1822, P. 17, 756 ; Rouen, 4 juill. 1828, S. 29, 217 ; Montpellier, 14 déc. 1827, S. 28, 99 ; Bourges, 24 janv. 1828, S. 29, 335 ; Paris, 18 fév. 1836 (Art. 449 J. Pr.) ; Cass. 14 fév. 1826 ; 19 août 1828, D. 26, 167 ; 28, 392 ; 29 avr. 1839 (Art. 1462 J. Pr.) ; Merlin, *Rép.*, v° *Surenchère*, 607 ; Troplong, sur l'art. 2186 ; Grenier, n° 453 ; Duranton, 20, n° 376. — *Contrà*, Bourges, 23 mai 1827, D. 29, 258.

142. Ce droit appartient même aux créanciers qui, depuis les délais de la surenchère, ont provoqué l'ouverture de l'ordre. Limoges, 21 déc. 1822 ; — ou à ceux qui n'ont pas produit à l'ordre ouvert. Paris, 8 fév. 1836.

143. De même, le créancier, dont la surenchère a été annulée, est encore recevable à attaquer la vente comme frauduleuse, — alors surtout qu'il s'est réservé cette action dans l'acte de surenchère. Limoges, 11 juin 1812, P. 10, 460 ; Cass. 11 janv. 1815, P. 11, 530.

144. A plus forte raison, le créancier inscrit peut-il, avant l'expiration des délais de la surenchère, attaquer la vente comme frauduleuse, sans qu'on puisse lui opposer qu'il a un moyen plus simple d'exercer ses droits. Colmar, 15 juin 1835. Cass. 2 août 1836, S. 36, 658.

145. Au reste, la portion de prix non portée au contrat appartient aux créanciers hypothécaires : ils sont les délégués naturels du vendeur pour toucher le prix : — les chirographaires ne peuvent exercer que les droits de leur auteur ; spécialement sur ce qui reste après le paiement des hypothécaires. Paris, 8 fév. 1836 ; Troplong, *ib.* — V. d'ailleurs *Ordre*, nº 368.

Art. 7. — *Effets de la surenchère.*

146. La surenchère une fois formée devient commune à tous les créanciers hypothécaires. Arg. C. civ. 2190.— Même à ceux qui ayant reçu une notification antérieure auraient été personnellement déchus du droit de surenchérir. Cass. 9 avr. 1839 (Art. 1384 J. Pr.).

147. Dans ce cas ces créanciers peuvent exercer leurs droits sur l'excédant du prix résultant de la vente sur surenchère, encore qu'ils n'aient pas produit à l'ordre ouvert avant la surenchère pour la distribution du prix de la première vente. Peut-être n'ont-ils pas voulu faire les frais d'une comparution à cet ordre parce qu'ils étaient certains de ne rien obtenir. *Même arrêt.* — V. *Ordre.*

148. Le surenchérisseur ne peut, sans le consentement exprès de tous les créanciers inscrits, empêcher par un désistement l'adjudication publique, même en payant le montant de sa soumission. C. civ. 2190. — L'adjudication est valablement poursuivie dans ce cas par les créanciers inscrits ou par le nouveau propriétaire, en se faisant subroger.—V. *sup.* nº 125.

149. Toutefois, si la surenchère est nulle, les autres créanciers ne sont pas fondés à critiquer le désistement fait sans leur concours : cet acte ne peut leur préjudicier. Arg. Agen, 17 août 1816, P. 13, 593.

Il en est de même, à plus forte raison, de l'acquéreur : le désistement opère à son égard la confirmation de son acquisition. *Même arrêt.*

150. L'acquéreur peut-il faire cesser l'effet de la surenchère en payant au surenchérisseur le montant de sa créance? — M. Persil, nº 4, adopte l'affirmative, attendu que le créancier n'ayant plus aucun intérêt, et par suite aucun droit à poursuivre, les autres créanciers inscrits pourraient seulement, malgré le désistement du surenchérisseur, demander la continuation des poursuites. — Mais le contraire a été jugé avec raison. Cass. 31 mai 1831, S. 31, 412 ; Rouen, 23 mars 1820, P. 15, 882 ; Paris, 18 fév. 1826, S. 28, 21 ; Limoges, 11 juill. 1833, S. 33, 655 ; Thomine, nº 983.

151. Le surenchérisseur peut surtout refuser de se désister, lorsque l'acquéreur ne lui offre pas de le désintéresser pleinement, mais de donner caution qu'il sera payé dans l'ordre. Grenoble, 11 juin 1825, S. 26, 226.

152. Mais la surenchère n'ayant lieu que dans l'intérêt des créanciers inscrits, l'acquéreur peut l'empêcher en offrant de les payer intégralement. Arg. C. civ. 2173; C. pr. 693; Demiau, 516; Tarrible, v° *Transcription*, § 5, n° 11; Carré, n° 2837; Grenier, n° 464; Troplong, n° 956; — quand bien même il aurait déclaré d'abord ne vouloir payer que jusqu'à concurrence de son prix, et qu'à la suite de cette déclaration il y aurait eu surenchère. Ainsi jugé sous la loi du 11 brum. an 7, art. 30 et 35. — *Contrà*, sous l'édit de 1771. Cass. 21 mess. an 5, P. 1, 160; Cass. 3 fév. 1808, P. 6, 482.

153. Si cependant le nouveau propriétaire mettait à son offre des conditions de nature à arrêter la marche de la procédure. Si par exemple il se réservait l'examen de la légitimité des créances inscrites, les créanciers seraient en droit de la rejeter. Cass. 23 avr. 1807, P. 6, 45; Merlin, *hoc verbo*; Troplong, *ib.*

154. Lorsque, par suite de la réquisition, l'immeuble est revendu, le créancier qui l'a formée devient enchérisseur pour le montant de sa soumission. Arg. C. pr. 838. — Il n'est dégagé vis-à-vis les créanciers hypothécaires qu'autant que son enchère est couverte par une autre. C. civ. 2187; Troplong, n°s 938, 948.

155. Quant à l'acquéreur, la réquisition et la soumission ont pour effet de le dispenser de payer de suite son prix. Arg. C. civ. 1653; Grenier, n° 464.

Mais il reste propriétaire jusqu'à l'adjudication. Bordeaux, 23 juill. 1830, S. 30, 377; Paris, 26 déc. 1835 (Art. 310 J. Pr.). Pothier, *Vente*, n°s 490, 492; Troplong, n° 949. Conséquemment, 1° il doit veiller à la conservation de l'immeuble et faire les réparations nécessaires. Cass. 12 fév. 1828, S. 28, 147. — 2° Si avant l'adjudication l'immeuble éprouve des dégradations, l'enchérisseur ne peut être forcé de l'acheter pour le prix offert. Pothier, n° 494; Grenier, n° 465; Troplong, *ib.* — 3° Ces dégradations, même survenues par cas fortuit, sont, comme la perte totale, à la charge de l'acquéreur. *Mêmes auteurs;* Merlin, *R.*, v° *Enchères.*

Art. 8. — *Formes de l'adjudication après surenchère.*

156. La revente, après surenchère, est poursuivie, soit par le surenchérisseur, soit par le nouveau propriétaire. C. civ. 2187.

157. En cas d'inaction de leur part, les autres créanciers peuvent être subrogés dans la poursuite. — V. *sup.* n° 125.

158. *Affiches.* Le poursuivant fait apposer de nouveaux pla-

cards contenant : — 1° la date et la nature de l'acte d'aliénation sur lequel la surenchère a été faite, le nom du notaire qui l'a reçu ou de toute autorité appelée à sa confection. C. pr. 856;

2° Le prix énoncé dans l'acte, s'il s'agit d'une vente ; ou l'évaluation donnée aux immeubles dans la notification aux créanciers inscrits, s'il s'agit d'un échange ou d'une donation. *Ib.*;

3° Le montant de la surenchère. *Ib.*;

4° Les noms, professions, domiciles du précédent propriétaire, de l'acquéreur ou donataire, du surenchérisseur, ainsi que de celui qui lui est subrogé dans le cas de l'art. 833. *Ib.*;

5° L'indication sommaire de la nature et de la situation des biens aliénés. *Ib.*;

6° Le nom et la demeure de l'avoué constitué pour le poursuivant. *Ib.*;

7° L'indication du tribunal où la surenchère se poursuit, ainsi que des jour, lieu et heure de l'adjudication. *Ib.*

159. Ces affiches doivent être apposées à la porte du domicile de l'ancien propriétaire, et aux lieux désignés dans l'art. 699. C. pr. 856. — V. *Vente d'immeubles sur saisie.* n° 307.

160. *Insertions.* L'insertion du placard est faite en conformité de l'art. 696. C. pr. 856.

161. Les appositions et insertions sont constatées dans la forme des art. 698, 699. *Ib.*

162. Ces formalités doivent avoir lieu quinze jours au moins et trente jours au plus avant l'adjudication. *Même loi,* art. 836.

163. *Sommation d'assister à l'adjudication aux lieu, jour et heure indiqués;* elle est faite à l'ancien et au nouveau propriétaire,—ou au créancier surenchérisseur, si c'est le nouveau propriétaire ou un créancier subrogé qui poursuit. C. pr. 857.

164. Cette sommation doit être faite quinze jours au moins, trente jours au plus, avant l'adjudication. *Ib.*

165. La loi nouvelle, d'accord avec l'ancienne jurisprudence n'exige pas qu'il soit fait une notification de l'époque de la revente aux *créanciers inscrits ;* ils ont été suffisamment avertis par la mise en demeure de surenchérir exigée par l'art. 2183.

166. La notification aux créanciers à hypothèque dispensée d'inscription n'est pas non plus exigée.

167. *Dépôt de l'enchère.* L'expédition de l'acte d'aliénation tient lieu de minute d'enchère.

Le dépôt en doit être fait dans le même délai que la sommation ci-dessus prescrite, c'est-à-dire quinze jours au moins, trente au plus avant l'adjudication. C. pr. 837.

168. *Quid,* lorsque la vente a été faite par acte sous seing-

privé, comment en obtenir la remise pour en faire le dépôt ? —
On a proposé de requérir, après sommation préalable, une
expédition de cet acte du conservateur des hypothèques depuis
la transcription qui a donné lieu aux notifications ; au reste, si
l'acte sous-seing-privé était incomplet pour l'établissement de
la propriété ou autres documens nécessaires, on pourrait ajouter des conditions supplétives par un dire, à la suite de l'acte
déposé.

169. *Mise à prix.* Le prix porté dans l'acte, ou la valeur déclarée, et le montant de la surenchère, tiennent lieu de première enchère. C. pr. 838.

170. *Adjudication.* Elle a lieu au jour indiqué par les affiches, c'est-à-dire un mois environ après les affiches, puisque
toutes les formalités, la sommation aux personnes désignées,
le dépôt du cahier d'enchères, doivent avoir lieu dans un même
délai. Arg. C. pr. 836, 837.

171. Les conditions de la nouvelle adjudication sont-elles
nécessairement les mêmes que celles de la première ? — Pour
l'affirmative, on dit : Les hypothèques existantes sur un immeuble n'empêchent point le propriétaire d'en disposer et de
régler lui-même les conditions de la vente, sauf l'exception de
l'art. 692 C. pr.; à partir de la dénonciation de la saisie-immobilière, le droit des créanciers inscrits se borne à élever le prix
de la vente en faisant une surenchère. Aussi l'art. 838 C. pr.
dit-il que l'acte d'aliénation tiendra lieu de minute d'enchère.
— Le surenchérisseur ne peut donc supprimer les charges imposées à l'acquéreur, non plus que les stipulations faites en sa
faveur; — à moins qu'il n'y ait fraude. Carré, n° 2855; Troplong, n° 961 *bis;* Delvincourt, 372; Thomine, n° 989.

Dans l'opinion contraire, on dit : La surenchère anéantit un
contrat présumé fait en fraude des créanciers, dans ses dispositions relatives à la quotité du prix, au mode de paiement, et aux
intérêts; elle rétablit les créanciers dans l'intégralité de leurs
droits et les affranchit des stipulations qui tendent à diminuer
leur prix.

Jugé en conséquence, 1° que lorsque l'acquéreur a été dispensé de payer les intérêts du prix pendant un temps déterminé, l'adjudicataire sur surenchère doit néanmoins les intérêts
de son prix encore que le cahier des charges soit muet à cet
égard. Cass. 23 déc. 1806, P. 5, 598. — L'adjudicataire n'a dû
se référer qu'aux clauses de l'affiche, laquelle dans l'espèce ne
contenait aucune dispense des intérêts. Dans tous les cas, suivant l'arrêt de Paris, 11 janv. 1816, P. 13, 216, la déclaration
faite par l'acquéréar dans sa notification qu'il était prêt à acquitter jusqu'à concurrence de son prix toutes les dettes exigi-

bles, a totalement changé l'état des choses quant aux stipulations du contrat primitif.

2° Que la vente à réméré doit être considérée comme non
avenue et causant préjudice aux créanciers, bien qu'elle ait été
stipulée dans le premier contrat. Grenoble, 7 avr. 1824, D.
796.

172. Il faut, à plus forte raison, reconnaître que si l'acquéreur a été chargé par le contrat de payer une partie du prix à
des créanciers délégués non hypothécaires, et que des créanciers hypothécaires se faisant inscrire dans la quinzaine de la
transcription absorbent l'intégralité du prix et au-delà avec
ceux inscrits antérieurement, les surenchérisseurs ne sont point
tenus de payer les délégataires dont la place se trouve prise par
des créanciers préférables, l'acquéreur lui-même n'y est point
obligé si la surenchère n'a pas lieu. « Il n'est obligé envers eux,
dit Bourjon, *Droit commun*, 2, 753, col. 2, n° 35, que conditionnellement et à cause de son acquisition et de son prix seulement : si les créanciers délégués étaient *postérieurs en hypothèque
aux opposans, la délégation ne leur donnerait aucune action* contre
lui. » Troplong, n° 961 *bis*.

173. Peut-on diviser par lots l'adjudication des immeubles
soumis à la surenchère? — Ne serait-ce pas forcer l'acquéreur
à abandonner son acquisition ou à n'en retirer que des fractions. Rouen, 15 juill. 1807, P. 6, 209; Pigeau, *Comm.* 2,
555; Berriat, 655, not. 12; Thomine, n° 989.

La vente par lots procurera un plus grand bénéfice aux
créanciers, et par suite au vendeur. Cet intérêt est préférable
à celui de l'acquéreur, qui peut d'ailleurs conserver l'immeuble en se portant adjudicataire de chaque lot. Tout ce qu'on
peut induire de l'art. 2192 C. civ., c'est qu'à moins qu'il n'y
ait lieu à ventilation, la surenchère doit porter sur la totalité
de l'immeuble. Demiau, 518; Carré, n° 2858; Troplong,
n° 961 *ter*.

174. *Enchérisseurs.* Il faut distinguer s'il se présente ou
non des enchérisseurs.

S'il ne s'en présente aucuns, le surenchérisseur, *même au cas
de subrogation à la poursuite*, est déclaré adjudicataire. C.
pr. 838.

S'il se présente des enchérisseurs, on suit les formalités indiquées pour les adjudications sur expropriation. — V. *Vente
d'immeubles sur saisie*, n° 340.

D'ailleurs, sont applicables au cas de surenchère les art. 701,
702, 705, 706, 707, 711, 712, 713, 717, 731, 732, 733, ainsi
que les art. 754 et suiv. relatifs à la folle enchère.

Les formalités prescrites par les art. 705, 706, 832, 836 et
837 doivent être observées à peine de nullité. C. pr. 838.

175. *Délai pour proposer les nullités.* Pour celles relatives aux formalités de la mise en vente, on doit les proposer *trois jours* au moins avant l'adjudication, — et il doit être statué sur les moyens de nullité avant l'adjudication, à peine de déchéance, et autant que possible par le jugement de cette adjudication. C. pr. 838.

176. Aucun jugement ou arrêt par défaut en matière de surenchère sur aliénation volontaire n'est susceptible d'opposition. C. pr. 838.

177. Les jugemens qui statueront sur des nullités antérieures à la réception de la caution ou sur la réception de la caution, et ceux qui prononceront sur la demande en subrogation intentée pour collusion ou fraude, sont seuls susceptibles d'être attaqués par la voie de l'appel. C. pr. 838.

Conséquemment les autres jugemens, spécialement ceux qui statuent sur les nullités de la procédure avant l'adjudication, le jugement d'adjudication lui-même, ne sont pas susceptibles d'appel. — V. *Vente d'immeubles sur saisie,* n. 532.

178. *Surenchère.* Aucune surenchère ne peut avoir lieu après l'adjudication, par suite de surenchère sur aliénation volontaire. C. pr. 838.

179. L'adjudication, une fois prononcée, la remise proportionnelle due à l'avoué porte sur l'augmentation du prix provenant de la surenchère. Ord. 1841, art. 11, à la fin. — Et non sur la totalité du prix nouveau. Le contraire avait été jugé sous l'ancien droit. Cass. 29 nov. 1826, S. 27, 292.

Art. 9. — *Effets de l'adjudication sur surenchère.*

180. *Cas où l'acquéreur se rend adjudicataire.* La première vente se trouve alors confirmée ; — et il n'est pas nécessaire de faire transcrire le jugement d'adjudication. C. civ. 2189.

181. L'acheteur a un recours contre son vendeur pour le remboursement de ce qui excède le prix primitif et pour les intérêts de ce supplément du jour de chaque paiement. C. civ. 2191. — M. Pigeau, 2, 473, accorde au vendeur, s'il est encore dans les délais, contre l'action récursoire, l'exception résultant de la lésion de plus des sept douzièmes produite par la première vente.

182. L'acquéreur peut aussi répéter 1° les frais du jugement d'adjudication. Grenier, n° 168; Persil, art. 2191-3°;

2° Des dommages-intérêts, si le vendeur a caché l'existence des créances hypothécaires inscrites dans la quinzaine de la transcription. Arg. C. civ. 1630; Persil, *ib.* — M. Grenier, n° 168, exige pour qu'il en soit ainsi qu'une clause spéciale ait obligé le vendeur à faire connaître toutes les inscriptions.

183. La surenchère étant dans l'intérêt des créanciers hy-

pothécaires, l'acquéreur ne peut concourir avec eux pour se
faire payer de ce supplément sur le prix de vente. Persil, *ib.*,
n° 4 ; — mais ces derniers une fois payés, s'il reste des deniers
sur l'excédant, l'acquéreur peut-il les conserver à l'exclusion des créanciers chirographaires auxquels la surenchère
était étrangère? — Il faut distinguer : ce droit est accordé à
l'acquéreur dans le cas où il est demeuré adjudicataire, par le
motif que les créanciers chirographaires n'ayant que les droits
du vendeur, leur débiteur, seraient repoussés par les mêmes
exceptions que l'acquéreur pourrait lui opposer. Bordeaux,
27 fév. 1829, S. 29, 325 ; Persil, *ib.*, n°5 ; Grenier, n° 468 ;
Troplong, n° 976 ; Merlin, v° *Lettre de ratification ;* Arg. Cass.
20 germ. an 12, P. 3, 693. — *Contrà,* Cass. 2 vent. an 10,
P. 2, 470. — Mais au contraire, si un étranger se rend adjudicataire sur surenchère, le premier acquéreur n'a, pour se
remplir des dommages et intérêts qui peuvent lui être dus, aucun droit exclusif à la différence des deux prix, il ne peut venir que par contribution avec les créanciers chirographaires.
Bordeaux, 27 fév. 1829.

184. Le donataire qui s'est rendu adjudicataire par suite de
la surenchère, a-t-il un recours contre son donateur ? — Oui,
si les créanciers hypothécaires payés sur le prix de l'adjudication étaient créanciers personnels du donateur : en payant la
dette de celui-ci, le donataire est subrogé aux droits des créanciers. Arg. C. civ. 874. — Non, s'ils étaient créanciers d'un
précédent propriétaire : l'argent payé ne profite point alors au
donateur qui n'est pas tenu à la garantie. Pothier, Cout. d'Orléans, n° 65 ; Delvincourt, 3, 373, note 7 ; Grenier, *Donat.*,
n° 97.

185. *Cas où l'adjudicataire est un autre que l'acquéreur.* Dans
ce cas, les droits de l'acquéreur sont résolus. — Le nouvel adjudicataire se trouve subrogé à l'effet de la première vente, et
sa propriété remonte au premier contrat. Grenier, n° 470.

Toutefois, MM. Delvincourt, 374, et Duranton, 20, n° 409,
conformément à la pratique, pensent qu'il est obligé de faire
transcrire son jugement d'adjudication. Ils se fondent sur
l'art. 2189 C. civ., qui en dispense l'acquéreur qui reste adjudicataire, et sur ce motif qu'il est censé acquérir directement
du vendeur ; — par suite, la C. Paris a jugé le 3 avr. 1812,
P. 10, 269, que le créancier non inscrit dans la quinzaine de
la transcription du premier contrat pouvait s'inscrire valablement sur le vendeur jusqu'à l'expiration de la quinzaine de la
seconde transcription ; — nous pensons au contraire que la
transcription est inutile. — V. *Purge*, n°s 32, 33. — A partir
du contrat primitif, le vendeur cesse d'être propriétaire ; ses
créanciers hypothécaires doivent donc, à peine de déchéance,

se faire inscrire dans la quinzaine de la transcription de ce contrat (C. pr. 834). — Vainement prétendrait-on que la propriété passant directement du vendeur à l'adjudicataire, l'aliénation n'est réellement consommée que par le deuxième jugement d'adjudication. Ce principe ne fait pas que le vendeur soit resté propriétaire après la première vente, tout ce qu'on doit en conclure, c'est que, par suite de la résolution du premier titre, l'effet du deuxième remonte au contrat primitif. Si de nouveaux créanciers pouvaient se faire inscrire après la quinzaine de la transcription, il faudrait purger à leur égard ce qui, d'une part, serait les relever arbitrairement des suites de leur négligence (C. pr. 834), et de l'autre, renouveler une procédure que le jugement d'adjudication sur surenchère a complétée. L'art. 2189 C. civ. a été rédigé sous l'empire de l'art. 22 L. 11 brum. an 7, qu'on voulait peut-être alors insérer dans le C. pr.; mais ce Code ne reproduit point cet article, qui exigeait la transcription de tout jugement d'adjudication. Pigeau, 473; Tarrible, *R.* v° *Transcription*, § 6, n° 3; Grenier, n° 472; Troplong, n° 965; Carré, 3, 174.

186. L'acquéreur évincé peut réclamer de son vendeur la portion du prix qu'il a payée avant de purger : ce prix ne doit pas être payé deux fois.

187. Si à l'époque de l'adjudication, l'immeuble se trouve avoir augmenté de valeur indépendamment même des faits de l'acquéreur, celui-ci a-t-il son recours contre son vendeur pour l'excédant de valeur?

Pour la négative on dit : La surenchère est une cause d'éviction légale dont l'exercice est indépendant de la volonté du vendeur, une voie de droit dont l'acquéreur ne peut se plaindre; il a connu les hypothèques qui donnent lieu à cette éviction, et il a été averti qu'il ne deviendrait propriétaire incommutable qu'à l'expiration des délais de la surenchère. — Il ne faut pas d'ailleurs traiter trop sévèrement le vendeur qui n'aliène que pour payer ses créanciers; il n'est pas exact de dire que l'éviction a lieu par le fait du vendeur, elle provient seulement du non paiement, c'est-à-dire d'une omission peut être involontaire. Paris, 25 prairial an 12, P. 4, 47.

Toutefois l'opinion contraire a prévalu. Les art. 1630 et 1633 C. civ. sont applicables aux cas d'éviction par suite de surenchère, comme à tous les autres cas où l'éviction résulte d'un fait personnel du vendeur. La surenchère est la conséquence d'un droit hypothécaire que le débiteur peut anéantir en payant. S'il ne le fait pas, c'est à lui personnellement qu'il faut s'en prendre, et il doit réparation. Si dans l'ancien droit l'acquéreur évincé par l'effet du retrait lignager, n'avait le droit de demander à son vendeur que les sommes par lui déboursées, c'est que

17

celui-ci ne pouvait jamais arrêter l'effet du retrait. Cass. 11 mai 1808, P. 6, 666 ; Amiens, 21 mai 1822, P. 17, 362 ; Bordeaux, 4 mars 1822 et 27 juin 1829, S. 29, 325 ; Toulouse, 27 août 1834, D. 35, 114 ; Merlin, *Rép.* v° *Transcription*, § 6, n° 4 ; Grenier, n° 468 ; Troplong, n° 967 ; Duvergier, *Vente* n° 321 ; Pigeau, *Comm.* 2, 527.

188. Mais comment l'indemnité sera-t-elle réglée ? — Les C. Bordeaux, 4 mars 1822 et 27 juin 1829 ; Toulouse, 27 août 1834, l'ont fait consister dans l'excédant du prix de l'adjudication sur le prix porté au contrat. Cet excédant représente le bénéfice dont l'acquéreur a été privé. — C'est donc à l'art. 2191 C. civ. qu'il faut recourir, bien qu'il ne parle que de l'acquéreur devenu adjudicataire ; s'il n'en était point ainsi, la condition du vendeur serait meilleure ou pire, selon qu'un tiers ou l'acquéreur se seraient rendus adjudicataires, ce qui ne doit pas être. — Néanmoins, selon nous, si cette différence entre le prix de la première et celui de la seconde vente offre une indication utile à consulter, il faut tenir compte des cas extraordinaires qui peuvent faire hausser outre mesure le prix de l'immeuble et se référer plutôt à l'art. 1633 C. civ. qu'à l'art. 2191, qui ne concerne que l'acquéreur devenu adjudicataire. Merlin, *Rép. ib.* ; Dalloz, 34, 2, 114. — Au reste, c'est au vendeur à se mettre à l'abri du recours de l'acquéreur par des stipulations qui modifient la garantie légale. Troplong, n° 967.

189. Les intérêts du prix de la vente volontaire restent à la charge du premier acquéreur qui a perçu les fruits, et non à celle du nouvel adjudicataire. Riom, 19 janv. 1820, P. 15, 715 ; Cass. 14 août 1833, S. 33, 609 ; Persil, *ib.* n° 4.

190. Mais celui-ci doit, 1° les intérêts de son prix à compter de la nouvelle adjudication. Cass. 14 août 1833 ; Grenier, n° 471 ;

2° Les frais et loyaux coûts du contrat ; ceux de transcription et de notifications ; ceux faits pour parvenir à la revente ; le tout au-delà du prix de l'adjudication. C. civ. 2188 ; — sauf convention contraire, attaquable seulement par les créanciers non présens à la vente. Persil, art. 2188, n° 2 ;

3° Les impenses et améliorations faites par le premier adjudicataire.

191. La surenchère n'est faite que sur le prix porté au contrat de vente ; les impenses de l'acquéreur n'ont pas été prises en considération pour fixer le prix de la deuxième adjudication ; ce n'est point au vendeur à en payer le montant, mais au deuxième adjudicataire qui seul profite de ces impenses. Metz, 31 mars 1821, P. 46, 498 ; *Discussion au Cons. d'Et.;* Persil, n° 3 ; Grenier, n° 471 ; Troplong, n° 962. — *Contrà,* Paris, 26 déc. 1835 (Art. 310 J. Pr.). —Cet arrêt juge que le paiement des impenses ne donne lieu qu'à une action à exercer sur le prix de la deuxième vente. — Mais le nouvel adjudicataire ne serait tenu que jusqu'à concurrence de la plus-value, au moins pour les réparations qui n'étaient pas nécessaires. C. civ. 2175 ; Persil, *ib.*; Delvincourt, 374.

L'acquéreur a non-seulement privilége pour cette plus-value (C. civ. 2103-5°), mais encore pour les frais qu'il a faits, afin d'obtenir l'autorisation de se livrer aux réparations, lorsque sans elles l'immeuble eût péri. Cass. 11 nov. 1824, S. 25, 140. Dans ces frais sont compris ceux de nomination des experts et d'homologation de leurs procès-verbaux. Orléans, 22 mai 1823, S. 25, 140.

192. L'acquéreur qui prétend avoir des répétitions à exercer pour la plus-value doit la faire estimer et constater avant l'adjudication, pour lever d'avance toute incertitude. Paris, 10 mars 1808, P. 6, 554.

193. Une clause générale du cahier des charges soumettant l'adjudicataire à tenir compte à l'acquéreur des réparations eu égard à leur plus-value ne suffit pas. *Même arrêt.*

§ 3. — *De la surenchère du dixième en cas de faillite.*

194. Quinzaine après l'adjudication des biens du failli vendus sur la poursuite des syndics, toute personne est admise à surenchérir. C. comm. 573.

195. Les syndics eux-mêmes ne sont pas exclus de cette faculté. — V. *Faillite*, n° 514 et 515.

196. Cette surenchère ne peut être au-dessous du dixième du prix principal de l'adjudication. C. comm. 573.

197. Que doit-on entendre par prix principal? — V. *inf.* n° 216.

198. La surenchère doit être faite au greffe du trib. civil suivant les formes prescrites par les art. 709. *Ib.* C. comm. 573. — V. Sur l'ancien droit, Art. 313 et 450 J. Pr.

199. Cette adjudication demeure définitive et ne peut être suivie d'aucune nouvelle surenchère. *Même article.*

200. On doit généralement se conformer pour la revente aux formalités et délais prescrits en matière d'expropriation. — V. *inf.* § 4.

§ 4 — *De la surenchère du sixième.*

201. La surenchère du sixième peut être faite par toute personne. C. pr. 710.

Excepté par ceux qui ne peuvent se rendre adjudicataires (—V. *Vente d'immeubles sur saisie,* n° 364) Rapport de M. Persil, p. 60.

202. Ainsi la surenchère ne peut être faite : — 1° Pour le saisi.

On considère comme partie saisie le tiers-détenteur de l'immeuble hypothéqué, bien qu'il ne soit pas personnellement obligé. Bruxelles, 15 avr. 1809, P. 7, 497.

203. 2° Pour les membres du trib. où se poursuit la vente. *Ib.* 711. Déjà nous le décidions ainsi sous l'ancien droit.

Vainement disait-on que si l'art. 713 leur défend de se rendre adjudicataires, c'est de peur qu'ils n'écartent les enchérisseurs, que ce motif ne se présente point ici puisqu'ils ne concourraient qu'avec l'adjudicataire; s'il leur était permis de surenchérir, ils pouvaient user de leur influence pour écarter de la première vente les enchérisseurs sérieux, et se rendre acquéreurs sur la seconde en s'entendant avec l'adjudicataire qui n'était que leur prête-nom.

204. 3o L'avoué de l'adjudicataire : il est mandataire de sa partie, dont il doit défendre les intérêts. Pigeau, *Comm.*, 2, 332. — Il en est de même de l'avoué du poursuivant.

205. 4° Pour les personnes notoirement insolvables. Arg. C. pr. 711.

Au reste, a été écarté comme insolvable le surenchérisseur dont les ressources étaient notoirement insuffisantes, comparées au montant de l'adjudication, bien qu'il ne fût point entièrement dépourvu de fortune. Rouen, 30 mai 1823, P. 17, 1146.

206. Mais il n'est pas considéré comme notoirement insolvable par cela seul qu'il ne possède aucun immeuble. Bordeaux, 21 fév. 1829, S. 29, 264. — A la différence de ce qui a lieu quand il s'agit d'apprécier la solvabilité de la caution offerte par le sur-enchérisseur du dixième. — V. *sup.* n° 119.

207. L'exception résultant contre le surenchérisseur de son insolvabilité ne peut être couverte, — 1° par l'offre d'une caution (le Code ne parle point de présentation de caution en matière de surenchère sur saisie immobilière), surtout si l'offre n'en était pas faite par l'acte même de réquisition et dans le délai de l'art. 710. Cass. 31 mai 1819, P. 15, 194.— *Contrà*, Thomine, n° 798. — Cet auteur, lorsque la solvabilité du surenchérisseur paraît douteuse, exige de lui une caution qui s'oblige par corps.

La clause du cahier des charges qui exige caution de ceux qui veulent surenchérir a été annulée comme modifiant un droit qui a pour but de faire vendre l'immeuble saisi à toute sa valeur dans l'intérêt du saisi et de ses créanciers : cette nullité est d'ordre public et n'est couverte par aucun acquiescement. Colmar, 25 fév. 1834 (Art. 277 J. Pr.).

208. 2° Par l'offre de consigner la somme pour laquelle il a surenchéri. Le surenchérisseur peut devenir propriétaire de l'immeuble par suite de la surenchère. Il est donc juste qu'il donne des sûretés non-seulement pour le paiement du prix de cette surenchère, mais encore pour celui du montant des adjudications. Rennes, 29 juin 1814, P. 12, 281.

209. L'insolvabilité du surenchérisseur est opposable, même avant l'adjudication. Cass. 6 fév. 1816, P. 13, 263; Thomine, n° 796.

210. Lorsque cette insolvabilité n'est pas notoire et qu'on n'articule même aucun fait à cet égard, il ne peut être obligé, comme en matière de surenchère du dixième, d'établir lui-même sa solvabilité. Rouen, 13 juin 1818, P. 14, 918.

211. La surenchère est valablement requise, 1" par le poursuivant : il ne doit pas être considéré comme vendeur; ce n'est point avec lui que l'acquéreur contracte, mais avec le saisi, sous l'autorité de la justice. Carré, n° 2373.

2 Les héritiers bénéficiaires du saisi : ils ne confondent point leur patrimoine avec celui de leur auteur; et leurs biens personnels peuvent leur offrir des ressources personnelles pour payer le prix de l'adjudication. Limoges, 5 déc. 1833, S. 34, 56.

3° Une personne non contraignable par corps, si elle offre des biens suffisans. L'art. 708 comprend dans sa généralité les femmes et autres personnes non susceptibles de la contrainte par corps. *Nec obstat.* C. pr. 712; Dalloz, 762; Carré, n° 2394; Thomine, n° 798.

212. On a déclaré licite le traité fait entre le débiteur saisi et un tiers, par lequel celui-ci s'obligeait à surenchérir l'immeuble déjà adjugé, à subroger le débiteur à ses droits sous toutes les obligations de sa surenchère, et à défaut par ce dernier de satisfaire à son engagement, à demeurer propriétaire de l'immeuble au prix pour lequel il avait été d'abord adjugé. Paris, 10 mars 1812, P. 10, 190.—V. *Vente sur saisie immobilière.*

213. Plusieurs personnes peuvent-elles surenchérir ?—Nulle part la loi ne le défend en termes exprès, et l'art. 708 le permet au contraire en appelant *toute personne* à surenchérir.

Tel est d'ailleurs l'intérêt du saisi et des créanciers. Turin, 30 janv. 1810, P. 8, 72 ; Lepage, *Saisies*, 2, 198, *Qu.*, p. 461; Favard, *hoc verbo*, 65; Pigeau, 2, 272; Berriat, 597; Carré, n° 2379.

214. Lorsque la surenchère est nulle à raison de l'incapacité d'un surenchérisseur, elle n'en subsiste pas moins en vertu des principes de l'indivisibilité, en faveur de celui qui a surenchéri conjointement avec lui. C. civ. 1218. Carré, n 2374 ; Bruxelles, 15 avr. 1809, P. 7, 497.

215. Au reste, tous les surenchérisseurs sont indistincte-ment admis, bien que l'un d'eux ait porté sa surenchère au-dessus du sixième du prix principal de l'adjudication : la loi ne distingue pas : en créant cette distinction, on obligerait toute personne qui voudrait surenchérir à porter sa surenchère au-delà du sixième. Arg. Pigeau, 2, 272 ; Carré, n° 2379.

216. *Sur quel prix.* La surenchère doit être du sixième au moins du prix principal. C. pr. 708 ; — à peine de nullité. Carré, 2381.

217. *Prix principal.* Ce qui comprend non-seulement le prix exprimé en argent, mais encore toutes les charges qui profitent au vendeur, ou qui, payées en son acquit, font nécessairement partie du prix. Mais on a voulu exclure les intérêts échus au jour de la surenchère ou les frais à la charge de l'acheteur comme ceux de poursuite (Riom, 25 mai 1838, Art. 1527 J. Pr.), d'adjudication et d'enregistrement. On doit donc en-tendre de la même manière les mots *prix* et *prix principal* em-ployés dans les art. 2185 C. civ. et 710 C. pr. Arg. C. civ. 2813-1° ; Paris, 19 mars 1836 (Art. 450 J. Pr.) ; Thomine, n° 791. — *Contrà*, Carré, n° 2380. — Cet auteur ne fait pas porter la surenchère sur ce qui n'est payé qu'accessoirement.

218. La convention par laquelle le surenchérisseur et le saisi réduisent le taux de la surenchère, est nulle.

219. La preuve d'une pareille convention (intervenue entre le poursuivant et l'enchérisseur) a été déclarée inadmissible. Toulouse, 25 juin 1835 (Art. 248 J. Pr.).

220. *Dans quel délai.* La surenchère doit être faite dans les huit jours qui suivent l'adjudication. C. pr. 708.

221. Le jour de l'adjudication n'est pas compté dans le dé-lai. Rouen, 14 janv. 1815, P. 12, 540 ; Carré, n° 2378 ; Pi-geau, p. 269 ; Persil, n° 35 ; Thomine, n° 792. — V. *Délai*, n° 11.

222. Quant aux jours fériés, on doit les y comprendre. Ainsi, lorsque la huitaine expire un jour férié, la surenchère ne peut être valablement faite le lendemain : ce serait réellement ajouter un neuvième jour à ce délai. Carré, n° 2378 ; Rouen, *ib.*; Cass. 27 fév. 1821, P. 16, 407 ; Berriat, 597 ; Favard, 5, 65.

Seulement le surenchérisseur peut obtenir du juge la per-mission de faire ce jour même son acte de surenchère. Arg. C. pr. 1037. Rouen, 14 janv. 1815, P. 12. 540.

223. Il a même été jugé que, dans ce cas, comme il ne s'agis-sait point d'une signification mais seulement de l'accomplisse-ment d'une formalité, il n'y avait point lieu d'appliquer les art. 63 et 1037 ; que l'art. 90 décr. 20 mars 1808 en fixant les jours où les greffes des trib. sont ouverts n'avait pas défendu aux greffiers de recevoir des déclarations les jours de fêtes légales. Rouen, 14 janv. 1823, P. 17, 814. — V. *Ordre*, n° 207.

224. Jugé que l'état de blocus de la ville au greffe de laquelle la déclaration de surenchère eut dû être faite, est un cas de force majeure qui autorise les trib. à l'admettre après la huitaine. Colmar, 9 nov. 1814, P. 12, 444. Arg. Cass. 24 nov. 1814, 12, 456.

225. *Dans quelle forme.* — La surenchère a lieu au greffe du tribunal. C. pr. 709.

Alors même que l'adjudication primitive a eu lieu devant un notaire : la disposition du projet (art. 965 *bis*) qui autorisait la déclaration de surenchère devant notaire, dans ce cas a été retranchée à la chambre des députés, — sur la proposition de MM. de Kerbertin et de Belleyme, avec l'adhésion du gouvernement. — Séance du 18 janv. 1841, *Moniteur* du 19, 2ᵉ supplément. — L'art. 965 renvoie pour les formalités aux art. 708, 709 et 710.

On dépose au greffe l'expédition du procès-verbal d'adjudication pour servir de minute d'enchère. Arg. C. pr. 964.

226. Jugé qu'en cas d'aliénation de biens communaux, la déclaration de surenchère est valablement faite à la mairie. Arg. Nîmes, 28 nov. 1837, S. 38, 244.

227. La déclaration de surenchère doit contenir constitution d'avoué. C. pr. 709.

228. Elle ne peut *être rétractée, ib.*

229. La copie de la déclaration de surenchère doit, à peine de nullité, être notifiée aux avoués de l'adjudicataire, du poursuivant et de la partie saisie, si elle a constitué avoué. C. pr. 709 ; — à peine de nullité. *Ib.* 715.

230. Est valable la dénonciation faite à l'avoué constitué par le saisi sur un incident, — par exemple pour proposer des moyens de nullité contre la saisie. La loi le suppose en obligeant le surenchérisseur à dénoncer à l'avoué du saisi ; or, ce dernier, qui n'est pas partie dans la poursuite, n'a eu besoin de constituer avoué qu'afin d'élever un incident. Carré, n° 2387 ; Favard, R., 5, 66 — *Contrà*, Paris, 23 août 1810, P. 8, 557 ; Berriat, 597, note 97.

231. Il n'est pas nécessaire de faire la dénonciation à la personne ou au domicile du saisi, s'il n'a pas constitué avoué. C. pr. 709.

232. Lorsque le poursuivant et l'adjudicataire ont le même avoué, la dénonciation est valablement signifiée par une seule copie à cet avoué en sa double qualité. Riom, 25 mai 1838 (Art. 1327 J. Pr.).

233. Lorsque la dénonciation n'a été faite qu'à l'adjudicataire, celui-ci peut-il demander la nullité de la surenchère, si le poursuivant renonce à s'en prévaloir. — La négative a été jugée, Cass. 18 fév. 1859 (Art. 1422 J. Pr.), attendu que cette nullité est relative. — Mais le vendeur et ses créanciers peuvent avoir des intérêts différens de celui de l'adjudicataire. Ils doivent désirer que l'immeuble atteigne sa plus haute valeur et sous ce rapport ils consentiront difficilement à opposer la nullité de la surenchère. L'adjudicataire est plus intéressé au contraire à la faire prononcer pour se faire maintenir dans son acquisition.

234. La dénonciation doit être faite dans les trois jours (l'ancien Code de procédure n'accordait que vingt-quatre heures) de la surenchère à peine de nullité. C. *Ib.* 709.

235. S'il s'est présenté de nouveaux surenchérisseurs, ils doivent faire leur soumission dans le même délai et dans la même forme que le premier. Pigeau, 272 ; Carré, n° 2386 ; — et dénoncer aux surenchérisseurs précédens qui leur sont connus par leurs soumissions au bas du jugement : ceux-ci ont intérêt à repousser des surenchères nulles. *Mêmes auteurs.*

236. La dénonciation se fait par un simple acte contenant avenir pour l'audience qui suit l'expiration de la quinzaine, sans autre procédure. C. pr. 709.

237. La nouvelle adjudication est annoncée de la manière prescrite aux art. 696 et 699 (— V. *Vente d'immeubles sur saisie,* n°⁵ 291 et 304). C. pr. 709.

238. L'adjudication doit elle avoir lieu à l'audience immédiatement après expiration de quinzaine?

Pour l'affirmative, on dit : Sous l'ancien code, l'adjudication devait avoir lieu à la prochaine audience qui suivait la surenchère. Le législateur ne prescrivait pas de nouvelles annonces. Si la loi nouvelle exige les annonces, elle a accordé un délai de quinzaine, intervalle qui a paru suffisant pour la nouvelle adjudication. — Il serait contraire à son esprit de faire valider la surenchère par un premier jugement, ces frais seraient frustratoires.

Pour la négative on répond avec raison : L'adjudication ne peut pas avoir lieu dans dans la quinzaine, ce délai est insuffisant pour faire apposer les placards dans plusieurs communes, dans divers arrondissements peut-être; pour insérer dans un journal, dont la publicité en province est fort restreinte, que l'on est obligé d'aller chercher au chef-lieu du département, où il ne paraît pas tous les jours et souvent une seule fois par semaine , — il peut y avoir plusieurs surenchères, et par conséquent nécessité d'en ordonner la jonction. — Enfin, il y aurait un grave inconvénient à laisser à un surenchérisseur le choix du jour de l'adjudication. Il pourrait profiter de l'absence fortuite de l'adjudicataire pour faire adjuger à bas prix l'immeuble à lui ou à une personne interposée. La première audience paraît donc consacrée à vider tous les incidens, s'il y en a, et à fixer le jour des nouvelles enchères. Paignon, n° 107.

239. L'intervalle entre les annonces et la nouvelle vente, semble devoir être de huit jours au moins.

240. Si le surenchérisseur ne dénonce pas la surenchère dans le délai ci-dessus fixé, le *poursuivant ou tout créancier inscrit, ou le saisi* peut le faire dans les trois jours qui suivent l'expiration de ce délai. C. pr. 709.

241. — Autrement, la surenchère est nulle de droit; sans qu'il soit besoin de faire prononcer la nullité. *Ib.* — On évite ainsi des frais inutiles. Rapport de M. Persil, p. 59.

242. Au jour indiqué il est ouvert de nouvelles enchères auxquelles *toute personne* peut concourir; le concours de toute personne à la nouvelle adjudication est une innovation favorable aux créanciers et au saisi. Le C. de pr. n'admettait que le surenchérisseur et l'adjudicataire à faire de nouvelles enchères.

243. Lorsqu'une seconde adjudication a eu lieu après la surenchère ci-dessus, aucune autre surenchère des mêmes biens ne peut être reçue. C. pr. 710. — Surenchère sur surenchère ne vaut.

244. L'appel contre le jugement qui rejette des moyens de nullité contre une surenchère est-il recevable?

L'affirmative paraît résulter de l'art. 731. — En vain dirait-on, on peut statuer sur les nullités proposées par le jugement même d'adjudication.

L'art. 731 ne refuse le droit d'appel contre le jugement d'adjudication que lorsqu'il ne statue pas sur des incidens. — V. *Vente d'immeubles sur saisie*, n. 538.

245. *Effets et suites de la surenchère.* L'effet de la surenchère n'est pas de dessaisir actuellement l'adjudicataire comme s'il s'agissait d'un simple enchérisseur dont l'offre fut couverte. C. pr. 707; — il reste propriétaire jusqu'à la revente, qui est la condition résolutoire de son contrat. Arg. C. civ. 2182, 2277; Grenier; n° 488; Persil, n° 49; Pigeau, 270; Thomine, n° 795. — V. *sup.* n° 94.

246. Si donc, dans la huitaine de la surenchère, et avant la nouvelle adjudication, l'immeuble périt ou se dégrade, la perte sera pour l'adjudicataire et non pour le vendeur. Il n'est pas juste d'ailleurs de prolonger la responsabilité du saisi et des créanciers en faveur desquels la surenchère a été introduite. Pigeau, *ib.*; Pothier, *Vente*, p. 6, ch. 2; Persil, n° 41.

247. Si le surenchérisseur se désiste, s'il ne comparaît pas, l'adjudicataire est maintenu de plein droit dans son adjudication. Il n'a rien à payer au-delà. Thomine, n° 795.

248. Mais le surenchérisseur n'en est pas moins lié par ses offres , et doit payer au saisi ou à ses créanciers le montant de la surenchère. Thomine, n° 797.

249. Il en est autrement si la surenchère est annulée , soit pour vice de forme, soit pour insuffisance de l'offre , soit pour défaut de capacité ou de solvabilité du surenchérisseur : dans ce cas, sans doute , l'adjudicataire maintenu dans sa possession n'a rien à payer au-delà de son prix. Thomine , n° 795. — Mais le surenchérisseur lui-même n'est point tenu de payer le montant de son offre , puisqu'elle n'a point été reconnue acceptable ; il est seulement condamné aux frais et à des dommages-intérêts, s'il y a lieu. Thomine , n° 797.

250. Si l'immeuble est adjugé au premier adjudicataire , son premier contrat se trouve confirmé , sauf la différence du prix. Arg. C. civ. 2189 ; Pigeau , 273.

251. Dans le cas contraire , la première adjudication est résolue. C. civ. 1183.

Ainsi, les hypothèques conférées sur l'immeuble par le premier adjudicataire se résolvent. C. civ. 2125.

Il est entièrement déchargé , quand même le nouvel adjudicataire ne paierait pas. Arg. 707 et 712.   Son sort ne doit pas rester incertain, il a pu donner à ses deniers une autre destination. La seconde adjudication anéantit la sienne. Huet , 198 ; Pigeau, *ib. ;* Thomine , n 799. — V. *Folle-enchère ,* n° 5.

252. Le premier adjudicataire a le droit de réclamer du second les frais et loyaux coûts de son adjudication et ceux de transcription. C. c. 2188. Pigeau, *ib.*

253. S'il ne se présente pas d'enchérisseurs, le surenchérisseur est déclaré adjudicataire.

254. En cas de folle-enchère , il est tenu par corps de la différence de son prix et de celui de la revente. C. pr. 710.

255. Quant aux autres effets de la surenchère. — V. *sup.* n° 180.

§ 5. — *Enregistrement.*

256. Les droits d'enregistrement de la revente sur surenchère sont les mêmes que ceux de la première vente. Pour les liquider, il faut déduire le prix de la première adjudication de celui de la seconde, et ajouter à ce reliquat les frais et loyaux coûts qui doivent être remboursés par le second adjudicataire (—V. *sup.* n° 186). Délib. rég. 10 vend. an 13.

257. Le jugement qui donne acte à l'adjudicataire surenchéri de ce que, pour éviter la surenchère, il consent à servir une rente viagère dont le capital est supérieur au prix de l'adjudication, est sujet au droit de mutation sur le supplément du prix.

258. L'adjudicataire sur saisie immobilière qui n'a pas fait enregistrer son jugement d'adjudication dans le délai de vingt jours, mais qui a été surenchéri, ne doit que le droit fixe et le double de ce droit : il n'a pas en effet, comme le fol-enchérisseur, à se reprocher de n'avoir jamais rempli ses engagemens. Délib. rég. 24 juill. 1849.

259. Les différens actes de la procédure sont au surplus soumis aux mêmes droits d'enregistrement que ceux analogues faits dans les autres instances.—V. les mots qui les concernent.

§ 6. — Formules.

FORMULE I.

Pouvoir du créancier à l'effet de surenchérir.

(C. civ. 2185-4o.)

Je soussigné   . demeurant à   , créancier hypothécaire du sieur   , inscrit au bureau des hypothèques de   , le   , vol   , n   , sur la maison ci-après désignée, appartenant à mon débiteur, donne pouvoir à Me   , avoué au tribunal de première instance de   , de, pour moi et en mon nom, requérir la mise aux enchères et adjudication publiques d'une maison et dépendances, sise à   , rue   , n°   ; vendue (ou adjugée) au sieur   , demeurant à   , moyennant la somme de   , outre les charges, par   (*indiquer l'acte ou le jugement qui constate la vente*), à moi notifié par extrait avec le tableau des inscriptions, par exploit de   , huissier à   , en date du   ; en conséquence de, pour moi surenchérir et se soumettre à porter ou faire porter ledit immeuble à un dixième en sus du prix de ladite vente, ce qui forme la somme totale de   , outre les clauses, charges et conditions insérées audit acte (ou jugement) et autres de droit, comme aussi d'offrir pour caution de ladite surenchère la personne du sieur   , demeurant à   , et à l'effet de la réception de ladite caution, faire tous exploits, dires et réquisitions qu'il jugera nécessaires pour parvenir à ladite surenchère, promettant d'avoir pour agréable tout ce que fera pour cet objet ledit Me   , et de le rembourser de tous frais et honoraires légitimement dus.

A   , le   , bon pour pouvoir

(*Signature.*)

FORMULE II.

Requête pour faire commettre un huissier à l'effet de signifier la surenchère.

(C. pr. 832. —Ordon. 1841 ,art. 8. — Coût, 2 fr.)

A M. le président du trib. de première instance de

Le sieur   , demeurant à   , ayant pour avoué Me   , créancier hypothécaire du sieur   , inscrit sur une maison sise à   , etc.;

Ladite maison vendue (ou adjugée) au sieur   , etc., par acte (ou jugement) en date du   , etc.;

A l'honneur de vous exposer, qu'il est dans l'intention de surenchérir ladite maison, par suite de la notification à lui faite.

Pourquoi, il vous plaira, M. le président, en conformité de l'art. 832 de la loi du 2 juin 1841, commettre un huissier pour signifier à l'acheteur (ou adjudicataire) et au vendeur, la réquisition de surenchère prescrite par l'art. 2185 du Code civil, et vous ferez justice.   (*Signature de l'avoué.*)

Réquisition de surenchère sur aliénation volontaire.

(C. civ. 2285 ; C. pr. 832.— Tarif, 63.—Coût, 5 fr. orig. ; le quart pour la copie.)

L'an   , le   , à la requête du sieur   , demeurant à   créancier hypothécaire du sieur   , inscrit, etc., pour lequel domicile est élu en la demeure de M•   , avoué, etc., lequel occupera sur la poursuite de surenchère et l'assignation ci-après, j'ai   (*immatricule*), commis par ordonnance de M. le président du tribunal de première instance du département de   , en date du   , enregistrée, étant au bas de la requête à lui présentée le même jour, desquelles requête et ordonnance il est, avec celle des présentes, donné copie, soussigné, signifié et déclaré (*à l'acquéreur et au vendeur, à personne ou domicile réel*).

Que ledit sieur   requiert la mise aux enchères et adjudication publiques d'une maison sise à   , rue   , no   , dont ledit sieur s'est rendu acquéreur (*ou* adjudicataire), etc. (— V. *sup.* Formule i) ; en conséquence, que ledit sieur   se soumet à porter ou à faire porter le prix principal de ladite maison et dépendances à un dixième en sus de la somme de   , montant de l'adjudication dont s'agit, ce qui fera , pour première enchère, la somme totale de   , outre et par-dessus les charges, clauses et conditions de l'acte d'acquisition , et de celles qui seront imposées par le jugement de la nouvelle adjudication ; déclarant au sus-nommé que le requérant fera apposer des placards indicatifs de la revente dont s'agit, qui sera faite dans les formes prescrites par la loi ; à ce que le sus-nommé n'en ignore, lui déclarant en outre que ledit sieur   offre et présente pour caution de la surenchère, jusqu'à concurrence du prix et des charges, la personne du sieur   , demeurant à   , rue   , no   .

Lequel a fait sa soumission par acte au greffe, en date du   , à l'appui de laquelle il a déposé les titres établissant sa solvabilité, duquel acte il est avec celle des présentes donné copie, et à pareilles requête, demeure et élection de domicile que dessus, j'ai, huissier susdit et soussigné, donné assignation aux susnommés, domicile et parlant   comme dit est, à comparaître, d'aujourd'hui à trois jours,   heures du matin, à l'audience du tribunal de etc., pour, attendu que le sieur   ci-dessus nommé, qualifié et domicilié, offert pour caution de la présente surenchère, est notoirement solvable, ainsi qu'il résulte des titres déposés au greffe du tribunal, par l'acte susdaté, voir dire et ordonner que ledit sieur   sera reçu pour caution de la surenchère dont s'agit, et pour, en outre, répondre et procéder comme de raison à fin dépens, dont ledit sieur   , sera remboursé comme de frais extraordinaires de poursuite ; et voir ordonner l'exécution provisoire, sans être tenu de fournir caution, du jugement à intervenir conformément à l'art. 135 C. pr. civ. ; et j'ai au susnommé, domicile et parlant comme dessus, laissé copie signée comme le présent original du sieur   (*le surenchérisseur*), des requêtes et ordonnances susdites, et du présent exploit dont le coût est de

(*Signature de la partie et de l'huissier.*)

Original de placard pour les affiches et insertions.

(C. pr. 836. — Coût. — V. *Vente sur saisie immobilière*, Formule x.)

DE PAR LE ROI, LA LOI ET JUSTICE.

Vente par suite de surenchère sur aliénation volontaire,
En l'audience des criées du tribunal de   , séant au Palais-de-Justice à   ,
D'une maison sise à   , rue   , no
L'adjudication aura lieu le   heure de midi.
On fait savoir à tous qu'il appartiendra, qu'en vertu du jugement rendu par le tribunal civil de   , en date du   , dûment enregistré et signifié,
Entre le sieur   , ayant surenchéri la maison ci-après désignée, ayant

M⁰   , pour avoué; lequel est constitué et continuera d'occuper pour le
sieur   , sur la poursuite de surenchère dont s'agit :
    Et 1⁰ le sieur   , demeurant à   , acquéreur de ladite maison,
ayant M꜀   pour avoué;
    2⁰ Le sieur   demeurant à   , ancien propriétaire de ladite
maison, ayant M⁰   pour avoué.
    Il sera procédé à la vente et adjudication de la maison ci-après désignée.

DÉSIGNATION.

D'une maison sise à   (copier celle de l'acte d'aliénation).
    Ladite maison vendue au sieur   susnommé par ledit sieur   ,
par contrat passé devant M꜀   , notaire à   , en date du   ,
dûment enregistré.
    Moyennant la somme de 60,000 fr. et surenchérie par exploit de   ,
huissier à   en date du   , enregistré   de la somme de   .

Mise à prix.

En conséquence l'adjudication aura lieu sur la mise à prix de.   .   72,000 fr.
    Montant du prix originaire de ladite vente, et   de la surenchère qui en
a été la suite.
                                        Pour original,
    Enregistré à   , ce, etc.   (Signature de l'avoué.)

FORMULE V.

Sommation à l'ancien et au nouveau propriétaire d'assister à l'adjudication.

(C. pr. 837. — Coût ordinaire des actes d'avoué.)

A la requête du sieur   , poursuivant la vente par surenchère dont s'agit
ayant M⁰   pour avoué, lequel est constitué et occupera pour le requérant.
    Soit signifié et fait sommation, 1⁰ à M꜀   avoué du sieur   , de-
meurant à   ancien propriétaire d'une maison sise à   , par lui
vendue au sieur   (1):
    2⁰ A M꜀   , avoué du sieur   , demeurant à   , acquéreur
de la maison dont s'agit,
    D'être présens, si bon leur semble, à la vente et adjudication par suite de
surenchère d'une maison et dépendances sise à   , laquelle aura lieu en
l'audience des criées du tribunal de   , heure de
    Leur déclarant qu'il sera procédé à ladite adjudication, tant en leur présence
qu'en leur absence.
        A ce qu'ils n'en ignorent   dont acte.
                                (Signature de l'avoué.)

FORMULE VI.

Déclaration de surenchère du sixième sur expropriation forcée.

(C. pr,; 708. — Ordon. 1841, art. 12. Vacation 15 fr.)

    L'an   le   est comparu au greffe
M⁰   avoué en ce tribunal.
    Lequel a déclaré surenchérir de la somme de 3,000 fr. (*il faut indiquer un
chiffre qui atteigne le sixième au moins*) pour le sieur   , demeurant à
            , comparant, le prix de l'adjudication prononcée au profit du sieur
            d'une maison sise à   , par jugement rendu en l'audience des
saisies immobilières du tribunal de   sur la poursuite de saisie immobilière
exercée sur le sieur   .
    Au moyen de laquelle surenchère le prix dudit immeuble est porté à la somme
de 15,000 fr.
    Dont acte requis et octroyé, qui a été signé, après lecture, par le sieur   ,
M⁰   et le greffier du tribunal.   (Signatures.)

────────────

(1) Si le vendeur n'a pas d'avoué constitué, la signification est faite par exploit à domicile.

FORMULE VII.

Dénonciation d'une surenchère sur aliénation forcée (1).

(C. pr. 709. — Ordon. 1841, art. 12. Pour la dénonciation, 1 fr. orig.; le quart pour la copie.)

A la requête du sieur   , demeurant à   , soit signifié, dénoncé, et avec celle des présentes donné copie, 1° à Me   , avoué du sieur   , adjudicataire; 2° à Me   , avoué du sieur   , ayant poursuivi la vente sur saisie immobilière de   ; 3° et à Me   , avoué au même tribunal et du sieur   partie saisie;

D'un acte dressé au greffe du tribunal de première instance du département de   , le   , par lequel le sieur   , par le ministère de Me   , son avoué, fondé de procuration spéciale à cet effet, a surenchéri de la somme de   l'adjudication qui a été faite au sieur   moyennant le prix de   , d'une maison et dépendances, sises à   , rue   , n°   , et adjugées sur la poursuite de vente par saisie immobilière faite à la requête du sieur   sur le sieur; à ce que les susnommés pour leurs parties n'en ignorent, et à pareille requête, soient sommés de comparaître (*jour et quantième*) heures, à l'audience des ventes sur saisies immobilières dudit tribunal, etc. (2).

Pour voir dire et déclarer bonne et valable la surenchère dont s'agit; en conséquence, ordonner qu'il sera procédé aux nouvelles lecture et publication du cahier des charges dressé pour la vente des biens dont s'agit, et que de suite à l'extinction des feux il sera procédé de nouveau à l'adjudication desdites maison et dépendances, à laquelle toute personne sera admise à concourir, à l'effet de quoi de nouvelles annonces seront faites conformément à la loi, par des appositions d'affiches et insertions.

à ce qu'ils n'en ignorent, D. A.   (*Signature de l'avoué.*)

Signifié, laissé copie, 1° à Me   ; 2° à Me   , avoués, à domicile, par moi, huissier soussigné.

A   ce   1842.   (*Signature.*)

FORMULE VIII.

Nouveau placard pour les affiches et insertions de la revente par suite de surenchère sur aliénation forcée.

(C. pr. 709, — Coût, V. *Saisie immobilière* Formule x.)

DE PAR LE ROI, LA LOI ET JUSTICE.

Vente par suite de surenchère sur saisie immobilière.

En l'audience des saisies immobilières du tribunal de   séant au Palais-de-Justice à

D'une maison sise à

L'adjudication aura lieu le   , heure de

On fait savoir à tous qu'il appartiendra, que par suite de la surenchère du sixième, faite par acte du greffe, en date du   , dûment enregistré, et dénoncé par acte d'avoué à avoué, en date du   . enregistré,

1° A M.   ; A M.

Il sera, aux requête, poursuite et diligence du sieur   , procédé à la nouvelle adjudication de la maison ci-après détaillée, etc. — V. *Vente sur saisie immobilière*, Formule x.

Changement de la mise à prix.

L'adjudication aura lieu sur la mise à prix de   , montant de l'adjudication primitive et de la surenchère qui en a été la suite., etc.

---

(1) Cette dénonciation doit être faite dans les trois jours, autrefois elle devait être faite dans les vingt-quatre heures.

(2) Il suffit de donner à venir pour l'audience qui suit l'expiration de la quinzaine.

LOIS DE LA PROCÉDURE.

Loi du 27 vent. an viii (18 mars 1800).

Art. 92. — Les greffiers de tous les trib. seront nommés par le premier consul qui pourra les révoquer à volonté. Le gouvernement pourvoira à leur traitement, au moyen duquel ils seront chargés de payer leurs commis et expéditionnaires, ainsi que toutes les fournitures de leur greffe.

93. Il sera établi près le trib. de cass., près chaque trib. d'appel, près chaque trib. criminel, près de chacun des trib. de 1re inst., un nombre fixe d'avoués qui sera réglé par le gouvernement, sur l'avis du trib. auquel les avoués devront être attachés.

94. Les avoués auront exclusivement le droit de postuler et de prendre des conclusions dans le trib. pour lequel ils seront établis : néanmoins les parties pourront toujours se défendre elles-mêmes, verbalement et par écrit, ou faire proposer leur défense par qui elles jugeront à propos.

95. Les avoués seront nommés par le premier consul, sur la présentation du trib., dans lequel ils devront exercer leur ministère.

96. Il sera établi près de chaque trib. de 1re inst., près de chaque trib. d'appel, près de chaque trib. criminel, un nombre fixe d'huissiers qui sera réglé par le gouvernement, sur l'avis du trib. près duquel ils devront servir : ils seront nommés par le premier consul sur la présentation de ce même tribunal.

ARRÊTÉ 13 FRIMAIRE AN IX.

Chambre des avoués et ses attributions.

1. Il est établi auprès du trib. de cass., et de chaque trib. d'appel et de 1er inst., une chambre des avoués pour leur discipline intérieure; elle est composée de membres pris dans leur sein et nommés par eux. — Cette chambre prononce par voie de décision, lorsqu'il s'agit de police et de discipline intérieure et par forme de simple avis dans les autres cas.

2. Les attributions de ladite chambre seront, 1o de maintenir la discipline intérieure entre les avoués et de prononcer l'application des censures de discipline ci-après établies; — 2o de prévenir ou concilier tous différends entre avoués sur des communications, remises ou rétention de pièces, sur des questions de préférence ou concurrence dans les poursuites ou dans l'assistance aux levées de scellés et inventaire; et en cas de nonconciliation, émettre son opinion par forme de simple avis sur lesdites questions ou différends; — 3o de prévenir toutes plaintes et réclamations de la part de tiers contre des avoués, à raison de leurs fonctions, concilier celles qui pourraient avoir lieu, émettre son opinion par forme de simple avis sur les réparations civiles qui pourraient en résulter, et réprimer par voie de discipline et censure, les infractions qui en seraient l'objet, sans préjudice de l'action publique devant les tribunaux, s'il y a lieu; — 4o donner son avis comme tiers sur les difficultés qui peuvent s'élever lors de la taxe de tous frais et dépens, et même sur tous les articles soumis à la taxe, lorsqu'elle se poursuit contre la partie ou lorsque l'avoué fait défaut; cet avis pourra être donné par un des membres commis par la chambre à cet effet; — 5o de former dans son sein un bureau de consultation gratuite pour les citoyens indigents, dont la chambre distribue les affaires aux divers avoués, pour les suivre, quand il y a lieu; — 6o de délivrer, s'il y a lieu, tous certificats de moralité et de capacité aux candidats lorsqu'elle en sera requise, soit par le tribunal, soit par les candi-

dats que le tribunal présente à la nomination du premier consul, en remplacement des avoués morts ou démissionnaires; — 7° enfin de représenter tous les avoués du tribunal collectivement, sous le rapport de leurs droits ou intérêts communs.

3. Tous avis de la chambre seront sujets à l'homologation, à l'exception des décisions sur les cas de police et de discipline intérieure, déterminés en l'art. 8.

Organisation de la chambre.

4. La chambre des avoués est composée de quinze membres dans les tribunaux où le nombre des avoués est de deux cents et au-dessus; — de onze lorsque les avoués seront au nombre de cent et plus, jusqu'à deux cents, exclusivement; — de neuf lorsque les avoués seront au nombre de cinquante et plus, jusqu'à cent exclusivement; — de sept lorsque les avoués sont au nombre de trente et plus jusqu'à cinquante exclusivement; de cinq lorsque les avoués sont au nombre de vingt et plus, jusqu'à trente exclusivement; de quatre lorsque le nombre des avoués est inférieur à vingt; et néanmoins la chambre peut délibérer valablement, quand les membres présens et votans forment au moins les deux tiers de ceux dont elle est composée.

5. Parmi les membres dont la chambre se compose il y a : — 1° un président qui a voix prépondérante en cas de partage d'opinion. Il convoque extraordinairement quand il le juge à propos, ou sur la réquisition motivée de deux autres membres; il a la police d'ordre dans la chambre; — 2° un syndic, lequel est partie poursuivante contre les avoués inculpés : il est entendu préalablement à toute délibération de la chambre qui est tenue de délibérer sur tous ses réquisitoires; il a comme le président le droit de la convoquer; il poursuit l'exécution de ses délibérations dans la forme ci-après déterminée, et agit pour la chambre, dans tous les cas, conformément à ce qu'elle a délibéré; — 3° un rapporteur qui recueille les renseignements sur les affaires contre les avoués inculpés et en fait le rapport à la chambre; — 4° un secrétaire qui rédige les délibérations de la chambre : il est le gardien des archives, et délivre toutes expéditions; — 5° un trésorier qui tient la bourse commune ci-après établie, fait les recettes et dépenses autorisées par la chambre, et en rend compte à la fin de chaque trimestre à la chambre assemblée, qui les arrête ainsi que de droit et lui en donne sa décharge. —

Indépendamment des attributions particulières données aux membres désignés dans le présent article, chacun d'eux a voix délibérative, ainsi que les autres membres dans toutes les assemblées de la chambre; et néanmoins lorsqu'il s'agit d'affaires où le syndic est partie contre un avoué inculpé, le syndic n'a que voix consultative et n'est point compté parmi les votans, à moins que son opinion ne soit à décharge.

6. Les fonctions spéciales attribuées à chacun des cinq membres désignés dans l'article précédent, peuvent être cumulées, lorsque le nombre des membres composant la chambre est au-dessous de cinq; et néanmoins les fonctions de président, de syndic et de rapporteur, seront toujours exercées par trois personnes différentes; — quelque soit le nombre des membres composant la chambre, la même cumulation peut avoir lieu momentanément, en cas d'absence ou d'empêchement d'aucun des membres désignés par l'article précédent, lesquels pour ce cas se suppléent entre eux ou peuvent même être suppléés par tel autre membre que ce soit de la chambre. — Les suppléans momentanés sont nommés par le président de la chambre, ou s'il est absent par la majorité des membres présens en nombre suffisant pour délibérer.

7. Outre les fonctions spéciales ci-dessus attribuées à quelques membres, et celles communes à tous, dans les délibérations, chacun des membres de la chambre est sous-délégué, — 1° pour faire les taxes des frais qui lui sont répartis par le président de la chambre; — 2° pour l'examen et consultation des affaires des indigens, qui lui sont aussi répartis par le président de la chambre, à laquelle il les renvoie avec son avis, pour, s'il y a lieu de les suivre, être par le président distribuées aux divers avoués : — 3° enfin pour se trouver à la chambre des avoués chaque jour des audiences du tribunal, à l'effet de faciliter l'exercice des fonctions attribuées à ladite chambre.

Pouvoir de la chambre dans les moyens de discipline.

8. La chambre prononce contre les avoués par forme de discipline, et suivant la gravité des cas, celles des dispositions suivantes qu'elle croit devoir leur appliquer; savoir, 1° le rappel à l'ordre; — 2° la censure simple par la décision même; — 3° la censure avec réprimande, par le président à l'avoué en personne dans la chambre assem-

blée; — 4° l'interdiction de l'entrée de la chambre.

9. Si l'inculpation portée à la chambre contre un avoué paraît assez grave pour mériter la suspension de l'avoué inculpé, la chambre s'adjoint par la voie du sort d'autres avoués en nombre égal, plus un à celui des membres dont elle est composée : et ainsi formée la chambre émet son opinion sur la suspension et sa durée par forme de simple avis, les voix sont recueillies en ce cas, au scrutin secret, par oui, par non; et l'avis ne peut être formé, si les deux tiers au moins des membres appelés à l'assemblée n'y sont présens.

Les dispositions de cet article ne sont point applicables aux avoués des tribunaux où leur nombre total n'est pas au moins triple de celui des membres de la chambre.

10. Quand l'avis émis par la chambre sera pour la suspension il sera déposé au greffe du tribunal, expédition en sera remise au commissaire du gouvernement, qui en fera l'usage qui sera voulu par la loi.

Mode de procéder en la chambre.

11. Le syndic défère à la chambre les faits relatifs à la discipline et il est tenu de les lui dénoncer, soit d'office, quand il en a eu connaissance, soit sur la provocation des parties intéressées, soit sur celle de l'un des membres de la chambre. — Les avoués inculpés sont cités à la chambre avec délai suffisant qui ne peut être au-dessous de cinq jours, à la diligence du syndic, par une simple lettre indicative de l'objet, signée de lui et envoyée par le secrétaire qui en tient note.

12. Quant aux différends entre avoués, et aux difficultés sur lesquelles la chambre est chargée d'émettre son avis, les avoués peuvent se présenter contradictoirement et sans citation préalable, aux séances de la chambre: ils peuvent également y être cités, soit par simples lettres indicatives des objets signées des avoués provoquans, et renvoyées par le secrétaire, auquel ils en laissent des doubles, soit par des citations ordinaires, dont ils déposent les originaux au secrétariat. Ces citations officielles ou par lettres sont données avec les mêmes délais que celles du syndic, après avoir été préalablement soumises au visa du président de la chambre.

13. La chambre prend ses délibérations dans les affaires particulières, après avoir entendu ou dûment appelé dans la forme ci-dessus prescrite les avoués inculpés ou intéressés, ensemble les tierces-parties qui voudront être entendues, et qui dans tous les cas pourront se faire représenter ou assister par un avoué. — Les délibérations de la chambre sont motivées et signées sur la minute par la majorité des membres présents : les expéditions ne le sont que par le président et le secrétaire. Ces délibérations n'étant que de simples actes d'administration d'ordre et de discipline intérieure ou de simples avis ne sont dans aucun cas sujettes au droit d'enregistrement, non plus que les pièces y relatives. — Les délibérations de la chambre sont notifiées, quand il y a lieu, dans la même forme que les citations; et il en est fait mention par le secrétaire en marge desdites délibérations.

Nomination des membres de la chambre. — Durée de leurs fonctions.

14. Les membres de la chambre sont nommés par l'assemblée générale des avoués, qui se réunissent à cet effet dans le lieu où siége le tribunal. — Lorsqu'il y a cent votans et au-dessus, l'assemblée se divise par bureaux, qui ne peuvent être composés de moins de trente, ni plus de cinquante. — Chaque bureau est présidé par le doyen d'âge des avoués présents; les deux plus âgés après lui font les fonctions de scrutateur et le plus jeune celle de secrétaire. — La nomination se fait au scrutin secret par bulletin de liste contenant un nombre de noms qui ne peut excéder celui des membres à nommer. — La majorité absolue des voix de l'assemblée générale est nécessaire pour la nomination.

15. Les membres de la chambre sont renouvelés tous les ans par tiers, pour les nombres qui comportent cette division, et par portions les plus approximatives du tiers pour les autres nombres, en faisant alterner chaque année, les portions inférieures et supérieures au tiers, à commencer par les inférieures, de manière, que dans tous les cas, aucun membre ne puisse rester en fonctions plus de trois ans consécutifs. - Le sort indique ceux des membres qui doivent sortir la première et la seconde année; ensuite ils sortent par ancienneté de nomination; les membres sortant ne peuvent être réélus qu'après une année d'intervalle. — Il est fait exception aux dispositions du présent article, pour le cas où le nombre total des avoués n'est pas suffisant pour le renouvellement, qui alors, n'a lieu que jusqu'à concurrence du nombre existant, il n'y a de même pas lieu au dit renouvellement, ni à la nomination primitive, si le nombre des avoués n'excède pas celui nécessaire pour la

composition de la chambre dont en ce cas, ils sont membres de droit.

16. Les membres choisis pour composer la chambre ou qui en sont membres de droit nomment entre eux au scrutin secret à la majorité absolue, le président, le syndic, le rapporteur, le secrétaire et le trésorier. — Cette nomination se renouvelle tous les ans, et les mêmes peuvent être réélus. — En cas de partage de voix le scrutin est recommencé; et si le résultat est le même, le plus âgé des deux membres, qui sont l'objet de ce partage est nommé de droit, à moins qu'il n'ait rempli pendant les deux années précédentes la place à laquelle il s'agit de nommer; auquel cas, la nomination de droit s'opère en faveur de son concurrent.

17. La nomination des membres de la chambre a lieu de droit le 15 fruct. de chaque année, ils entrent le 1er vend. suivant; et le même jour ils nomment le président et les autres officiers qui entrent de suite en fonctions.

Fonds pour les dépenses de la chambre.

18. Il y a une bourse commune pour les dépenses du bureau de la chambre. — Chaque membre de la chambre verse dans cette bourse commune la moitié des droits de présence et la taxe ou des droits de tiers qui lui sont attribués par les ordonnances. — Pour le surplus des fonds à fournir à la bourse commune, chaque avoué, même chacun des membres de la chambre contribue de ses deniers suivant ses facultés, et ainsi qu'il est réglé par elle, sans qu'il puisse néanmoins être exigé d'aucun d'eux pour chaque année au-delà d'une somme égale à l'intérêt annuel de son cautionnement et les fonds qui se trouvent dans la bourse commune au-delà des dépenses annuelles, sont réservés et employés par la chambre pour subvenir aux besoins des pauvres qu'elle croit avoir le plus de droit à la bienfaisance des avoués.

ARRÊTÉ DU 2 THERMIDOR AN X.

1. Dans les cas prévus par l'art. 8 (de l'arrêté du 13 frim. an ix), où la chambre a le droit de prononcer le rappel à l'ordre, la censure simple, la censure avec réprimande, l'interdiction de l'entrée de la chambre, les décisions sont exécutées sans appel ou recours aux tribunaux.

2. Dans les cas prévus par l'art. 9, où la chambre n'a le droit de prononcer que par forme d'avis, les avis n'ont d'effet qu'après qu'ils ont été homologués par le tribunal, sur les conclusions du commissaire du gouvernement.

3. Dans aucun cas la chambre des avoués ne pourra ordonner l'impression des arrêtés de police et de discipline intérieure.

DÉCRET 22 VENT. AN 12.

Tit. 4, art. 23. — A dater du premier vendém. an 7, nul ne pourra être appelé à l'exercice des fonctions de juges, commissaires du gouvernement ou leurs substituts, dans les trib. de cass., d'appel, criminels ou de prem inst., s'il ne représente un diplôme de licencié, ou des lettres de licence obtenues dans les universités, comme il est dit aux art. 14 et 15.

24. A compter de la même époque, nul ne pourra exercer les fonctions d'avocat près les trib., et d'avoué près la trib. de cass., sans avoir représenté au commissaire du gouvernement, et fait enregistrer, sur ses conclusions, son diplôme de licencié, ou des lettres de licence obtenues dans les universités, comme il est dit en l'art. précédent.

25. Nul ne pourra, quatre ans après la première formation des écoles de droit, être reçu professeur, ni suppléant de professeur, s'il n'a été reçu docteur et n'en représente les lettres visées dans une école de droit, sans préjudice des autres conditions qui pourront être imposées par les lois ou règlemens.

26. Nul ne pourra, après le 1er vend. an 17, être reçu avoué près les trib., s'il n'a suivi le cours de législation criminelle et de procédure civile et criminelle, subi un examen devant les professeurs, et s'il n'en rapporte attestation visée d'un inspecteur général. Jusqu'à cette époque, il suffira de justifier de cinq ans de cléricature chez un avoué ou homme de loi.

27. Les avoués, après dix ans d'exercice, pourront être nommés aux fonctions de juges, commissaires du gouvernement ou leurs substituts.

Titre 5, art. 29. — Il sera formé un tableau des avocats exerçant près les tribunaux.

30. A compter du 1er vend. an 17, les avocats, selon l'ordre du tableau, et, après eux les avoués, selon la date de leur réception, seront appelés en l'absence des suppléans, à suppléer les juges, les commissaires du gouvernement et leurs substituts.

31. Les avocats et avoués seront tenus, à la publication de la présente loi, et, à l'avenir, avant d'entrer en fonctions, de prêter serment de ne rien dire ou publier, comme défenseurs ou conseils, de contraire aux lois, aux règlemens, aux bonnes mœurs, à la sûreté de l'Etat et à la paix publique, et de ne jamais s'écarter du respect dû aux trib. et aux autorités publiques.

32. Les avoués qui seront licenciés pourront, devant le trib. auquel ils sont attachés, et dans les affaires où ils occuperont, plaider et écrire dans toute espèce d'affaire concurremment et contradictoirement avec les avocats. — En cas d'absence ou refus des avocats de plaider, le trib. pourra autoriser l'avoué même non licencié, à plaider la cause.

Titre 7, art. 38. — Il sera pourvu, par des réglemens d'administration publique, à l'exécution de la présente loi, et notamment à ce qui concernera : 1° .... ; 7° la formation du tableau des avocats, et la discipline du barreau.

LOI 3 SEPT. 1807.

Art. 1. Lorsqu'il aura été rendu un jugement sur une demande en reconnaissance d'obligation sous seing privé, formée avant l'échéance ou l'exigibilité de ladite obligation, il ne pourra être pris aucune inscription hypothécaire, en vertu de ce jugement, qu'à défaut de paiement de l'obligation après son échéance ou son exigibilité, à moins qu'il n'y ait eu stipulation contraire.

2. Les frais relatifs à ce jugement ne pourront être répétés contre le débiteur que dans le cas où il aura dénié sa signature. — Les frais d'enregistrement seront à la charge du débiteur, tant dans le cas dont il vient d'être parlé, que lorsqu'il aura refusé de se libérer après l'échéance ou l'exigibilité de la dette.

DÉCRET 14 MARS 1808.

Art. 1. Le nombre des gardes du commerce qui doivent être établis dans le départem. de la Seine, pour l'exécution de la contrainte par corps, en conformité de l'art. 625 C. com., est fixé à dix. — Les fonctions des gardes du comm. sont à vie. — Ils seront nommés par l'empereur.

2. Le trib. de 1re instance et le trib. de comm. présenteront chacun une liste de candidats en nombre égal à celui des gardes à nommer.

3. Le grand juge, ministre de la justice, nommera un vérificateur qui sera attaché au bureau des gardes du commerce.

4. Avant d'entrer en fonctions, le vérificateur et les gardes du commerce prêteront serment entre les mains du président du trib. de 1re instance.

5. Le vérificateur et les gardes du comm. seront tenus de fournir chacun un cautionnement de 6,000 fr., lequel sera versé à la caisse d'amortissement.

6. Le bureau des gardes du comm. sera établi dans le centre de la ville de Paris. — Il sera ouvert tous les jours, depuis neuf heures du matin jusqu'à trois, et depuis six heures du soir jusqu'à neuf. — Les gardes du comm. seront tenus de s'y trouver alternativement et aux jours nommés, pour le service réglé entre eux.

7. Les gardes du comm. sont chargés exclusivement de l'exécution des contraintes par corps, et ne pourront, en aucun cas, être suppléés par les huissiers, recors, et autres personnes quelconques. — Ils pourront être commis, par le trib. de comm., à la garde des faillis, conformément à l'art. 455, liv. 3 C. comm.

8. Les gardes du comm. auront une marque distinctive en forme de baguette, qu'ils seront tenus d'exhiber aux débiteurs condamnés, lors de l'exécution de la contrainte.

9. Avant de procéder à la contrainte par corps, les titres et pièces seront remis au vérificateur, qui en donnera récépissé.

10. Tout débiteur dans le cas d'être arrêté pourra notifier au bureau des gardes du comm. les oppositions ou appels, ou autres actes par lesquels il entend s'opposer à la contrainte prononcée contre lui. — Le vérificateur visera l'original des significations.

11. Le vérificateur ne pourra remettre au garde du commerce les titres et pièces qu'après avoir vérifié qu'il n'est survenu aucun empêchement à l'exécution de la contrainte. — Il en donnera un certificat qui sera annexé aux pièces. — En cas de difficultés, il en sera préalablement référé au trib. qui doit en connaître.

12. Il sera tenu, par le vérificateur, deux registres cotés et paraphés par le président du trib. de 1re instance. — Le premier contiendra, jour par jour et sans aucun blanc, la mention des titres et pièces remis pour les créances, des noms, qualités et demeure des poursuivans et débiteurs, et de la signification faite de l'arrêt, sentence ou jugement. — Le deuxième servira à inscrire les oppositions ou significations faites par le débiteur, lesquelles oppositions ou significations ne pourront être faites qu'au bureau des gardes du commerce.

13. Dans le cas où la notification faite par le débiteur, d'aucun acte pouvant arrêter l'exercice de la contrainte, sera faite postérieurement à la remise des titres et pièces au garde du comm. le vérificateur sera tenu d'en donner avis sur-le-champ au garde saisi des pièces, qui donnera reçu de cet avis, et sera obligé de surseoir à l'arrestation, jusqu'à ce qu'il en ait été autrement ordonné.

14. Si, lors de l'exerice de la contrainte, le débiteur offre de payer les causes de la contrainte, le garde du comm. chargé de faire l'arrestation, recevra la somme offerte, mais dans ce cas il sera tenu de la remettre dans les vingt-quatre heures au créancier qui l'aura chargé, et à défaut par le créancier de la recevoir, quel que soit son motif, le garde déposera dans les vingt-quatre heures suivantes la somme reçue à la caisse d'amortisssement.

15. Dans le cas où, en exécution du paragraphe 5 de l'art. 781 du Code judiciaire, le juge de paix du canton ne pourrait pas ou refuserait d'ordonner l'arrestation dans la maison tierce où se trouverait le débiteur, et de se transporter avec le garde pour procéder à l'arrestation, le garde chargé de l'exécution requerra le juge de paix d'un autre canton. — Le garde du comm. n'aura pas besoin de l'autorisation et assistance du juge de paix pour arrêter le débiteur dans son propre domicile, si l'entrée ne lui en est pas refusée.

16. En cas de rébellion, prévue par l'art. 783, le garde chargé de l'arrestation en constatera la nature et les circonstances; il pourra établir garnison aux portes et partout où le débiteur pourrait trouver la facilité de s'évader; il pourra requérir la force armée, qui ne pourra lui être refusée, et en sa présence et avec son secours procéder à l'arrestation.

17. Si le débiteur arrêté allègue avoir déposé ou fait signifier au bureau des gardes des pièces qu'il prétendrait suffisantes pour suspendre l'arrestation, et qu'il ne justifie pas du récépissé du vérificateur pour la remise des dites pièces, ou de l'original des dites significations, visé par le même vérificateur, il sera passé outre à l'arrestation, sauf néanmoins le cas prévu dans l'art. 786 du Code judiciaire.

18. En exécution de l'art 789, la consignation d'un mois d'alimens sera faite par le garde du comm., qui cependant ne sera jamais tenu d'en faire l'avance, et pourra surseoir tant qu'il ne lui aura pas été remis de deniers suffisans pour effectuer ladite consignation.

19. En exécution de l'art. 793, seront observées, pour les recommandations, les mêmes formalités que pour les arrestations ordonnées par les art. 783, 784, 789. — Néanmoins le garde n'aura pas besoin de témoins; et au lieu du procès-verbal d'arrestation, il donnera copie du procès-verbal de recommandation. — Le garde du comm. chargé de l'arrestation, sera responsable de la nullité de son arrestation,

provenant des vices de forme commis par lui. En conséquence, il tiendra compte aux créanciers des frais relatifs à l'arrestation annulée. — Le vérificateur sera responsable du dommage-intérêt accordé au débiteur par suite d'erreur ou de fausse énonciation dans les certificats émanés de lui.

20. Le salaire des gardes du comm. qui procèderont à une arrestation ou à une recommandation est de

                     60 fr.

Dans le cas où l'arrestation n'aurait pu s'effectuer, il en sera dressé procès-verbal, pour lequel il sera payé seulement   20

Le droit de garde au domicile d'un failli sera   5

21. Il sera alloué aux gardes du comm., 1° pour le dépôt des pièces par le créancier   3

2° Pour le visa apposé sur chaque pièce produite ou signifiée par le créancier ou le débiteur   25 c.

3° Pour le certificat mentionné en l'art. 11, droit de recherche compris   2

‖ Outre les droits d'enregistrement.

22. Le tiers des droits attribués aux gardes du comm., par l'art. 20, sera par chacun d'eux rapporté chaque semaine, et mis en bourse commune entre les mains de celui d'entre eux qu'ils jugeront à propos de choisir, pour être ensuite partagés, tous les trois mois, entre les gardes du comm. seulement.

23. Les salaires fixés par l'art. 21 seront mis en bourse commune, pour subvenir aux frais de bureau de toute nature.

24. Il sera prélevé sur cette bourse commune une somme de 3,000 fr., pour le traitement annuel du vérificateur.

25. Après les prélèvemens prescrits par les deux articles ci-dessus, le surplus sera partagé tous les trois mois, par portions égales, entre le vérificateur et chacun des gardes du comm.

26. Le fonds des bourses communes établies par les a. t. 22 et 23 ci-dessus, ne sera susceptible d'opposition que pour fait de charge. — L'opposition ne durera que trois mois après l'époque de la distribution, à moins qu'il n'en soit autrement ordonné par le trib.

27. Si une partie a des plaintes à former, pour lésion de ses intérêts, contre un garde du comm. dans l'exercice de ses fonctions, elle pourra por-

ter sa réclamation au bureau, qui vérifiera les faits et fera réparer le dommage, s'il trouve la plainte fondée; si la plainte a pour objet une prévarication du garde, le bureau dressera procès-verbal de l'accusation et des dires du plaignant et du garde accusé, lequel procès-verbal il sera tenu de remettre dans les 24 heures au procureur impérial près le trib. civ. du départ., pour par lui être pris tel parti qu'il avisera, sans préjudice des diligences réservées à la partie lésée. — Sur les conclusions du procureur impérial, le trib. pourra interdire pendant un an le garde accusé. — Quel que soit le jugement, le procureur impérial en donnera avis au grand juge ministre de la justice.

AV. CON. D'ÉT. 19 ET 30 MARS 1808.

— V. Actes de l'état civil, n. 32.

DÉCRET 30 MARS 1808.

Tit. 1. *Des cours d'appel.*

Sect. 1. *Du rang des juges entre eux et pour leur service.*

Art. 1. Le premier président d'une Cour d'appel composée de plusieurs chambres présidera celle à laquelle il voudra s'attacher; il présidera les autres chambres au moins une fois par semestre, et quand il le jugera convenable.

2. Lorsque le premier président sera dans le cas d'être suppléé, pour des fonctions qui lui sont spécialement attribuées, il sera remplacé par le plus ancien des présidens. — Si la Cour n'est pas divisée en plusieurs chambres, le président sera suppléé par le doyen.

3. Le prem. président et les présidens seront, en cas d'empêchement, remplacés, pour le service de l'audience, par le juge présent le plus ancien dans l'ordre des nominations.

4. En cas d'empêchement d'un juge il sera, pour compléter le nombre indispensable, remplacé par un juge d'une autre chambre qui ne tiendrait pas audience, ou qui se trouverait avoir plus de juges que le nombre nécessaire.

5. Il sera fait chaque année un roulement des juges d'une chambre à l'autre, à l'exception du doyen, qui en sera dispensé et qui restera attaché à la chambre présidée habituellement par le pr. président. — Ce roulement aura lieu de telle manière qu'il sorte de chaque chambre la majorité des membres, qui seront répartis dans les autres chambres le plus également possible, et encore de manière que les juges passent successivement dans toutes les chambres.

6. Néanmoins, celui qui aurait été nommé rapporteur dans la chambre dont il serait ensuite sorti par le roulement, reviendra dans cette chambre, pour y faire les rapports dont il aurait été chargé.

7. Il sera, en conséquence, dressé deux listes des juges, l'une de rang, l'autre des service. — La 1re formée suivant l'ordre des nominations, établira le rang dans les cérémonies publiques, dans les assemblées de la C., et même entre les juges se trouvant ensemble dans une même chambre. — La 2e liste sera dressée pour régler l'ordre du service; elle sera renouvelée chaque année, dans la huitaine qui précédera les vacances.

8. Chaque juge sera, lors de sa nomination, placé le dernier dans la liste de rang; il remplacera, sur la liste de service, le juge dont la démission ou le décès a donné lieu à sa nomination.

Sect. 2. *De la tenue des audiences.*

9. Il sera fait dans chaque C. d'appel, sur le nombre des audiences nécessaires pour la plus prompte expédition des affaires, un règlement particulier, qui sera soumis à notre approbation.

10. Chaque audience sera au moins de trois heures. — Le temps destiné aux audiences, ne devra être employé ni à d'autres fonctions, ni aux assemblées générales de la Cour.

11. Chaque juge sera tenu, avant l'heure fixée pour l'audience, de se faire inscrire sur le registre de pointe; ce registre sera, avant de commencer l'audience, arrêté et signé par le président de la chambre, ou par le juge qui le remplacera.

12. Sera aussi soumis à la pointe, comme s'il avait été absent d'une audience, le juge qui ne se rendrait pas à une assemblée générale des membres de la C., que le pr. président pourra convoquer pour ce qui tient au service intérieur et à la discipline des officiers ministériels.

13. Les droits d'assistance ainsi qu'ils sont réglés par la loi, n'appartiendront qu'aux membres présens. Néanmoins, les absens pour cause de maladie attestée par un officier de santé dont le certificat demeurera déposé au greffe, ne perdront point leur droit d'assistance, mais ils ne participeront à aucun accroissement.

14. Les absens, pour quelque cause que ce soit, même par congé, si ce n'est pour un service public, ne

ouiront point, pendant leur absence, des droits d'assistance, et ne participeront point à ceux qui seront distribués, à raison de l'absence des autres. — L'absent ne pourra s'excuser sur ce que les juges se seraient trouvés en nombre suffisant. — Le juge qui ne se trouvera pas au moment de la signature du registre de pointe perdra son droit de présence à cette audience, lors même qu'il y aurait assisté.

15. Lorsque l'ouverture n'en aura pas été faite à l'heure prescrite, le président ne pourra être excusé par aucun motif. — Si néanmoins c'était par défaut de juges, il en dressera procès-verbal qui devra être envoyé par le procureur général au ministre de la justice.

16. Il sera dressé au commencement de chaque mois, par le greffier, un procès-verbal de répartition des sommes qui, pour cette cause, seront à distribuer entre ceux qui y auront droit. Ce procès-verbal sera signé et certifié par le pr. président et par le procureur général impérial. — Le greffier tiendra registre de cette comptabilité, qui sera surveillée par le procur. général.

17. La C. n'accordera de congé, ainsi qu'il est réglé par l'art. 5. L. 27 vent. an 8, que pour cause nécessaire, et qu'autant que l'absence du juge qui le demandera ne fera pas manquer le service. — Dans le cas où la demande du congé doit être adressée au grand juge, on devra également justifier, par un certificat du pr. président et du procur. général, que le service ne souffrira point de l'absence.

Sect. 3. *De la distribution des causes.*

18. Lorsqu'il s'agira d'abréger les délais des assignations, les requêtes seront présentées au pr. président, et par lui répondues : néanmoins les requêtes présentées après la distribution de la cause, et dans le cours de l'instruction, seront répondues par le président de la chambre à laquelle la cause aura été distribuée.

19. Il sera tenu au greffe un registre ou rôle général, coté et paraphé par le pr. président, et sur lequel seront inscrites toutes les causes, dans l'ordre de leur présentation. — Les avoués seront tenus de faire cette inscription la veille au plus tard du jour où l'on se présentera à l'audience. — Chaque inscription contiendra les noms des parties, ceux de l'avoué; et en marge sera la distribution faite par le pr. président.

20. Toutes les citations seront données à l'heure fixée pour la première des audiences, s'il y a plusieurs chambres.

21. Au jour de l'échéance des assignations, l'huissier audiencier fera successivement, à l'ouverture de l'audience, l'appel des causes dans l'ordre de leur placement au rôle général. — Sur cet appel, et à la même audience, seront donnés les défauts, sur les conclusions signées de l'avoué qui le requerra, et déposées sur le bureau en se conformant au C. pr.

22. Si les avoués des deux parties se présentent pour poser des qualités, les causes resteront à la chambre qui tiendra l'audience. — Sont exceptées les contestations sur l'état civil des citoyens, à moins qu'elles ne doivent être décidées à bref délai, ou avec des formes particulières qui ne comportent pas une instruction solennelle, les prises à parties et les renvois après cassation d'un arrêt, qui seront portés aux audiences solennelles. — Ces audiences se tiendront à la chambre que préside habituellement le pr. président, en y appelant la 2e chambre dans les C. composées de deux chambres, et alternativement la 2e et la 3e chambres dans les C. qui se divisent en trois chambres.

23. Chaque jour d'audience le pr. président fera, entre les chambres, la distribution de toutes les autres causes inscrites sur le rôle général.

24. Une heure sera employée dans chaque audience ordinaire pour l'expédition des affaires sommaires. — Il sera extrait pour chaque chambre, sur le rôle général, un rôle particulier des affaires qui lui seront distribuées ou renvoyées. — Ce rôle particulier sera remis au greffier de la chambre qu'il concerne.

25. S'il s'élève des difficultés, soit sur la distribution, soit sur la litispendance ou la connexité, les avoués seront tenus de se retirer devant le pr. président, à l'heure ordinaire de la distribution; il statuera sans forme de procès et sans frais.

26. Les réceptions du pr. président, des présidens, des juges, de notre procur. général, de ses substituts et du greffier, se feront devant la C. : chambres assemblées. — Les réceptions des juges de première inst., de comm., de nos procur. impériaux et de leurs substituts, celles des officiers ministériels près de la C. et autres, seront faites à l'audience de la chambre où siège le pr. président, ou à l'audience de la chambre des vacations, si ces réceptions se trouvent pendant le temps des vacances.

27. Les homologations d'avis de la chambre de discipline des officiers ministériels seront portées devant la C. entière, lorsqu'ils intéresseront le corps de ces officiers.

Section 4. *De l'instruction et du jugement.*

28. Le premier jour d'audience de chaque semaine, le président de la chambre fera appeler un certain nombre de causes, dans lesquelles il fera poser les qualités et prendre les conclusions, en indiquant un jour pour plaider. — S'il y a des obstacles à ce que les défenseurs, ou l'un d'eux, se trouvent au jour indiqué, ils devront en faire sur-le-champ l'observation; et si la Cour la trouve fondée, il sera indiqué un autre jour. — Si l'avoué qui poursuit l'audience ne comparaît pas, la cause sera retirée du rôle, et il sera responsable de tous dommages et intérêts envers sa partie, s'il y a lieu.

29. Si au jour indiqué aucun avoué ne se présente, ou si celui qui se présente refuse de prendre jugement, la cause sera retirée du rôle, sans qu'on puisse accorder aucune remise, si ce n'est pour cause légitime, auquel cas il sera indiqué un autre jour. — Une cause retirée du rôle par le motif ci-dessus énoncé ne pourra y être rétablie que sur le vu de l'expédition du jugement de radiation dont le coût restera à la charge personnelle des avoués, qui seront en outre tenus de tous dommages et intérêts, et auxquels il pourra encore être fait des injonctions suivant les circonstances.

30. Lorsqu'il aura été formé opposition à un arrêt par défaut, la cause reprendra le rang qu'elle occupait au rôle particulier, à moins qu'il ne soit accordé, par le président de la chambre, un jour fixe pour statuer sur les moyens d'opposition.

31. Les causes dans lesquelles il aura été prononcé un arrêt interlocutoire, préparatoire ou d'instruction, seront, après l'instruction faite, jugées dans l'ordre où elles avaient d'abord été placées.

32. Les causes mises en délibéré ou instruites par écrit seront distribuées par le président de la chambre entre les juges.

33. Dans toutes les causes, les avoués, avant d'être admis à requérir défaut ou à plaider contradictoirement, remettront au greffier de service à l'audience leurs conclusions motivées et signées d'eux, avec le numéro du rôle d'audience de la chambre. — Lorsque les avoués changeront les conclusions par eux déposées, ou qu'ils prendront sur le barreau des conclusions nouvelles, ils seront tenus d'en remettre également les copies signées d'eux au greffier, qui les portera sur les feuilles d'audience.

34. Lorsque les juges trouveront qu'une cause est suffisamment éclaircie, le président devra faire cesser les plaidoiries.

35. Le président recueillera les opinions après que la discussion sera terminée. — Les juges opineront à leur tour, en commençant par le dernier reçu. — Dans les affaires jugées sur rapport, le rapporteur opinera le premier. — Si différens avis sont ouverts, on ira une seconde fois aux opinions.

36. Le greffier portera sur la feuille d'audience du jour les minutes de chaque jugement, aussitôt qu'il sera rendu; il fera mention en marge des noms des juges et du procureur-général impérial ou de son substitut, qui y auront assisté. — Celui qui aura présidé vérifiera cette feuille à l'issue de l'audience ou dans les vingt-quatre heures, et signera, ainsi que le greffier, chaque minute de jugement, et les mentions faites en marge.

37. Si, par l'effet d'un accident extraordinaire, le président se trouvait dans l'impossibilité de signer la feuille d'audience, elle devra l'être dans les vingt quatre heures suivantes par le plus ancien des juges ayant assisté à l'audience. Dans le cas où l'impossibilité de signer serait de la part du greffier, il suffira que le président en fasse mention en signant.

38. Si les feuilles d'une ou de plusieurs audiences n'avaient pas été signées dans les délais, ainsi qu'il est dit ci-dessus, il en sera référé à la chambre que tient le pr. président, laquelle pourra, suivant les circonstances et sur les conclusions par écrit de notre procureur-général, autoriser un des juges qui ont concouru à ces jugemens a les signer.

39. Les feuilles d'audience seront de papier de même format, et réunies par années en forme de registres.

Sect. 5. *Des chambres de vacations.*

40. Dans les C. d'appel, la chambre des vacations sera composée d'un président et de sept juges. — Si la C. n'est pas divisée en plusieurs chambres, les fonctions de président seront remplies par les deux juges les plus anciens, alternativement. — Si la C. est divisée en deux chambres, le 2e président et le plus ancien des juges feront alternativement ce service. — Si le nombre des chambres excède celui de deux, le

même service sera fait alternativement par les 2 et 3 présidens. — Le ministère public sera rempli par notre procureur-général, s'il n'a pas de substitut, ou alternativement par notre procureur-général ou par son substitut, ou alternativement par les substituts, s'il y en a plusieurs. — Le pr. président fera l'ouverture de la chambre des vacations, et notre procureur-général y assistera.

41. La chambre des vacations sera renouvelée chaque année, de manière que tous les membres de la C. y fassent le service chacun à leur tour, en commençant par les derniers, dans l'ordre des nominations.

42. En cas d'absence du président, il sera remplacé par celui des juges le premier inscrit dans l'ordre du tableau, ou, en cas d'empêchement, par celui qui suivra. — A défaut d'un ou de plusieurs juges, il en sera appelé en nombre suffisant parmi ceux qui ne sont pas des vacations.

43. Il y aura un rôle particulier pour la tenue des vacations ; ce rôle sera coté et paraphé par celui qui devra y présider. — Les causes portées en vacations, et qui n'y auront pas été jugées, seront reportées à la chambre à laquelle elles avaient précédemment appartenu. — Celles qui auraient été portées directement à la chambre des vacations seront distribuées, à la rentrée, par le pr. président, en suivant l'ordre des inscriptions au rôle.

44. La chambre des vacations est uniquement chargée des matières sommaires et de celles qui requièrent célérité. — Elle donnera au moins deux audiences par semaine. Les jours en seront indiqués lors de son ouverture.

45. Seront, au surplus, les dispositions du présent réglement exécutées en vacations, dans tous les cas où elles pourront être appliquées.

Tit. 2. *Des trib. de 1re instance.*

Sect. 1. *Du rang des juges entre eux et pour le service.*

46. Le président d'un trib. de pr. inst. composé de plusieurs chambres présidera celle à laquelle il voudra s'attacher : il présidera les autres chambres quand il le jugera convenable.

47. Lorsque le président sera dans le cas d'être suppléé pour des fonctions qui lui sont spécialement attribuées, il sera remplacé par le plus ancien des vice-présidens. — Si le trib. n'est pas divisé en plusieurs chambres, le président sera suppléé par le plus ancien des juges.

48. Le président et les vice-présidens seront, en cas d'empêchement, remplacés pour le service de l'audience, par le juge présent le plus ancien dans l'ordre des nominations.

49. En cas d'empêchement d'un juge, il sera, pour compléter le nombre indispensable, remplacé, ou par un juge d'une autre chambre qui ne tiendrait pas audience dans le même temps, ou par un des juges suppléans, en observant dans tous les cas, et autant que faire se pourra, l'ordre des nominations. — A défaut de suppléant, on appellera un avocat attaché au barreau, et à son défaut un avoué, en suivant aussi l'ordre du tableau.

50. Il se fera chaque année un roulement, de manière que tous les juges fassent consécutivement le service de toutes les chambres. — S'il y a plusieurs vice-présidens, ils passent aussi tous les ans d'une chambre à l'autre.

52. Il sera dressé deux listes, l'une de rang et l'autre de service, conformément aux art. 7 et 8 ci-dessus.

Sect. 2. *De la tenue des audiences.*

53. Les dispositions des art. 10 et suiv., concernant la tenue des audiences et composant la 2e sect. du tit. 1er du présent règlement, seront aussi exécutées dans les trib. de pr. inst.

Sect. 3. *De la distribution des affaires.*

54. Toutes requêtes à fin d'arrêt ou de revendication de meubles ou de marchandises, ou autres mesures d'urgence; celles pour mises en liberté ou pour obtenir permission d'assigner sur cession de biens ou sur homologation de concordats et délibération de créanciers, et celles pour assigner à bref délai, en quelque matière que ce soit, seront présentées au président du trib., qui les répondra par son ordonnance, après la communication, s'il y a lieu, au procureur impérial. — Néanmoins, les requêtes présentées après la distribution de la cause et dans le cours de l'instruction, seront répondues par le vice-président de la chambre à laquelle la cause aura été distribuée.

55. Il sera tenu au greffe un registre ou rôle général, coté et paraphé par le président, sur lequel seront inscrites, dans l'ordre de leur présentation, toutes les causes, en exceptant seulement celles dont est mention aux art. suiv. — Les avoués seront tenus de faire cette inscription la veille au plus tard du jour où l'on se présentera. — Chaque inscription contiendra les noms des parties, ceux des avoués, et en marge sera la distribution faite par le président.

56. Dans les trib. de pr. inst. composés de plusieurs chambres, il sera tenu deux autres rôles, dont l'un pour les citations libellées en forme de plainte et visées par le directeur du jury et pour les contraventions aux lois et réglemens de police ; et l'autre pour les affaires relatives aux lois forestières, aux droits d'enregistrement, aux loteries, aux droits d'hypothèques, de greffe, et en général aux contributions ; le tout en ce qui est de la compétence du tribunal. — Les affaires ci-dessus énoncées seront, par ordre de numéros, portées à la chambre indiquée par le président pour ces sortes d'affaires.

57. Le président du trib. tiendra l'audience des référés, à laquelle seront portés tous référés pour quelque cause que ce soit.

58. Toutes les autres assignations en matière civile, soit aux délais ordinaires, soit à bref délai, en vertu d'ordonnance, seront données à la chambre où siége habituellement le président.

59. Au jour où l'on se présentera, l'huissier audiencier fera successivement, à l'ouverture de l'audience tenue par le président, l'appel des causes dans l'ordre de leur placement au rôle général. — Sur cet appel, à la même audience, seront donnés les défauts sur les conclusions signées de l'avoué qui le requerra, et déposées sur le bureau en se conformant au C. pr.

60. Les contestations relatives aux avis de parens, aux interdictions, à l'envoi en possession des biens des absens, à l'autorisation des femmes pour absence ou refus de leurs maris, à la réformation d'erreurs dans les actes de l'état civil et autres de même nature, seront, ainsi que les affaires qui intéresseront le gouvernement, les communes et les établissemens publics réservés à la chambre où le président siége habituellement. — Il en sera de même des renvois de référés à l'audience, sauf au président à renvoyer à une autre chambre s'il y a lieu.

61. Les affaires autres que celles exceptées par les art. précédens seront, chaque jour d'audience, distribuées par le président entre les chambres sur le rôle général, de la manière qu'il trouvera la plus convenable pour l'ordre du service et l'accélération des affaires.— Il renverra aussi à chaque chambre les affaires dont elle doit connaître, par motifs de lilispendance ou de connexité.

62. Il sera extrait pour chaque chambre, sur le rôle général, un rôle particulier des affaires qui lui auront été distribuées ou renvoyées. — Ce rôle particulier sera remis au greffier de la chambre qu'il concerne.

63. S'il s'élève des difficultés, soit sur la distribution, soit sur la litispendance ou la connexité, les avoués seront tenus de se retirer devant le président, à l'heure ordinaire de la distribution : il statuera sans forme de procès et sans frais.

64. Les homologations d'avis des chambres de discipline des officiers ministériels seront portées devant le trib. entier, lorsqu'ils intéressent le corps de ces officiers.

65. Les prestations de serment qui doivent se faire devant le trib. de 1 re inst., seront reçues à l'audience de la chambre que tient le président, où à l'audience de la chambre des vacations si on se présente pour ces prestations de serment pendant les vacances.

Sect. 4. De l'instruction et du jugement.

66. Les causes introduites par assignation à bref délai, celles pour déclinatoires, exception, et réglemens de procédures qui ne tiennent point au fond ; celles renvoyées à l'audience, en état de référé, celles à fin de mise en liberté, de provision alimentaire, ou toutes autres de pareille urgence, seront appelées sur simples mémoires, pour être plaidées et jugées sans remise et sans tour de rôle. — Si par considération extraordinaire, le trib. croit devoir accorder remise, elle sera ordonnée contradictoirement à jour fixe ; et au jour indiqué il n'en pourra être accordé une nouvelle. — Aux appels des causes, celles ci-dessus énoncées sont retenues pour être jugées avant celles des affiches.

67. Il sera fait dans l'ordre des causes du rôle particulier de la chambre, et par les soins de celui qui la présidera, des affiches d'un certain nombre de causes. — Chacune de ces affiches sera exposée dans la salle d'audience et au greffe, huit jours avant que les causes soient appelées.

68. Un certain nombre de causes affichées sera appelé le premier jour d'audience de chaque semaine qui suit celle de l'exposition de l'affiche.

69. En cas de non comparution des deux avoués à cet appel, la cause sera retirée du rôle, et l'avoué du demandeur sera responsable envers sa partie de tous dommages et intérêts, s'il y a lieu. — Si un seul des avoués se présente, il sera tenu de requérir jugement. — Si les deux avoués sont présens, ils seront tenus de poser les qualités et de prendre des conclusions ;

il leur sera indiqué un jour pour plaider. — S'il y a des obstacles à ce que les avoués ou défenseurs ou l'un d'eux, se trouvent au jour indiqué, ils devront en faire sur-le-champ l'observation; et si le trib. la trouve fondée, il sera indiqué un autre jour.

70. Les avoués seront tenus dans les affaires portées aux affiches, de signifier leurs conclusions trois jours au moins avant de se présenter à l'audience, soit pour plaider, soit pour poser les qualités.

71. En toutes causes les avoué ou défenseurs ne seront admis à plaider contradictoirement ou à prendre leurs conclusions qu'après que les conclusions respectivement prises, signées des avoués, ont été remises aux greffiers.

72. S'il est pris des conclusions sur le barreau, l'avoué ou les avoués seront tenus de les remettre, après les avoir signées, au greffier, qui les portera sur les feuilles d'audience. — Les avoués seront tenus d'ajouter à leurs conclusions l'indication de la section où la cause est pendante, et son numéro dans le rôle général.

73. Les dispositions des art. 29, 30, 31, 32, 33, 34, 35, 36, 37, 39 du présent règlement, relatives à l'instruction et au jugement dans les C. d'appel, seront aussi observées dans les trib. de 1re inst.

74. Si les feuilles d'une ou plusieurs audiences n'avaient pas été signées dans les délais et ainsi qu'il est réglé par les art 36 et 37 du présent règlement, il en sera référé par le procur. impérial à la C. d'appel devant la chambre que tient le premier président. Cette chambre pourra, suivant les circonstances, et sur les conclusions par écrit de notre procur. général, autoriser un des juges qui ont concouru à ces jugemens à les signer.

Sect. 5. *Des vacations.*

75. Dans les trib. de 1 inst. composés de plusieurs chambres, le service pendant les vacations se fait chaque année alternativement par le président et le vice-président, ou par l'un des vice-présidens et par deux des juges qui n'ont point été directeurs du jury dans le cours de l'année, et qui ne sont point et ne doivent point être de service à la section chargée de la police correctionnelle, de manière que tous les juges fassent aussi successivement ce service. — Le directeur du jury n'a point de vacances.

76. Le ministère public sera rempli par notre procur. impérial, s'il n'a pas de substitut, ou alternativement par notre procur. impérial et par son substitut, ou alternativement par les substituts, s'il y en a plusieurs.

77. Le président fera l'ouverture de la chambre des vacations et notre procur. impérial y assistera.

78. Les art. 42, 43, 44, 45 du présent règlement concernant les ch. des vacations des C. d'appel seront observés dans les trib. de 1re inst. — Néanmoins, la chambre des vacations de 1re inst. à Paris tiendra au moins quatre audiences par semaine.

Tit. 3. *Des procureurs-généraux et impériaux.*

79. Notre procureur-général en chaque C. d'appel et notre procureur impérial près chaque trib. de 1re instance doivent veiller à ce que les lois et règlemens y soient exécutés; et lorsqu'ils auront des observations à faire à cet égard, le pr. président de la C. d'appel et le président du trib. de 1re inst. seront tenus, sur leur demande, de convoquer une assemblée générale.

80. Notre procureur-général en chaque C. sera tenu d'envoyer à notre grand-juge ministre de la justice, en avril et septembre de chaque année, un état contenant, 1o le nombre des causes portées sur le rôle dans le semestre précédent ; 2o le nombre des instances d'ordre entre des créanciers ; 3o celui des rapports d'affaires instruites par écrit ; 4o le nombre des affaires qui auront été jugées contradictoirement et celui des affaires à juger par défaut; 5o le nombre des affaires restant à juger; 6o les causes du retard du jugement des affaires arriérées. — Sont réputées arriérées les causes d'audience qui seraient depuis plus de trois mois sur le rôle général ainsi que les ordres ou procès par écrit qui ne seraient pas vidés dans quatre mois.

81. Nos procureurs impériaux des arrondissemens du ressort de chaque C. seront tenus d'adresser, dans les huit premiers jours des mêmes mois, un semblable état à notre procureur-général, qui l'enverra à notre grand-juge ministre de la justice, avec ses observations.

82. Le service du ministère public auprès des chambres de nos C. d'appel sera distribué par notre procureur-général entre lui et ses substituts. Il en est de même pour notre procureur impérial dans les trib. de 1re inst.

83. Dans toutes les causes où il y aura lieu de communiquer au minis-

tère public, les avoués seront tenus de faire cette communication avant l'audience où la cause devra être appelée, et même dans les causes contradictoires, de communiquer trois jours avant celui indiqué pour la plaidoirie. — Ces communications se feront au parquet, dans la demi-heure qui précède ou qui suit l'audience. — Si la communication n'a pas été faite dans le temps ci-dessus, elle ne passera point en taxe.

84. Lorsque celui qui remplit le ministère public ne portera pas la parole sur-le-champ, il ne pourra demander qu'un seul délai, et il en sera fait mention sur la feuille d'audience.

85. Dans les procès où l'instruction est par écrit, le juge rapporteur devra veiller à ce que les communications au ministère public soient faites assez à temps pour que le jugement ne soit pas retardé.

86. Notre procureur-général ou impérial, ou son substitut, après avoir pris communication des pièces, les fera remettre dans le plus bref délai au rapporteur, quand il les aura prises de ses mains, sinon au greffe.

87. Le ministère public une fois entendu, aucune partie ne peut obtenir la parole après lui, mais seulement remettre sur-le-champ de simples notes, comme il est dit à l'art. 111 du C. pr.

88. Notre procureur-général ou impérial, ni ses substituts, n'assisteront point aux délibérations des juges, lorsqu'ils se retireront à la chambre du conseil pour les jugemens; mais ils seront appelés à toutes les délibérations qui regardent l'ordre et le service intérieur; ils auront le droit de faire inscrire sur les registres de la C. ou du trib. les réquisitions qu'ils jugeront à propos de faire sur cette matière.

89. Nos procureurs-généraux ou impériaux et leurs substituts, sont soumis a la pointe de la même manière que les juges, lorsqu'ils sont remplacés par un juge.

Tit. 4. Des greffiers.

90. Les greffes de nos C. d'appel et ceux de nos trib. de 1re inst. seront ouverts tous les jours, excepté les dimanches et fêtes, aux heures réglées par la C. ou par le trib. de 1re inst., de manière néanmoins qu'ils soient ouverts au moins huit heures par jour.

91. Le greffier ou l'un de ses commis assermentés tiendra la plume aux audiences, depuis leur ouverture jusqu'à ce qu'elles soient terminées. —

Le greffier en chef assistera aux audiences solennelles et aux assemblées générales.

92. Le greffier est chargé de tenir dans le meilleur ordre les rôles et les différens registres qui sont prescrits par le C. de pr., et celui des délibérations de la C. ou du trib.

93. Il conservera avec soin les collections des lois et autres ouvrages à l'usage de la C. ou du trib. Il veillera à la garde des pièces qui lui sont confiées et de tous les papiers du greffe.

Tit. 5. Des huissiers.

94. Nos trib. de 1re inst. désigneront pour le service intérieur ceux de leurs huissiers qu'ils jugeront les plus dignes de leur confiance.

95. Les huissiers audienciers de nos C. et de nos trib. de 1re inst. feront tour à tour le service intérieur, tant aux audiences qu'aux assemblées générales ou particulières aux enquêtes et autres commissions.

96. Les huissiers qui seront de service se rendront aux lieux des séances une heure avant l'ouverture de l'audience; ils prendront au greffe l'extrait des causes qu'ils doivent appeler. — Ils veilleront à ce que personne ne s'introduise à la ch. du conseil sans s'être fait annoncer, à l'exception des membres de la C. ou du trib. — Ils maintiendront, sous les ordres des présidens, la police des audiences.

97. Les huissiers aud. auront, près la C. ou le trib., une chambre ou un banc où se déposeront les actes et pièces qui se notifieront d'avoué à avoué.

98. Les émolumens des appels des causes et des significations d'avoué à avoué se partageront également entre eux.

99. Les huissiers désignés par le pr. président de la C. ou par le président du trib. de 1re inst. assisteront aux cérémonies publiques, et marcheront en avant des membres de la C. ou du trib.

Tit. 6. Dispositions générales.

100. Les présidens, les juges, tant de nos C. d'appel que de nos trib. de 1re inst., nos proc.-généraux et impériaux et leurs substituts, les greffiers et leurs commis de service aux audiences, seront tenus de résider dans la ville où est établie la C. ou le trib. Le défaut de résidence sera considéré comme absence.

101. Tous les ans, à la rentrée de nos C. d'appel, chambres réunies, il sera fait, par notre proc.-général, un

discours sur l'observation des lois et le maintien de la discipline.

102. Les officiers ministériels qui seraient en contravention aux lois et réglemens pourront, suivant la gravité des circonstances, être punis par des injonctions d'être plus exacts ou circonspects, par des défenses de récidiver, par des condamnations de dépens en leur nom personnel, par des suspensions à temps. L'impression et même l'affiche des jugemens à leurs frais pourront aussi être ordonnées, et leur destitution pourra être provoquée, s'il y a lieu.

103. Dans les C. et dans les trib. de 1re inst. chaque chambre connaîtra des fautes de discipline qui auraient été commises ou découvertes à son audience. — Les mesures de discipline à prendre sur les plaintes des particuliers ou sur les réquisitoires du ministère public, pour causes de faits qui ne seraient point passés ou qui n'auraient pas été découverts à l'audience, seront arrêtées en assemblées générales a la ch. du conseil, après avoir appelé l'individu inculpé. Ces mesures ne seront point sujettes à l'appel ni au recours en cassation, sauf le cas où la suspension serait l'effet d'une condamnation prononcée en jugement. — Notre proc.-général impérial rendra compte de tous les actes de discipline à notre grand-juge ministre de la justice, en lui transmettant les arrêtés avec ses observations, afin qu'il puisse être statué sur les réclamations, ou que la destitution soit prononcée, s'il y a lieu.

104. Notre proc. impérial en chaque trib. de 1re inst. sera tenu de rendre sans délai un pareil compte à notre procur-général en la C. du ressort, afin que ce dernier l'adresse à notre grand-juge ministre de la justice, avec ses observations.

105. Les avocats, les avoués et les greffiers porteront dans toutes leurs fonctions, soit à l'audience, soit au parquet, soit aux comparutions et aux séances particulières devant les commissaires, le costume prescrit.

106. Les réglemens de discipline particuliers à aucune de nos C. ou trib. continueront d'être exécutés en ce qu'ils n'auraient rien de contraire au présent.

LOI 14, 24 NOV. 1808.

Art. 1er. La saisie immobilière des biens d'un débiteur, situés dans plusieurs arrondissemens, pourra être faite simultanément toutes les fois que la valeur totale desdits biens sera inférieure au montant réuni des sommes dues, tant au saisissant qu'aux autres créanciers inscrits.

2. La valeur des biens sera établie d'après les derniers baux authentiques, sur le pied du denier *vingt-cinq*. — A défaut de baux authentiques, elle sera calculée d'après le rôle des contributions foncières, sur le pied du denier *trente*.

3. Le créancier qui voudra user de la faculté accordée par l'art. 1er sera tenu de présenter requête au président du trib. de l'arrondiss. où le débiteur a son domicile, et d'y joindre, 1° copie en forme des baux authentiques, ou, à leur défaut, copie également en forme du rôle de la contribution foncière; 2° l'extrait des inscriptions prises sur le débiteur dans les divers arrondiss. où les biens sont situés, ou le certificat qu'il n'en existe aucune. — La requête sera communiquée au ministère public, et répondue d'une ordonn. portant permis de faire la saisie de tous les biens situés dans les arrondiss. et départem. y désignés.

4. Les procédures relatives tant à l'expropriation forcée qu'à la distribution du prix des immeubles, seront portées devant les tribunaux respectifs de la situation des biens.

LOI, 20 AVRIL 1810.

Art. 7. La justice est rendue souverainement par les C. impériales : leurs arrêts, quand ils sont revêtus des formes prescrites à peine de nullité, ne peuvent être cassés que pour une contravention expresse à la loi. — Les arrêts qui ne sont pas rendus par le nombre de juges prescrit, ou qui ont été rendus par des juges qui n'ont pas assisté à toutes les audiences de la cause, ou qui n'ont pas été rendus publiquement, ou qui ne contiennent pas les motifs, sont déclarés nuls. — La connaissance du fond est toujours renvoyée à une autre C. impériale.

DÉCRET, 6 JUILLET 1810.

Art. 7. Le pr. président de nos C. impériales présidera les C. assemblées et les audiences solennelles; il présidera habituellement la 1re chambre civile; il présidera aussi les autres chambres quand il le jugera convenable, et au moins une fois dans l'année. — Les audiences solennelles se tiendront dans la chambre présidée par le pr. président : elles seront composées des deux chambres civiles; et, dans les C. où il y en aura trois, la 2e et la 3e feront alternativement le service des audiences solennelles. — Dans les

C. impériales qui n'auront qu'une chambre civile, la chambre qui devra connaître des appels en matière correctionnelle pourra être requise par le pr. président de faire le service aux audiences solennelles.

18. Les dispositions de notre décret du 30 mars 1808, relatives à la tenue des audiences, à la distribution, à l'instruction et au jugement des causes dans les C. d'appel, continueront d'être exécutées dans les chambres civiles de la C. impériale.

19. Les chambres d'accusation et d'appel des jugemens de police correctionnelle ne pourront être appelées aux audiences solennelles qui, aux termes de l'art. 22, décr. 30 mars 1808, doivent être tenues pour le jugement de certaines affaires civiles.

20. Toutefois elles pourront assister, et seront convoquées aux audiences solennelles indiquées pour l'enregistrement de lettres de grâce ou de commutation de peine adressées aux C. impériales, sans qu'elles puissent connaître d'aucune autre affaire portée à ces audiences.

DÉCRET, 21 SEPT. 1810.

— V. *Inscription hypothécaire*, n. 57.

DÉCRET 2 JUILLET 1812.

1. Dans toutes les Cours impériales de notre empire, les causes portées à l'audience seront plaidées par les avocats inscrits sur le tableau des avocats de la Cour, ou admis au stage, conformément à l'art. 16 de notre décret du 14 déc. 1810.

6. Lorsque l'avocat chargé de l'affaire et saisi des pièces ne pourra pour cause de maladie se présenter le jour où elle doit être plaidée, il devra en instruire le président par écrit, avant l'audience et renvoyer les pièces à l'avoué; en ce cas la cause pourra être plaidée par l'avoué ou remise au plus prochain jour.

7. Il en sera de même lorsqu'au moment de l'appel de la cause l'avocat sera engagé à l'audience d'une autre chambre du même tribunal séant dans le même temps.

8. Hors de ces deux cas, lorsque l'avocat chargé de l'affaire et saisi des pièces, ne se sera pas trouvé à l'appel de la cause et que par sa faute elle aura été retirée du rôle, et n'aura pu être plaidée au jour indiqué, il pourra être condamné personnellement aux frais de la remise, et aux dommages et intérêts du retard envers la partie, s'il y a lieu.

12. Les avocats seuls porteront la chausse et parleront couverts, conformément à l'art. 35 du décret du 14 déc. 1810.

DÉCRET 14 JUIN 1813.

TIT. 1. *De la nomination, du nombre et de la résidence des huissiers.*

§ 1. *De la nomination et du nombre des huissiers.*

Art. 1. Les huissiers institués pour le service de nos C. impériales et prévôtales, et pour tous nos trib., seront nommés par nous.

2. Ils auront tous le même caractère, les mêmes attributions et le droit d'exploiter concurremment dans l'étendue du ressort du trib. civ. d'arrondiss. de leur résidence. Néanmoins nos C. et trib. choisiront parmi ces huissiers, conformément au tit. 5 décr. 30 mars 1808, ceux qu'ils jugeront les plus dignes de leur confiance, pour le service intérieur de leurs audiences.

3. Les huissiers ainsi désignés par nos Cours et tribunaux continueront de porter le titre d'*huissiers audienciers*; ils auront, pour ce service particulier, une indemnité qui sera réglée par les art. 93, 94, 95, 96, 103 ci-après.

4. Le tableau des huissiers aud. sera renouvelé au mois de nov. de chaque année; tous les membres en exercice seront rééligibles; ceux qui n'auront pas été réélus rentreront dans la classe des huissiers ordinaires.

5. Les huissiers qui seront en activité lors de la publication du présent décr. continueront provisoirement l'exercice de leurs fonctions; mais ils ne seront maintenus qu'après avoir obtenu de nous une commission confirmative. — A cet effet, ils remettront, dans les trois mois de ladite publication, tous les titres et pièces concernant leurs précédentes nominations et réceptions, au greffe du trib. de 1re inst. de leur résidence. — Ils y joindront leur demande en commission confirmative; et le greffier leur donnera récépissé du tout. — Notre procureur près le trib. de 1re inst. enverra cette demande avec l'avis du trib. à notre procureur général, qui prendra l'avis de la C. impériale et adressera le tout à notre grand-juge ministre de la justice.

6. Lorsque la liste des huissiers auxquels nous aurons accordé la commission confirmative aura été renvoyée par notre grand-juge à notre procureur-général, ceux qui ne se trouveront point sur la liste seront tenus de cesser leurs fonctions, à compter du

jour où la notification leur en aura été faite à la diligence du ministère public. Cette même liste sera de plus affichée dans la salle d'audience et au greffe de la C. ou du trib.

7. Chacun des huissiers qui auront obtenu la commission confirmative prêtera, dans les deux mois, à compter du jour où la liste aura été affichée, et ce à l'audience de ladite C. ou dudit trib., le serment de fidélité à l'empereur et d'obéissance aux constitutions de l'empire, ainsi que celui de se conformer aux lois et réglemens concernant son ministère, et de remplir ses fonctions avec exactitude et probité.

8. Notre grand-juge ministre de la justice, après avoir pris l'avis de nos C. et les observations de nos procur.-généraux, nous proposera la fixation définitive du nombre des huissiers qu'il doit y avoir dans le ressort de chaque trib. civil d'arrondiss.

9. Si le nombre des huissiers maintenus d'après l'art. 6 excède celui qui sera définitivement fixé par nous en exécution du précédent art., la réduction a ce dernier nombre ne s'opérera que par mort, démission ou destitution.

10. A l'égard de ceux qui aspireront, à l'avenir, aux places d'huissiers ordinaires, les conditions requises seront : 1o d'être âgés de vingt-cinq ans accomplis; 2o d'avoir satisfait aux lois de la conscription militaire; 3o d'avoir travaillé, au moins pendant deux ans, soit dans l'étude d'un notaire ou d'un avoué, soit chez un huissier, ou pendant trois ans au greffe d'une C. impér. ou d'un trib. de 1re inst.; 4o d'avoir obtenu de la chambre de discipline, dont il sera parlé ci-après, un certificat de moralité, de bonne conduite et de capacité. Si la chambre accorde trop légèrement ou refuse sans motif valable ce certificat, il y aura recours au trib. de 1re inst. savoir : dans le premier cas, par le procur. impér., et dans le second, par la partie intéressée. En conséquence, le trib., après avoir pris connaissance des motifs d'admission ou de refus de la chambre, ainsi que des moyens de justification de l'aspirant, et après avoir entendu notre procur.-impér., pourra refuser ou accorder lui-même le certificat par une délibération dont copie sera jointe à l'acte de présentation du candidat.

11. Ceux qui seront nommés huissiers se présenteront, dans le mois qui suivra la notification à eux faite du décret de leur nomination, à l'audience publique du trib. de 1re inst., et y prêteront le serment prescrit par l'art. 7.

12. Ces huissiers ne pourront faire aucun acte de leur ministère avant d'avoir prêté ledit serment, et ils ne seront admis à le prêter que sur la représentation de la quittance du cautionnement fixé par la loi.

13. Ceux qui n'auront point prêté le serment dans le délai ci-dessus fixé demeureront déchus de leur nomination, à moins qu'ils ne prouvent que le retard ne leur est point imputable, auquel cas le trib. pourra déclarer qu'ils sont relevés de la déchéance par eux encourue, et les admettra au serment.

14. La précédente disposition est applicable aux huissiers dont il est parlé en l'art. 5, relativement au délai fixé par l'art. 7.

§ 2. De la résidence des huissiers.

15. Les huissiers aud. seront tenus, à peine d'être remplacés, de résider dans les villes où siégent les C. et trib. près desquels ils devront faire respectivement leur service.

16. Les huissiers ordinaires seront tenus, sous la même peine, de garder la résidence qui leur aura été assignée par le trib. de 1re instance.

17. La résidence des huissiers ordinaires sera, autant que faire se pourra, fixée dans les chefs-lieux de canton.

18. Si les circonstances de localité ne permettent point l'établissement d'un huissier ordinaire au chef-lieu du canton, le trib. de 1re inst. la fixera dans l'une des communes les plus rapprochées du chef-lieu.

19. Dans les communes divisées en deux arrondissemens de justice de paix ou plus, chaque huissier ordinaire sera tenu de fixer sa demeure dans le quartier que le trib. de 1re inst. jugera convenable de lui indiquer à cet effet.

Tit. 2. Des attributions des huissiers et de leurs devoirs.

Chap. 1er. —Attributions des huissiers.

§ 1. Service personnel près les Cours impériales et prévôtales; et près les divers tribunaux.

20. Les huissiers aud. sont maintenus dans le droit que leur donne et l'obligation que leur impose notre décret du 30 mars 1808, de faire exclusivement, près leurs C. et trib. respectifs, le service personnel aux audiences, aux assemblées générales ou particulières, aux enquêtes, interrogatoires et autres commissions, ainsi qu'au parquet. — Pourront néanmoins nos C. et trib. commettre accidentellement des huissiers ordinaires, à défaut ou en cas d'insuffisance des huissiers aud.

21. Le service personnel d'huissiers près les Cours d'assises et les Cours spéciales sera fait, savoir : dans les villes où siégent nos C. impér.; par des huissiers aud. de la cour impér. ; et partout ailleurs, par des huissiers aud. du trib. de 1ᵉʳ inst. du lieu où se tiendront les séances de la C. d'assises ou de la C. spéciale. — L'art. 118 décr. 6 juil. 1810, relatif au mode de désignation des huissiers qui doivent faire le service près les C. d'assises et les C. spéciales des départem. autres que celui où siége la C. imp., continuera de recevoir son exécution.

22. Les huissiers qui seront désignés pour faire le service personnel près les C. d'assises et les C. spéciales ne pourront, pendant la durée des sessions criminelles, sortir du canton de leur résidence sans un ordre exprès du procur.-général ou du procur.-impér. criminel.

23. Il sera fait par nos C. et trib. des règlemens particuliers sur l'ordre du service de leurs huissiers aud., en se conformant aux dispositions du présent titre et à celles du titre 5 décr. 30 mars 1808. — Les règlemens que feront sur cet objet les trib. de 1ᵉʳ inst. ou de comm. , et les trib. ordinaires des douanes, seront soumis à l'approbation des C. auxquelles ces trib. ressortissent.

§ 2. *Droit d'exploiter, etc.*

24. Toutes citations, notifications et significations requises pour l'instruction des procès, ainsi que tous actes et exploits nécessaires pour l'exécution des ordonn. de justice, jugemens et arrêts, seront faits concurremment par les huissiers aud. et les huissiers ordinaires, chacun dans l'étendue du ressort du trib. civ. de 1ᵉʳ inst. de sa résidence, sauf les restrictions portées par les art. suiv.

25. Les huissiers aud. de notre C. de cass. continueront, dans l'étendue du lieu de la résidence de cette C., d'instrumenter exclusivement à tous autres huissiers pour les affaires portées devant elle.

26. Les huissiers aud. de nos C. impér. et ceux de nos trib. de 1ʳᵉ inst. feront exclusivement, près leurs C. et trib. respectifs, les significations d'avoué à avoué.

27. Les huissiers aud. de nos C. prévôtales et trib. ordinaires des douanes feront exclusivement, près leurs C. et trib. respectifs, et dans l'étendue du canton de leur résidence, tous exploits en matière de douanes.

28. Tous exploits et actes du ministère d'huissier près les justices de paix et les trib. de police seront faits par les huissiers ordinaires employés au service des audiences. — A défaut ou en cas d'insuffisance des huissiers ordinaires du ressort, lesdits exploits et actes seront faits par les huissiers ordinaires de l'un des cantons les plus voisins.

29. Défenses itératives sont faites à tous huissiers, sans distinction, d'instrumenter en matière criminelle ou correctionnelle hors du canton de leur résidence sans un mandement exprès délivré conformément à l'art. 84 décr. 18 juin 1811.

30. Nos procureurs près les trib. de 1ʳᵉ inst. et les juges d'instruction ne pourront délivrer de pareils mandemens que pour l'étendue du ressort du trib. de 1ʳᵉ inst.

31. Nos procureurs impér. criminels pourront ordonner le transport d'un huissier dans toute l'étendue du département.

32. La disposition du précédent art. est applicable à nos procur. près les trib. ordinaires des douanes, à moins qu'il n'y ait dans le même départem. deux ou plusieurs de ces trib. : dans ce dernier cas, ils ne pourront ordonner le transport que pour la partie de ce départem. formant le ressort de leur trib.

33. Le transport des huissiers dans les divers départem. du ressort de nos C. impér. et prévôtales ne pourra être autorisé, dans les affaires criminelles, que par nos procur.-généraux près ces C.

34. En matière de simple police , aucun huissier ne pourra instrumenter hors du canton de sa résidence , si ce n'est dans le cas prévu par le second paragraphe de l'art. 28 du présent décret, et en vertu d'une cédule délivrée pour cet effet par le juge de paix.

35. Dans tous les cas où les règlemens accordent aux huissiers une indemnité pour frais de voyage, il ne sera alloué qu'un seul droit de transport pour la totalité des actes que l'huissier aura faits dans une même course et dans le même lieu. — Ce droit sera partagé en autant de portions égales entre elles qu'il y aura d'originaux d'actes, et à chacun de ces actes, l'huissier appliquera l'une desdites portions, le tout à peine du rejet de la taxe ou de restitution envers la partie, et d'une amende qui ne pourra excéder 100 fr., ni être moindre de 20 fr.

36. Tout huissier qui chargera un huissier d'une autre résidence d'instrumenter pour lui, a l'effet de se procurer un droit de transport qui ne lui

aurait pas été alloué s'il eût instrumenté lui-même, sera puni d'une amende de 100 fr. L'huissier qui aura prêté sa signature sera puni de la même peine. — En cas de récidive, l'amende sera double, et l'huissier sera de plus destitué. — Dans tous les cas, le droit de transport indûment alloué ou perçu sera rejeté de taxe, ou restitué à la partie.

§ 3. *Prisées et ventes publiques de meubles et effets mobiliers.*

37. Dans les lieux pour lesquels il n'est point établi de commissaires-priseurs exclusivement chargés de faire les prisées et ventes publiques de meubles et effets mobiliers, les huissiers tant aud. qu'ordinaires, continueront de procéder, concurremment avec les notaires et les greffiers, auxdites prisées et ventes publiques, en se conformant aux lois et réglemens qui y sont relatifs.

38. Les huissiers ne pourront, ni directement ni indirectement, se rendre adjudicataires des objets mobiliers qu'ils seront chargés de vendre. — Toute contravention a cette disposition sera punie de la suspension de l'huissier pendant 3 mois, et d'une amende de 100 fr. pour chaque article par lui acheté, sans préjudice de plus fortes peines dans les cas prévus par le Code pén. — La récidive, dans quelques cas que ce soit, entraînera toujours la destitution.

Ch. 2. *Devoirs des huissiers.*

39. Les huissiers sont tenus de se renfermer dans les bornes de leur ministère, sous les peines portées par l'art. 132, C. pr. civ.

40. L'exercice du ministère d'huissier est incompatible avec toute autre fonction publique salariée.

41. Il est défendu aux huissiers; sous peine d'être remplacés, de tenir auberge, cabaret, café, tabagies ou billard, même sous le nom de leurs femmes, a moins qu'ils n'y soient spécialement autorisés.

42. Les huissiers sont tenus d'exercer leur ministère toutes les fois qu'ils en sont requis, et sans acception de personnes, sauf les prohibitions pour cause de parenté ou d'alliance portées par les articles 4 et 66, C. pr. civ. — L'art. 85, décr. 18 juin 1811, sera exécuté a l'égard de tout huissier qui, sans cause valable, refuserait d'instrumenter à la requête d'un particulier.

43. Les copies a signifier par les huissiers seront correctes et lisibles, à peine de rejet de la taxe, ou de restitution des sommes reçues. Les papiers employés à ces copies ne pourront contenir, savoir : plus de 40 lignes par page de moyen papier, et plus de 50 lignes par pages de grand papier, à peine d'une amende de 25 fr., conformément à l'art. 26 de la loi sur le timbre, du 13 brumaire an 7. — Si la copie d'un arrêt ou d'un jugement en dernier ressort n'est point conforme à ce qui est prescrit par le présent art., l'huissier qui l'aura signée sera de plus condamné à une amende de 25 fr., sur la seule provocation du ministère public, et par la C. ou le trib. devant lequel cette copie aura été produite. — Nos procur.-généraux et impér. sont chargés spécialement de veiller à l'exécution du présent art.

44. Si l'huissier contrevenant à l'une des dispositions du précédent art., est convaincu de récidive, le ministère public pourra provoquer sa suspension ou même son remplacement, s'il y a lieu.

45. Tout huissier qui ne remettra pas lui-même a personne ou domicile l'exploit et les copies de pièces qu'il aura été chargé de signifir, sera condamné par voie de police correctionnelle, à une suspension de 3 mois, à une amende, qui ne pourra être moindre de 200 fr., ni excéder 2,000 fr.; et aux dommages intérêts des parties. — Si néanmoins il résulte de l'instruction qu'il a agi frauduleusement, il sera poursuivi criminellement, et puni d'après l'art. 146 C. pén.

46. Les répertoires que les huissiers sont obligés de tenir, conformément à la loi du 22 frim. an 7, relative à l'enregistrement, seront cotés et paraphés, savoir : ceux des huissiers aud., par le président de la C. ou du trib., ou par le juge qu'il aura commis a cet effet, ceux des huissiers ordinaires résidans dans les villes où siégent les tribunaux de 1re inst., par le président du trib., ou par le juge qu'il aura commis a cet effet, ceux des autres huissiers, par le juge de paix du canton de leur résidence.

47. Outre les mentions qui, aux termes de l'art. 50 de la même loi, doivent être faites dans lesdits répertoires, les huissiers y marqueront, dans une colonne particulière, le coût de chaque acte ou exploit, déduction faite de leurs déboursés.

48. Pour faciliter la taxe des frais, les huissiers, outre la mention qu'ils doivent faire au bas de l'original et de la copie de chaque acte, du montant de leurs droits, seront tenus d'indiquer en marge de l'original le nombre de

rôles des copies de pièces, et d'y marquer de même le détail de tous les art. de frais formant le coût de l'acte.

Tɪт. 3. *Réunion des huissiers en communauté d'arrondissement.*

Cꜰ. 1er. *Formation de la communauté.*

49. Il y aura communauté entre tous les huissiers sans exception, résidant et exploitant dans l'étendue du ressort du trib. civ. d'arrondiss. de leur résidence.

50. Le départ. de la Seine n'ayant qu'un seul trib. civ., tous les huissiers exerçant dans ce départ., y compris ceux de notre Cour de cass. seront réunis en communauté.

51. Il en sera de même du départ. de la Sesia, qui également n'a qu'un seul trib. civ.; en conséquence, tous les huissiers exerçant dans ce départ. ne formeront aussi qu'une seule communauté.

52. Chaque communauté aura une ch. de discipline, qui sera présidée par un syndic.

Cꜰ. 2. *Organisation de la ch. de discipline.*

53. Le nombre des membres de la ch. de discipline, y compris le syndic, est fixé savoir : à 15 dans le départ. de la Seine ; à 9 dans les autres arrond. où il y aura plus de 50 huissiers, à 7 dans les arrondiss. où le nombre des huissiers sera de 30 à 50 ; à 5 dans les arrondiss. où il y aura moins de 30 huissiers.

54. Dans chaque ch. il y aura, outre le syndic, un rapporteur, un trésorier et un secrétaire.

55. Le syndic et deux autres membres de la ch., seront nécessairement pris parmi les huissiers en résidence au chef-lieu de l'arrondissement. — Dans les arrondiss. où siègent les C. impér., il y aura toujours à la ch. de discipline, indépendamment du syndic, au moins trois huissiers du chef-lieu. — Dans le département de la Seine, les deux tiers au moins des membres de la ch., y compris le syndic, seront pris parmi les huissiers de Paris.

56. Le syndic sera nommé tous les ans, savoir : dans les arrondiss. où siégent nos C. impér., par le pr. président, sur la présentation qui lui sera faite de trois membres par notre procur. général, et dans les autres arrondiss., par le président du trib. de 1re inst., sur la présentation qui sera également faite de trois membres par

notre procur. impér. — Le syndic sera indéfiniment rééligible.

57. Si pour la nomination du syndic il y a partage, il en sera référé à la ch. à laquelle le pr. président ou le président est spécialement attaché, et au trib. même si le trib. n'est pas divisé en plusieurs ch.

58. La première nomination des autres membres de la ch. de discipline sera faite de la même manière que celle du syndic.

59. Après cette première nomination, les membres de la ch. de discipline, autres que le syndic, seront élus par l'assemblée générale des huissiers qui se réuniront, pour cet effet, au chef-lieu de l'arrondiss., sur la convocation et sous la présidence du syndic.

60. L'élection des membres de la ch. de discipline se fera au scrutin secret. — Un scrutin particulier aura lieu pour la nomination du trésorier, qui sera toujours pris parmi les huissiers du chef-lieu. — Les autres membres de la ch. seront nommés, sans désignation de fonctions, par bulletin de liste, contenant un nombre de noms qui ne pourra excéder celui des membres à nommer. — Toutes ces nominations seront faites à la majorité absolue.

61. Lorsqu'il y aura 100 votans et au-dessus, l'assemblée se divisera par bureaux, qui ne pourront être composés de moins de 30, ni de plus de 50 votans. — Ces bureaux seront présidés, le premier par le syndic, et chacun des autres par le plus âgé des huissiers présens ; les deux plus âgés après lui feront les fonctions de scrutateurs, et le plus jeune celles de secrétaire.

62. La ch. de discipline sera renouvelée tous les ans par tiers, ou si ce nombre n'est pas susceptible de cette division, par portions les plus approchantes du tiers, en faisant alterner, chaque année, les portions inférieures et supérieures au tiers, à commencer par les inférieures, de manière que dans tous les cas, aucun membre ne puisse rester en fonctions plus de trois années consécutives.

63. Le sort indiquera ceux des membres qui devront sortir la 1re et la 2e année; ensuite le renouvellement s'opérera par ordre d'ancienneté de nomination. — Les membres sortant ne seront rééligibles qu'après un an d'intervalle, à l'exception toutefois du trésorier qui sera toujours rééligible.

64. Lorsque le nombre total des huissiers formant la communauté ne sera pas suffisant pour le renouvellement de la ch., tel qu'il est prescrit ci-dessus, ce renouvellement n'aura lieu que

19

jusqu'à concurrence du nombre existant.

65. Les membres de la ch. de discipline nommeront entre eux, au scrutin secret, à la majorité absolue, un rapporteur et un secrétaire. — Cette nomination sera renouvelée tous les ans, et les mêmes pourront être réélus.

66. En cas de partage des voix pour ladite nomination, le scrutin sera recommencé ; et si le résultat est le même, le plus âgé des deux membres qui seront l'objet de ce partage, sera nommé de droit, à moins qu'il n'ait rempli, pendant les deux années précédentes, la fonction à laquelle il s'agira de nommer ; auquel cas la nomination de droit sera pour son concurrent.

67. La nomination des membres de la ch. de discipline aura lieu chaque année dans la 1re quinzaine d'octobre, et sera immédiatement suivie de la nomination du rapporteur et du secrétaire.

68. La ch. et les officiers entreront en exercice le 1er novembre.

69. La ch. tiendra ses séances au chef-lieu de l'arrondiss. ; elle s'assemblera au moins une fois par mois. — Le syndic la convoquera extraordinairement quand il le jugera convenable, ou sur la demande motivée de deux autres membres. — Il sera tenu de la convoquer toutes les fois qu'il en recevra l'ordre du président du trib. de 1re inst. ou de notre procur. près ce trib.

CH. 3. *Attributions de la ch. de discipline et de ses officiers.*

70. La ch. de discipline est chargée, 1° de veiller au maintien de l'ordre et de la discipline parmi tous les huissiers de l'arrondiss., et à l'exécution des lois et réglemens qui concernent les huissiers ; 2° de prévenir ou concilier tous différends qui peuvent s'élever entre les huissiers relativement à leurs droits, fonctions et devoirs, et, en cas de non conciliation, de donner son avis comme tiers sur ces différends ; 3° de s'expliquer également, par forme d'avis, sur les plaintes ou réclamations de tiers contre des huissiers, à raison de leurs fonctions, et sur les réparations civiles qui pourraient résulter de ces plaintes ou réclamations ; 4° de donner son avis comme tiers sur les difficultés qui peuvent s'élever au sujet de la taxe de tous frais et dépens réclamés par des huissiers. Lorsque la ch. ne sera point assemblée, cet avis pourra être donné par un de ses membres, à moins que l'objet de la contes-

tation ne soit d'une importance majeure ; auquel cas la ch. s'expliquera elle-même a la prochaine séance ; ou, si le cas est urgent, dans une séance extraordinaire ; 5° d'appliquer elle-même les peines de discipline établies par l'art. suiv. ; et de dénoncer au procur. impérial les faits qui donneraient lieu à des peines de discipline excédant la compétence de la ch., ou à d'autres peines plus graves ; 6° de délivrer, s'il y a lieu, tous certificats de moralité, de bonne conduite et de capacité, à ceux qui se présenteront pour être nommés huissiers ; 7° de s'expliquer également sur la conduite et la moralité des huissiers en exercice, toutes les fois qu'elle en sera requise par les C. et trib., ou par les officiers du ministère public ; 8° enfin de représenter tous les huissiers sous le rapport de leurs droits et intérêts communs, et, en conséquence, d'administrer la bourse commune dont il sera parlé au ch. 5 ci-après.

71. Les peines de discipline que la ch. peut infliger elle-même, sont : 1° le rappel à l'ordre ; 2° la censure simple par la décision même ; 3° la censure avec réprimande, par le syndic, à l'huissier en personne, dans la chambre assemblée ; 4° l'interdiction de l'entrée de la ch. pendant six mois au plus.

72. L'application par la ch. des huissiers des peines de discipline, spécifiées dans l'art. précédent, ne préjudiciera point à l'action des parties intéressées, ni à celle du ministère public.

73. Toute condamnation des huissiers, à l'amende, à la restitution et aux dommages-intérêts, pour des faits relatifs à leurs fonctions, sera prononcée par le trib. de 1re inst. du lieu de leur résidence, sauf le cas prévu par le § 3, art. 43, à la poursuite des parties intéressées, ou du syndic de la communauté, au nom de la ch. de discipline. Elle pourra l'être aussi à la requête du ministère public.

74. La suspension des huissiers ne pourra être prononcée que par les C. et trib. auxquels ils sont respectivement attachés.

75. Il n'est dérogé par le présent titre à aucune des dispositions des art. 102, 103 et 104, décret 30 mars 1808.

76. Le syndic aura la police d'ordre dans la ch. — Il proposera les sujets de délibération, recueillera les voix, et prononcera le résultat des délibérations. Il dirigera toutes actions et poursuites à exercer par la ch., et agira pour elle et en son nom, dans tous les cas, conformément à ce qu'elle aura délibéré.

- Il aura seul le droit de correspondre, au nom de la ch., avec le président et le ministère public; sauf, en cas d'empêchement, la délégation au rapporteur.

77. Le rapporteur déférera à la ch., soit d'office, soit sur la provocation des parties intéressées ou de l'un des membres de la ch., les faits qui pourront donner lieu a des mesures de discipline contre des membres de la communauté. — Il recueillera des renseignemens sur ces faits, ainsi que sur toutes les affaires qui doivent être portées à la connaissance de la ch., et lui en fera son rapport.

78. Le trésorier tiendra la bourse commune, conformément aux dispositions du ch. 5 ci-après.

79. Le secrétaire rédigera les délibérations de la ch. Il sera le gardien des archives, et délivrera des expéditions.

Ch. 4. Forme de procéder dans la ch. de discipline.

80. La ch. ne pourra faire l'application des peines de discipline spécifiées en l'art. 71, qu'après avoir entendu l'huissier inculpé, ou faute par lui d'avoir comparu dans le délai de la citation. Ce délai ne sera jamais moindre de cinq jours.

81. La citation sera donnée par une simple lettre indicative de l'objet, signée du rapporteur, et envoyée par le secrétaire, qui en prendra note sur un registre tenu à cet effet, coté et paraphé par le président du tribunal de 1re instance.

82. La même forme aura lieu pour appeler toutes personnes, huissiers ou autres, qui voudront être entendues sur des réclamations ou plaintes par elle adressées à la ch. de discipline.

83. Lorsqu'il s'agira de contestations entre huissiers, les citations pourront être respectivement données dans la forme ordinaire, en déposant les originaux au secrétariat de la ch.

84. Dans tous les cas, les parties pourront se présenter aux séances de la ch., volontairement et sans citation préalable.

85. La ch. ne pourra prononcer ni émettre son avis sur aucune affaire, qu'après avoir entendu le rapporteur.

86. Elle ne pourra délibérer valablement, si les membres votans ne forment au moins les deux tiers de ceux qui la composent.

87. Les délibérations seront prises à la majorité absolue des voix. Le syndic aura voix prépondérante en cas de partage.

88. Les délibérations seront inscri-

tes sur un registre coté et paraphé par le syndic; elles seront signées par tous les membres qui y auront concouru. Les expéditions seront signées par le syndic et le secrétaire.

89. Tous les actes de la ch., soit en minute, soit en expédition, à l'exception des certificats et autres pièces à délivrer aux candidats ou à des individus quelconques, dans leur intérêt personnel, seront exempts du timbre et de l'enregistrement.

90. La ch. sera tenue de représenter à nos procur.-généraux et impér., toutes les fois qu'ils en feront la demande, les registres de ses délibérations, et tous autres papiers déposés dans ses archives.

Ch. 5. Bourse commune.

91. Dans chaque communauté d'huissiers il y aura une bourse commune, formée et administrée d'après les règles établies au présent chap.

92. Chaque huissier versera dans la bourse commune de son arrondiss. les deux cinquièmes de tous ses émolumens. — Les huissiers suspendus ou destitués y verseront, dans la même proportion, les émolumens par eux perçus jusqu'à l'époque de leur suspension ou destitution.

93. Les huissiers aud. ne verseront point à la bourse commune les émolumens des appels de cause et des significations d'avoué à avoué, non plus que les émolumens des actes relatifs aux poursuites criminelles et correctionnelles, autres toutefois que les significations à parties et assignations à témoins.

94. Les huissiers aud. de tous nos trib. de comm., sans distinction de lieu, recevront 30c par chaque appel de cause, et ceux près des trib. de paix 15c, laquelle rétribution sera également exceptée du versement à la bourse commune.

95. Le produit total des émolumens exceptés par les deux précédens art. sera partagé, par portions égales, entre les seuls huissiers aud. de la C. ou du trib. où ils les ont été perçus, et sans aucune distinction entre ces huissiers, de quelque manière que le service intérieur ait été distribué entre eux.

96. Les huissiers aud. qui reçoivent un traitement n'en verseront aucune portion dans la bourse commune. Au surplus, les art. 92, 93 et 95 leur sont applicables.

97. Les versemens à la bourse commune, dont il est parlé ci-dessus, seront faits entre les mains du trésorier de la

ch. de discipline, au moins cinq jours avant les époques du partage qui aura lieu en exécution des art. 103, 104, 105 et 106; et à l'appui de chacun desdits versemens, l'huissier remettra au trésorier une copie littérale, sur papier libre, de son répertoire, à partir du jour du dernier versement.

98. L'huissier contrevenant à une des obligations qui lui sont imposées par le précédent art., sera condamné à 100ᶠ d'amende. La contrainte par corps, contre l'huissier, aura lieu pour le paiement de l'amende, pour la remise de la copie du répertoire, pour l'acquittement de la somme qu'il doit verser dans la bourse commune.

99. Le syndic pourra exiger la représentation de l'original du répertoire; et si la copie remise au trésorier n'y est point conforme, l'huissier sera condamné, par corps, à 100ᶠ d'amende pour chaque art. omis, ou infidèlement transcrit.

100. Sera également versé à la bourse commune le quart des amendes prononcées contre des huissiers pour délits ou contraventions relatifs à l'exercice de leur ministère. Ces amendes seront perçues en totalité par le receveur de l'enregistrement du chef-lieu de l'arrondiss., lequel tiendra compte, tous les trois mois, à la communauté des huissiers, de la portion qui pourra lui revenir, aux termes du présent art.

101. La communauté fixera, chaque année, en assemblée générale, la somme à prélever sur la bourse commune, tant pour le droit de recette que pour frais de bureau, et autres dépenses de la ch. — L'arrêté portant cette fixation sera homologué par le trib. de 1ʳᵉ inst., sur les conclusions du ministère public.

102. L'assemblée générale pourra aussi autoriser la ch. de discipline à disposer, sur ladite bourse, d'une somme déterminée, pour subvenir aux besoins des huissiers retirés pour cause d'infirmités ou de vieillesse, et des veuves et orphelins d'huissiers. — L'arrêté qui sera pris à ce sujet sera homologué, ainsi qu'il est dit au précédent art. Dans l'un et l'autre cas, il ne sera dû que le droit simple d'enregistrement.

103. Les fonds de la bourse commune, déduction faite du montant des prélèvemens qui auront été autorisés, conformément aux art. précéd., seront divisés relativement au nombre d'huissiers composant la communauté, et en autant de parts et portions qu'il sera nécessaire, pour que la distribution desdits fonds soit faite ainsi qu'il suit : -- Chaque huissier aud. des C. impér.

aura une part et demie; chaque huissier aud. des trib. de 1ʳᵉ inst. aura une part et un quart; tous les autres huissiers aud. et ordinaires auront chacun une part. Néanmoins, dans les chefs lieux de départ. autres que celui où siège la C. impér., les huissiers aud. attachés à la C. d'assises seront traités comme ceux de la C. impér. lorsqu'ils feront près ladite C. d'assises un service continu, et non alternatif avec les huissiers aud. du trib. de 1ʳᵉ inst. — Sont compris parmi les huissiers aud. qui auront seulement une part, ceux qui reçoivent un traitement, à quelque C. ou trib. qu'ils appartiennent.

104. Les huissiers destitués, démissionnaires ou décédés, ne seront compris dans le partage que pour les sommes versées à la bourse commune, ou qui auront dû y être versées avant l'époque de leur destitution, démission ou décès, et dans la proportion seulement du temps qui se sera écoulé jusqu'à cette époque, à partir du dernier partage.

105. Les huissiers suspendus de leurs fonctions ne participeront à aucune distribution de sommes versées à la bourse commune pendant la durée de leur suspension. A l'égard des sommes versées antérieurement, ils n'y auront part que dans la proportion du nombre de jours qui se seront écoulés depuis le dernier partage jusqu'à l'époque de leur suspension.

106. Le partage de la bourse commune aura lieu tous les trois mois. Il pourra être fait plus souvent si la ch. le juge convenable, et en avertissant huit jours à l'avance les membres de la communauté.

107. Aux époques fixées pour le partage, le trésorier présentera à la ch. le compte de ses recettes et dépenses depuis le dernier partage, avec le projet de la répartition à faire, conformément aux art. 103, 104 et 105. — Le compte et l'état de répartition seront vérifiés, arrêtés et signés par chacun des membres présens, au plus tard dans la huitaine de la présentation.

108. Dès que la répartition aura été arrêtée par la ch., les parts seront exigibles; le trésorier sera tenu de les délivrer à ceux qui y auront droit; et sur leur demande, il s'en fera donner décharge sans frais.

109. Dans le mois qui suivra la répartition faite par la ch., tout huissier de l'arrondiss. pourra prendre communication, sans déplacer, du compte et des pièces à l'appui, ainsi que de l'état de répartition, et y faire ses observations, sur lesquelles la ch. sera tenue

de prononcer dans la huitaine. — Si l'huissier réclamant refuse d'acquiescer à la décision de la ch. il en sera référé au trib. de 1re inst. , qui prononcera , après avoir entendu le procur. impér.

110. Le trésorier rendra aussi, chaque année, dans la première quinzaine d'oct., le compte général de ses recettes et dépenses pendant l'année révolue. — Ce compte sera vérifié, arrêté et signé par chacun des membres de la ch. ; il pourra être débattu de la même manière que les comptes particuliers. — Le délai pour prendre communication sera de deux mois, à partir du jour où la chambre aura définitivement arrêté le compte.

111. Le trésorier qui sera en retard ou qui refusera, soit de rendre ses comptes, soit de remettre les sommes par lui dues à la communauté ou a l'un de ses membres, pourra être poursuivi par les parties intéressées, par toutes les voies ordinaires de droit, et même par celle de la contrainte par corps, comme rétentionnaire de deniers.

112. Le trésorier tiendra un registre coté et paraphé par le président du trib. de 1re inst., et dans lequel il inscrira, jour par jour, ses recettes et dépenses. La ch. pourra se faire représenter ce registre aussi souvent qu'elle le jugera convenable, et l'arrêter par une délibération qui y sera transcrite en double minute. Elle l'arrêtera nécessairement tous les ans, lors de la vérification du compte général du trésorier.

113. Le trésorier sera tenu, si l'assemblée générale l'exige, de fournir caution solvable, pour le montant présumé de ses recettes pendant quatre mois.

ORDONNANCE 23 DÉCEMBRE 1814.

Art. 1. Les huissiers feront mention de leurs patentes dans les exploits et autres actes de leur ministère.

2. Les notaires , greffiers, avoués et huissiers sont également tenus de faire mention de la patente des particuliers qui y sont soumis dans tous leurs actes et exploits, le tout sous peine de l'amende de 500 fr. prononcée par l'art. 37 L. 1er brum. an 7 (1.

L. 28 AVRIL 1816.

Art. 88. Les cautionnemens des avocats à la C. de cass. , notaires, avoués, greffiers et huissiers à notre C. de cass.

et dans les C. roy. et trib. de 1re inst. , trib. de comm. et justices de paix , sont fixés en raison de la population et du ressort des trib. de la résidence de ces fonctionnaires, conformément au tarif annexé à la présente loi , sous les nos 7, 8 et 9 (2).

89. Il pourra être établi dans toutes les villes et lieux où sa majesté le jugera convenable , des commissaires priseurs dont les attributions seront les mêmes que celles des commissaires priseurs établis à Paris par la loi du 27 vent. an 9. — Ces commissaires n'auront, conformément à l'art. 1er de ladite loi , le droit exclusif que dans le chef-lieu de leur établissement. Ils auront dans tout le reste de l'arrondissement la concurrence avec les autres officiers ministériels , d'après les lois existantes.

Art. 91. Les avocats à la C. de cass., notaires, avoués, greffiers, huissiers, agens de change, courtiers, commissaires priseurs, pourront présenter à l'agrément de sa majesté des successeurs, pourvu qu'ils réunissent les qualité exigées par les lois. — Cette faculté n'aura pas lieu pour les titulaires destitués. — Il sera statué, par une loi particulière , sur l'exécution de cette disposition et sur les moyens d'en faire jouir les héritiers ou ayant-cause desdits officiers. — Cette faculté de présenter des successeurs ne déroge point, au surplus, au droit de sa majesté de réduire le nombre desdits fonctionnaires , notamment celui des notaires, dans les cas prévus par la loi du 25 vent. an 11 sur le notariat.

ORDONNANCE DU 20 NOV. 1822.

Titre 1, art. 5. — Nul ne pourra être inscrit sur le tableau des avocats d'une cour ou d'un tribunal , s'il n'exerce réellement près de ce tribunal ou de cette cour.

6. Le tableau sera réimprimé au commencement de chaque année judiciaire et déposé au greffe de la cour ou du tribunal auquel les avocats inscrits seront attachés.

Titre 2, art. 9. — Le bâtonnier est chef de l'ordre et préside le conseil de discipline.

12. Les attributions du conseil de discipline consistent 1° à prononcer sur les difficultés relatives à l'inscription dans le tableau de l'ordre; 2° à exercer la surveillance que l'honneur et les intérêts de cet ordre rendent nécessaire ; 3° à appliquer lorsqu'il y

---

(1) Réduite à 50 fr. L. 16 juin 1824, art. 10.

(2) — V. Cautionnement, n 6.

a lieu des mesures de discipline autorisées par les réglements.

13. Le conseil de discipline statue sur l'admission au stage, des licenciés en droit qui ont prêté le serment d'avocat dans nos cours royales; sur l'inscription au tableau des avocats stagiaires après l'expiration de leur stage et sur le rang de ceux qui ayant déja été inscrits au tableau, et ayant abandonné l'exercice de leur profession se présenteraient de nouveau pour la reprendre.

14. Les conseils de discipline sont chargés de maintenir les sentiments de fidélité à la monarchie et aux institutions constitutionnelles, et les principes de modération, de désintéressement et de probité sur lesquels repose l'honneur de l'ordre des avocats; ils surveillent les mœurs et la conduite des avocats stagiaires.

15. Les conseils de discipline répriment d'office, ou sur les plaintes qui leur sont adressées, les infractions et les fautes commises par les avocats inscrits au tableau.

16. Il n'est point dérogé par les dispositions qui précèdent, au droit qu'ont les tribunaux de réprimer les fautes commises à leur audience par les avocats.

17. L'exercice du droit de discipline ne met point obstacle aux poursuites que le ministère public ou les parties civiles se croiraient fondés à intenter dans les tribunaux pour la répression des actes qui constitueraient des délits ou des crimes.

18. Les peines de discipline sont, l'avertissement; — la réprimande; — l'interdiction temporaire; — la radiation du tableau. — L'interdiction temporaire ne peut excéder le terme d'une année.

19. Aucune peine de discipline ne peut être prononcée sans que l'avocat inculpé ait été entendu ou appelé avec délai de huitaine.

21. Toute décision du conseil de discipline emportant interdiction temporaire ou radiation sera transmise dans les trois jours au procureur général qui en assurera et en surveillera l'exécution.

22. Le procureur général pourra quand il le jugera nécessaire, requérir qu'il lui soit délivré une expédition des décisions emportant avertissement ou réprimande.

23. Pourra également le procureur général demander l'expédition de toute décision par laquelle le conseil de discipline aurait prononcé l'absolution de l'avocat inculpé.

24. Dans les cas d'interdiction à temps ou de radiation l'avocat condamné pourra interjeter appel devant la cour du ressort.

25. Le droit d'appel des décisions rendues par les conseils de discipline dans les cas prévus par l'art. 15 appartient également à nos procureurs généraux.

26. L'appel, soit du procureur général, soit de l'avocat condamné ne sera recevable qu'autant qu'il aura été formé dans les dix jours de la communication qui leur aura été donnée par le bâtonnier de la décision du conseil de discipline.

27. Les cours statueront sur l'appel en assemblée générale et dans la chambre du conseil, ainsi qu'il est prescrit par l'art. 52. L. 20 av. 1810, pour les mesures de discipline qui sont prises à l'égard des membres des cours et des tribunaux.

28. Lorsque l'appel aura été interjeté par l'avocat condamné, les cours pourront, quand il y aura lieu, prononcer une peine plus forte quoique le procureur général n'ait pas lui-même appelé.

Titre 3, art. 30. — La durée du stage sera de trois années.

31. Le stage pourra être fait en diverses cours sans qu'il doive néanmoins être interrompu pendant plus de trois mois.

32. Les conseils de discipline pourront selon le cas prolonger la durée du stage.

33. Les avocats stagiaires ne feront point partie du tableau.

34. Les avocats stagiaires ne pourront plaider ni écrire dans aucune cause qu'après avoir obtenu des deux membres du conseil de discipline appartenant à leur colonne un certificat constatant leur assiduité aux audiences pendant deux années.

35. Dans les sièges où le nombre des avocats inscrits au tableau sera inférieur à celui de vingt, le certificat d'assiduité sera délivré par le président et par notre procureur.

36. Sont dispensés de l'obligation imposée par l'art. 34 ceux des avocats stagiaires qui auront atteint leur vingt-deuxième année.

37. Les avoués licenciés en droit qui, après avoir donné leur démission, se présenteront pour être admis dans l'ordre des avocats, seront soumis au stage.

Titre 4, art. 38. — Les licenciés en droit sont reçus avocats par nos cours royales; ils prêtent serment en ces termes : « Je jure d'être fidèle au Roi et d'obéir à la Charte constitutionnelle; de ne rien dire ou publier comme défenseur ou conseil, de contraire aux lois, aux réglemens, aux bonnes mœurs, à la sûreté de l'État et à la paix publique, et de ne jamais m'écarter du respect dû aux tribunaux et aux autorités publiques. »

41. L'avocat nommé d'office pour la défense d'un accusé ne pourra refuser son ministère, sans faire approuver ses motifs d'excuse ou d'empêchement par les cours d'assises, qui prononceront, en cas de résistance, l'une des peines déterminées par l'art. 18 ci-dessus.

42. La profession d'avocat est incompatible avec toutes les fonctions de l'ordre judiciaire, à l'exception de celle de suppléant; avec les fonctions de préfet, de sous-préfet et de secrétaire général de préfecture; avec celles de greffier, de notaire et d'avoué; avec les emplois à gages et ceux d'agent comptable; avec toute espèce d' négoce. En sont exclues toutes personnes exerçant la profession d'agent d'affaires.

43. Toute attaque qu'un avocat se permettrait de diriger, dans ses plaidoiries ou dans ses écrits, contre la religion, les principes de la monarchie, la Charte, les lois du royaume ou les autorités établies, sera réprimé immédiatement, sur les conclusions du ministère public, par le tribunal saisi de l'affaire, lequel prononcera une des peines prescrites par l'art. 18, sans préjudice des poursuites extraordinaires, s'il y a lieu.

44. Enjoignons à nos cours de se conformer exactement a l'art. 9 de la loi du 20 avril 1810, et, en conséquence, de faire connaître chaque année à notre garde-des-sceaux, ministre de la justice, ceux des avocats qui se seront fait remarquer par leurs lumières, leurs talents, et surtout par la délicatesse et le désintéressement qui doivent caractériser cette profession.

45. Les usages observés dans le barreau relativement aux droits et aux devoirs des avocats, dans l'exercice de leur profession, sont maintenus.

ORDONN. 26 JUIN 1822.

Art. 1. La bourse commune des huissiers sera exclusivement destinée à subvenir aux dépenses de la communauté, et a distribuer, lorsqu'il y aura lieu, des secours tant aux huissiers en exercice qui seraient indigens, âgés et hors d'état de travailler, qu'aux huissiers retirés pour cause d'infirmités et de vieillesse, mais non destitués, et aux veuves et orphelins d'huissiers.

2. Chaque huissier versera dans la bourse commune une portion qui ne pourra être au-dessous d'un vingtième, ni excéder le dixième des émolumens attribués pour les originaux seulement de tous exploits et procès-verbaux portés à son répertoire, et faits soit à la requête des parties, soit à la réquisition ou sur la demande du ministère public, tant en matière civile qu'en matière criminelle, correctionnelle et de simple police.

3. Les actes non susceptibles d'être inscrits sur le répertoire ne seront pas sujets au versement.

4. A l'égard des actes pour lesquels le tarif n'alloue qu'un seul droit dans lequel sont confondues les vacations et diligences, la contribution ne s'exercera que sur la somme allouée pour l'original seulement.

5. Les huissiers suspendus ou destitués verseront, dans les proportions ci-dessus, les émolumens par eux perçus jusqu'à l'époque de la cessation effective de leurs fonctions.

6. Les huissiers aud. qui reçoivent un traitement n'en verseront aucune portion à la bourse commune; au surplus, les art. ci-dessus leur seront applicables.

7. Les versemens à la bourse commune seront faits par trimestre, entre les mains du trésorier de la ch. de discipline, dans les 15 jours qui suivront le trimestre expiré, sans distinction des actes dont l'huissier aura été payé, d'avec ceux dont le coût lui serait encore dû.

8. A l'appui de chacun de ces versemens, l'huissier, après que son répertoire aura été visé par le receveur de l'enregistrement, en remettra au trésorier de la ch. un extrait sur papier libre, lequel sera par lui certifié véritable, et contiendra seulement en 4 colonnes le numéro d'ordre, la date des actes, leur nature et le coût de l'original.

9. Pendant le cours de chaque année, les quatre cinquièmes des fonds versés à la bourse commune pourront être employés par la ch. aux besoins de la communauté et aux secours à accorder. — Le dernier cinquième, ensemble ce qui n'aurait pas été employé sur les quatre autres, formera un fonds de réserve, lequel, dès qu'il sera suffisant, sera placé en rentes sur l'État. Les intérêts de ce fonds seront successivement cumulés avec le capital jusqu'à ce que l'intérêt annuel de la réserve suffise à la destination déterminée par l'art. 1er.

10. Les secours seront accordés nominativement chaque année par une délibération de la ch., qui sera soumise à l'homologation du trib., sur les conclusions du ministère public.

11. Dans le mois qui suivra la publication de la présente ordonn., chaque communauté d'huissier fixera, en as-

semblée générale, la quotité des émolumens qui, pour l'exécution de l'art. 2 ci-dessus, devra être versée en bourse commune. Cette délibération sera homologuée, ainsi qu'il est dit au précédent art. — Les augmentations et diminutions dont la portion contributive pourrait par la suite être jugée susceptible seront réglées suivant le même mode.

12. Toutes les dispositions du réglement du 14 juin 1813, auxquelles il n'est pas dérogé par la présente ordonn., continueront d'être exécutées.

ORDONN. 10 MARS 1823.

Art. 1. Lorsqu'une partie aura été défendue devant le trib. de comm. par un tiers, il sera fait mention expresse dans la minute du jugement qui interviendra, soit de l'autorisation que ce titre aura reçue de la partie présente, soit du pouvoir spécial dont il aura été muni.

2. Les magistrats chargés de procéder à la vérification ordonnée par l'art. 6 de l'ordonn. du 5 nov. 1823, s'assureront si la formalité prescrite par l'art. précédent est observée dans tous les jugemens rendus entre des parties qui ont été défendues ou dont l'une a été défendue par un tiers. Ils consigneront dans leur procès-verbal le résultat de leur examen à cet égard.

3. En cas de contravention à l'art. 1 de la présente ordonnance, il en sera rendu compte à notre garde des sceaux, pour être pris à l'égard du greffier telles mesures qu'il appartiendra.

ORDONN. 24 SEPT. 1828.

Art. 1. A partir du 1er nov. prochain les ch. des appels de police correct. de nos C. roy. seront composées au moins de 7 juges, y compris le président. — Ces ch. pourront connaître des causes civiles tant ordinaires que sommaires, et ne pourront prononcer qu'au nombre de 7 juges.

2. Dans la huitaine qui suivra l'avis de la distribution faite par le pr. président, ces ch. tiendront deux audiences civiles par semaine, jusqu'à épuisement des rôles.

3. Dans les C. divisées en trois ch. seulement, la ch. des appels de police correction. se réunira à la ch. civile pour le jugement des causes qui doivent être portées aux audiences solennelles, de manière que les arrêts soient rendus au nombre de 14 juges au moins.

4. Pendant les sessions d'assises aux chefs-lieux des C., les magistrats tirés des autres ch. pour former la C. d'assi-

ses seront remplacés par ceux des ch. des mises en accusation à tour de rôle, et en commençant par le dernier sur la liste de rang. — Il en sera de même pour le service de chacune des autres ch., lorsque le nombre de 7 ou de 14 juges devra être complété.

5. L'art. 2 déc. 6 juil. 1810, qui autorise le jugement des appels de police correction. au nombre de 5 juges, continuera d'être exécuté.

6. Toutes dispositions du réglement d'administration publique du 6 juill. 1810 contraires à la présente, ainsi que l'avis du cons. d'Ét. approuvé le 10 janv. 1813, sont et demeureront abrogés.

ORDONN. 27 AOUT 1830.

1. A compter de la publication de la présente ordonnance, les conseils de discipline seront élus directement par l'assemblée de l'ordre composée de tous les avocats inscrits au tableau, l'élection aura lieu par scrutin de liste et à la majorité relative des membres présens.

2. Les conseils de discipline seront provisoirement composés de cinq membres dans les siéges où le nombre des avocats inscrits sera inférieur à trente, y compris ceux où les fonctions desdits conseils ont été jusqu'à ce jour exercées par les tribunaux; — de sept, si le nombre des avocats inscrits est de trente à cinquante — de neuf si ce nombre est de cinquante à cent; — de quinze, s'il est de cent ou audessus;— de vingt et un à Paris.

3. Le bâtonnier de l'ordre sera élu par la même assemblée et par un scrutin séparé, à la majorité absolue avant l'élection du conseil de discipline.

4. A compter de la même époque, tout avocat inscrit au tableau pourra plaider devant toutes les cours royales et tous les tribunaux du royaume, sans avoir besoin d'aucune autorisation; sauf les dispositions de l'art. 295, C. inst. crim.

5. Il sera procédé dans le plus court délai possible à la révision définitive des lois et réglemens concernant l'exercice de la profession d'avocat.

LOI 11 AVR. 1831, sur les pensions de l'armée de terre.

Art. 23. Les pensions militaires et leurs arrérages sont incessibles et insaisissables, excepté dans le cas de débet envers l'État, ou dans les circonstances prévues par les art. 203 et 205 C. civ. — Dans ces deux cas, les pensions militaires sont passibles d^s

retenues qui ne peuvent excéder le cinquième de leur montant pour cause de débet, et le tiers pour alimens.

Nota. L'art. 31 L. 18 avr. 1831, sur les pensions de l'armée de mer, renferme des dispositions identiques.

LOI 17 AVRIL 1832.

TIT. 1er. — *Dispositions relatives à la contrainte par corps en matière de commerce.*

Art. 1. La contrainte par corps sera prononcée. sauf les exceptions et les modifications ci-après, contre toute personne condamnée pour dette commerciale au paiement d'une somme principale de 200 fr. et au-dessus.

2. Ne sont point soumis à la contrainte par corps en matière de commerce : — 1o les femmes et les filles non légalement réputées marchandes publiques; — 2o les mineurs non commerçans, ou qui ne sont point réputés majeurs pour le fait de leur commerce: — 3o les veuves et héritiers des justiciables des trib. de comm. assignés devant ces trib. en reprise d'instance ou par action nouvelle en raison de leur qualité.

3. Les condamnations prononcées par les trib. de comm. contre des individus non négocians, pour signatures apposées. soit à des lettres de change réputées simples promesses aux termes de l'art. 112 C. comm., soit à des billets à ordre, n'emportent point la contrainte par corps, à moins que ces signatures et engagemens n'aient eu pour cause des opérations de commerce, trafic, change, banque ou courtage.

4. La contrainte par corps en matière de commerce ne pourra être prononcée contre les débiteurs qui auront commencé leur 70e année.

5. L'emprisonnement pour dette commerciale cessera de plein droit après un an, lorsque le montant de la condamnation principale ne s'élèvera pas à 500 fr. — Après deux ans, lorsqu'il ne s'élèvera pas à 1,000 fr. — Après trois ans, lorsqu'il ne s'élèvera pas à 3,000 fr. — Après quatre ans, lorsqu'il ne s'élèvera pas à 5,000 fr. — Après cinq ans, lorsqu'il sera de 5,000 fr. et au-dessus.

6. Il cessera pareillement de plein droit le jour où le débiteur aura commencé sa 70e année.

TIT. 11. *Dispositions relatives à la contrainte par corps en matière civile.*

SECT. 1re. *Contrainte par corps en matière civile ordinaire.*

7. Dans tous les cas où la contrainte par corps a lieu en matière civile ordinaire, la durée en sera fixée par le jugement de condamnation ; elle sera d'un an au moins et de dix ans au plus. — Néanmoins, s'il s'agit de fermages de biens ruraux aux cas prévus par l'art. 2062 C. civ., ou de l'exécution des condamnations intervenues dans le cas où la contrainte par corps n'est pas obligée, et où la loi attribue seulement aux juges la faculté de la prononcer, la durée de la contrainte ne sera que d'un an au moins et de cinq ans au plus.

SECT. 2. *Contrainte par corps en matière de deniers et effets mobiliers publics.*

8. Sont soumis à la contrainte par corps pour raison du reliquat de leurs comptes, déficit ou débets constatés à leur charge et dont ils ont été déclarés responsables : 1o les comptables de deniers publics ou d'effets mobiliers publics et leurs cautions; — 2o leurs agens ou préposés qui ont personnellement géré ou fait la recette; — 3o toutes personnes qui ont perçu des deniers publics dont elles n'ont point effectué le versement ou l'emploi, ou qui, ayant reçu des effets mobiliers appartenant à l'Etat, ne les représentent pas ou ne justifient pas de l'emploi qui leur avait été prescrit.

9. Sont compris dans les dispositions de l'article précédent les comptables chargés de la perception des deniers ou de la garde et de l'emploi des effets mobiliers appartenant aux communes, aux hospices et aux établissemens publics, ainsi que leurs cautions et leurs agens et préposés ayant personnellement géré ou fait la recette.

10. Sont également soumis à la contrainte par corps : 1o tous entrepreneurs fournisseurs, soumissionnaires et traitans qui ont passé des marchés ou traités intéressant l'Etat, les communes, les établissemens de bienfaisance et autres établissemens publics, et qui sont déclarés débiteurs par suite de leurs entreprises; — 2o leurs cautions ainsi que leurs agens et préposés qui ont personnellement géré l'entreprise, et toutes personnes déclarées responsables des mêmes services.

11. Seront encore soumis à la contrainte par corps tons redevables, débiteurs et cautions de droits de douanes, d'octrois, et autres contributions indirectes, qui ont obtenu un crédit et qui n'ont pas acquitté à l'échéance le montant de leurs soumissions ou obligations.

12. La contrainte par corps pourra

être prononcée, en vertu des quatre articles précédens, contre les femmes et les filles. — Elle ne pourra l'être contre les septuagénaires.

13. Dans les cas énoncés dans la présente section, la contrainte par corps n'aura jamais lieu que pour une somme principale excédant 300 fr.

Sa durée sera fixée dans les limites de l'art. 7 de la présente loi, § 1.

Tɪᴛ. 3. *Dispositions relatives à la contrainte par corps contre les étrangers.*

14. Tout jugement qui interviendra au profit d'un Français contre un étranger non domicilié en France emportera la contrainte par corps, à moins que la somme principale de la condamnation ne soit inférieure à 150 fr., sans distinction entre les dettes civiles et les dettes commerciales.

15. Avant le jugement de condamnation, mais après l'échéance ou l'exigibilité de la dette, le président du trib. de 1ʳᵉ instance dans l'arrondissement duquel se trouvera l'étranger non domicilié pourra, s'il y a de suffisans motifs, ordonner son arrestation provisoire, sur la requête du créancier français. — Dans ce cas, le créancier sera tenu de se pourvoir en condamnation dans la huitaine de l'arrestation du débiteur, faute de quoi, celui-ci pourra demander son élargissement. La mise en liberté sera prononcée par ordonn. de référé, sur une assignation donnée au créancier par l'huissier que le président aura commis dans l'ordonn. même qui autorisait l'arrestation, et à défaut de cet huissier, par tel autre qui sera commis spécialement.

16. L'arrestation provisoire n'aura pas lieu ou cessera, si l'étranger justifie qu'il possède sur le territoire français un établissemsnt de commerce ou des immeubles, le tout d'une valeur suffisante pour assurer le paiement de la dette, ou s'il fournit pour caution une personne domiciliée en France et reconnue solvable.

17. La contrainte par corps exercée contre un étranger en vertu de jugement pour dette civile ordinaire, ou pour dette commerciale, cessera de plein droit après deux ans, lorsque le montant de la condamnasion principale ne s'élèvera pas à 500 fr. — Après quatre ans, lorsqu'il ne s'élèvera pas à 1,000 fr. — Après six ans, lorsqu'il ne s'élèvera pas a 3.000 fr. — Après huit ans, lorsqu'il ne s'élèvera pas à 5,000 fr. — Après dix ans, lorsqu'il sera de 5,000 fr. et au-dessus. — S'il s'agit d'une dette civile pour laquelle

un Français serait soumis à la contrainte par corps, les dispositions de l'art. 7 seront applicables aux étrangers, sans que toutefois le *minimum* de la contrainte puisse être au dessous de deux ans.

18. Le débiteur étranger, condamné pour dette commerciale, jouira du bénéfice des art. 4 et 6 de la présente loi. En conséquence, la contrainte par corps ne sera point prononcée contre lui, ou elle cessera dès qu'il aura commencé sa 70ᵉ année. — Il en sera de même à l'égard de l'étranger condamné pour dette civile, le cas de stellionat excepté. — La contrainte par corps ne sera pas prononcée contre les étrangères pour dettes civiles, sauf aussi le cas de stellionat, conformément au § 1 de l'art. 2066 C. civ., qui leur est déclaré applicable.

Tɪᴛ. 4. *Dispositions communes aux trois titres précédens.*

19. La contrainte par corps n'est jamais prononcée contre le débiteur au profit, 1ᵒ de son mari ni de sa femme; — 2ᵒ de ses ascendans, descendans, frères ou sœurs au même degré. — Les individus mentionnés dans les deux §§ ci-dessus, contre lesquels il serait intervenu des jugemens de condamnation par corps, ne pourront être arrêtés en vertu desdits jugemens; s'ils sont détenus, leur élargissement aura lieu immédiatement après la promulgation de la présente loi.

20. Dans les affaires où les trib. civ. ou de comm. statuent en dernier ressort, la disposition de leur jugement, relative à la contrainte par corps, sera sujette à l'appel. Cet appel ne sera pas suspensif.

21. Dans aucun cas, la contrainte par corps ne pourra être exécutée contre le mari et contre la femme simultanément pour la même dette.

22. Tout huissier, garde du commerce ou exécuteur des mandemens de justice, qui, lors de l'arrestation d'un débiteur, se refuserait à le conduire en référé devant le président du trib. de 1 inst., aux termes de l'article 786 C. pr. civ., sera condamné à 1,000 fr. d'amende, sans préjudice des dommages-intérêts. Dans ce cas, le créancier sera tenu de se pourvoir en condamnation dans la huitaine de l'arrestation du débiteur, faute de quoi celui-ci pourra demander son élargissement.

23. Les frais liquidés que le débiteur doit consigner ou payer pour empêcher l'exercice de la contrainte par corps, ou pour obtenir son élargissement, conformément aux art 798 et 860-2ᵉ C.

pr., ne seront jamais que les frais de l'instance, ceux de l'expédition de la signification du jugement et de l'arrêt, s'il y a lieu, ceux enfin de l'exécution relative à la contrainte par corps seulement.

24. Le débiteur, si la contrainte par corps n'a pas été prononcée pour dette commerciale, obtiendra son élargissement en payant ou consignant le tiers du principal de la dette et de ses accessoires, et en donnant pour le surplus une caution acceptée par le créancier ou reçue par le trib. civ. dans le ressort duquel le débiteur sera détenu.

25. La caution sera tenue de s'obliger solidairement avec le débiteur à payer, dans un délai qui ne pourra excéder une année, les deux tiers qui resteront dûs.

26. A l'expiration du délai prescrit par l'article précédent, le créancier, s'il n'est pas intégralement payé, pourra exercer de nouveau la contrainte par corps contre le débiteur principal, sans préjudice de ses droits contre la caution.

27. Le débiteur qui aura obtenu son élargissement de plein droit après l'expiration des délais fixés par les art. 5, 7, 13, 17, de la présente loi, ne pourra plus être détenu ou arrêté pour dettes contractées antérieurement à son arrestation et échues au moment de son élargissement, à moins que ces dettes n'entraînent, par leur nature et leur quotité, une contrainte plus longue que celle qu'il aura subie, et qui, dans ce dernier cas, lui sera toujours comptée pour la durée de la nouvelle incarcération.

28. Un mois, après la promulgation de la présente loi, la somme destinée à pourvoir aux alimens des détenus pour dettes devra être consignée d'avance et pour 30 jours au moins. — Les consignations pour plus de 30 jours ne vaudront qu'autant qu'elles seront d'une seconde ou de plusieurs périodes de 30 jours.

29. A compter du même délai d'un mois, la somme destinée aux alimens sera de 30 fr., à Paris, et de 25 fr. dans les autres villes pour chaque période de 30 jours.

30. En cas d'élargissement faute de consignation d'alimens, il suffira que la requête présentée au président du trib. civ. soit signée par le débiteur détenu et par le gardien de la maison d'arrêts pour dettes, ou même certifiée véritable par le gardien, si le détenu ne sait signer. — Cette requête sera présentée en *duplicata*. L'ordonn. du président, ainsi rendue par *duplicata*, sera exécutée sur l'une des minutes qui restera entre les mains du gardien; l'autre minute sera déposée au greffe du trib. et enregistrée *gratis*.

31. Le débiteur élargi faute de consignation d'alimens ne pourra plus être incarcéré pour la même dette.

32. Les dispositions du présent titre et celles du C. de pr. civ. sur l'emprisonnement, auxquelles il n'est pas dérogé par la présente loi, sont applicables à l'exercice de toutes contraintes par corps, soit pour dettes commerciales, soit pour dettes civiles, même pour celles qui sont énoncées à la 2 section du tit. 11 ci-dessus, et enfin à la contrainte par corps qui est exercée contre les étrangers. — Néanmoins, pour les cas d'arrestation provisoire, le créancier ne sera pas tenu de se con former à l'art. 780 C. pr, qui prescrit une signification et un commandement préalable.

Tit. 6. *Dispositions transitoires.*

42. Un mois après la promulgation de la présente loi, tous débiteurs actuellement détenus pour dettes civiles ou commerciales obtiendront leur élargissement, s'ils ont commencé leur 70º année, à l'exception toutefois des stellionnataires, à l'égard desquels il n'est nullement dérogé au C. civ.

43. Après le même délai d'un mois, les individus actuellement détenus pour dettes civiles, emportant contrainte par corps obtiendront leur élargissement, si cette contrainte a duré dix ans, dans les cas prévus au § 1, article 7, et si cette contrainte a duré cinq ans, dans les cas prévus au § 2 du même article, comme encore si elle a duré dix ans, et s'ils sont détenus comme débiteurs ou rétentionnaires de deniers ou effets mobiliers de l'État, des communes et des établissemens publics.

44. Deux mois après la promulgation de la présente loi, les étrangers actuellement détenus pour dettes, et dont l'emprisonnement aura duré dix ans, obtiendront également leur élargissement.

Dispositions générales.

46. Les lois du 15 germ. an 6, du 4 flor. de la même année, et du 10 septembre 1807, sont abrogées. Sont également abrogées, en ce qui concerne la contrainte par corps, toutes dispositions des lois antérieures relatives aux cas où cette contrainte peut être prononcée contre les débiteurs de l'État, des communes et des établissemens publics. — Néanmoins, celles de ces dispositions qui concernent le mode des poursuites

à exercer contre ces mêmes débiteurs, et celles du tit. 13 du C. forestier, de la loi sur la pêche fluviale, ainsi que les dispositions relatives au bénéfice de cession, sont maintenues et continueront d'être exécutées.

ORDONNANCE DU 12-14 AOÛT 1832.

Art. 1. Lorsque le nombre des avoués près les C. roy. et les trib. de 1re inst. sera de 20 et au-dessus, les membres des chambres de discipline ne pourront être élus que parmi les avoués les plus anciens en exercice, formant la moitié du nombre total. — Lorsque ce nombre sera au-dessous de 20, tout avoué sera éligible à la chambre de discipline.

ORDONNANCE DU 6 OCTOBRE 1832.

ART. 1. Lorsque le nombre des huissiers exerçant dans le ressort d'un trib. d'arrondissement sera de 20 et au-dessus, les membres des chambres de discipline ne pourront être élus que parmi les huissiers, les plus anciens en exercice formant la moitié du nombre total. —Lorsque le nombre sera au-dessous de 20, tout huissier sera éligible à la chambre de discipline.

Art. 2. L'ordonnance du 26 août 1829 relatif à la composition de la chambre de discipline des huissiers près le trib. de 1re inst. de la Seine est rapportée.

LOI 31 MARS 1833.

Rédaction à insérer au C. de comm., art. 42, après le § 2 :
Chaque année, dans la première quinzaine de janv., les trib. de comm. désigneront, au chef-lieu de leur ressort, et à défaut dans la ville la plus voisine, un ou plusieurs journaux où devront être insérés, dans la quinzaine de leur date, les extraits d'actes de société en nom collectif ou en commandite, et régleront le tarif de l'impression de ces extraits. — Il sera justifié de cette insertin par un exemplaire du journal certifié par l'imprimeur, légalisé par le maire, et enregistré dans les trois mois de sa date.

Art. 46, § 3, — le rectifier ainsi :
En cas d'omission de ces formalités, il y aura lieu à l'application des dispositions pénales de l'art. 42, dernier alinéa.

ORDONN. 18 SEPTEMBRE 1833.

Chap. 1. — Des huissiers.

Art. 1. Il sera alloué à tous huissiers un franc pour l'original,

1º De la notification de l'extrait du jugement d'expropriation aux personnes désignées dans les art. 15 et 22 de la loi du 7 juillet 1833;

2º De la signification de l'arrêt de la cour de cassation (art. 20 et 42 de ladite loi);

3º De la dénonciation de l'extrait du jugement d'expropriation aux ayant-droit mentionnés aux art. 21 et 22;

4º De la notification de l'arrêté du préfet qui fixe la somme offerte pour indemnités (art. 23);

5º De l'acte contenant acceptation des offres faites par l'administration, avec signification, s'il y a lieu, des autorisations requises (art. 24, 25 et 26);

6º De l'acte portant convocation des jurés et des parties, avec notification aux parties d'une expédition de l'arrêt par lequel la cour royale a formé la liste du jury (art. 31 et 33);

7º De la notification au juré défaillant de l'ordonnance du directeur du jury qui l'a condamné à l'amende (art. 32);

8º De la notification de la décision du jury, revêtue de l'ordonnance d'exécution (art. 41);

9º De la sommation d'assister à la consignation, dans le cas où il n'y aura pas eu d'offres réelles (art. 54);

10º De la sommation au préfet pour qu'il soit procédé à la fixation de l'indemnité (art. 55);

11º De l'acte contenant réquisition par le propriétaire de la consignation des sommes offertes, dans le cas où cette réquisition n'a pas été faite par l'acte même d'acceptation (art. 59);

12º Et généralement de tous actes simples auxquels pourra donner lieu l'expropriation.

2. Il sera alloué à tous huissiers un franc cinquante centimes pour l'original :

1º De la notification du pourvoi en cassation formé soit contre le jugement d'expropriation, soit contre la décision du jury (art. 20 et 42);

2º De la dénonciation faite au directeur du jury, par le propriétaire ou l'usufruitier, des noms et qualités des ayant-droit mentionnés au § 1er de l'art. 21 de la loi précitée (art. 21 et 22);

3º De l'acte par lequel les parties intéressées font connaître leurs réclamations (art. 18, 21, 39, 52 et 54);

4º De l'acte d'acceptation des offres de l'administration, avec réquisition de consignation (art. 24 et 59);

5º De l'acte par lequel la partie qui refuse les offres de l'administration indique le montant de ses prétentions (art. 17, 14, 28 et 53):

6° De l'opposition formée par un juré à l'ordonnance du magistrat directeur du jury, qui l'a condamné à l'amende (art. 32);

7° De la réquisition du propriétaire, tendante à l'acquisition de la totalité de son immeuble (art. 50);

8° De la demande à fin de rétrocession des terrains non employés à des travaux d'utilité publique (art. 60 et 61);

9° De la demande tendante à ce que l'indemnité d'une expropriation déjà commencée soit réglée conformément à la loi du 7 juillet 1833 (art. 68);

10° Enfin de tous actes qui, par leur nature, pourront être assimilés à ceux dont l'énumération précède.

3. Il sera alloué à tous huissiers pour l'original :

1° Du procès-verbal d'offres réelles, contenant le refus ou l'acceptation des ayant-droit et sommation d'assister à la consignation (art. 53). . . . 2 f. 25 c.

2° Du procès-verbal de consignation, soit qu'il y ait eu ou non offres réelles (art. 49, 53 et 54). . . . 4 00

4. Il sera alloué pour chaque copie des exploits ci-dessus le quart de la somme fixée pour l'original.

5. Lorsque les copies de pièces dont la notifiation a lieu en vertu de la loi, seront certifiées par l'huissier, il lui sera payé trente centimes par chaque rôle, évalué à raison de vingt-huit lignes à la page, et quatorze à seize syllabes à la ligne (art. 57).

6. Les copies des pièces déposées dans les archives de l'administration qui seront réclamées par les parties dans leur intérêt pour l'exécution de la loi, et qui seront certifiées par les agens de l'administration, seront payées à l'administration sur le même taux que les copies certifiées par les huissiers.

7. Il sera alloué à tous huissiers cinquante centimes pour visa de leurs actes, dans le cas où cette formalité est prescrite.

Ce droit sera double si le refus du fonctionnaire qui doit donner le visa oblige l'huissier à se transporter auprès d'un autre fonctionnaire.

8. Les huissiers ne pourront rien réclamer pour le papier des actes par eux notifiés, ni pour l'avoir fait viser pour timbre.

Ils emploieront du papier d'une dimension égale, au moins, à celle des feuilles assujetties au timbre de soixante-dix centimes.

Chap. 2. — Des Greffiers.

9. Tous extraits ou expéditions délivrés par les greffiers, en matière d'expropriation pour cause d'utilité publique, seront portés sur papier d'une dimension égale à celle des feuilles assujetties au timbre de un franc vingt-cinq centimes.

Ils contiendront vingt-huit lignes à la page, et quatorze à seize syllabes à la ligne.

10. Il sera alloué aux greffiers quarante centimes pour chaque rôle d'expédition ou d'extrait.

11. Il sera alloué aux greffiers, pour la rédaction du procès-verbal des opérations du jury spécial, cinq francs pour chaque affaire terminée par décision du jury rendue exécutoire.

Néanmoins cette allocation ne pourra jamais excéder quinze francs par jour, quel que soit le nombre des affaires, et, dans ce cas, ladite somme de quinze francs sera répartie également entre chacune des affaires terminées le même jour.

12. L'état des dépens sera rédigé par le greffier.

Celle des parties qui requerra la taxe devra, dans les trois jours qui suivront la décision du jury, remettre au greffier toutes les pièces justificatives.

Le greffier paraphera chaque pièce admise en taxe avant de la remettre à la partie.

13. Il sera alloué au greffier dix centimes pour chaque article de l'état des dépens, y compris le paraphe des pièces.

14. L'ordonnance d'exécution du magistrat directeur du jury indiquera la somme des dépens taxés, et la proportion dans laquelle chaque partie devra les supporter.

15. Au moyen des droits ci-dessus accordés aux greffiers, il ne leur sera alloué aucune autre rétribution à aucun titre, sauf les droits de transport, dont il sera parlé ci-après; et ils demeureront chargés :

1° Du traitement des commis greffiers, s'il était besoin d'en établir pour le service des assises spéciales;

2° De toutes les fournitures de bureaux nécessaires pour la tenue des assises;

3° De la fourniture du papier des expéditions ou extraits, qu'ils devront aussi faire viser pour timbre.

Chap. 3. — Des Indemnités de transport.

16. Lorsque les assises spéciales se

tiendront ailleurs que dans la ville où siége le tribunal, le magistrat directeur du jury aura droit à une indemnité fixée de la manière suivante :

S'il se transporte à plus de cinq kilomètres de sa résidence, il recevra pour tous frais de voyage, de nourriture et de séjour, une indemnité de neuf francs par jour ;

S'il se transporte à plus de deux myriamètres, l'indemnité sera de douze francs par jour.

17. Dans le même cas, le greffier ou son commis assermenté recevra six ou huit francs par jour, suivant que le voyage sera de plus de cinq kilomètres ou de plus de deux myriamètres, ainsi qu'il est dit dans l'article précédent.

18. Les jurés qui se transporteront à plus de deux kilomètres du lieu où se tiendront les assises spéciales, pour les descentes sur les lieux, autorisées par l'art. 37 de la loi du 7 juillet 1833, recevront, s'ils en font la demande formelle, une indemnité qui sera fixée, pour chaque myriamètre parcouru, en allant et revenant, à deux francs cinquante centimes. Il ne leur sera rien alloué pour toute autre cause que ce soit, à raison de leurs fonctions, si ce n'est dans le cas de séjour forcé en route, comme il est dit ci-après, art. 24.

19. Les personnes qui seront appelées pour éclairer le jury, conformément à l'art. 37 précité, recevront, si elles le requièrent, savoir :

Quand elles ne seront pas domiciliées à plus d'un myriamètre du lieu où elles doivent être entendues, pour indemnité de comparution, un franc cinquante centimes ;

Quand elles seront domiciliées à plus d'un myriamètre, pour indemnité de voyage, lorsqu'elles ne seront pas sorties de leur arrondissement, un franc par myriamètre parcouru en allant et revenant ; et lorsqu'elles seront sorties de leur arrondissement, un franc cinquante centimes.

Dans le cas où l'indemnité de voyage est allouée, il ne doit être accordé aucune taxe de comparution.

20. Les personnes appelées devant le jury, qui reçoivent un traitement quelconque à raison d'un service public, n'auront droit qu'à l'indemnité de voyage, s'il y a lieu, et si elles la requièrent.

21. Les huissiers qui instrumenteront dans les procédures en matière d'expropriation pour cause d'utilité publique, recevront, lorsqu'ils seront obligés de se transporter à plus de deux kilomètres de leur résidence, un franc cinquante centimes pour chaque myriamètre parcouru en allant et en revenant, sans préjudice de l'application de l'art. 35 du décret du 14 juin 1813.

22. Les indemnités de transport ci-dessus établies seront réglées par myriamètre et demi-myriamètre. Les fractions de huit ou neuf kilomètres seront comptées pour un myriamètre, et celles de trois à huit kilomètres pour un demi-myriamètre.

23. Les distances seront calculées d'après le tableau dressé par les préfets, conformément à l'art. 93 du décret du 18 juin 1811.

24. Lorsque les individus dénommés ci-dessus seront arrêtés dans le cours du voyage par force majeure, ils recevront en indemnité, pour chaque jour de séjour forcé, savoir :

Les jurés, deux francs cinquante centimes ;

Les personnes appelées devant le jury, et les huissiers, un franc cinquante centimes.

Ils seront tenus de faire constater par le juge de paix, et à son défaut par l'un des suppléans ou par le maire, et à son défaut par l'un de ses adjoints, la cause du séjour forcé en route, et d'en représenter le certificat à l'appui de leur demande en taxe.

25. Si les personnes appelées devant le jury sont obligées de prolonger leur séjour dans le lieu où se fait l'instruction, et que ce lieu soit éloigné de plus d'un myriamètre de leur résidence, il leur sera alloué, pour chaque journée, une indemnité de deux francs.

26. Les indemnités des jurés et des personnes appelées pour éclairer le jury seront acquittées, comme frais urgens, par le receveur de l'enregistrement, sur un simple mandat du magistrat directeur du jury ; lequel mandat devra, lorsqu'il s'agira d'un transport, indiquer le nombre des myriamètres parcourus, et, dans tous les cas, faire mention expresse de la demande d'indemnité.

27. Seront également acquittées par le receveur de l'enregistrement les indemnités de déplacement que le magistrat directeur du jury et son greffier pourront réclamer, lorsque la réunion du jury aura lieu dans une commune autre que le chef-lieu judiciaire de l'arrondissement. Le paiement sera fait sur un état certifié et signé par le magistrat directeur du jury, indiquant le nombre des journées employées au transport et la distance entre le lieu où siége le jury et le chef-lieu judiciaire de l'arrondissement.

28. Dans tous les cas, les indemnités de transport allouées au magistrat

directeur du jury et au greffier resteront à la charge soit de l'administration, soit de la compagnie concessionnaire qui aura provoqué l'expropriation, et ne pourront entrer dans la taxe des dépens.

Chap. 4. — Dispositions générales.

29. Il ne sera alloué aucune taxe aux agens de l'administration autorisés par la loi du 7 juillet 1833 à instrumenter concurremment avec les huissiers.

30. Le greffier tiendra exactement note des indemnités allouées aux jurés et aux personnes qui seront appelées pour éclairer le jury, et en portera le montant dans l'état de liquidation des frais.

31. L'administration de l'enregistrement se fera rembourser de ses avances comprises dans la liquidation des frais, par la partie qui sera condamnée aux dépens, en vertu d'un exécutoire délivré par le magistrat directeur du jury, et selon le mode usité pour le recouvrement des droits dont la perception est confiée à cette administration.

Quant aux indemnités de transport payées au magistrat directeur du jury et au greffier, et qui, suivant l'art. 28 ci-dessus, ne pourront entrer dans la taxe des dépens, elle en sera remboursée soit par l'administration, soit par la compagnie concessionnaire qui aura provoqué l'expropriation.

ORDONNANCE DU 18 FÉVRIER 1834.

TIT. I. *Formalités des enquêtes relatives aux travaux publics qui ne peuvent être exécutés qu'en vertu d'une loi.*

Art. 1. Les entreprises des travaux publics qui, aux termes du premier paragraphe de l'art. 3 de la loi du 7 juillet 1833, ne peuvent être exécutées qu'en vertu d'une loi, seront soumises à une enquête préalable dans les formes ci-après déterminées.

2. L'enquête pourra s'ouvrir sur un avant-projet, où l'on fera connaître le tracé général de la ligne des travaux, les dispositions principales des ouvrages les plus importans, et l'appréciation sommaire des dépenses.

S'il s'agit d'un canal, d'un chemin de fer, ou d'une canalisation de rivière, l'avant-projet sera nécessairement accompagné d'un nivellement en longueur, et d'un certain nombre de profils traversaux; et si le canal est à point de partage, on indiquera les eaux qui doivent l'alimenter.

3. A l'avenir le projet sera joint, dans tous les cas, au mémoire descriptif indiquant le but de l'entreprise, et les avantages qu'on peut s'en promettre; on y annexera le tarif des droits, dont le produit serait destiné à couvrir les frais des travaux projetés, si ces travaux devaient devenir la matière d'une concession.

4. Il sera formé au chef-lieu de chacun des départemens que la ligne des travaux devra traverser, une commission de neuf membres au moins et de treize au plus, pris parmi les principaux propriétaires de terres, de bois, de mines, les négocians, les armateurs et les chefs d'établissemens industriels.

Les membres et le président de cette commission seront désignés par le préfet dès l'ouverture de l'enquête.

6. A l'expiration du délai qui sera fixé en vertu de l'article précédent, la commission mentionnée à l'art. 4 se réunira sur-le-champ; elle examinera les déclarations consignées aux registres de l'enquête; elle entendra les ingénieurs des ponts et chaussées et des mines employés dans le département; et, après avoir recueilli auprès de toutes les personnes qu'elle jugera utile de consulter, les renseignemens dont elle croira avoir besoin, elle donnera son avis motivé, tant sur l'utilité de l'entreprise, que sur les diverses questions qui auront été posées par l'administration. Ces diverses opérations, dont elle dressera procès-verbal, devront être terminées dans un nouveau délai d'un mois.

7. Des registres destinés à recevoir les observations auxquelles pourra donner lieu l'entreprise projetée, seront ouverts pendant un mois au moins et quatre mois au plus, au chef-lieu de chacun des départemens et des arrondissemens que la ligne des travaux devra traverser.

Les pièces qui, aux termes des art. 2 et 3 doivent servir de base à l'enquête, resteront déposées pendant le même temps et aux mêmes lieux.

La durée de l'ouverture des registres sera déterminée, dans chaque cas particulier, par l'administration supérieure. Cette durée, ainsi que l'objet de l'enquête, seront annoncés par des affiches.

8. Le procès-verbal de la commission d'enquête sera clos immédiatement; le président de la commission le transmettra sans délai, avec les registres et les autres pièces, au préfet, qui l'adressera avec son avis à l'administration supérieure dans les quinze jours qui suivront la clôture du procès-verbal.

9. Les chambres de commerce, et au besoin les chambres consultatives des arts et manufactures des villes intéressées à l'exécution des travaux, seront appelées à délibérer et à exprimer leur opinion sur l'utilité et la convenance de l'opération.

Les procès-verbaux de leurs délibérations devront être remis au préfet avant l'expiration du délai fixé dans l'art. 6.

TITRE II. *Formalités des enquêtes relatives aux travaux publics qui peuvent être autorisés par une ordonnance royale.*

10. Ces formalités prescrites par les art. 2, 3, 4, 5, 6, 7 et 8, seront également appliquées, sauf les modifications ci-après, aux travaux qui, aux termes du second paragraphe de l'art. 3 de la loi du 7 juillet 1833, peuvent être autorisés par une ordonnance royale.

11. Si la ligne des travaux n'excède pas les limites de l'arrondissement dans lequel ils sont situés, le délai de l'ouverture des registres et du dépôt des pièces sera fixé au plus à un mois et demi, et au moins à vingt jours.

La commission d'enquête se réunira au chef-lieu de l'arrondissement, et le nombre de ses membres variera de cinq à sept.

ORDONNANCE DU 15 FÉVRIER 1835.

Art. 1. Lorsque la ligne des travaux relatifs à une entreprise d'utilité publique devra s'étendre sur le territoire de plus de deux départemens, les pièces de l'avant-projet, qui serviront de base à l'enquête, ne seront déposées qu'au chef-lieu de chacun des départemens traversés. — Des registres continueront d'être ouverts, conformément au premier paragraphe de notre ordonnance du 18 février 1834, tant aux chefs-lieux de département qu'aux chefs-lieux d'arrondissement, pour recevoir les observations auxquelles pourra donner lieu l'entreprise projetée.

LOI 24 MAI 1834.

Art. 11. Les procès-verbaux d'apposition, de reconnaissance et de levée de scellés, et les inventaires dressés après faillite dans les cas prévus par les art. 449, 450, 486 C. comm. ne seront assujettis chacun qu'à un seul droit d'enregistrement de 2f, quel que soit e nombre des vacations.

12. Les ventes de meubles et mar-chandises, qui seront faites conformément à l'art. 492 C. comm., ne seront assujetties qu'au droit proportionnel de 50c par 100f.

13. Les procès-verbaux d'affirmation de créances, faits en exécution de l'art. 507 C. comm., ne seront assujettis qu'à un seul droit fixe de 3f, quel que soit le nombre des déclarations affirmatives.

14. Les concordats ou atermoiemens, consentis conformément aux art. 519 et suiv. C. comm., ne seront assujettis qu'au droit fixe de 3f, quelle que soit la somme que le failli s'oblige de payer.

15. Les quittances de répartition, données par les créanciers aux syndics ou au caissier de la faillite, en exécution de l'art. 564 C. comm., ne seront sujettes qu'au droit fixe de 2f, quel que soit le nombre d'émargemens sur chaque état de répartition.

16. La disposition de l'art. 2 L. 16 juin 1824, qui réduit à 1f fixe le droit d'enregistrement des échanges dans lesquels l'une des parties reçoit des biens qui lui sont contigus, est et demeure abrogée. — Ces échanges jouiront toutefois de la modération de droit introduite pour les échanges en général.

17. Les dispositions des art. 11, 12, 13, 14, 15 et 16 ci-dessus, seront exécutées seulement à compter du 1er janvier 1835.

18. A compter du 1er janvier 1835, le droit proportionnel de timbre sur les lettres de change et billets à ordre, sur les billets et obligations non-négociables, sera réduit ainsi qu'il suit :

A vingt-cinq centimes au lieu de trente-cinq centimes, pour ceux de cinq cents francs et au-dessous ;

A cinquante centimes au lieu de soixante-dix centimes, pour ceux au-dessus de cinq cents francs jusqu'à mille francs ;

A cinquante centimes par mille francs, au lieu de soixante-dix centimes, pour ceux au-dessus de mille francs ;

Le décime pour franc ne sera point ajouté aux droits ainsi réduits.

19. L'amende due en cas de contravention aux lois sur le timbre proportionnel, par le souscripteur d'une lettre de change ou d'un billet à ordre, ou d'un billet ou obligation non-négociables, et qui était fixée au vingtième (5 pour cent) du montant des sommes exprimées dans lesdits actes, est portée à six pour cent du montant des mêmes sommes. L'accepteur d'une lettre de change qui n'aura pas été écrite sur papier du timbre prescrit, ou qui n'aura pas été visée pour timbre, sera soumis

à une amende de même quotité, indépendamment de celle encourue par le souscripteur. A défaut d'accepteur, cette amende sera due par le premier endosseur.

Une amende semblable sera due par le premier endosseur d'un billet à ordre, et par le premier cessionnaire d'un billet ou obligation non-négociable qui aura été souscrit en contravention aux lois sur le timbre.

20 Lorsqu'une lettre de change ou un billet à ordre venant, soit de l'étranger, soit des îles ou des colonies dans lesquelles le timbre ne serait pas encore établi, aura été accepté ou négocié en France avant d'avoir été soumis au timbre, ou au visa pour timbre, l'accepteur et le premier endosseur résidant en France seront tenus chacun d'une amende de six pour cent du montant de l'effet.

21. Aucune des amendes prononcées par les art. 19 et 20 ci-dessus, ne pourra être au-dessous de 5 fr.

Les contrevenans seront solidaires pour le paiement du droit et des amendes, sauf le recours de celui qui en aura fait l'avance, pour ce qui ne sera pas à sa charge personnelle.

22. Les dispositions des art. 19, 20 et 21 ci-dessus, concernant les accepteurs et endosseurs, et l'augmentation de la quotité de l'amende, ne seront applicables que lorsqu'il s'agira d'effets, billets ou obligations souscrits à partir du 1er janvier 1835 ; à l'égard de ceux qui auront été souscrits antérieurement, les dispositions pénales des lois actuellement en vigueur continueront d'être observées.

23. A compter du jour de la publication de la présente loi, les actes de protêt faits par les notaires devront être enregistrés dans le même délai, et seront assujétis au même droit d'enregistrement que ceux faits par les huissiers.

Aucun notaire ou huissier ne pourra protester un effet négociable ou de commerce non écrit sur papier du timbre prescrit ou non visé pour timbre, sous peine de supporter personnellement une amende de vingt francs pour chaque contravention ; il sera tenu, en outre, d'avancer le droit de timbre et les amendes encourues dans les cas déterminés par les art. 19, 20, 21 et 22 ci-dessus, sauf son recours sur les contrevenans.

L'article 13 de la loi du 16 juin 1824 est abrogé en ce qu'il peut contenir de contraire au présent article.

— Voyez *Journal de procédure*, tome Ier, page 46, art. 3.

ORDONNANCE ROYALE 19 JANVIER 1835.

Relative aux sommes déposées volontairement par les particuliers à la caisse des dépôts et consignations. — Voyez *Journal de procédure*, tome Ier, page 143, art. 44.

ORDONNANCE ROYALE 22 MARS 1835.

Relative aux terrains acquis pour les travaux d'utilité publique, et qui n'auraient pas reçu ou ne recevraient pas cette destination. — Voyez *Journal de procédure*, tome Ier, page 144, art. 45.

ORDONNANCE ROYALE 30 MARS ET 1er AVRIL 1835.

Portant réglement sur l'exercice de la profession d'avocat devant la C. des pairs. — Voyez *Journal*, tome Ier, page 335, art. 143.

ORDONNANCE 16 MAI 1835.

Qui décide que les demandes en séparation de corps seront à l'avenir jugées par les C. royales en audience ordinaire. — Voyez *Journal*, tome Ier, page 237, art. 94.

LOI 30 MAI 1835.

Relative aux baux des biens ruraux des communes, hospices et autres établissemens publics. — Voyez *Journal*, tome Ier, page 335, art. 144.

LOI 5 JUIN 1835.

Relative aux caisses d'épargnes. — Voyez *Journal*, tome Ier, page 544, art. 281.

LOI 15 JUIN 1835.

Qui remplace l'art. 28 Décr. 1er germ. an XIII, relatif aux contraventions en matière de contributions indirectes. — Voyez *Journal*, tom. Ier, page 383, art. 174.

ORDONNANCE ROYALE 7 DÉC. 1835.

Relative au taux de l'intérêt dans les possessions françaises du nord de l'Afrique. — Voyez *Journal*, tome Ier, page 555, art. 298.

LOI 9 JUILLET 1836.

Relative aux saisies-arrêts sur les sommes dues par l'Etat, et au remboursement des cautionnemens. — Voyez *Journal*, t. 2, p 425, art. 527.

LOI DU 1er AVRIL 1837.

Art. 1. — Lorsqu'après la cassation d'un premier arrêt ou jugement rendu en dernier ressort, le deuxième arrêt ou jugement rendu dans la même affaire entre les mêmes parties procédant en la même qualité sera attaqué par les mêmes moyens que le premier, la C. de cass. prononcera toutes les chambres réunies.

2. Si le deuxième arrêt ou jugement est cassé par les mêmes motifs que le premier, la cour roy. ou le trib. auquel l'affaire est renvoyée se conformera à la décision de la C. de cass. sur le point de droit jugé par cette cour.

3. La cour royale statuera en audience ordinaire, à moins que la nature de l'affaire n'exige qu'elle soit jugée en audience solennelle.

4. La loi du 30 juil. 1828 est abrogée. — V. d'ailleurs *Journal*, tom. 3, p. 232, art. 762.

LOIS DU 1er MAI 1837.

Contenant des modifications au code forestier. — V. *Journal* tom. 3, p. 234, art. 764.

ORDONNANCE ROYALE DU 24 MAI 1837.

Relative à l'organisation judiciaire du Sénégal. — V. *Journal*, tom. 3, p. 07, art. 902.

LOI DU 4 JUILLET 1837.

Art. 1er. — Le décret du 12 fév. 1812, concernant les poids et mesures est et demeure abrogé.

2. Néanmoins l'usage des instruments de pesage et de mesurage confectionnés en exécution des art. 2 et 3 du décret précité sera permis jusqu'au 1er janv. 1840.

3. A partir du 1er janv. 1840 tous poids et mesures autres que les poids et mesures établis par les lois des 18 germ. an III, et 19 frim. an VIII, constitutives du système métrique décimal seront interdits sous les peines portées par l'art. 479, C. pén.

4. Ceux qui auront des poids et mesures autres que les poids et mesures ci-dessus reconnus, dans leurs boutiques, magasins, ateliers, ou maisons de commerce, ou dans les halles, foires ou marchés, seront punis comme ceux qui les emploieront conformément à l'art. 479 C. pén.

5. A compter de la même époque, toutes dénominations de poids et mesures autres que celles portées dans le tableau annexé à la présente loi, et établies par la loi du 18 germ. an III, sont interdites dans les actes publiques, ainsi que dans les affiches et les annonces, elles sont également interdites dans les actes sous seing-privé, et autres écritures privées produites en justice. — Les officiers publics contrevenants seront passibles d'une amende de 20 fr. qui sera recouvrée sur contrainte, comme en matière d'enregistrement. — L'amende sera de 10 fr. pour les autres contrevenants : elle sera perçue pour chaque acte ou écriture sous signature privée; quant aux registres de commerce ils ne donneront lieu qu'à une seule amende pour chaque contestation dans laquelle ils seront produits.

6. Il est défendu aux juges et arbitres de rendre aucun jugement ou décision en faveur des particuliers sur des actes, registres ou écrits dans lesquels les dénominations interdites par l'art. précédent auraient été insérées, avant que les amendes encourues aux termes du dit art. aient été payées.

7. Les vérificateurs des poids et mesures constateront les contraventions prévues par les lois et réglements concernant le système métrique des poids et mesures, ils pourront procéder à la saisie des instruments de pesage et de mesurage dont l'usage est interdit par lesdites lois et réglements. — Leurs procès verbaux feront foi en justice jusqu'à preuve contraire. — Les vérificateurs prêteront serment devant le trib. d'arrondissement.

8. Une ordonnance roy. réglera la manière dont s'effectuera la vérification des poids et mesures.

— V. d'ailleurs *Journal*, tom. 3, p. 412, art. 903.

LOI 18 JUIL. 1837.

Relative à l'administration municipale. — V. *journal*, tome 3e, page 379, art. 880.

LOI DU 20 JUILL. 1837.

Art. 46. A compter du 1er janv. 1838, le droit proportionnel de timbre sur les lettres de change et billets à ordre, sur les billets et obligations non négociables d'une somme de 300 fr. et au-dessous, sera réduit à 15 centimes au lieu de 25 centimes. — Les amendes dues en cas de contravention seront perçues conformément aux art. 19, 20, et 21 L. 24 mai 1834. — V. d'ailleurs *Journal de Procédure*, tome 3e, p. 457, art. 949.

ORDONN. ROY. 19 et 21 SEPT. 1837.

Relative aux saisies-arrêts et à la caisse des dépôts et consignations. — V. *Journal*, tome 3e, page 431, art. 921.

LOI 11 AVR. 1838.

Art. 1er. Les trib. civils de 1re inst. connaîtront, en dernier ressort, des actions personnelles et mobilières jusqu'à la valeur de 1,500 fr. de principal et des actions immobilières jusqu'à 60 fr. de revenu, déterminé, soit en rente, soit par prix de bail. — Ces actions seront instruites et jugées comme matières sommaires.

2. Lorsqu'une demande reconventionnelle ou en compensation aura été formée dans les limites de la compétence des trib. civils de 1re inst. en dernier ressort, il sera statué sur le tout sans qu'il y ait lieu à appel. — Si l'une des demandes s'élève au-dessus des limites ci-dessus indiquées, le trib. ne prononcera, sur toutes les demandes qu'en premier ressort. — Néanmoins il sera statué en dernier ressort sur les demandes en dommages-intérêts, lorsqu'elles seront fondées exclusivement sur la demande principale elle-même.

7. Le nombre, la durée des audiences et leur affectation aux différentes natures d'affaires, seront fixés, dans chaque trib., par un règlement qui sera soumis à l'approbation du garde-des-sceaux.

8. Dans les trib. où il sera formé une chambre temporaire, les juges suppléans qui feront partie de cette chambre, comme juges ou substituts, recevront, pendant toute sa durée, le même traitement que le juge.

9. Dans le cas où la peine de la suspension aura été prononcée contre un juge pour plus d'un mois, un des juges suppléans sera appelé à le remplacer et il recevra le traitement de juge.

10. Tout juge suppléant qui, sans motifs légitimes, refuserait de faire le service auquel il serait appelé, pourra, après procès-verbal constatant sa mise en demeure et son refus, être considéré comme démissionnaire.

11. Dans tous les cas où les trib. de 1re inst. statuent en assemblée générale, l'assemblée devra être composée, au moins, de la majorité des juges en titre.

Les juges suppléans n'auront voix délibérative que lorsqu'ils remplaceront un juge. — Dans tous les cas ils auront voix consultative.

12. Les dispositions des art. 1er et 2 de la présente loi ne s'appliqueront pas aux demandes introduites avant sa promulgation.

13. L'art. 5 du tit. 4 L. 16-24 août 1790 sur la compétence des trib. civils de 1re inst. est abrogée.
— V. d'ailleurs *Journal*, tome 4e, pages 215 et 316, art. 1141 et 1167.

LOI 25 MAI 1838.

Art. 1er. Les juges de paix connaissent de toutes actions purement personnelles ou mobilières, en dernier ressort, jusqu'à la valeur de 100 fr. et, à charge d'appel, jusqu'à la valeur de 200 fr.

2. Les juges de paix prononcent, sans appel, jusqu'à la valeur de 100 fr., à charge d'appel, jusqu'au taux de la compétence en dernier ressort des trib. de 1re inst.

Sur les contestations entre les hôteliers, aubergistes ou logeurs, et les voyageurs ou locataires en garni, pour dépense d'hôtellerie et perte ou avarie d'effets déposés dans l'auberge ou dans l'hôtel ;

Entre les voyageurs et les voituriers ou bateliers, pour retards, frais de route et perte ou avarie d'effets accompagnant les voyageurs ;

Entre les voyageurs et les carrossiers ou autres ouvriers, pour fournitures, salaires et réparations faites aux voitures de voyage.

3. Les juges de paix connaissent, sans appel, jusqu'à la valeur de cent francs, et, à charge d'appel, à quelque valeur que la demande puisse s'élever.

Des actions en paiement de loyers ou fermages ; des congés, des demandes en résiliation de baux, fondées sur le seul défaut de paiement des loyers ou fermages ; des expulsions de lieux et des demandes en validité de saisie-gagerie ; le tout lorsque les locations verbales ou par écrit n'excédent pas annuellement, à Paris, quatre cents francs, et deux cents francs partout ailleurs.

Si le prix principal du bail consiste en denrées ou prestations en nature, appréciables d'après les mercuriales, l'évaluation sera faite sur celles du jour de l'échéance, lorsqu'il s'agira du paiement des fermages. Dans tous les autres cas, elle aura lieu suivant les mercuriales du mois qui aura précédé la demande. Si le prix principal du bail consiste en prestations non appréciables d'après les mercuriales où s'il s'agit de baux à colons partiaires, le juge de paix déterminera la compétence, en prenant pour base du revenu de la propriété le principal de la contribution foncière de l'année courante multiplié par cinq.

4. Les juges de paix connaissent, sans appel, jusqu'à la valeur de cent

francs, et à charge d'appel, jusqu'au taux de la compétence en dernier ressort des trib. de 1re inst. :

1° Des indemnités réclamées par le locataire ou fermier pour non jouissance provenant du fait du propriétaire, lorsque le droit à une indemnité n'est pas contesté;

2° Des dégradations et pertes, dans les cas prévus par les art. 1732 et 1735 du C. civ.

Néanmoins le juge de paix connaît des pertes causées par incendie ou inondation que dans les limites posées par l'art. 1er de la présente loi.

5. Les juges de paix connaissent également, sans appel, jusqu'à la valeur de cent francs, et, à charge d'appel, à quelque valeur que la demande puisse s'élever :

1° Des actions pour dommages faits aux champs, fruits et récoltes, soit par l'homme soit par les animaux, et de celles relatives à l'élagage des arbres ou haies, et au curage, soit des fossés, soit des canaux servant à l'irrigation des propriétés, ou au mouvement des usines, lorsque les droits de propriété ou de servitude ne sont pas contestés;

2° Des réparations locatives des maisons ou fermes, mises par la loi à la charge du locataire.

3° Des contestations relatives aux engagemens respectifs des gens de travail au jour, au mois et à l'année, et de ceux qui les emploient; des maîtres et des domestiques ou gens de service à gages; des maîtres et de leurs ouvriers ou apprentis, sans néanmoins qu'il soit dérogé aux lois et réglemens relatifs à la juridiction des prud'hommes;

4° Des contestations relatives au paiement des nourrices, sauf ce qui est prescrit par les lois et réglemens d'administration publique à l'égard des bureaux de nourrices de la ville de Paris et de toutes les autres villes;

5° Des actions civiles pour diffamation verbale et pour injures publiques ou non publiques, verbales ou par écrit, autrement que par la voie de la presse; des mêmes actions pour rixes ou voies de fait; le tout lorsque les parties ne se sont pas pourvues par la voie criminelle.

6. Les juges de paix connaissent, en outre, à charge d'appel :

1° Des entreprises commises, dans l'année, sur les cours d'eau servant à l'irrigation des propriétés et au mouvement des usines et moulins, sans préjudice des attribution de l'autorité administrative dans les cas déterminés par les lois et par les réglemens; des dénonciations de nouvel œuvre, complaintes, actions en réintégrande et autres actions possessoires fondées sur des faits également commis dans l'année;

2° Des actions en bornage et de celles relatives à la distance prescrite par la loi, les réglemens particuliers et l'usage des lieux, pour les plantations d'arbres ou de haies, lorsque la propriété ou les titres qui l'établissent ne sont pas contestés;

3° Des actions relatives aux constructions et travaux énoncés dans l'art. 674 C. civ., lorsque la propriété ou la mitoyenneté du mur ne sont pas contestés;

4° Des demandes en pension alimentaire n'excédant pas 150f par an, et seulement lorsqu'elles seront formées en vertu des art. 205, 206 et 207 C. civ.

7. Les juges de paix connaissent de toutes les demandes reconventionnelles ou en compensation qui, par leur nature ou leur valeur, sont dans les limites de leur compétence, alors même que, dans les cas prévus par l'art. 1er, ces demandes, réunies à la demande principale, s'élèveraient au-dessus de deux cents francs. Ils connaissent, en outre, à quelques sommes qu'elles puissent monter, des demandes reconventionnelles en dommages-intérêts, fondées exclusivement sur la demande principale elle-même.

8. Lorsque chacune des demandes principales, reconventionnelles ou en compensation, sera dans les limites de la compétence du juge de paix en dernier ressort, il prononcera sans qu'il y ait lieu à appel.

Si l'une de ces demandes n'est susceptible d'être jugée qu'à charge d'appel, le juge de paix ne prononcera sur toutes qu'en premier ressort.

Si la demande reconventionnelle ou en compensation excède les limites de sa compétence, il pourra, soit retenir le jugement de la demande principale, soit renvoyer, sur le tout, les parties à se pourvoir devant le tribunal de première instance, sans préliminaire de conciliation.

9. Lorsque plusieurs demandes formées par la même partie seront réunies dans une même instance, le juge de paix ne prononcera qu'en premier ressort, si leur valeur totale s'élève au-dessus de cent francs, lors même que quelqu'une de ces demandes serait inférieure à cette somme. Il sera incompétent sur le tout, si ces demandes excédent, par leur réunion, les limites de sa juridiction.

10. Dans le cas où la saisie-gagerie ne peut avoir lieu qu'en vertu de permission de justice, cette permission

sera accordée par le juge de paix du lieu où la saisie devra être faite, toutes les fois que les causes rentreront dans sa compétence.

S'il y a opposition de la part des tiers, pour des causes et pour des sommes qui, réunies, excéderaient cette compétence, le jugement en sera déféré aux trib. de 1re inst.

11. L'exécution provisoire des jugemens sera ordonnée dans tous les cas ou il y a titre authenthique, promesse reconnue, ou condamnation précédente dont il n'y a point eu appel.

Dans tous les autres cas, le juge pourra ordonner l'exécution provisoire nonobstant appel, sans caution, lorsqu'il s'agira de pension alimentaire, ou lorsque la somme n'excédera pas 300 fr, et avec caution, au-dessus de cette somme.

La caution sera reçue par le juge de paix.

12. S'il y a péril en la demeure, l'exécution provisoire pourra être ordonnée sur la minute du jugement avec ou sans caution, conformément aux dispositions de l'article précédent.

13. L'appel des jugemens des juges de paix ne sera recevable ni avant les trois jours qui suivront celui de la prononciation des jugemens, à moins qu'il n'y ait lieu à exécution provisoire, ni après les trente jours qui suivront la signification à l'égard des personnes domiciliées dans le canton.

Les personnes domiciliées hors du canton auront, pour interjeter appel, outre le délai de trente jours, le délai réglé par les art. 73 et 1033 C. pr. civ.

14. Ne sera pas recevable l'appel des jugemens mal à propos qualifiés en premier ressort, ou qui, étant en dernier ressort, n'auraient point été qualifiés.

Seront sujets à l'appel les jugemens qualifiés en dernier ressort, s'ils ont statué, soit sur des questions de compétence, soit sur des matières dont le juge de paix ne pouvait connaître qu'en premier ressort.

Néanmoins, si le juge de paix s'est déclaré compétent, l'appel ne pourra être interjeté qu'après le jugement définitif.

15. Les jugements rendus par les juges de paix ne pourront être attaqués par la voie du recours en cassation que pour excès de pouvoir.

16. Tous les huissiers d'un même canton auront le droit de donner toutes les citations et de faire tous les actes devant la justice de paix. Dans les villes où il y a plusieurs justices de paix les huissiers exploitent concurremment dans le ressort de la juridiction assignée à leur résidence. Tous les huissiers du même canton seront tenus de faire le service des audiences et d'assister le juge de paix toutes les fois qu'ils en seront requis; les juges de paix choisiront leurs huissiers audienciers.

17. Dans toutes les causes, excepté celles où il y aurait péril en la demeure et celles dans lesquelles le défendeur serait domicilié hors du canton ou des cantons de la même ville, le juge de paix pourra interdire aux huissiers de sa résidence de donner aucune citation en justice, sans qu'au préalable il n'ait appelé, sans frais, les parties devant lui.

18. Dans les causes portées devant la justice de paix, aucun huissier ne pourra ni assister comme conseil, ni représenter les parties en qualité de procureur fondé, à peine d'une amende de 25 à 50 fr. qui sera prononcée sans appel par le juge de paix.

Ces dispositions ne seront pas applicables aux huissiers qui se trouveront dans l'un des cas prévus par l'art. 86 C. pr. civ.

19. En cas d'infraction aux dispositions des art. 16, 17 et 18, le juge de paix pourra défendre aux huissiers du canton de citer devant lui pendant un délai de quinze jours à trois mois, sans appel et sans préjudice de l'action disciplinaire des tribunaux et des dommages-intérêts des parties, s'il y a lieu.

20. Les actions concernant les brevets d'invention seront portées, s'il s'agit de nullité ou de déchéance des brevets, devant le trib. civ. de 1r inst.; s'il s'agit de contrefaçon, devant les trib. correct.

21. Toutes les dispositions des lois antérieures contraires à la présente loi sont abrogées.

22. Les dispositions de la présente loi ne s'appliqueront pas aux demandes introduites avant sa promulgation.

— V. journal de procédure, tome 4e, page 289, art. 1166.

LOI DU 28 MAI 1838.

Le livre III du C. de comm., sur les faillites et banqueroutes, ainsi que les art. 69 et 635 du même C., seront remplacés par les dispositions suivantes.

— Néanmoins, les faillites déclarées antérieurement à la promulgation de la présente loi continueront à être régies par les anciennes dispositions du C. de comm., sauf en ce qui concerne la réhabilitation et l'application des art. 527 et 528.

LIVRE III.

TITRE 1. — *De la faillite.*

Dispositions générales.

Art. 437. Tout commerçant qui cesse ses paiemens est en état de faillite. — La faillite d'un commerçant peut être déclarée après son décès, lorsqu'il est mort en état de cessation de paiemens. La déclaration de la faillite ne pourra être, soit prononcée d'office, soit demandée par les créanciers, que dans l'année qui suivra le décès.

CHAP. 1. — *De la déclaration de faillite et de ses effets.*

438. Tout failli sera tenu, dans les trois jours de la cessation de ses paiemens, d'en faire la déclaration au greffe du trib. de comm. de son domicile. Le jour de la cessation de paiemens sera compris dans les trois jours. — En cas de faillite d'une société en nom collectif, la déclaration contiendra le nom et l'indication du domicile de chacun des associés solidaires. Elle sera faite au greffe du tribunal dans le ressort duquel se trouve le siége du principal établissement de la société.

439. La déclaration du failli devra être accompagnée du dépôt du bilan, ou contenir l'indication des motifs qui empêcheraient le failli de le déposer. Le bilan contiendra l'énumération et l'évaluation de tous les biens mobiliers et immobiliers du débiteur, l'état des dettes actives et passives, le tableau des profits et pertes, le tableau des dépenses; il devra être certifié véritable, daté et signé par le débiteur.

440. La faillite est déclarée par jugement du trib. de comm. rendu, soit sur la déclaration du failli, soit à la requête d'un ou de plusieurs créanciers, soit d'office. Ce jugement sera exécutoire provisoirement.

441. Par le jugement déclaratif de la faillite, ou par jugement ultérieur rendu sur le rapport du juge commissaire, le trib. déterminera, soit d'office, soit sur la poursuite de toute partie intéressée, l'époque à laquelle a eu lieu la cessation de paiemens. A défaut de détermination spéciale, la cessation de paiemens sera réputée avoir eu lieu à partir du jugement déclaratif de la faillite.

442. Les jugemens rendus en vertu des deux articles précédens seront affichés et insérés par extrait dans les journaux, tant du lieu où la faille aura été déclarée que de tous les lieux où le failli aura des établissemens commerciaux, suivant le mode établi par l'art. 42 du présent Code.

443. Le jugement déclaratif de la faillite emporte de plein droit, à partir de sa date, dessaisissement pour le failli do l'administration de tous ses biens, même de ceux qui peuvent lui échoir tant qu'il est en état de faillite. — A partir de ce jugement, toute action mobilière ou immobilière ne pourra être suivie ou intentée que contre les syndics. — Il en sera de même de toute voie d'exécution tant sur les meubles que sur les immeubles. — Le trib., lorsqu'il le jugera convenable, pourra recevoir le failli partie intervenante.

444. Le jugement déclaratif de faillite rend exigibles, à l'égard du failli, les dettes passives non échues. — En cas de faillite du souscripteur d'un billet à ordre, de l'accepteur d'une lettre de change ou du tireur, à défaut d'acceptation, les autres obligés seront tenus de donner caution pour le paiement à l'échéance, s'ils n'aiment mieux payer immédiatement.

445. Le jugement déclaratif de faillite arrête, à l'égard de la masse seulement, le cours des intérêts de toute créance non garantie par un privilége, par un nantissement ou par une hypothèque. — Les intérêts des créances garanties ne pourront être réclamés que sur les sommes provenant des biens affectés au privilége, à l'hypothèque ou au nantissement.

446. Sont nuls et sans eff t relativement à la masse, lorsqu'ils auront été faits par le débiteur depuis l'époque déterminée par le trib. comme étant celle de la cessation de ses paiemens, ou dans les dix jours qui auront précédé cette époque : — Tous actes translatifs de propriétés mobilières ou immobilières à titre gratuit; — Tous paiemens, soit en espèces, soit par transport, vente, compensation ou autrement, pour dettes non échues, et pour dettes échues, tous paiemens faits autrement qu'en espèces ou effets de commerce; Toute hypothèque conventionnelle ou judiciaire et tous droits d'antichrèse ou de nantissement constitués sur les biens du débiteur pour dettes antérieurement contractées.

447. Tous autres paiemens faits par le débiteur pour dettes échues, et tous autres actes à titre onéreux par lui passés après la cessation de ses paiemens et avant le jugement déclaratif de faillite, pourront être annulés si, de la part de ceux qui ont reçu du débiteur ou qui ont traité avec lui, ils ont eu lieu avec connaissance de la cessatio de ses paiemens.

448. Les droits d'hypothèque et d

privilége valablement acquis pourront être inscrits jusqu'au jour du jugement déclaratif de la faillite. — Néanmoins, les inscriptions prises après l'époque de la cessation de paiemens, ou dans les dix jours qui précèdent, pourront être déclarées nulles, s'il s'est écoulé plus de quinze jours entre la date de l'acte constitutif de l'hypothèque ou du privilége et celle de l'inscription. — Ce délai sera augmenté d'un jour à raison de cinq myriamètres de distance entre le lieu où le droit d'hypothèque aura été acquis et le lieu où l'inscription sera prise.

449. Dans le cas où des lettres de change auraient été payées après l'époque fixée comme étant celle de la cessation de paiemens et avant le jugement déclaratif de faillite, l'action en rapport ne pourra être intentée que contre celui pour compte duquel la lettre de change aura été fournie. — S'il s'agit d'un billet à ordre, l'action ne pourra être exercée que contre le premier endosseur. — Dans l'un et l'autre cas, la preuve que celui à qui on demande le rapport avait connaissance de la cessation de paiemens à l'époque de l'émission du titre, devra être fournie.

450. Toutes voies d'exécution pour parvenir au paiement des loyers sur les effets mobiliers servant à l'exploitation du commerce du failli seront suspendues pendant trente jours, à partir du jugement déclaratif de faillite, sans préjudice de toutes mesures conservatoires, et du droit qui serait acquis au propriétaire de reprendre possession des lieux loués. — Dans ce cas, la suspension des voies d'exécution établie au présent article cessera de plein droit.

CHAP. II. De la nomination du juge-commissaire.

451. Par le jugement qui déclarera la faillite, le trib. de comm. désignera l'un de ses membres pour juge-commissaire.

452. Le juge-commissaire sera chargé spécialement d'accélérer et de surveiller les opérations et la gestion de la faillite. — Il fera au trib. de comm. le rapport de toutes les contestations que la faillite pourra faire naître et qui seront de la compétence de ce trib.

453. Les ordonnances du juge-commissaire ne seront susceptibles de recours que dans les cas prévus par la loi. Ces recours seront portés devant le trib. de comm.

454. Le trib. de comm. pourra, à toutes les époques, remplacer le juge-commissaire de la faillite par un autre de ses membres.

CHAP. III. — De l'apposition des scellés, et des premières dispositions à l'égard de la personne du failli.

455. Par le jugement qui déclarera la faillite, le trib. ordonnera l'apposition des scellés et le dépôt de la personne du failli dans la maison d'arrêt pour dettes, ou la garde de sa personne par un officier de police ou de justice, ou par un gendarme. — Néanmoins si le juge-commissaire estime que l'actif du failli peut être inventorié en un seul jour, il ne sera point apposé de scellés, et il devra être immédiatement procédé à l'inventaire. — Il ne pourra, en cet état, être reçu contre le failli d'écrou ou recommandation pour aucune espèce de dettes.

456. Lorsque le failli se sera conformé aux art. 438 et 439, et ne sera point, au moment de la déclaration, incarcéré pour dettes, ou pour autre cause, le trib. pourra l'affranchir du dépôt ou de la garde de sa personne. — La disposition du jugement qui affranchirait le failli du dépôt ou de la garde de sa personne pourra toujours, suivant les circonstances, être ultérieurement rapportée par le trib. de comm., même d'office.

457. Le greffier du trib. de comm. adressera sur le champ, au juge de paix, avis de la disposition du jugement qui aura ordonné l'apposition des scellés. — Le juge de paix pourra, même avant ce jugement, apposer les scellés, soit d'office, soit sur la réquisition d'un ou plusieurs créanciers, mais seulement dans le cas de disparition du débiteur ou de détournement de tout ou partie de son actif.

458. Les scellés seront apposés sur les magasins, comptoirs, caisses, portefeuilles, livres, papiers, meubles et effets du failli: — En cas de faillite d'une société en nom collectif, les scellés seront apposés, non seulement dans le siége principal de la société, mais encore dans le domicile séparé de chacun des associés solidaires. — Dans tous les cas, le juge de paix donnera, sans délai, au président du trib. de comm., avis de l'apposition des scellés.

459. Le greffier du trib. de comm. adressera, dans les vingt-quatre heures, au procureur du roi du ressort, extrait des jugemens déclaratifs de faillite, mentionnant les principales indications et dispositions qu'ils contiennent.

460. Les dispositions qui ordonneront le dépôt de la personne du failli dans une maison d'arrêt pour dettes, ou la garde de sa personne, seront

exécutées à la diligence, soit du ministère public, soit des syndics de la faillite.

461. Lorsque les deniers appartenant à la faillite ne pourront suffire immédiatement aux frais du jugement de déclaration de faillite, d'affiche et d'insertion de ce jugement dans les journaux, d'apposition des scellés, d'arrestation et d'incarcération du failli, l'avance de ces frais sera faite, sur ordonn. du juge-commisssaire, par le trésor public, qui en sera remboursé par privilége sur les premiers recouvremens, sans préjudice du privilége du propriétaire.

CHAP. IV. — *De la nomination et du remplacement des syndics provisoires.*

462. Par le jugement qui déclarera la faillite, le trib. de comm. nommera un ou plusieurs syndics provisoires. — Le juge-commissaire convoquera immédiatement les créanciers présumés à se réunir dans un délai qui n'excédera pas quinze jours. Il consultera les créanciers présens à cette réunion, tant sur la composition de l'état des créanciers présumés, que sur la nomination de nouveaux syndics. Il sera dressé procès-verbal de leurs dires et observations, lequel sera représenté au tribunal. — Sur le vu de ce procès-verbal et de l'état des créanciers présumés, et sur le rapport du juge-commissaire, le trib. nommera de nouveaux syndics, ou continuera les premiers dans leurs fonctions. — Les syndics ainsi institués sont définitifs ; cependant ils peuvent être remplacés par le trib. de comm., dans les cas et suivant les formes qui seront déterminées. — Le nombre des syndics pourra être, à toute époque, porté jusqu'à trois ; ils pourront être choisis parmi les personnes étrangères à la masse, et recevoir, quelle que soit leur qualité, après avoir rendu compte de leur gestion, une indemnité que le trib. arbitrera sur le rapport du juge-commissaire.

463. Aucun parent ou allié du failli, jusqu'au quatrième degré inclusivement, ne pourra être nommé syndic.

464. Lorsqu'il y aura lieu de procéder à l'adjonction ou au remplacement d'un ou plusieurs syndics, il en sera référé par le juge-commissaire au trib. de comm., qui procédera à la nomination suivant les formes établies par l'art. 462.

465. S'il a été nommé plusieurs syndics, ils ne pourront agir que collectivement ; néanmoins, le juge-commissaire peut donner à un ou plusieurs d'entre eux des autorisations spéciales à l'effet de faire séparément certains actes d'administration. Dans ce dernier cas, les syndics autorisés seront seuls responsables.

466. S'il s'élève des réclamations contre quelqu'une des opérations des syndics, le juge-commissaire statuera, dans le délai de trois jours. sauf recours devant le trib. de comm. — Les décisions du juge-commissaire sont exécutoires par provision.

467. Le juge-commissaire pourra, soit sur les réclamations à lui adressées par le failli ou par des créanciers, soit même d'office, proposer la révocation d'un ou plusieurs syndics. — Si, dans les huit jours, le juge-commissaire n'a pas fait droit aux réclamations qui lui ont été adressées, ces réclamations pourront être portées devant le trib. — Le trib., en chambre du conseil, entendra le rapport du juge-commissaire et les explications des syndics, et prononcera à l'audience sur la révocation.

CHAP. V. — *Des fonctions des syndics.*

Sect. 1. — *Dispositions générales.*

468. Si l'apposition des scellés n'avait point eu lieu avant la nomination des syndics, ils requerront le juge de paix d'y procéder.

469. Le juge-commissaire pourra également, sur la demande des syndics, les dispenser de faire placer sous les scellés, ou les autoriser à en faire extraire : 1° Les vêtemens, hardes, meubles et effets nécessaires au failli et à sa famille, et dont la délivrance sera autorisée par le juge-commissaire sur l'état que lui en soumettront les syndics ; — 2° Les objets sujets à dépérissement prochain ou à dépréciation imminente ; — Les objets servant à l'exploitation du fonds de commerce, lorsque cette exploitation ne pourrait être interrompue sans préjudice pour les créanciers. — Les objets compris dans les deux paragraphes précédens seront de suite inventoriés avec prisée par les syndics, en présence du juge de paix qui signera le procès-verbal.

470. La vente des objets sujets à dépérissement, ou à dépréciation imminente, ou dispendieux à conserver, et l'exploitation du fonds de commerce, auront lieu à la diligence des syndics, sur l'autorisation du juge commissaire.

471. Les livres seront extraits des scellés et remis par le juge de paix aux syndics, après avoir été arrêtés par lui ; il constatera sommairement, par son procès-verbal, l'état dans lequel ils se trouveront. — Les effets de portefeuille

à courte échéance ou susceptibles d'acceptation, ou pour lesquels il faudra faire des actes conservatoires, seront aussi extraits des scellés par le juge de paix, décrits et remis aux syndics po r en faire le recouvrement. Le bordereau en sera remis au juge-commissaire—Les autres créances seront recouvrées par les syndics sur leur quittances. Les lettres adressées au failli seront remises aux syndics, qui les ouvriront; il pourra, s'il est présent, assister à l'ouverture.

472. Le juge-commissaire, d'après l'état apparent des affaires du failli, pourra proposer sa mise en liberté avec sauf-conduit provisoire de sa personne. Si le trib. accorde le sauf-conduit, il pourra obliger le failli à fournir caution de se représenter, sous peine de paiement d'une somme que le trib. arbitrera, et qui sera dévolue à la masse.

473. A défaut, par le juge-commissaire, de proposer un sauf-conduit pour le failli, ce dernier pourra présenter sa demande au trib. de comm., qui statuera, en audience publique, après avoir entendu le juge-commissaire.

474. Le failli pourra obtenir pour lui et sa famille, sur l'actif de sa faillite, des secours alimentaires qui seront fixés, sur la proposition des syndics, par le juge-commissaire, sauf appel au trib., en cas de contestation.

475. Les syndics appelleront le failli auprès d'eux pour clore et arrêter les livres en sa présence. — S'il ne se rend pas à l'invitation, il sera sommé de comparaître dans les quarante-huit heures au plus tard. — Soit qu'il ait ou non obtenu un sauf-conduit, il pourra comparaître par fondé de pouvoirs, s'il justifie de causes d'empêchement reconnues valables par le juge-commissaire.

476. Dans le cas où le bilan n'aurait pas été déposé par le failli, les syndics le dresseront immédiatement à l'aide des livres et papiers du failli, et des renseignemens qu'ils se procureront, et ils le déposeront au greffe du trib. de comm.

477. Le juge-commissaire est autorisé à entendre le failli, ses commis et employés, et toute autre personne, tant sur ce qui concerne la formation du bilan que sur les causes et circonstances de la faillite.

478. Lorsqu'un commerçant aura été déclaré en faillite après son décès, ou lorsque le failli viendra à décéder après la déclaration de la faillite, sa veuve, ses enfans et ses héritiers pourront se présenter ou se faire représen-

ter pour le suppléer dans la formation du bilan, ainsi que dans toutes les autres opérations de la faillite.

Sect. 2. — *De la levée des scellés et de l'inventaire.*

479. Dans les trois jours, les syndics requerront la levée des scellés, et procéderont à l'inventaire des biens du failli, lequel sera présent ou dûment appelé.

480. L'inventaire sera dressé en double minute par les syndics, à mesure que les scellés seront levés, et en présence du juge de paix, qui le signera à chaque vacation. L'une de ces minutes sera déposée au greffe du trib. de comm., dans les vingt-quatre heures, l'autre restera entre les mains des syndics. — Les syndics seront libres de se faire aider, pour sa rédaction comme pour l'estimation des objets, par qui ils jugeront convenable. — Il sera fait récolement des objets qui, conformément à l'art. 469, n'auraient pas été mis sous les scellés, et auraient déjà été inventoriés et prisés.

481. En cas de déclaration de faillite après décès lorsqu'il n'aura point été fait d'inventaire antérieurement à cette déclaration, ou en cas de décès du failli avant l'ouverture de l'inventaire, il y sera procédé immédiatement, dans les formes du présent article, et en présence des héritiers, ou eux dûment appelés.

482. En toute faillite, les syndics, dans la quinzaine de leur entrée ou de leur maintien en fonctions, seront tenus de remettre au juge-commissaire un mémoire ou compte sommaire de l'état apparent de la faillite, de ses principales causes et circonstances, et des caractères qu'elle paraît avoir. — Le juge-commissaire transmettra immédiatement les mémoires, avec ses observations, au procureur du roi. S'ils ne lui ont pas été remis dans les délais prescrits, il devra en prévenir le procureur du roi, et lui indiquer les causes du retard.

483. Les officiers du ministère public pourront se transporter au domicile du failli et assister à l'inventaire. — Ils auront, à toute époque, le droit de requérir communication de tous les actes, livres ou papiers relatifs à la faillite.

Sect. III. — *De la vente des marchandises et meubles, et des recouvremens.*

484. L'inventaire terminé, les marchandises, l'argent, les titres actifs, les

livres et papiers, meubles et effets du débiteur, seront remis aux syndics, qui s'en chargeront au bas dudit inventaire.

485. Les syndics continueront de procéder, sous la surveillance du juge-commissaire, au recouvrement des dettes actives.

486. Le juge-commissaire pourra, le failli entendu ou dûment appelé, autoriser les syndics à procéder à la vente des effets mobiliers ou marchandises. — Il décidera si la vente se fera soit à l'amiable, soit aux enchères publiques, par l'entremise de courtiers ou de tous autres officiers publics préposés à cet effet. — Les syndics choisiront dans la classe d'officiers publics déterminée par le juge-commissaire, celui dont ils voudront employer le ministère.

487. Les syndics pourront, avec l'autorisation du juge-commissaire, et le failli, dûment appelé, transiger sur toutes contestations qui intéressent la masse, même sur celles qui sont relatives à des droits et actions immobiliers. — Si l'objet de la transaction est d'une valeur indéterminée ou qui excède 300 fr., la transaction ne sera obligatoire qu'après avoir été homologuée, savoir : par le trib. de comm. pour les transactions relatives à des droits mobiliers, et par le trib. civil pour les transactions relatives à des droits immobiliers. — Le failli sera appelé à l'homologation ; il aura, dans tous les cas, la faculté de s'y opposer. Son opposition suffira pour empêcher la transaction, si elle a pour objet des biens immobiliers.

488. Si le failli a été affranchi du dépôt, ou s'il a obtenu un sauf-conduit, les syndics pourront l'employer pour faciliter et éclairer leur gestion ; le juge-commissaire fixera les conditions de son travail.

489. Les deniers provenant des ventes et des recouvrements seront, sous la déduction des sommes arbitrées par le juge-commissaire, pour le montant des dépenses et frais, versés immédiatement à la caisse des dépôts et consignations. Dans les trois jours des recettes, il sera justifié au juge-commissaire desdits versemens ; en cas de retard, les syndics devront les intérêts des sommes qu'ils n'auront point versées. — Les deniers versés par les syndics et tous autres consignés par des tiers, pour compte de la faillite, ne pourront être retirés qu'en vertu d'une ordonnance du juge-commissaire. S'il existe des oppositions, les syndics devront préalablement en obtenir la main-levée. — Le juge-commissaire pourra ordonner que le versement sera fait par la caisse directement entre les mains des créanciers de la faillite, sur un état de répartition dressé par les syndics et ordonné par lui.

SECT. IV. — *Des actes conservatoires.*

490. À compter de leur entrée en fonctions, les syndics seront tenus de faire tous actes pour la conservation des droits du failli contre contre ses débiteurs. — Ils seront aussi tenus de requérir l'inscription aux hypothèques sur les immeubles des débiteurs du failli, si elle n'a pas été requise par lui ; l'inscription sera prise au nom de la masse par les syndics, qui joindront à leurs bordereaux un certificat constatant leur nomination. — Ils seront tenus aussi de prendre inscription, au nom de la masse des créanciers, sur les immeubles du failli dont ils connaîtront l'existence. L'inscription sera reçue sur un simple bordereau énonçant qu'il y a faillite, et relatant la date du jugement par lequel ils auront été nommés.

SECT. V. — *De la vérification des créances.*

491. À partir du jugement déclaratif de la faillite, les créanciers pourront remettre au greffier leurs titres, avec un bordereau indicatif des sommes par eux réclamées. Le greffier devra en tenir état et en donner récépissé. Il ne sera responsable des titres que pendant cinq années, à partir du jour de l'ouverture du procès verbal de vérification.

492. Les créanciers qui, à l'époque du maintien ou du remplacement des syndics, en exécution du troisième paragraphe de l'art. 462, n'auront pas remis leurs titres, seront immédiatement avertis, par des insertions dans les journaux et par les lettres du greffier, qu'ils doivent se présenter en personne ou par fondés de pouvoirs dans le délai de vingt jours, à partir desdites insertions, aux syndics de la faillite, et leur remettre leurs titres accompagnés d'un bordereau indicatif des sommes par eux réclamées, si mieux ils n'aiment en faire le dépôt au greffe du trib. de comm. ; il leur en sera donné récépissé. — À l'égard des créanciers domiciliés en France, hors du lieu où siège le tribunal saisi de l'instruction de la faillite, ce délai sera augmenté d'un jour par cinq myriamètres de distance entre le lieu où siège le tribunal et le domicile du créancier. — À l'égard des créanciers domiciliés hors du territoire continental de la France, ce délai sera augmenté conformément aux règles de l'art. 73 C. pr. civ.

493. La vérification des créances commencera dans les trois jours de l'expiration de délais déterminés par les premier et deuxième paragraphes de l'art. 492. Elle sera continuée sans interruption. Elle se fera aux lieu, jour et heure indiqués par le juge-commissaire. L'avertissement aux créanciers, ordonné par l'article précédent, contiendra mention de cette indication. Néanmoins, les créanciers seront de nouveau convoqués à cet effet, tant par lettres du greffier que par insertions dans les journaux. — Les créances des syndics seront vérifiées par le juge-commissaire; les autres le seront contradictoirement entre le créancier ou son fondé de pouvoir et les syndics, en présence du juge-commissaire, qui en dressera procès-verbal.

494. Tout créancier vérifié ou porté au bilan pourra assister à la vérification des créances, et fournir des contredits aux vérifications faites et à faire. Le failli aura le même droit.

495. Le procès-verbal de vérification indiquera le domicile des créanciers et de leurs fondés de pouvoirs. — Il contiendra la description sommaire des titres, mentionnera les surcharges, ratures et interlignes; et exprimera si la créance est admise ou contestée.

496. Dans tous les cas, le juge-commissaire pourra, même d'office, ordonner la représentation des livres du créancier, ou demander, en vertu d'un compulsoire, qu'il en soit rapporté un extrait fait par les juges du lieu.

497. Si la créance est admise, les syndics signeront, sur chacun des titres, la déclaration suivante :

*Admis au passif de la faillite de
, pour la somme de
, le*

Le juge-commissaire visera la déclaration. — Chaque créancier, dans la huitaine au plus tard après que sa créance aura été vérifiée, sera tenu d'affirmer, entre les mains du juge-commissaire, que ladite créance est sincère et véritable.

498. Si la créance est contestée, le juge-commissaire pourra, sans qu'il soit besoin de citation, renvoyer à bref délai devant le trib. de comm., qui jugera sur son rapport. — Le trib. de comm. pourra ordonner qu'il soit fait, devant le juge-commissaire, enquête sur les faits, et que les personnes qui pourront fournir des renseignemens soient, à cet effet, citées par-devant lui.

499. Lorsque la contestation sur l'admission d'une créance aura été portée devant le trib. de comm., ce trib., si la cause n'est point en état de recevoir

jugement définitif avant l'expiration des délais fixés, à l'égard des personnes domiciliées en France, par les art. 492 et 497, ordonnera, selon les circonstances, qu'il sera sursis ou passé outre à la convocation de l'assemblée pour la formation du concordat. — Si le trib. ordonne qu'il sera passé outre, il pourra décider par provision que le créancier contesté sera admis dans les délibérations pour une somme que le même jugement déterminera.

500. Lorsque la contestation sera portée devant un trib. civ., le trib. de comm. décidera s'il sera sursis ou passé outre; dans ce dernier cas, le trib. civ. saisi de la contestation jugera, à bref délai, sur requête des syndics, signifiée au créancier contesté, et sans autre procédure, si la créance sera admise par provision, et pour quelle somme. — Dans le cas où une créance serait l'objet d'une instruction criminelle ou correctionnelle, le trib. de comm. pourra également prononcer le sursis; s'il ordonne de passer outre, il ne pourra accorder l'admission par provision, et le créancier contesté ne pourra prendre part aux opérations de la faillite, tant que les trib. compétens n'auront pas statué.

501. Le créancier dont le privilège ou l'hypothèque seulement serait contesté sera admis dans les délibérations de la faillite comme créancier ordinaire.

502. A l'expiration des délais déterminés par les art. 492 et 497, à l'égard des personnes domiciliées en France, il sera passé outre à la formation du concordat et à toutes les opérations de la faillite, sous l'exception portée aux art. 567 et 568 en faveur des créanciers domiciliés hors du territoire continental de la France.

503. A défaut de comparution et affirmation dans les délais qui leur sont applicables, les défaillans connus ou inconnus ne seront pas compris dans les répartitions à faire : toutefois, la voie de l'opposition leur sera ouverte jusqu'à la distribution des deniers inclusivement; les frais de l'opposition demeureront toujours à leur charge. — Leur opposition ne pourra suspendre l'exécution des répartitions ordonnancées par le juge-commissaire; mais s'il est procédé à des répartitions nouvelles, avant qu'il ait été statué sur leur opposition, ils seront compris pour la somme qui sera provisoirement déterminée par le trib., et qui sera tenue en réserve jusqu'au jugement de leur opposition. — S'ils se font ultérieurement reconnaître créanciers, ils ne pourront rien réclamer sur les répartitions or-

donnancées par le juge-commissaire ; mais ils auront le droit de prélever sur l'actif, non encore réparti, les dividendes afférens à leurs créances dans les premières répartitions.

CHAP. VI. — *Du concordat et de l'union.*

Sect. 1. — *De la convocation et de l'assemblée des créanciers.*

504. Dans les trois jours qui suivront les délais prescrits pour l'affirmation, le juge-commissaire fera convoquer, par le greffier, à l'effet de délibérer sur la formation du concordat, les créanciers dont les créances auront été vérifiées et affirmées, ou admises par provision. Les insertions dans les journaux et les lettres de convocation indiqueront l'objet de l'assemblée.

505. Aux lieu, jour et heure qui seront fixés par le juge-commissaire, l'assemblée se formera sous sa présidence ; les créanciers vérifiés et affirmés, ou admis par provision, s'y présenteront en personne ou par fondés de pouvoirs. — Le failli sera appelé à cette assemblée ; il devra s'y présenter en personne, s'il a été dispensé de la mise en dépôt, où s'il a obtenu un sauf-conduit, et il ne pourra s'y faire représenter que pour des motifs valables et approuvés par le juge-commissaire.

506. Les syndics feront à l'assemblée un rapport sur l'état de la faillite, sur les formalités qui auront été remplies et les opérations qui auront eu lieu ; le failli sera entendu. — Le rapport des syndics sera remis, signé d'eux, au juge-commissaire, qui dressera procès-verbal de ce qui aura été dit et décidé dans l'assemblée.

Sect. 2. — *Du concordat.*

§ 1er — *De la formation du concordat.*

507. Il ne pourra être consenti de traité entre les créanciers délibérans et le débiteur failli, qu'après l'accomplissement des formalités ci-dessus prescrites. — Ce traité ne s'établira que par le concours d'un nombre de créanciers formant la majorité, et représentaant en outre, les trois quarts de la totalité des créances vérifiées et affirmé s ou admises par provision, conformément à la section V du chap. V : le tout à peine de nullité.

508. Les créanciers hypothécaires inscrits ou dispensés d'inscription, et les créanciers privilégiés ou nantis d'un gage, n'auront pas voix dans les opérations relatives au concordat pour les dites créances, et elles n'y seront comptées que s'ils renoncent à leurs hypothèques, gages ou privilèges. — Le vote au concordat emportera de plein droit cette renonciation.

509. Le concordat sera, à peine de nullité, signé séance tenante. S'il est consenti seulement par la majorité en nombre, ou par la majorité des trois quarts en somme, la délibération sera remise à huitaine pour tout délai ; dans ce cas, les résolutions prises et les adhésions données lors de la première assemblée, demeureront sans effet.

510. Si le failli a été condamné comme banqueroutier frauduleux, le concordat ne pourra être formé. — Lorsqu'une instruction en banqueroute frauduleuse aura été commencée, les créanciers seront convoqués à l'effet de décider s'ils se réservent de délibérer sur un concordat, en cas d'acquittement, et si, en conséquence, ils surseoient à statuer jusqu'après l'issue des poursuites. — Ce sursis ne pourra être prononcé qu'à la majorité en nombre et en somme dét r minée par l'art. 507. Si, à l'expiration du sursis, il y a lieu à délibérer sur le concordat, les règles établies par le précédent article seront applicables aux nouvelles délibérations.

511. Si le failli a été condamné comme banqueroutier simple, le concordat pourra être formé. Néanmoins, en cas de poursuites commencées, les créanciers pourront surseoir à délibérer jusqu'après l'issue des poursuites, en se conformant aux dispositions de l'article précédent.

512. Tous les créanciers ayant eu droit de concourir au concordat, ou dont les droits auront été reconnus depuis, pourront y former opposition. — L'opposition sera motivée, et devra être signifiée aux syndics et au failli, à peine de nullité, dans les huit jours qui suivront le concordat ; elle contiendra assignation à la première audience du trib de comm — S'il n'a été nommé qu'un seul syndic, et s'il se rend opposant au concordat, il devra provoquer la nomination d'un nouveau syndic, vis-à-vis duquel il sera tenu de remplir les formes prescrites au présent article. — Si le jugement de l'opposition est subordonné à la solution de questions étrangères, à raison de la matière, à la compétence du trib. de comm., ce trib. surseoira à prononcer jusqu'après la décision de ces questions. — Il fixera un bref délai dans lequel le créancier opposant devra saisir les juges compétens et justifier de ses diligences.

513. L'homologation du concordat sera poursuivie devant le trib. de comm., à la requête de la partie la plus dili-

gente ; le trib. ne pourra statuer avant l'expiration du délai de huitaine, fixé par l'art. précédent. — Si, pendant ce délai, il a été formé des oppositions, le trib. statuera sur ces oppositions et sur l'homologation par un seul et même jugement. — Si l'opposition est admise, l'annulation du concordat sera prononcée à l'égard de tous les intéressés.

514. Dans tous les cas, avant qu'il soit statué sur l'homologation, le juge-commissaire fera au trib. de comm. un rapport sur les caractères de la faillite et sur l'admissibilité du concordat.

515. En cas d'inobservation des règles ci-dessus prescrites, ou lorsque des motifs tirés, soit de l'intérêt public, soit de l'intérêt des créanciers, paraîtront de nature à empêcher le concordat, le tribunal en refusera l'homologation.

§ II. — Des effets du concordat.

516. L'homologation du concordat le rendra obligatoire pour tous les créanciers portés ou non portés au bilan, vérifiés ou non vérifiés, et même pour les créanciers domiciliés hors du territoire continental de la France, ainsi que pour ceux qui, en vertu des art. 499 et 500, auraient été admis par provision à délibérer, quelle que soit la somme que le jugement définitif leur attribuerait ultérieurement.

517. L'homologation conservera à chacun des créanciers, sur les immeubles du failli, l'hypothèque inscrite en vertu du troisième paragraphe de l'article 490. A cet effet, les syndics feront inscrire aux hypothèques le jugement d'homologation, à moins qu'il n'en ait été décidé autrement par le concordat.

518. Aucune action en nullité du concordat ne sera recevable, après l'homologation, que pour cause de dol découvert depuis cette homologation, et résultant, soit de la dissimulation de l'actif, soit de l'exagération du passif.

519. Aussitôt après que le jugement d'homologation sera passé en force de chose jugée, les fonctions des syndics cesseront. — Les syndics rendront au failli leur compte définitif, en présence du juge-commissaire, ce compte sera débattu et arrêté. Ils remettront au failli l'universalité de ses biens, livres, papiers et effets. Le failli en donnera décharge. — Il sera dressé du tout procès-verbal par le juge-commissaire, dont les fonctions cesseront. — En cas de contestation, le trib. de comm. prononcera.

§ III. — De l'annulation ou de la résolution du concordat.

520. L'annulation du concordat, soit pour dol, soit par suite de condamnation pour banqueroute frauduleuse intervenue après son homologation, libère de plein droit les cautions. — En cas d'inexécution, par le failli, des conditions de son concordat, la résolution de ce traité pourra être poursuivie contre lui devant le trib. de comm., en présence des cautions, s'il en existe, ou elles dûment appelées. — La résolution du concordat ne libérera pas les cautions qui y seront intervenues pour en garantir l'exécution totale ou partielle.

521. Lorsque, après l'homologation du concordat, le failli sera poursuivi pour banquerou.e frauduleuse, et placé sous mandat de dépôt ou d'arrêt, le trib. de comm. pourra prescrire telles mesures conservatoires qu'il appartiendra. Ces mesures cesseront de plein droit du jour de la déclaration qu'il n'y a lieu à suivre, de l'ordonnance d'acquittement ou de l'arrêt d'absolution.

522. Sur le vu de l'arrêt de condamnation pour banqueroute frauduleuse, ou par le jugement qui prononcera, soit l'annulation, soit la résolution du concordat, le trib. de comm. nommera un juge-commissaire et un ou plusieurs syndics. — Ces syndics pourront faire apposer les scellés. — Ils procéderont, sans retard, avec l'assistance du juge de paix, sur l'ancien inventaire, au récolement des valeurs, actions et des papiers et procéderont, s'il y a lieu, à un supplément d'inventaire. — Ils dresseront un bilan supplémentaire. — Ils feront immédiatement afficher et insérer dans les journaux à ce destinés, avec un extrait du jugement qui les nomme, invitation aux créanciers nouveaux, s'il en existe; de produire, dans le délai de vingt jours, leurs titres de créance à la vérification. Cette invitation sera faite aussi par lettres du greffier, conformément aux art. 492 et 493.

523. Il sera procédé, sans retard, à la vérification des titres de créances produits en vertu de l'article précédent. — Il n'y aura pas lieu à nouvelle vérification des créances antérieurement admises et affirmées, sans préjudice néanmoins du rejet ou de la réduction de celles qui depuis auraient été payées en tout ou en partie.

524. Ces opérations mises à fin, s'il n'intervient pas un nouveau concordat, les créanciers seront convoqués à l'effet de donner leur avis sur le maintien ou le remplacement des syndics. — Il ne sera procédé aux répartitions qu'après

l'expiration, à l'égard des créanciers nouveaux, des délais accordés aux personnes domiciliées en France, par les art. 492 et 497.

525. Les actes faits par le failli postérieurement au jugement d'homologation, et antérieurement à l'annulation ou à la résolution du concordat, ne seront annulés qu'en cas de fraude aux droits des créanciers.

526. Les créanciers antérieurs au concordat rentreront dans l'intégralité de leurs droits à l'égard du failli seulement; mais ils ne pourront figurer dans la masse que pour les proportions suivantes, savoir : — S'ils n'ont touché aucune part du dividende, pour l'intégralité de leurs créances; s'ils ont reçu une partie du dividende, pour la portion de leurs créances primitives correspondante à la portion du dividende promis qu'ils n'auront pas touchée. — Les dispositions du présent article seront applicables au cas où une seconde faillite viendra à s'ouvrir, sans qu'il y ait eu préalablement annulation ou résolution du concordat.

SECTION III. — *De la clôture en cas d'insuffisance de l'actif.*

527. Si, à quelque époque que ce soit, avant l'homologation du concordat ou la formation de l'union, le cours des opérations de la faillite se trouve arrêté par insuffisance de l'actif, le trib. de comm. pourra, sur le rapport du juge-commissaire, prononcer, même d'office, la clôture des opérations de la faillite. — Ce jugement fera rentrer chaque créancier dans l'exercice de ses actions individuelles, tant contre les biens que contre la personne du failli. — Pendant un mois, à partir de sa date, l'exécution de ce jugement sera suspendue.

528. Le failli ou tout autre intéressé, pourra, à toute époque, le faire rapporter par le trib., en justifiant qu'il existe des fonds pour faire face aux frais des opérations de la faillite, ou en faisant consigner entre les mains des syndics une somme suffisante pour y pourvoir. — Dans tous les cas, les frais des poursuites exercées en vertu de l'article précédent devront être préalablement acquittés.

SECTION IV. — *De l'union des créanciers.*

529. S'il n'intervient point de concordat, les créanciers seront de plein droit en état d'union. — Le juge-commissaire les consultera immédiatement, tant sur les faits de la gestion que sur l'utilité du maintien ou du remplacement des syndics. Les créanciers privilégiés, hypothécaires ou nantis d'un gage, seront admis à cette délibération. — Il sera dressé procès-verbal des dires et observations des créanciers, et, sur le vu de cette pièce, le trib. de comm. statuera comme il est dit à l'art. 462. — Les syndics qui ne seraient pas maintenus devront rendre leur compte aux nouveaux syndics, en présence du juge-commissaire, le failli dûment appelé.

530. Les créanciers seront consultés sur la question de savoir si un secours pourra être accordé au failli sur l'actif de la faillite. — Lorsque la majorité des créanciers présens y aura consenti, une somme pourra être accordée au failli à titre de secours sur l'actif de la faillite. Les syndics en proposeront la quotité, qui sera fixée par le juge-commissaire, sauf recours au trib. de comm. de la part des syndics seulement.

531. Lorsqu'une société de commerce sera en faillite, les créanciers pourront ne consentir de concordat qu'en faveur d'un ou de plusieurs des associés. — En ce cas, tout l'actif social demeurera sous le régime de l'union. Les biens personnels de ceux avec lesquels le concordat aura été consenti en seront exclus, et le traité particulier passé avec eux ne pourra contenir l'engagement de payer un dividende que sur des valeurs étrangères à l'actif social. — L'associé qui aura obtenu un concordat particulier sera déchargé de toute solidarité.

532. Les syndics représentent la masse des créanciers et sont chargés de procéder à la liquidation. — Néanmoins, les créanciers pourront leur donner mandat pour continuer l'exploitation de l'actif. — La délibération qui leur conférera ce mandat en déterminera la durée et l'étendue, et fixera les sommes qu'ils pourront garder entre leurs mains, à l'effet de pourvoir aux frais et dépenses. Elle ne pourra être prise qu'en présence du juge-commissaire, et à la majorité des trois quarts des créanciers en nombre et en somme. — La voie de l'opposition sera ouverte contre cette délibération au failli et aux créanciers dissidens. — Cette opposition ne sera pas suspensive de l'exécution.

533. Lorsque les opérations des syndics entraîneront des engagemens qui excéderaient l'actif de l'union, les créanciers qui auront autorisé ces opérations seront seuls tenus personnellement au-delà de leur part dans l'actif, mais seulement dans les limites du mandat qu'ils auront donné, ils contribueront au prorata de leurs créances.

534. Les syndics sont chargés de poursuivre la vente des immeubles, d'un marchandises et effets mobiliers

failli, et la liquidation de ses dettes actives et passives; le tout sous la surveillance du juge-commissaire, et sans qu'il soit besoin d'appeler le failli.

535. Les syndics pourront, en se conformant aux règles prescrites par l'article 487, transiger sur toute espèce de droits appartenant au failli, nonobstant toute opposition de sa part.

536. Les créanciers en état d'union seront convoqués, au moins une fois dans la première année, et, s'il y a lieu, dans les années suivantes, par le juge-commissaire. — Dans ces assemblées, les syndics devront rendre compte de leur gestion. — Ils seront continués ou remplacés dans l'exercice de leurs fonctions, suivant les formes prescrites par les art. 462 et 529.

537. Lorsque la liquidation de la faillite sera terminée, les créanciers seront convoqués par le juge-commissaire. — Dans cette dernière assemblée, les syndics rendront leurs comptes. Le failli sera présent ou dûment appelé. — Les créanciers donneront leur avis sur l'excusabilité du failli. Il sera dressé, à cet effet, un procès-verbal dans lequel chacun de ses créanciers pourra consigner ses dires et observations. — Aprés la clôture de cette assemblée, l'union sera dissoute de plein droit.

538. Le juge-commissaire présentera au trib. la délibération des créanciers relative à l'excusabilité du failli, et un rapport sur les caractères et les circonstances de la faillite. — Le trib. prononcera si le failli est ou non excusable.

539. Si le failli n'est pas déclaré excusable, les créanciers rentreront dans l'exercice de leurs actions individuelles, tant contre sa personne que sur ses biens. — S'il est déclaré excusable, il demeurera affranchi de la contrainte par corps à l'égard des créanciers de sa faillite, et ne pourra plus être poursuivi par eux que sur ses biens, sauf les exceptions prononcées par les lois spéciales.

540. Ne pourront être déclarés excusables : les banqueroutiers frauduleux, les stellionataires, les personnes condamnées pour vol, escroquerie ou abus de confiance, les comptables de deniers publics.

541. Aucun débiteur commerçant ne sera recevable à demander son admission au bénéfice de cession de biens.

CHAP. VII. — Des différentes espèces de créanciers, et de leurs droits en cas de faillite

Sect. 1re. — Des coobligés et des cautions.

542. Le créancier porteur d'engagemens souscrits, endossés ou garantis solidairement par le failli et d'autres coobligés qui sont en faillite, participera aux distributions dans toutes les masses, et y figurera pour la valeur nominale de son titre jusqu'à parfait paiement.

543. Aucun recours, pour raison des dividendes payés, n'est ouvert aux faillites des coobligés les unes contre les autres, si ce n'est lorsque la réunion des dividendes que donneraient ces faillites excéderait le montant total de la créance, en principal et accessoires, auquel cas cet excédant sera dévolu, suivant l'ordre des engagemens, à ceux des coobligés qui auraient les autres pour garans.

544. Si le créancier porteur d'engagemens solidaires entre le failli et d'autres coobligés a reçu, avant la faillite, un à-compte sur sa créance, il ne sera compris dans la masse que sous la déduction de cet à-compte, et conservera, pour ce qui lui restera dû, se droits contre le coobligé ou la caution. — Le coobligé ou la caution qui aura fait le paiement partiel sera compris dans la même masse pour to t ce qu'il aura payé à la décharge du failli.

545. Nonobstant le concordat, les créanciers conservent leur action pour la totalité de leur créance contre les coobligés du failli.

Sect. 2. — Des créanciers nantis de gages, et des créanciers privilégiés sur les biens meubles.

546. Les créanciers du failli qui seront nantis de gages ne seront inscrits dans la masse que pour mémoire.

547. Les syndics pourront, à toute époque, avec l'autorisation du juge-commissaire, retirer les gages au profit de la faillite, en remboursant la dette.

548. Dans les cas où le gage ne sera pas retiré par les syndics, s'il est vendu par le créancier moyennant un prix qui excède la créance, le surplus sera recouvré par les syndics; si le prix est moindre que la créance, le créancier nanti viendra à contribution pour le surplus, dans la masse, comme créancier ordinaire.

549. Le salaire acquis aux ouvriers employés directement par le failli, pendant le mois qui aura précédé la déclaration de faillite, sera admis au nombre des créances privilégiées, au même rang que le privilége établi par l'art. 2101 C. civ., pour le salaire des gens de service. — Les salaires dus aux commis pour les six mois qui auront précédé la déclaration de faillite seront admis au même rang.

550. Le privilége et le droit de revendication, établis par le n° 4 et l'art. 2102 C. civ., au profit du vendeur d'effets mobiliers, ne seront point admis en cas de faillite.

551. Les syndics présenteront au juge-commissaire l'état des créanciers se prétendant privilégiés sur les biens meubles, et le juge-commissaire autorisera, s'il y a lieu, le paiemnt de ces créanciers sur les premiers deniers rentrés. — Si le privilége est contesté, le trib. prononcera.

Sect. — *Des droits des créanciers hypothécaires et privilégiés sur les immeubles.*

552. Lorsque la distribution du prix des immeubles sera faite antérieurement à celle du prix des biens meubles, ou simultanément, les créanciers privilégiés ou hypothécaires, non remplis sur le prix des immeubles, concourront, à proportion de ce qui leur restera dû, avec les créanciers chirographaires, sur les deniers appartenant à la masse chirographaire, pourvu toutefois que leurs créances aient été vérifiées et affirmées suivant les formes ci-dessus établies.

553. Si une ou plusieurs distributions des deniers mobiliers précèdent la distribution du prix des immeubles, les créanciers privilégiés et hypothécaires, vérifiés et affirmés, concourront aux répartitions dans la proportion de leurs créances totales, et sauf, le cas échéant, les distractions dont il sera parlé ci-après.

554. Après la vente des immeubles et le réglement définitif de l'ordre enentre les créanciers hypothécaires et privilégiés, ceux d'entre eux qui viendront en ordre utile sur le prix des immeubles pour la totalité de leur créance ne toucheront le montant de leur collocation hypothécaire que sous la déduction des sommes par eux perçues dans la masse chirographaire. — Les sommes ainsi déduites ne resteront point dans la masse hypothécaire, mais retourneront à la masse chirographaire, au profit de laquelle il en sera fait distraction.

555. A l'égard des créanciers hypothécaires qui ne seront colloqués que partiellement dans la distribution du prix des immeubles, il sera procédé comme il suit : leurs droits sur la masse chirographaire seront définitivement réglés d'après les sommes dont ils resteront créanciers après leur collocation immobilière, et les deniers qu'ils auront touchés au-delà de cette proportion, dans la distribution antérieure, leur seront retenus sur le montant de leur collocation hypothécaire, et reversés dans la masse chirographaire.

556. Les créanciers qui ne viennent point en ordre utile seront considérés comme chirographaires et soumis comme tels aux effets du concordat et de toutes les opérations de la masse chirographaire.

Sect. iv. — *Des droits des femmes.*

557. En cas de faillite du mari , la femme dont les apports en immeubles ne se trouveraient pas mis en communauté reprendra en nature les-dits mimeubles et ceux qui lui seront survenus par succession ou par donation entre vifs ou testamentaire.

558. La femme reprendra pareillement les immeubles acquis par elle et en son nom des deniers provenant desdites successions et donations , pourvu que la déclaration d'emploi soit expressément stipulée au contrat d acquisition, et que l'origine des deniers soit constatée par inventaire ou par tout autre acte authentique.

559. Sous quelque régime qu'ait été formé le contrat de mariage, hors le cas prévu par l'article précédent , la présomption légale est que les biens acquis par la femme du failli appartiennent à son mari, ont été payés de ses deniers, et doivent être réunis à la masse de son actif, sauf à la femme à fournir la preuve du contraire.

560. La femme pourra reprendre en nature les effets mobiliers qu'elle s'est constitués par contrat de mariage, ou qui lui sont advenus par succession , donation entre vifs ou testamentaire, et qui ne seront pas entrés en communauté. toutes les fois que l'identité en sera prouvée par inventaire ou tout autre acte authentique. — A défaut, par la femme, de faire cette preuve, tous les effets mobiliers , tant à l'usage du mari qu'à celui de la femme, sous quelque régime qu'ait été contracté le mariage , seront acquis aux créanciers, sauf aux syndics à lui remettre, avec l'autorisation du juge-commissaire, les habits et linge nécessaires à son usage.

561. L'action en reprise, résultant des dispositions des art. 557 et 558, ne sera exercée par la femme qu'à la charge des dettes hypothécaires dont les biens sont légalement grevés, soit que la femme s'y soit obligée volontairement, soit qu'elle y ait été condamnée.

562. Si la femme a payé des dettes pour son mari, la présomption légale est qu'elle l'a fait des deniers de celui-ci, et elle ne pourra, en conséquence, exercer aucune action dans la faillite,

sauf la preuve contraire, comme il est dit à l'art. 559.

563. Lorsque le mari sera commerçant au moment de la célébration du mariage, ou lorsque, n'ayant pas alors d'autre profession déterminée, il sera devenu commerçant dans l'année, les immeubles qui lui appartiendraient à l'époque de la célébration du mariage, ou qui lui seraient advenus depuis, soit par succession, soit par donation entre vifs ou testamentaire, seront seuls soumis à l'hypothèque de la femme : — 1o Pour les deniers et effets mobiliers qu'elle aura apportés en dot, ou qui lui seront advenus depuis le mariage par succession ou donation entre vifs ou testamentaire, et dont elle prouvera la délivrance ou le paiement par acte ayant date certaine; 2° pour le remploi de ses biens aliénés pendant le mariage; 3o pour l'indemnité des dettes par elle contractées avec son mari.

564. La femme dont le mari était commerçant à l'époque de la célébration du mariage, ou dont le mari, n'ayant pas alors d'autre profession déterminée, sera devenu commerçant dans l'année qui suivra cette célébration, ne pourra exercer dans la faillite aucune action a raison des avantages portés au contrat de mariage, et, dans ce cas, les créanciers ne pourront, de leur côté, se prévaloir des avantages faits par la femme au mari dans ce même contrat.

CHAP. VIII. — *De la répartition entre les créanciers et de la liquidation du mobilier.*

565 Le montant de l'actif mobilier, distraction faite des frais et dépenses de l'administration de la faillite, des secours qui auraient été accordés au failli ou à sa famille et des sommes payées aux créanciers privilégiés, sera réparti entre tous les créanciers au marc le franc de leurs créances vérifiées et affirmées.

566. A cet effet les syndics remettront tous les mois, au juge-commissaire, un état de situation de la faillite et des deniers déposés à la caisse des dépôts et consignations; le juge-commissaire ordonnera, s'il y a lieu, une répartition entre les créanciers, en fixera la quotité et veillera à ce que tous les créanciers en soient avertis.

567. Il ne sera procédé à aucune répartition entre les créanciers domiciliés en France, qu'après la mise en réserve de la part correspondante aux créances pour lesquelles les créanciers domiciliés hors du territoire continental de la France seront portés sur le bilan. — Lorsque ces créances ne paraîtront pas portées sur le bilan d'une manière exacte, le juge-commissaire pourra décider que la réserve sera augmentée, sauf aux syndics à se pourvoir contre cette décision devant le trib. de comm.

568. Cette part sera mise en réserve et demeurera à la caisse des dépôts et consignations, jusqu'à l'expiration du délai déterminé par le dernier paragraphe de l'art. 492; elle sera répartie entre les créanciers reconnus, si les créanciers domiciliés en pays étranger n'ont pas fait vérifier leurs créances conformément aux dispositions de la présente loi. — Une pareille réserve sera faite pour raison de créances sur l'admission desquelles il n'aurait pas été constaté définitivement.

569. Nul paiement ne sera fait par les syndics que sur la représentation du titre constitutif de la créance. — Les syndics mentionneront sur le titre la somme payée par eux ou ordonnancée conformément à l'art 469. — Néanmoins, en cas d'impossibilité de représenter le titre le juge-commissaire pourra autoriser le paiement sur le vu du procès-verbal de vérification. — Dans tous les cas, le créancier donnera la quittance en marge de l'état de répartition.

570. L'union pourra se faire autoriser par le trib. de comm., le failli dûment appelé, à traiter à forfait de tout ou partie des droits et actions dont le recouvrement n'aurait pas été opéré, et à les aliéner; en ce cas, les syndics feront tous les actes nécessaires. — Tout créancier pourra s'adresser au juge-commissaire pour provoquer une délibération de l'union a cet égard.

CHAP. IX. *De la vente des immeubles du failli.*

571. A partir du jugement qui déclarera la faillite, les créanciers ne pourront poursuivre l'expropriation des immeubles sur lesquels ils n'auront pas d'hypothèques.

572. S'il n'y a pas de poursuite en expropriation des immeubles commencée avant l'époque de l'union, les syndics seuls seront admis à poursuivre la vente; ils seront tenus d'y procéder dans la huitaine, sous l'autorisation du juge-commissaire, suivant les formes prescrites pour la vente des biens des mineurs.

573. La surenchère, après adjudication des immeubles du failli sur la poursuite des syndics, n'aura lieu qu'aux conditions et dans les formes

suivantes : — La surenchère devra être faite dans la quinzaine. Elle ne pourra être faite au-dessous du dixième du prix principal de l'adjudication. Elle sera faite au greffe du tribunal civil, suivant les formes prescrites par les art. 710 et 711 C. pr. civ. : toute personne sera admise à surenchérir. — Toute personne sera également admise à concourir à l'adjudication par suite de surenchère. Cette adjudication demeurera définitive et ne pourra être suivie d'aucune autre surenchère.

CHAP. X. — De la revendication.

574. Pourront être revendiquées, en cas de faillite, les remises ou effets de commerce ou autres titres non encore payés, et qui se trouveront en nature dans le portefeuille du failli à l'époque de sa faillite, lorsque ces remises auront été faites par le propriétaire, avec le simple mandat d'en faire le recouvrement et d'en garder la valeur à sa disposition, ou lorsqu'elles auront été, de sa part, spécialement affectées à des paiemens déterminés.

575. Pourront être également revendiquées aussi long-temps qu'elles existeront en nature, en tout ou en partie, les marchandises consignées au failli à titre de dépôt, ou pour être vendues pour le compte du propriétaire. — Pourra même être revendiqué le prix ou la partie du prix desdites marchandises qui n'aura été ni payé, ni réglé en valeur, ni compensé en compte courant entre le failli et l'acheteur.

576. Pourront être revendiquées les marchandises expédiées au failli, tant que la tradition n'en aura point été effectuée dans ses magasins, où dans ceux du commissionnaire chargé de les vendre pour le compte du failli. — Néanmoins, la revendication ne sera pas recevable si, avant leur arrivée, les marchandises ont été vendues sans fraude, sur factures et connaissemens, ou lettres de voitures signées par l'expéditeur. — Le revendiquant sera tenu de rembourser à la masse les à-comptes par lui reçus, ainsi que toutes avances faites pour fret ou voiture, commission, assurances, ou autre frais, et de payer les sommes qui seraient dues pour mêmes causes.

577. Pourront être retenues par le vendeur les marchandises, par lui vendues qui ne seront pas délivrées au failli, ou qui n'auront pas encore été expédiées, soit à lui, soit à un tiers pour son compte.

578. Dans le cas prévu par les deux articles précédens, et sous l'autorisation du juge-commissaire, les syndics auront la faculté d'exiger la livraison des marchandises, en payant au vendeur le prix convenu entre lui et le failli.

579. Les syndics pourront, avec l'approbation du juge-commissaire, admettre les demandes en revendication : s'il y a contestation, le tribunal prononcera après avoir entendu le juge-commissaire.

CHAP. — Des voies de recours contre les jugemens rendus en matière de faillite.

580. Le jugement déclaratif de la faillite, et celui qui fixera à une date antérieure l'époque de la cessation de paiemens, seront susceptibles d'opposition, de la part du failli, dans la huitaine, et de la part de toute autre partie intéressée, pendant un mois. Ces délais courront à partir des jours où les formalités de l'affiche et de l'insertion, énoncées dans l'art. 442, auront été accomplies.

581. Aucune demande des créanciers tendant à faire fixer la date de la cessation des paiemens à une époque autre que celle qui résulterait du jugement déclaratif de faillite ou d'un jugement postérieur, ne sera recevable après l'expiration des délais pour la vérification et l'affirmation des créances. Ces délais expirés, l'époque de la cessation de paiemens demeurera irrévocablement déterminée à l'égard des créanciers.

582. Le délai d'appel, pour tout jugement rendu en matière de faillite, sera de quinze jours seulement à compter de la signification. — Ce délai sera augmenté à raison d'un jour par cinq myriamètres pour les parties qui seront domiciliées à une distance excédant cinq myriamètres du lieu ou siége le tribunal.

583. Ne seront susceptibles ni d'opposition, ni d'appel, ni de recours en cassation : — 1° Les jugemens relatifs à la nomination ou au remplacement du juge-commissaire, à la nomination ou à la révocation des syndics ; — 2° Les jugemens qui statuent sur les demandes de sauf-conduit et sur celles de secours pour le failli et sa famille ; — 3° Les jugemens qui autorisent à vendre les effets ou marchandises appartenant à la faillite ; — 4° Les jugemens qui prononcent sursis au concordat, ou admission provisionnelle de créanciers contestés ; — 5° Les jugemens par lesquels le trib. de comm. statue sur les recours formés contre les ordonn. rendues par le juge-commissaire dans les limites de ses attributions.

TITRE II. — *Des banqueroutes.*

CHAP. 1ᶜʳ *De la banqueroute simple.*

584. Les cas de banqueroute simple seront punis des peines portées au C. pen., et jugés par les trib. de police correctionnelle, sur la poursuite des syndics, de tout créancier, ou du ministère public.

585. Sera déclaré banqueroutier simple tout commerçant failli qui se trouvera dans un des cas suivans : — 1° Si ses dépenses personnelles ou les dépenses de sa maison sont jugées excessives ; — 2° S'il a consommé de fortes sommes, soit à des opérations de pur hasard, soit à des opérations fictives de bourse, ou sur marchandises ; 3° Si, dans l'intention de retarder sa faillite, il a fait des achats pour revendre au-dessous du cours ; si, dans la même intention , il s'est livré à des emprunts, circulation d'effets, ou autre moyens ruineux de se procurer des fonds ; — 4° Si, après cessation de ses paiemens, il a payé un créancier au préjudice de la masse.

586. Pourra être déclaré banqueroutier simple tout commerçans failli qui se trouvera dans un des cas suivans ; — 1° S'il a contracté , pour le compte d'autrui, sans recevoir des valeurs en échange, des engagemens jugés trop considérables eu égard à sa situation lorsqu'il les a contractés ; — 2° S'il est de nouveau déclaré en faillite sans avoir satisfait aux obligations d'un précédent concordat ; — 3° Si, étant marié sous le régime dotal, ou séparé de biens, il ne s'est pas conformé aux art. 69 et 70; — 4° Si, dans les trois jours de la cessation de ses paiemens, il n'a pas fait au greffe là déclaration exigée par les art. 438 et 439 , ou si cette déclaration ne contient pas les noms de tous les associés solidaires ; — 5° Si, sans empêchement légitime, il ne s'est pas présenté en personne aux syndics dans les cas et dans les délais fixés, ou si, après avoir obtenu un sauf-conduit, il ne s'est pas représenté à justice ; — 6° S'il n'a pas tenu de livres et fait exactement inventaire; si ses livres ou inventaire sont incomplets ou irrégulièrement tenus, ou s'ils n'offrent pas sa véritable situation active ou passive, sans néanmoins qu'il y ait fraude.

587. Les faits de poursuite en banqueroute simple intentée par le ministère public ne pourront, en aucun cas, être mis à la charge de la masse. —En cas de concordat, le recours du trésor public contre le failli pour ces frais ne pourra être exercé qu'après l'expiration des termes accordés par ce traité.

588. Les frais de poursuite intentée par les syndics, au nom des créanciers, seront supportés, s'il y a acquittement, par la masse, et s'il y a condamnation, par le trésor public, sauf son recours contre le failli, conformément à l'article précédent.

589. Les syndics ne pourront intenter de poursuite en banqueroute simple, ni se porter parties civiles au nom de la masse, qu'après y avoir été autorisés par une délibération prise à la majorité individuelle des créanciers présens.

590. Les frais de poursuite intentée par un créancier seront supportés, s'il y a condamnation, par le trésor public, s'il y a acquittement, par le créancier poursuivant.

CHAP. II. — *De la banqueroute frauduleuse.*

591. Sera déclaré banqueroutier frauduleux, et puni des peines portées au C. pén. , tout commerçant failli qui aura soustrait ses livres, détourné ou dissimulé une partie de son actif, ou qui, soit dans ses écritures, soit par des actes publics ou des engagemens sous signature privée, soit par son bilan, se sera frauduleusement reconnu débiteur de sommes qu'il ne devait pas.

592. Les frais de poursuite en banqueroute frauduleuse ne pourront, en aucun cas, être mis à la charge de la masse. — Si un ou plusieurs créanciers se sont rendus parties civiles en leur nom personnel, les frais, en cas d'acquittement, demeureront à leur charge.

CHAP. III. — *Des crimes et des délits commis dans les faillites par d'autres que par les faillis.*

593. Seront condamnés aux peines de la banqueroute frauduleuse : — 1° Les individus convaincus d'avoir, dans l'intérêt du failli, soustrait, recélé ou dissimulé tout ou partie de ses biens, meubles ou immeubles ; le tout sans préjudice des autres cas prévus par l'art. 60 C. pén.; — 2° Les individus convaincus d'avoir frauduleusement présenté dans la faillite et affirmé, soit en leur nom, soit par interposition de personnes, des créances supposées ; — 3° Les individus qui, faisant le commerce sous le nom d'autrui ou sous un nom supposé, se seront rendus coupables des faits prévus en l'art. 591.

594. Le conjoint, les descendans ou ascendans du failli, ou ses alliés aux mêmes degrés, qui auraient détourné,

diverti ou recélé des effets appartenant à la faillite, sans avoir agi de complicité avec le failli, seront punis des peines du vol.

595. Dans les cas prévus par les articles précédens, la C. ou le trib. saisis statueront, lors même qu'il y aurait acquittement : 1° d'office sur la réintégration à la masse des créanciers de tous les biens, droits ou actions frauduleusement soustraits ; 2° sur les dommages-intérêts qui seraient demandés, et que le jugement ou l'arrêt arbitrera.

596. Tout syndic qui se sera rendu coupable de malversation dans sa gestion sera puni correctionnellement des peines portées en l'art. 406 C. pén.

597. Le créancier qui aura stipulé, soit avec le failli, soit avec toutes autres personnes, des avantages particuliers à raison de son vote dans les délibérations de la faillite, ou qui aura fait un traité particulier duquel résulterait en sa faveur un avantage à la charge de l'actif du failli, sera puni correctionnellement d'un emprisonnement qui ne pourra excéder une année, et d'une amende qui ne pourra être au-dessus de 2,000 fr.—L'emprisonnement pourra être porté à deux ans si le créancier est syndic de la faillite.

598. Les conventions seront, en outre, déclarées nulles à l'égard de toutes personnes, et même à l'égard du failli. — Le créancier sera tenu de rapporter à qui de droit les sommes ou valeurs qu'il aura reçues en vertu des conventions annulées.

599. Dans le cas où l'annullation des conventions serait poursuivie par la voie civile, l'action sera portée devant les trib. de comm.

600. Tous arrêts et jugemens de condamnation rendus, tant en vertu du présent chapitre que des deux chapitres précédens, seront affichés et publiés suivant les formes établies par l'art. 42 C. comm., aux frais des condamnés.

CHAP. IV. — *De l'administration des biens en cas de banqueroute.*

601. Dans tous les cas de poursuite et de condamnation pour banqueroute simple ou frauduleuse, les actions civiles, autres que celles dont il est parlé dans l'art. 595, resteront séparées, et toutes les dispositions relatives aux biens, prescrites pour la faillite, seront exécutées sans qu'elles puissent être attribuées ni évoquées aux trib. de police correctionnelle, ni aux C. d'assises.

602. Seront cependant tenus les syndics de la faillite de remettre au ministère public les pièces, titres, papiers et renseignemens qui leur seront demandés.

603. Les pièces, titres et papiers délivrés par les syndics seront, pendant le cours de l'instruction, tenus en état de communication par la voie du greffe ; cette communication aura lieu sur la réquisition des syndics, qui pourront y prendre des extraits privés, ou en requérir d'authentiques, qui leur seront expédiés par le greffier. — Les pièces, titres et papiers, dont le dépôt judiciaire n'aurait pas été ordonné, seront, après l'arrêt ou le jugement, remis aux syndics, qui en donneront décharge.

TIT. III. — *De la réhabilitation.*

604. Le failli qui aura intégralement acquitté en principal, intérêts et frais, toutes les sommes par lui dues, pourra obtenir sa réhabilitation.—Il ne pourra l'obtenir, s'il est l'associé d'une maison de commerce tombée en faillite, qu'après avoir justifié que toutes les dettes de la la société ont été intégralement acquittées en principal, intérêts et frais, lors même qu'un concordat particulier lui aurait été consenti.

605. Toute demande en réhabilitation sera adressée à la C. roy. dans le ressort de laquelle le failli sera domicilié. Le demandeur devra joindre à sa requête les quittances et autres pièces justificatives.

606. Le procureur général près la C. roy., sur la communication qui lui aura été faite de la requête, en adressera des expéditions certifiées de lui au procureur du roi et au président du trib. de comm. du domicile du demandeur, et si celui-ci a changé de domicile depuis la faillite, au procureur du roi et au président du trib. de comm. de l'arrondissement où elle a eu lieu, en les chargeant de recueillir tous les renseignemens qu'ils pourront se procurer sur la vérité des faits exposés.

607. A cet effet, à la diligence tant du procureur du roi que du président du trib. de comm., copie de ladite requête restera affichée pendant un délai de deux mois, tant dans les salles d'audience de chaque tribunal qu'à la Bourse et à la maison commune, et sera insérée par extrait dans les papiers publics.

608. Tout créancier qui n'aura pas été payé intégralement de sa créance en principal, intérêts et frais, et toute autre partie intéressée pourra, pendant la durée de l'affiche, former opposition à la réhabilitation par simple acte au greffe, appuyée des pièces justificatives. Le créancier opposant ne pourra jamais

être partie dans la procédure de réhabilitation.

609. Après l'expiration de deux mois, le procureur du roi et le président du trib. de comm. transmettront, chacun séparément, au procureur général près la C. roy. les renseignemens qu'ils auront recueillis, et les oppositions qui auront pu être formées. Ils y joindront leur avis sur la demande.

610. Le procureur général près la C. roy. fera rendre arrêt portant admission ou rejet de la demande en réhabilitation. Si la demande est rejetée, elle ne pourra être reproduite qu'après une année d'intervalle.

611. L'arrêt portant réhabilitation sera transmis aux procureurs du roi et aux présidens des trib. auxquels la demande aura été adressée. Ces trib. en feront faire la lecture publique et la transcription sur leurs registres.

612. Ne seront point admis à la réhabilitation les banqueroutiers frauduleux, les personnes condamnées pour vol, escroquerie ou abus de confiance, les stellionataires, ni les tuteurs, administrateurs ou autres comptables qui n'auront pas rendu et soldé leurs comptes. — Pourra être admis à la réhabilitation le banqueroutier simple qui aura subi la peine à laquelle il aura été condamné.

613. Nul commerçant failli ne pourra se présenter à la Bourse, à moins qu'il n'ait obtenu sa réhabilitation.

614. Le failli pourra être réhabilité après sa mort.

LIVRE PREMIER.

TIT. IV.

Art. 69. L'époux séparé de biens, ou marié sous le régime dotal, qui embrasserait la profession de commerçant postérieurement à son mariage, sera tenu de faire pareille remise dans le mois du jour où il aura ouvert son commerce ; à défaut de cette remise, il pourra être, en cas de faillite, condamné comme banqueroutier simple.

LIVRE IV.

TIT. II.

Art. 635. Les trib. de comm. connaîtront de tout ce qui concerne les faillites, conformément à ce qui est prescrit au livre troisième du présent Code.

—V. *Journal*, t. 4, p. 241, art. 1160.

LOI DU 30 JUIN 1838.

Sur les aliénés, —V. *Journal*, t. 4, p. 376, art. 1195.

ORDONN., 6 JUIN 1839.

Qui autorise tous les notaires indistinctement à délivrer des certificats de vie.—V. *Journal*, t. 5, p. 500, art. 1535.

LOI DU 9 AOUT 1839.

Relative aux chemins de fer.—V. *Journal*, t. 5, p. 521, art. 1545.

LOI DU 10 AOUT 1839.

Tit. 1er. Art. 14.—Les dispositions de l'art. 3 de la loi du 4 juill. 1837 sur les poids et mesures, ne seront appliquées aux monnaies en circulation, qu'en vertu d'une loi spéciale.—V. *Journal*, t. 5, p. 518, art. 1543.

ORDONN. ROY. DU 18 SEPT. 1839.

Relative à l'organisation du Conseil d'Etat.—V. *Journal*, t. 5, p. 466, art. 1521.

LOI DU 3 MARS 1840.

Art. 1. — L'art. 639 C. comm. est rectifié ainsi qu'il suit : — « Les trib. de comm. jugeront en dernier ressort : 1° Toutes les demandes dans lesquelles les parties justiciables de ces trib. et usant de leurs droits, auront déclaré vouloir être jugées définitivement et sans appel ; — 2° Toutes les demandes dont le principal n'excédera pas la valeur de 1,500 fr. — 3° Les demandes reconventionnelles ou en compensation, lors même que, réunies à la demande principale, elles excéderaient 1,500 fr. — Si l'une des demandes principales ou reconventionnelles s'élève au-dessus des limites ci-dessus indiquées, le trib. ne prononcera sur toutes qu'en premier ressort. — Néanmoins, il sera statué en dernier ressort sur les demandes en dommages-intérêts, lorsqu'elles seront fondées exclusivement sur la demande principale elle-même. » — Ces dispositions ne s'appliquent pas aux demandes introduites avant la promulgation de la présente loi.

2. L'art 646 C. comm. sera rectifié ainsi qu'il suit : — « Dans les limites de la compétence fixée par l'art. 639, pour le dernier ressort, l'appel ne sera pas reçu, encore que le jugement n'énonce pas qu'il est rendu en dernier

ressort, et même quand il énoncerait qu'il est rendu à la charge d'appel. »

3. L'art. 623 C. comm. est rectifié ainsi qu'il suit : — « Le président et les juges sortant d'exercice après deux années pourront être réélus immédiatement pour deux autres années. Cette nouvelle période expirée, il ne seront éligibles qu'après un an d'intervalle. — Tout membre élu en remplacement d'un autre, par suite de décès ou de toute autre cause, ne demeurera en exercice que pendant la durée du mandat confié à son prédécesseur. »

4. A l'art. 627 du même Code sera ajoutée la disposition qui suit : — « Dans les causes portées devant les trib. de comm., aucun huissier ne pourra ni assister comme conseil, ni représenter les parties en qualité de procureur fondé, à peine d'une amende de 25 à 50 fr., qui sera prononcée sans appel par le trib., sans préjudice des peines disciplinaires contre les huissiers contrevenans. — Cette disposition n'est pas applicable aux huissiers qui se trouveront dans l'un des cas prévus par l'art. 86 C. pr. civ. »

5. L'art. 617 C. comm. est rectifié ainsi qu'il suit : — « Chaque trib. de commerce sera composé d'un président, de juges et de suppléans. Le nombre de juges ne pourra pas être au-dessous de deux ni au-dessus de quatorze, non compris le président. — Le nombre des suppléans sera proportionné au besoin du service. — Un réglement d'administration publique fixera pour chaque trib. le nombre des juges et celui des suppléans. »

6. Il sera ajouté à l'art. 622 C. comm. la disposition suivante : — « Tous les membres compris dans une même élection seront soumis simultanément au renouvellement périodique, encore bien que l'institution de l'un ou de plusieurs d'entre eux ait été différée. »

—V. *Journal de Procédure*, t. 5, p. 145, art. 1634.

LOI DU 18 MAI 1840.

Relative à l'indemnité d'Haïti. —V. *Journal*, t. 6, p. 285, art. 1675.

ORDONN. ROY. 26 MAI 1840.

Relative à l'indemnité d'Haïti. —V. *Journal*, t. 6, p. 287, art. 1676.

ORDONNANCE DU 18 AVRIL 1841.

Qui admet les membres du parquet à délibérer et à voter comme les autres membres de la C. ou du trib. lorsque les cours sont appelées à donner leur

avis sur un projet de loi ou sur tout autre objet d'un intérêt public. — V. *Journal*, t. 7, p. 191, art 1942.

ORDONNANCE DU 28 FÉVRIER 1841.

Relative à l'organisation judiciaire en Algérie. —V. *Journal de Procédure*, t. 7, p. 206, art. 1944.

LOI DU 3 MAI 1841 (1).

TIT. 1er. *Dispositions préliminaires.*

Art. 1er. L'expropriation pour cause d'utilité publique s'opère par autorité de justice.

2. Les tribunaux ne peuvent prononcer l'expropriation qu'autant que l'utilité en a été constatée et déclarée dans les formes prescrites par la présente loi. Ces formes consistent : 1° dans la loi ou l'ordonnance royale qui autorise l'exécution des travaux pour lesquels l'expropriation est requise; 2° dans l'acte du préfet qui désigne les localités ou territoires sur lesquels les travaux doivent avoir lieu, lorsque cette désignation ne résulte pas de la loi ou de l'ordonnance royale; 3° dans l'arrêté ultérieure par lequel le préfet détermine les propriétés particulières auxquelles l'expropriation est applicable. — Cette application ne peut être faite à aucune propriété particulière qu'après que les parties intéressées ont été mises en état d'y fournir leurs contredits, selon les règles exprimées au titre II.

3. Tous grands travaux publics, routes royales, canaux, chemins de fer, canalisation des rivières, bassins et docks, entrepris par l'Etat, *les départemens, les communes*, ou par compagnies particulières, avec ou sans péage, avec ou sans subside du trésor, avec ou sans aliénation du domaine public, ne pourront être exécutés qu'en vertu d'une loi, qui ne sera rendue qu'après une enquête administrative. — Une ordonnance royale suffira pour autoriser l'exécution des routes *départementales*, *celle* des canaux et chemins de fer d'embranchement de moins de 20,000 mètres de longueur, des ponts et de tous autres travaux de moindre importance. — Cette ordonnance devra également être précédée d'une enquête. — Ces enquêtes auront lieu dans des formes déterminées par un réglement d'administration publique.

---

(1) — V. d'ailleurs pour les annotations *Journal*, tome 7, p. 193, art. 1945, et le *Dictionnaire*, v° *Vente sur expropriation*

Tit. 2. *Des mesures d'administration relatives à l'expropriation.*

Art. 4. Les ingénieurs ou autres gens de l'art chargés de l'exécution des travaux, lèvent, pour la partie qui s'étend sur chaque commune, le plan parcellaire des terrains ou des édifices dont la cession leur paraît nécessaire.

5. Le plan desdites propriétés particulières, indicatif des noms de chaque propriétaire, tels qu'ils sont inscrits sur la matrice des rôles, reste déposé, pendant huit jours, à la mairie de la commune où les propriétés sont situées, afin que chacun puisse en prendre connaissance.

6. Le délai fixé à l'article précédent ne court qu'à dater de l'avertissement, qui est donné collectivement aux parties intéressées, de prendre communication du plan déposé à la mairie. — Cet avertissement est publié à son de trompe ou de caisse dans la commune, et affiché tant à la principale porte de l'église du lieu qu'à celle de la maison commune. — Il est en outre inséré dans l'un des journaux publiés dans l'arrondissement, ou, s'il n'en existe aucun, dans l'un des journaux du département.

7. Le maire certifie ces publications et affiches; il mentionne sur un procès-verbal qu'il ouvre à cet effet, et que les parties qui comparaissent sont requises de signer, les déclarations et réclamations qui lui ont été faites verbalement, et y annexe celles qui lui sont transmises par écrit.

8. A l'expiration du délai de huitaine, prescrit par l'art. 5, une commission se réunit au chef-lieu de la sous-préfecture. — Cette commission, présidée par le sous-préfet de l'arrondissement, sera composée de quatre membres du conseil général du département ou du conseil de l'arrondissement désignés par le préfet, du maire de la commune où les propriétés sont situées, et de l'un des ingénieurs chargés de l'exécution des travaux.

La commission ne peut délibérer valablement qu'autant que cinq de ses membres au moins sont présents. Dans le cas où le nombre des membres présents serait de six, et où il y aurait partage d'opinions, la voix du président sera prépondérante.

Les propriétaires qu'il s'agit d'exproprier ne peuvent être appelés à faire partie de la commission.

9. La commission reçoit, *pendant huit jours*, les observations des propriétaires. — Elle les appelle toutes les fois qu'elle le juge convenable. Elle donne son avis. — Ses opérations doivent être terminées dans le délai *de dix jou s;* après quoi le procès-verbal est adressé immédiatement par le sous-préfet au préfet. — Dans le cas où lesdites opérations n'auraient pas été mises à fin dans le délai ci-dessus, le sous-préfet devra, dans les trois jours, transmettre au préfet son procès-verbal et les documens recueillis.

10. Si la commission propose quelque changement au tracé indiqué par les ingénieurs, le sous-préfet devra, dans la forme indiquée par l'art. 6, en donner immédiatement avis aux propriétaires que ces changemens pourront intéresser. Pendant huitaine, à dater de cet avertissement, le procès-verbal et les pièces resteront déposés à la sous préfecture; les parties intéressées pourront en prendre communication sans déplacement et sans frais et fournir leurs observations écrites.

Dans les trois jours suivants, le sous-préfet transmettra toutes les pièces à la préfecture.

11. Sur le vu du procès-verbal et des documens y annexés, le préfet détermine, par un arrêté motivé, les propriétés qui doivent être cédées, et indique l'époque à laquelle il sera nécessaire d'en prendre possession. Toutefois, dans le cas où il résulterait de l'avis de la commission qu'il y aurait lieu de modifier le tracé des travaux ordonnées, le préfet surseoira jusqu'à ce qu'il ait été prononcé par l'administration supérieure. — L'administration supérieure pourra, suivant les circonstances, ou statuer définitivement, ou ordonner qu'il soit procédé de nouveau à tout ou partie des formalités prescrites par les articles précédens.

12. Les dispositions des art. 8, 9 et 10 ne sont point applicables au cas où l'expropriation serait demandée par une commune, et dans un intérêt purement communal, non plus qu'aux travaux d'ouverture ou de redressement des chemins vicinaux.

Dans ce cas, le procès-verbal prescrit par l'art. 7 est transmis, avec l'avis du conseil municipal, par le maire au sous-préfet, qui l'adressera au préfet avec ses observations. — Le préfet, en conseil de préfecture, sur le vu de ce procès-verbal, et sauf l'approbation de l'administration supérieure, prononcera comme il est dit en l'article précédent.

Tit. 3. *De l'expropriation et de ses suites, quant aux. riviléges, hypothèques et autres droits réels.*

13. Si des biens de mineurs, d'interdit, d'absent, ou autres incapables, sont compris dans les plans déposés en

vertu de l'art. 5, ou dans les modifications admises par l'administration supérieure, aux termes de l'art. 11 de la présente loi, les tuteurs, ceux qui ont été envoyés en possession provisoire, et tous représentans des incapables, peuvent après autorisation du tribunal, donnée sur simple requête, en la chambre du conseil, le ministère public entendu, consentir amiablement à l'aliénation desdits biens. — Le tribunal ordonne les mesures de conservation ou de remploi qu'il juge nécessaires. — Ces dispositions sont applicables aux immeubles dotaux et aux majorats. Les préfets pourront, dans le même cas, aliéner les biens des départemens, s'ils y sont autorisés par délibération du conseil général; les maires ou administrateurs pourront aliéner les biens des communes ou établissemens publics, s'ils y sont autorisés par délibération du conseil municipal ou du conseil d'administration, approuvée par le préfet en conseil de préfecture. — Le ministre des finances peut consentir à l'aliénation des biens de l'Etat, ou de de ceux qui font partie de la dotation de la couronne, sur la proposition de l'intendant de la liste civile. A défaut de conventions amiables, soit avec les propriétaires des terrains ou bâtimens dont la cession est reconnue nécessaire, soit avec ceux qui les représentent, le préfet transmet au procureur du roi dans le ressort duquel les biens sont situés, la loi ou l'ordonnance qui autorise l'exécution des travaux, et l'arrêté mentionné en l'art. 11.

14. Dans les trois jours, et sur la production des pièces constatant que les formalités prescrites par l'art. 2 du titre Ier, et par le titre II de la présente loi, ont été remplies, le procureur du roi requiert et le tribunal prononce l'expropriation, pour cause d'utilité publique, des terrains ou bâtimens indiqués dans l'arrêté du préfet.

Si, dans l'année de l'arrêté du préfet, l'administration n'a pas poursuivi l'expropriation, tout propriétaire dont les terrains sont compris audit arrêté peut présenter requête au tribunal. Cette requête sera communiquée par le procureur du roi au préfet, qui devra, dans le plus bref délai, envoyer les pièces, et le tribunal statuera dans les trois jours.

Le même jugement commet un des membres du tribunal pour remplir les fonctions attribuées par le titre IV, chap. II, au magistrat directeur du jury chargé de fixer l'indemnité, et désigne un autre membre pour le remplacer au besoin. — En cas d'absence ou d'empêchement de ces deux magistrats, il sera pourvu à leur remplacement par une ordonnance sur requête du président du tribunal civil. — Dans le cas où les propriétaires à exproprier consentiraient à la cession, mais où il n'y aurait point accord sur le prix, le tribunal donnera acte du consentement, et désignera le magistrat directeur du jury, sans qu'il soit besoin de rendre le jugement d'expropriation, ni de s'assurer que les formalités prescrites par le titre II ont été remplies.

15. Le jugement est publié et affiché; par extrait, dans la commune de la situation des biens, de la manière indiquée en l'art. 6. Il est en outre inséré dans l'un des journaux publiés dans l'arrondissement, ou, s'il n'en existe aucun, dans l'un de ceux du département. — Cet extrait, contenant les noms des propriétaires, les motifs et le dispositif du jugement, leur est notifié au domicile qu'ils auront élu dans l'arrondissement de la situation des biens, par une déclaration faite à la mairie de la commune où les biens sont situés; et, dans le cas où cette élection de domicile n'aurait pas eu lieu, la notification de l'extrait sera faite en double copie au maître et au fermier, locataire, gardien ou régisseur de la propriété. — Toutes les autres notifications prescrites par la présente loi seront faites dans la forme ci-dessus indiquée.

16. Le jugement sera, immédiatement *après l'accomplissement des formalités prescrites par l'art.* 15 *de la présente loi,* transcrit au bureau de la conservation des hypothèques de l'arrondissement, conformément à l'art. 2181 du C. civ.

Art. 17. Dans la quinzaine de la transcription, les priviléges et les hypothéques conventionnelles, judiciaires ou légales, seront inscrits. — A défaut d'inscription dans ce délai, l'immeuble exproprié sera affranchi de tous priviléges et hypothèques, de quelque nature qu'ils soient, *sans préjudice des droits des femmes, mineurs et interdits, sur le montant de l'indemnité, tant qu'elle n'a pas été payée ou que l'ordre n'a pas été réglé définitivement entre les créanciers.* — Les créanciers inscrits n'auront, dans aucun cas, la faculté de surenchérir, mais ils pourront exiger que l'indemnité soit fixée conformément au titre IV.

Art. 18. Les actions en résolution, en revendication, et toutes autres actions réelles, ne pourront arrêter l'expropriation ni en empêcher l'effet. Le droit des réclamants sera transporté sur le prix, et l'immeuble en demeurera affranchi.

Art. 19. Les règles posées dans le § 1er de l'art. 15 et dans les art. 16, 17 et 18, sont applicables dans le cas de conventions amiables passées entre l'administration et les propriétaires. — Cependant l'administration peut, sauf les droits des tiers, et sans accomplir les formalités ci-dessus tracées, payer le prix des acquisitions dont la valeur ne s'élèverait pas au-dessus de 500 fr. — Le défaut d'accomplissement des formalités de la purge des hypothèques n'empêche pas l'expropriation d'avoir son cours ; sauf, pour les parties intéressées, à faire valoir leurs droits ultérieurement, dans les formes déterminées par le titre IV de la présente loi.

Art. 20. Le jugement ne pourra être attaqué que par la voie du recours en cassation, et seulement pour incompétence, excès de pouvoir ou vice de forme du jugement. Le pourvoi aura lieu, *au plus tard*, dans les trois jours à dater de la notification du jugement, par déclaration au greffe du tribunal. Il sera notifié dans la huitaine, soit à la partie, au domicile indiqué par l'article 13, soit au préfet ou au maire, suivant la nature des travaux ; *le tout à peine de déchéance.* — Dans la quinzaine de la notification du pourvoi, les pièces seront adressées à la chambre civile de la Cour de cassation, qui statuera dans le mois suivant. — L'arrêt, s'il est rendu par défaut, à l'expiration de ce délai, ne sera pas susceptible d'opposition.

Tit. IV. — *Du réglement des indemnités.*

Chap. Ier. — *Mesures préparatoires.*

Art. 21. Dans la huitaine qui suit la notification prescrite par l'art. 13, le propriétaire est tenu d'appeler et de faire connaître à *l'administration* les fermiers, locataires, ceux qui ont des droits d'usufruit, d'habitation ou d'usage, tels qu'ils sont réglés par le Code civil, et ceux qui peuvent réclamer des servitudes résultant des titres mêmes du propriétaire ou d'autres actes dans lesquels il serait intervenu ; sinon il restera seul chargé envers eux des indemnités que ces derniers pourront réclamer. — Les autres intéressés seront en demeure de faire valoir leurs droits par l'avertissement énoncé en l'art. 6, et tenus de se faire connaître à *l'administration* dans le même délai de huitaine, à défaut de quoi ils seront déchus de tous droits à l'indemnité.

Art. 22. Les dipositions de la présente loi, relatives aux propriétaires et à leurs créanciers, sont applicables à l'usufruitier et à ses créanciers.

Art. 23. L'administration notifie aux propriétaires et à tous autres intéressés qui auront été désignés ou qui seront intervenu dans le délai fixé par l'art. 21, les sommes qu'elle offre pour indemnités. — Ces offres sont, en outre, affichées et publiées conformément à l'art. 6 de la présente loi.

Art. 24. Dans la quinzaine suivante, les propriétaires et autres intéressés sont tenus de déclarer leur acceptation, ou, s'ils n'acceptent pas les offres qui leur sont faites, d'indiquer le montant de leurs prétentions.

Art. 25. Les femmes mariées sous le régime dotal, assistées de leurs maris, les tuteurs, ceux qui ont été envoyés en possession provisoire des biens d'un absent, et autres personnes qui représentent les incapables, peuvent valablement accepter les offres énoncées en l'art. 23, s'ils y sont autorisés dans les formes prescrites par l'art. 13.

Art. 26. Le ministre des finances, les préfets, maires ou administrateurs, peuvent accepter les offres d'indemnités pour expropriation des biens appartenant à l'Etat, à la couronne, aux départemens, communes ou établissements publics, dans les formes'et avec les autorisations prescrites par l'art. 13.

Art. 27. Le délai de quinzaine, fixé par l'art. 24, sera d'un mois dans les cas prévus par les art. 25 et 26.

Art. 28. Si les offres de l'administration ne sont pas acceptées dans les délais prescrits par les art. 24 et 27, l'administration citera devant le jury, qui sera convoqué à cet effet, les propriétaires et tous autres intéressés qui auront été désignés, ou qui seront intervenus, pour qu'il soit procédé au réglement des indemnités de la manière indiquée au chapitre suivant. La citation contiendra l'énonciation des offres qui auront été refusées.

Chap. II. — *Du jury spécial chargé de régler les indemnités*

Art. 29. Dans sa session annuelle, le conseil général du département désigne, pour chaque arrondissement de sous-préfecture, tant sur la liste des électeurs que sur la seconde partie de la liste du jury, trente-six personnes au moins et soixante et douze au plus, qui ont leur domicile réel dans l'arrondissement, parmi lesquels sont choisis, jusqu'à la session suivante ordinaire du conseil général, les membres du jury spécial appelé, le cas échéant, à régler les indemnités dues par suite d'expropriation pour cause d'utilité publique. — Le nombre des jurés désignés pour le département de la Seine sera de six cents.

Art. 30. Toutes les fois qu'il y a lieu de recourir à un jury spécial, *la pre-*

mière chambre de la Cour royale, dans les départemers qui sont le siége d'une Cour royale, et, dans les autres départemens, *la première chambre du* tribunal du chef-lieu judiciaire, choisit en la chambre du conseil, sur la liste dressée en vertu de l'article précédent pour l'arrondissement dans lequel ont lieu les expropriations, seize personnes qui formeront le jury spécial chargé de fixer définitivement le montant de l'indemnité, et, en outre, quatre jurés supplémentaires; *pendant les vacances, ce choix est déféré à la chambre de la Cour ou du tribunal chargée du service des vacations. En cas d'abstention ou de récusation des membres du tribunal, le choix du jury est déféré à la Cour royale.* — Ne peuvent être choisis : 1o les propriétaires, fermiers, locataires des terrains et bâtimens désignés en l'arrêté du préfet pris en vertu de l'art. 11, et qui restent à acquérir; 2o les créanciers ayant inscription sur lesdits immeubles; 3o tous autres intéressés désignés ou intervenant en vertu des art. 21 et 22. — Les septuagénaires seront dispensés, s'ils le requièrent, des fonctions de juré.

31. La liste des seize jurés et des quatre jurés supplémentaires est transmise par le préfet au sous-préfet, qui, après s'être concerté avec le magistrat directeur du jury, convoque les jurés et les parties, en leur indiquant, au moins huit jours à l'avance, le lieu et le jour de la réunion. La notification aux parties leur fait connaître les noms des jurés.

32. Tout juré qui, sans motifs légitimes, manque à l'une des séances ou refuse de prendre part à la délibération, encourt une amende de 100 fr. au moins de 300 fr. au plus. — L'amende est prononcée par le magistrat directeur du jury. — Il statue en dernier ressort sur l'opposition qui serait formée par le juré condamné. — Il prononce également sur les causes d'empêchement que les jurés proposent, ainsi que sur les exclusions ou incompatibilités dont les causes ne seraient survenues ou n'auraient été connues que postérieurement à la désignation faite en vertu de l'art. 30.

33. Ceux des jurés qui se trouvent rayés de la liste par suite des empêchements, exclusions ou incompatibilités prévus à l'article précédent, sont immédiatement remplacés par les jurés supplémentaires, que le magistrat directeur du jury appelle dans l'ordre de leur inscription. — En cas d'insuffisance, le magistrat directeur du jury choisit, sur la liste dressée en vertu de l'art. 29, les personnes nécessaires pour compléter le nombre des seize jurés.

34. Le magistrat directeur du jury est assisté, auprès du jury spécial, du greffier ou commis-greffier du tribunal, qui appelle successivement les causes sur lesquelles le jury doit statuer, et tient procès-verbal des opérations. — Lors de l'appel, l'administration a le droit d'exercer deux récusations péremptoires; la partie adverse a le même droit. — Dans le cas où plusieurs intéressés figurent dans la même affaire, ils s'entendent pour l'exercice du droit de récusation, sinon le sort désigne ceux qui doivent en user. — Si le droit de récusation n'est point exercé, ou s'il ne l'est que partiellement, le magistrat directeur du jury procède à la réduction des jurés au nombre de douze, en retranchant les derniers noms inscrits sur la liste.

35. Le jury spécial n'est constitué que lorsque les douze jurés sont présens. — Les jurés ne peuvent délibérer valablement qu'au nombre de neuf au moins.

36. Lorsque le jury est constitué, chaque juré prête serment de remplir ses fonctions avec impartialité.

37. Le magistrat directeur met sous les yeux du jury : 1° le tableau des offres et demandes notifiées en exécution des art. 23 et 24; 2° les plans parcellaires et les titres ou autres documens produits par les parties à l'appui de leurs offres et demandes. — Les parties ou leurs fondés de pouvoir peuvent présenter sommairement leurs observations. — Le jury pourra entendre toutes les personnes qu'il croira pouvoir éclairer. — Il pourra également transporter sur les lieux, ou déléguer, à cet effet, un ou plusieurs de ses membres. — La discussion est publique; elle peut être continuée a une autre séance.

38. La clôture de l'instruction est prononcée par le magistrat directeur du jury. — Les jurés se retirent immédiatement dans leur chambre pour délibérer, sans désemparer, sous la présidence de l'un d'eux, qu'ils désignent à l'instant même. — La décision du jury fixe le montant de l'indemnité; elle est prise à la majorité des voix. — En cas de partage, la voix du président du jury est prépondérante.

39. Le jury prononce des indemnités distinctes en faveur des parties qui les réclament à des titres différens, comme propriétaires, fermiers, locataires, usagers et autres intéressés dont il est parlé dans l'art. 21. — Dans le cas d'usufruit, une seule indemnité est fixée par le jury, eu égard à la valeur totale de l'immeuble; le nu proprié-

taire et l'usufruitier exercent leurs droits sur le montant de l'indemnité, au lieu de l'exercer sur la chose. — L'usufruitier sera tenu de donner caution; les père et mère ayant l'usufruit légal des biens de leurs enfans en seront seuls dispensés. — Lorsqu'il y a litige sur le fond du droit ou sur la qualité des réclamans, et toutes les fois qu'il s'élève des difficultés étrangères à la fixation du montant de l'indemnité, le jury règle l'indemnité indépendamment de ces litiges et difficultés, sur lesquels les parties sont renvoyées à se pourvoir devant qui de droit. — *L'indemnité allouée par le jury ne peut, en aucun cas, être inférieure aux offres de l'administration, ni supérieure à la demande de la partie intéressée.*

40. Si l'indemnité réglé par le jury ne dépasse pas l'offre de l'administration, les parties qui l'auront refusée seront condamnées aux dépens. — Si l'indemnité est égale à la demande des parties, l'administration sera condamnée aux dépens. — Si l'indemnité est à la fois supérieure à l'offre de l'administration, et inférieure à la demande des parties, les dépens seront compensés de manière à être supportés par les parties et l'administration, dans les proportions de leur offre ou de leur demande avec la décision du jury. — Tout indemnitaire qui ne se trouvera pas dans le cas des art. 25 et 26 sera condamné aux dépens, quelle que soit l'estimation ultérieure du jury, s'il a omis de se conformer aux dispositions de l'art. 24.

41. La décision du jury, signée des membres qui y ont concouru, est remise par le président au magistrat directeur, qui la déclare exécutoire, statue sur les dépens, et envoie l'administration en possession de la propriété, à la charge par elle de se conformer aux dispositions des art. 53, 54 et suiv. — Ce magistrat taxe les dépens, dont le tarif est déterminé par un règlement d'administration publique. — La taxe ne comprendra que les actes faits postérieurement à l'offre de l'administration; les frais des actes antérieurs demeurent, dans tous les cas, à la charge de l'administration.

42. La décision du jury *et l'ordonnance du magistrat directeur* ne peuvent être attaquées que par la voie du recours en cassation, et seulement pour violation du § 1er de l'art. 30, de l'art. 31, des §§ 2 et 4 de l'art. 34, et des art. 35, 36, 37, 38, 39 et 40. — Le délai sera de quinze jours pour ce recours, qui sera d'ailleurs formé, notifié et jugé comme il est dit en

l'art. 20; il courra à partir du jour de la décision.

43. Lorsqu'une décision du jury aura été cassée, l'affaire sera renvoyée devant un nouveau jury, choisi dans le même arrondissement.

Néanmoins la Cour de cassation pourra, suivant les circonstances, renvoyer l'appréciation de l'indemnité à un jury choisi dans un des arrondissemens voisins, quand même il appartiendrait à un autre département.

Il sera procédé, à cet effet, conformément à l'art. 30.

44. Le jury ne connaît que des affaires dont il a été saisi au moment de sa convocation, et statue successivement et sans interruption sur chacune de ces affaires, il ne peut se séparer qu'après avoir réglé toutes les indemnités dont la fixation lui a été ainsi déférée.

45. Les opérations commencées par un jury, et qui ne sont pas encore terminées au moment du renouvellement annuel de la liste générale mentionnée en l'art. 29, sont continuées jusqu'à conclusion définitive, par le même jury.

46. Après la clôture des opérations du jury, les minutes de ses décisions et les autres pièces qui se rattachent auxdites opérations sont déposées au greffe du trib. civ. de l'arrondissement.

47. Les noms des jurés qui auront fait le service d'une session ne pourront être portés sur le tableau dressé par le conseil général pour l'année suivante.

CHAP. III. — *Des règles à suivre pour la fixation des indemnités.*

48. Le jury est juge de la sincérité des titres et de l'effet des actes qui seraient de nature à modifier l'évaluation de l'indemnité.

49. Dans le cas où l'administration contesterait au détenteur exproprié le droit à une indemnité, le jury, sans s'arrêter à la contestation, dont il renvoie le jugement devant qui le droit, fixe l'indemnité comme si elle était due, et le magistrat directeur du jury en ordonne la consignation, pour, ladite indemnité rester déposée jusqu'à ce que les parties se soient entendues ou que le litige soit vidé.

50. Les bâtimens dont il est nécessaire d'acquérir une portion pour cause d'utilité publique seront achetés en entier, si les propriétaires le requièrent par une déclaration formelle adressée au magistrat directeur du jury, dans les délais énoncés aux art. 24 et 27. — Il en sera de même de

toute parcelle de terrain qui, par suite du morcellement, se trouvera réduite au quart de la contenance totale, si toutefois le propriétaire ne possède aucun terrain immédiatement contigu, et si la parcelle, ainsi réduite, est inférieure, à dix ares.

51. Si l'exécution des travaux doit procurer une augmentation de valeur immédiate et spéciale au restant de la propriété, cette augmentation *sera* prise en considération dans l'évaluation du montant de l'indemnité.

52. Les constructions, plantations et améliorations ne donneront lieu à aucune indemnité, lorsque, à raison de l'époque où elles auront été faites, ou de toutes autres circonstances dont l'appréciation lui est abandonnée, le jury acquiert la conviction qu'elles ont été faites dans la vue d'obtenir une indemnité plus élevée.

TIT. V.—*Du paiement des indemnités*.

53. Les indemnités réglées par le jury seront, préalablement à la prise de possession, acquittées entre les mains des ayants droit. — S'ils se refusent à les recevoir, la prise de possession aura lieu après offres réelles et consignation. — S'il s'agit de travaux exécutés par l'Etat ou les départemens, les offres réelles pourront s'effectuer au moyen d'un mandat égal au montant de l'indemnité réglée par le jury : ce mandat, délivré par l'ordonnateur compétent, visé par le payeur, sera payable sur la caisse publique qui s'y trouvera désignée. — Si les ayants droit refusent de recevoir le mandat, la prise de possession aura lieu après consignation en espèces.

54. Il ne sera pas fait d'offres réelles toutes les fois qu'il existera des inscriptions sur l'immeuble exproprié ou d'autres obstacles au versement des deniers entre les mains des ayants droit; dans ce cas, il suffira que les sommes dues par l'administration soient consignées pour être ultérieurement distribuées ou remises, selon les règles du droit commun.

55. Si dans les six mois du jugement d'expropriation, l'administration ne poursuit pas la fixation de l'indemnité, les parties pourront exiger qu'il soit procédé à ladite fixation. — Quand l'indemnité aura été réglée, si elle n'est ni acquittée ni consignée dans les six mois de la décision du jury, les intérêts courront de plein droit à l'expiration de ce délai.

TIT. VI. — *Dispositions diverses*.

56. Les contrats de vente, quittances et autres actes relatifs à l'acquisition des terrains, peuvent être passés dans la forme des actes administratifs; la minute restera déposée au secrétariat de la préfecture ; expédition en sera transmise à l'administration des domaines.

57. Les significations et notifications mentionnées en la présente loi sont faites à la diligence du préfet du département de la situation des biens. — Elles peuvent être faites tant par huissier que par tout agent de l'administration dont les procès-verbaux font foi en justice.

58. Les plans, procès-verbaux, certificats, significations, jugemens, contrats, quittances et autres actes faits en vertu de la présente loi, seront visés pour timbre et enregistrés gratis, lorsqu'il y aura lieu à la formalité de l'enregistrement. — Il ne sera perçu aucuns droits pour la transcription des actes au bureau des hypothèques. — Les droits perçus sur les acquisitions amiables faites antérieurement aux arrêtés de préfet seront restitués, lorsque, dans le délai de deux ans, à partir de la perception, il sera justifié que les immeubles acquis sont compris dans ces arrêtés. La restitution des droits ne pourra s'appliquer qu'à la portion des immeubles qui aura été reconnue nécessaire à l'exécution des travaux.

59. Lorsqu'un propriétaire aura accepté les offres de l'administration, le montant de l'indemnité devra, s'il l'exige et s'il n'y a pas eu contestation de la part des tiers dans les délais prescrits par les art. 24 et 27, être versé à la caisse des dépôts et consignations, pour être remis ou distribué à qui de droit, selon les règles du droit commun.

60. Si les terrains acquis pour des travaux d'utilité publique ne reçoivent pas cette destination, les anciens propriétaires ou leurs ayants-droit peuvent en demander la remise. — Le prix des terrains rétrocédés est fixé à l'amiable, et s'il n'y a pas accord, par le jury, dans les formes ci-dessus prescrites. La fixation par le jury ne peut, en aucun cas, excéder la somme moyennant laquelle les terrains ont été acquis.

61. Un avis, publié de la manière indiquée en l'art. 6, fait connaître les terrains que l'administration est dans le cas de revendre. Dans les trois mois de cette publication, les anciens propriétaires qui veulent réacquérir la propriété desdits terrains sont tenus de le déclarer; et, dans le mois de la

fixation du prix, soit amiable, soit judiciaire, ils doivent passer le contrat de rachat et payer le prix; le tout à peine de déchéance du privilége que leur accorde l'article précédent.

62. Les dispositions des art. 60 et 61 ne sont pas applicables aux terrains qui auront été acquis sur la réquisition du propriétaire, en vertu de l'art. 50, et qui resteraient disponibles après l'exécution des travaux.

63. Les concessionnaires des travaux publics exerceront tous les droits conférés à l'administration, et seront soumis à toutes les obligations qui lui sont imposées par la présente loi.

64 Les contributions de la portion d'immeuble qu'un propriétaire aura cédée, ou dont il aura été exproprié pour cause d'utilité publique, continueront à lui être comptées pendant un an, à partir de la remise de la propriété, pour former son cens électoral.

Titre vii. — *Dispositions exceptionnelles.*

cnapitre Ier.

65. Lorsqu'il y aura urgence de prendre possession des terrains non bâtis qui seront soumis à l'expropriation, l'urgence sera spécialement déclarée par une ordonnance royale.

66. En ce cas, après le jugement d'expropriation, l'ordonnance qui déclare l'urgence et le jugement seront notifiés, conformément à l'art. 15, aux propriétaires et aux détenteurs, avec assignation devant le tribunal civil. L'assignation sera donnée à trois jours au moins; elle énoncera la somme offerte par l'administration.

67. Au jour fixé, le propriétaire et les détenteurs seront tenus de déclarer la somme dont ils demandent la consignation avant l'envoi en possession. — Faute par eux de comparaître, il sera procédé en leur absence.

68. Le tribunal fixe le montant de la somme à consigner. — Le tribunal peut se transporter sur les lieux, ou commettre un juge pour visiter les terrains, recueillir tous les renseignemens propres à en déterminer la valeur, et en dresser, s'il y a lieu, un procès-verbal descriptif. Cette opération devra être terminée dans les cinq jours, à dater du jugement qui l'aura ordonnée. — Dans les trois jours de la remise de ce procès-verbal au greffe, le tribunal déterminera la somme à consigner.

69. La consignation doit comprendre, outre le principal, la somme nécessaire pour assurer, pendant deux

ans, le paiement des intérêts à 5 p. 100.

70. Sur le vu du procès-verbal de consignation, et sur une nouvelle assignation à deux jours de délai au moins, le président ordonne la prise de possession.

71. Le jugement du tribunal et l'ordonnance du président sont exécutoires sur minute et ne peuvent être attaqués par opposition ni par appel.

72. Le président taxera les dépens, qui seront supportés par l'administration.

73. Après la prise de possession, il sera, à la poursuite de la partie la plus diligente, procédé à la fixation définitive de l'indemnité, en exécution du titre IV de la présente loi.

74. Si cette fixation est supérieure à la somme qui a été déterminée par le tribunal, le supplément doit être consigné dans la quinzaine de la notification de la décision du jury, et, à défaut, le propriétaire peut s'opposer à la continuation des travaux.

Chapitre II.

75. Les formalités prescrites par les titres I et II de la présente loi ne sont applicables ni aux travaux militaires, ni aux travaux de la marine royale. — Pour ces travaux, une ordonnance royale détermine les terrains qui sont soumis à l'expropriation. ·

76. L'expropriation ou l'occupation temporaire, en cas d'urgence, des propriétés privées qui seront jugées nécessaires pour des travaux de fortification, continueront d'avoir lieu conformément aux dispositions prescrites par la loi du 30 mars 1831. — Toutefois, lorsque les propriétaires ou autres intéressés n'auront pas accepté les offres de l'administration, le réglement définitif des indemnités aura lieu conformément aux dispositions du titre IV ci-dessus. — Seront également applicables aux expropriations poursuivies en vertu de la loi du 30 mars 1831, les art. 16, 17, 18, 19 et 20, ainsi que le titre VI de la présente loi.

Titre viii. — *Dispositions finales.*

77. Les lois des 8 mars 1810 et 7 juillet 1833 sont abrogées.

loi du 2 juin 1841 (1).

Art. 1. Les titres XII et XIII du

---

(1) — V. d'ailleurs pour les annotations *Journal.* t. 7, p. 241, art. 1959; *Dictionnaire*, v° *Vente judiciaire.*

livre V de la première partie du Code de procédure civile, et le décret du 9 février 1811, relatifs à la saisie immobilière et à ses incidents, seront remplacés par les dispositions suivantes :

TITRE XII. — *De la saisie immobilière.*

673. La saisie immobilière sera précédée d'un commandement à personne ou domicile ; en tête de cet acte, il sera donné copie entière du titre en vertu duquel elle est faite. Ce commandement contiendra élection de domicile dans le lieu où siége le tribunal qui devra connaître de la saisie , si le créancier n'y demeure pas ; il énoncera que , faute de paiement , il sera procédé à la saisie des immeubles du débiteur ; l'huissier ne se fera pas assister de témoins ; il fera, dans le jour, viser l'original par le maire du lieu où le commandement sera signifié.

674. La saisie immobilière ne pourra être faite que trente jours après le commandement ; si le créancier laisse écouler plus de quatre-vingt-dix jours entre le commandement et la saisie , il sera tenu de le réitérer dans les formes et avec les délais ci-dessus.

675. Le procès-verbal de saisie contiendra , outre toutes les formalités communes à tous les exploits :

1o L'énonciation du titre exécutoire en vertu duquel la saisie est faite ;

2o La mention du transport de l'huissier sur les biens saisis ;

3o L'indication des biens saisis , savoir :

Si c'est une maison, l'arrondissement , la commune, la rue, le numéro s'il y en a ; et , dans le cas contrire , deux au moins des tenants et boutissants ;

Si ce sont des biens ruraux, la désignation des bâtimens , quand il y en aura , la nature et la contenance approximative de chaque pièce , le nom du fermier ou colon s'il y en a , l'arrondissement et la commune où les biens sont situés ;

4o La copie littérale de la matrice du rôle de la contribution foncière pour les articles saisis ;

5o L'indication du tribunal où la saisie sera portée ;

6o Et enfin constitution d'avoué chez lequel le domicile du saisissant sera élu de droit.

676. Le procès-verbal de saisie sera visé , avant l'enregistrement , par le maire de la commune dans laquelle sera situé l'immeuble saisi ; et , si la saisie comprend des biens situés dans plusieurs communes, le visa sera donné successivement par chacun des maires à la suite de la partie du procès-verbal relative aux biens situés dans sa commune.

677. La saisie immobilière sera dénoncée au saisi dans les quinze jours qui suivront celui de la clôture du procès-verbal , outre un jour par cinq myriamètres de distance entre le domicile du saisi et le lieu où siége le tribunal qui doit connaître de la saisie. L'original sera visé dans le jour par le maire du lieu où l'acte de dénonciation aura été signifié.

678. La saisie immobilière et l'exploit de dénonciation seront transcrits, au plus tard, dans les quinze jours qui suivront celui de la dénonciation , sur le registre à ce destiné au bureau des hypothèques de la situation des biens , pour la partie des objets saisis qui se trouvent dans l'arrondissement.

679. Si le conservateur ne peut procéder à la transcription de la saisie à l'instant où elle lui est présentée , il fera mention , sur l'original qui lui sera laissé, des heure, jour, mois et an auxquels il aura été remis, et, en cas de concurrence, le premier présenté sera transcrit.

680. S'il y a eu précédente saisie , le conservateur constatera son refus en marge de la seconde , il énoncera la date de la précédente saisie, les noms, demeures et professions du saisissant et du saisi , l'indication du tribunal où la saisie est portée , le nom de l'avoué du saisissant et la date de la transcription.

681. Si les immeubles saisis ne sont pas loués ou affermés, le saisi restera en possession jusqu'à la vente, comme séquestre judiciaire , à moins que , sur la demande d'un ou plusieurs créanciers , il n'en soit autrement ordonné par le président du tribunal , dans la forme des ordonnances sur référé.

Les créanciers pourront néanmoins, après y avoir été autorisés par ordonnance du président rendue dans la même forme , faire procéder à la coupe et à la vente , en tout ou en partie, des fruits pendants par les racines.

Les fruits seront vendus aux enchères ou de toute autre manière autorisée par le président, dans le délai qu'il aura fixé, et le prix sera déposé à la caisse des dépôts et consignations.

682. Les fruits naturels et industriels recueillis postérieurement à la transcription , ou le prix qui en proviendra, seront immobilisés pour être distribués avec le prix de l'immeuble par ordre d'hypothèque.

683. Le saisi ne pourra faire aucune coupe de bois ni dégradation , à peine

de dommages-intérêts auxquels il sera contraint par corps, sans préjudice, s'il y a lieu, des peines portées dans les art. 400 et 434 du Code pénal.

684. Les baux qui n'auront pas acquis date certaine avant le commandement, pourront être annulés si les créanciers ou l'adjudicataire le demandent.

685. Les loyers et fermages seront immobilisés à partir de la transcription de la saisie, pour être distribués avec le prix de l'immeuble par ordre d'hypothèque. Un simple acte d'opposition à la requête du poursuivant ou de tout autre créancier vaudra saisie-arrêt entre les mains des fermiers et locataires qui ne pourront se libérer qu'en exécution de mandemens de collation, ou par le versement de loyers ou fermages à la caisse des consignations : ce versement aura lieu à leur réquisition, ou sur la simple sommation des créanciers. A défaut d'opposition, les palemens faits au débiteur seront valables, et celui-ci sera comptable, comme séquestre judiciaire, des sommes qu'il aura reçues.

686. La partie saisie ne peut, à compter du jour de la transcription de la saisie, aliéner les immeubles saisis, à peine de nullité, et sans qu'il soit besoin de la faire prononcer.

687. Néanmoins, l'aliénation ainsi faite aura son exécution si, avant le jour fixé pour l'adjudication, l'acquéreur consigne somme suffisante pour acquitter en principal, intérêts et frais, ce qui est dû aux créanciers inscrits ainsi qu'au saisissant, et s'il leur signifie l'acte de consignation.

688. Si les deniers ainsi déposés ont été empruntés, les prêteurs n'auront d'hypothèques que postérieurement aux créanciers inscrits lors de l'aliénation.

689. A défaut de consignation avant l'adjudication, il ne pourra être accordé, sous aucun prétexte, de délai pour l'effectuer.

690. Dans les vingt jours, au plus tard, après la transcription, le poursuivant déposera au greffe du tribunal le cahier des charges, contenant :

1o L'énonciation du titre exécutoire en vertu duquel la saisie a été faite, du commandement, du procès-verbal de saisie, ainsi que des autres actes et jugemens intervenus postérieurement ;

2o La désignation des immeubles, telle qu'elle a été insérée dans le procès-verbal ;

3o Les conditions de la vente ;

4o Une mise à prix de la part du poursuivant.

691. Dans les huit jours, au plus tard, après le dépôt au greffe, outre un jour par cinq myrian ètres de distance entre le domicile du saisi et le lieu où siége le tribunal, sommation sera faite au saisi, à personne ou domicile, de prendre communication du cahier des charges, de fournir ses dires et observations, et d'assister à la lecture et publication qui en sera faite, ainsi qu'à la fixation du jour de l'adjudication. Cette sommation indiquera les jour, lieu et heure de la publication.

692. Pareille sommation sera faite, dans le même délai de huitaine, aux créanciers inscrits sur les biens saisis, aux domiciles élus dans les inscriptions.

Si parmi les créanciers inscrits se trouve le vendeur de l'immeuble saisi, la sommation à ce créancier portera, qu'à défaut de former sa demande en résolution et de la notifier au greffe avant l'adjudication, il sera définitivement déchu à l'égard de l'adjudicataire du droit de la faire prononcer.

693. Mention de la notification prescrite par les deux articles précédens sera faite dans les huit jours de la date du dernier exploit de notification, en marge de la transcription de la saisie au bureau des hypothèques. — Du jour de cette mention, la saisie ne pourra plus être rayée que du consentement des créanciers inscrits, ou en vertu de jugemens rendus contre eux.

694. Trente jours au plus tôt et quarante jours au plus tard après le dépôt du cahier des charges, il sera fait à l'audieuce, et au jour indiqué, publication et lecture du cahier des charges.

Trois jours au plus tard avant la publication, le poursuivant, la partie saisie et les créanciers inscrits seront tenus de faire insérer, à la suite de la mise à prix, leurs dires et observations ayant pour objet d'introduire des modifications dans ledit cahier. Passé ce délai, ils ne seront plus recevables à proposer de changemens, dires ou observations.

695. Au jour indiqué par la sommation faite au saisi et aux créanciers, le tribunal donnera acte au poursuivant des lecture et publication du cahier des charges, statuera sur les dires et observations qui y auront été insérés, et fixera les jour et heure où il procédera à l'adjudication. Le délai entre la publication et l'adjudication sera de trente jours au moins et de soixante au plus.

Le jugement sera porté sur le cahier des charges à la suite de la mise à prix ou des dires des parties.

696. Quarante jours au plus tôt et vingt jours au plus tard avant l'adjudication, l'avoué du poursuivant fera

insérer, dans un journal publié dans le département où sont situés les biens, un extrait signé de lui et contenant :

1° La date de la saisie et de sa transcription ;

2° Les noms, professions, demeures du saisi, du saisissant et de l'avoué de ce dernier ;

3° La désignation des immeubles, telle qu'elle a été insérée dans le procès-verbal ;

4° La mise à prix ;

5° L'indication du tribunal où la saisie se poursuit, et des jour, lieu et heure de l'adjudication.

A cet effet, les cours royales, chambres réunies, après un avis motivé des tribunaux de première instance respectifs, et sur les réquisitions écrites du ministère public, désigneront chaque année, dans la première quinzaine de décembre, pour chaque arrondissement de leur ressort, parmi les journaux qui se publient dans le département, un ou plusieurs journaux où devront être insérées les annonces judiciaires. Les cours royales régleront en même temps le tarif de l'impression de ces annonces. Néanmoins, toutes les annonces judiciaires relatives à la même saisie seront insérées dans le même journal.

697. Lorsque, indépendamment des insertions prescrites par l'article précédent, le poursuivant, le saisi, ou l'un des créanciers inscrits, estimera qu'il y aurait lieu de faire d'autres annonces de l'adjudication par la voie des journaux, le président du tribunal devant lequel se poursuit la vente pourra, si l'importance des biens paraît l'exiger, autoriser cette insertion extraordinaire. Les frais n'entreront en taxe que dans le cas où cette autorisation aurait été accordée. L'ordonnance du président ne sera soumise à aucun recours.

698. Il sera justifié de l'insertion aux journaux par un exemplaire de la feuille, contenant l'extrait énoncé en l'article précédent ; cet exemplaire portera la signature de l'imprimeur, légalisée par le maire.

699. Extrait pareil à celui qui est prescrit par l'art. 696 sera imprimé en forme de placard et affiché dans le même délai.

1° A la porte du domicile du saisi ;

2° A la porte principale des édifices saisis ;

3° A la principale place de la commune où le saisi est domicilié, ainsi qu'à la principale place de la commune où les biens sont situés, et de celle où siége le tribunal devant lequel se poursuit la vente.

4° A la porte extérieur des mairies du domicile du saisi et des communes de la situation des biens ;

5° Au lieu où se tient le principal marché de chacune de ces communes, et, lorsqu'il n'y en a pas, au lieu où se tient le principal marché de chacune des deux communes les plus voisines dans l'arrondissement ;

6° A la porte de l'auditoire du juge de paix de la situation des bâtimens, et, s'il n'y a pas de bâtimens, à la porte de l'auditoire de la justice de paix où se trouve la majeure partie des biens saisis ;

7° Aux portes extérieures des tribunaux du domicile du saisi, de la situation des biens et de la vente.

L'huissier attestera, par un procès-verbal rédigé sur un exemplaire du placard, que l'apposition a été faite aux lieux déterminés par la loi, sans les détailler.

Le procès-verbal sera visé par le maire de chacune des communes dans lesquelles l'apposition aura été faite.

700. Selon la nature et l'importance des biens, il pourra être passé en taxe jusqu'à cinq cents exemplaires des placards, non compris le nombre d'affiches prescrit par l'art. 699.

701. Les frais de la poursuite seront taxés par le juge, et il ne pourra être rien exigé au-delà du montant de la taxe. Toute stipulation contraire, quelle qu'en soit la forme, sera nulle de droit.

Le montant de la taxe sera publiquement annoncé avant l'ouverture des enchères, et il en sera fait mention dans le jugement d'adjudication.

702. Au jour indiqué pour l'adjudication, il y sera procédé sur la demande du poursuivant, et, à son défaut, sur celle de l'un des créanciers inscrits.

703. Néanmoins l'adjudication pourra être remise sur la demande du poursuivant, ou de l'un des créanciers inscrits, ou de la partie saisie, mais seulement pour cause graves et dûment justifiées.

Le jugement qui prononcera la remise fixera de nouveau le jour de l'adjudication, qui ne pourra être éloigné de moins de quinze jours, ni de plus de soixante.

Ce jugement ne sera susceptible d'aucun recours.

704. Dans ce cas, l'adjudication sera annoncée huit jours au moins à l'avance par des insertions et des placards, conformément aux art. 696 et 699.

705. Les enchères seront faites par le ministère d'avoués et à l'audience. Aussitôt que les enchères seront ouvertes, il sera allumé successivement de bougies préparées de manière que chas

cune ait une durée d'environ une minute.

L'enchérisseur cesse d'être obligé si son enchère est couverte par une autre, lors même que cette dernière serait déclarée nulle.

706. L'adjudication ne pourra être faite qu'après l'extinction de trois bougies allumées successivement.

S'il ne survient pas d'enchères pendant la durée de ces bougies, le poursuivant sera déclaré adjudicataire pour la mise à prix.

Si pendant la durée d'une des trois premières bougies, il survient des enchères, l'adjudication ne pourra être faite qu'après l'extinction de deux bougies sans nouvelle enchère survenue pendant leur durée.

77. L'avoué dernier enchérisseur sera tenu, dans les trois jours de l'adjudication, de déclarer l'adjudicataire et de fournir son acceptation, sinon de représenter son pouvoir, lequel demeurera annexé à la minute de sa déclaration ; faute de ce faire, il sera réputé adjudicataire en son nom, sans préjudice des dispositions de l'art. 711.

708. Toute personne pourra, dans les huit jours qui suivront l'adjudication, faire, par le ministère d'un avoué, une surenchère, pourvu qu'elle soit du sixième au moins du prix principal de la vente.

709. La surenchère serait faite au greffe du tribunal qui a prononcé l'adjudication : elle contiendra constitution d'avoué et ne pourra être retractée ; elle devra être dénoncée par le surenchérisseur, dans les trois jours, aux avoués de l'adjudicataire, du poursuivant et de la partie saisie, si elle a constitué avoué, sans néanmoins qu'il soit nécessaire de faire cette dénonciation à la personne ou au domicile de la partie saisie qui n'aurait pas d'avoué.

La dénonciation sera faite par un simple acte contenant à venir pour l'audience qui suivra l'expiration de la quinzaine sans autre procédure.

L'indication du jour de cette adjudication sera faite de la manière prescrite par les art. 696 et 699.

Si le surenchérisseur ne dénonce pas la surenchère dans le délai ci-dessus fixé, le poursuivant ou tout créancier inscrit, ou le saisi, pourra le faire dans les trois jours qui suivront l'expiration de ce délai ; faute de quoi la surenchère sera nulle de droit, et sans qu'il soit besoin de faire prononcer la nullité.

710. Au jour indiqué il sera ouvert de nouvelles enchères, auxquelles toute personne pourra concourir ; s'il ne se présente pas d'enchérisseurs, le surenchérisseur sera déclaré adjudicataire ;

en cas de folle enchère, il sera tenu par corps de la différence entre son prix et celui de la vente.

Lorsqu'une seconde adjudication aura eu lieu, après la surenchère ci-dessus, aucune autre surenchère des mêmes biens ne pourra être reçue.

711. Les avoués ne pourront enchérir pour les membres du tribunal devant lequel se poursuit la vente, à peine de nullité de l'adjudication ou de la surenchère, et de dommages-intérêts.

Ils ne pourront, sous les mêmes peines, enchérir pour le saisi ni pour les personnes notoirement insolvables. L'avoué poursuivant ne pourra se rendre personnellement adjudicataire ni surenchérisseur à peine de nullité de l'adjudication ou de la surenchère, et de dommages-intérêts envers toutes les parties.

712. Le jugement d'adjudication ne sera autre que la copie du cahier des charges rédigé ainsi qu'il est dit en l'art. 690 ; il sera revêtu de l'intitulé des jugements et du mandement qui les termine, avec injonction à la partie saisie de délaisser la possession aussitôt après la signification du jugement sous peine d'y être contrainte même par corps.

713. Le jugement d'adjudication ne sera délivré à l'adjudicataire qu'à la charge, par lui, de rapporter au greffier quittance des frais ordinaires de poursuite, et la preuve qu'il a satisfait aux conditions du cahier des charges qui doivent être exécutées avant cette délivrance, La quittance et les pièces justificatives demeureront annexées à la minute du jugement, et seront copiées à la suite de l'adjudication. Faute par l'adjudicataire de faire ces justifications dans les vingt jours de l'adjudication, il y sera contraint par la voie de la folle enchère, ainsi qu'il sera dit ci-après, sans préjudice des autres voies de droit.

714. Les frais extraordinaires de poursuite seront payés par privilége sur le prix, lorsqu'il en aura été ainsi ordonné par jugement.

715. Les formalités et délais prescrits par les art. 673, 674, 675, 676, 677, 678, 690, 691, 692, 693, 694, 696, 698, 699, 704, 705, 706, 709, paragraphes 1er et 3, seront observés a peine de nullité.

La nullité prononcée pour défaut de désignation de l'un ou de plusieurs des immeubles compris dans la saisie n'entrainera pas nécessairement la nullité de la poursuite en ce qui concerne les autres immeubles.

Les nullités prononcées par le présent article pourront être proposées par tous ceux qui y auront intérêt.

716. Le jugement d'adjudication ne sera signifié qu'à la personne ou au domicile de la partie saisie.

Mention sommaire du jugement d'adjudication sera faite en marge de la transcription de la saisie, à la diligence de l'adjudicataire.

L'adjudication ne transmet à l'adjudicataire d'autres droits à la propriété que ceux appartenant au saisi.

Néanmoins l'adjudicataire ne pourra être troublé dans sa propriété par aucune demande en résolution fondée sur le défaut de paiement du prix des anciennes aliénations, à moins qu'avant l'adjudication la demande n'ait été notifiée au greffe du tribunal où se poursuit la vente.

Si la demande a été notifiée en temps utile, il sera sursis à l'adjudication, et le tribunal, sur la réclamation du poursuivant ou de tout créancier inscrit, fixera le délai dans lequel le vendeur sera tenu de mettre à fin l'instance en résolution.

Le poursuivant pourra intervenir dans cette instance.

Ce délai expiré sans que la demande en résolution ait été définitivement jugée, il sera passé outre à l'adjudication, à moins que, pour des causes graves et dûment justifiées, le tribunal n'ait accordé un nouveau délai pour le jugement de l'action en résolution.

Si, faute par le vendeur de se conformer aux prescriptions du tribunal, l'adjudication avait eu lieu avant le jugement de la demande en résolution, l'adjudicataire ne pourrait pas être poursuivi à raison des droits des anciens vendeurs, sauf à ceux-ci à faire valoir, s'il y avait lieu, leurs titres de créances, dans l'ordre et distribution du prix de l'adjudication.

TIT. XIII. — Des incidens de la saisie immobilière.

718. Toute demande incidente à une poursuite en saisie immobilière sera formée par un simple acte d'avoué à avoué, contenant les moyens et conclusions. Cette demande sera formée contre toute partie n'ayant pas d'avoué en cause, par exploit d'ajournement à huit jours, sans augmentation de délai à raison des distances, si ce n'est dans le cas de l'art. 726, et sans préliminaire de conciliation. Ces demandes seront instruites et jugées comme affaires sommaires. Tout jugement qui interviendra ne pourra être rendu que sur les conclusions du ministère public.

719. Si deux saisissant ont fait transcrire deux saisies de biens différents, poursuivies devant le même tribunal,

elles seront réunies sur la requête de la partie la plus diligente, et seront continuées par le premier saisissant. La jonction sera ordonnée, encore que l'une des saisies soit plus ample que l'autre ; mais elle ne pourra, en aucun cas, être demandée après le dépôt du cahier des charges : en cas de concurrence, la poursuite appartiendra à l'avoué porteur du titre plus ancien, et, si les titres sont de la même date, à l'avoué le plus ancien.

720. Si une seconde saisie, présentée à la transcription, est plus ample que la première, elle sera transcrite pour les objets non compris dans la première saisie, et le second saisissant sera tenu de dénoncer la saisie au premier saisissant, qui poursuivra sur les deux, si elles sont au même état; sinon il surseoira à la première et suivra sur la deuxième jusqu'à ce qu'elle soit au même degré : elles seront alors réunies en une seule poursuite, qui sera portée devant le tribunal de la première saisie.

721. Faute par le premier saisissant d'avoir poursuivi sur la seconde saisie à lui dénoncée, conformément à l'article ci-dessus, le second saisissant pourra, par un simple acte, demander la subrogation.

722. La subrogation pourra être également demandée s'il y a collusion, fraude ou négligence, sous la réserve, en cas de collusion ou de fraude, des dommages-intérêts envers qui il appartiendra.

Il y a négligence lorsque le poursuivant n'a pas rempli une formalité ou n'a pas fait un acte de procédure dans les délais prescrits.

723. La partie qui succombera sur la demande en subrogation sera condamnée personnellement aux dépens.

Le poursuivant contre lequel la subrogation aura été prononcée sera tenu de remettre les pièces de la poursuite au subrogé, sur son récépissé; il ne sera payé de ses frais de poursuite qu'après l'adjudication, soit sur le prix, soit par l'adjudicataire.

724. Lorsqu'une saisie immobilière aura été rayée, le plus diligent des saisissants postérieurs pourra poursuivre sur sa saisie, encore qu'il ne se soit pas présenté le premier à la transcription.

725. La demande en distraction de tout ou partie des objets saisis sera formée, tant contre le saisissant que contre la partie saisie; elle sera formée aussi contre le créancier premier inscrit et au domicile élu dans l'inscription.—Si le saisi n'a pas constitué avoué durant la poursuite, le délai prescrit pour la comparution sera augmenté d'un jour par cinq myriamètres de distance entre son domicile et le lieu où siége le tribunal, sans que ce délai puisse être augmenté à l'égard de la partie qui serait domiciliée hors du territoire continental du royaume.

726. La demande en distraction contiendra l'énonciation des titres justificatifs qui seront déposés au greffe, et la copie de l'acte de dépôt.

727. Si la distraction demandée n'est que d'une partie des objets saisis, il sera passé outre, nonobstant cette demande, à l'adjudication du surplus des objets saisis, Pourront néanmoins les juges, sur la demande des parties intéressées, ordonner le sursis pour le tout.

Si la distraction partielle est ordonnée, le poursuivant sera admis a changer la mise à prix portée au cahier des charges.

728. Les moyens de nullité, tant en la forme qu'au fond, contre la procédure qui précède la publication du cahier des charges, devront être proposés, à peine de déchéance, trois jours au plus tard avant cette publication.

S'ils sont admis, la poursuite pourra être reprise à partir du dernier acte valable, et les délais pour accomplir les actes suivants courront à dater du jugement ou arrêt qui aura définitivement prononcé sur la nullité.

S'ils sont rejetés, il sera donné acte, par le même jugement, de la lecture et publication du cahier des charges conformément à l'art. 695.

729. Les moyens de nullité contre la procédure postérieure à la publication du cahier des charges seront proposés, sous la même peine de déchéance, au plus tard, trois jours avant l'adjudication.

Au jour fixé pour l'adjudication, et immédiatement avant l'ouverture des enchères, il sera statué sur les moyens de nullité.

S'il sont admis, le tribunal annulera la poursuite, à partir du jugement de publication, en autorisera la reprise à partir de ce jugement, et fixera de nouveau le jour de l'adjudication.

S'il sont rejeté, il sera passé outre aux enchères et à l'adjudication.

730. Ne pourront être attaqués par la voie de l'appel, 1° les jugemens qui statueront sur la demande en subrogation contre le poursuivant, à moins qu'elle n'ait été intentée pour collusion ou fraude ; 2° ceux qui, sans statuer sur des incidans, donneront acte de la publication du cahier des charges ou prononceront l'adjudication, soit avant, soit après surenchère ; 3° ceux qui statueront sur des nullités postérieures à la publication du cahier des charges.

731. L'appel de tous autres jugemens sera considéré comme non avenu, s'il est interjeté après les dix jours à compter de la signification à avoué, ou, s'il n'y a point d'avoué, à compter de la signification à personne ou au domicile soit réel, soit élu.

Ce délai sera augmenté d'un jour par cinq myriamètres de distance, conformément à l'art. 725, dans le cas où le jugement aura été rendu sur une demande en distraction.

Dans les cas où il y aura lieu à l'appel, la Cour royale statuera dans la quinzaine. Les arrêts rendus par défaut ne seront pas susceptibles d'opposition.

732. L'appel sera signifié au domicile de l'avoué, et, s'il n'y a pas d'avoué, au domicile réel ou élu de l'intimé ; il sera notifié en même temps au greffier du tribunal et visé par lui. La partie saisie ne pourra, sur l'appel, proposer des moyens autres que ceux qui auront été présentés en première instance. L'acte d'appel énoncera les griefs : le tout à peine de nullité.

733. Faute par l'adjudicataire d'exécuter les clauses de l'adjudication, l'immeuble sera vendu à sa folle enchère.

734. Si la folle enchère est poursuivie avant la délivrance du jugement d'adjudication, celui qui poursuivra la folle enchère se fera délivrer par le greffier un certificat constatant que l'adjudicataire n'a point justifié de l'acquit des conditions exigibles de l'adjudication.

S'il y a eu opposition à la délivrance du certificat, il sera statué, à la requête de la partie la plus diligente, par le président du tribunal, en état de référé.

735. Sur ce certificat, et sans autre procédure ni jugement, ou si la folle enchère est poursuivie après la délivrance du jugement d'adjudication, trois jours après la signification du bordereau de collocation avec commandement, il sera apposé de nouveau placards et inséré de nouvelles annonces dans la forme ci-dessus prescrite.

Ces placards et annonces indiqueront en outre, les noms et demeure du fol enchérisseur, le montant de l'adjudication, une mise à prix par le poursuivant, et le jour auquel aura lieu, sur l'ancien cahier des charges, la nouvelle adjudication.

Le délai entre les nouvelles affiches et annonces et l'adjudication sera de quinze jours au moins, et de trente jours au plus.

736. Quinze jours au moins avant l'adjudication, signification sera faite des jour et heure de cette adjudication à l'avoué de l'adjudicataire, et à la par-

tie saisie au domicile de son avoué, et, si elle n'en a pas, à son domicile.

737. L'adjudication pourra être remise conformément à l'art. 703, mais seulement sur la demande du poursuivant.

738. Si le fol enchérisseur justifiait de l'acquit des conditions de l'adjudication et de la consignation d'une somme réglée par le président du tribunal pour les frais de folle enchère, il ne serait pas procédé à l'adjudication.

739. Les formalités et délais prescrits par les art. 734, 735, 736, 737, seront observées à peine de nullité.

Les moyens de nullité seront proposés et jugés comme il est dit en l'article 729.

Aucune opposition ne sera reçue contre les jugemens par défaut en matière de folle enchère, et les jugemens qui statueront sur les nullités pourront seuls être attaqués par la voie de l'appel dans les délais et suivant les formes prescrites par les art. 131 et 732.

Seront observés, lors de l'adjudication sur folle enchère, les art. 705, 706, 707 et 711.

740. Le fol enchérisseur est tenu, par corps, de la différence entre son prix et celui de la revente sur folle enchère, sans pouvoir réclamer l'excédant, s'il y en a : cet excédant sera payée aux créanciers, ou si les créanciers sont désintéressés, à la partie saisie.

741. Lorsque, à raison d'un incident ou pour tout autre motif légal, l'adjudication aura été retardée, il sera apposé de nouvelles affiches et fait de nouvelles annonces dans les délais fixés par l'art. 704.

742. Toute convention portant qu'à défaut d'exécution des engagemens pris envers lui, le créancier aura le droit de faire vendre les immeubles de son débiteur sans remplir les formalités prescrites pour la saisie immobilière, est nulle et non avenue.

743. Les immeubles appartenant à des majeurs maîtres de disposer de leurs droits ne pourront, à peine de nullité, être mis aux enchères en justice lorsqu'il ne s'agira que de ventes volontaires.

Néanmoins, lorsqu'un immeuble aura été saisi réellement, et lorsque la saisie aura été transcrite, il sera libre aux intéressés, s'ils sont tous majeurs et maîtres de leurs droits, de demander que l'adjudication soit faite aux enchères, devant notaire ou en justice, sans autres formalités et conditions que celles qui sont prescrites aux art. 958, 959, 960, 961, 962, 964 et 965, pour la vente des biens immeubles appartenant à des mineurs.

Seront regardés comme seuls intéressés, avant la sommation aux créanciers prescrite par l'art. 692, le poursuivant et le saisi, et, après cette sommation, ces derniers et tous les créanciers inscrits.

Si une partie seulement des biens dépendant d'une même exploitation avait été saisie, le débiteur pourra demander que le surplus soit compris dans la même adjudication.

744. Pourront former les mêmes demandes ou s'y adjoindre,

Le tuteur du mineur ou interdit, spécialement autorisé par un avis de parens;

Le mineur émancipé, assisté de son curateur;

Et généralement tous les administrateurs légaux des biens d'autrui.

745. Les demandes autorisées par les art. 743, paragraphe 2, et 744, seront formées par une simple requête présentée au tribunal saisi de la poursuite : cette requête sera signée par les avoués de toutes les parties.

Elle contiendra une mise à prix qui servira d'estimation.

746. Le jugement sera rendu sur le rapport d'un juge et sur les conclusions du ministère public.

Si la demande est admise, le tribunal fixera le jour de la vente et renverra, pour procéder à l'adjudication, soit devant un notaire, soit devant un juge du siège ou devant un juge de tout autre tribunal.

Le jugement ne sera pas signifié, et ne sera susceptible ni d'opposition ni d'appel.

747. Si, après le jugement, il survient un changement dans l'état des parties, soit par décès ou faillite, soit autrement, ou si les parties sont représentées par des mineurs, des héritiers bénéficiaires ou autres incapables, le jugement continuera à recevoir sa pleine et entière exécution.

748. Dans la huitaine du jugement de conversion, mention sommaire en sera faite, à la diligence du poursuivant, en marge de la transcription de la saisie.

Les fruits immobilisés en exécution des dispositions de l'art. 682 conserveront ce caractère, sans préjudice du droit qui appartient au poursuivant de se conformer, pour les loyers et fermages, à l'art. 685.

Sera également maintenue la prohibition d'aliéner faite par l'art. 686.

Art. 2. Les art. 832, 833, 836, 837 et 838 du tit. IV du liv. Ier de la deuxième partie du C. de proc. civ., relatif à la surenchère sur aliénation volontaire, seront remplacés par les dispositions suivantes :

832. Les notifications et réquisitions prescrites par les art. 2183 et 2185 du C. civ. seront faites par un huissier commis à cet effet, sur simple requête, par le président du tribunal de première instance de l'arrondissement où elles auront lieu ; elles contiendront constitution d'avoué près le tribunal où la surenchère et l'ordre devront être portés.

L'acte de réquisition de mise aux enchères contiendra, avec l'offre et l'indication de la caution, assignation à trois jours devant le tribunal, pour la réception de cette caution, à laquelle il sera procédé comme en matière sommaire. Cette assignation sera notifiée au domicile de l'avoué constitué ; il sera donné copie, en même temps, de l'acte de soumission de la caution et du dépôt au greffe des titres qui constatent sa solvabilité.

Dans le cas où le surenchérisseur donnerait un nantissement en argent ou en rentes sur l'Etat, à défaut de caution, conformément à l'art. 2041 du C. civ., il fera notifier avec son assignation copie de l'acte constatant la réalisation de ce nantissement.

Si la caution est rejetée, la surenchère sera déclarée nulle et l'acquéreur maintenu, à moins qu'il n'ait été fait d'autres surenchères par d'autres créanciers.

833. Lorsqu'une surenchère aura éé notifiée avec assignation dans les termes de l'art. 832 ci-dessus, chacun des créanciers inscrits aura droit de se faire subroger à la poursuite, si le surenchérisseur ou le nouveau propriétaire ne donne pas suite à l'action dans le mois de la surenchère.

La subrogation sera demandée par simple requête en intervention, et signifié par acte d'avoué à avoué.

Le même droit de subrogation reste ouvert au profit des créanciers inscrits, lorsque, dans le cours de la poursuite, il y a collusion, fraude ou négligence de la part du poursuivant.

Dans tous les cas ci-dessus, la subrogation aura lieu aux risques et périls du surenchérisseur, sa caution continuant à être obligée.

836. Pour parvenir à la revente sur surenchère prévue par l'art. 2187 C. civ., le poursuivant fera imprimer des placards qui contiendront :

1o La date et la nature de l'acte d'aliénation sur lequel la surenchère a été faite, le nom du notaire qui l'aura reçu ou de toute autorité appelée à sa confection.

2o Le prix énoncé dans l'acte, s'il s'agit d'une vente, ou l'évaluation donnée aux immeubles dans la notification aux créanciers inscrits, s'il s'agit d'un échange ou d'une donation ;

3o Le montant de la surenchère ;

4o Les noms, professions, domiciles du précédent propriétaire, de l'acquéreur ou donataire, du surenchérisseur, ainsi que du créancier qui lui est subrogé dans le cas de l'art. 833 ;

5o L'indication sommaire de la nature et de la situation des biens aliénés ;

6o Le nom et la demeure de l'avoué constitué pour le poursuivant ;

7o L'indication du tribunal où la surenchère se poursuit, ainsi que des jour, lieu et heure de l'adjudication.

Ces placards seront apposés quinze jours au plus avant l'adjudication, à la porte du domicile de l'ancien propriétaire et aux lieux désignés dans l'art. 699 du présent Code.

Dans le même délai, l'insertion des énonciations qui précèdent sera faite dans le journal désigné en exécution de l'art. 696, et le tout sera constaté comme il est dit dans les art. 698 et 699.

837. Quinze jours au moins et trente jours au plus avant l'adjudication, sommation sera faite à l'ancien et au nouveau propriétaire d'assister à cette adjudication, aux lieu, jour et heure indiqués. Pareille sommation sera faite au créancier surenchérisseur, si c'est le nouveau propriétaire ou un autre créancier subrogé qui poursuit.

Dans le même délai, l'acte d'aliénation sera déposé au greffe et tiendra lieu de minute d'enchère.

Le prix porté dans l'acte ou la valeur déclarée et le montant de la surenchère tiendront lieu d'enchère.

Le surenchérisseur, même au cas de subrogation à la poursuite, sera déclaré adjudicataire si, au jour fixé pour l'adjudication, il ne se présente pas d'autre enchérisseur.

Sont applicables au cas de surenchère les art. 701, 702, 705, 706, 707, 711, 712, 713, 717, 731, 732, 733 du présent Code, ainsi que les art. 734 et suivants relatifs à la folle enchère.

Les formalités prescrites par les art. 705 et 706, 832, 836 et 837 seront observées à peine de nullité.

Les nullités devront être proposées, à peine de déchéance, savoir : celles qui concerneront la déclaration de surenchère et l'assignation, avant le jugement qui doit statuer sur la réception de la caution ; celles qui seront relatives aux formalités de la mise en vente, trois jours au moins avant l'adjudication ; il sera statué sur les premières par le jugement de réception de la caution, et sur les autres avant l'adjudication, et autant que possible, par le jugement même de cette adjudication.

Aucun jugement ou arrêt par défaut en matière de surenchère, sur aliénation volontaire, ne sera susceptible d'opposition.

Les jugemens qui statueront sur les nullités antérieures à la réception de la caution, ou sur la réception même de cette caution, et ceux qui prononceront sur la demande en subrogation intentée pour collusion ou fraude seront seuls susceptibles d'être attaqués par la voie de l'appel.

L'adjudication par suite de surenchère sur aliénation volontaire ne pourra être frappée d'aucune autre surenchère.

Les effets de l'adjudication à la suite de surenchère sur aliénation volontaire seront réglés, à l'égard du vendeur et de l'adjudicataire, par les dispositions de l'art. 717 ci-dessus.

ARTICLE 3.

Les articles composant le titre VI, *de la vente des biens immeubles,* du livre 11 de la deuxième partie du Code de procédure civile, seront remplacés par les dispositions suivantes :

TIT. VI — *De la vente des biens immeubles appartenant à des mineurs.*

953. La vente des immeubles appartenant à des mineurs ne pourra être ordonnée que d'après un avis de parents énonçant la nature des biens et leur valeur approximative.

Cet avis ne sera pas nécessaire si les biens appartiennent en même temps à des majeurs, et si la vente est poursuivie par eux. Il sera procédé alors conformément au titre des partages et licitations.

954 Lorsque le tribunal homologuera cet avis, il déclarera, par le même jugement, que la vente aura lieu soit devant l'un des juges du tribunal à l'audience des criées, soit devant un notaire à cet effet commis.

Si les immeubles sont situés dans plusieurs arrondissements le tribunal pourra commettre un notaire dans chacun de ces arrondissemens, et même donner commission rogatoire à chacun des tribunaux de la situation de ces biens.

955. Le jugement qui ordonnera la vente déterminera la mise à prix de chacun des immeubles à vendre et les conditons de la vente. Cette mise à prix sera réglée soit d'après l'avis des parents, soit d'après les titres de propriété, soit d'après les baux authentiques ou sous seing privé ayant date certaine, et, à défaut de baux; d'après le rôle de la contribution foncière.

Néanmoins le tribunal pourra, suivant les circonstances, faire procéder à l'estimation totale ou partielle des immeubles.

Cette estimation aura lieu, selon l'importance et la nature des biens, par un ou trois experts que le tribunal commettra à cet effet.

956. Si l'estimation a été ordonnée, l'expert ou les experts après avoir prêté serment, soit devant le tribunal, soit devant un juge de paix commis par lui, rédigeront leur rapport, qui indiquera sommairement les bases de l'estimation, sans entrer dans le détail descriptif des biens à vendre.

La minute du rapport sera déposée au greffe du tribunal. Il n'en sera pas délivré d'expédition.

957. Les enchères seront ouvertes sur un cahier des charges déposé par l'avoué au greffe du tribunal, ou dressé par le notaire commis, et déposé dans son étude, si la vente doit avoir lieu devant notaire.

Ce cahier contiendra :

1° L'énonciation du jugement qui a autorisé la vente ;

2° Celles des titres qui établissent la propriété;

3° L'indication de la nature ainsi que de la situation des biens à vendre, celle des corps d'héritage, de leur contenance approximative, et de deux des tenans et aboutissans ;

4° L'énonciation du prix auquel les enchères seront ouvertes, et les conditions de la vente.

958. Après le dépôt du cahier des charges, il sera rédigé et imprimé des placards qui contiendront;

1o L'énonciation du jugement qui aura autorisé la vente ;

2o Les noms, professions et domiciles du mineur, de son tuteur et de son subrogé-tuteur.

3° La désignation des biens, telle qu'elle a été insérée dans le cahier des charges;

4° Le prix auquel seront ouvertes les enchères sur chacun des biens à vendre.

5o Les jour, lieu et heure de l'adjudication, ainsi que l'indication soit du notaire et de sa demeure, soit du tribunal devant lequel l'adjudication aura lieu, ut, dans tous les cas, de l'avoué du vendeur.

959. Les placards seront affichés quinze jours au moins, trente jours au plus avant l'adjudication, aux lieux

désignés dans l'art. 699, et, en outre, à la porte du notaire qui procédera à la vente ; ce dont il sera justifié conformément au même article.

960. Copie de ces placards sera insérée, dans le même délai, au journal indiqué par l'art. 696, et dans celui qui aura été désigné pour l'arrondissement où se poursuit la vente, si ce n'est pas l'arrondissement de la situation des biens.

Il en sera justifié conformément à l'art. 698.

961. Selon la nature et l'importance des biens, il pourra être donné à la vente une plus grande publicité, conformément aux art. 697 et 700.

962. Le subrogé tuteur du mineur sera appelé à la vente, ainsi que le prescrit l'art. 459 C. civ.; à cet effet, le jour, le lieu et l'heure de l'adjudication lui seront notifiés un mois d'avance, avec avertissement qu'il y sera procédé tant en son absence qu'en sa présence.

963. Si, au jour indiqué pour l'adjudication, les enchères ne s'élèvent pas à la mise à prix, le tribunal pourra ordonner, sur simple requête en la chambre du conseil, que les biens seront adjugés au-dessous de l'estimation ; l'adjudication sera remise à un délai fixé par le jugement, et qui ne pourra être moindre de quinzaine.

Cette adjudication sera encore indiquée par des placards et des insertions dans les journaux, comme il est dit ci-dessus, huit jours au moins avant l'adjudication.

964. Sont déclarés communs au présent titre les art. 701, 705, 706, 707, 711, 712, 713, 733, 734, 735, 736, 737, 738, 739, 740, 741 et 742.

Néanmoins si les enchères sont reçues par un notaire, elles pourront être faites par toutes personnes sans ministère d'avoué.

Dans le cas de vente devant notaire, s'il y a lieu à folle enchère, la poursuite sera portée devant le tribunal. Le certificat constatant que l'adjudicataire n'a pas justifié de l'acquit des conditions sera délivré par le notaire. Le procès-verbal d'adjudication sera déposé au greffe, pour servir d'enchère.

965. Dans les huit jours qui suivront l'adjudication, toute personne pourra faire une surenchère du sixième, en se conformant aux formalités et délais réglés par les art. 708, 709 et 710 ci-dessus.

Lorsqu'une seconde adjudication aura eu lieu après la surenchère ci-dessus, aucune autre surenchère des mêmes biens ne pourra être reçue.

ARTICLE 4.

Les art. 969, 970, 971, 972, 973, 975 et 976 du titre VII *des Partages et Licitations*, livre II, deuxième partie du Code de procédure civile, seront remplacés par les dispositions suivantes :

969. Le jugement qui prononcera sur la demande en partage commettra, s'il y a lieu, un juge, conformément à l'art. 823 C. civ., et en même temps un notaire.

Si, dans le cours des opérations, le juge ou le notaire est empêché, le président du tribunal pourvoira au remplacement par une ordonnance sur requête, laquelle ne sera susceptible ni d'opposition ni d'appel.

970. En prononçant sur cette demande, le tribunal ordonnera par le même jugement le partage, s'il peut avoir lieu, ou la vente par licitation, qui sera faite devant un membre du tribunal ou devant un notaire, conformément à l'art. 955.

Le tribunal pourra, soit qu'il ordonne le partage, soit qu'il ordonne la licitation, déclarer qu'il y sera immédiatement procédé sans expertise préalable, même lorsqu'il y aura des mineurs en cause ; dans le cas de licitation, le tribunal déterminera la mise à prix, conformément à l'art. 955.

971. Lorsque le tribunal ordonnera l'expertise, il pourra commettre un ou trois experts qui prêteront serment comme il est dit en l'art. 956.

Les nominations et rapports d'experts seront faits suivant les formalités prescrites au titre *des rapports d'experts*.

Les rapports d'experts présenteront sommairement les bases de l'estimation, sans entrer dans le détail descriptif des biens à partager ou à liciter.

Le poursuivant demandera l'entérinement du rapport par un simple acte de conclusion d'avoué à avoué.

972. On se conformera pour la vente, aux formalités prescrites dans le titre de la vente des biens immeubles appartenant à des mineurs, en ajoutant dant le cahier des charges :

Les noms, demeure et profession du poursuivant, les noms et demeure de son avoué.

Les noms, demeures et professions des colicitans et de leurs avoués.

973. Dans la huitaine du dépôt du cahier des charges au greffe ou chez le notaire, sommation sera faite, par un simple acte aux colicitans en l'étude de leurs avoués d'en prendre communication. — S'il s'élève des difficultés sur le cahier des charges elles seront vidées à l'audience sans aucune requête et sur

un simple acte. — Le jugement qui interviendra ne pourra être attaqué que par la voie de l'appel, dans les formes et délais prescrits par les art. 731 et 732 du présent Code.

Tout autre jugement sur les difficultés relatives aux formalités postérieures à la sommation de prendre communication du cahier des charges ne pourra être attaqué ni par opposition, ni par appel.

Si, au jour indiqué pour l'adjudication, les enchères ne couvrent pas la mise à prix, il sera procédé comme il est dit en l'art. 963.

Dans les huit jours de l'adjudication, toute personne pourra surenchérir d'un sixième du prix principal, en se conformant aux conditions et aux formalités prescrites par les art. 708, 709 et 710. Cette surenchère produira le même effet que dans les ventes de biens de mineurs.

975. Si la demande en partage n'a pour objet que la division d'un ou plusieurs immeubles sur lesquels les droits des intéressés soient déjà liquidés, les experts, en procédant à l'estimation, composeront les lots ainsi qu'il est prescrit par l'art. 466 C. civ.; et, après que leur rapport aura été entériné, les lots seront tirés au sort, soit devant le juge-commissaire, soit devant le notaire déjà commis par le tribunal, aux termes de l'art. 969.

976. Dans les autres cas, et notamment lorsque le tribunal aura ordonné le partage sans faire procéder à un rapport d'experts, le poursuivant fera sommer les copartageans de comparaître, au jour indiqué, devant le notaire commis à l'effet de procéder aux compte, rapport, formation de masse, prélèvemens, composition de lots et fournissemens, ainsi qu'il est ordonné par le C. civ., art. 828.

Il en sera de même après qu'il aura été procédé a la licitation, si le prix de l'adjudication doit être confondu avec d'autres objets dans une masse commune de partage pour former la balance entre les divers lots.

ARTICLE 5.

Les art. 987 et 988 du titre VIII, *du bénéfice d'inventaire*, livre II, deuxième partie du C. de proc. civ., seront remplacés par les dispositions suivantes :

987. S'il y a lieu à vendre des immeubles dépendant de la succession, l'héritier bénéficiaire présentera au président du tribunal de première instance du lieu de l'ouverture de la succession une requête dans laquelle ces immeubles seront désignés sommairement. Cette requête sera communiquée au ministère public; sur ses conclusions et le rapport du juge nommé à cet effet, il sera rendu jugement qui autorisera la vente et fixera la mise à prix, ou qui ordonnera préalablement que les immeubles seront vus et estimés par un expert nommé d'office.

Dans ce dernier cas, le rapport de l'expert sera entériné sur requête par par le tribunal, et sur les conclusions du ministère public le tribunal ordonnera la vente.

988. Il sera procédé à la vente, dans chacun des cas ci-dessus prévus, suivant les formalités prescrites au titre de la vente des biens immeubles appartenant à des mineurs.

Sont déclarés communs au présent titre, les art. 701, 702, 705, 706, 707, 711, 712, 713, 733, 734, 735, 736, 737, 738, 739, 740, 741, 742, les deux derniers paragraphes de l'art. 964 et l'art. 965 du présent code.

L'héritier bénéficiaire sera réputé héritier pur et simple, s'il a vendu des immeubles sans se conformer aux règles prescrites par le présent titre.

ARTICLE 6.

Le titre IX, livre II, deuxième partie du Code de procédure, sera ainsi rectifié :

TIT. IX. — *De la renonciation à la communauté, de la vente des immeubles dotaux et de la renonciation à la succession.*

979. Les renonciations à communauté ou à succession seront faites au greffe du tribunal dans l'arrondissement duquel la dissolution de la communauté ou l'ouverture de la succession se sera opérée, sur le registre prescrit par l'art. 784, C. civ., et en conformité de l'art. 1457 du même code, sans qu'il soit besoin d'autre formalité.

Lorsqu'il y aura lieu de vendre des immeubles dotaux dans les cas prévus par l'art. 1558, C. civ., la vente sera préalablement autorisée sur requête, par jugement rendu en audience publique.

Seront, au surplus, applicables les art. 955; 956 et suivans du titre de la vente de biens immeubles appartenant à des mineurs.

ARTICLE 7.

Lorsqu'il y aura lieu, dans l'un des cas prévus par les dispositions relatives aux différentes ventes judiciaires de biens immeubles, d'augmenter un délai à raison des distances, l'augmentation sera d'un jour par cinq myriamètres de distance.

ARTICLE 8.

Les art. 708 et 709, substitués aux art. 710 et 711 du C. proc. civ. par la présente loi, seront mentionnés en remplacement de ces derniers dans le troisième paragraphe de l'art. 575 C. comm., au titre des faillites et banqueroutes.

L'art. 696 ci-dessus sera substitué à l'art. 683. C. proc. civ. dans les différentes lois qui font mention de cette dernière disposition.

Il en sera de même de toutes dispositions auxquelles renvoie la législation, et qui se trouvent remplacées par les nouveaux articles de la présente loi.

ARTICLE 9.

Les ventes judiciaires qui seront commencées antérieurement à la promulgation de la présente loi continueront à être régie par les anciennes dispositions du Code de procédure civile et du décret du 2 fév. 1811.

Les ventes seront censés commencées, savoir : pour la saisie immobilière, si le procès-verbal a été transcrit, et pour les autres ventes ventes, si les placards ont été affichés.

ARTICLE 10.

L'emploi des bougies, dans les adjudications publiques, pourra être remplacé par un autre moyen, en vertu d'une ordonnance royale rendue suivant la forme des réglemens d'administration publique.

Dans les six mois de la promulgation de la présente loi, il sera pourvu de la même manière ;

1° Au tarif des frais et dépens relatifs aux ventes judiciaires des biens immeubles ;

2° Au mode de conservation des affiches.

LOI DU 14 JUIN 1841.

Relative à la responsabilité de; propriétaires de navire. — V. *Journal de Procédure*, t. 7, p. 296, art. 1970.

LOI DU 25 JUIN 1841.

Art. 1. — Sont interdites les ventes en détail de marchandises neuves, à cri public, soit aux enchères, soit au rabais, soit à prix fixe, proclamé avec ou sans assistance des officiers ministériels.

2. — Ne sont pas comprises dans cette défense les ventes prescrites par la loi, ou faites par autorité de justice ; non plus que les ventes après décès, faillite ou cessation de commerce ou dans les autres cas de nécessité, dont l'appréciation sera soumise au trib. de comm.

— Sont également exceptées les ventes à cri public, de comestibles et objets de peu de valeur, connus dans le commerce sous le nom de menue mercerie.

3. Les ventes publiques et en détail de marchandises neuves qui auront lieu après décès ou par autorité de justice, seront faites selon les formes prescrites, et par les officiers ministériels préposés pour la vente forcée du mobilier, conformément aux art. 625 et 945 C. pr. civ.

4. Les ventes de marchandises après faillite, seront faites conformément à l'art. 486 C. de comm., par un officier public de la classe que le juge commissaire aura déterminée. Quant au mobilier du failli, il ne pourra être vendu aux enchères que par le ministère des commissaires-priseurs, notaires, huissiers ou greffiers de justice de paix, conformément aux lois et réglemens qui déterminent les attributions de ces différents officiers.

5. Les ventes publiques et par enchères, après cessation de commerce ou dans les autres cas de nécessité prévus par l'art. 2 de la présente loi, ne pourront avoir lieu qu'autant qu'elles auront été préalablement autorisées par le trib. de comm., sur la requête du commerçant propriétaire, à laquelle sera joint un état détaillé des marchandises. Le trib. *constatera par son jugement, le fait qui donne lieu à la vente ;* il indiquera le lieu de son arrondissement où se fera la vente, il pourra même ordonner que les adjudications n'auront lieu que par lots dont il fixera l'importance *Il décidera,* d'après les lois et réglemens d'attributions, qui des courtiers, des commissaires-priseurs ou autres officiers publics sera chargé de la réception des enchères. — L'autorisation ne pourra être accordée pour cause de nécessité qu'au marchand sédentaire, ayant, depuis un an au moins, son domicile réel dans l'arrondissement où la vente doit être opérée. — Des affiches, apposées à la porte du lieu où se fera la vente, énonceront le jugement qui l'aura autorisée.

6. Les ventes publiques aux enchères de marchandises en gros, continueront à être faites par le ministère des courtiers, dans les cas, aux conditions et selon les formes indiquées par

les déc. des 23 nov. 1811, 17 avr. 1812, la loi du 15 mai 1818, et les ordonnances des 1er juill. 1818 et 9 août 1819.

7. — Toute contravention aux dispositions ci-dessus, sera punie de confiscation des marchandises *mises en vente*, et en outre d'une amende de 50 à 3,000 fr., qui sera prononcée solidairement, tant contre le vendeur que contre l'officier public qui l'aura assisté sans préjudice de dommages-intérêts, s'il y a lieu. — Les condamnations seront prononcées par les trib. correctionnels.

8. — Seront passibles des mêmes peines, les vendeurs ou officiers publics qui comprendraient sciemment, dans les ventes faites par autorité de justice, sur saisie après décès, faillite, cessation de commerce, ou dans les autres cas de nécessité, prévus par l'art. 2 de la présente loi des marchandises neuves ne faisant pas partie du fonds ou mobilier mis en vente.

9. — Dans tous les cas ci-dessus, où les ventes publiques seront faites par le ministère de courtiers, ils se conformeront aux lois qui les régissent, tant pour les formes de vente que pour les droits de courtage.

10. Dans les lieux où il n'y aura point de courtiers de commerce, les commissaires-priseurs, les notaires, huissiers et greffiers de justice de paix feront les ventes ci-dessus, selon les droits qui leur sont respectivement attribués par les lois et règlements. Ils seront, pour les dites ventes, soumis aux formes, conditions et tarifs imposés aux courtiers. — V. d'ailleurs *Journal de procédure*, tome 7, art. 1995, et *sup. Vente de marchandises neuves*.

LOI DU 25 JUIN 1841.

Art. 6. A compter de la promulgation de la présente loi, tout traité ou convention ayant pour objet la transmission à titre onéreux ou gratuit, en vertu de l'art. 91 de la loi du 28 avr. 1816, d'un office, de la clientèle, des minutes, répertoires, recouvremens et autres objets en dépendant, devra être constaté par écrit et enregistré, avant d'être produit à l'appui de la demande de nomination du successeur désigné.

Les droits d'enregistrement seront perçus selon les bases et quotités ci-après déterminées.

7. Pour les transmissions à titre onéreux, le droit d'enregistrement sera de 2 p. 100 du prix exprimé dans l'acte de cession et du capital des charges qui pourront ajouter au prix.

8. Si la transmission de l'office et des objets en dépendant s'opère par suite de disposition gratuite entre vifs ou à cause de mort, les droits établis pour les donations de biens meubles par les lois existantes, seront perçus sur l'acte ou écrit constatant la libéralité, d'après une évaluation en capital.

Dans aucun cas, le droit ne pourra être au dessous de 2 p. 100.

9. La perception aura lieu conformément à l'art. 7, lorsque l'office transmis par décès passera à l'un des héritiers; lorsqu'il passera à l'héritier unique du titulaire, le droit de 2 p. 100 sera perçu d'après une déclaration estimative de la valeur de l'office et des objets en dépendant.

Cette déclaration sera faite au bureau de l'enregistrement de la résidence du titulaire décédé. La quittance du receveur devra être jointe à l'appui de la demande de nomination du successeur.

Le droit acquitté sur cette déclaration ou sur le traité fait entre les cohéritiers sera imputé, jusqu'à due concurrence, sur celui que les héritiers auront à payer, lors de la déclaration de succession, sur la valeur estimative de l'office, d'après les quotités fixées, pour les biens meubles, par les lois en vigueur.

10. Le droit d'enregistrement de transmission des offices, déterminé par les art. 7, 8 et 9 ci-dessus, ne pourra dans aucun cas, être inférieur au dixième du cautionnement attaché à la fonction ou à l'emploi.

11. Lorsque l'évaluation donnée à un office pour la perception du droit d'enregistrement d'une transmission à titre gratuit, entre vifs ou par décès, sera reconnue insuffisante, ou que la simulation du prix exprimé dans l'acte de cession à titre onéreux, sera établie d'après des actes émanés des parties ou de l'autorité administrative ou judiciaire, il sera perçu, à titre d'amende, un droit en sus de celui qui sera dû sur la différence de prix ou d'évaluation.

Les parties, leurs héritiers ou ayants cause sont solidaires pour le paiement de cette amende.

12. En cas de création nouvelle de charges ou offices, ou en cas de nomination de nouveaux titulaires sans présentation, par suite de destitution ou par tout autre motif, les ordonnances qui y pourvoiront seront assujetties à un droit d'enregistrement de 20 p. 100 sur le montant du cautionnement attaché à la fonction ou à l'emploi.

Toutefois, si les nouveaux titulaires sont soumis, comme condition de leur nomination, à payer une somme déterminée pour la valeur de l'office, le droit d'enregistrement de 2 p. 100 sera exigible sur cette somme, sauf l'application du minimum de perception établi à l'art. 10 ci-dessus. Ce droit devra être acquitté avant la prestation de serment du nouveau titulaire, sous peine du double droit.

13. En cas de suppression d'un titre d'office, lorsqu'à défaut de traité l'ordonnance qui prononcera l'extinction fixera une indemnité à payer au titulaire de l'office supprimé ou à ses héritiers, l'expédition de cette ordonnance devra être enregistrée dans le mois de la délivrance, sous peine du double droit.

Le droit de 2 p. 100 sera perçu sur le montant de l'indemnité.

14. Les droits perçus en vertu des articles qui précèdent seront sujets à restitution toutes les fois que la transmission n'aura été suivie d'aucun effet.

S'il y a lieu à réduction du prix, tout ce qui aura été perçu sur l'excédant sera également restitué.

La demande en restitution devra être faite conformément à l'art. 61 de la loi du 22 frim. an 7, dans le délai de deux ans à compter du jour de l'enregistrement du traité ou de la déclaration.

— V. d'ailleurs *Journal de procédure*, t. 7, art. 2001.

ORDONNANCE ROYALE DU 24 AOUT 1841.

Relative au paiement des intérêts de capitaux de cautionnement— V. *Journal de procédure*, tome 7, page. 374, art. 2026.

ORDONNANCE ROYALE DU 10 OCT. 1841.

TITRE Iᵉʳ. — *Dispositions communes à tout le monde.*

CHAPITRE Iᵉʳ. — *Greffiers des tribunaux de première instance.*

Art. Iᵉʳ. Il est alloué aux greffiers des trib. de 1ʳᵉ instance :

Pour la communication sans déplacement, tant du cahier des charges que du procès-verbal d'expertise. 15 fr. 00 c.

Ce droit sera dû, soit qu'il y ait, soit qu'il n'y ait pas d'expertise. Toutefois, si l'expertise a été ordonnée en matière de licitation, le droit sera réduit à .... 12 fr. 00 c.

Il sera perçu, lors du premier dépôt au greffe, soit du procès-verbal d'expertise, soit du cahier des charges.

CHAPITRE II. — *Conservateurs des hypothèques.*

Art. 2. Il est alloué aux conservateurs des hypothèques, pour :

La transcription de chaque procès-verbal de saisie immobilière et de chaque exploit de dénonciation de ce procès-verbal au saisi (art. 677 et 678 du C. de pr. civ.) par rôle d'écriture du conservateur, contenant 25 lignes à la page et 18 syllabes à la ligne. 1 fr. 00 c.

L'acte du conservateur contenant son refus de transcription, en cas de précédente saisie (art. 680 C. de proc. civ .... 1 fr. 00 c.

Chaque extrait d'inscription ou certificat qu'il n'en existe aucune (arg. de l'art. 692 C. de pr. civ.).. 1 fr. 00 c.

La mention des deux notifications prescrite par les art. 691 et 692 du C. de pr. (art. 693 *ibid.*)....... 1 fr. 00 c.

La radiation de la saisie immobilière (art. 693, C. pr. civ.)..... 1 fr. 00 c.

La mention du jugement d'adjudication (art. 716, C. pr. civ.).. 1 fr. 00 c.

La mention du jugement de conversion (art. 748, C. pr. civ.).. 1 fr. 00 c.

TITRE II. — *Dispositions pour le ressort de la Cour royale de Paris.*

CHAPITRE Iᵉʳ. — *Huissiers.*

§ Iᵉʳ. Huissiers ordinaires.

ART. 3. *Actes de première classe.*

Il est alloué aux huissiers ordinaires (C. pr., art. 675),

Pour l'original du commandement tendant à saisie immobilière :

A Paris............. 2 fr. 00 c.
Dans le ressort...... 1   50

Pour chaque copie, le quart de l'original.

Pour droit de copie du titre, par rôle contenant vingt lignes à la page et dix syllabes à la ligne, ou évalué sur ce pied :

A Paris............. 00 fr. 25 c.
Dans le ressort..... 00   20

(Art. 681.) Pour l'original de l'assignation en référé ;

(Art. 684.) De la demande en nullité de bail ;

(Art. 685.) De l'acte d'opposition entre les mains des fermiers ou locataires, ou de la simple sommation aux mêmes ;

(Art. 687.) De la signification aux créanciers inscrits de l'acte de la consignation faite par l'acquéreur en cas d'aliénation, qui peut avoir lieu après saisie immobilière sous la condition de consigner ;

(Art. 691, 692.) De la sommation à la partie saisie et aux créanciers inscrits de prendre communication du cahier des charges ;

(Art. 716.) De la signification du jugement d'adjudication ;

(Art. 717.) De la demande en résolution qui doit être formée avant l'adjudication et notifiée au greffe ;

(Art. 718.) De l'exploit d'ajournement ;

(Art. 725.) De la demande en distraction de tout ou partie, des objets saisis immobilièrement contre la partie qui n'a pas avoué en cause ;

(Art. 732.) De l'acte d'appel qui doit être en même temps notifié au greffier du tribunal et visé par lui ;

(Art. 755.) De la signification du bordereau de collocation avec commandement ;

(Art. 736.) De la signification des jour et heure de l'adjudication sur folle enchère ;

(Art. 837.) De la sommation à faire à l'ancien et au nouveau propriétaire, et, s'il y a lieu, au créancier surenchérisseur ;

(Art. 962.) De l'avertissement qui doit être donné au subrogé tuteur ;

(Art. 969.) De la demande en partage ;

Et généralement de tous actes simples non compris dans l'article suivant :

A Paris.............. 2 fr. 00 c.
Dans le ressort...... 1   50

Pour chaque copie, le quart de l'original.

ART. 4. *Procès-verbaux et actes de seconde classe.*

(Art. 675.) Pour un procès-verbal de saisie immobilière auquel il n'aura été employé que trois heures :

A Paris.........: ... 6 fr. 00 c.
Dans le ressort...... 5   00

Et cette somme sera augmentée par chacune des vacations subséquentes qui auront pu être employées, de :

A Paris............. 5 fr. 00 c.
Dans le ressort...... 4   00

L'huissier ne se fera pas assister de témoins.

(Art. 677.) Pour la dénonciation de la saisie immobilière à la partie saisie :

A Paris............. 2 fr. 50 c
Dans le ressort...... 2   00

Pour la copie de ladite dénonciation, le quart.

(Art. 832, C. civ., 2185.) Pour l'original de l'acte contenant réquisition d'un créancier inscrit, à fin de mise aux enchères et adjudication publique de l'immeuble aliéné par son débiteur :

A Paris............. 5 fr. 00 c.
Dans le ressort...... 4   00

Et pour la copie, le quart.

L'original et la copie de cette réquisition seront signés par le requérant ou par son fondé de procuration spéciale.

(Art. 699, 704, 709, 735, 741, 743, 836, 959, 972, 988, 997.) Pour le procès-verbal d'apposition de placards dans toutes les ventes judiciaires, y compris le salaire de l'afficheur :

A Paris............. 8 fr. 00 c.
Dans le ressort..... 6   00

Art. 5. Il ne sera rien alloué aux huissiers pour transport jusqu'à un demi-myriamètre.

Il leur sera alloué, au-delà d'un demi-myriamètre, pour frais de voyage qui ne pourra excéder une journée de cinq myriamètres (dix lieues anciennes); savoir, au-delà d'un demi-myriamètre et jusqu'à un myriamètre, pour aller et retour :

A Paris............. 4 fr. 00 c.
Dans le ressort...... 4   00

Au-delà d'un myriamètre, il sera alloué par chaque demi-myriamètre, sans distinction, 2 fr.

Il sera taxé pour visa de chacun des actes qui y sont assujettis :

A Paris............. 1 fr. 00 c.
Dans le ressort...... 0   75

§ 2. Huissiers audienciers des tribunaux de première instance.

Art. 6. Il est alloué aux huissiers audienciers des trib. de 1re inst. (C. pr. civ., art. 659),

Pour la publication du cahier des charges :

A Paris .... 1 fr. 00 c.
Dans le ressort 0   75

(Art. 705, 706.) Lors de l'adjudication, y compris les frais de bougie que les huissiers dispenseront et allumeront eux-mêmes :

A Paris............. 5 fr. 00 c.
Dans le ressort...... 3   75

Ce droit sera alloué à raison de chaque lot adjugé, quelle qu'en soit la composition, sans qu'il puisse être exigé sur un nombre de lots supérieur à six.

Lorsque après l'ouverture des enchères l'adjudication n'aura pas lieu, il sera alloué aux huissiers, y compris les frais de bougie et quel que soit le nombre des lots :

A Paris............. 5 fr. 00 c.
Dans le ressort....... 3   75

CHAPITRE II. — *Avoués de première instance.*

§ 1er. Émoluments spéciaux à chaque nature de vente.

ART. 7. *Saisie immobilière.*

Il est alloué aux avoués de 1re instance, pour chacune des vacations suivantes (C. pr. civ., art. 678) :

Vacation à faire transcrire la saisie immobilière et l'exploit de dénonciation :

(Art. 692.) Vacation pour se faire délivrer l'extrait des inscriptions ;

(Art. 692.) Vacation à l'examen de l'état d'inscription et pour préparer la sommation au vendeur de l'immeuble saisi ;

(Art. 695.) Vacation à la mention, aux hypothèques, de la notification prescrite par les art. 691 et 692 C. de proc. civ. ;

(Art. 716.) Vacation à la mention sommaire du jugement d'adjudication en marge de la transcription de la saisie ;

(Art. 748.) Vacation à la mention sommaire du jugement de conversion en marge de la transcription de la saisie :

A Paris . . . . 6 fr. 00 c.
Dans le ressort 4   50

(Art. 695.) Pour la vacation à la publication, compris les dires qui pourront avoir lieu :

A Paris . . . . 3 fr. 00 c.
Dans le ressort 2   45

(Art. 720.) Pour l'acte de la dénonciation de la plus ample saisie au premier saisissant, à la requête du plus ample saisissant, avec sommation de se mettre en état :

A Paris . . . . 3 fr. 00 c.
Dans le ressort   25

Pour la copie, le quart.

(Art. 726.) Vacation pour déposer au greffe les titres justificatifs d'une demande en distraction d'objets immobiliers saisis :

A Paris . . . . 3 fr. 00 c.
Dans le ressort 2   45

(Art. 745.) Requête non grossoyée et non signifiée, sur le consentement de toutes les parties intéressées, pour demander, après saisie immobilière, que l'immeuble saisi soit vendu aux enchères par-devant notaire ou en justice ;

A chaque avoué signataire de la requête :

A Paris . . . . 6 fr. 00 c.
Dans le ressort 4   50

Art. 8. Surenchère sur aliénation volontaire.

(Art. 852.) Requête pour faire commettre un huissier :

A Paris . . . . 2 fr. 00 c.
Dans le ressort 1   50

Vacation pour faire au greffe la soumission de la caution et déposer les titres justificatifs de sa solvabilité :

A Paris . . . . 3 fr. 00 c.
Dans le ressort 2   25

Vacation pour prendre communication des pièces justificatives de la solvabilité de la caution :

A Paris . . . . 3 fr. 00 c.
Dans le ressort 2   25

Art. 9. Vente de biens de mineurs.

(Art. 954.) Requête à fin d'homologation de l'avis du conseil de famille pour aliéner les immeubles des mineurs :

A Paris . . . . 7 fr. 50 c.
Dans le ressort 5   50

(Art. 956.) Vacation à prendre communication de la minute du rapport des experts :

A Paris . . . . 6 fr. 00 c.
Dans le ressort 4   50

Requête pour demander l'entérinement du rapport :

A Paris . . . . 7 fr. 50 c.
Dans le ressort 3   50

Il sera alloué aux avoués, sans distinction de résidence, dans le cas où l'expertise n'aura pas lieu, à raison des soins et démarches nécessaires pour la fixation de la mise à prix. 25 fr. 00 c.

Sans préjudice du supplément de remise proportionnelle accordé par l'art. 11 de la présente ordonnance.

(Art. 954.) Vacation à prendre communication du cahier des charges, au cas de renvoi devant notaire :

A Paris . . . . 6 fr. 00 c.
Dans le ressort 4   50

(Art. 963.) Requête pour obtenir l'autorisation de vendre au-dessous de la mise à prix :

A Paris . . . . 7 fr. 50 c.
Dans le ressort 5   50

Ces émoluments seront les mêmes lorsqu'il s'agira de vente d'immeubles dépendant d'une succession bénéficiaire, d'immeubles dotaux, ou provenant, soit d'une succession vacante, soit d'un débiteur failli, ou qui a fait cession.

Art. 10. Partages et licitations.

(Art. 969.) Requête à fin de remplacement du juge ou du notaire commis ;

A Paris . . . . 5 fr. 00 c.
Dans le ressort 2   25

(Art. 971.) Vacation à prendre communication du procès-verbal d'expertise :

A Paris . . . . 6 fr. 00 c.
Dans le ressort 4   50

Acte de conclusions d'avoué à avoué pour demander l'entérinement du rapport :

A Paris . . . . 7 fr. 50 c.
Dans le ressort 5   50

Pour chaque copie, le quart.

Il sera alloué aux avoués, sans distinction de résidence, dans le cas où l'expertise n'aura pas lieu, à raison des soins et démarches nécessaires pour la fixation de la mise à prix en cas de

vente, ou pour l'estimation et la composition des lots en cas de partage en
nature................. 25 fr. 00 c.

Sans préjudice du supplément de
remise proportionnelle accordé par
l'art. 11 de la présente ordonnance,
aucune remise proportionnelle ne sera
due toutefois en cas de partage en nature.

(Art. 975.) Sommation de prendre
communication du cahier des charges :

 A Paris............ 1 fr. 00 c.
 Dans le ressort...... 0 75
 Pour chaque copie, le quart.

Vacation à prendre communication du
cahier des charges, au greffe, pour
chaque avoué colicitant :

En l'étude du notaire, pour l'avoué
poursuivant et pour chaque avoué colicitant :

 A Paris............ 6 fr. 00 c.
 Dans le ressort..... 4 50

Acte de conclusions d'avoué à avoué
pour obtenir l'autorisation de vendre
au-dessous de la mise à prix :

 A Paris............ 7 fr. 50 c.
 Dans le ressort...... 5 50
 Pour chaque copie, le quart.

§ 2. Émoluments communs aux différentes ventes.

Art. 11. (Cod. de proc. civ., art.
690.) Pour la grosse du cahier des charges, qui ne sera signifiée dans aucun
cas, par rôle contenant 25 lignes à la
page et 12 syllabes à la ligne :

 A Paris............ 2 fr. 00 c.
 Dans le ressort...... 1 50

Vacation pour déposer au greffe le
cahier des charges :

 A Paris............ 5 fr. 00 c.
 Dans le ressort...... 2 45

(Art. 596.) Pour l'extrait qui doit
être inséré dans le journal désigné par
les cours royales :

 A Paris............ 2 fr. 00 c.
 Dans le ressort...... 1 50

Il sera passé autant de droits à l'avoué
qu'il y aura eu d'insertions prescrites
par le code.

(Art. 697.) Pour obtenir l'ordonnance tendant à faire l'insertion extraordinaire.

 A Paris............ 2 fr. 00 c.
 Dans le ressort...... 1 50

Cette vacation ne sera allouée qu'autant que l'autorisation aura été obte-
nue.

Pour faire faire l'insertion extraordinaire :

 A Paris............ 2 fr. 00 c.
 Dans le ressort..... 1 50

(Art. 698.) Pour faire légaliser la
signature de l'imprimeur par le maire.

 A Paris............ 2 fr. 00 c.
 Dans le ressort...... 1 50

(Art. 699.) Pour l'extrait qui doit
être imprimé et placardé, et qui servira
d'original et ne pourra être grossoyé.

 A Paris............ 6 fr. 00 c.
 Dans le ressort...... 4 50

L'avoué poursuivant aura droit à cette
allocation toutes les fois que de nouvelles appositions de placards auront
été nécessaires.

(Art. 702.) Vacation à l'adjudication.

 A Paris............ 15 fr. 00 c.
 Dans le ressort..... 12 00

Ce droit sera alloué à raison de chaque lot adjugé, qu'elle qu'en soit la
composition, sans que ce droit puisse
être exigé sur un nombre de lots supérieur à six.

Néanmoins la somme provenant de
la réunion de tous les droits alloués
sera répartie également entre tous les
adjudicataires, quel qu'en soit le nombre.

Indépendamment des émoluments ci-
dessus fixés, il sera alloué à l'avoué
poursuivant, sur le prix des biens dont
l'adjudication sera faite au-dessus de
2,000 fr., savoir : depuis 2,000 fr. jusqu'à 10,000 fr., 1 pour 100; sur la
somme excédant 10,000 fr. jusqu'à
50,000 fr., 1/2 pour 100; sur la somme
excédant 50,000 fr. jusqu'à 100,000 fr.,
1/4 pour 100 ; et sur l'excédant de
100,000 fr. indéfiniment, 1/8 de 1 pour
100. En cas d'adjudication par lots de
biens compris dans la même poursuite,
en l'état où elle se trouvera lors de l'adjudication, la totalité du prix des lots
sera réunie pour fixer le montant de la
remise.

Le montant de la remise sera calculé
sur le prix de chaque lot, séparément,
lorsque les lots seront composés d'immeubles distincts.

Cette remise, lorsque le tribunal
n'aura pas ordonné l'expertise dans les
cas où elle est facultative, sera, depuis
2,000 jusqu'à 10,000 fr., de 1 et demi
pour 100; sur la somme excédant 10,000
jusqu'à 100,000 fr., de 1 p. 100 ; sur l'excédant de 100,000 fr. jusqu'à 300,000
fr., de 1/2 p. 100 ; et sur l'excédant de
300,000 fr. indéfinitivement, de 1/4
p. 100.

La remise proportionnelle sur le prix
de l'adjudication sera divisée, en cas
de licitation, ainsi qu'il suit :

Moitié appartiendra à l'avoué poursuivant ;

La seconde moitié sera partagée par
égales portions entre tous les avoués
qui ont occupé dans la licitation, y compris l'avoué poursuivant, qui aura sa
part comme les autres dans cette seconde moitié.

(Art. 705.) Vacation au jugement de remise :

A Paris............ 6 fr. 00 c.
Dans le ressort...... 4   90

(Art. 706.) Vacation pour enchérir :

A Paris............ 7 fr. 50 c.
Dans le ressort.,..... 5   63

(Art. 707.) Vacation pour enchérir et se rendre adjudicataire :

A Paris.......... 15 fr. 00 c.
Dans le ressort.... 11   23

(Art. 707.) Vacation pour faire la déclaration de command :

A Paris............ 6 fr. 00 c.
Dans le ressort..... 4   50

Les vacations pour enchérir, ou pour les déclarations de command, sont à la charge de l'enchérisseur ou de l'adjudicataire.

Art. 12. (Code de proc. civ., art. 708.) Vacation pour faire au greffe la surenchère du sixième au moins du prix principal de l'adjudication :

A Paris............ 15 fr. 00 c.
Dans le ressort.... 11 fr. 25 c.

Pour acte de la dénonciation de la surenchère contenant avenir:

A Paris............ 1 fr. 00 c.
Dans le ressort..... 0   75

Pour chaque copie, le quart.

(Art. 734-964.) Vacation pour requérir le certificat du greffier ou du notaire, constatant que l'adjudicataire n'a pas justifié de l'acquit des conditions exigibles de l'adjudication :

A Paris............ 5 fr. 00 c.
Dans le ressort..... 2   25

Les émoluments des avoués pour le dépôt de l'acte tenant lieu du cahier des charges, pour les extraits à placarder ou à insérer dans les journaux, pour enchérir, se rendre adjudicataire et faire la déclaration de command, par suite de la surenchère autorisée par l'art. 708, ou de la folle enchère, seront taxés comme il est dit dans l'art. 11; le droit de remise proportionnelle sur l'excédant produit par la surenchère ou la folle enchère sera alloué à l'avoué qui les aura poursuivies.

Les autres incidents des ventes judiciaires ne pourront donner lieu à d'autres et plus forts droits que ceux établis pour les matières sommaires.

Art. 13. Les copies de pièces, qui appartiendront à l'avoué, seront taxées à raison du rôle de 25 lignes à la page et de 12 syllabes à la ligne :

A Paris............ 0 fr. 50 c.
Dans le ressort..... 0   25

CHAPITRE III. — Des notaires.

Art. 14. Dans les cas où les tribunaux renverront des ventes d'immeubles par-devant les notaires, ceux-ci auront droit, pour la grosse du cahier des charges, par rôle contenant 25 lignes à la page, et 12 syllabes à la ligne :

A Paris............ 2 fr. 00 c.
Dans le ressort..... 1   50

Ils auront droit en outre sur le prix des biens vendus jusqu'à 10,000 fr., à 1 p. 100; sur la somme excédant 10,000 fr. jusqu'à 50,000 fr., à 1/2 p. 100; sur la somme excédant 50,000 fr. jusqu'à 100,000 fr., à 1/4 p. 100; et sur l'excédant de 100,000 fr. indéfiniment, à 1/8 de 1 p. 100. Moyennant les allocations ci-dessus, les notaires sont chargés de la rédaction du cahier des charges, de la réception des enchères et de l'adjudication; ils ne pourront rien exiger pour les minutes de leurs procès-verbaux d'adjudication.

Les avoués restent chargés de l'accomplissement des autres actes de la procédure ; ils auront droit aux émoluments fixés pour ces actes, et lorsque l'expertise est facultative et n'aura pas été ordonnée, les avoués auront droit, en outre, à la différence entre la remise allouée pour ce cas par l'art. 11 de la présente ordonnance, et la remise fixée par le paragraphe 2 du présent article.

CHAPITRE IV. — Des experts.

Art. 15. (Cod. de proc. civ., art. 955, 956.) Il sera taxé aux experts, par chaque vacation de trois heures, quand ils opéreront dans les lieux où ils sont domiciliés ou dans la distance de deux myriamètres, savoir : dans le département de la Seine :

Pour les artisans ou laboureurs......... 4 fr. 00 c.
Pour les architectes et autres artistes.... 8   00

Dans les autres départements :

Aux artisans et laboureurs........... 3 fr. 00 c.
Aux architectes et autres artistes....... 6   00

Au delà de deux myriamètres il sera alloué par chaque myriamètre, pour frais de voyage et nourriture, aux architectes et autres artistes, soit pour aller, soit pour revenir.

A ceux de Paris..... 6 fr. 00 c.
A ceux des départements.......... 4   50

Il leur sera alloué pendant leur séjour, à la charge de faire quatre vacations par jour, savoir :

A ceux de Paris.... 52 fr. 00 c.
A ceux des départements.......... 24   00

La taxe sera réduite dans le cas où le nombre des quatre vacations n'aurait pas été employé.

S'il y a lieu à transport d'un laboureur au delà de deux myriamètres, il sera alloué 5 fr. par myriamètre pour aller et autant pour le retour, sans néanmoins qu'il puisse être rien alloué au delà de cinq myriamètres.

Il sera encore alloué aux experts deux vacations, l'une pour leur prestation de serment, l'autre pour le dépôt de leur rapport, indépendamment de leurs frais de transport s'ils sont domiciliés à plus de deux myriamètres de distance du lieu où siége le tribunal : il leur sera accordé par myriamètre, en ce cas, le cinquième de leur journée de campagne.

Au moyen de cette taxe les experts ne pourront rien réclamer ni pour frais de voyage et de nourriture, ni pour s'être fait aider par des écrivains ou par des toiseurs et porte-chaînes, ni sous quelque autre prétexte que ce soit ; ces frais, s'ils ont eu lieu, restant à leur charge.

Le président, en procédant à la taxe de leurs vacations, en réduira le nombre, s'il lui paraît excessif.

TITRE III. — *Dispositions pour les ressorts des autres cours royales.*

Art. 16. Le tarif réglé par le titre précédent pour le tribunal de première instance établi à Paris sera commun aux tribunaux de première instance établis à Marseille, Lyon, Bordeaux et Rouen.

Toutes les sommes portées en ce tarif seront réduites d'un dixième dans la taxe des frais et dépens pour les tribunaux de première instance établis dans les villes où siége une Cour royale, ou dans les villes dont la population excède trente mille âmes.

Dans tous les autres tribunaux de première instance, le tarif sera le même que celui qui est fixé pour les tribunaux du ressort de la Cour royale de Paris autres que celui qui est établi dans cette capitale.

Néanmoins le droit fixe de 25 fr. établi par les art. 9 et 10 de la présente ordonnance, et les remises proportionnelles fixées par les art. 11 et 14, seront perçus dans tout le royaume, sans distinction de résidence.

Les dispositions du chapitre IV du titre précédent seront appliquées sans autre distinction, à raison de la résidence, que celle qui se trouve indiquée dans ce chapitre.

TITRE IV. — *Dispositions générales.*

Art. 17. Tous actes et procédures relatifs aux incidents des ventes immobilières, et qui ne sont pas l'objet de dispositions spéciales dans la présente ordonnance, seront taxés comme actes et procédures en matière sommaire, conformément à l'art. 718 du C. de proc. civ., et suivant les règles établies par le dernier paragraphe de l'art. 12 qui précède,

Si, à l'occasion d'une procédure de vente judiciaire d'immeubles, il s'élève une contestation qui n'ait pas le caractère d'incident, et qui doive être considérée comme matière ordinaire, les actes relatifs à cette contestation seront taxés suivant les règles établies pour les procédures en matière ordinaire.

Art. 18. Dans tous les cahiers des charges, il est expressément défendu de stipuler au profit des officiers ministériels d'autres et plus grands droits que ceux énoncés au présent tarif. Toute stipulation, quelle qu'en soit la forme, sera nulle de droit.

Art. 19. Outre les fixations ci-dessus, seront alloués les simples déboursés justifiés par pièces régulières.

Le timbre des placards autorisés par les art. 699 et 700 du C. de proc. ne passera en taxe que sur un certificat délivré par le président de la chambre des avoués, constatant que le nombre des exemplaires a été vérifié par lui.

Art. 20. Sont et demeurent abrogés les nos 11, 12, 13, 14 et 15 du tableau annexé au décret du 21 septembre 1810 ; les paragraphes 44, 45, 46, 47, 48, 49, de l'art. 29 ; les art. 47, 48, 49, 50 et 63 ; les paragraphes 14, 15, 16 et 17 de l'art. 78 ; les art. 153, 154, 155, 172, du premier décret du 16 février 1807; la disposition de l'art. 65 du même décret, relative à l'apposition des placards; le paragraphe de l'art. 70 applicable à l'acte de signification du cahier des charges ; le paragraphe de l'art. 73 applicable aux requêtes contenant demande ou réponse en entérinement du rapport des experts ; le paragraphe de l'art. 76 applicable à la commission d'un huissier à l'effet de notifier la réquisition de mise aux enchères.

Sont également abrogées les dispositions des art. 102, 103, 104, 105, 106, 107, 108, 109, 110, 111, 112, 113, 114, 115, 116, 117, 118, 119, 120, 121, 122, 123, 124, 125, 126, 12 , 128, 129, en tant qu'elles concernent les saisies immobilières les surenchères sur aliénation volontaire, les ventes d'immeubles demineurs, et de biens dotaux, dans le régime dotal, les ventes sur licitations, les ventes d'immeubles dépendants d'une succession bénéficiaire ou vacante, ou provenant d'un débiteur failli, ou qui a fait cession.

Art. 21. Notre garde des sceaux, ministre de la justice et des cultes, est chargé de l'exécution de la présente ordonnance, qui sera insérée au *Bulletin des Lois.*

TABLEAU

DES FORMALITÉS DE LA SAISIE IMMOBILIÈRE.

DATES.	FORMALITÉS PRINCIPALES.	DÉLAIS.	ARTICLES du Code. de pr.
1er juill.	Commandement.		675
2 août.	Procès-verbal de saisie.	50 jours au moins, 90 jours au plus après le commandement.	674 et suiv.
15	Dénonciation au saisi.	Dans la quinz. de la saisie.	677
25	Transcription au bureau des hypothèques.	Dans la quinzaine de la dénonciation.	678
10 sept.	Dépôt du cahier des charges.	Dans les 20 jours au plus tard de la transcription.	690
16	Sommation d'assister à la publication du cahier des charges,		
	1o au saisi;	Dans la huitaine du dépôt du cahier des charges.	691
	2o aux créanciers inscrits.	Même délai.	692
23	Mention de cet acte aux hypothèques.	Dans la huitaine du dernier exploit de notification.	695
15 oct.	Publication unique.	30 jours au plus tôt, 40 jours au plus tard après le dépôt du cahier des charges. *Nota.* Le jour de l'adjudication est fixé, non par les parties, mais par le tribunal	694
17	Insertion au journal judiciaire.	40 jours au plus tôt, 20 jours au plus tard avant l'adjudication.	696
18	Procès-verbal d'apposition d'affiches.	Même délai.	699
24 nov.	Adjudication.	30 jours au plus tôt et moins de 60 jours au plus tard après la 1re publication.	695

TARIF.

Art. 1. *Notions générales* (1).

1. *Acte d'avoué à avoué.* Il est dû à l'huissier pour la signification (Tar. 156) à l'ordinaire par chaque avoué défendeur, — 30 c. — à une autre heure que celle où se font les significations ordinaires suivant l'usage du trib. 1 fr.

2. *Copie de pièces.* — V. ce mot 5 à 9. *Huissier*, n° 256 à 260.

3. *Droit de consultation.* Il est alloué aux avoués sur toute demande (excepté en matière sommaire) principale, intervention, tierce opposition et requête civile, tant en demandant qu'en défendant ; il ne peut être passé plus d'un droit par chaque avoué et par cause ; l'intervention d'un appelé en garantie n'y donne pas lieu ; le droit n'est pas exigible s'il n'y a eu ni jugement par défaut contre partie, ni constitution d'avoué, il comprend la procuration, sauf les déboursés. T. 68.

4. Le droit de consultation a été accordé, — 1° pour une demande en péremption. Lyon, 7 fév. 1829, P. 22, 660 ; Rivoire, n° 6. — *Contrà*, Chauveau, 1, 384 ; Sudraud-Desisles, p. 245 ; P. Carré, p. 160. Arg. Cass. 14 fév. 1831. — V. d'ailleurs *Péremption*, n° 79.

2° Pour une récusation. Rivoire, n° 7. — *Contrà*, Chauveau, 1, 374 ; P. Carré, p. 157. — V. d'ailleurs *distribution par contribution*, n° 98 ; *ordre*, n° 274 ; *sommaire*, n° 25.

Le pourvoi a été admis contre un jugement qui avait taxé comme en matière sommaire les dépens d'une instance d'ordre fait à l'audience, introduite par action principale. Cass. 18 août 1841 (Art. 2002, J. Pr.).

5. Le droit de consultation est-il dû aux avoués des défendeurs à une demande en intervention ? — L'affirmative est enseignée par M. Chauveau, *tarif* 1, 338 ; l'intervention est une instance nouvelle ; le tarif accorde le droit de conseil tant en demandant qu'en défendant. — On oppose, toutefois, que ces expressions du tarif, art. 68, s'appliquent à toute instance, et non pas en particulier à l'intervention ; d'ailleurs on ne saurait admettre un droit de conseil sur chaque demande incidente.

Il faut distinguer : — si l'intervention a pour but de se joindre au demandeur ou au défendeur, en adoptant leurs conclusions, le droit de conseil n'est pas dû, la demande primitive n'a pas changé, il est intervenu seulement une partie de plus. — Si, au contraire, l'intervenant a pris des conclusions distinctes, il est intervenu une demande nouvelle, il y a lieu pour les défendeurs à consulter leur avoué pour y adhérer ou pour la combattre.

6. Lorsqu'une partie a changé d'avoué plusieurs fois pendant l'instance, par suite de décès, démission, interdiction ou révocation, on ne peut exiger qu'un seul droit de con-

---

(1) Le coût des divers actes pour Paris, est indiqué en tête de chaque formule, et dans les modèles d'états de frais qui suivent — quant aux actes pour la province. — V. Tarif, et d'ailleurs l'art. 16, ordon. du 10 oct. 1841.

seil de la partie condamnée ; cette dernière ne doit pas souffrir de ces changemens ; c'est au client à payer les divers avoués qui ont occupé pour lui. Rivoire, n° 12.

7. *Droits de greffe.* V. ce mot.

8. Le juge taxateur peut réduire l'émolument du greffier pour les rôles l'expédition d'un acte dont la rédaction lui paraît excessivement longue. — Mais cette réduction ne doit pas porter sur les déboursés de timbre et d'enregistrement perçus par la régie

9. *Enregistrement.* — L'enregistrement des actes de procédure est compris dans la taxe des dépens. — Mais à l'égard des titres, tels que lettres et conventions, dont la production a été faite en justice, la question est controversée. — L'affirmative a été jugée. Cass. 6 avril 1840 (Art. 1700, J. Pr.) — V. toutefois *Dépens*, n° 9 à 24.

10. *Frais de port de pièces et de correspondance.* Il est dû aux avoués, si les parties sont domiciliées hors de l'arrondiss. du trib. par chaque jugement définitif, — T. 135—10 fr. par chaque interlocutoire, 5 fr.

M. Rivoire, V. *Correspondance*, n° 3, accorde le droit par analogie dans le cas où l'instance est terminée par désistement ou par transaction.

11. Il est dû un droit par chaque jugement *définitif* (contradictoire ou par défaut) ; aussi le droit est dû pour le jugement par défaut et pour celui de débouté d'opposition. Rivoire, n° 4.

12. *Frais de voyage*, séjour et retour. On alloue à celui qui rend compte, par chaque myriamètre de distance entre son domicile et le trib. où le procès est pendant, 3 fr. — à l'avoué p. vacat. au greffe, 1 fr. 50 c. — V. *Reddition de compte*, n° 73.

13. Les frais de voyage et le coût de la minute et expédition des actes de voyage, doivent être taxés, comme tous autres actes de procédure ; ces frais sont à la charge de celui qui succombe. Tarif, 146.

14. *Journée de campagne.* Les avoués ont à raison de cinq myriam. pour un jour, lorsque leur présence est autorisée par la loi ou requise par leurs parties, y compris leurs frais de

transport et de nourriture, 30 fr. T. 144.

15. *Requête.* — V. ce mot, 4 à 6. Le nombre des rôles de requêtes en réponse ne peut jamais excéder celui pour la requête en demande, T. 75. — Il n'est passé aucuns frais d'impression des requêtes et défenses même autorisées, T. 75. — Dans les instructions par écrit, les grosses et les copies de toutes les requêtes qui ne portent pas la déclaration du nombre de rôles dont elles sont composées, sont rejetées de la taxe, T. 74. Si le nombre et les qualités des parties en cause sont tels qu'ils emploient plusieurs rôles, il semble que le nombre des rôles déterminé dans certains cas (— V. T. 75) ne doit point comprendre les qualités et conclusions ; autrement il n'existerait point de place pour la discussion des moyens.

Les requêtes dont il est parlé aux art. 76, 77, 78, 79 Tar. ne peuvent être grossoyées. L'émolument pour prendre les ordonnances et communications au ministère public est compris dans la taxe.

16. *Taxe* (V. ce mot). Elle est requise, soit pour faire payer les dépens à celui contre lequel la condamnation a été prononcée ; — soit par le client, contre l'avoué, ou autre officier public auquel il a donné mandat et qui forme une demande en paiement de frais.

17. Dans le premier cas, lorsqu'il y a condamnation aux dépens, il faut se demander, sur chaque procédure dans son ensemble, sur chaque acte en particulier, sont-ils permis ? sont-ils utiles ? quel en est le prix ? — On ne doit allouer ni émolument ni déboursés pour un acte défendu ou inutile.

Ainsi il ne peut être alloué un droit de copie à l'avoué par les jugemens ou arrêts qui ont été imprimés ou affichés. Cass. 12 mai 1812, P. 10, 395. — Ni un droit de vacation aux huissiers pour l'enregistrement de leurs actes. Colmar, 24 déc. 1807, P. 6, 407. — V. d'ailleurs *Déboursés.*

Jugé toutefois qu'un salaire extraordinaire peut être accordé en matière d'enquête pour l'exploit de notification des noms et qualités d'un grand nombre de témoins. Rouen, 29 nov. 1828, D. 33, 185.

18. Lorsque la taxe est requise par le client auquel son avoué demande le paiement de procédures faites par lui, on peut allouer tous les actes faits dans l'intérêt du client.

19. Ainsi doivent être alloués : 1º le coût de la levée de jugemens préparatoires, expéditions d'enquête, coût d'actes payés à des huissiers, généralement tous les actes qui auraient pu être compris dans la taxe des dépens, en cas de gain du procès, 2º la levée de titres servant à établir la propriété ou le droit du client, l'enregistrement des quittances à sa charge personnelle, et autres avances qui ne sont pas des actes forcés du ministère de l'avoué, mais qui rentrent plutôt dans les attributions d'un simple mandataire.

20. 3. De même les frais d'actes préparés dans l'intérêt du client sont dus, bien que d'après l'ordre de ce dernier, la signification n'ait pas eu lieu.—Ainsi jugé à l'égard du timbre et du droit de copie d'un arrêt préparée pour faire courir le délai du pourvoi en cassation, et dont la partie avait jugé ultérieurement la signification inutile. Paris 9 juin 1831, S. 31, 243.

21. 4º les déboursés de port de lettres, port de pièces, au-delà de la somme fixée par le tarif, à titre de forfait, bien que la somme fixée par le tarif puisse seule être réclamée de l'adversaire condamné aux dépens. Pr. Carré, taxe, n. 103.

22. Les avoués et huissiers doivent supporter les frais, non-seulement des actes nuls et frustratoires, mais encore de ceux pour lesquels ils ont été désavoués. — V. Désaveu, nº 91.

23. Au reste, la réduction des frais réclamés par un avoué peut être demandée, sans désaveu préalable. Cass. 26 déc. 1837 (Art. 1165, J. Pr.).

24. Timbre.—V. ce mot, 3, 11, 12. —On compte le papier employé. — On alloue une feuille de papier à 70 c. — pour 10 rôles d'expéditions de jugement et autres actes du greffe, — pour l'orig. des req. grossoyées, 35 c. par rôle et pour la copie 70 c. par 8 rôles de la grosse. — V. d'ailleurs, Greffe (droits de), nº 117.

25. *Transport.* Il est alloué au huissiers (—V. ce mot, 252) au-de d'un demi-myriamètre, pour frais d voyage, qui ne peut excéder un journée de 5 myriam. savoir au-de d'un demi-myriam. et jusqu'à u myriam. pour aller et retour, 4 fr. au-delà d'un myriam. 2 fr. T. 66.

Ce droit est réduit à moitié pou les significations en matière de jus tice de paix. T. 23.

26. *Visa.*—Le droit de 1 fr. se dou ble, si le visa est mis par le proc. d Roi, en cas d'absence ou de refus d fonctionnaire public qui doit le don ner. Pr. 69, T. 66.

Art. 2. *Matières sommaires.*

27. Citation au bur. de paix. P 52 ;—T. 21—pap. 70 c. enr. 1, 10 orig. 1, 50 ; — cop. 38 c. J. Pr. 416.

28. Timbre et enregistrement d pouvoir s'il y a lieu. Pr. 53.—Ar Cass. 5 nov. 1835 (Art. 393, J. Pr.

29. Proc. verb. de non concil. P 54 ; T. 10 — orig. 1 fr. pap. minut 35 c. expéd. 25 c. — enr. 1, 10.

30. Ajournement. Pr. 61 ; T. 27 pap. 70 c. — enr. 2, 20 ; orig. 2 f cop. 50 c.

Copie du proc. verb. de non concil et des titres. Pr. 65 — V. sup. 2. Vis — V. sup. nº 26.

31. Requête pour assigner à bre délai, s'il y a lieu. — Pr. 72 ; T. 7 — pap. 35 c. enr. 3, 30 ; émol. 3 f (Vervoort, 89 ; — Chauveau, 1, 443

32. Pouvoir — pap. 35 c.

33. Constitution. Pr. 75 ; T. 156 pap. 70 c. enr..... et *huiss.* 90 c.

34. Rédaction du placet. Arg. décr 30 mars 1808, art. 71. — 3 fr.

Conclusions jointes au placet pa le défendeur. — 2 fr.

Les placets et conclusions peuven être mis sur papier libre. Circ. gard des sceaux, 15 juillet 1825.

35. *Droit de mise au rôle.* — C droit de greffe (— V. ce mot, nº 16 21) est fixé en matière sommaire 1 fr. 50 c. et le 10e. L. 21 Ventose 6 prair. an 7, art. 3. — De plus, il es alloué à l'huissier pour l'appel de l cause, 30 c, tarif 152.

36. Bulletin de distribution,—15 c

37. Avenir. — V. sup. nº 33.

38. Obtention d'un jugement par défaut (même profit joint. Chauveau,

1, 227), y compris les qualités et la signification à avoué, s'il y a lieu. T. 67 — jusqu'à 1000 fr. 7, 50 — au-dessus de 1000 fr. jusqu'à 5,000 fr. 10 fr. — indéfiniment, 15 fr. — pour une valeur indéterminée, le juge alloue une des sommes ci-dessus.

39. Papier des qualités, sans aucun émolument.

40. Coût du jugement.

41. Signification du jugement à av. T. 67, pap. 70, enr. huiss. 90 c.

42. Le droit de copie de pièces du jugement doit-il être alloué? — Pour la négative, on argumente des expressions du tarif, portant : *y compris les qualités et la signification à avoué, s'il y a lieu*. Caen, 20 nov. 1821, D. 33, 3, 14. — Mais on répond : C'est seulement l'émolument du dressé de l'original des qualités ou de l'acte de signification qui est refusé par le tarif, et non celui de la copie de pièces du jugement lui-même. Carré, *taxe*, n° 27, — spécialement du jugement par défaut signifié à domicile. — V. d'ailleurs Art. 289. J. Pr.

43. Opposition, par requête d'avoué à avoué. Pap. 70 c. enr. huiss. 90 c.

44. Avenir — 1, 60 — V. *sup.* n° 33.

45. Appel de cause, T. 152 — 30 c.

46. Obtention d'un jugem. contradictoire ou définitif. T. 67. — Si la demande n'excède pas 1000 fr. 15 fr. — au-dessus de 1000 fr. jusqu'à 5000 fr. 20 fr. — au-dessus de 5000 fr. indéfiniment 30 fr.

Les avoués peuvent-ils plaider les aff. sommaires concurremment avec les avocats? — V. *Avoué*, 37 à 47, J. Pr. art. 35, 36, 98, 160, 161, 402, 741, 777.

47. Qualités du jugem. contradict. ou définitif, et du jugem. par défaut définitif. Cabissol, 36 ; Vervoort, 97; Chauveau, 473. — du jugem. interlocutoire ou même préparatoire, s'il est contradictoire. Vervoort, 97 ; Chauveau 1, 474 — et significations d'icelles à av. T. 67 — le quart du droit pour l'obtention du jugem. — plus les déboursés.

48. Signific. du jugem. à av. T. 67 — 1, 60, plus copie de pièces. — *Ainsi jugé*. Cass. 6 juin 1837, D. 37,

423; Pr. Carré, tarif, n° 27. — V. *sup.* 41 et 42.

49. Signific. du jugem. à domicile, 5, 40, plus copie de pièces. — V. *sup.* n° 42.

50. Obtention d'un jugem. ordonnant une enq. ou une expertise, s'il y a eu jugem. contradict. sur l'enq. ou le rapp. d'experts. T. 67 — demi-droit d'un jugem. contradict. (— V. *sup.* n° 46) indépendamment du droit d'obtention de jugem. sur le fond. Chauveau, 1, 483.

S'il y a plus de deux parties en cause ayant des intérêts contraires, il est alloué un quart en sus des droits ci-dessus à l'avoué qui lève le jugem. T. 67. Chauveau, 1, 475.

51. Qualités de ce jugem. et signifi. d'icelles à av. T. 67 — le quart du droit.

52. Signific. du jugem. à avoué et à dom. — V. *sup.* n° 48, 49.

53. Copie des procès-verb. d'enq. d'expert, et signific. d'iceux par acte d'av. à av. T. 67 — pap... enr... huiss... copie pour chaque rôle d'expédition, 15 c.

54. A l'av. poursuivant l'interrogatoire sur faits et articles. T. 67 — demi-droit de ceux *sup.* n° 46.

55. Copie du procès-verb. d'interrog. et signific. d'av. à av. T. 67 — V. *sup.* 53.

56. L'avoué révoqué ou à qui les pièces sont retirées lorsqu'il y a eu constitution d'av. avant l'obtention d'un jugem. par défaut, a droit à la moitié du droit *sup.* n° 38.

S'il a été obtenu un premier jugem. par défaut ou un jugem. interlocutoire, outre l'émol. pour ces jugem. moitié du droit *sup.* n° 46. T. 67.

57. *Demandes incidentes.* Doit-on n'allouer que les déboursés pour l'acte de conclusions signifié d'avoué à avoué? — ou bien peut-on accorder l'émolument de 5 fr. ou le quart pour la copie, par arg. de l'art. 71 tarif? — bien que cet art. soit placé au titre des matières ordinaires, le président Carré, *taxe*, n° 37, l'applique ici par le motif que l'art. 406 autorise des conclusions *motivées*.

58. En matière de saisie-immobilière, l'ord. 10 oct. 1841 a abrogé les art. 122 à 125, qui accordaient un émolument pour les requêtes et con-

clusions incidentes, et l'art. 17 même ordonnance prononce que tous les actes *relatifs aux incidens* de saisie-immobilière, seront taxés comme actes et procédures en matière sommaire. Dès lors, le droit d'obtention de jugement semble seul accordé.

59. *Enquête.* — V. ce mot, n.. 343; C. Pr. 407 à 413.

60. *Frais de port de pièces et correspondance.*—Pour les refuser, on dit : Les seuls déboursés doivent être alloués; l'art. 145 est sous la rubrique des affaires ordinaires. Grenoble, 20 mai 1817, P. 14, 232; 7 janv. 1834 (Art. 411. J. Pr.). Sudraud-Desisles, 2° part., n° 352. — Mais on répond : L'allocation du tarif est plutôt un forfait pour déboursés qu'un article d'honoraires. Bourges, 30 août 1827, S. 29, 346; Douai, 18 juillet 1828, S. 29, 347; Chauveau, 1, 444; Carré, *taxe,* n° 38; Rivoire, *tarif,* V. *Correspondance,* n° 6.

61. La ch. des avoués p. 7, dans un grand nombre de cas omis par le Tarif, par ex. lorsqu'une affirmation ou la comparution est ordonnée, etc., alloue, pour assistance à l'audience, la moitié du droit accordé pour l'obtention d'un jugem. contradict. — V. sup. n° 46.

62. Il n'est rien alloué pour l'état de frais, D. add. 16 fév. 1807.

— V. d'ailleurs *Exécutoire des dépens; Sommaire.*

Art. 3. *Matières ordinaires.*

63. Enregistr. du titre s'il y a lieu. V. *Dépens,* n° 13 et suiv.

64. Citation au bureau de paix; procès-verb. de non-concil. etc.

65. Droit de consultation. T. 68— 10 fr.

66. Pouvoir. — Les déboursés : la partie ne peut se présenter en personne devant le tribunal; le ministère des avoués est forcé. — Mais le pouvoir est souvent donné par simple lettre, ou mis au bas de l'assignation, et n'est point enregistré; d'ailleurs sa production est inutile à l'égard de l'adversaire; c'est seulement au cas de désaveu (— V. ce mot) qu'il faut en justifier vis-à-vis du client.

67. Constitution. T. 70 ; papier 70 c.; enr. huiss. 90 c. — orig. 1 fr. cop. 25 c.

68. Placet — 3 fr. — droits de greffe, 3 fr. et le 10°. V. *greffe,* 16 à 21.

69. Conclusions jointes au placet par le défendeur. — V. *sup.* n° 34.

70. Acte à fin de communication de pièces. Pr. 188; T. 70. — V. *sup.* n 46.

71. Vacations à donner ou prendre communication, pr. 189. — T. 91 — 3 fr.

On peut en allouer plusieurs quand elles sont justifiées. Chauveau, 1, 146; Rivoire, n° 8. — *Contrà,* Sudraud-Desisles, p. 82 et 385.

72. Acte du greffe, s'il y a lieu.

73. Req. pour contraindre l'av. à remettre les pièces communiquées. Pr. 191; T. 76—pap. 35 c. enr. 3, 30 — émol. 2 fr.

74. Signific. des req. et ordon. — 1, 60—1, 25—plus copie de pièces.

75. Req. d'opposition à l'ordon. portant contrainte de remettre les pièces, 2 rôles au plus. Pr. 192; T. 75—pap. 1, 05; enr. huiss. 90; orig. 4 fr. cop. 1 fr.

Req. en réponse, de même.

76. Droit de mise au rôle, 3 fr.— V. *sup.* n° 35.

77. Vacat. à la mise au rôle. T. 90 — 1, 50.

78. Appel de cause. — V. *sup.* n° 45.

79. Vacat. de l'avoué poursuivant à la distribution. T. 83 — 3 fr.

80. Bulletin de distribution — 15 c.

81. Avenir. T. 70—V. *sup.* n° 67.

82. Assistance de l'av. à l'audience pour demander acte de sa constitution, en cas d'abréviation des délais. Pr. 76 r T. 81 — 1, 50.

83. Vacation à communiquer au min. pub. s'il y a lieu. Pr. 83; T. 90— 1, 50.

84. On peut allouer une vacation par chaque jugement. Chauveau, 1, p. 148; Rivoire, n° 3. — *Contrà,* Sudraud-Desisles, p. 83 et 386.

85. Plaidoirie au jugem. par défaut pris par l'avocat. — 5 fr. pris par l'avoué 3 fr. — T. 82.

86. Assistance de l'avoué lorsqu'il est pris par l'avocat. T. 82 — 1 fr.

87. Qualités du jugem. par défaut. T. 87—pap. 35 c. ém. 3, 75.

88. Coût du jugement.

89. Signific. du jugem. à av. T. 89

pap... enr. huiss. 90 c. —copie de pièces.

90. Req. d'opposition au jugem. par défaut, 1 rôle, si les moyens ont été fournis avant le jugem. Pr. 160 ; T. 75—débours 1, 60 — orig. 2 fr. cop. 50 c.

91. Vacat. à mentionner l'opposition. Pr. 163 ; T. 90—1, 50.

92. *Exception.* Requête tendant à ce que l'étranger demandeur fournisse caution, 2 rôles au plus Pr. 166 ; T. 75—pap. 1,05 ; enr. huis. 90 c. orig. 4 fr. cop. 1 fr.
Réponse, de même.

93. Requête pour proposer un déclinatoire ou une nullité, demander délai pour délibérer et faire inventaire, 6 rôles au plus. Pr. 168, 173 ; T. 75—pap. 2, 80 ; enr. huiss. 90 c. —orig. 12 fr. cop. 3.
Réponse, de même.

94. Acte de dénonciation au demandeur originaire de la garantie. Pr. 179. — V. *sup.* n. 67 —plus copie de pièces.

95. Requête pour soutenir qu'il n'y a lieu d'appeler garant. —Pr. 180— V. *sup.* n° 93.

96. Notification du décès d'une partie. Pr. 344 ; T. 70—V. *sup.* n° 67.

97. Requête servant de défense au fond et de réponse aux défenses. Pr. 77 ; T. 72—pap. enr. huiss. 90 c. —par rôle de grosse 2 fr. cop. le quart —plus copie des pièces signifiées avec les défenses.

98. Conclusions motivées signifiées 3 jours au moins avant de se présenter à l'audience, pour plaider ou pour poser les qualités. D. 30 mars 1808, art. 70. —V. *sup.* n° 97.

99. Avenir. T. 70 V. *sup.* n° 67.

100. Vacation à communiquer au min. pub. —V. *sup.* n° 83.

101. Appel de cause. —V. *sup.* n° 45.

102. Honoraires de l'avocat pour plaidoirie contradictoire. —T. 80 — 15 fr.

103. Assistance de l'avoué au jugement portant remise de cause ou indication de jour. T. 83 — 3 fr.

104. Assistance et observations de l'avoué au jugem. qui ordonne une instruction par écrit. Pr. 93, 95 ; T. 84 — 5 fr.

105. Assistance de l'avoué à cha-que journée de plaidoiries qui précèdent les jugem. interlocutoires définitifs ou contradictoires — si les causes sont plaidées par les parties elles-mêmes ou par des avocats, 3 fr. — si les avoués plaident, 10 fr. — T. 86.

106. Il est dû aux avoués autant de droits de plaidoirie, ou d'assistance, qu'il y a eu d'audiences employées à la défense des parties. T. 80. Bourges, 24 août 1829, 8. 30, 40.
Le contraire a été jugé à l'égard des plaidoiries d'avocats. Rouen, 11 février 1839 ; Bourges, 14 juill. 1840 (Art. 1368 et 1813, J. Pr.). Pr. Carré, n° 91. — V. toutefois *Lettres patentes* de 1778 ; Vervoort, p. 134 ; Rivoire ; p. 384.
Jugé que l'avoué qui, dans les cas où la loi l'y autorise, a plaidé une cause sans assistance d'avocat, a le droit d'exiger des honoraires de son client, indépendamment des droits qui lui sont alloués par le tarif pour l'instruction de la procédure. Bruxelles, 2 juill. 1829 ; Chauveau, 37, 129.

107. Qualités du jugem. contradictoire sur plaidoirie ou délibéré. Pr. 142 ; T. 87—7, 50, —plus le papier.
Chaque copie des qualités signifiées dans le cas seulement où le jugement est contradictoire. Pr. 142 ; T. 88—un quart du dressé des qualités, plus pap. enr. huiss.

108. Coût du jugem. définitif.

109. Signific. du jugem. à av. Pr. 156, 157 ; T. 89—pap... enr. huiss. 90 c. —Copie de pièces.

110. Signific. du jugem. à domicile. Pr. 156, 157 ; pap... enr. 2, 20 ; orig. 2 fr. cop. 50 c. —Copie de pièces.

111. Vacat. de l'av. pour former opposition aux qualités. — Pr. 144 ; T. 90—1, 50.

112. Avenir pour être réglé sur l'opposition. Pr. 155 ; T. 70—V. *sup.* n° 67.

113. Vacat. au réglement des qualités. Pr. 145 ; T. 90 — 1, 50.

114. Frais de port de pièces et de correspondance, si les parties sont domiciliées hors de l'arrondis. du trib. par chaque jugem. définitif, 10 fr. — par chaque interlocutoire, 5 fr. — T. 145.

115. Frais de voyage, séjour et retour. —V. *sup.* n° 12.

116. Vacation de l'av. à l'affirmation des frais de voyage. T. 146 — 1, 5o.

117. Expédition de l'affirmation. T. 90.

118. Coût du certificat contenant la date de la signification au domicile de la partie condamnée du jugem. qui prononce une main-levée ou une radiation, un paiement ou autre acte à faire par un tiers ou contre lui. Papier. 35 c. — Enregistrement 1 f. 10 c. C. pr. 548.

Aucun émolument n'est accordé ni pour sa délivrance, ni pour sa remise au greffier.

119. Vacat. à requérir du gref. le certificat de non-opposition ni appel. *Pr.* 548; T. 90 — 1, 5o.

120. Certificat du greffier. — 3, 25.

— V. d'ailleurs *inf.* les états de frais.

ART. 4. *Avoués de la C. roy Paris* (1).

121. Les émolumens des avoués de

_____

(1) *Délibération de C. de P. du* 25 *nov.* 1822.

La Cour arrête que, pour la taxe des dépens, on se conformera à l'avenir aux instructions suivantes :

§ 1. *Matières sommaires.* — Art. 1. Il sera alloué un émolument de 4 fr. 5o pour la requête, afin d'obtenir permission d'assigner à bref délai, et 2 fr. 25 à l'avoué adverse, pour assistance à l'audience dans laquelle il lui est donné acte de sa constitution.

2. Il ne sera passé en taxe que le prix du papier timbré, soit pour la notice à la distribution, soit pour les conclusions déposées, pour la copie du dispositif du jugement dont est appel, ou de l'arrêt par défaut; et la distribution des causes ne donnera lieu à aucun émolument au profit de l'avoué. (Dans l'usage, la copie du jugement est faite sur papier libre.)

3. Le droit d'obtention d'un arrêt par défaut ou définitif sur incompétence sera déterminé par le juge, suivant les règles d'évaluation de l'art. 67 du Tarif. — Le droit d'obtention d'arrêt ne sera dû ni à raison de l'appel incident, ni pour l'arrêt portant

la C. roy. sont taxés au même prix et

_____

que les choses demeureront en état du consentement des parties. — Les interventions, les demandes en garantie, celles en déclaration d'arrêt commun ne donneront pas lieu à un droit particulier d'obtention d'arrêt, sans préjudice, toutefois, du droit accordé à l'avoué par l'art. 67, lorsqu'il y a plusieurs parties en cause ayant des intérêts différens.

4. Les arrêts de renvoi d'une chambre à l'autre, les arrêts de jonction et les arrêts prononçant qu'il en sera délibéré, ne donneront lieu à aucun émolument.

5. Il sera passé une vacation de 2 fr. 25 c. pour la vacation à l'enregistrement sur minute de tous les arrêts soumis à cette formalité.

6. Les avoués auront droit à 45 c. par rôle d'expédition, pour la copie faite et signée par eux, des arrêts par défaut ou interlocutoires signifiés à parties. — Aucunes autres pièces signifiées dans le cours du procès ne passeront en taxe.

7. Le droit de 10 fr. et de 20 fr. pour port de pièces et correspondance sera alloué dans les matières sommaires, conformément aux art. 145 et 147 du Tarif. — Les avoués ne pourront réclamer aucune vacation pour assistance à l'acte de voyage.

8. Il sera alloué à l'avoué de l'appelant qui aura gagné son procès un émolument de 3 fr. pour l'extrait du dispositif de l'arrêt, à l'effet de retirer l'amende.

§ 2. *Matières ordinaires.*

9. Il est dû un droit particulier de consultation sur la tierce opposition et la requête civile incidentes, de même que sur l'inscription de faux incident civil. — Ce droit ne sera point alloué sur l'appel incident, la demande en garantie, la demande en intervention, non plus que celle en déclaration d'arrêt commun.

10. Il sera alloué à titre d'émolument : — 3 fr. pour la copie du dispositif du jugement; — 3 fr. pour les conclusions déposées sur le bureau; — 1 fr. 5o c. pour la rédaction de la notice à la distribution. — Seront

dans la même forme que ceux des avoués du trib. de 1re inst. de Paris, avec une augmentation sur chaque espèce de droits : savoir, dans les matières sommaires du double, et dans les matières ordinaires du double pour le droit de consultation , ainsi que pour le port des pièces, lorsque les parties seront domiciliées hors de l'arrondissement du trib. de 1re inst. de Paris, et pour les autres droits, d'une moitié seulement de ceux attribués aux avoués de 1re inst. — Néanmoins dans les demandes de condamnation de frais d'un avoué contre sa partie, il ne sera alloué que moitié du droit ci-dessus fixé pour les matières sommaires. T. 147.

Seront liquidés comme en matières sommaires. — Les frais des demandes à fin de défenses contre les jugemens mal à propos qualifiés en dernier ressort, et de ceux qui n'auraient pas prononcé l'exécution provisoire dans les cas où elle devait l'être. T. 148; — les frais faits sur les appels d'ordonnances des référés. T. 149.

122. Lorsque les parties ayant des intérêts distincts, ont, chacune séparément interjeté appel d'un même jugement contre une partie, il est dû à l'avoué de celle-ci autant de droits de consultation qu'il y a eu d'appels dirigés contre elle. Amiens 18 fév. 1825 P. 19. 193. — contrà Chauveau.

123. Quel est le pouvoir des C. roy. pour la liquidation des dépens ? §' Au cas de confirmation la taxe des dépens faits devant la cour doit-elle être faite par le trib. d'exécution?.— Pour l'affirmative ou argumente de l'art. 472 C. pr. Chauveau, 2, p. 59; Rivoire, n. 25. — la négative constamment suivie dans l'usage, n'est point contraire à l'art. 472 qui concerne les saisies et autres contraintes employées pour parvenir à l'exécution du jugement et non la taxe des dé. pens, réservé au juge d'appel saisi de toutes les contestations. arg. Paris, 18 janv. 1816, P. 15. 388.

Au cas d'infirmation, il doit en être de même à plus forte raison. Cass. 20 juill. 1819, P. 15,388. Rivoire, ib.

Toutefois lorsqu'il n'y a point eu d'opposition à la taxe des dépens, la cour ne peut statuer sur le trop d'étendue reproché à un écrit de défenses et aux qualités d'un jugement. Rennes, 18 déc. 1820, P. 16, 246; Bruxelles, 4 mars 1829, P. 22, 762.

Art. 5. *État de frais d'une demande en reddition de compte de Tutelle.*

	Déboursés.		Émol.	
	fr.	c.	fr.	c.
1. Citation en conciliation.	3	70	»	»
2. Procès-verbal de non-concil.	3	70	»	»
3. Assignation avec copie du procès-verb.	5	40	»	60
4. Droit de consultation.	»	»	10	0
5. Rédaction du placet.	»	»	3	»
6. Coût de la mise au rôle.	3	60	»	»

passés en taxe : — L'avenir à l'appel du rôle bursal; — Le droit d'assistance au dit appel ; — La vacation à la vérification du rôle. — L'acte déclaratif de la distribution : — Le dernier acte devra contenir avenir à l'audience pour plaider la cause; si l'avenir est donné par acte séparé, l'un des deux actes ne passera point en taxe.

11. Il sera alloué une vacation de 2 fr. 25 c. pour la vacation à l'enregistrement des arrêts sur minute.

12. L'intimé pourra signifier ses moyens , soit avant, soit après la signification de la requête de l'appelant, mais après que les qualités auront été posées à l'audience.—Toutes conclusions prises hors de la requête ne passeront en taxe que comme un simple acte d'avoué à avoué , sans préjudice des dispositions de l'art. 71 du Tarif, relatives aux demandes incidentes.

13. Il ne sera passé aux avoués que trois remises de causes, indépendamment des assistances aux audiences où la cause sera plaidée ou jugée.

7. Vacation à la d. mise au rôle.	»	»	1	50
8. Bulltin de distribution à l'une des chambres.	»	15	»	»
9. Vacation à la distribution.	»	»	3	»
10. Avenir à l'audience.	1	60	1	25
11. Vacation au jour indiqué.	»	»	3	»
12. Bulletin de mise au rôle.	»	15	»	»
13. Bulletin de sortie du rôle.	»	15	»	»
14. Vacation au jour indiqué.	»	»	3	»
15. Bulletin de remise au	»	15	»	»
16. Vacation à l'audience du dit jour.	»	»	3	»
17. Plaidoirie de l'avocat au jugement qui fixe le délai pour rendre le compte, et commet un juge à cet effet.	15	»	»	»
18. Assistance de l'avoué.	»	»	3	»
19. Vacation à communiquer au proc. du Roi.	»	»	1	50
20. Enreg. du jugement sur minute.	3	30	»	»
21. Significat. des qualités à l'avoué.	2	30	9	37
22. Coût de l'expédition du jugement.	20	»	»	»
23. Signific. du jugement à av. évalué 10 rol.	1	95	4	25
24. Signification du dit à domicile.	6	10	3	»

Nota. C'est au défendeur rendant compte à présenter la requéte à fin d'indication de jour, à ouvrir le procès-verbal de compte, à faire sommation au jour indiqué, à préparer et affirmer le compte; il y a lieu d'allouer 6 fr. pour chaque vacation à mettre en ordre et coter 50 pièces; et pour chaque vacation de 3 heures à faire les soutenemens et réponses; pour la copie du compte signifié, par chaque rôle 50 c.

25. Vacation de l'avoué de l'oyant à la présentation et affirmation du compte.	»	»	6	»
26. Vacation à acquérir l'exécutoire du reliquat.	»	»	6	»
27. Expédition du dit exécutoire, éval.	15	»	»	»
28. Signific. à avoué dud. exécutoire, 3 r.	1	60	2	15
29. Signific. du dit à domicile.	5	40	»	90
30. Vacation pour prendre communication de pièces justificatives.	»	»	6	»
31. 3 Vacations pour faire les contredits.	»	»	18	»
32. Conclusions en 25 rôles sur les divers contredits (1).	11	75	62	50
33. Avenir pour plaider sur les dites conclusions.	1	60	1	25
34. Nouveau placet et visa.	»	30	3	»
35. Vacation à l'audience indiquée.	»	»	3	»
36. Bulletin de remise.	»	15	»	»
37. 2 Bulletins et 2 vacations à l'audience.	»	30	6	»
38. 10. Bulletins de remise.	1	50	»	»
39. Plaidoirie au jugement définitif.	15	»	»	»
40. Assistance de l'Avoué.	»	»	3	»
41. Vacation à commuiquer au ministère public.	»	»	1	50
42. Signification des qualités.	2	30	9	37
43. Coût et enregistrement du jugement (expédition).	35	»	»	»
44. Signification d'icelui à Avoué, 20 rôles.	2	65	7	25
45. *Idem* à domicile.	7	15	6	»
46. Présent mémoire et timbre.	»	35	4	60

Art. 6. *État de frais de saisie et vente mobilière.*

1. Commandement du			5	40

(1) — V. Toutefois *Reddition de compte*, n. 99.

2. Procès-verbal de saisie du	16	60
3. Requête à fin de vendre dans les lieux.	2	35
4. Vacation de l'avoué au jugement.	7	50
5. Coût dudit jugement.	19	20
6. Signification dudit en trois rôles.	7	20
7. Signification de vente du	5	40
8. Insertion au journal, payé.	6	»
9. Vacation à l'insertion.	1	»
10. Rédaction du placard d'affiche.	1	»
11. 200 affiches, payé à l'imprimeur suivant quittance.	20	»
12. P. apposition des affiches, payé à l'afficheur.	6	»
13. Procès-verbal d'apposition d'affiches.	5	55
14. Procès-verbal de récolement.	8	55
15. 19 jours de frais de garde : les douze premiers à raison de 2 fr. 50 c., et les autres à raison de 1 fr.	37	»
16. Vacation à requérir le commissaire-priseur pour la vente.	2	»
17. Signification du procès-verbal de vente, évalué 20 rôles.	12	80
18. Requête à fin de taxe du présent état de frais.	3	»
19. Signification de l'ordonnance de taxe au commissaire-priseur, avec sommation de payer.	6	»
20. Vacation de l'huissier à faire taxer les frais.	3	»
21. Le présent état en 21 articles et timbre.	2	45

Art. 7. *État de frais de poursuite de saisie immobilière.*

	Déboursés.		Émol.	
1. Commandement, copie de pièces, 10 rôles.	6	10	2	50
2. Vacation à requérir copie de la matrice du rôle.	»	»	3	»
3. Coût de cette copie.	2	70	»	»
4. Procès-verbal de saisie.	26	80	»	»
5. Dénonciation de la saisie au saisi.	7	35	»	»
6. Vacation à la transcription aux hypothèques.	»	»	6	»
7. Coût de cette transcription.	10	»	»	»
8. Coût du cahier d'enchère en 20 rôles.	8	10	40	»
9. Vacation au dépôt du cahier de charges.	»	»	3	»
10. Emolument du greffier pour communication du cahier des charges.	15	»	»	»
11. Sommation au saisi de prendre communication du cahier des charges.	5	50	»	»
12. Vacation à se faire délivrer l'état des inscriptions.	»	»	6	»
13. Coût dudit Etat.	15	»	»	»
14. Sommation aux créanciers inscrits.	29	»	»	»
15. Vacation à l'enregistrement de la dénonciation aux créanciers inscrits.	»	»	6	»
16. Coût de cet enregistrement.	3	70	»	»
17. Vacation à la publication.	»	»	6	»
18. Coût de la publication, timbre, huissier.	5	»	»	»
19. Original du placard, timbre et enregistrement.	1	80	6	»
20. Extrait pour l'insertion.	»	»	2	»
21. Vacation à l'insertion.	»	»	6	»
22. Coût de l'insertion.	30	»	»	»
23. Vacation à la légalisation de la signature de l'imprimeur.	»	»	2	»
24. Mémoire de l'imprimeur, composition de l'affiche.	40	»	»	»
25. Timbre et papier de 50 affiches à 1 fr.	55	»	»	»
26. 100 affiches à 5 c. et papier.	10	»	»	»

27. Procès-verbal d'affiches y compris le salaire de l'afficheur, enregistrement, visa.   11   20   "
28. Vacation à l'adjudication.   "   "   15
29. Emolumens de l'huissier.   5   "   "   "
30. P. Droit de Mémoire.   "   "   "   "

Nota. Pour la remise proportionnelle. — V. *Sup.*, art. 11, Ordonn. 10. oct. 1841.   "

Art. 8. — *Etat de frais de poursuite de vente sur licitation.*

1. Droit de conseil.   "   "   10   "
2. Assignation à fin de partage à trois héritiers.   12   50   "   "
3. Droit de mise au rôle et placet.   6   60   3   "
4. Vacation à la mise au rôle.   "   "   1   50
5. Appel de cause.   "   30   "   "
6. A venir à l'audience.   2   95   "   "
7. Bulletin de remise.   "   15   "   "
8. Vacation à trois audiences.   "   "   9   "
9. Vacation à communiquer au procureur du roi.   "   "   1   50
10. Plaidoirie de l'avocat.   15   "   "   "
11. Assistance de l'avoué.   "   "   3   "
12. Droit d'obtention de jugement si l'avoué a plaidé lui-même.   "   "   10   "
13. Qualités du jugement à deux avoués.   3   05   11   25
14. Coût de l'expédition du jugement.   35   "   "   "
15. Coût de la signification du jugement à avoué en dix rôles.   3   05   6   "
16. Signification à domicile.   10   35   6   "
17. Coût du rapport d'expert en dix rôles.   48   "   "   "
18. Vacation des experts.   95   "   "   "
     Nota. Émolument de l'avoué poursuivant pour soins et démarches pour la fixation de la mise à prix lorsqu'on n'a pas ordonné d'expertise.   "   "   25   "
19. Vacation du greffier à communiquer le rapport d'expert lorsqu'un expertise n'a pas été ordonnée   15   "   "   "

     Nota. Si l'expertise n'a pas été ordonnée. Cet émolument est réduit à 12.

20. Requête afin d'entériment du rapport à 2 avoués.   3   05   11   "
21. Avenir.   2   95   "   "
22. Conclusions posées à l'audience.   "   "   3   "
23. Appel de cause.   "   30   "   "
24. Plaidoiries de l'avocat.   15   "   "   "
25. Assistance de l'avoué.   "   "   3   "
26. Obtention du jugement si l'avoué a plaidé.   "   "   10   "
27. Qualités du jugement qui ordonne la vente.   3   05   11   25
28. Coût du jugement.   35   "   "   "
29. Signification à 2 avoués en 10 rôles.   3   05   6   25
30. Signification à domicile.   10   35   6   "
31. Coût du cahier des charges en 30 rôles.   11   60   60   "
32. Vacation au dépôt au greffe.   "   "   3   "
33. Vacation à prendre communication du cahier des charges chez le notaire, quand la vente est renvoyée devant cet officier public   "   "   6   "
34. Les annonces et insertions
35. Frais d'impression.
36. Apposition d'affiches.

37. Vacation à l'adjudication — V. *état de frais de poursuite de saisie immobilière.*

38. Sommation à 2 avoués collicitans.   2   20   2   »

Nota. La remise proportionnelle est la même qu'en matière de saisie immobilière. — Elle est partagée comme autrefois entre l'avoué poursuivant et les colicitans.

Toutefois une augmentation est accordée lorsqu'il n'y a pas eu d'expertise. — V. ord. 1841, art. 11.

Art. 9. *Etat de frais de purge légale* (1).

1. Copie collationnée de l'acte de mutation 30 c. par rôle.
2. Vacation de l'avoué au dépôt de la copie collationnée.   3   »
3. Coût de l'acte de dépôt.   »   »
4. Signification de l'acte de dépôt à la femme et au subrogé tuteur; coût ordinaire des exploits, plus 30 c. par rôle pour copie de l'acte de dépôt.   »   »
5. Rédaction de l'extrait de la signification.   2   »
6. Vacation à l'insertion.   2   »
7. Coût de l'insertion.   »   »
8. Vacation à la légalisation.   2   »
9. Vacation de l'avoué au retrait du certificat d'exposition.   3   »
10. Coût dudit certificat.   »   »
11. Vacation au bureau des hypothèques pour requérir et retirer le certificat du conservateur.   3   »
12. Coût dudit certificat.   »   »
13. Droit de mémoire en 13 articles.   1   30

Art. 10. *Etat de frais de poursuite d'un ordre.*

1. Coût de l'état des inscriptions évalué.   25   »   »   »
2. Vacat. à le requérir.   »   »   6   »
3. Vacat. à requérir la nomination d'un juge commiss.   »   »   6   »
4. Timbre du procès-verbal d'ouverture.   1   25   »   »
5. Vacation à faire le dire d'ouverture.   »   »   6   »
6. Requête à fin de permis de sommer.   »   35   3   »
7. Enreg. du procès-verbal d'ouverture et droits de greffe.   6   60   »   »
8. Sommation de produire à 10 domiciles, copie de pièces, 4 r. 2 transports.   44   70   12   »
9. Sommation au saisi de prendre communication.   5   75   1   20
10. Production pour les frais de poursuite.   2   95   20   »
11. Vacation à requérir le réglement provisoire.   »   »   6   »
12. Timbre pour ledit réglement.   3   75   »   »
13. Dénonciation à 5 avoués et sommation de contredire.   6   60   6   75
14. *Idem* à la partie saisie.   5   40   »   »
15. 1/2 Vacation à prendre communication de 5 productions.   »   »   25   »
16. Déboursés de la copie entière du réglement provisoire pour être communiquée aux avoués produisans.   »   »   »   »

La communication de ce réglement doit être prise au greffe. — La ch. des avoués du trib. de la seine alloue un émolument de 10 fr.

---

(1) Conforme au tarif de la ch. des avoués du trib. de la Seine.

	fr.	c.	fr.	c.
17. Vacat, à requérir le réglement définitif.	»	»	6	»
18. Timbre du réglement définitif.	3	75	»	»
19. Vacat. à lever le bordereau de collocation.	»	»	5	»
20. Coût du bordereau par évaluation.	20	»	»	»
21. Significat. d'icelui à l'acquéreur, 6 rol.	5	75	1	80
22. Vacat. à lever l'extrait du réglement définitif pour les hypothèques. Cette vacation n'est pas allouée par le tarif.	»	»	6	»
23. Coût dud. extrait.	20	»	»	»
24. Vacat. à faire rayer les inscriptions.	»	»	6	»
25. Coût des certificats de radiation éval.	5	»	»	»
26. Vacat. à lever l'extrait des collocations utiles pour l'acquéreur, ou la caisse, si les fonds ont été déposés.	»	»	6	»
27. Coût dud. extrait éval.	20	»	»	»
28. Présent mémoire et timbre.	»	35	2	80

Art. II. *Etat de frais d'une demande en séparation de Corps.*

	fr.	c.	fr.	c.
1. Requête à fin d'indication du jour de la comparution devant le président. — Timbre et enregist.	4	»	15	»
2. Signific. de l'ordonn. avec sommation 6 rôles.	5	75	1	80
3. Enreg. de l'ordonn. qui autorise à former la demande.	3	30	»	»
4. Assignat. cop. de pièces, 1 rol.	5	40	»	30
5. Extrait de la demande pour déposer au greffe.				
6. Droit de conseil.				
7. Placet.	»	»	10	»
8. Mise au rôle.	»	»	3	»
9. Vacat. à mettre au rôle.	3	60	»	»
10. Bulletin de distribution.	»	»	1	50
11. Vacat. à la distribution.	»	15	»	»
12. Conclusion signifiées à fin de provision, —évaluées, 3 rôles.	»	»	3	»
13. Avenir pour plaider sur ces conclusions.	1	60	7	50
14. Les mêmes conclusions posées à l'audience.	1	60	1	25
15. Plaidoirie audit jour.	15	»	»	»
16. Assistance de l'Avoué.	»	»	3	»
17. Vacat. à communiquer au procureur du Roi.	»	»	1	50
18. Signific. des qualités.	»	»	»	»
19. Avenir en réglement de qualités.	1	60	9	37
20. Vacat. à se régler.	1	60	1	25
21. Enreg. du jugement sur minute.	»	»	1	50
22. Coût dud. jugement	5	50	»	»
23. Signific. dud. jugement. à Avoué, 10 rol.	20	95	»	»
24. Signific. dud. à domicile.	1	95	4	25
	6	10	3	»
Faute de paiement on suit la voie de la saisie-exécution ou de la saisie-arrêt s'il y a lieu.				
25. Bulletin de remise.	»	15	»	»
26. Vacat. à l'audience.	»	»	3	»
27. Bulletin de remise.	»	15	»	»
28. Vacat. à l'audience.	»	»	3	»
29. Bulletin au.	»	15	»	»
30. Vacat. à cette audience.	»	»	3	»
31. Bulletin de remise au.	»	15	»	»
32. Plaidoirie de l'avocat aud. jour.	15	»	»	»
33. Assistance de l'Avoué.	»	»	3	»

34. Qualités du jugem. ordonnant l'enquête.	2	30	9	37
35. Communicat. au pr. du Roi.	»	»	1	50
S'il y a opposition aux qualités, —V. n. 19 et 20.				
36. Enreg. et coût du jugement.	30	40	»	»
37. Signific. d'icelui à Avoué, 15 rôles.	2	30	5	75
38. *Idem.* à domicile.	6	10	4	50
39. Requête a juge-commiss. pour faire indiquer le jour de l'enquête.	3	65	3	»
40. Timbre du procès-verb. d'ouverture d'enquête.	1	25	»	»
41. Somm. à 5 témoins avec copie du jugement par extrait 5 rôl. par copie.	8	80	7	50
42. Sommat. au mari avec copie de l'ordonn. 3 rôl.	5	40	»	90
43. Vacat. à l'audition des témoins.	»	»	6	»
Si l'enquête dure plusieurs jours, on alloue 6 fr. par chaque vacation de 3 h. — il en est de même pour la contre-enquête.				
44. Payé la taxe de 5 témoins.	10	»	»	»
45. Coût du procès-verb. d'enq.	46	40	»	»
46. Signific. de l'enq. à av. 22 rôl.	3	»	7	85
47. Conclusions signifiées en 20 rôl.	9	65	56	»
48. Avenir pour plaider sur les conclusions.	1	60	1	25
49. Vacat. au jour indiqué.	»	»	3	»
50. 2 Bulletins de remise et 2 vacat. à l'aud.	»	30	6	»
51. 5 Bulletins.	»	75	»	»
52. Plaidoirie au jugement définitif.	15	»	»	»
53. Assistance de l'avoué.	»	»	3	»
54. Communication au min. public.	»	»	1	50
55. Qualités.	2	30	9	37
56. Enreg. et coût du jugement prononçant la séparat.	59	60	»	»
57. Signification à avoué 20 rôles.	2	65	7	25
58. *Idem* à domicile.	6	45	6	»
59. Extrait du jugement à déposer au greffe du trib. de 1re inst. (Timbre et enregistrement).	1	45	»	»
60. Vacat. à faire le dépôt.	»	»	6	»
61. Coût du certificat dudit dépôt.	9	10	»	»
62. Dépôt d'un semblable extrait à la ch. des Avoués.	1	45	6	»
63. Coût dudit certificat.	5	50	»	»
64. Pareil extrait et dépôt pour la ch. des Notaires.	1	45	6	»
65. Coût du certificat.	5	»	»	»
66. *Idem* au greffe du tribunal de Commerce.	1	45	6	»
67. Coût du certificat.	8	65	»	»
68. Extrait pour le journal Judiciaire.	»	»	6	»
69. Coût de l'insertion.	5	75	»	»
70. Vacat. pour légaliser la signature de l'imprimeur.	»	»	2	»
71. Pouvoir pour faire publier le jug. au trib. de com.	2	55	2	»
72. Payé à l'agréé pour la publication du jugement.	30	80	»	»
73. Vacat. à affirmer le présent mémoire et timbre.	»	70	7	30

ART. 12. *État de frais pour intimé* (1) *devant la Cour royale en matière ordinaire.*

	fr.	c.	fr.	c.
1. Droit de consultation.	»	»	20	»
2. Constitution.	2	55	1	88
3. Sommation de consigner.	2 55		1	88

(1) S'il s'agit de l'état de frais de l'appelant, au lieu de l'acte de constitution, l'acte d'appel, — déb. 14 fr. 50 c.

4. Sommation de déclarer les autres parties.	2	55	1	88
5. Avenir à la distribution.	2	55	1	88
6. Notice a la distribution.	»	35	1	5
7. Droit de mise au rôle.	6	25	»	
8. Vacation à icelle.	»	»	2	2 »
9. Amende consignée et timbre de la quittance.	11	35	»	
Quelquefois les receveurs de l'enregistrement perçoivent l'amende par l'acte d'appel.				
10. Vacation à la consignation.	»	»	2	25
11. Appel de cause.	1	25	»	»
12. Assistance à la distribution.	»	»	4	50
13. Vacation à vérifier le rôle.	»	»	2	25
14. Acte de conclusions.	2	55	1	88
15. L'avenir à poser qualités.	2	55	1	88
16. Vacation à poser qualités.	»	»	4	50
17. Les conclusions déposées.	»	»	3	»
18. Copie du dispositif du jugement.	»	»	3	»
19. Somm. de communiquer les pièces.	2	55	1	88
20. Vacation à prendre et donner communication.	»	»	4	50
21. Signification de la quittance d'amende.	2	55	2	33
22. Requête en 32 rôles.	15	15	120	»
23. Vacation à l'audience de rentrée après vacations.	»	»	4	50
24. Vacation à l'audience du.	»	»	4	50
25. *Idem* à celle du.	»	»	4	50
26. *Idem* à celle du.	»	»	4	50
27. Assistance aux plaidoiries du.	»	»	4	50
28. Plaidoirie de l'Avocat.	22	50	»	»
29. Vacation à communiquer à M. l'Avocat général.	»	»	2	25
30. Assistance à l'aud. du où M. l'avocat général a donné ses conclusions et où l'arrêt a été prononcé.			4	50
31. 6 Bulletins d'audience et bulletin de cause jugée.	2	75	»	»
32. Frais de pièces et correspondance (1).	20	»	»	»
33. Enregistrement de l'arrêt sur minute.	11	»	»	»
34. Vacation à l'enregistrement.	»	»	2	25
35. Qualités de l'arrêt (26 rôles).	6	25	14	07
36. Sommation sur l'opposition.	2	55	1	88
37. Vacation au réglement.	»	»	2	25
38. Significat. d'arrêt à Avoué (30 rôles).	4	30	15	38
39. Significat. à domicile.	8	70	13	50
40. Pour le présent état en 4 articles et timbre.	»	35	6	»

(1) Il suffit que le client soit domicilié hors de l'arrondissement, quoiqu'il réside dans le ressort de la C. roy.

TABLE DE CONCORDANCE.

CODE CIVIL.

26

27

CODE DE COMMERCE.

comm. 24.
621 Tribunal de commerce 19, 20.
625 Tribunal de commerce 22.
624 Huissier 66.
626 Jugement 57, tribunal de comm. 244.
627 Agrée 1, 5, 11, avoué 77, jugement par défaut 269, tribunal de comm. 12, 194 à 203.
628 1601 Tribunal de commerce 26.
629 Greffe 99, juge 23.
630 Discipline 52, 52.
631 1627, 1637, 1731, 1880, 1956, 1997 Acte de commerce 7, déconfiture 12, tribunal de commerce 49, 61 à 69, 71, 84 à 91.
632 1580, 1682, 1777, 1847, 1948, 949, 2004 2035, Acte de commerce 1 29, 49, 73, 84, 89 à 93, 100, 111, 132, 135, 139, 146 Agent d'affaires 6, 7, agent de change 2, 23 — 26, tribunal de commerce 93 à 97, 132, 133, 141.
633 Acte de commerce 149, tribunal de commerce 124.
634 1627, 1880, 1920 Domestiques 1, tribunal de commerce 69 à 81.

655 1764 Effet de commerce 66, tribunal de commerce 97, 110, 111, 117.
656
657 1656, 1682, 1696 Acte de commerce 139, avoué 62, effet de commerce 66, femme 11, tribunal de commerce 116 à 122.
658 Acte de commerce 9.
659 1743 Arbitrage 90, prorogation de juridiction 8, 17.
640 Arbitrage 455, faillite 28, greffe 17, tribunal de 1re instance 33 à 39.
641 Greffe 17, tribunal de commerce 181.
642 Enquête 358, huissier 65, péremption 18.
643 1919 Jugement par défaut 107, 135, 180, péremption 18, rétroactif 30, tribunal de commerce 242.
644 Cour royal 11.
645 1910, 1979 Appel 35, 84, 109, 111, trib. de commerce 264.
646 1659 Appel 218, dé ai 54, trib. de commerce 266.
647 Péremption 12, tribunal de commerce 267, 268.

CODE D'INSTRUCTION CRIMINELLE.

1 Brévet d'invention 51, faux 4.
5 Compétence 24, faux 25, 196, partie civile 34, 43, 44, 59.
4 Faux 79.
29 Faux 165, 169.
51 Partie civile 1, 52, 53, 104.
63 Partie civile 1 à 28, 52, 56.
65 Partie civile 1, 53, 104.
66 Désistement 107, partie civile 55, 63, 103 à 106.
67 Partie civile 59.
75 Serment 24.
78 Enquête 313.
79 Enquête 211.
80 Avocat 80.
112 Injonctions 1.
117 Dépôts 14.
155 Partie civile 110.
158 Avoué 83.
139 Juge de paix 149.
140 Juge de paix 149, partie civile 43, 44.
141 Huissier 77.
146 Partie civile 72 à 74.
154 Douanes 2.
159 Partie civile 82, 107, 112.
162 Partie civile 97.
165 Tribunal administratif 28.
166 Huissier 32, Juge de paix 149, partie civile 143, 144.
169
170 Huissier 32.
177 Huissier 32.

182 Douanes 75.
184 Partie civile 71.
185 Avoué 79, 83, 84 douanes 76.
191 Partie civile 82, 107, 112.
194 Discipline 190, partie civile 97.
199 F illite 626, partie civile 112.
202 Partie civile 112, 117.
205 Douanes 115.
208 Partie civile 113.
212 Partie civile 82.
217 Partie civile 78.
241 Partie civile 78.
264 Avocat 75.
294 Discipline 39.
295 Avoué 80, 81, 84.
315 Partie civile 91.
324 Partie civile 79.
552 Enquête 259, Estimation 1.
556 Estimation 1.
542 Enquête 309.
555 Avocat 80.
558 Partie civile 34, 81, 88, 102.
559 Partie civile 62, 83, 84.
560 Discipline 4, 200.
565 Douanes 82.
566 Compétence 16, discipline 4, judicatum solvi 11, partie civile 81, 107.
568 Partie civil 100.
575 Partie civile 111, 116, 117.
581 Avocat 86.
382 Avocat 86, domicile 87.

CODE PÉNAL.

LOIS SPÉCIALES.

48 Juge 2 à 6, juge de paix 10.
53 Evocation 1.
o Exécution 38.
   Ordonn. 16 août 1830.
1 Exécution 37.
   Ordonn. 27 août 1830.
1 1699, avocat 4, 21, 29, 93 à 96, 102.
   L. 31 août 1830.
1 Avoué 25, enregistrement 3, inscription 40, juge de paix 12 à 14. Serment.
   L. 2 sept. 1830.
1 Huissier 20 à 280.
   Ordonn. 31 oct. 1830.
3 Inventaire 201.
   L. 10 déc. 1830.
1 1897 Cour royale 3.
4 Juge 9.
   L. 21 mars 1831.
5 1728.
11 Avocat 86, élection 63 à 79, exploit 198.
15 Juge de paix 23 à 28.
42 1805.
   L. 30 mars 1831.
1 Greffe 107 à 186, vente sur expropriation 387 à 389.
3 Vente sur expropriation 390 à 392.
8 ibid. 399.
   L. 11 avr. 1831.
28 1679 Saisie-arrêt 39.
   L. 19 avr. 1831.
10 1786 Domicile 80 à 84, 94.
17 Élection 1 à 79, greffe 105 à 186.
   Ordonn. 6 juill. 1831.
1 2007 Fête 2.
   Ordonn. 12-14 avr. 1831.
1 Avoué 6, conflit 14.
   Ordonn. 24 févr. 1832.
1 Retraite 11 à 14.
   L. 2 mars 1832.
27 Exploit 34, 216. liste civile 2.
   L. 21 mars 1832.
25 Avoué 16, trib. administratif 150 à 154.
   L. 17 avril 1832.
15 1597.
20 Appel 219, emprisonnement 1 à 336, Trib. de commerce 259.
32 1596.
34 1859 huissier 20 à 280, impôts 2, indigent 34.
   L. 21 avr. 1832.
7 Greffe, greffier 80, timbre 25.
1 Avocat à la Cour de cass. 15,

44, avoué 206, cautionnement 15, 49, contributions 22, huissier 20 à 280, indigent 34.
   Ordonn. 12, 14 août 1832.
1 Discipline 86.
   Ordonn. 6-24 oct. 1832.
4 Huissiers 217 à 280.
   Ordonn. 21 juin 1833.
1 Prudhomme 4.
   L. 22 juin 1833.
1 Domicile 87 à 91, élection 52 à 61.
   Ordonn. 18 sept. 1833.
1 Vente sur expropriation 265.
25 Saisie-arrêt 39, vente sur expropriation 219.
   Ord. 25 oct. 12 nov. 1833.
6 Légalisation 11, 12.
   L. 20 avril 1834.
3 Avocat 87.
   L. 21 mai 1834.
23 Enregistrement 21.
   L. 24 mai 1834.
11 Faillite 680 à 687.
19 Effet de commerce 200 à 215.
   Ord. 22 juill. 10 août 1834.
1 Tribunal des colonies 75.
   Ordon. 19 janv. 1835.
3 Dépôts 5, 56.
   Ordonn. 1er avr. 1835.
1 Avocat 56, avocat à la Cour de cass. 24.
   Ordonn. 16 mai 1835.
1 Séparation de corps 7.
   L. 25 et 30 mai 1835.
1 Etablissement public 12.
   L. 5 juin 1835.
11 Saisie-arrêt 137.
   Ordonn. 22 juil. 1835.
1 Tribunal administratif 78.
   L. 21 mai 1836.
16 2009 vente sur expropriation 12, 24, 88.
17 vente sur expropriation 307, 334 à 352.
   L. 9 juill. 1836.
1 Dépôts 66.
13 Saisie-arrêt 141, 142.
   Ordonn. 19 août 1836.
29 Saisie-exécution 28.
   L. 1er avril 1837.
1 2008 cassation 10, 13 40, 310, 313, rétroactif 8.
   L. 4 juill. 1837.
5 1783, 1807, 1870, poids et mesures 13 à 26.
   L. 14 juill. 1837.
6 Dépôts 66, juge de paix 144, saisie-arrêt 137.

29

TABLE DES MATIÈRES

RENFERMÉES DANS LE SUPPLÉMENT.

NOTA. Cette table établit la concordance des lois de la procédure, non-seulement avec les divers mots du Dictionnaire, mais encore avec tous les articles du *Journal de procédure* de janvier 1835 à octobre 1841.

Les numéros des articles des lois sont placés avant le filet ; — les chiffres placés immédiatement après le filet désignent les numéros des articles du *Journal de procédure*, sous lesquels elles sont analysées ; — puis viennent les mots correspondants du *Dictionnaire de procédure* avec leurs numéros. — Ainsi page 369 on voit que l'art. 2 du Code de procédure est analysé sous l'art. 272 du Journal et sous le n° 10 du mot *Citation* du Dictionnaire.

FIN DU SUPPLÉMENT.